Voltaire-Lesebuch

Lesebücher für unsere Zeit

Begründet von Walther Victor

Voltaire

Ein Lesebuch für unsere Zeit

Aufbau-Verlag
Berlin und Weimar
1989

Herausgegeben von Martin Fontius
Aus dem Französischen übersetzt von Christel Gersch, Robert Habs, Rosemarie Heise, Bernhard Henschel, Stephan Hermlin, Anna Mudry und Paul Thiel, Thorgerd Schücker

1. Auflage 1989

Der Abdruck der Übersetzungen „Philosophische Briefe", „Mikromegas", „Memnon oder Die menschliche Weisheit", Publizistik und „Bericht über den Tod des Chevalier de La Barre" erfolgte mit Genehmigung des Verlages Rütten & Loening, Berlin; der Abdruck der Übersetzung „Candide" mit Genehmigung des Verlages Philipp Reclam jun. Leipzig
Einbandgestaltung Wolfgang Kenkel
Typographie Gisela Fischer
Karl-Marx-Werk, Graphischer Großbetrieb, Pößneck V 15/30
Printed in the German Democratic Republic
Lizenznummer 301. 120/204/89
Bestellnummer 614 017 2
00650

ISBN 3-351-01429-5

Voltaire in Ferney

Inhaltsverzeichnis

Über Voltaire

Voltaire und seine Zeit – Zeittafel XIII
Einleitung XXV
Urteile über Voltaire LV

Gedichte
(Deutsch von Thorgerd Schücker)

Das Für und das Wider [Le Pour et le Contre] 3
Das Weltkind [Le Mondain] 7

Aus: Philosophische Briefe [Lettres philosophiques]
(Deutsch von Anna Mudry und Paul Thiel)

Fünfter Brief. Über die anglikanische Religion 13
Sechster Brief. Über die Presbyterianer 15
Siebenter Brief. Über die Sozinianer oder Arianer oder Antitrinitarier 17
Achter Brief. Über das Parlament 19
Neunter Brief. Über die Regierung 22
Zehnter Brief. Über den Handel 26
Elfter Brief. Über das Einimpfen der Pocken 28
Zwölfter Brief. Über den Lordkanzler Bacon 31
Dreizehnter Brief. Über Herrn Locke 36
Vierzehnter Brief. Über Descartes und Newton 43
Fünfzehnter Brief. Über das System der Anziehung 47
Sechzehnter Brief. Über die Optik des Herrn Newton 56
Siebzehnter Brief. Über das Unendliche und über die Zeitrechnung 60
Achtzehnter Brief. Über die Tragödie 65
Dreiundzwanzigster Brief. Über die Achtung, welche den Schriftstellern gebührt 69
Vierundzwanzigster Brief. Über die Akademien 72

Philosophische Erzählungen

Mikromegas [Micromégas] 79
(Deutsch von Christel Gersch)
Memnon oder Die menschliche Weisheit [Memnon ou la Sagesse humaine] 96
(Deutsch von Christel Gersch)
Candide oder Der Optimismus [Candide ou l'Optimisme] . . . 102
(Deutsch von Stephan Hermlin)

Aus: Das Zeitalter Ludwigs XIV. [Le Siècle de Louis XIV]

(Deutsch von Robert Habs)

Erstes Kapitel. Einleitung 191
Zweites Kapitel. Die Staaten Europas vor Ludwig XIV. 196
Neunundzwanzigstes Kapitel. Innere Verwaltung. Justiz. Handel. Polizei. Gesetze. Kriegswesen. Marine usw. 211
Dreißigstes Kapitel. Finanzen und Verordnungen 232
Einunddreißigstes Kapitel. Die Wissenschaften 246
Zweiunddreißigstes Kapitel. Die schönen Künste 252
Dreiunddreißigstes Kapitel. Die Künste. Fortsetzung 269
Vierunddreißigstes Kapitel. Die schönen Künste in Europa zur Zeit Ludwigs XIV. 273

Publizistik

(Deutsch von Rosemarie Heise)

Dialog zwischen einem Philosophen und einem Generalkontrolleur der Finanzen [Dialogue entre un philosophe et un contrôleur général des finances] 283
Betrachtungen für die Dummköpfe [Réflexions pour les sots] . . 290
Dialog zwischen dem Kapaun und der Poularde [Dialogue du chapon et de la poularde] 293
Die Alten und die Modernen oder Morgentoilette bei Madame de Pompadour [Les Anciens et les Modernes ou la Toilette de Madame de Pompadour] 298
Ihr Frauen, seid euern Männern untertan [Femmes, soyez soumises à vos maris] 304
Über die Enzyklopädie [De l'Encyclopédie] 308
Das Diner beim Grafen Boulainvilliers [Le Dîner du comte de Boulainvilliers] 311

Voltaires Kampf für die Menschenrechte

Bericht über den Tod des Chevalier de La Barre (Relation de la mort du chevalier de La Barre) 343
(Deutsch von Bernhard Henschel)

Briefe aus dem Todesjahr

(Deutsch von Christel Gersch)

An d'Alembert, 4. Januar 1778 361
An Friedrich II., 6. Januar 1778 362
An d'Hornoy, 9. Januar 1778 364
An Delisle de Sales, 10. Januar 1778 364
An Condorcet, 12. Januar 1778 364
An Charles Joseph Panckoucke, 12. Januar 1778 365
An Charles Frédéric Gabriel Christin, 13. Januar 1778 367
An Jean François de La Harpe, 14. Januar [1778] 368
An den Marquis de Thibouville, 15. Januar 1778 369
An François Louis Claude Marin, 16. Januar 1778 370
An Katharina II., 16. Januar 1778 371
An Cosimo Alessandro Collini, 26. Januar 1778 372
An den Comte d'Argental, 30. Januar [1778] 373
An d'Hornoy, 30. Januar 1778 375
An Jean de Vaines, 2. Februar [1778] 376
An Monsieur de Varicourt, [4. Februar 1778] 377
An die Marquise Du Deffand, 11. Februar [1778] 378
An Madame d'Epinay, [11. Februar 1778] 378
An Théodore Tronchin, [12. Februar 1778] 378
An Monsieur Blin de Sainmore, 15. Februar 1778 378
An den Marquis de Florian, 16. Februar 1778 379
An Théodore Tronchin, 17. Februar 1778 379
An Théodore Tronchin, 18. Februar [1778] 380
An Turgot, 20. Februar 1778 380
An Louis Laurent Gaultier, 20. Februar 1778 380
An Madame d'Epinay, [20. Februar 1778] 381
An Mademoiselle Clairon, 21. Februar 1778 381
An Louis Laurent Gaultier, 26. Februar 1778 382
An Théodore Tronchin, 3. März 1778 382
An Charles Joseph Panckoucke, 7. März 1778 382
An François René Molé, 11. März 1778 382
An Monsieur und Madame de Florian, 15. März [1778] 383
An Louis Laurent Gaultier, 15. März 1778 384
An d'Alembert, 19. März 1778 384
An den Comte d'Argental, [25. März 1778] 385
An d'Alembert, [30. März 1778] 385
An Friedrich II., 1. April [1778] 385

An Claire Cramer, 18. April 1778 386
An Théodore Tronchin, 22. [April 1778] 387
An Jean Louis Wagnière, 7. Mai 1778 388
An Jean Louis Wagnière, 10. Mai 1778 388
An Katharina II., 13. Mai 1778 390
An d'Alembert, [18. Mai 1778] 392
An Théodore Tronchin, [20. Mai 1778] 392
An Théodore Tronchin, [25. Mai 1778] 392
An Monsieur de Lally-Tolendal, 26. Mai [1778] 393

Verzeichnis der Abbildungen 395
Literaturhinweise 396

Über Voltaire

Voltaire und seine Zeit

Jean-Baptiste Colbert wird Generalkontrolleur der Finan- 1665
zen.

Jacques Savarys Handbuch „Der vollkommene Kaufmann“ 1675
(Colbert gewidmet).

Aufhebung des Edikts von Nantes. 50000 Protestanten ver- 1685
lassen Frankreich.

François-Marie Arouet, der sich als Dichter Voltaire nennen wird, 1694
am 21. November in Paris geboren.

In Frankreich herrscht Ludwig XIV., der „Sonnenkönig“. Die Bauten in Versailles, seit 1678 Sitz der Regierung, seit 1682 Sitz des Hofes, sind nahezu abgeschlossen. – Gründung der Bank von England. – Das „Wörterbuch der Akademie“ erscheint.

Erste demographische und wirtschaftliche Statistik in Frank- 1695
reich. – Pierre Bayles „Historisch-kritisches Wörterbuch“ er-
scheint in Rotterdam.

Fénelons Erziehungsroman „Die Abenteuer des Telema- 1699
chos“. – Racine gestorben.

Kurfürstlich-Brandenburgische Sozietät der Wissenschaften 1700
zu Berlin gegründet; Leibniz wird 1711 ihr erster Präsident.

Tod der Mutter. 1701

Krieg gegen die Protestanten in den Cevennen.

Beginn des Spanischen Erbfolgekrieges. 1702

Eintritt ins Jesuitenkolleg Louis-le-Grand. 1704

John Locke gestorben.

Voltaire schreibt im Kolleg seine erste Tragödie, „Amulius und Nu- 1706
mitor“. Emilie de Breteuil, die spätere Marquise Du Châtelet, geboren.

Benjamin Franklin geboren.

Abbé de Châteauneuf gestorben, sein Pate, der Voltaire in den um 1708
den Großprior von Frankreich versammelten Kreis von Libertins
und Anhängern des Epikureismus eingeführt hatte.

1709 Hungersnot in Frankreich. – Pöppelmann und Permoser beginnen in Dresden den Zwinger.

1710 *Sein erstes Werk wird veröffentlicht, „Nachahmung von Pater Lejays Ode auf die heilige Genoveva", gezeichnet: François Arouet, Student der Rhetorik und Pensionär am Kolleg Louis-le-Grand.*

Leibnizens „Theodizee".

1711 *Voltaire verläßt am 5. August die Schule und wird Student der Rechte.*

Thomas Newcomen konstruiert die erste Dampfmaschine.

1712 *Die Nichte Marie-Louise Mignot, die spätere Madame Denis, geboren.*

Friedrich II. und Rousseau geboren.

1713 *Aufenthalt in Caen. Voltaire erregt durch freies Denken Anstoß im Salon der Madame d'Osseville. Im September geht er als Botschaftssekretär nach Den Haag, verliebt sich in Olympe Dunoyer („Pimpette"), Tochter einer emigrierten Hugenottin, und wird am 24. Dezember nach Paris zurückgeschickt. Der Vater will ihn nach Amerika deportieren lassen.*

Frieden von Utrecht. Ende der politischen Hegemonie Frankreichs. Abbé de Saint-Pierres „Plan zum ewigen Frieden". – Diderot geboren.

1714 *Voltaire arbeitet beim Notar Alain, erregt Ärgernis mit den Gedichten „Le Bourbier" und „L'Anti-Giton".*

Frieden von Rastatt. Katastrophale Lage der französischen Staatsfinanzen.

1715 *Arbeit an der Tragödie „Œdipe".*

Tod Ludwigs XIV. – Regentschaft Philipps von Orléans für den minderjährigen Ludwig XV.

1716 *Verbannung aus Paris wegen eines satirischen Gedichts.*

Der Schotte John Law wird Finanzberater des Regenten. Gründung der Generalbank. – Leibniz gestorben.

1717 *16. Mai: Haft in der Bastille wegen einer Satire auf den Regenten.*

Watteaus „Einschiffung nach Kythera". – D'Alembert geboren.

1718 *11. April: Entlassung aus der Bastille. Exil in Châtenay. Die erfolgreiche Aufführung des „Œdipe" wird zur gesellschaftlichen Rehabilitierung des Autors.*

Tod Karls XII. von Schweden.

Nimmt den Namen Voltaire an. Mondänes Leben: Aufenthalt auf den Schlössern Sully, Villars, Le Bruel bei befreundeten Adligen. 1719

Defoes „Robinson Crusoe".

Besuch bei Lord Bolingbroke in Schloß La Source bei Orléans. Voltaire liest Passagen seines Epos „Henriade" vor. 1720

Bankrott des Lawschen Finanzsystems; die Gebrüder Pâris, Voltaires finanzielle Ratgeber, nehmen Laws Platz ein.

Ende des Nordischen Krieges. Rußland wird europäische Großmacht. – Montesquieus „Persische Briefe". Bachs „Brandenburgische Konzerte". 1721

Tod des Vaters. Reise nach Brüssel und Holland. Voltaires Gedicht „Le Pour et le Contre" (Das Für und das Wider), ein weltanschaulicher Schlüsseltext. 1722

Erstausgabe der „Henriade" unter dem Titel „Poem über die Liga". Voltaire erkrankt an den Blattern und wird durch die Schauspielerin Adrienne Lecouvreur gepflegt. 1723

Ludwig XV. volljährig. Tod des Regenten. – Holbach geboren.

Erfolglose Aufführung von „Mariamne". Mit dem befreundeten Herzog von Richelieu hält sich Voltaire in den Bädern von Forges auf. Verschlechterung der Gesundheit. 1724

Königliches Edikt gegen die Protestanten. – Kant und Klopstock geboren.

Drei Stücke Voltaires bei der Hochzeit Ludwigs XV. aufgeführt. Jahresrente vom König und der Königin. Voltaire schickt seine „Henriade" an Georg I. von England und erhält eine Pension von der englischen Königin. 1725

Erste Freimaurerloge in Paris. – Tod Peters I.

Von Dienern des Chevalier de Rohan verprügelt, wird Voltaire vom 18. April bis zum 2. Mai in die Bastille gesteckt, um ein Duell mit Rohan zu verhindern; er wählt England als Exil. 1726

„Gullivers Reisen" von Jonathan Swift.

Voltaire wird dem englischen König vorgestellt und wohnt der Beisetzung Newtons in Westminster bei. „Essay über die Bürgerkriege Frankreichs" und „Essay über die epische Poesie" in englischer Sprache. Arbeit an der „Geschichte Karls XII.".
Begegnungen mit Swift, Alexander Pope und John Gay. 1727

Turgot geboren.

1728 *Die der englischen Königin gewidmete „Henriade" erscheint in London.*

Rousseau verläßt Genf.

1729 *Im Februar (oder schon im Oktober 1728) Rückkehr nach Frankreich, im April nach Paris. Beginn der Arbeit an den „Philosophischen Briefen". Im Mai Aufenthalt am Hof in Lothringen. Voltaire sprengt mit La Condamine die Lotterie des Ministers Pelletier und legt sein Vermögen bei den Gebrüdern Pâris an.*

Bachs „Matthäuspassion". – Lessing und Katharina II. geboren.

1730 *In Gegenwart Voltaires stirbt Adrienne Lecouvreur; den Leichnam der Schauspielerin zu bestatten verweigert der Klerus. Mit dem Herzog von Richelieu in Bad Plombières. Erfolgreiche Premiere des „Brutus".*

1731 *Aufenthalt in Rouen. Seine „Geschichte Karls XII." wird beschlagnahmt.*

Abbé Prévosts Roman „Manon Lescaut".

1732 *Premiere der Hamlet-Adaption „Eriphyle". Beginn der Arbeit am „Zeitalter Ludwigs XIV.". Erste Ausgabe von „Werken" Voltaires (Amsterdam, 2 Bände). Triumphaler Erfolg der „Zaïre".*

Maupertuis verteidigt in Frankreich als erster Newtons physikalisches Weltbild. – Beaumarchais und Haydn geboren.

1733 *Die Literatursatire „Der Geschmackstempel" bringt die Literaten gegen Voltaire auf. Beginn der Freundschaft mit Madame Du Châtelet. Zwei Operntexte geschrieben.*

Wieland und Christoph Friedrich Nicolai geboren. – August der Starke gestorben.

1734 *Premiere von „Adélaïde du Guesclin". Im Juni werden die „Philosophischen Briefe" zum Feuertod verurteilt; Haftbefehl gegen Voltaire, der nach Lothringen flieht und für 15 Jahre seinen Hauptwohnsitz bei Madame Du Châtelet in Cirey nimmt. Beginn der Arbeit am komischen Epos „Die Jungfrau".*

Gründung der Universität Göttingen.

1735 *Arbeit am „Zeitalter Ludwigs XIV.". Im März darf Voltaire nach Paris zurückkehren. Im Mai Aufenthalt am Hof in Lothringen. Premiere der Tragödie „Der Tod des Julius Cäsar".*

Linnés „Systema naturae".

Premiere von „Alzire". 8. August: Preußens Kronprinz Friedrich schreibt an Voltaire und eröffnet eine lebenslange Korrespondenz. Im November Flucht nach Holland, um nach Verbreitung des Gedichts „Le Mondain" (Das Weltkind) kein Risiko einzugehen. 1736

Expeditionsreisen nach Lappland (1736/37 unter Maupertuis) und nach Peru (1736–1744 unter La Condamine) bestätigen Newtons Theorie.

Voltaire überwacht in Amsterdam und Leyden den Druck seiner „Elemente der Philosophie Newtons". Im März Rückkehr nach Cirey. Die Tragödie „Mérope" beendet. 1737

Naturwissenschaftliche Experimente und intensive Bibelforschungen mit Madame Du Châtelet, die einen „Kritischen Kommentar" schreibt. „Mikromegas". 1738

In Birmingham werden Spinnmaschinen aufgestellt. Arbeiteraufstände in England. – Cesare Beccaria geboren.

Die Sammlung „Pièces fugitives en vers et en prose" (Flüchtige Stücke in Vers und Prosa) wird beschlagnahmt. Ebenso beschlagnahmt die Polizei eine Ausgabe der ersten Kapitel des „Zeitalters Ludwigs XIV.". 1739

Voltaire korrigiert in Den Haag den „Antimachiavel" Friedrichs II. – Premiere von „Zulime". Erste Begegnung mit Friedrich II. vom 11. bis 14. September bei Kleve, im November in Rheinsberg und Berlin. 1740

Regierungsantritt Friedrichs II. und Maria Theresias. Beginn des Ersten Schlesischen Krieges. – Emanuel Swedenborgs „De cultu et amore Dei" (Die Verehrung und Liebe Gottes); ein Mineraloge von europäischem Ruf wird zum Theosophen.

Erfolgreiche Aufführung des „Mahomet" in Lille. Lord Chesterfield besucht Voltaire. Beginn der Arbeit am historischen Hauptwerk, der „Universalgeschichte" (später „Versuch über die Sitten und den Geist der Nationen" genannt). 1741

Maupertuis wird Präsident der Berliner Akademie.

Friedrich II. sucht durch Indiskretionen Voltaire in Frankreich unmöglich zu machen. Premiere des „Mahomet" in Paris; die Entrüstung unter den devoten Kreisen erzwingt die Absetzung des Stückes. Reise nach Aachen. 1742

Beginn der Mätressenherrschaft in Frankreich. – Edward Youngs „Nachtgedanken". Händels „Messias". – Georg Christoph Lichtenberg geboren.

1743 *Premiere der „Mérope". Voltaire wird von der Royal Society in London zum Mitglied gewählt, von der Académie française abgelehnt. Er hält sich in diplomatischem Auftrag in Berlin auf.*

D'Alemberts „Abhandlung über die Dynamik". – Condorcet geboren.

1744 *Voltaires Schulfreund d'Argenson wird Außenminister.*

Herder geboren.

1745 *Premiere der Ballettkomödie „Die Prinzessin von Navarra" in Versailles. Voltaire wird zum Historiographen des Königs ernannt; er schreibt das Gedicht „Die Schlacht von Fontenoy" und den „Abriß der Geschichte Ludwigs XV.". „Mahomet" dem Papst gewidmet.*

1746 *Wahl in die Académie française. Voltaire wird Mitglied der Berliner und der Petersburger Akademie. Ernennung zum königlichen Kammerherrn. Erste Begegnung mit d'Alembert.*

Diderots „Philosophische Gedanken" werden öffentlich verbrannt.

1747 *„Zadig" in Holland gedruckt. Nach einem Zwischenfall am Spieltisch der Königin, bei dem Voltaire in italienischer Sprache Madame Du Châtelet vor Betrügereien warnt, Flucht nach Sceaux zur Herzogin von Maine.*

Diderot und d'Alembert werden mit der Leitung der „Enzyklopädie" betraut. – Bachs „Musikalisches Opfer".

1748 *Aufenthalt am Hof in Lunéville; Madame Du Châtelet verliebt sich in den Marquis de Saint-Lambert. Erfolgreiche Premiere der „Sémiramis".*

Montesquieus „Geist der Gesetze" erscheint in Genf, La Mettries „Der Mensch – eine Maschine" in Holland. Buffons „Naturgeschichte" beginnt mit dem Band „Theorie der Erde."

1749 *Premiere der Komödie „Nanine". Madame Du Châtelet stirbt bei Geburt einer Tochter. Voltaire siedelt nach Paris um.*

Steuerkonflikt des Finanzministers Machault mit den privilegierten Ständen. Diderot erhält für seinen „Brief über die Blinden" Festungshaft. – Goethe geboren.

1750 *Im Juni Abreise nach Berlin, Beginn des definitiven Exils. Ernennung zum Kammerherrn Friedrichs II. – Im Dezember Prozeß mit dem Schutzjuden Hirschel.*

Rousseaus „Abhandlung über die Künste und Wissenschaften". – Johann Sebastian Bach gestorben.

Arbeit am „Zeitalter Ludwigs XIV.", das im Dezember in Berlin erscheint. Ohne Privileg erscheint in Paris die erste Ausgabe der „Werke". 1751

Band 1 der „Enzyklopädie", mit d'Alemberts „Einleitender Abhandlung". – La Mettrie gestorben.

Im Streit zwischen Maupertuis und Samuel König ergreift Voltaire Partei gegen den Akademiepräsidenten. Plan der Kommensalen von Sanssouci zu einem „Philosophischen Wörterbuch". Voltaire ist entschlossen, Berlin zu verlassen; er zieht sein Kapital aus Preußen ab. 24. Dezember: Die Satire gegen Maupertuis, „Akakia", wird auf königlichen Befehl verbrannt. 1752

Wielands Lehrgedicht „Die Natur der Dinge".

26. März: Abreise aus Berlin. Voltaire fährt über Leipzig nach Gotha, wo er im Auftrag der Herzogin „Annalen des deutschen Reiches" beginnt. Im Juni Verhaftung in Frankfurt durch den preußischen Residenten. Im Juli beim pfälzischen Kurfürsten in Schwetzingen. Aufenthalt in Colmar, da Paris ihm versperrt bleibt. Im Dezember erscheint in Den Haag die „Universalgeschichte". 1753

Melchior Grimm beginnt seine „Literarische Korrespondenz".

Arbeit am „Versuch über die Sitten" in der Benediktinerabtei von Senones. Im Dezember Ankunft in Genf. Die Nichte, Madame Denis, wird Voltaires Hausgenossin. 1754

Rousseaus „Abhandlung über die Ungleichheit". Diderots „Gedanken über die Interpretation der Natur". Frérons Zeitschrift „Année littéraire" beginnt zu erscheinen. – Georg Forster geboren. – Christian Wolff gestorben.

Im Februar kauft Voltaire Schloß „Les Délices" bei Genf. Im Juli läßt er den Drucker Grasset wegen Raubdrucks der „Jungfrau" verhaften. Beschwerde des Genfer Konsistoriums über Theateraufführungen in „Les Délices". Im November schreibt Voltaire sein Poem „Das Erdbeben von Lissabon". Im Dezember wird er Mitarbeiter der „Enzyklopädie". 1755

Morellys „Gesetzbuch der natürlichen Gesellschaft". – Montesquieu gestorben.

In Genf erscheint der „Versuch über die Sitten". 1756

Beginn des Siebenjährigen Krieges. – Die Zeitschrift „Journal encyclopédique“ beginnt zu erscheinen. – Mozart geboren.

1757 *Auf Ersuchen des russischen Botschafters beginnt Voltaire die „Geschichte Rußlands unter Peter dem Großen“. August/September: Friedrich II. sucht eine Aussöhnung mit Frankreich und nimmt die Korrespondenz mit Voltaire, dem Freund des Außenministers Bernis, wieder auf. Dezember: D'Alemberts Enzyklopädie-Artikel „Genf“, für den Voltaire als Anreger gilt, wird zum Skandal in Genf.*

Ein Attentat auf Ludwig XV. wird zum Vorwand genommen, die Maßnahmen gegen Schriftsteller und Verleger zu verschärfen. 5. November: Die französische Armee wird bei Roßbach von Friedrich II. geschlagen. – David Humes „Naturgeschichte der Religion“. – Fontenelle gestorben.

1758 *Im Juli/August beim pfälzischen Kurfürsten in Schwetzingen. Voltaire kauft Ferney und die Grafschaft Tournay an der französischen Grenze zur Schweiz.*

D'Alembert verläßt die Enzyklopädie. – Rousseaus „Brief an d'Alembert über die Schauspiele“. Diderots bürgerliches Drama „Der Hausvater“ und seine „Abhandlung über die dramatische Dichtkunst“. Helvétius' Buch „Vom Geiste“. – François Quesnays „Tableau économique“.

1759 *„Candide“. Voltaires Poem „Das natürliche Gesetz“ wird zusammen mit der „Enzyklopädie“ (7 Bände) und Helvétius' „Vom Geiste“ in Paris zum Feuertod verurteilt. Beginn der Kampagne gegen die Kirche: „Ecrasez l'infâme“ (Vernichtet die Verruchte).*

Sternes „Tristram Shandy“. Lessings „Briefe, die neueste Literatur betreffend“. – Schiller geboren. – Händel gestorben.

1760 *Schwierigkeiten mit dem Konsistorium in Genf. Voltaire läßt sich in Ferney nieder. Premiere von „Tancrède“ in Paris. Adoption der Enkelin Corneilles.*

Französische Niederlagen in Kanada und Indien. – Friedrichs II. „Œuvres du philosophe de Sans-Souci“.

1761 *Als Patron läßt Voltaire die Kirche in Ferney umbauen. Er beginnt seinen „Kommentar zu Corneille“. 13. Oktober: Selbstmord des Marc-Antoine Calas.*

Rousseaus Briefroman „Julie oder Die neue Heloise“.

1762 *Voltaire intensiviert seine propagandistische Tätigkeit: „Sermon des cinquante“ (Predigt der Fünfzig) und „Extraits des sentiments de*

Jean Meslier" (Auszüge der Gedanken Jean Mesliers). Voltaire wird zum Anwalt der Verfolgten und macht den Calas-Prozeß zur „Affäre".

Rousseaus Roman „Emile oder Von der Erziehung" und sein „Gesellschaftsvertrag". Johann Georg Hamanns „Kreuzzüge eines Philologen". Glucks „Orpheus und Euridike". – Fichte geboren.

Der Calas-Prozeß wird revidiert. Die Enkelin Corneilles heiratet, ausgestattet mit einer Mitgift Voltaires. „Geschichte Rußlands unter Peter dem Großen" mit Band 2 abgeschlossen. „Abhandlung über die Toleranz". 1763

„Rede an die Welschen". „Philosophisches Taschenwörterbuch". Voltaire veröffentlicht d'Alemberts Schrift „Über die Vernichtung der Jesuiten". 1764

Auflösung des Jesuitenordens in Frankreich. Todesurteil gegen Pierre-Paul Sirven. – Beccarias „Von den Verbrechen und den Strafen". Rousseaus „Briefe vom Berge". Winckelmanns „Geschichte der Kunst des Altertums".

Im März wird Jean Calas rehabilitiert. Im Mai erscheint in Holland die „Philosophie der Geschichte". Affäre Sirven. 1765

Die letzten Textbände der „Enzyklopädie" erscheinen. Christoph Friedrich Nicolai gibt in Berlin die „Allgemeine Deutsche Bibliothek" heraus.

Voltaire greift in die Genfer politischen Auseinandersetzungen ein. „Kommentar zu Beccarias ‚Von den Verbrechen und den Strafen'". „Der unwissende Philosoph". 1. Juli: Hinrichtung La Barres. 14. Juli: Voltaire fühlt sich bedroht und zieht sich in die Schweiz zurück. 1766

Rousseau in London bei David Hume. – Wielands „Geschichte des Agathon". Lessings „Laokoon".

„Das Diner beim Grafen Boulainvilliers". „Wichtige Untersuchung des Grafen Bolingbroke". „Das Naturkind". „Bericht über den Tod des Chevalier de La Barre". Revision des Prozesses Sirven. 1767

Lessings „Minna von Barnhelm" und seine „Hamburgische Dramaturgie". – Saint-Just, Wilhelm von Humboldt und August Wilhelm Schlegel geboren.

Madame Denis hat Manuskripte verkauft und muß Ferney für zwei Jahre verlassen. Voltaire feiert als Patron Ostern in seiner Kirche und predigt seinen Bauern. Seine Erzählungen „Der Vierzigtalermann" und „Die Prinzessin von Babylon". Sein „Abc oder Dialoge zwischen A, B und C". 1768

Erste Weltreise Cooks. – Chateaubriand und Friedrich Daniel Schleiermacher geboren. – Laurence Sterne und Johann Joachim Winckelmann gestorben.

1769 *„Geschichte des Parlaments von Paris". Mit Unterstützung Voltaires entwickeln unzufriedene Bürger von Genf in Ferney eine Uhrenmanufaktur.*

James Watt erwirbt das Patent für seine Dampfmaschine. Das Monopol der Gesellschaft für den Handel mit den beiden Indien wird aufgehoben. – Diderots philosophisches Hauptwerk „D'Alemberts Traum". Herders „Journal meiner Reise nach Frankreich". – Napoleon Bonaparte geboren.

1770 *Beginn der Arbeit an den „Fragen über die Enzyklopädie", die 1772 in 9 Bänden erscheinen. Subskription in ganz Europa für eine Voltaire-Statue von Jean-Baptiste Pigalle.*

Beginn der ökonomischen Krise in Frankreich, Unruhen und Aufstände nehmen zu. – Holbachs „System der Natur". Guillaume Thomas Raynals Kolonialgeschichte: „Histoire philosophique et politique des établissements et du commerce des Européens dans les deux Indes". – Beethoven, Hegel und Hölderlin geboren.

1771 *Voltaire begrüßt die Entmachtung der französischen Gerichtshöfe, die für die Justizmorde verantwortlich sind. Sirven wird im November freigesprochen.*

In Savoyen wird die Leibeigenschaft abgeschafft. Die Russen erobern die Krim.

1772 *Voltaire schreibt eine „Ode" zum 200. Jahrestag der Bartholomäusnacht.*

Erste Teilung Polens. Diderots Rußlandreise. Affäre Beaumarchais – Goezmann. – Lessings „Emilia Galotti". – Charles Fourier, Novalis und Friedrich Schlegel geboren.

1773 *Februar/März: Schwere Blasenentzündung, starke Verringerung der Arbeitskraft. In den „Historischen Fragmenten über Indien und über den General Lally" erhebt Voltaire erneut Anklage gegen einen Justizmord.*

Diderot bei Katharina II. in Petersburg. – Goethes „Götz von Berlichingen". Herders „Von deutscher Art und Kunst".

1774 *„Der weiße Stier". „Sophonisbe" in Paris ausgepfiffen. Voltaire bemüht sich vergeblich, die Rehabilitierung des jungen d'Etallonde, des Gefährten La Barres, zu erreichen.*

Regierungsantritt Ludwigs XVI. – Der König befiehlt, Voltaires Nachlaß bei dessen Tod zu versiegeln. Turgot wird Finanzminister. Lessings „Fragmente des Wolfenbütteler Ungenannten". Goethes „Leiden des jungen Werthers". Herders „Auch eine Philosophie der Geschichte zur Bildung der Menschheit".

In Genf erscheint die „gerahmte Ausgabe" der „Vollständigen Werke". Voltaire erreicht durch Turgot die Befreiung des Gebiets von Ferney aus der Generalpacht und wird von der Bevölkerung gefeiert. „Lobrede auf die Vernunft". Turgot besucht Ferney. 1775

Hungerunruhen in Frankreich („Mehlkrieg"). – Beaumarchais' „Barbier von Sevilla".

Voltaire veröffentlicht „Die endlich erklärte Bibel". 1776

Turgots Edikte über die Freiheit des Handels und der Industrie führen zu seiner Entlassung. 4. Juli: Unabhängigkeitserklärung der USA. Gründung der ersten Gewerkschaft in England. – „Die Soldaten" von Jakob Michael Reinhold Lenz. „Eine Untersuchung über das Wesen und die Ursachen des Reichtums der Nationen" von Adam Smith.

„Dialoge des Euhemeros". 1777

Schwere Finanzkrise in Frankreich.

10. Februar: Ankunft Voltaires in Paris. Am 11. Februar empfängt er über dreihundert Besucher. 20. Februar: Schwere Krankheit. 2. März: Voltaire unterzeichnet einen Widerruf, verweigert aber die Kommunion. 30. März: Ehrung in der Académie française, Triumph der „Irène". Am 30. Mai stirbt Voltaire. Seine Leiche wird heimlich überführt und in der Abtei Seillières in der Champagne beigesetzt. Madame Denis verkauft Ferney. Katharina II. kauft die Bibliothek, um die sich auch der Landgraf von Hessen bemüht hatte. 1778

2. Juli: Rousseau gestorben.
Mit dem Sturm auf die Bastille am 14. Juli beginnt die Französische Revolution. 1789

Auf Beschluß der Nationalversammlung werden die sterblichen Reste Voltaires ins Pantheon überführt. 1791

Einleitung

I

Noch immer kann der Name Voltaire bei uns Deutschen ganz unterschiedliche Vorstellungen wecken. Versuchen wir zunächst, uns diese eigenartige Situation an drei Aspekten bewußt zu machen.

Fiel der erste und einzige Kontakt mit Voltaire in die Schulzeit, als die „Hamburgische Dramaturgie" behandelt wurde, dann ist er der Verfasser von klassizistischen Tragödien, über die Lessing vernichtende Urteile fällte. Durch die bis heute ungeminderte Autorität des großen Kritikers ist Voltaire auf dieser Kenntnisstufe zum Epigonen der französischen Klassiker abgestempelt.

Etwas freundlicher mag das Resultat ausfallen, wenn die Erinnerung von Adolph von Menzels berühmtem, im Jahre 1945 vernichtetem Gemälde „Friedrichs des Großen Tafelrunde von Sanssouci" geleitet wird. Die Beziehungen zwischen Voltaire und dem preußischen König entbehrten gewiß nicht der Spannungen und der dunklen Punkte, auf beiden Seiten. Aber jeder von ihnen wußte, was der geistige Austausch ihm einbringen würde, als ihr Briefwechsel 1736 eröffnet wurde. Der preußische Thronfolger wählte den bedeutendsten Kopf der damaligen französischen Geisteswelt zu seinem literarischen Ratgeber. Der französische Dichter widmete sich jenem unter den künftigen europäischen Monarchen, von dem für die Beförderung der Aufklärung einiges zu erwarten war. Auf Grund ihrer herausgehobenen Positionen besaß eine Korrespondenz zwischen ihnen von Anfang an eine politische Dimension. Dem ehrgeizigen Hohenzollernsproß verschaffte sie unmittelbare Publizität in ganz Europa. Voltaire, der die Bastille schon zur Genüge kannte und als Schriftsteller auch fernerhin gute Gründe haben würde, sich von Zeit zu Zeit vor dem Zugriff der Polizei des allerchristlichen Königreiches in Sicherheit zu bringen, konnte die Aussicht auf ein jederzeit sicheres Asylland nur willkommen sein.

Mit Bedacht hat Menzel sein Gemälde der Tafelrunde auf das Jahr 1750 datiert und so die ungetrübten Anfangsmonate von Voltaires dreijährigem Aufenthalt in Berlin zum Gegenstand gewählt. Der König, in der Mittelachse des von Sonne warm durchfluteten Marmorsaales sitzend, ist Voltaire zugewandt, dessen Äußerungen auch drei weitere der Tafelgenossen verfolgen. Die Bildakzente sind so verteilt, daß zwischen dem mehr optisch wirksamen jungen König und dem dramatisch-psychologisch im Mittelpunkt stehenden sechsundfünfzigjährigen Voltaire, der den inneren Sinn des Beschauers anzieht, ein Verhältnis der Äquivalenz besteht. Die Worte des geistreichen Gastes aus Paris lassen offensichtlich niemanden an die Genüsse der gedeckten Tafel denken. Nur der von Voltaire am entferntesten plazierte La Mettrie, der einzige Materialist in der Runde, hat unbewußt schon die Hand am Glas.

Nichts deutet auf dem Gemälde auf die schweren Spannungen zwischen dem König und seinem Kammerherren hin, wie sie schon Ende 1750 auftraten. Ihre Begegnung steht noch unter der Aura jener trügerischen Idealisierung, die ihnen in dem seit Jahren geführten Gedankenaustausch aus der Ferne wechselseitig zur geläufigen Haltung wurde. Ernüchterung und Enttäuschung auf beiden Seiten waren damit fast unausweichlich vorprogrammiert: Christiane Mervaud hat das in einer umfassenden Analyse der Beziehungen Voltaires und Friedrichs II. sehr schön gezeigt. Höfische Zwischenträgereien taten ein übriges, um das räumliche Beisammensein zu vergiften.

Voltaires Abschied vom preußischen König im Frühjahr 1753 ging nicht ohne Peinlichkeiten und tiefe Verletzungen ab. Gewichtiger als das offene Zerwürfnis und die wenigen Jahre der Verstimmung ist indes, daß der Briefwechsel wieder aufgenommen wurde, sobald die Wunden nur einigermaßen vernarbt waren. Es ist das Verdienst von Christiane Mervaud, in ihrem Buch – gegen die vorherrschende Neigung der Forschung und erst recht der Publizistik, sich auf die Berliner Jahre mit ihrem theatralischen Finale zu beschränken – die Beziehungen zwischen beiden Männern in ihrer Totalität erfaßt und geistige Verbundenheit als Hauptmerkmal herausgearbeitet zu haben.

Schließlich und drittens: Das Werk, mit dem Voltaire im Siebenjährigen Krieg die Welt beschenkte und seine Erfahrungen in Deutschland verarbeitete, der Roman „Candide“, seit langem gerühmt als das Werk seiner Werke, ist sicher auch in Deutschland das am meisten gelesene Produkt seiner Feder. Doch bildet nicht dieser „Candide" gerade für deutsche Leser eine andauernde Herausforderung? Mit den „Philosophischen Briefen", einer für seine Landsleute über die englischen Verhältnisse geschriebenen Reportage, darf man ihn nicht vergleichen. Voltaire konnte schon deshalb nur partielle und vermittelte Eindrücke von Deutschland geben, weil er nur wenige Brocken der deutschen Sprache verstand, während er sich Englisch sehr rasch angeeignet hatte. Die wenigen Striche aber, mit denen im „Candide" Konturen Deutschlands im 18. Jahrhundert angedeutet werden, verraten den Blick eines scharfen Beobachters.

Da ist nicht nur der Spott über das erstaunliche Phänomen, daß nur eine nachweisbar lückenlose aristokratische Abkunft durch zweiundsiebzig Generationen hindurch einen Anspruch auf einen Platz in einem der Reichsstifte begründen konnte, wodurch die schöne alte Reichsstadt Regensburg, mit zweien dieser Einrichtungen versehen, „eines für Domherren, das andere für Kanonissinnen, zu denen beiden jene berühmte Ahnenzahl erfordert wurde" (Carlo Denina, Brandenburgische Briefe, Berlin 1786, S. 37), für gebildete Reisende alsbald zu zweifelhaftem Ruhm gelangte. Da ist auch, wennschon in bitteren Sarkasmus gehüllt, Bewunderung für die militärische Überlegenheit Preußens unter Friedrich II., deren Quelle zu betrachten Voltaire in Potsdam und Berlin reichlich Gelegenheit hatte. Durch Werber überrumpelt und in die preußische Armee gepreßt, bleibt dem „in den Dingen dieser Welt noch sehr unerfahrenen" Helden des Romans nichts von dem fürchterlichen Drill erspart, und er flieht, so bald er kann. Auf seinem abenteuerlichen Bildungs- und Erziehungsweg im spanischen Cadix angelangt, braucht Candide, „der bei den Bulgaren (das heißt: Preußen) gedient hatte ... das bulgarische Exerzierreglement vor dem General der kleinen Armee" nur mit der erlernten „Schnelligkeit, Geschicklichkeit und Behendigkeit" vorzuführen, und schon ist er zum Hauptmann befördert.

Die Brutalitäten des realen Krieges und seine verheerenden Wirkungen werden im Roman mit Nachdruck betont. In drei Kapiteln wird die Zerstörung des westfälischen Herrensitzes, in dem Candide eine glückliche Jugend verlebte, von verschiedenen Personen und aus unterschiedlicher Perspektive geschildert. Das für Voltaire Unbegreifliche und zutiefst Widersinnige aber war: In diesem Deutschland, dessen Provinzen der Krieg am schlimmsten verheerte, fand die Lehre von der göttlichen Providenz trotz allem ihre entschiedensten Verfechter. Auch die alltägliche Erfahrung, daß „alles reichlich schlecht" stand, konnte die philosophischen Köpfe nicht in der Überzeugung erschüttern, letztlich sei „alles aufs beste" eingerichtet in dieser Welt und von einer höheren Vernunft geplant.

So blieb die Herzogin von Gotha, von der Voltaire erschütternde Berichte erhielt über „Ströme menschlichen Blutes, die die Schlachtfelder tränken", trotz der Heimsuchungen ihres Landes durch Franzosen und Panduren dem Glauben an die göttliche Vorsehung treu. Mendelssohn und Lessing, die bereits 1755 mit der Abhandlung „Pope ein Metaphysiker" das Banner des Leibniz-Wolffschen Nationalismus hochgehalten hatten, trugen sich mit Plänen eines „Anti-Candide". Nach dem Zeugnis Mendelssohns wollte Lessing in einer Fortsetzung zeigen, „daß alle die Übel, die Voltaire gehäuft und auf Rechnung der verleumdeten Vorsehung zusammengedichtet hatte, am Ende dennoch zum Besten gelenkt und zu den allerweisesten Absichten einstimmig gefunden werden sollten". Und selbst Justus Möser, der Verfasser der „Patriotischen Phantasien", der so vieles mit den Augen des gesunden Menschenverstandes zu betrachten wußte, versuchte in späteren Jahren eine Fragment gebliebene Erwiderung.

Mit bemerkenswertem Spürsinn hatte Voltaire offenbar einen Punkt in der Mentalität der Deutschen getroffen, auf den wir vom Ende des 20. Jahrhunderts aus nicht ohne Beklemmung zurücksehen können. Denn ist es nicht die genaue Kehrseite jenes großen theoretischen Sinnes, den Engels einmal den Deutschen nachrühmte, wenn den Wahrnehmungen der empirischen Erfahrung das einmal ausgearbeitete Weltbild so schnell nicht preisgegeben wird? Besaß nicht die Teleologie, ein von Christian Wolff in die Sprache der Philosophie eingeführter Terminus für die Lehre von der göttlich bedingten Zweckbedingtheit jeglicher Bewegung und Entwicklung in der Welt, von Leibniz bis zu Hegel einen herausragenden Stellenwert in den Gedankengebäuden unserer großen Denker? Und galten nicht gerade bei den Dialektikern unter den Philosophen „die schrecklichsten Phänomene" als „unzertrennlich verbunden" mit der zivilisatorischen Höherentwicklung der Menschheit?

Es ist Georg Forster, der sich 1788 in einer wichtigen Rezension zu der Schrift des Franzosen Genty „L'influence de la découverte de l'Amérique sur le bonheur du genre humain" (Der Einfluß der Entdeckung Amerikas auf das Glück des Menschengeschlechts) so dezidiert äußert. Und er hat dabei nicht Naturkatastrophen, sondern von Menschen verursachtes Geschehen wie die Ausrottung der amerikanischen Ureinwohner vor Augen: ein grauenhaftes Geschehen, dem nach Schätzung der modernen Wissenschaft fünfzig Millionen Menschen zum Opfer fielen.

Mögen die barbarischsten Vorgänge als objektiv-realer Widerspruch in den Prozessen, als Quelle aller Bewegung lange Zeit unter dem weiten Mantel der Dialektik Platz gefunden haben – seit der Entwicklung der Atombombe und der universellen Bedrohung, unter der die Menschheit nunmehr lebt, haben die Dinge eine Dimension angenommen, die ein solches dialektisches Verrechnen nicht mehr aufgehen läßt. Die für Forster noch mögliche Unterscheidung zwischen den „unmittelbaren Folgen", die „man sich nicht schauderhafter denken" kann, und einer Langzeitwirkung, bei der die positiven Aspekte allmählich zum Vorschein kommen, wird gegenstandslos geworden sein, sobald der Feuersturm eines Nuklearkrieges über diesen Erdball fegt. Ein Subjekt für solche Unterscheidungen existiert dann nicht mehr. Am Ausgang des 20. Jahrhunderts müssen wir in der Tat ein neues Denken erlernen: Weder der Glaube der Aufklärer an einen permanenten Fortschritt noch die dialektische Vermittlung von Fortschritt und Katastrophen der Völker können unsere Sache mehr sein. Voltaires Aktualität ist nicht darin begründet, daß er die Lehre von der besten der möglichen Welten kritisch zersetzte, indem er auf dem massiven Vorhandensein von Bösem in dieser Welt beharrte, sondern darin, daß er dem idealistischen Vertrauen auf eine der Geschichte der Menschheit immanente Garantie zur Höherentwicklung, die ohne Unkosten nun einmal nicht zu haben sei, mit berechtigter Skepsis begegnete.

II

Voltaire und Lessing, Voltaire und Friedrich II., „Candide" und die philosophische Diskussion im Deutschland des 18. Jahrhunderts – drei Seiten bloß aus einem reichen Leben und Werk, wo es unmittelbare und bedeutsame Bezüge zu unserer eigenen Geschichte gibt. Doch wie in einem alten Buch auch ganz vergilbte Blätter sich finden mögen, deren Sätze zu entziffern Mühe macht, die für den Sinn des Ganzen aber unumgänglich sind, so dürfen wir auch im Leben Voltaires nicht unserm Gedächtnis fremd gewordene Momente einfach beiseite lassen, wenn wir verstehen wollen, wie dieser Franzose zu einer beherrschenden Gestalt seines Jahrhunderts wurde. Wenn heute vor allem der philosophische Erzähler und der Briefautor durch Lebensfrische unmittelbar ansprechen, weshalb wir beiden Seiten in unserer Auswahl den gebührenden Raum geben, so ist es das Schaffen des Poeten – insbesondere des Tragödiendichters – gewesen, dem Voltaire den Aufstieg zu europäischem Ruhm verdankte und dem wir uns zunächst zuzuwenden haben.

Von 1718 bis 1778, von „Œdipe" bis „Irène" erstreckt sich Voltaires Tragödienschaffen und umfaßt rund dreißig Stücke. Schon nach Ansicht der Zeitgenossen sind sie von ungleichem künstlerischem Wert, aber von enormer Wirkung: An der Comédie française stand Voltaire nach 1730 häufiger auf dem Spielplan als Corneille und Racine. Zwischen 1760 und 1789 wurden Stücke von ihm doppelt so oft gegeben als die der beiden Klassiker zusammengenommen. Nun war Paris in dieser ganzen Periode mehr als die Hauptstadt Frankreichs. Es war die unbestrittene Metropole der zivilisierten Welt, zu deren Glanz das Tragödienrepertoire auf seine Weise beitrug. Kaum geringer ist wohl die Wirkung außerhalb Frankreichs gewesen. Am Deutschen Nationaltheater in Hamburg waren 1767/68 zwei Drittel der gespielten Stücke Übersetzungen aus dem Französischen. Mit zehn Stücken hatte auch hier Voltaire die Spitzenposition inne. Daß Lessing so polemisch reagierte und drei der berühmtesten Voltaireschen Tragödien, „Zaïre", „Sémiramis" und „Mérope", in der „Hamburgischen Dramaturgie" um jeden Kredit zu bringen suchte, wird unter solchen Umständen verständlicher.

Die „tragédie classique" ist in bestimmter Hinsicht Bestandteil der Kulturpolitik des französischen Absolutismus gewesen. Man wußte schon um 1700 um die Sonderstellung dieser dramatischen Spezies, in der die Hofetikette von Versailles gewissermaßen ein dramatisches Gesetz bildete, und man wußte um die Bewunderung und die Nachahmung im Ausland. Ein königlicher Minister hatte deshalb für Ausgewogenheit des Spielplans zu sorgen, auch wenn das Pariser Publikum, statt die heroischen Helden zu bewundern, sich viel lieber an den Anzüglichkeiten der aktuellen Sittenkomödie ergötzt hätte.

Ihrer Form nach ist Voltaires dramatische Produktion zeitlebens von diesen Rahmenbedingungen des Jahrhundertanfangs geprägt geblieben. Als Dramatiker verstand sich Voltaire als Vollender der höfischen Kultur Racines, die Zeitgenossen nahmen keinen Anstand, in ihm den dritten ihrer großen Tragiker zu ehren. Diderot, der theoretische Begründer des bürgerlichen Dramas, den wir Deutsche eher als Bundesgenossen Lessings zu betrachten gewohnt sind, machte keine Ausnahme und legte noch in einem Alterswerk, dem Seneca-Essay, das Bekenntnis nieder: „Man muß Racine lesen, wenn man jung ist, Corneille, wenn man alt ist, Voltaire zu jeder Zeit."

Von Anfang an aber ist in diesen Tragödien der beständige Einschlag der Aufklärung zu spüren, der ihnen, mit Werner Krauss zu urteilen, „einen Standort außerhalb oder über der klassischen und klassizistischen Tragödie anweist". Im „Œdipe" von 1718 stehen die Verse:

> Die Priester sind nicht, was ein blinder Pöbel meint,
> Nur unsre Torheit ist's, was ihre Weisheit scheint.
> (Übersetzung von David Friedrich Strauß)

Im „Mahomet" von 1741 bekundet sich bürgerliches Selbstbewußtsein:

> Die Sterblichen sind gleich! Nicht die Geburt,
> Die Tugend nur macht allen Unterschied.
> (Übersetzung von Goethe)

Tiraden ähnlicher Art gibt es in solcher Fülle, daß Ronald S. Ridgway ein ganzes Buch über „Die philosophische Propaganda in den Tragödien Voltaires" schreiben konnte. Diderot hat diese Leistung Voltaires mit dem Lob bedacht: „Du hast die Stimme der Philosophie auf der Bühne erschallen lassen, du hast sie populär gemacht."

Ästhetisch gesehen, waren diese geflügelten Worte freilich eine schwere Hypothek für die französischen Dramatiker. Schiller hat das, als Goethe den „Mahomet" übersetzte, mit bestechender Prägnanz formuliert: „Die Eigenschaft des Alexandriners", schreibt er an Goethe, „sich in zwei gleiche Hälften zu trennen, und die Natur des Reims, aus zwei Alexandrinern ein Couplet zu machen, bestimmen nicht bloß die Sprache, sie bestimmen auch den ganzen inneren Geist dieser Stücke, die Charaktere, die Gesinnungen, das Betragen der Personen. Alles stellt sich dadurch unter die Regel des Gegensatzes, und wie die Geige des Musikanten die Bewegungen der Tänzer leitet, so auch die zweischenklichte Natur des Alexandriners die Bewegungen des Gemüts und die Gedanken. Der Verstand wird ununterbrochen aufgefordert und jedes Gefühl, jeder Gedanke in diese Form wie in das Bette des Prokrustes gezwängt." Der besondere Charakter ihrer Sprache ließ den französischen Dramatikern jedoch keine Wahl, sofern sie ihre Stücke in Versen und nicht in Prosa schreiben wollten.

Der auffällige Widerspruch zwischen konservativ-klassischem Geschmack und aufklärerisch-progressiver Gesinnung, der für den Poeten Voltaire so kennzeichnend ist und ihn zu dem großen Vermittler zwischen der klassischen Periode und dem Zeitalter der Aufklärung in Frankreich gemacht hat, entbehrt nicht der inneren Logik: Wer zu Königen zu sprechen wünscht und sie für seine Gedanken gewinnen will, muß die Formen beherrschen, die bei Hofe gebräuchlich sind. Voltaire besaß nicht nur den Ehrgeiz, eine solche Rolle zu spielen, er hatte auch das Zeug dazu, sie mit Substanz auszufüllen.

Seine literarische Karriere, über welche die chronologische Übersicht dieses Bandes im einzelnen Auskunft gibt, läßt erkennen, daß er sich von der höfischen Welt und ihren Formen, zunächst wohl eher unbewußt, am Ende aber mit Entschiedenheit, gelöst hat. Ausgehend von der Tragödie und dem heroischen Epos, dem Preislied auf die von Heinrich IV. verkörperte religiöse Toleranz, die unter der Regierung Ludwigs XIV. vollständig verleugnet wurde, versuchte Voltaire sich seit den dreißiger Jahren auf dem Felde der Darstellung der Geschichte und der philosophischen Abhandlung, beide schon von den behandelten Gegenständen her noch einer gehobeneren Stilsphäre zugehörend. Erst relativ spät fand er den Weg zu den kleinen Gattungen, die in der Hierarchie der klassischen Poetik zu den niedrigen zählten oder überhaupt nicht berücksichtigt wurden, für die Aktionsziele der Aufklärung aber hervorragend geeignet waren.

Die Reihe der Erzählungen und der Dialoge setzt erst ein, nachdem Voltaire die Schwelle des vierzigsten bzw. des fünfzigsten Lebensjahres weit überschritten hat. Und erst ein weiteres Jahrzehnt danach ist Voltaire schließlich so weit, daß er das kurze, ätzende Pamphlet mit sichtlicher Vorliebe benutzt. Ganz bewußt hat er hier alle Rücksichtnahme auf gepflegten Stil und auf die Normen der guten Gesellschaft über Bord geworfen. „Es gilt, kurz zu sein und ein wenig schmutzig", bekennt er in einem Brief vom 5. Januar 1763, „sonst machen die Diener und Madame de Pompadour, die Verkäufer und die Kammerzofen nur Fidibusse aus einem Buch." Die Mehrzahl der Werke seiner Altersperiode ist nach dem Rezept „kurz und ein wenig schmutzig" geschrieben worden. Der Zusammenhang dieser neuen Strategie des Schreibens mit der verstärkt antichristlichen Polemik in Voltaires Altersperiode ist von Roland Mortier in einer Studie über den Pamphletisten Voltaire glänzend nachgewiesen worden.

Hinter der beispiellosen Wirksamkeit, die der greise Voltaire mit seiner Publizistik in den letzten beiden Jahrzehnten seines Lebens ausüben konnte – worüber noch zu sprechen sein wird –, stand der gesammelte Ruhm des gefeierten Dichters und Schriftstellers. In Diderots Urteilen über Voltaire wird dieser Zusammenhang immer wieder deutlich: „Er begann seine Laufbahn", heißt es in einem Brief vom 15. Mai 1767 an den Bildhauer Falconet, „als großer Mann, er beendet sie als ein Ehrenmann. Er hat ‚Zaïre' mit dreißig Jahren geschrieben und Calas mit siebzig gerächt. Was für ein Mensch (...)!" Und noch persönlicher fast heißt es in „Rameaus Neffe": „Ich kenne eine Tat, die ich um alles Gut, das ich besitze, gern getan hätte. Der ‚Mahomet' ist ein großartiges Werk, aber ich würde lieber das Andenken der Calas' rehabilitiert haben."

Undenkbar, daß Voltaire die Stellung einer geistigen Großmacht in Europa erlangt hätte, wenn er den umgekehrten Weg gegangen wäre. Lessings andersartige Laufbahn spricht eine deutliche Sprache. Daß seine Anfänge in Berlin die eines Zeitungsschreibers gewesen sind, hat seinen Namen in den Augen des Preußenkönigs für immer gebrandmarkt. Autoren von Zeitungen oder Zeitschriften waren zu regelmäßiger Terminarbeit verpflichtet und so mit dem Makel der Lohnarbeit behaftet. Friedrich II. wie Voltaire vermochten im Journalismus nur einen entarteten Zweig der Literatur zu sehen, in dem zahllose Abenteurer der Feder ihr Unwesen trieben. Für die höheren Ansprüche des Geschmacks und eine Vervollkommnung der Kunst war von diesem Gewerbe nichts zu erhoffen.

III

Den Ruhm des Poeten Voltaire hatte schon ein scharfsichtiger Zeitgenosse wie der Abbé Trublet in Frage zu stellen gewagt, als er den berühmten Erziehungsroman Fénelons, „Die Abenteuer des Telemachos", an poetischem Gehalt weit über die „Henriade" stellte. Lessing hat dieses Urteil aufgegriffen und verschärft, indem er die lebendige Prosa von der toten Poesie in Voltaires Werk kategorisch sonderte. Die Hauptlinie der Voltaire-Rezeption im 19. und 20. Jahrhundert hat dieses Urteil nicht widerlegt. Voltaires Ansehen als Historiker hat sich als dauerhafter erwiesen. Auch wenn die wissenschaftliche Forschung natürlich über seine Werke längst hinausgeschritten ist – anregend und lesbar sind sie geblieben, weil große Geschichtsdarstellung immer auch eine künstlerische Aufgabe ist.

Es war das dramatische Schicksal Karls XII. von Schweden, des Gegenspielers Peters I. von Rußland, das zu erzählen den erfahrenen Tragödienschreiber reizte und seine Entwicklung zum Historiker einleitete. In den beiden Protagonisten des Nordischen Krieges, in dem Rußland zur europäischen Großmacht aufstieg, glaubte Voltaire „die eigentümlichsten Persönlichkeiten, die seit zwanzig Jahrhunderten erschienen waren", vor sich zu haben. Diese künstlerische Auffassung der Historiographie hat er zeitlebens beibehalten. Im Hinblick auf das „Zeitalter Ludwigs XIV." bekennt er 1752: „Eine Exposition, eine Verwicklung und eine Lösung ist in der Geschichtsdarstellung wie in der Tragödie nötig." Der dramaturgische Blick auf die Geschichte blieb mit innerer Konsequenz zunächst an den „großen Männern" haften. Das intensive Interesse an großen Gestalten der Geschichte verraten schon die Titel seiner Werke: „Geschichte Karls XII., Königs von Schweden", „Das Zeitalter Ludwigs XIV.", „Geschichte des russischen Reiches unter Peter dem Großen", „Abriß des Zeitalters Ludwigs XV.".

Epochemachend an Voltaires historischen Werken war zunächst einmal, daß sie die Geschichtsschreibung aus der subalternen Rolle befreiten, zu der sie das politische System des Absolutismus verurteilt hatte, wo sie im 17. Jahrhundert vornehmlich als große Vorratskammer für exemplarische Stoffe und moralische Lehren zu dienen hatte. Neben Montesquieus Römerbuch („Considérations sur les causes de la grandeur des Romains et de leur décadence", 1734) und den Werken von David Hume, William Robertson und Edward Gibbon ist es vor allem das historische Schaffen Voltaires, das der Geschichtsschreibung jenen literarischen Rang zurückgab, den sie in der Antike schon einmal besessen hatte. An die Stelle der pedantischen, bändereichen Kompilationen traten allgemein lesbare Werke, in weltmännischer Sprache geschrieben, durch kühnen Zugriff in der Form gebändigt, durch Aufnahme der kritischen Fragen der Aufklärung dynamisiert.

Epochemachend waren Voltaires historische Werke aber auch durch die Bewußtheit des methodischen Verfahrens. Um „die historische Wahrheit", das Hauptziel der ganzen Arbeit, zu erfassen, hat der Geschichtsschreiber von der Fülle der Nachrichten zu abstrahieren, die lediglich Detailwahrheiten bedeuten, und sich auf die wirksamen Elemente zu beschränken, die für die Gegenwart bestimmend wurden.

Der Grundsatz des besonnenen Auswählens konfrontiert allerdings mit zahlreichen Fragen. Eine Fußnote im „Zeitalter Ludwigs XIV." veranschaulicht die Probleme, mit denen sich Voltaire beim selektiven Umgang mit den Quellen herumzuschlagen hatte: „Es war damals üblich und ist es noch heute, reine Erfindungen und im Volk verbreitete Märchen als sichere Wahrheiten auszugeben. Ehemals mangelte es der Geschichte an Denkschriften, heute schadet ihr die Vielfalt der Abhandlungen. Das Wahre ist ertränkt in einem Ozean von Broschüren."

Nimmt man hinzu, daß Voltaire sich als Historiker entwickelte und seit 1740 an einer Universalgeschichte arbeitete, die in endgültiger Gestalt 1760 als „Essai sur les mœurs et l'esprit des nations" (Versuch über die Sitten und den Geist der Nationen) erschien, so wird seine überragende Bedeutung für das historische Denken verständlich, die in dem auf Seite LVI zitierten Urteil Friedrich Schlegels über ihn auch und gerade in der Negation erkennbar bleibt. Stärker als in den übrigen historischen Werken kam in diesem weitgespannten Unternehmen ein radikaler Antiklerikalismus zum Zuge, der mit dem Namen Voltaires seither zu unauflöslicher Einheit verschmolz. Bahnbrechend an diesem „Essai" war, daß der Maßstab der bisherigen Universalgeschichtsschreibung – Entwicklung und Ausbreitung der christlichen Kirche – überwunden und durch das Prinzip der zivilisatorisch-kulturellen Leistungen abgelöst wurde.

Der Historiographie war damit eine völlig neue Funktion gegeben. Nicht mehr die klassische Antike, sondern die Neuzeit war zum Hauptgegenstand geschichtlicher Forschung erklärt. Das Verhältnis zur Geschichte war grundsätzlich auf eine breitere soziale Grundlage zu stellen. An die Stelle einer Geschichte der Herrscher sollte eine Geschichte der Beherrschten treten. „Man hat nur die Geschichte der Könige, aber nicht die der Nation geschrieben", heißt es in diesem Sinne in einem Brief vom 26. Januar 1740. Die Absicht, die universale Vorgeschichte der französischen Bourgeoisie aufzuhellen und mit der Beschränkung auf dynastische und Kriegsgeschichte zu brechen, hat die Arbeit am „Zeitalter Ludwigs XIV." von Anfang an geleitet. Am 15.Juli 1735 äußert Voltaire in einem Brief: „Die Schleusen eines Kanals, der zwei Meere verbindet, ein Gemälde von Poussin, eine schöne Tragödie, eine endlich enthüllte Wahrheit sind tausendmal mehr wert als alle Annalen des Hofes und alle Kriegsberichte. Sie wissen, daß bei mir die großen Männer die ersten sind und die sogenannten Helden die letzten. Groß nenne ich die Männer, die im Nützlichen oder im Gefälligen sich ausgezeichnet haben. Die Eroberer von Provinzen sind nur Helden."

So wegweisend dieses Programm gewesen ist – man kann nicht behaupten, es sei im „Zeitalter Ludwigs XIV." auch wirklich realisiert worden. Der erste und wichtigste Platz ist vierundzwanzig Kapiteln über das militärische Geschehen unter der Regierung des Sonnenkönigs eingeräumt. Nur sechs Abschnitte, die in der Kapitelgliederung an neunundzwanzigster bis vierunddreißigster Stelle rangieren, entfallen auf die Entwicklung der inneren Verwaltung, der Finanzen sowie der Wissenschaften und Künste – sie gehören natürlich zu den in unsere Auswahl aufgenommenen Partien. Den Abschluß bilden Kapitel über kirchliche Angelegenheiten und Querelen. Zusammen mit den beiden ersten Kapiteln des Gesamtwerkes vermitteln die ausgewählten Partien immerhin einen Eindruck von Voltaire als Geschichtsschreiber.

Gleich im zweiten Satz der „Einleitung" sagt dieser, er wolle „für die Nachwelt zu malen versuchen" („peindre à la postérité"). Auch in Briefen hat er das „Zeitalter Ludwigs XIV." immer wieder mit einem „Gemälde" verglichen. Wohl zutreffend hat René Pomeau im Vorwort zur Plejaden-Ausgabe von Voltaires „Œuvres historiques" den Aufbau des Gesamtwerkes, in dem die übergeordneten Gesichtspunkte – Diplomatie und Krieg, Hofleben, Verwaltung des Königreichs, Schöne Künste und Religion – in problematischer Weise aneinandergereiht sind, aus der von Voltaire bewußt eingenommenen Perspektive eines Historienmalers erklärt. „Die Ereignisse sind wie in der Tiefe eines visuellen Raumes situiert: im Vordergrund die Schlachtenszenen, in der Mitte der Glanz von Versailles, dann die nützliche Tätigkeit der Minister und der Künstler jeden Genres; ganz im Hintergrund schließlich die Schattenzone, wo sich die Priester bewegen."

Nun gehört es zum Metier eines Historienmalers, seinen Gegenstand auch ins rechte Licht zu rücken. Apologetische Tendenzen in Voltaires „Gemälde" können um so weniger überraschen, als das „große Zeitalter" ja der eigenen Zeit und vor allem dem schwachen Ludwig XV. als ein kritischer Spiegel vorgehalten werden sollte. Es hatte Ursachen, daß das Werk 1751 nicht in Frankreich, sondern in Berlin erschien.

Behält man den Charakter des Genres im Auge, dann kann der von Robert Mandrou („La méthode historique de Voltaire, une lecture du ‚Siècle de Louis XIV'"; in: Historische Forschung im 18. Jahrhundert, Bonn 1976, S. 372) erhobene Vorwurf der „unzureichenden Sozialphilosophie" Voltaires nicht überzeugen. Die entscheidende Veränderung im Verhältnis der Klassen zueinander wird auf den Schlußseiten des Finanzkapitels durchaus sichtbar: Reichtum und Macht der großen Feudalherren sind im Verhältnis zur Bereicherung des „Mittelstandes" („le moyen ordre") durch Industrie und Handel zurückgegangen. „Gerade das aber", schlußfolgert der Autor, „hat den Abstand zwischen den Menschen verringert." Der Aufstieg der Bourgeoisie, der führenden Klasse der kommenden Gesellschaftsordnung, zeichnet sich deutlich ab. Wenn Voltaire demgegenüber für die Masse der Landbevölkerung keine Perspektive erkennt und feststellt: „Der Tagelöhner, der Arbeiter muß auf das Notwendige beschränkt sein, wenn er arbeiten soll: das liegt in der Natur des Menschen. Diese große Zahl von Menschen muß arm sein, aber sie braucht nicht elend zu sein", so unterscheidet sich dieser Standpunkt nicht im geringsten von dem der Physiokraten, die Marx als „eigentliche Väter der modernen Ökonomie" kennzeichnete.

IV

Die Verbindung des Dichterfürsten und des führenden Historikers in einer Person konnte nur dazu führen, daß Voltaire früher oder später der Platz eines Oberhauptes der französischen Aufklärung zufiel. In der Tat erhielt er diese Stellung, sobald sein „Siècle de Louis XIV", sein erstes großes Geschichtswerk, 1751 erschien. Die Universalität verlieh ihm einen Status, von dem aus im Rückblick „die großen Männer des Zeitalters Ludwigs XIV.", mit Paul Valéry zu reden, wie „Chorknaben" erscheinen können. Sie alle haben ihr Talent nur in den Grenzen einer Gattung eingesetzt: Molière schrieb Komödien, Racine Tragödien, La Rochefoucauld Aphorismen. Der Schriftsteller der Aufklärungsperiode, den Voltaire exemplarisch verkörpert, bewegt sich im Bereich der Poesie wie der Prosa, und der gesellschaftliche Wirkungsraum der Literatur erweitert sich entsprechend.

Gewiß erschien im Jahr 1751 auch der erste Band der von Diderot und d'Alembert geleiteten Enzyklopädie. Das Gewicht dieses Unternehmens und die geistige Autorität Diderots sind indessen nicht identische Größen. Zu Recht hat der Diderot-Forscher Paul Vernière davor gewarnt, sich durch das Wort „Enzyklopädist" blenden zu lassen: „Diderot, Leiter eines gigantischen Editionsunternehmens, ist niemals Haupt eines Clans gewesen. Der Führer ist seit der Jahrhundertmitte unbestritten Voltaire, der dank dem völligen Einverständnis von d'Alembert der französischen Intelligenz sehr früh ihre Einheit, ihren Zusammenhalt und ihre Wirksamkeit verliehen hat." („Naissance et statut de l'intelligentsia en France"; in: Le Siècle de Voltaire, Band 2, Oxford 1987, S. 935)

Es gab in der Tat einen Voltaire, der zum Führer einer geistigen Opposition in Frankreich berufen schien. Die 1733 zunächst in London in englischer Sprache, 1734 in französischer Fassung erschienenen „Philosophischen Briefe" waren ein Manifest oppositionellen Denkens, und sie sind als solches verstanden worden. Der Pariser oberste Gerichtshof erließ Haftbefehl gegen den Autor und ordnete die Verbrennung des Werkes an. Der rechtzeitig gewarnte Voltaire zog es vor, die folgenden Jahre in dem damals nicht zu Frankreich gehörenden Lothringen zu leben.

Das anfangs „Englische Briefe" betitelte Werk wertet Erfahrungen aus, die Voltaire in den Jahren 1726 bis 1729 gesammelt hatte. Anlaß für den plötzlichen Entschluß, nach London zu reisen, war eine peinliche Szene gewesen, bei der der Dichter durch Diener des adelsstolzen Chevalier de Rohan verprügelt und anschließend zur Sicherheit des ehrenwerten Aristokraten in die Bastille gesteckt worden war. Aus Voltaires unter solchen Umständen zustande gekommener Entdeckung Englands wurde sein erstes Meisterwerk, der Form nach eine Mischung zwischen buntem Reisebild und wissenschaftlichem Bericht.

Die Berichterstattung umfaßt die verschiedenen religiösen Sekten und die Hochkirche, die Entwicklung der englischen Poesie und die Lage der Wissenschaften. (Da unsere Auswahl aus Umfangsgründen das Werk nicht ohne Kürzungen bringen kann, verzichten wir auf die Briefe über die Quäker [Nr. 1 bis 4] nebst dem Anhang über Pascal [Nr. 25] und bringen von den Briefen über die englische Poesie [Nr. 18 bis 22] nur den Brief über die Tragödie, in dem zum ersten Male auf dem Kontinent der berühmte Hamlet-Monolog „Sein oder Nichtsein …" übersetzt und eine Ahnung von Shakespeares Größe vermittelt wird.) Wo immer es angeht, benutzt Voltaire die Beschreibung ziemlich unverhohlen dazu, die in Frankreich bestehenden Zustände als intolerant, altfränkisch oder mittelmäßig bloßzustellen.

Den eigentlichen Stein des Anstoßes bildeten die Briefe über Politik und Philosophie, wo es z. B. über die Macht des englischen Parlaments heißt: „Die englische Nation ist die einzige auf der Welt, der es gelungen ist, die Macht der Könige einzuschränken, indem sie sich ihnen widersetzte, und die schließlich nach einer Vielzahl von Anstrengungen diese weise Regierung schuf, wo dem im Wohltun allmächtigen Fürsten die Hände gebunden sind, Schlechtes zu tun, wo die Lehnsherren ohne Anmaßung und ohne Vasallen die Vornehmen des Landes sind und wo das Volk ruhigen Mutes Anteil an der Regierung nimmt." (Achter Brief)

Nicht weniger anstößig für die Hüter der bestehenden Ordnung in Frankreich war, wie Voltaire den hohen Rang des handeltreibenden Bürgertums in der englischen Gesellschaft herausstellte und auch nicht davor zurückschreckte, das materialistische Moment in Lockes Sensualismus als der Scholastik und dem cartesischen Rationalismus tausendmal überlegen zu behaupten. Der Brief über Locke endet mit einer klaren Kampfansage. Voltaire betont die Ungefährlichkeit philosophischer Diskussion für die geoffenbarte Religion und gibt den in der Zerstreuung wirkenden Freidenkern Frankreichs einen internationalen Stammbaum geistiger Vorläufer. Dem Buchstaben nach wird der unpolitische Charakter philosophischen Denkens beteuert. Dem Geiste nach wird ein ideologischer Feldzug vorbereitet, für den Voltaire nach der Jahrhundertmitte die berühmte Parole „Ecrasez l'infâme" (Vernichtet die Verruchte) ausgeben sollte. „… niemals werden die Philosophen eine religiöse Sekte schaffen. Warum? Weil sie nicht für das Volk schreiben und weil sie ohne Schwärmerei sind.

Teilt die menschliche Gattung in zwanzig Teile. Neunzehn davon bestehen aus jenen, welche mit ihren Händen arbeiten und nie erfahren werden, daß es einen Locke auf der Welt gegeben hat; wie wenige Menschen, die lesen, findet man im verbleibenden zwanzigsten Teil! Und unter denen, welche lesen, entfallen zwanzig, die Romane lesen, auf einen, der die Philosophie studiert; die Zahl derer, die denken, ist über die Maßen klein, und eben diese legen es nicht darauf an, die Welt zu beunruhigen.

Weder Montaigne noch Locke, weder Bayle noch Spinoza, weder Hobbes noch Mylord Shaftesbury, weder Herr Collins noch Herr Toland usw. haben die Fackel der Zwietracht in ihr Vaterland getragen; in der Mehrzahl waren es Theologen, die zunächst den Ehrgeiz hatten, Häupter von Sekten zu sein, und bald auch Häupter von Parteien sein wollten. Was sage ich, alle Bücher der modernen Philosophen zusammengenommen werden niemals so viel Lärm in der Welt machen wie einst der Disput der Franziskaner über die Form ihres Ärmels und ihrer Kapuze."

Nicht zufällig sind diese zündenden Sätze von La Mettrie 1745 in seiner „Histoire naturelle de l'âme" (Naturgeschichte der Seele) und in der einleitenden Abhandlung zu seinen „Œuvres philosophiques" (1750 in Berlin erschienen) aufgegriffen worden. Die weltanschaulichen Differenzen zwischen dem von Voltaire verfochtenen Deismus und La Mettries Materialismus fielen in der Phase der Konsolidierung der Aufklärung nicht ins Gewicht. Worauf es ankam, war die gemeinsame Frontstellung gegen einen dogmatischen und intoleranten Katholizismus, in dessen Händen sich das gesamte Bildungswesen befand. Im Zusammenhang mit dem 23. Brief, der die kritische Reflexion über den unbefriedigenden Status der Schriftsteller in der französischen Gesellschaft eröffnet, ist der Anspruch der „philosophes" auf die geistige Führungsrolle unüberhörbar.

Sind die „Philosophischen Briefe" demnach auch keine Programmschrift im Sinne moderner Parteien gewesen, in der Aussagen über Ziele, Methoden und Organisationsformen einer Bewegung zu finden wären – in ideologischer Hinsicht haben sie als solche gewirkt. Durch diese angriffslustigen „Briefe" ist der Bedeutungswandel des französischen Wortes „philosophique" eingeleitet worden.

Mit dem uns Deutschen geläufigen Begriff hat das Wort „philosophie", das Feldgeschrei der französischen Aufklärer, nur wenig zu tun. Es steht dem englischen „experimental philosophy" nahe und ist zutiefst dem Denken von Bacon und Locke und dem Weltbild Newtons verpflichtet. Die ihnen gewidmeten Ausführungen stehen im Zentrum des Buches, es sind die ideologiegeschichtlich wichtigen Briefe 12 bis 17.

Die Vorbildrolle des englischen Denkens für die französischen Aufklärer, die hier zum ersten Male groß in Erscheinung tritt, scheint mit Voltaires Lob auf das Zeitalter Ludwigs XIV. in Widerspruch zu stehen. Aus der Perspektive eines Zeitgenossen, für den die im 17. Jahrhundert einsetzende Geschichte der modernen

Naturwissenschaft – und die von ihr ausgelöste geistige Gärung – im 18. Jahrhundert ja nicht endete, sondern weitergeführt wurde, bestand dieser Widerspruch offenbar weniger. Zu der großen Kulturperiode, in der Frankreich unter Ludwig XIV. politisch und kulturell den Ton angab, gehörten nach Voltaires Ansicht auch die wissenschaftlichen und philosophischen Leistungen aller europäischen Nationen. Ganz in diesem Sinne heißt es im „Zeitalter Ludwigs XIV.": „Die vernünftige Philosophie machte in Frankreich weniger Fortschritte als in England und in Florenz. (...) Alle großen Entdeckungen und die großen Wahrheiten kamen anderswo her."

Eine umfangreiche allgemeinverständliche Darstellung der Newtonschen Erkenntnisse folgte 1738 unter dem Titel „Elemente der Philosophie Newtons". Das Buch, das in Frankreich wiederum keine Druckgenehmigung erhielt, bewirkte die Überwindung des Cartesianismus in der Physik. Voltaires Verdienst, die Newtonsche Mechanik auf dem europäischen Kontinent populär gemacht zu haben, war freilich erkauft durch eine Mechanisierung des Newtonschen Dynamismus. Die Autoren des Buches „Newton und Voltaire. Zur Begründung und Interpretation der klassischen Mechanik" (Berlin 1980), Horst-Heino von Borzeszkowski und Renate Wahsner, haben diese Umdeutung eingehend analysiert, was sie durchaus nicht hindert, Voltaires Leistung zu würdigen: *„Er trug so entscheidend auch dazu bei, daß Frankreich in der Folgezeit zum Zentrum der Weiterentwicklung der Mechanik werden konnte.* D'Alembert, Laplace, Lagrange schöpften ihre Kenntnis der Newtonschen Theorie gewiß nicht aus Voltaires Schriften, doch er hatte das geistige Terrain bereitet, das ihre Arbeiten ermöglichte und sie Anklang finden ließ." (S. 66) In ihrem Buch sind dem interessierten Leser neben zwölf Kapiteln aus Voltaires „Eléments" auch Auszüge aus Newtons „Optik" und dessen Hauptwerk, den „Mathematischen Prinzipien der Naturlehre", bequem zugänglich.

Von der zeitgenössischen Literaturkritik wurden Voltaires naturwissenschaftliche Studien als bedauerliche Irrwege eines großen poetischen Talents mit äußerstem Befremden registriert. In Wahrheit hat sich der Dichter durch diese Forschungen das theoretische Fundament seiner deistischen Weltanschauung erarbeitet. Die Militanz, mit der er zeitlebens gegen die Dogmen des Christentums und aller geoffenbarten Religionen den Deismus vertrat, und die Ablehnung, mit der er seit den sechziger Jahren dem um sich greifenden Materialismus und Atheismus begegnete, sind beide in seinem Newtonianismus verankert.

Bei Newton kompensierte Gott die Grenzen seiner physikalischen Theorie. Im Briefwechsel mit Clarke kritisierte Leibniz dieses Modell einer immer wieder reparaturbedürftigen kosmischen Ordnung als unbefriedigend: „Herr Newton und seine Anhänger haben noch eine sehr spaßige Ansicht über das Werk Gottes. Nach ihnen hat es Gott nötig, seine Uhr von Zeit zu Zeit aufzuziehen, andernfalls wird sie aufhören zu gehen. Er hat nicht genug Weitblick besessen, um ihr eine dauernde Bewegung zu verleihen. Diese Maschine Gottes ist nach ihnen sogar so unvollkommen, daß dieser gezwungen ist, sie von Zeit zu Zeit auszubessern ... ja zu reinigen." Für Voltaire kam Newtons Physik als Nachweis für Gottes Existenz wie gerufen. „Die gesamte Newtonsche Physik", schreibt er in den „Eléments", „führt notwendigerweise zu der Erkenntnis von einem höchsten Wesen, das alles geschaffen, alles frei geordnet hat." In dieser Interpretation wird die Materie zum Produkt des Geistes. Für den Deismus ist keine idealere Argumentationsgrundlage denkbar.

Lassen wir die schwierige Frage dahingestellt, ob Voltaires weltanschauliche Position zwischen positivem Christentum und Materialismus für sein Hineinwachsen in die Rolle des Chefs der französischen Aufklärung ein begünstigender Faktor war oder nicht. Soviel ist offenkundig: durch seine philosophischen und historischen Arbeiten war der Dichter Voltaire zum „esprit universel", zum Großschriftsteller geworden.

Die einschneidende Bedeutung dieser für die Aufklärungsbewegung insgesamt kennzeichnenden Neigung zur Prosa, bei der die prosaischen Genres mit denen der Poesie gewissermaßen in Wettstreit treten und ihnen mehr und mehr den Rang ablaufen, ist daran ablesbar, daß sich die allgemeinste literarische Nomenklatur verändert und der „Poet" dem „Schriftsteller", die „Poesie" der „Literatur" den Platz räumen. Geschichte der Literatur im prägnanten Sinne, wie er der Aufklärung vorschwebte, ist an die Ausbildung einer Kunstprosa gebunden. Während die Franzosen schon seit dem 17. Jahrhundert Prosawerke von Rang in kontinuierlicher Folge besaßen und die Zäsur im 18. Jahrhundert daher nicht so spürten, sah das in Deutschland anders aus.

Literaturgeschichte im eigentlichen Sinne begann hier erst in der Mitte des 18. Jahrhunderts. Den Zeitgenossen war das durchaus bewußt. „Erst seit etwa dreißig Jahren", heißt es in einem Essay aus dem Jahre 1782, „haben die Deutschen ihre eigene Litteratur: Schriften in ihrer Sprache für Weltleute. (...) Vorher hatten sie Verse, (...) aber Verse geben keine Litteratur, hiezu werden prosaische Schriften erfordert." Der Sondershäuser Johann Karl Wezel und der Leipziger Verleger Dyk, denen gemeinsam die Verfasserschaft zugeschrieben wird, erläutern ihre Behauptung am Beispiel der deutschen Philosophen. Der deutsche Philosoph von Wolff bis Kant sei gewöhnlich Professor an einer Universität, er denke und schreibe daher „kathedermäßig, oder doch über Gegenstände, die keine Aufmerksamkeit bey thätigen Menschen erregen". Ganz anders verhalte es sich mit den Schriften von Shaftesbury, Montesquieu, Hume, Voltaire, d'Alembert, Bonnet, Gérard, Diderot, Helvétius. Auch Werke wie Raynals Kolonialgeschichte oder „Geschichtsbücher" wie die der Engländer Robertson, Gibbon und Hume seien, „was die Schreibart" angehe, Mangelware in der deutschen Literatur. Aber „diese sind es eigentlich, welche allgemeine Aufklärung bewirken" (Wezel, Kritische Schriften, Band 2; Stuttgart 1971, S. 678 und 698).

Die Wende von der Poesie zur Prosa, die wir an Voltaires Schaffen betrachtet haben, ist hier aus deutscher Perspektive als Grundbedingung „allgemeiner Aufklärung" erkannt. Schrifttum, das an bestimmte Schichten adressiert wird, kann demnach nur spezieller Aufklärung dienen, gehört im prägnanten Sinne aber nicht zur „Literatur".

V

Wesentliche Aspekte sind damit skizziert, die für Voltaires Dichtertum wichtig sind und den Zugang zu seinen Erzählungen und Bouffonnerien, Dialogen und Pamphleten erleichtern können. Der Gebrauch des nur der deutschen Sprache eigentümlichen Wortes „Dichtung", für das es im Französischen kein Äquivalent gibt, ist zur bessern Abhebung dieser Werkgruppe wohl angezeigt. Denn Reichtum und Vielgestalt des Voltaireschen Gesamtwerkes sind so überwältigend, daß die Unterscheidung zwischen Dichter und Schriftsteller, im modernen Sprachgebrauch eher verpönt und wenig ergiebig, in seinem Falle als sinnvoll erscheint.

Der gebundenen Rede der Poesie hat sich Voltaire in seinen dramatischen Stücken und den Poemen, Episteln und Satiren bedient, aber auch in zahlreichen Briefen und Gelegenheitsgedichten, die in den literarischen Salons der Zeit zirkulierten und von den Journalen ihren Lesern als Leckerbissen serviert wurden. Unsere Auswahl bringt von dem großen Versemacher Voltaire zwei kleine Kostproben. (Deutsche Übersetzungen sind vergleichsweise rar. Goethes recht freie Übertragungen bzw. Nachdichtungen des „Mahomet" und des „Tancred" galten leider der sterblichsten Seite von Voltaires Schaffen; beide Stücke kamen auch vom Umfang her nicht in Betracht.)

„Das Für und das Wider", ursprünglich „Brief an Uranie" betitelt und 1722 auf einer Reise nach Holland für die Gräfin von Rupelmonde geschrieben, zirkulierte handschriftlich seit 1732, wurde aber erst 1772 von Voltaire in eine Werkausgabe aufgenommen. Es ist ein Gedicht der Revolte gegen die christliche Tradition mit ihren für die aufgeklärte Vernunft unerträglichen Widersprüchen, doch läßt es gleichzeitig einen Voltaire erkennen, der mit seinem Gefühl nach einem guten Vater im Himmel sucht.

Das Poem „Das Weltkind", 1736 entstanden, ist eine eindringliche Apologie der Kultur und des Luxus, auf die Rousseau 1750 mit der preisgekrönten „Abhandlung über die Wissenschaften und Künste" antwortete. Das Bild von den Genüssen des zivilisierten Menschen, mit dem Voltaire an das Ideal des „honnête homme" der klassischen Literaturperiode anknüpft, wird kontrastiert mit den als roh und armselig geschilderten Zuständen der menschlichen Frühzeit. Voltaires Einfall, seine Ideen an den biblischen Stammeltern Adam und Eva zu veranschaulichen, kam einer Verhöhnung der kirchlichen Lehre vom Stande der Unschuld gleich und veranlaßte den Autor, erneut für einige Monate nach Holland zu gehen, als das Gedicht überraschend in die Öffentlichkeit gelangte.

Zwischen den Dichtungen Voltaires im genannten Sinne und den großen Werken seiner Prosa, die durch Auszüge aus den „Philosophischen Briefen" und dem „Zeitalter Ludwigs XIV." vertreten sind, besteht nun vielfach ein genetischer Zusammenhang. Die Dichtungen entstanden sozusagen, wenn Voltaire sich von der Arbeit an seinen umfangreichen Werken zur Naturwissenschaft und Geschichte, Philosophie und Bibelkritik erholen mußte. Man kann sie als Produkt von schöpferischen Nebenstunden bezeichnen, in denen er die beackerten Gegenstände aus künstlerischer Distanz betrachten und spielend mit ihnen umgehen wollte.

Am deutlichsten ist dieser Zusammenhang bei den philosophischen Erzählungen. Der geistsprühende „Mikromegas“ erschien zwar erst 1752, seine Entstehung am Ausgang der dreißiger Jahre im Kontext der Newton-Studien ist jedoch durch biographische Zeugnisse gesichert. Ein Bewohner des Sirius von ungeheurer Körpergröße, Mikromegas genannt, unternimmt eine Kosmosreise. Newtons Entdeckung der Attraktion ermöglicht ihm beschleunigte Fortbewegung. Auf dem Saturn, wo alles kleinere Dimensionen hat, befreundet er sich mit einem Akademiesekretär, und beide gelangen schließlich zum Planeten Erde. Nach einigen Schwierigkeiten stellen die beiden Riesen fest, daß auch diese Miniaturwelt Lebewesen beherbergt, und bald ist die Verständigung mit der Besatzung eines Expeditionsschiffs aufgenommen. Neben respektablen Kenntnissen finden sie die überheblichsten Vorstellungen von der Bedeutung der menschlichen Spezies im Weltall, was zu den bestehenden, jeder Vernunft hohnsprechenden Verhältnissen auf der Erde in grausamem Kontrast steht.

Charakteristika des Erzählers Voltaire sind hier versammelt: wunderbares Geschehen tritt in bunter Mischung mit wissenschaftlichen Beschreibungen und Intentionen auf. Mit dem Akademiesekretär ist der sich gegen Newton sperrende einflußreiche Fontenelle aufs Korn genommen; ein Expeditionsschiff, das die von Newtons Theorie behauptete Abplattung der Erde an den Polen durch Messungen bestätigte, war unter dem Kommando Maupertuis' 1738 aus dem Bottnischen Meerbusen zurückgekommen. Die Handlungsträger zeigen nicht die psychologische Gestaltung eines beseelten Wesens, sondern sind ganz der Funktion untergeordnet, die gewohnte Menschenwelt in befremdliches Licht zu tauchen. Brecht schätzte an Voltaire, daß seine Kunst die Identifikation des Lesers mit dem Helden erschwere.

Auf Schritt und Tritt begegnet so dem Leser eine kräftige Mischung von Phantasie und Aufklärung. In diesem permanenten Wechsel zwischen Spiel und Ernst liegt der Charme der Voltaireschen Erzählkunst beschlossen.

Wie „Mikromegas“ aus der Beschäftigung mit Newton hervorging oder „Der weiße Stier“ von 1774 die schönste Frucht der bibelkritischen Forschungen der vorangehenden Jahre bildet, so teilen „Memnon“ (1747) und „Candide“ (1759) die philosophische Entwicklung des Autors in der Jahrhundertmitte. Beide Erzählungen geben schon im Untertitel – „Die menschliche Weisheit“ bzw. „Der Optimismus“ – die behandelte Problemstellung zu erkennen. In beiden haben die „Helden“ zur Haupteigenschaft, gutherzig und naiv zu sein. Der Entschluß Memnons, hinfort als Weiser zu leben, wird noch am gleichen Tage grausam bestraft: am Abend hat er sein Vermögen, seine gesellschaftliche Stellung und ein Auge verloren und kann sich nicht dem Verdacht verschließen, die Erde sei das „Irrenhaus des Universums".

Wie im „Mikromegas" wird auch hier das Thema von den Millionen Welten im All variiert, auf denen es „alles nach Graden" gibt. Die Auseinandersetzung Voltaires mit der Leibnizschen Lehre von der tieferen Bedeutung, die partikuläres Übel im Zusammenhang eines größeren Ganzen hat, fand unter dem Eindruck der Schrecken des Siebenjährigen Krieges wenig später im „Candide" ihren Höhepunkt. Optimismus, so lautet die sarkastische Definition, ist „die Besessenheit, zu behaupten, alles sei gut, wenn es einem schlecht geht". Candide, dem Arglosen, wie sein Name sagt, in dem die Lockesche These ihre Verkörperung findet, der geistige Zustand des Menschen gleiche beim Eintritt ins Leben dem eines unbeschriebenen Blattes, diesem Candide werden die philosophischen Grillen, die er von seinem Lehrer Pangloss gelernt hat, gehörig ausgetrieben.

Unverkennbar hat Voltaires Deismus seine Schwierigkeiten mit dem Problem, das man im 18. Jahrhundert unter dem Stichwort Theodizee, im 19. Jahrhundert als Pessimismus diskutierte. Die deistische Prämisse von Gottes unbegrenzter Schöpfermacht und die unbestreitbare Existenz des Übels in der Welt ließen sich nur schlecht miteinander vereinbaren. Immer wieder fühlte sich Voltaire getrieben, die theoretischen Aussagen und die Erfahrungen des gesunden Menschenverstandes aneinander zu reiben. Je mehr er dabei auf einst gehegte Illusionen verzichten mußte, um so schärfer wurde seine Satire.

Man kann in der Entwicklung vom „Mikromegas" zum „Candide" eine wachsende Verdüsterung und Gereiztheit des Autors feststellen, darf dabei das Entscheidende jedoch nicht übersehen: Der demütige Glaube an eine Vorsehung verleitet eher zur duldenden Ergebung und passiven Hinnahme aller Mißstände. Das geschärfte Empfinden einer aus den Fugen geratenen Welt drängt dagegen auf Veränderung und Aktivität. Geschrieben, um den Optimismus Lügen zu strafen, enthält „Candide" mit dem Appell zum Handeln die Wendung zu einer gedämpfteren Hoffnung für die Menschheit. Voltaires eigener weiterer Lebensweg wird zeigen, daß pessimistischere Töne und gesteigerter Handlungswille nicht unvereinbare Gegensätze sind.

VI

David Friedrich Strauß, der Hegelschüler, hat in seinem noch heute lesenswerten Voltaire-Buch 1870 das Urteil gefällt: „Voltaire ist niemals so tätig, so produktiv gewesen wie in dieser letzten Lebensperiode vom sechzigsten bis zum vierundachtzigsten Lebensjahre. Die Höhe seines Ruhmes hatte er schon vorher erstiegen; aber seine höchste, seine eigentlich welthistorische Bedeutung beruht vorzugsweise auf dem, was er während seines Aufenthalts am Genfer See und in Ferney geleistet hat. Jetzt erst zogen ihn weder höfische noch gesellige Pflichten mehr von den Studien ab; keine Rücksichten schlossen ihm den Mund; als freier Mann auf eigenem Grund und Boden, nur noch mit einem Fuß in dem despotisch-pfäffischen Frankreich und seiner gefährlichen Hauptstadt fern, sah er sich jetzt erst imstande, ohne Scheu und Schonung seine abweichende Meinung herauszusagen und alles zu rügen, was ihm an den bestehenden Verhältnissen nicht gefiel."

In der Tat: die Altersproduktivität Voltaires ist ein staunenswertes Phänomen. In jenen Jahren, wo andere sich der Muße eines wohlverdienten Lebensabends hingeben, wurde er von Energie förmlich umgetrieben. Der lästige Umstand, daß er, der erste Schriftsteller der Nation, dem Zentrum Paris fernbleiben und seine Aktivitäten vom französisch-schweizerischen Grenzgebiet aus entfalten mußte, scheint überaus anregend gewirkt zu haben. Es lohnt sich, diese Wirkungen etwas näher zu betrachten.

Schon immer war Voltaire ein passionierter Briefeschreiber gewesen. Seit er 1750 nach Preußen und damit definitiv ins Exil gegangen war, hatte diese Leidenschaft eine neue Dimension erhalten. Wenn er den Kontakt zur geistigen Entwicklung in Frankreich nicht verlieren wollte, war er auf eine Intensivierung seiner Korrespondenz angewiesen. Voltaire hat diese Belastung spielend gemeistert. Die erste umfassende Bilanz seines Briefwechsels, die Theodore Besterman in den Jahren 1953 bis 1965 vorlegte, umfaßt, obschon noch immer lückenhaft, rund 20000 Briefe in 107 Bänden. Sie enthüllt Voltaire in seinem wolkenverhangenen Juragebirge als einen ehrfurchtgebietenden Jupiter epistolarius. Zwanzig Briefe täglich sind für ihn eine Kleinigkeit. Dieser Strom von Briefen stellt den Herausgeber einer Anthologie, in der nur eine begrenzte Seitenzahl zur Verfügung steht, vor die Qual der Wahl: Mit welchem Netz soll er in diesem Ozean fischen, um eine Brieffolge zu bergen, die in sich eine Einheit und zugleich repräsentativ für das Ganze dieses kampferfüllten Lebens wäre?

Der Band, den der Leipziger Reclam-Verlag zum Voltaire-Gedenkjahr 1978 vorlegte, enthält die „Korrespondenz aus den Jahren 1749 bis 1760“. In rund 150 Briefen, ausgewählt von Rudolf Noack, wird Voltaire vorgestellt als Repräsentant der französischen Philosophen, als Mitarbeiter der Enzyklopädie und als Autor mit seinen Verlegerbeziehungen. Um das biographische Moment stärker zur Geltung zu bringen, haben wir unsere Auswahl nicht auf ein reichliches Jahrzehnt, sondern auf ein knappes Halbjahr begrenzt und rund 50 Briefe aus dem letzten Lebensjahr ausgesucht.

Der Reichtum an Beziehungen, die Voltaire bis ins höchste Patriarchenalter unterhalten hat, ist an den Namen der Korrespondenzpartner dieser fünf Monate des Jahres 1778 mühelos abzulesen. Da sind die Freundschaften, die durch Jahrzehnte hielten: d'Argental, Madame Du Deffand und Madame d'Epinay, die Lebensgefährtin von Melchior Grimm, und da sind mit d'Alembert, Turgot und Condorcet die befreundeten Repräsentanten der französischen Spätaufklärung. Noch immer ist für Voltaire die Devise gültig: „Der Mensch ist zum Handeln geboren“, die er in seiner Abrechnung mit dem großen Pascal vor einem Halbjahrhundert formulierte – der Vierundachtzigjährige verspricht dem Pariser Verleger Panckoucke eine neue, verbesserte Edition seiner Werke, wenn ihm noch ein Jahr zu leben und zu arbeiten vergönnt ist. Die Académie française drängt er, eine Modernisierung ihres Wörterbuchs in Angriff zu nehmen, und übernimmt selbst den Buchstaben A. Ein charmanter Gruß an die berühmte Pariser Schauspielerin Clairon, die vor Jahren in Ferney Triumphe gefeiert hatte, bezeugt die unveränderte Liebe zur Theaterwelt. Auch zwei gekrönte Häupter, Friedrich von Preußen und Katharina von Rußland, sind unter den Adressaten, und jeder Brief an sie ist mit Sorgfalt geschrieben und bildet eine Kostbarkeit. Gewiß, noch immer beherrscht Voltaire souverän das ganze Register der Schmeicheltöne. Doch der Brief aus Paris vom 1. April 1778, die letzte Lebensäußerung Voltaires, die Friedrich II. erreicht, stellt auch unter Beweis, wie wichtig diese prominenten Beziehungen für die Entfaltung der Aufklärung gewesen sind. Der Hauptgegner, die katholische Kirche, ist durch den Priester Gaultier vertreten. Der Plan, den Abtrünnigen zu einem Widerruf zu bewegen, dieser Triumph bleibt der alleinseligmachenden Kirche verwehrt.

Es fehlen schließlich nicht jene, ohne die der hochbetagte Schriftsteller am allerwenigsten auskäme: die Sekretäre Collini und Wagnière und der behandelnde Arzt Tronchin. In diesen Briefen kann der Leser Voltaire am unmittelbarsten begegnen. Und auch sie sind sprachliche Gebilde von bezwingender Schönheit. So lauten, um nur ein Beispiel zu geben, die letzten an den Arzt Tronchin geschriebenen Zeilen: „Ihr alter Kranker hat Fieber. Sein verklärter Leib hat stark geschwollene Beine, mit roten Flecken besät. Er wollte sich heute morgen zum Tempel des Äskulap verfügen. Er kann es nicht." Voltaire gebraucht nicht mehr das Wort „ich", als verböte der besorgniserregende Zustand seines Körpers dessen Verwendung. Die Haltung der Ironie ist ihm zur zweiten Natur geworden: er spricht vom eigenen Körper, als handele es sich um den eines längst verblichenen Heiligen. Die Stilisierung ist jedoch nur der Auftakt zu präzisen Angaben über Symptome der Krankheit, wie die Mitteilung über die Unmöglichkeit, den Arzt aufzusuchen, durch den Gebrauch der Tempel-Metapher einen feierlich-theatralischen Zug erhält.

Bis zuletzt ist Voltaire in der Handhabung der verschiedenen Stilmittel ein Meister. Wer noch nie etwas von ihm gelesen hat, mag bei dieser Textgruppe die Nagelprobe machen: wenn er durch Briefe nicht für diesen Autor zu erwärmen ist, werden ihn auch die anderen Werke vermutlich nicht gewinnen können.

Die paradoxe Situation Voltaires, an der Peripherie Frankreichs leben und arbeiten zu müssen, hinterließ nicht nur in der Korrespondenz Wirkungen. Die Orte, an denen er sich niederließ, verwandelten sich seit seinem sechzigsten Lebensjahr zu Wallfahrtsorten. Besucher aus allen Schichten und allen Ländern der zivilisierten Welt strömten herbei. Der Bericht über eine „Visite in Ferney" war überall ein begehrter Artikel. In den „Mémoires secrets", einer bedeutsamen Zeitschrift der Spätaufklärung, besaß der „Brief aus Ferney" seit 1768 fast regelmäßig eine Rubrik. Neben Nachrichten aus den europäischen Hauptstädten und Handelszentren erschienen diese Berichte wie Depeschen aus dem Hauptquartier der Aufklärung.

Den Stellenwert, den Voltaire für das öffentliche Bewußtsein in Europa besaß, mag eine am 17. Oktober 1762 in der „Gazette d'Utrecht" veröffentlichte Notiz veranschaulichen: „Genf, 6. Oktober 1762. Unsere Stadt gehört gegenwärtig zu den glänzendsten. Der Herzog von Villars, der Graf d'Harcourt, die Gräfin d'Anville aus dem Hause La Rochefoucauld mit ihrem Sohn, dem Herzog, sowie zahlreiche vornehme Ausländer sind hier. Der Marschall von Richelieu war vorgestern hier. Er war am 1. des Monats mit einem Gefolge von vierzig Personen in Ferney bei Herrn von Voltaire eingetroffen, der ihn in ‚Les Délices' unterbrachte und der sogleich für ihn Theater spielen ließ."

Man kann sich vorstellen, daß dieser Strom von Besuchern dem Schloßherrn nicht nur reine Freude bereitete. Berühmt geworden ist sein Stoßseufzer: „Gott schütze mich vor meinen Freunden, mit meinen Feinden will ich schon selber fertig werden."

Als Reisebegleiter des Prinzen Maximilian Julius Leopold von Braunschweig nach Italien ist übrigens Lessing 1775 einer solchen Visite ferngeblieben. Daß er es geschmacklos fand, die Gastlichkeit eines Mannes zu beanspruchen, dem er vor wenigen Jahren so fürchterlich zugesetzt hatte, kann sicher nicht überraschen. Bedauerlich bleibt es trotzdem, daß die Chance einer Begegnung zwischen beiden nicht genutzt wurde: der Herausgeber der „Fragmente des Wolfenbütteler Ungenannten" und der Herausgeber der „Extraits des Sentiments de Jean Meslier" hätten sich unter vier Augen etwas zu sagen gehabt.

Bei alledem fand Voltaire nicht nur die Zeit zu umfangreichen Werken wie dem „Dictionnaire philosophique portatif" (1764) – ein deutscher Auszug unter dem Titel „Abbé, Beichtkind, Cartesianer" erschien 1963 beim Reclam-Verlag in Leipzig –, wie der „Philosophie de l'histoire" (1765) oder den „Questions sur l'Encyclopédie" (9 Bände, 1770–1772). Auch eine ganze Armee von Flugschriften, Polemiken und Broschüren schickte er in die Welt.

Nur einen sehr begrenzten Einblick in diese Seite seines Schaffens können die in der Gruppe „Publizistik" zusammengestellten sieben Texte vermitteln. Veröffentlicht wurden sie zwischen 1751 und 1775. Außer dem ersten Stück entstanden sie wohl alle in der Ferney-Periode. Der Form nach handelt es sich um Dialoge und Fazetien oder Burlesken. Doch war Voltaire mit seinen Bezeichnungen nicht pedantisch, und der „Dialog zwischen einem Philosophen und einem Generalkontrolleur der Finanzen" bildet eher eine ökonomische Abhandlung, in der er seine Reformgedanken darlegt. Als literarisches Genre standen die Dialoge bei ihm nicht in besonderem Ansehen. Das hinderte ihn nicht, mit dem „Diner beim Grafen Boulainvilliers" 1767 ein Meisterwerk der Gattung vorzulegen, zur Sicherheit seines Genfer Verlegers Cramer mit der Jahreszahl 1728 versehen und einem längst verstorbenen Autor als Verfasser in die Schuhe geschoben. Gehört das Tischgespräch zwischen dem deistischen Gastgeberehepaar, dem Atheisten Fréret und einem Abbé, dem freilich die Sache der Apologetik nicht sonderlich am Herzen liegt, doch zu den radikalsten Texten, die er überhaupt gegen das Christentum geschrieben hat. Besondere Sicherheitsvorkehrungen waren unumgänglich. Der wahre Verfasser konnte allen Kennern durch die unnachahmliche Dialogkunst ohnehin nicht verborgen bleiben.

Charakteristischer als dieses Religionsgespräch sind für Voltaires Entwicklung als Schriftsteller in diesen Jahren jene kurzen, „facéties" genannten Texte, die in Frankreich besonders geschätzt sind. In unserer Auswahl gehören dazu die „Betrachtungen für die Dummköpfe", „Ihr Frauen, seid euern Männern untertan" und „Über die Enzyklopädie". Ein wichtiger Grundzug all dieser Texte fällt sofort ins Auge: sie sind auf Überzeugung und rationale Argumentation hin angelegt, gewiß kämpferisch, aber nicht herrschsüchtig. Wie Voltaire hier die Devise „Ecrasez l'infâme" instrumentiert, wie er ein bestimmtes Thema wählt und durch wenige Wechselreden lebendig macht, das verrät die Begabung zum großen Publizisten.

Im Frankreich des Ancien régime fehlten die Voraussetzungen, diesem Talent die ihm angemessenen Entfaltungsmöglichkeiten in der journalistischen Landschaft zu geben. Hatte nicht im Grunde jeder Brief der „Lettres philosophiques" von 1734, gleich einem Leitartikel, schon ein Thema aufgegriffen, das in der um Aufklärung bemühten Publizistik weiter bedacht und diskutiert werden sollte? Es fällt nicht schwer, sich Voltaire im 19. Jahrhundert als Kolumnisten einer großen Wochenschrift vorzustellen, und mit Recht hat Jean-François de La Harpe am Beginn des neuen Jahrhunderts über den Voltaire der Ferney-Periode geschrieben: „Hundert Meilen von der Hauptstadt entfernt, lebt er nur für sie und in ihr (...) Es genügt ihm nicht, der Held des Jahrhunderts zu sein, er will die Neuigkeit vom Tage sein."

VII

„Held des Jahrhunderts" bei La Harpe, „von welthistorischer Bedeutung" bei David Friedrich Strauß – die Sprache der Superlative wird erst verständlich, wenn man Ferney als Asyl der Verfolgten, Voltaire als Anwalt der Unterdrückten betrachtet. Was seinen Namen zum Symbol machte, war eine Tat, die als „Affäre Calas" in die Geschichte einging. Er erreichte, daß ein Justizmord, begangen im März 1762 an dem protestantischen Kaufmann Calas in Toulouse, vom Staatsrat in Paris 1764 als widerrechtlich kassiert und die Familie Calas rehabilitiert wurde. Den Selbstmord eines der Calas-Söhne hatte eine fanatisierte Menge als Mord gedeutet, den die Angehörigen begingen, um einen bevorstehenden Übertritt zum Katholizismus zu verhindern. Der Gerichtshof in Toulouse hatte in einem Eilverfahren, das von Rechtsverstößen wimmelte, den alten Calas als Sohnesmörder verurteilt und der Folter und dem Tod auf dem Rad überantwortet.

Der Gedanke an soviel Blindheit und Fanatismus im Jahrhundert der Aufklärung ließ Voltaire nicht ruhen. Die berühmte „Abhandlung über die Toleranz", vorbereitet durch hartnäckige Recherchen, energische Briefe und zahlreiche Artikel, gewann 1763 die Öffentlichkeit und machte den skandalösen Prozeß zur „Affäre". Ein einzelner Schriftsteller, persönlich unbeteiligt, hatte unter Einsatz aller Mittel die Front derer durchbrochen, die Unrecht taten oder duldeten.

Nachdem sich Voltaire einmal engagiert hatte, wandten sich andere an ihn und berichteten ähnliche Fälle. Er blieb dem übernommenen Auftrag treu und rastete und ruhte nicht, bis auch die Familie Sirven, wiederum unschuldig verurteilte Protestanten, rehabilitiert war. Vier Tage vor seinem Tod hatte er die Genugtuung, einen weiteren Justizmord, dem 1766 der General Lally-Tolendal zum Opfer gefallen war, auf Grund seines Einsatzes vom Staatsrat kassiert zu sehen. An den Sohn des Generals diktierte er die Zeilen, die die letzten von ihm überhaupt sind: „Der Sterbende ersteht auf, da er die große Neuigkeit vernimmt; er umarmt Monsieur de Lally mit aller Liebe; er sieht, daß der König der Verteidiger der Gerechtigkeit ist; er kann zufrieden sterben."

Ohne Erfolg blieben die Bemühungen im Falle La Barres, eines katholischen Jugendlichen von 19 Jahren, der an der Zertrümmerung eines hölzernen Kruzifixes auf einer Brücke und anderen, für die Gläubigen in Abbeville ärgerlichen Vorfällen beteiligt gewesen war und 1766 zum Tode verurteilt wurde. Gemäß dem Urteilsspruch hatte La Barre, mit einem Strick um den Hals, öffentliche Kirchenbuße zu tun, bevor ihm die Zunge herauszureißen, der Kopf abzuschlagen, der Körper ins Feuer zu werfen, die Asche in den Wind zu streuen war.

Zusammen mit dem Körper La Barres wurde am 1. Juli auch Voltaires „Philosophisches Taschenwörterbuch", das man bei dem

Verurteilten gefunden hatte, den Flammen übergeben. Auf so bedrohliche Weise selbst in den Fall verwickelt, trug der Zweiundsiebzigjährige sich zunächst mit dem Gedanken, im preußischen Kleve Zuflucht zu suchen. Am Ende des Jahres 1767 erschien sein „Bericht über den Tod des Chevalier de La Barre", ein kurzes, in sich geschlossenes Plädoyer, in dem Voltaire mehr Humanität verlangt, eine Reform der bestehenden barbarischen Strafgesetze fordert. Sein ideologischer Kampf gegen den Fanatismus hat deutlich eine Grenze erreicht, die eine politische ist. Alle weiteren Bemühungen, auch der Appell an den jungen Ludwig XVI., „Der Schrei des unschuldigen Blutes" (1775), blieben wirkungslos.

Voltaires überraschende Rückkehr nach Paris 1778 und sein Tod am 30. Mai brachten die ideologischen Fronten innerhalb der französischen Gesellschaft wieder dramatisch zum Vorschein. Während die Pariser ihm zujubelten, wo immer er sich zeigte, und königliche Akademie und Theater ihm als dem ersten Repräsentanten des französischen Geistes huldigten, verharrten der Hof in Versailles und die katholische Kirche in Feindschaft. Es gab kein Staatsbegräbnis, sondern die bittere Farce einer Suche nach einem Grab, um die Leiche in die Erde zu bringen. Ein Jahr durften die Journale nur vorsichtige Hinweise auf seine Verdienste bringen.

Die Antwort der Aufklärer war der Versuch, Voltaire zum Gedächtnis „das schönste literarische und typographische Denkmal" des Jahrhunderts zu errichten. Beaumarchais, der Autor der unsterblichen „Hochzeit des Figaro", opferte Millionen, die ihm Geschäfte aller Art eingebracht hatten, um die berühmte Kehler Ausgabe, die Vulgata aller künftigen Voltaire-Editionen, seit 1780 herauszugeben.

In diesem Kampf um und mit Voltaire brachte die Revolution von 1789 einen weiteren Höhepunkt. Wie die Auswertung der Journale von 1789 durch Pierre Rétat zeigt, gehörte Voltaire mit einer Reihe von Texten sehr bald zu den wichtigsten „Propheten der Revolution". Nach der Nationalisierung der Kirchengüter durch die Nationalversammlung am 2. November lag es nahe, in ihm den geistigen Vater dieser Beschlüsse zu verherrlichen. Bereits am 3. Oktober war in der „Chronique de Paris" der Saint-Just zugeschriebene Vorschlag erschienen, ein Mausoleum zu errichten, um die Manen des großen Dichters zu besänftigen.

Das riesige Werk enthielt freilich genügend Seiten, in denen ein Voltaire des Ancien régime zu sprechen schien. Seine nostalgische Liebe zu der vergangenen „schönen Literatur", seine Furcht vor Volkserhebungen, seine satirische Ader legten es nahe, viele Verse von ihm konterrevolutionären Zwecken dienstbar zu machen.

Die Nationalversammlung ließ sich jedoch nicht beirren und faßte den Beschluß, seine sterblichen Überreste ins Pantheon, die Gedenkstätte der großen Franzosen, zu überführen. Als am 11. Juli 1791 der feierliche Akt stattfand, gingen zwei Frauen dem Zug voran: die Töchter von Jean Calas. Jacques Louis David, der bedeutendste französische Künstler seiner Zeit, hatte zur Gestaltung des Leichenwagens beigetragen. Die Inschrift auf dem Sarkophag lautet:

„Als Dichter, Denker, Historiker gab er dem menschlichen Geist einen mächtigen Aufschwung. Er hat uns vorbereitet, frei zu werden."

Martin Fontius

Urteile über Voltaire

Die allgemeine Historie der Welt war bis auf ihn Lebensgeschichte der Regenten; er machte sie zuerst zur Geschichte der Menschen. Er setzte an die Stelle eines Monarchen die ganze Nation und nach ihr die ganze gesittete Welt … Er ordnete zuerst die Begebenheiten nicht nach den Regierungen der Beherrscher, sondern nach den Schicksalen der Beherrschten …

Christoph Friedrich Nicolai (1772)

Bis auf Ausnahmen in einigen seiner Meisterwerke, nimmt er nur die lächerliche Seite der Dinge und Zeiten wahr und zeigt dem Menschen den Menschen in einer scheußlich lustigen Beleuchtung. Er bezaubert und ermüdet durch seine Beweglichkeit, er entzückt euch und widert euch an; man weiß nicht, welches die ihm eigene Form ist: er wäre von Sinnen, wenn er nicht so weise wäre, und böse, wenn sein Leben nicht von Zügen der Wohltätigkeit erfüllt wäre.

Chateaubriand (1802)

Wenn Familien sich lange erhalten, so kann man bemerken, daß die Natur endlich ein Individuum hervorbringt, das die Eigenschaften seiner sämtlichen Ahnen in sich begreift und alle bisher vereinzelten und angedeuteten Anlagen vereinigt und vollkommen ausspricht. Ebenso geht es mit Nationen, deren sämtliche Verdienste sich wohl einmal, wenn es glückt, in einem Individuum aussprechen. So entstand in Ludwig XIV. ein französischer König im höchsten Sinne, und ebenso in Voltaire der höchste unter den Franzosen denkbare, der Nation gemäßeste Schriftsteller.

Goethe (1805)

Er faßte eine sonderbare Abneigung gegen die Zweckursachen, den Optimismus, den freien Willen, kurz, gegen alle philosophischen Ansichten, die die Würde des Menschen erhöhen, und er schrieb „Candide“, dieses Werk von einer infernalischen Fröhlichkeit. Denn es scheint von einem Wesen anderer Natur als der unseren geschrieben: gleichgültig gegenüber unserm Schicksal, zufrieden mit unseren Leiden und lachend wie ein Dämon oder ein Affe über das Elend dieser Sorte von Menschen, mit der er nichts gemein hat.

Madame de Staël (1810)

Schädlicher noch als jene beiden (Helvétius und Diderot) wirkten vielleicht Rousseau und Voltaire gerade durch ihre bessern Eigenschaften und größern Talente. Die hinreißende Beredsamkeit des ersten war ganz geeignet, auch das Herz des Edlern anzugreifen. Der Witz, die Dichtergaben, die Mannigfaltigkeit literarischer Formen und Kenntnisse des letztern trugen um so mehr dazu bei, die neue zerstörende Denkart auch unter den höhern Ständen der Gesellschaft zu verbreiten, da sich dieselbe durch ihn wenigstens in den Formen noch an die ältere der Nation so werte französische Geistesbildung anschloß. Gemein war ihnen bei sonstiger großer Verschiedenheit der Ansicht die zerstörende, den Glauben, die Sitten und alle gesellschaftlichen Grundsätze, wie den Staat auflösende Richtung und Denkart.

Friedrich Schlegel (1810/11)

Was diesen großen Mann, den ich den Schmähungen feiler deutscher Tintenkleckser gegenüber so gern lobe, entschieden höher als *Rousseau* stellt, indem es die größere Tiefe seines Denkens bezeugt, sind drei Einsichten, zu denen er gelangt war: 1. die von der überwiegenden Größe des Übels und vom Jammer des Daseins, davon er tief durchdrungen ist; 2. die von der strengen Nezessitation der Willensakte; 3. die von der Wahrheit des *Lockeschen* Satzes, daß möglicherweise das Denkende auch materiell sein könne; während *Rousseau* alles dieses durch Deklamationen bestreitet in seiner „Profession de foi du vicaire Savoyard“, einer flachen protestantischen Pastorenphilosophie.

Schopenhauer (1819)

Voltaire und Rousseau sind zwei Schriftsteller, die mehr als alle andere der Revolution vorgearbeitet haben, die späteren Bahnen derselben bestimmt haben und noch jetzt das französische Volk geistig leiten und beherrschen. Sogar die Feindschaft dieser beiden Schriftsteller hat wunderbar nachgewirkt; vielleicht war der Parteikampf unter den Revolutionsmännern selbst, bis auf diese Stunde, nur eine Fortsetzung eben dieser Feindschaft.

Heine (1832)

Von Jugend an kränklich, und doch bis ins höchste Alter frisch und unermüdlich. Die Elastizität, die vielgestaltige Geschäftigkeit seines Geistes kann man nicht genug bewundern. Kein einzelnes Werk von ihm ist groß und bahnbrechend, aber die unzähligen kleinen Löcher, die er auf allen Enden und Ecken bohrt, wirken mehr, als ein großes könnte.

David Friedrich Strauß (1868)

Man sagt: das Zeitalter des Perikles, das Zeitalter des Augustus, das Zeitalter Leos X., das Zeitalter Ludwigs XIV., das Zeitalter Voltaires ... Bis zu Voltaire sind es Namen von Staatsoberhäuptern; Voltaire ist mehr als ein Staatsgebieter, er ist ein Gedankengebieter. Mit Voltaire beginnt ein neuer Zyklus. Man spürt, daß nunmehr die oberste regierende Gewalt des Menschengeschlechts das Denken sein wird. Die Zivilisation gehorchte der Gewalt, sie wird dem Ideal gehorchen. Szepter und Schwert werden zerbrochen und ersetzt durch den Lichtstrahl der Aufklärung, das heißt durch die in Freiheit verwandelte Autorität.

Victor Hugo (1878)

Ich berausche mich seit einem Monat mit Voltaire (Briefe). Das ist eine entscheidende Persönlichkeit. Er hat die Stirn, an nichts zu glauben – oder zu glauben, an nichts zu glauben –, und er zwingt der Öffentlichkeit diese Haltung auf. Seitdem gibt es ein großes Publikum für die Denkfreiheit. Diese ist keine Sache mehr, die jeder für sich behält.

Unter diesen Umständen erscheinen all die großen Männer des Zeitalters Ludwigs XIV. als kleine Jungen – Racine usw. als Chorknaben, durch vielfältiges Geschwätz verwirrt ...

Im ganzen teilt Voltaire den Lauf des europäischen Denkens. Nach ihm wurde alles, was religiöses Denken ist, zum Sonderfall, zum Paradox, zur Voreingenommenheit.

Paul Valéry (1945)

Gedichte

DAS FÜR UND DAS WIDER

Für Madame de Rupelmonde

O schöne Uranie, dein Wille
Gebietet mir, ein anderer Lukrez zu sein,
Der kühn zerreißt die Hülle
Um alten Aberglaubens trügerisches Sein.
Du läßt mich malen ein gefährlich Bild vom Schein
Ehrwürdiger Lügen, die seit je die Erde füllen,
Und meine Weisheit soll dich lehren,
Daß Grabesgreuel dir hinfort verächtlich seien,
Von Jenseitsängsten dich bekehren.
O glaube nicht, daß ich, von meinen Sinnen schon
Betört, gewillt sei, weil in sündig Tun verrannt,
Als ein ruchloser Lästerer meiner Religion
Frech aufzuheben das Gesetz, das es verdammt.
Komm und tritt ehrfürchtigen Schrittes ein mit mir,
Des Gottes Heiligtum erkenne,
Den man dir zwar verheißt und doch verbirgt vor dir.
Ich will ihn lieben, diesen Gott, und Vater nennen:
Einen Tyrannen zeigt man mir, der hassenswert.
Als seinesgleichen schuf die Menschen er, auf daß
Erniedrigung sie mehr versehrt;
Hat sündige Herzen uns beschert,
Damit gerecht der Strafe Maß;
Nachdem die Lust er uns gelehrt,
Quält er nur grausamer uns ohne Unterlaß
Mit Leiden, das, o böses Wunder! ewig währt.
Kaum schuf er einen Menschen sich zum Bild auf Erden,
Gereut ihn dies mit einem Mal,
Als ob die Mängel dessen, was er selbst befahl,
Ihm plötzlich unausstehlich wären.
In seinem Wohltun blind und blind in seinem Zorn,
Ließ er uns kaum entstehen, da sind wir schon verlorn.

Dem Meer gebietet er, mit einem zu verschlingen
Die Welt, aus Nichts geschaffen in sechs Tagen.
Ist's, um in seiner Weisheit neu hervorzubringen
Ein reiner Universum, nicht mit Schuld beladen?
   O nein. Denn aus dem Staube zieht
   Er eine Räuberbrut fürwahr;
Ehrloser Sklaven, grausamer Tyrannen Schar,
   Weit schlimmer denn zuvor, erblüht.
Was wird er tun? wird er verzehrend Feuer senden
Auf jene Elenden aus seinen strengen Händen?
Wirft er ins Chaos alle Elemente gar?
Vernehmt, o Wunder! o Geheimnis! was geschieht:
   Ertränkt' er auch die Väter eben,
   Den Kindern opfert er sein Leben.

Ein Volk ist, töricht, unbeständig, ohne Ruhm,
So manchem Aberglauben hold in seinem Wahn,
Besiegt von seinen Nachbarn und ihr Eigentum,
Von allen andern Völkern spottend abgetan:
Vergessend seiner Macht, wird Gottes eigner Sohn,
Gott selbst, Mitbürger dieses schlimmen Volkes werden,
Er kommt und wird ein Mensch in einer Jüdin Schoß,
Er krabbelt ihr zu Füßen, leidet die Beschwerden,
   Die aller kleinen Kinder Los.
Niedrige Arbeit hat er jahrelang verricht',
So manchen schönen Tag als Zimmermann verloren;
Drei Jahre predigte sodann er Judas Ohren
   Und starb zuletzt am Hochgericht.
Das Blut des Gottes, der sein Leben für uns gab,
War es denn nicht so kostbar, edel, ohnegleichen
   Und wehrt das Übel von uns ab,
   Und macht die neidische Hölle weichen?
Wie! Gott für unser aller Heil sein Leben gab,
   Und nutzlos dennoch ist sein Sterben!
Wie! seine große Huld sei leicht mir zu erwerben,
Und er, zum Himmel fahrend, läßt vom Zorn nicht ab!
In ewigen Abgrund stürzt uns wieder seine Wut,
Sein Grimm löscht aus, was Gutes wir empfingen;
Unsre Vergehn zu sühnen, gab er hin sein Blut
Und straft uns nun für solche, die wir nicht begingen!

In blindem Zorn verfolgt die Enkel dieser Gott,
Weil einst ihr Ahn mißachtet hatte sein Gebot.
Er rechnet hundert Völkern, die in Lügennacht
Seit eh ihr Dasein hingebracht,
Mit Höllenstrafen furchtbar an,
Daß sie so dumm sind, wie er selber sie gemacht,
Und strebt gleichwohl das Heil des Universums an!
Amerikas riesige Weiten,
Ihr Völker, welche Gott erschuf in Sonnenlanden,
Und ihr aus nördlicheren Breiten,
Die euch der Irrtum lange hält in Schlafes Banden,
Straft euch sein grimmiger Zorn in alle Ewigkeiten,
Weil ihr nicht kanntet jenen Ort,
Wo man ans Kreuz schlug, tief in Syrien, den gebar
Die reine Jungfrau und des Vater Zimmerer war
Und den zuletzt verleugnete des Kephas' Wort?
In diesem schnöden Bilde kann ich nicht erkennen
Gott, den ich soll anbetend preisen:
Ihm solche Ehre zu erweisen
Vermöchte ich nur Schimpf, nicht Huldigung zu nennen.

O Gott im Himmel, höre mein aufrichtiges Flehen,
Vernimm du meiner Stimme Klagen.
Mein Zweifelsinn soll dir nicht mißbehagen,
Du kannst doch, was ich fühle, sehen:
Nur Torheit lästert, ich verehre, darf ich sagen;
Ich bin kein Christ, weil ich dich besser will verstehen.

Indessen, welch ein Anblick bietet sich mir dar!
Er ist es, Christus, ruhmvoll, mächtig. Ihm zur Seite
In einer Wolke ich gewahr
Das Banner seines Todes und sein Kreuz. Er schreitet
Siegreich aus Höllenpforten, triumphiert fürwahr
Über den Tod: der liegt zu seinen Füßen schon.
Von seiner Herrschaft geben die Orakel Kunde,
Das Blut der Märtyrer befestigt seinen Thron,
Auf Schritt und Tritt vollbringen seine Heiligen Wunder,
Mehr, als sie wünschen noch, verheißt der Gottessohn.
Göttlicher Lehre gibt er heiliges Vorbild bei,
Er tröstet jeden noch, der ihn im Herzen trug,
Den Seinen hilft er, wie groß auch ihr Unglück sei.

Der junge Voltaire

Und sollte seine Lehre gründen auf Betrug:
Von ihm betrogen sein – auch das ist Glücks genug.

In deinen Zweifeln, schöne Uranie, entdecke,
Was denn an Wahrheit in den Konterfeien stecke,
Du, die Natur mit Geist begabte, der allein
  Der edlen Schönheit gleicht, die dein.
Bedenke wohl, des Höchsten ewige Weisheit prägte
In deines Herzens Grund dir einen Glauben ein,
  Den es schon von Natur aus hegte;
Dein unbefangener Geist, der sich treuherzig regte,
Kann niemals seines ewigen Hasses Opfer sein.
Vor diesem Gott gilt überall und jederzeit
  Eines Gerechten Herz als Kostbarkeit.
Bescheidener Bonze und barmherziger Derwisch ist
  In Gnaden aufgenommen schon,
  Doch wenig gilt vor seinem Thron
  Prälat und mitleidloser Jansenist.
Was liegt am Titel, wenn wir zu dem Höchsten flehen?
Empfängt er Ehre auch, sie kann ihn nicht erhöhen.
Ein Gott bedarf nicht unserer Beflissenheit,
Beleidigt wird er nur durch Ungerechtigkeit.
  Nur unsere Tugenden bestehen,
  Keins unserer Opfer ihn erfreut.

DAS WELTKIND

Betraure, wer da will, die gute alte Zeit,
Das goldne Alter und Asträas Walten,
Saturns und Rheas segensreiches Schalten,
Den Garten, dessen Adam sich erfreut.
Ich danke der Natur, die weisheitsvoll
Zu meinem Wohl mich jetzt hervorgebracht,
In dieser Zeit, die leidlich gut gemacht:
Den tristen Tadlern gilt sie als frivol,
Doch meiner Lebensart ist sie genehm.
Ich liebe Luxus, üppig und bequem,
Die Künste, das Vergnügen, Reinlichkeit:
Ein jeder Ehrenmann sich daran freut.

Mein Herz, das freilich unrein, ist entzückt
Vom Überfluß, der uns ringsum beglückt:
Er ist der Künste Hort, des Schönen Quelle,
Die neue Freuden bringt und Wünsche weckt.
Der Erde Gold und das der Meereswelle,
Was sie bewohnt und was darinnen steckt
Sowie auch alles, was in Lüften schwebt –
Es dient dem Luxus, des Vergnügens Zweck:
Wie gut es sich im Eisenalter lebt!
Das Überflüssige, nicht zu entbehren,
Verbindet jetzt die beiden Hemisphären.
Unzählige schnelle Schiffe seht ihr froh
Von Texel abgehn, London und Bordeaux
Um Güter, die von Ganges' Ursprung kommen,
Günstig für uns ertauscht, indes die Frommen
Des Mohammed von Frankreichs Wein besiegt
Und mancher Sultan selig trunken liegt.
Voreinst, im Kindesalter der Natur,
Schwant' unsern guten Ahnen keine Spur
Von einem Mein, sie wußten nichts vom Dein.
Wie konnte es für sie wohl anders sein?
Sie hatten nichts, sie waren nackt; 's ist klar:
Was sie nicht hatten, nicht zu teilen war.
Sie lebten mäßig, ja, ich glaube heut,
Martialo war kein Koch der goldnen Zeit.
Und keines feurig-frischen Weines Schaum
Letzt' je der Eva freudelosen Gaum.
Auch glänzte Seide, Gold den Ahnen nie:
Hegt deshalb ihr Bewunderung für sie?
Von Kunstfleiß, Wohlstand fehlte jede Spur.
Gilt das für Tugend? Ignoranz war's nur.
Und welcher Narr, wenn er's gehabt nur hätte,
Schlief damals draußen, nicht in seinem Bette?
Mein lieber Adam, guter Vater, was
Tatst du im Garten Eden, Leckermaul?
Zulieb der dummen Menschheit warst nicht faul?
Mit Mutter Eva kostest du im Gras?
Indes gebt zu, die Nägel von euch zwein,
Sie waren lang, ein wenig schwarz, nicht rein;
Nicht eben wohlgeordnet euer Haar,
Sonnenverbrannt die Haut und ledern war.

Wie glücklich auch die Neigung – wo's gebricht
An Reinlichkeit, ist's Notdurft, Liebe nicht.
Des schönen Spieles müde ohne Frage,
Soupieren unter Eichen sie galant,
Wo Wasser, Hirse sich zu Eicheln fand;
Dann schlummern sie am Boden sonder Klage:
Dies eben ist Natur im Urzustand.
Soll ich euch aber nun, ihr Freunde, sagen,
Wie sich's in unsern oft verwünschten Tagen
Für einen Ehrenmann gewöhnlich lebet,
Sei's in Paris, in Rom, in London? Gebet
Die Ehre ihm und tretet in sein Haus:
Der Reichtum schöner Künste füllt es aus,
Die der Geschmack gezeugt. Seine vier Wände
Schmückt der Gewerbefleiß von tausend Händen.
Was ein Correggio schuf, was hochgelehrt
Poussin entwarf, ein goldner Rahmen ehrt.
Von Bouchardon stammt dieses Standbild hier
Und von Germain des Silbers Glanz und Zier.
Und mehr als manchen Malers Arbeit wert
Sind Farbe, Zeichnung dieser Teppichpracht,
Im Haus der Gobelins hervorgebracht.
Dies alles leuchtet, funkelt viele Male
Aus klaren Pfeilerspiegeln rings im Saale.
Schau ich durchs Fenster, seh ich Gärten prangen,
Es schatten Myrtenlauben, Wasser springen.
Ich höre ein Geräusch ans Ohr mir dringen:
Der Hausherr ist soeben ausgegangen.
Zwei Pferde ziehn in schnellem Trab den Wagen,
Der schön geziert, bequem, ich möchte sagen:
Er scheint ein Haus auf Rädern, halb aus Glas,
Vergoldet halb. Es sitzt sich gut darin,
Weich rollt er über hartes Pflaster hin;
Zwei Federn, die geschmeidig, biegsam tragen
Die prächtige Karosse, wirken das.
Er eilt ins Bad: duftende Wässer geben
Mehr Frische seiner Haut. Nun drängt es ihn
Zum Stelldichein: zu Julie fliegt er eben,
Zu der Gaussin und zur Camargo hin,
Liebe und Gunstbeweis verwöhnen ihn.

Nun heißt's, in jenes Zauberschloß sich wenden,
Wo schöne Verse, Tanz, Musik, die Kunst
Des Farbentrugs zum Ganzen sich vollenden
Mit jener bessern: aller Herzen Gunst
Durch edle Schmeichelei sich zuzuwenden.
Dort pfeift er eine neue Oper aus,
Zollt, ob er schon nicht will, Rameau Applaus.
Dann zum Souper. Welch köstliche Ragouts
Auf blinkendem Geschirr: ein Hochgenuß!
Ein Sterblicher, der göttlich, ist der Koch!
Chloris, Aglaia schenken lächelnd ein;
Soeben hielt den Wein der Pfropfen noch,
Jetzt schäumt Champagner ihm ins Glas hinein.
Seht, Freunde, wie ein Blitz der Pfropfen schießt
Zur Decke auf, und alles lacht, genießt.
Es perlt, es schäumt im Glas der kühle Wein:
Recht ein Franzose scheint er mir zu sein.
Und neue Wünsche bringt der Tag darauf,
Neue Soupers und neue Freuden auf.
　Nun, werter Herr, der Telemach erschuf,
Preist Euer kleines Ithaka, den Ruf
Salentos mehrt und jener tristen Mauern,
Wo Eure tugendreichen Kreter trauern.
Ihr Schwelgen im Verzicht beeindruckt schwerlich:
Sie leiden Mangel ums Die-Fülle-Haben.
Euern gefälligen Stil bewundere ich ehrlich,
Selbst Eurer Prosa zögerliches Traben;
Doch, guter Freund, in eines willige ich:
Verprügeln soll man ohne weitres mich
Dort in Salento, wäre ich so dumm
Und säh mich da nach meinem Glücke um.
Du aber, unsrer ersten Eltern Garten,
Wo Apfelbaum und Schlange jene narrten:
Vergebens haben hochgelehrte Leute
Wie Huet und Calmet, vom Stolz verführt,
Dem Ort des Paradieses nachgespürt:
Im Paradies auf Erden leb ich heute.

Aus: Philosophische Briefe

FÜNFTER BRIEF

Über die anglikanische Religion

Dies ist ein Land der Sekten. Als freier Mann gelangt der Engländer auf dem Weg, der ihm gefällt, in den Himmel.

Ungeachtet dessen, daß jedermann nach eigenem Gutdünken Gott zu dienen vermag, ist indes ihre wahre Religion diejenige, mit der man sein Glück macht, die Episkopalen-Sekte, die anglikanische Kirche oder Hochkirche genannt wird. Weder in England noch in Irland erlangt man ein Amt, ohne der Schar der anglikanischen Gläubigen anzugehören; dieser Grund, welcher ein vortrefflicher Prüfstein ist, hat so viele Nonkonformisten bekehrt, daß sich heute wohl schwerlich ein Zwanzigstel der Nation außerhalb des Schoßes der herrschenden Kirche befindet.

Die anglikanische Geistlichkeit hat zahlreiche katholische Bräuche übernommen, vor allem jenen, den Zehnten mit überaus gewissenhafter Aufmerksamkeit einzutreiben. Gleichermaßen haben sie den frommen Ehrgeiz, die alleinigen Herren zu sein.

Mehr noch, sie nähren unter ihren Lämmern nach Kräften einen heiligen Eifer gegen die Nonkonformisten. Dieser Eifer war unter der Regierung der Tories in den letzten Jahren der Königin Anna ziemlich heftig; jedoch beließ man es dabei, bisweilen die Scheiben einiger ketzerischer Kapellen einzuschlagen, denn das Wüten der Sekten fand in England mit den Bürgerkriegen ein Ende, und unter der Königin Anna war es allein noch das dumpfe Rauschen eines lange nach dem Sturm bewegten Meeres; als die Whigs und die Tories das Land zerrissen wie einst die Guelfen und Ghibellinen, war es wohl unumgänglich, daß die Religion in die Parteien eindrang. Die Tories waren für das Episkopat, die Whigs wollten es beseitigen, indes begnügten sie sich damit, es einzuschränken, als sie die Herren wurden.

Zu jener Zeit, als Graf Harley von Oxford und Mylord Bolingbroke auf das Wohl der Tories trinken ließen, standen sie bei der anglikanischen Kirche im Ansehen von Verteidigern ihrer heiligen Privilegien. Die Versammlung des niederen Klerus, die eine

Art Unterhaus ist, das sich aus Geistlichen zusammensetzt, hatte damals einiges Ansehen, zumindest genoß sie die Freiheit, sich zusammenzufinden, gelehrte Streitgespräche zu führen und von Zeit zu Zeit einige gottlose Bücher, das heißt, gegen sie gerichtete Schriften, zu verbrennen. Der Minister, gegenwärtig ein Whig, gestattet diesen Herren nicht einmal, ihre Versammlung abzuhalten, in der Düsternis ihrer Pfarre bleibt ihnen einzig die traurige Beschäftigung, bei Gott Fürsprache für die Regierung einzulegen, die zu beunruhigen sie nicht verdrießen würde. Was die Bischöfe betrifft, sechsundzwanzig an der Zahl, so haben sie zum Verdruß der Whigs ihren Sitz im Oberhaus, denn der althergebrachte Mißbrauch, sie als Barone anzusehen, dauert noch an; indes haben sie in der Kammer nicht mehr Macht als die Herzöge und die Pairs im Pariser Parlament. Der Eid, den man gegenüber dem Staat leistet, enthält eine Klausel, die die christliche Geduld dieser Herren auf eine harte Probe stellt.

Darin gelobt man, der Kirche anzugehören, wie sie durch das Gesetz begründet ist. Es gibt wohl schwerlich einen Bischof, einen Dechanten, einen Erzpriester, der nicht meint, göttlichen Rechts zu sein; mithin ist es für sie ein beträchtlicher Anlaß der Kränkung, wenn sie einräumen müssen, daß ihnen alles von einem erbärmlichen Gesetz kommt, das profane Laien schufen. Ein Ordensgeistlicher (Pater Courayer) hat kürzlich ein Buch geschrieben, um die Gültigkeit und die Nachfolge der anglikanischen Priesterweihe zu beweisen. Dieses Werk wurde in Frankreich geächtet; aber glaubt Ihr, es hätte der englischen Regierung gefallen? Mitnichten. Diese verfluchten Whigs scheren sich sehr wenig darum, ob die bischöfliche Nachfolge bei ihnen unterbrochen wurde oder nicht und ob der Bischof Parker in einer Weinschenke (wenn man so will) oder in einer Kirche geweiht wurde; sie sehen es sogar lieber, wenn die Bischöfe ihre rechtmäßige Gewalt vom Parlament herleiten anstatt von den Aposteln. Lord B. sagt, daß diese Vorstellung vom göttlichen Recht nur dazu diene, Tyrannen in Bischofsgewand und Chorhemd zu schaffen, während das Gesetz Bürger schafft.

Betreffs der Sitten ist die anglikanische Geistlichkeit gemäßigter als die französische, und folgendes ist die Ursache: alle Geistlichen werden an der Universität von Oxford oder der von Cambridge erzogen, fern von der Verderbtheit der Hauptstadt; zu kirchlichen Würden werden sie erst sehr spät berufen, in einem Alter, da die Menschen keine anderen Leidenschaften als den

Geiz haben, da ihre Ehrsucht bereits der Nahrung ermangelt. Hierselbst sind die Ämter der Lohn für langwährende Dienste in der Kirche als auch in der Armee; man sieht keine jungen Leute, die das College als Bischöfe oder Offiziere verlassen. Des weiteren sind fast alle Priester verheiratet; die auf der Universität erworbene Verdrossenheit, der geringe Umgang, den man hier mit Frauen pflegt, bewirken, daß ein Bischof gemeinhin gezwungen ist, sich mit der seinen zu begnügen. Die Priester gehen bisweilen in die Schenke, weil der Brauch es ihnen gestattet, und wenn sie sich betrinken, so mit Ernsthaftigkeit und ohne Aufsehen.

Dieses undefinierbare Wesen, welches weder Ordensgeistlicher noch Weltgeistlicher ist und das man Abbé nennt, ist in England eine unbekannte Spezies; die Geistlichen sind hier alle zurückhaltend und fast alle Pedanten. Wenn sie erfahren, daß in Frankreich durch ihre Ausschweifungen bekannte und durch Intrigen der Frauen in den Prälatenstand erhobene junge Leute in aller Öffentlichkeit Liebschaften haben, sich damit vergnügen, zärtliche Weisen zu komponieren, tagaus, tagein köstliche und ausgiebige Soupers veranstalten, dabei die Erleuchtung durch den Heiligen Geist herabflehen und sich kühn die Nachfahren der Apostel nennen, danken sie Gott, Protestanten zu sein. Diese aber sind niederträchtige Ketzer, samt allen Teufeln zu verbrennen, wie Meister François Rabelais sagt; deswegen mische ich mich nicht in ihre Angelegenheiten.

SECHSTER BRIEF

Über die Presbyterianer

Die anglikanische Religion erstreckt sich nur auf England und Irland. Der Presbyterianismus ist die vorherrschende Religion in Schottland. Dieser Presbyterianismus ist nichts anderes als der reine Kalvinismus, so wie er in Frankreich entstanden war und in Genf fortbesteht. Weil die Priester dieser Sekte von ihren Kirchen nur ein sehr mäßiges Entgelt erhalten und sie infolgedessen nicht in dem nämlichen Luxus wie die Bischöfe leben können, haben sie den verständlichen Entschluß gefaßt, Geschrei gegen Ehrenämter zu erheben, in die sie nicht gelangen können. Stellt Euch den hochmütigen Diogenes vor, der Platons Stolz verächtlich abtat: die schottischen Presbyterianer gleichen diesem trotzigen und bettelarmen Schwätzer erheblich. Sie behandelten König Karl II.

mit viel geringerer Achtung, als Diogenes Alexander behandelte. Denn als sie für ihn die Waffen gegen Cromwell ergriffen, der sie betrogen hatte, mußte der bedauernswerte König täglich vier Predigten über sich ergehen lassen; sie untersagten ihm, sich zu vergnügen, sie legten ihm auf, zu fasten, das alles in solchem Maße, daß Karl es bald müde wurde, König dieser Pedanten zu sein, und ihren Händen entfloh, wie ein Schuljunge sich vor der Schule rettet.

Gemessen an einem jungen und lebhaften französischen Bakkalaureus, der des Morgens in den Theologieschulen herumschreit und des Abends mit den Damen singt, ist ein anglikanischer Theologe ein Cato; aber dieser musterhafte junge Mann nimmt sich neben einem schottischen Presbyterianer wie ein Galan aus. Letzterer geht schweren Schrittes und mißvergnügten Gesichts einher, er trägt einen großen Hut, einen langen Mantel über einem kurzen Gewand und predigt mit näselnder Stimme; er belegt mit dem Namen der babylonischen Hure alle die Kirchen, wo einige Geistliche in der glücklichen Lage sind, fünfzigtausend Livres Rente zu beziehen, und wo das Volk gutmütig genug ist, das zu dulden und sie Ehrwürden, Ihro Gnaden, Ihro Eminenz zu nennen.

Diese Herren, die auch einige Kirchen in England haben, brachten die ernste und strenge Miene in diesem Lande in Mode. Ihnen ist die Heiligung des Sonntags in den drei Königreichen zu verdanken; an diesem Tage ist es verboten, zu arbeiten und sich zu zerstreuen, man ist also doppelt so streng wie die katholische Kirche; keine Oper, keine Komödien, keine Konzerte am Sonntag in London; selbst das Kartenspiel ist dort so nachdrücklich verboten, daß allein die Standespersonen und was man anständige Leute nennt an diesem Tage spielen. Der Rest der Nation geht zur Predigt, in die Schenke und zu den Freudenmädchen.

Wenngleich die Sekten der Episkopalen und der Presbyterianer in Großbritannien die beiden vorherrschenden sind, sind doch alle anderen dort willkommen und leben alle recht gut miteinander, während die Mehrzahl ihrer Prediger einander mit fast ebensoviel Herzlichkeit verachtet, wie ein Jansenist einen Jesuiten verdammt.

Tretet ein in die Londoner Börse, diesen Ort, der respektheischender als so mancher königliche Hof ist, Ihr werdet dort die Abgesandten aller Nationen zum Wohle der Menschen versammelt sehen; dort verhandeln der Jude, der Mohammedaner und der Christ miteinander, als gehörten sie ein und derselben Religion an, und sie benennen nur jene als Ungläubige, die Bankrott machen; dort gibt der Presbyterianer dem Wiedertäufer sein Vertrauen, und der Anglikaner nimmt die Schuldverschreibung des Quäkers entgegen. Nach diesen friedvollen und freien Versammlungen gehen die einen in die Synagoge, die anderen einen Schluck trinken, dieser läßt sich in einem großen Becken im Namen des Vaters, des Sohnes und des Heiligen Geistes taufen: jener läßt seinem Sohn die Vorhaut beschneiden und über seinem Kinde hebräische Worte murmeln, die es nicht versteht: die anderen gehen in ihre Kirche, um bedeckten Hauptes die göttliche Erleuchtung zu erwarten, und alle sind zufrieden.

Gäbe es in England nur eine Religion, wäre der Despotismus zu befürchten, gäbe es zwei Religionen, würden sie sich die Gurgel durchschneiden; indes gibt es ihrer dreißig, und sie leben glücklich und in Frieden.

SIEBENTER BRIEF

Über die Sozinianer oder Arianer oder Antitrinitarier

Es gibt hier eine kleine Sekte, bestehend aus Klerikern und einigen höchst gelehrten weltlichen Geistlichen, die weder den Namen der Arianer noch jenen der Sozinianer tragen, indes keinesfalls mit der Meinung des heiligen Athanasius bezüglich der Heiligen Dreifaltigkeit übereinstimmen und Euch unumwunden sagen, daß der Vater größer ist als der Sohn.

Erinnert Euch eines gewissen rechtgläubigen Bischofs, welcher, um einen Kaiser von der Dreieinigkeit zu überzeugen, darauf verfiel, den Sohn des Kaisers an das Kinn zu fassen und ihn in Anwesenheit Seiner Heiligen Majestät an der Nase zu ziehen; als der Kaiser Unwillen gegenüber dem Bischof zeigte, sagte ihm der gute Mann die folgenden schönen und überzeugenden Worte: „Herr, wenn Eure Majestät in Zorn gerät, weil man es Ihrem Sohn an Respekt fehlen läßt, wie glaubt Ihr denn, daß Gottvater mit jenen verfahren wird, welche Jesus Christus die ihm gebührenden Ehrennamen vorenthalten?“ Die Leute, von denen ich Euch spreche, sagen, daß der heilige Bischof einen sehr unglücklichen Einfall gehabt habe, daß sein Schluß alles andere als beweiskräftig war und daß ihm der Kaiser hätte zur Antwort geben müssen: „Wisset, daß es zwei Arten gibt, es mir an Respekt fehlen zu lassen, die erste, meinem Sohn nicht genug Ehre zu erweisen, und die zweite, ihm deren genausoviel zu erweisen wie mir."

Wie dem auch sei, die Partei des Arius beginnt in England wiederaufzuleben, gleichermaßen wie in Holland und in Polen. Der berühmte Herr Newton erwies dieser Anschauung die Ehre, sie zu befördern; besagter Philosoph glaubte, daß die Unitarier geometrischer als wir urteilen. Der aufrechteste Verfechter der arianischen Lehre ist jedoch der berühmte Doktor Clarke. Dieser Mann ist von strenger Tugend und von sanftem Charakter, mehr Liebhaber seiner Ansichten als darauf aus, Proselyten zu machen, er ist gänzlich mit Berechnungen und Beweisen ausgefüllt, eine wahre Vernunftmaschine.

Er ist der Verfasser eines kaum verstandenen, jedoch geachteten Buches über die Existenz Gottes und eines anderen, verständlicheren, jedoch ziemlich geringgeschätzten über die Wahrheit der christlichen Religion.

Er hat sich keinesfalls in die schönen scholastischen Dispute eingelassen, die unser Freund ... ehrwürdiges Geschwätz nennt; er begnügte sich damit, ein Buch drucken zu lassen, welches alle Zeugnisse aus den ersten Jahrhunderten für und wider die Unitarier enthält, und er hat es dem Fleiß des Lesers anheimgestellt, die Stimmen zu zählen und selbst zu richten. Dieses Buch hat dem Doktor viele Parteigänger gebracht, aber es hat ihn daran gehindert, Erzbischof von Canterbury zu werden; ich glaube, daß sich der Doktor in seiner Berechnung geirrt hat und daß es lohnender wäre, Primas von England als arianischer Pfarrer zu sein.

Ihr seht, wie die Umwälzungen sich gleichermaßen in den Meinungen wie in den Reichen vollziehen. Die Anhängerschaft des Arius ersteht nach dreihundert Jahren des Triumphes und zwölf Jahrhunderten des Vergessens aus ihrer Asche; jedoch hat sie ihren Zeitpunkt sehr unglücklich gewählt und erscheint in einem Zeitalter, wo die Welt der Dispute und der Sekten überdrüssig ist; selbige ist noch zu klein, um die Freiheit zu öffentlichen Zusammenkünften zu erlangen, sie wird sie ohne Zweifel bekommen, wenn sie zahlreicher geworden ist; indes ist man gegenwärtig dem allen gegenüber so gleichgültig, daß eine neue oder erneuerte Religion schwerlich Erfolg haben wird; ist es nicht verwunderlich, daß Luther, Calvin, Zwingli und alle Schriftsteller, die zu lesen unmöglich ist, Sekten gegründet haben, welche Europa spalten, daß der ungebildete Mohammed Asien und Afrika eine Religion gab und daß die Herren Newton, Clarke, Locke, Leclerc usw., die größten Philosophen und die besten Köpfe ihrer Zeit, es kaum erreichten, eine kleine Herde zusammenzubringen, welche auch noch von Tag zu Tag geringer wird.

Da sieht man, was es bedeutet, zur rechten Zeit auf die Welt zu kommen. Wenn Kardinal Retz heutzutage wiedererscheinen würde, vermöchte er nicht, in Paris auch nur zehn Frauen aufzuwiegeln.

Käme Cromwell wieder auf die Welt, er, der seinen König köpfen ließ und sich selbst zum Herrscher machte, wäre er ein einfacher Kaufmann zu London.

ACHTER BRIEF

Über das Parlament

Die Mitglieder des englischen Parlaments finden Gefallen daran, sich nach Kräften mit den alten Römern zu vergleichen.

Vor nicht allzu langer Zeit begann Mr. Shipping seine Rede vor dem Unterhaus mit folgenden Worten: *Die Majestät des englischen Volkes wäre verletzt* usw. Die Sonderbarkeit des Ausdrucks bewirkte einen lebhaften Heiterkeitsausbruch; ohne indes die Fassung zu verlieren, wiederholte er den gleichen Satz mit unerschütterlicher Miene, und es wurde nicht mehr gelacht. Ich räume ein, daß ich zwischen der Majestät des englischen Volkes und der des römischen Volkes keinerlei Gemeinsamkeit sehe, noch weniger zwischen ihren Regierungen; in London gibt es einen Senat, von dem einige Mitglieder im Verdacht stehen (zweifelsohne zu Unrecht), ihre Stimmen gelegentlich zu verkaufen, so wie man es in Rom zu tun pflegte. Das ist die ganze Ähnlichkeit, im übrigen scheinen mir die beiden Nationen gänzlich unterschiedlich zu sein, sowohl im Guten als auch im Schlechten. Die Römer haben niemals den abscheulichen Wahnwitz der Religionskriege gekannt, dieser Greuel blieb den frommen Predigern der Demut und der Geduld vorbehalten. Marius und Sulla, Pompejus und Caesar, Antonius und Augustus schlugen sich nicht damit herum zu entscheiden, ob der *Priester* (flamen) sein Hemd über seinem Gewand oder sein Gewand über seinem Hemd tragen sollte und ob die heiligen Hühner fressen und trinken oder nur fressen sollten, damit man die Zeichen deutete. Die Engländer haben sich um solcher Streitereien willen auf ihren Gerichtstagen wechselseitig aufhängen lassen und sich in förmlicher Schlachtordnung vernichtet; die Sekte der Episkopalen und der Presbyterianismus haben diese aufrichtigen Gemüter eine Zeitlang beeinflußt. Ich halte dafür, daß ihnen eine derartige Torheit nicht mehr widerfahren wird, sie scheinen aus Schaden klug zu werden, und ich erkenne an ihnen keinerlei Verlangen, sich hinfort wegen Haarspaltereien ums Leben zu bringen.

Ein erheblicher Unterschied zwischen Rom und England, der letzterem gänzlich zum Vorteil gereicht, ist der, daß die Folge der Bürgerkriege in Rom die Sklaverei war, die der Wirren in England die Freiheit. Die englische Nation ist die einzige auf der Welt, der es gelungen ist, die Macht der Könige einzuschränken, indem sie sich ihnen widersetzte, und die schließlich nach einer Vielzahl von Anstrengungen diese weise Regierung schuf, wo dem im Wohltun allmächtigen Fürsten die Hände gebunden sind, Schlechtes zu tun, wo die Lehnsherren ohne Anmaßung und ohne Vasallen die Vornehmen des Landes sind und wo das Volk ruhigen Mutes Anteil an der Regierung nimmt.

Das Oberhaus und das Unterhaus sind die Schiedsrichter der Nation, der König ist der oberste Schiedsrichter. Ein solches Gleichgewicht fehlte den Römern, die Großen und das Volk waren in Rom immer getrennt, ohne daß es eine vermittelnde Kraft gab, welche sie zum Vergleich hätte bringen können. Der römische Senat, der den ungerechten und sträflichen Hochmut besaß, sich in nichts mit den Plebejern teilen zu wollen, wußte keinen besseren Kunstgriff, sie von der Regierung fernzuhalten, als sie fortwährend in den ausländischen Kriegen zu beschäftigen. Sie betrachteten das Volk als ein wildes Tier, welches sie aus Furcht, daß es seine Herren verschlänge, auf ihre Nachbarn loslassen mußten; also machte die größte Unzulänglichkeit der römischen Regierung sie zu Eroberern; dieweil sie sich in ihrem Lande unglücklich fühlten, wurden sie die Beherrscher der Welt, bis ihre Zerwürfnisse sie am Ende zu Sklaven machten.

Die Regierung Englands ist weder für so viel Glanz noch für ein so klägliches Ende bestimmt, ihr Ziel ist keinesfalls der brillante Wahn, Eroberungen zu machen, sondern zu verhindern, daß ihre Nachbarn welche machen; dieses Volk wacht nicht nur eifersüchtig über seine eigene Freiheit, es wacht desgleichen über die Freiheit der anderen. Die Engländer waren allein deshalb gegen

Ludwig XIV. erbittert, weil sie bei ihm Eroberungssucht vermuteten. Sie führten frohen Herzens und gewiß ohne jeglichen Eigennutz Krieg gegen ihn.

Es hatte zweifelsohne seinen Preis, in England die Freiheit durchzusetzen; in einem Meer von Blut wurde das Idol des Despotismus ertränkt; jedoch glauben die Engländer nicht, sich die guten Gesetze zu teuer erkauft zu haben. Die anderen Nationen erlebten nicht weniger Wirren, haben nicht weniger Blut vergossen; dieses Blut jedoch, das sie im Dienste ihrer Freiheit vergossen, hat ihre Versklavung lediglich besiegelt.

Was in England zur Revolution wird, ist in den anderen Ländern nichts weiter als ein Aufruhr; eine Stadt greift zu den Waffen, sei es in Spanien, sei es in der Barbarei, sei es in der Türkei, um ihre Rechte zu verteidigen, unverzüglich wird sie von Söldnern übermannt, von Henkern bestraft, und der Rest der Nation küßt seine Ketten. Die Franzosen halten dafür, daß die Regierung dieser Insel stürmischer ist als das sie umgebende Meer, und das ist wahr, jedoch nur dann, wenn der König den Sturm auslöst, wenn er sich des Schiffes bemächtigen will, dessen erster Steuermann er lediglich ist. Die Bürgerkriege in Frankreich waren länger, grausamer und zeitigten mehr Verbrechen als die in England; von allen diesen Bürgerkriegen hat jedoch keiner eine weise Freiheit zum Ziel gehabt.

Zu den verabscheuungswürdigen Zeiten von Karl IX. und Heinrich III. ging es allein darum, zu wissen, ob man Sklave der Guisen würde. Der letzte Krieg in Paris verdient nicht mehr, als ausgepfiffen zu werden; mich deucht, Schüler zu sehen, die sich gegen den Vorsteher eines Gymnasiums empören und am Ende ausgepeitscht werden; Kardinal Retz intrigierte um der Intrige willen, mit viel Witz und Mut, die er schlecht einsetzte, ein Rebell ohne Ziel, ein Aufrührer ohne Plan, ein Parteienführer ohne Armee, schien er zu seinem eigenen Vergnügen Bürgerkrieg zu führen. Das Parlament wußte weder, was es wollte, noch, was es nicht wollte; es hob durch Verfügung Truppen aus, es löste sie auf, es drohte, es bat um Vergebung, es setzte einen Preis auf Kardinal Mazarins Kopf aus und hieß ihn schließlich mit allem Gepränge willkommen. Unsere Bürgerkriege unter Karl VI. waren grausam, die der Liga verabscheuungswürdig, und der Krieg der Fronde war lächerlich.

Am meisten wirft man den Engländern in Frankreich die Hinrichtung Karls I. vor, der von seinen Bezwingern so behandelt wurde, wie er sie behandelt hätte, wäre das Glück ihm hold geblieben.

Alles in allem, seht Euch auf der einen Seite Karl I. an, besiegt in offener Schlacht, gefangen, vor Gericht gestellt, in Westminster verurteilt, und auf der anderen Seite den Kaiser Heinrich VII., während des heiligen Abendmahls von seinem Beichtvater vergiftet, Heinrich III., ermordet von einem Mönch, dem Werkzeug der Raserei einer ganzen Partei, dreißig gegen Heinrich IV. geplante Mordanschläge, von denen einige ausgeführt wurden und der letzte schließlich Frankreich dieses großen Königs beraubte. Wägt diese Gewalttaten ab und urteilt.

NEUNTER BRIEF

Über die Regierung

Diese glückliche Mischung in der englischen Regierung, diese Übereinstimmung zwischen den Gemeinen, den Lords und dem König hat nicht von jeher bestanden. England war über lange Zeit Sklavin der Römer, der Sachsen, der Dänen, der Franzosen. Wilhelm der Eroberer vor allem regierte es mit eisernem Zepter, er verfügte über Güter und Leben seiner neuen Untertanen wie ein orientalischer Monarch; unter Androhung der Todesstrafe setzte er durch, daß kein Engländer es wagte, nach der achten Abendstunde Feuer oder Licht bei sich zu Hause zu haben, sei es, daß er dadurch ihren nächtlichen Versammlungen zuvorzukommen suchte, sei es, daß er durch ein so sonderbares Verbot erproben wollte, wie weit die Macht eines Menschen über andere Menschen gehen kann.

Wahr ist, daß die Engländer vor und nach Wilhelm dem Eroberer Parlamente hatten, deren sie sich rühmen, als ob diese Versammlungen, die zu jenen Zeiten Parlament genannt wurden und sich aus geistlichen Tyrannen und adligen Plünderern zusammensetzten, Hüter der Freiheit und der allgemeinen Wohlfahrt gewesen wären.

Die Barbaren, welche von der Küste des Baltischen Meeres in das übrige Europa einfielen, brachten den Gebrauch dieser Ständeversammlungen oder Parlamente mit sich, wovon so viel Aufhebens gemacht wurde und so wenig bekannt ist. Die Könige waren damals nicht despotisch, das ist wahr; die Völker stöhnten jedoch um so mehr in elender Knechtschaft. Die Anführer dieser Wilden, die Frankreich, Italien, Spanien, England verwüstet hatten, machten sich zu Monarchen; ihre Befehlshaber teilten den Boden der Besiegten unter sich auf, daher die Markgrafen, die Grundherren, die Barone, die kleinen Tyrannen, die sich oft mit ihrem König um das Hab und Gut der Völker stritten. Das waren Raubvögel, die gegen einen Adler kämpften, um das Blut von Tauben auszusaugen; jedes Volk hatte hundert Tyrannen statt eines Herrschers. Die Priester ließen nicht lange auf sich warten. Zu allen Zeiten war es das Schicksal der Gallier, der Germanen, der englischen Inselbewohner gewesen, von ihren Druiden regiert zu werden, desgleichen von den Dorfältesten, die damals so etwas wie Barone waren, indes weniger tyrannisch als ihre Nachfolger. Jene Druiden nannten sich Mittler zwischen der Gottheit und den Menschen, sie erließen Gesetze, sie exkommunizierten, sie sprachen Todesurteile. Die Bischöfe traten nach und nach die Nachfolge ihrer weltlichen Macht im Gebiet der Goten und Vandalen an. Die Päpste stellten sich an ihre Spitze, und mit Breves, Bullen und Mönchen machten sie Könige erzittern, setzten sie ab, ließen sie ermorden und rissen alles Geld in Europa an sich, dessen sie habhaft werden konnten. Der einfältige Inas, einer der Tyrannen der englischen Heptarchie, war der erste, welcher sich bei einer Pilgerfahrt nach Rom darein fügte, für jedes Haus in seinem Gebiet den Peterspfennig zu zahlen (was ungefähr einem Ecu unseres Geldes entspricht). Die ganze Insel folgte alsbald diesem Beispiel, England wurde nach und nach eine Provinz des Papstes, der Heilige Vater entsandte von Zeit zu Zeit seine Legaten dorthin, um daselbst übermäßige Steuern zu erheben. Johann ohne Land trat schließlich sein Königreich in aller Form an Seine Heiligkeit ab, die ihn exkommuniziert hatte; die Barone, die dabei nicht auf ihre Kosten kamen, verjagten diesen armseligen König und setzten statt seiner Ludwig VIII., den Vater König Ludwigs des Heiligen von Frankreich, ein; sie wurden jedoch dieses Neuankömmlings bald überdrüssig und schickten ihn über das Meer zurück.

Indes die Barone, Bischöfe und Päpste England, wo alle herrschen wollten, dergestalt in Stücke rissen, galt der an Zahl größte, obendrein tugendhafteste und folglich achtbarste Teil der Menschen, bestehend aus jenen, welche die Gesetze und die Wissenschaften studieren, aus Handelsleuten, Handwerkern, kurzum aus allen, die keine Tyrannen waren, galten die Leute des Volkes als unter dem Menschen stehende Tiere. Es war also vonnöten, daß die Gemeinen damals der Regierung teilhaftig würden, es waren Leibeigene: ihre Arbeit, ihr Blut gehörte ihren Herren, die sich Adlige nannten. In ihrer Mehrzahl waren die Menschen in Europa das, was sie in einigen Orten des Nordens jetzt noch sind, Sklaven eines Herrn, eine Art Herdentier, welches man mit dem Boden verkauft und kauft. Es bedurfte Jahrhunderte, um der Menschheit Gerechtigkeit widerfahren zu lassen, um zu begreifen, daß es schrecklich ist, wenn eine große Zahl sät und eine kleine Zahl erntet; und ist es nicht ein Glück für das menschliche Geschlecht, daß in Frankreich die Macht dieser kleinen Räuber mittels der legitimen Gewalt unserer Könige und in England mittels der legitimen Gewalt der Könige und des Volkes beseitigt wurde?

Glücklicherweise haben sich durch die Erschütterungen, welche im Gefolge der Streitigkeiten zwischen den Königen und den großen Herren in den Reichen auftraten, die Ketten der Nationen mehr oder minder gelockert; die Freiheit wurde in England aus den Streitigkeiten der Tyrannen geboren, die Barone zwangen Johann ohne Land und Heinrich III., dieser berühmten Charta zuzustimmen, deren hauptsächliches Ziel es zwar war, die Könige in Abhängigkeit von den Lords zu bringen, in welcher aber der Rest der Nation um ein weniges begünstigt wurde, damit sie sich bei gegebenem Anlaß auf die Seite ihrer vorgeblichen Beschützer schlagen sollte. Diese große Charta, welche als heiliger Ursprung der englischen Freiheiten gilt, läßt selbst gut erkennen, wie wenig die Freiheit bekannt war. Allein der Titel beweist, daß der König an sein absolutes Recht glaubte und daß die Barone und selbst der Klerus ihn nur deshalb zwangen, etwas von diesem vermeintlichen Recht nachzulassen, weil sie die Stärkeren waren.

Also beginnt die große Charta: „Aus Unserem freien Willen gewähren Wir den Erzbischöfen, Bischöfen, Äbten, Prioren und Baronen unseres Königreiches die folgenden Vorrechte etc."

In den Artikeln dieser Charta wird das Unterhaus mit keinem Wort erwähnt, was beweist, daß es noch nicht bestand oder doch bestand, ohne Einfluß zu haben. Man benennt daselbst die freien Männer Englands, eine traurige Bezeugung, daß es andere gab, die es nicht waren. Aus dem Artikel 32 wird ersichtlich, daß diese vorgeblich freien Männer ihrem Landesherrn zu Diensten verpflichtet waren. Eine derartige Freiheit hatte noch viel von Sklaverei an sich.

Im Artikel 21 verfügt der König, daß seine Befehlshaber hinfort die Pferde und Karren der freien Männer nur gegen Bezahlung requirieren können, und diese Verfügung deuchte dem Volk wie eine wahre Freiheit, weil sie eine noch größere Tyrannei beseitigte.

Heinrich VII., erfolgreicher Usurpator und großer Politiker, welcher vorgab, die Barone zu lieben, sie aber haßte und fürchtete, verfiel darauf, die Veräußerung ihrer Ländereien zu betreiben. Hierdurch kauften die Gemeinen, die in der Folge Besitz durch ihre Arbeit erwarben, die Schlösser der berühmten Peers, die sich durch ihre Maßlosigkeit ruiniert hatten. Nach und nach wechselte der gesamte Grund und Boden seine Besitzer.

Das Unterhaus wurde von Tag zu Tag mächtiger, die Familien der alten Peers erloschen im Laufe der Zeiten, und da in England allein die Peers dem Buchstaben des Gesetzes nach adlig sind, hätte es in diesem Lande überhaupt keinen Adel mehr gegeben, wenn die Könige nicht von Zeit zu Zeit neue Barone ernannt und den Stand der Peers, den sie einstmals so fürchteten, erhalten hätten, um ihn den Gemeinen entgegenzustellen, die ihnen mittlerweile Furcht einflößten.

Alle diese neuen Peers, welche das Oberhaus bilden, nehmen vom König ihren Titel entgegen und sonst nichts; fast niemand von ihnen besitzt den Boden, dessen Namen er trägt. Einer von ihnen ist Herzog von Dorset, er besitzt in Dorsetshire keine Handbreit Boden.

Ein anderer ist Graf eines Dorfes und weiß kaum, wo sich das Dorf befindet. Sie haben Einfluß im Parlament, anderweitig nicht.

Hier hört man nichts von hoher, mittlerer und niederer Gerichtsbarkeit, ebensowenig von dem Recht, auf den Äckern eines Bürgers zu jagen, welcher selbst nicht die Freiheit hat, einen Gewehrschuß auf seinem eigenen Feld abzugeben.

Gleich ob jemand von Adel oder Priester ist, er wird hier nicht davon ausgenommen, bestimmte Steuern zu zahlen, sämtliche Auflagen werden vom Unterhaus geregelt, das, wenngleich an zweiter Stelle in seinem Range stehend, die erste hinsichtlich des Ansehens einnimmt.

Die Grundherren und die Bischöfe können wohl die Gesetzesvorlagen der Gemeinen betreffs der Steuern zurückweisen; es ist ihnen jedoch nicht gestattet, daran etwas abzuändern; sie müssen sie ohne Einschränkung entweder annehmen oder zurückweisen. Wenn die Bill von den Lords bestätigt und vom König gebilligt ist, dann zahlen alle, ein jeglicher gibt nicht gemäß seinem Stande (was widersinnig ist), sondern gemäß seinen Einkünften; es gibt keine Zinsbarkeit oder willkürliche Kopfsteuer, sondern eine gerechte Steuer auf den Grund und Boden. Sie wurden alle unter dem berühmten König Wilhelm III. geschätzt und unterhalb ihres Wertes festgelegt.

Die Steuer ist unverändert geblieben, wenngleich sich die Einkünfte aus dem Boden erhöht haben, also fühlt sich niemand gedemütigt, und niemand beklagt sich. Die Füße des Bauern sind nicht in Holzschuhe gezwängt, er ißt weißes Brot, er ist gut gekleidet, er scheut sich weder, die Anzahl seines Viehs zu vergrößern, noch, sein Dach mit Ziegeln zu decken, aus Furcht, daß man ihm die Abgaben im folgenden Jahr erhöhen könnte. Es gibt hierzulande zahlreiche Bauern, die an die zweihunderttausend Francs an Gütern haben und es nicht verschmähen, weiterhin den Boden zu bebauen, welcher sie zu Reichtum brachte und auf welchem sie frei leben.

ZEHNTER BRIEF

Über den Handel

Der Handel, welcher die Bürger Englands zu Reichtum brachte, hat beigetragen, sie frei zu machen, und selbige Freiheit hat wiederum den Handel ausgedehnt; von daher rührt die Größe des Staates; der Handel hat allmählich die Seemacht entstehen lassen, kraft deren die Engländer die Beherrscher der Meere sind. Sie haben gegenwärtig fast zweihundert Kriegsschiffe, die Nachwelt wird vielleicht mit Erstaunen vernehmen, daß eine kleine Insel, welche aus sich selbst heraus nur ein wenig Blei, Zink, Tonerde und grobe Wolle besitzt, durch ihren Handel stark genug geworden ist, um 1723 drei Flotten zu gleicher Zeit in drei ferne Regionen der Welt zu entsenden, eine vor das mit Waffengewalt eroberte Gibraltar, die andere nach Porto Bello, um dem König von Spanien die Nutznießung der Schätze Indiens zu entziehen, und die dritte ins Baltische Meer, um die nordischen Mächte zu hindern, sich zu bekriegen.

Als Ludwig XIV. Italien erzittern machte und seine Armeen, welche sich bereits Savoyens und Piemonts bemächtigt hatten, im Begriffe standen, Turin zu nehmen, war es vonnöten, daß Prinz Eugen, aus dem tiefsten Deutschland kommend, dem Herzog von Savoyen zu Hilfe eilte; er hatte nicht das Geld, ohne das sich eine

Stadt weder nehmen noch verteidigen läßt, er nahm Zuflucht zu englischen Kaufleuten; binnen einer halben Stunde lieh man ihm fünfzig Millionen, damit entsetzte er Turin, schlug die Franzosen und schrieb jenen, welche ihm diese Summe geliehen hatten, folgendes kleine Billet: „Meine Herren, ich habe Ihr Geld erhalten, und ich schmeichele mir, es zu Ihrer Zufriedenheit verwendet zu haben.“

Dieses alles verleiht einem englischen Handelsherrn einen gerechten Stolz und bewirkt, daß er, nicht ohne Grund, sich mit einem römischen Bürger zu vergleichen erkühnt, daher findet der jüngste Sohn eines Peers des Königreiches den Handel nicht unter seiner Würde. Mylord Townshend, Staatsminister, hat einen Bruder, welcher sich bescheidet, Handelsherr unter der Bürgerschaft zu sein. Zu der Zeit, als Mylord Oxford England regierte, stand sein jüngster Sohn einer Faktorei in Aleppo vor, von wo er nicht zurückkehren wollte und woselbst er starb.

Diese Gewohnheit, gleichwohl sehr im Schwinden begriffen, erscheint den auf ihre Vorfahren erpichten Deutschen ungeheuerlich, sie vermögen nicht zu begreifen, daß der Sohn eines englischen Peers nur ein reicher und mächtiger Bürger sein soll, da hingegen in Deutschland alle Fürsten sind; es gab bis zu dreißig Hoheiten desselben Namens, deren einziger Reichtum das Wappen und der Stolz waren.

In Frankreich ist Marquis, wer will, und wer auch immer aus der hintersten Ecke einer Provinz mit Geld zum Ausgeben und einem Namen auf -ac oder -ille nach Paris kommt, kann sagen „ein Mann wie ich, ein Mann meines Standes“ und hoheitsvoll einen Kaufmann verachten; der Kaufmann hört so oft mit Geringschätzung von seinem Gewerbe sprechen, daß er einfältig genug ist, darüber zu erröten; ich weiß indes nicht, wer einem Staat dienlicher ist, ein sorgfältig gepuderter Herr, welcher genau angeben kann, zu welcher Stunde sich der König erhebt, zu welcher Stunde er zu Bette geht, und der sich wunder wie bedeutsam vorkommt, wenn er im Vorzimmer eines Ministers die Sklavenrolle spielt, oder ein Kaufmann, der seinem Lande zu Reichtum verhilft, von seinem Kabinett aus bis Surat und Kairo reichende Anordnungen erteilt und am Gedeihen der Welt mitwirkt.

ELFTER BRIEF

Über das Einimpfen der Pocken

Insgeheim sagt man im christlichen Europa den Engländern nach, daß sie närrisch und toll sind, närrisch, weil sie ihren Kindern die Pocken geben, um zu verhindern, daß sie selbige bekommen, toll, weil sie ihren Kindern mutwillig eine unbezweifelbare und schreckliche Krankheit im Hinblick darauf übertragen, einem zweifelhaften Übel vorzubeugen; die Engländer ihrerseits sagen: „Die übrigen Europäer sind feige und grausam; sie sind feige insofern, als sie fürchten, ihren Kindern einen geringen Schmerz zu bereiten, grausam insofern, als sie sie der Gefahr aussetzen, eines Tages an den Pocken zu sterben." Um zu beurteilen, wer in diesem Streite recht hat, folgt hier die Geschichte dieser berühmten Einimpfung, über welche man außerhalb Englands mit so viel Entsetzen spricht.

Seit undenklichen Zeiten haben die Tscherkessenfrauen die Gewohnheit, ihren Kindern die Pocken zu geben, selbst schon im Alter von sechs Monaten, indem sie ihnen einen Einschnitt in den Arm machen und in diesen Einschnitt eine eitrige Pocke einführen, welche sie sorgfältig dem Körper eines anderen Kindes entnommen haben. Diese Pocke wirkt in dem Arm, in den sie eingefügt wurde, wie Hefe in einem Stück Teig, sie gärt daselbst und verbreitet im gesamten Blut die ihr eigentümlichen Qualitäten; die Pocken des Kindes, welchem man diese künstlichen Blattern gegeben hat, dienen dazu, dieselbe Krankheit auf andere zu übertragen; das ist ein fast ununterbrochener Kreislauf im Tscherkessenland, und wenn im Lande unglücklicherweise keine Pocken auftreten, ist man dort ebenso in Verlegenheit wie anderweitig in einem schlechten Jahr.

Dieser Brauch, welcher anderen Völkern so absonderlich erscheint, hat im Lande der Tscherkessen einen indes auf der ganzen Welt bekannten Ursprung, die mütterliche Zärtlichkeit und die Gewinnsucht.

Die Tscherkessen sind arm und ihre Töchter schön, deshalb betreiben sie mit ihnen den schwunghaftesten Handel; sie beliefern die Harems des türkischen Sultans, des Sufi von Persien und derer mit Schönheiten, welche reich genug sind, diese kostbare Ware zu kaufen und zu unterhalten; sie erziehen diese Mädchen auf das beste und in allen Ehren, die Männer zu liebkosen, unzüchtige und sinnliche Tänze zu vollführen, mit den allerwollüstigsten Künsten die Lust der hochmütigen Herren neu zu entfachen, denen sie bestimmt sind: diese armen Geschöpfe wiederholen mit ihren Müttern tagaus, tagein ihre Lektionen, so wie unsere kleinen Mädchen ihren Katechismus repetieren, ohne etwas davon zu verstehen.

Nun aber geschah es häufig, daß sich ein Vater oder eine Mutter unvermittelt ihrer Hoffnungen beraubt sahen, nachdem sie ihre liebe Not damit gehabt hatten, ihren Kindern eine gute Erziehung angedeihen zu lassen; die Pocken suchten die Familie heim, eine Tochter starb daran, eine andere verlor ein Auge, eine dritte genas mit einer geschwollenen Nase, und die armen Eltern waren hoffnungslos zugrunde gerichtet; oft gar, wenn die Pocken zur Seuche wurden, lag der Handel für mehrere Jahre darnieder, was eine beachtliche Verminderung in den Serails Persiens und der Türkei verursachte.

Eine handeltreibende Nation ist stets überaus wachsam auf ihre Vorteile bedacht und vernachlässigt keinerlei Kenntnisse, welche ihrem Gewerbe nützlich sein könnten. Die Tscherkessen fanden heraus, daß von tausend Personen bestenfalls eine zum zweitenmal von einer schweren Pockenkrankheit befallen wurde, daß man in der Tat bisweilen drei oder vier leichte Pocken durchsteht, indes niemals zwei ernsthafte und gefährliche, daß man, mit einem Wort, diese Krankheit niemals wirklich zweimal in seinem Leben hat; sie entdeckten ferner, daß die Pocken, wenn sie gutartig sind und bei ihrem Ausbrechen lediglich eine zarte und feine Haut durchstoßen, keinerlei Spuren im Gesicht hinterlassen; aus diesen natürlichen Beobachtungen zogen sie den Schluß, daß ein an leichten Pocken erkranktes Kind von sechs Monaten oder einem Jahr an selbigen nicht sterben, von ihnen nicht gezeichnet würde und für den Rest seiner Tage dieser Krankheit ledig wäre.

Um das Leben und die Schönheit ihrer Kinder zu erhalten, mußten sie ihnen also frühzeitig die Pocken geben; das geschah, indem man in den Körper eines Kindes eine Pocke einpflanzte, welche man einem schwer Erkrankten entnahm, dessen Krankheit jedoch einen günstigen Verlauf hatte.

Der Versuch mußte zum Erfolg führen. Die Türken, die vernünftige Leute sind, nahmen alsbald diesen Brauch an, und heutigentags gibt es in Konstantinopel keinen Pascha, der seinem Sohn und seiner Tochter nicht die Pocken gibt, sobald sie entwöhnt werden.

Manche Leute behaupten, daß die Tscherkessen diesen Brauch einst von den Arabern übernommen hätten; aber wir überlassen die Klärung dieser historischen Frage einem gelehrten Benediktiner, der nicht versäumen wird, darüber mehrere Bände in Folio mit den Beweisen abzufassen. Alles, was ich über diese Materie zu sagen habe, ist, daß zu Beginn der Herrschaft Georgs I. Lady Wortley Montagu, eine der Engländerinnen mit dem meisten Verstand und der größten Kraft in ihrem Verstande, welche mit ihrem Gemahl auf Gesandtschaft in Konstantinopel war, sich entschloß, ohne Bedenken einem Kinde die Pocken zu geben, das sie ebendort geboren hatte; ihr Beichtvater sagte ihr vergeblich, daß dieses Unternehmen nicht christlich sei und nur bei den Ungläubigen gelingen könne; bei dem Sohn von Lady Wortley schlug es prächtig an. Nach ihrer Rückkehr nach London machte diese Dame der Prinzessin von Wales, der heutigen Königin, Mitteilung von ihrem Versuch. Man muß einräumen, daß diese Prinzessin, Titel und Krone ungeachtet, geschaffen ist, alle Künste zu ermutigen und den Menschen Gutes zu tun; sie ist ein liebenswürdiger Philosoph auf dem Thron, und sie versäumte keine Gelegenheit, sich zu bilden oder Großzügigkeit zu üben; als ihr zu Ohren kam, daß eine Tochter Miltons noch lebte und daß sie im Elend lebte, sandte sie ihr unverzüglich ein beträchtliches Geschenk; sie hält ihre Hand über den armen Pater Courayer; sie geruht, Mittlerin zwischen Doktor Clarke und Herrn Leibniz zu sein. Sobald sie Kunde von der Einpflanzung oder Einimpfung der Pocken erhalten hatte, ließ sie die Probe an vier zum Tode verurteilten Verbrechern machen, denen sie in zweifacher Hinsicht das Leben rettete, denn sie entriß sie nicht nur dem Galgen, sondern dank diesen künstlichen Pocken kam sie den natürlichen zuvor, welche jene wahrscheinlich bekommen hätten und an denen sie vielleicht in fortgeschrittenerem Alter gestorben wären.

Die von der Nützlichkeit dieses Versuchs überzeugte Prinzessin ließ ihre Kinder impfen; England folgte ihrem Beispiel, und seither verdanken wenigstens zehntausend Kinder angesehener Familien solcherart ihr Leben der Königin und Lady Wortley Montagu, und ebenso viele Mädchen verdanken ihnen ihre Schönheit.

Von hundert Personen auf der Welt haben wenigstens sechzig die Pocken, von diesen sechzig sterben zwanzig in den besten Jahren, und weitere zwanzig tragen für immer häßliche Spuren davon; mithin wird also der fünfte Teil der Menschen von dieser Krankheit getötet oder mit Sicherheit entstellt. Von allen denen, welche in der Türkei oder in England geimpft sind, stirbt niemand, es sei denn, er wäre krank oder zum Tode verurteilt, niemand ist verunstaltet, niemand hat die Pocken ein zweites Mal, vorausgesetzt, daß die Einpflanzung mustergültig war. Es steht also außer Zweifel, daß sich die Frau eines französischen Gesandten einen unsterblichen Dienst um die Nation erworben hätte, wenn sie zur Überbringerin dieses Geheimnisses aus Konstantinopel nach Paris geworden wäre; der Herzog von Villequier, Vater des derzeitigen Herzogs von Aumont, ein französischer Edelmann von bester körperlicher Verfassung und Gesundheit, wäre nicht im blühenden Alter gestorben.

Der Prinz von Soubise, ein Mann von prächtiger Gesundheit, wäre nicht im Alter von fünfundzwanzig Jahren dahingerafft worden, Seine Durchlaucht der Großvater von Ludwig XV. wäre nicht in seinem fünfzigsten Lebensjahr bestattet worden, zwanzigtausend Menschen, die im Jahre 1723 zu Paris an den Pocken starben, lebten noch. Wie denn? lieben die Franzosen das Leben nicht? Sorgen sich ihre Frauen nicht um ihre Schönheit? Wahrhaftig, wir sind sonderbar. Vielleicht wird man in zehn Jahren diese englische Methode übernehmen, falls die Priester und Ärzte es gestatten, oder die Franzosen werden sich der Einpflanzung binnen dreier Monate aus einer Laune heraus bedienen, wenn die Engländer sie aus Wankelmütigkeit fallenlassen.

Ich vernehme, daß die Chinesen seit hundert Jahren diesen Brauch üben, das ist ein günstiges Zeichen, dieses Beispiel einer Nation, die als die weiseste und geordnetste der ganzen Welt gilt. Es ist wohl wahr, daß die Chinesen anders zu Werke gehen: sie machen keinen Einschnitt, sie lassen die Pocke wie Schnupftabak durch die Nase einnehmen; diese Art ist angenehmer, bewirkt aber das gleiche und dient gleichermaßen als Bekräftigung dafür, daß man Tausenden Menschen das Leben gerettet hätte, wenn die Einpflanzung in Frankreich ausgeübt worden wäre.

ZWÖLFTER BRIEF

Über den Lordkanzler Bacon

Vor nicht allzu langer Zeit disputierte man in einer berühmten Gesellschaft über die müßige und nichtige Frage, wer der Größte war, Caesar, Alexander, Tamerlan, Cromwell usw.

Jemand erwiderte, daß es unstreitig Isaac Newton wäre: dieser Mann hatte recht, denn falls wahre Größe darin besteht, vom Himmel ein starkes Genie empfangen zu haben und sich dessen zu bedienen, um sich selbst und die anderen zu erleuchten, so ist Herr Newton, ein Mensch, den es kaum einmal in zehn Jahrhunderten gibt, wahrhaftig der große Mann, und die Politiker und Eroberer, deren es in keinem Jahrhundert mangelte, sind meistenteils nur berühmte Bösewichter. Ihm, der über die Geister mittels der Kraft der Wahrheit herrscht, und nicht jenen, die durch Gewalt Sklaven machen, ihm, der das Universum kennt, und nicht jenen, die es verunstalten, sind wir unseren Respekt schuldig.

So Ihr also verlangt, daß ich Euch von berühmten Männern berichte, welche England hervorbrachte, beginne ich mit den Bacon, Locke, Newton usw. Die Generale und die Minister werden folgen, wenn die Reihe an ihnen ist.

Man muß mit dem berühmten Baron Verulam beginnen, der in Europa unter dem Namen Bacon bekannt ist, welchselbiger sein Familienname war. Er war der Sohn eines Siegelbewahrers und war lange Zeit unter Jakob I. Lordkanzler; dennoch fand er bei all den Hofintrigen und der Bürde seiner Ämter, die einen Mann voll und ganz beanspruchten, die Zeit, ein großer Philosoph, ein guter Historiker und ein eleganter Schriftsteller zu sein, und noch erstaunlicher ist, daß er in einem Jahrhundert lebte, wo man kaum die Kunst des guten Schreibens und noch weniger die vortreffliche Philosophie kannte. Wie es so Brauch unter den Menschen ist, wurde er nach seinem Tode mehr geachtet als zu seinen Lebzeiten: seine Feinde waren am Londoner Hof, seine Bewunderer in ganz Europa.

Als der Marquis d'Effiat die Prinzessin Marie, Tochter Heinrichs des Großen, welche den Prinzen von Wales heiraten sollte, nach England brachte, besuchte selbiger Minister den damals krank zu Bette liegenden Bacon, der ihn bei vorgezogenen Vorhängen empfing. „Ihr gleicht den Engeln", sagte d'Effiat zu ihm, „stets hört man von ihnen reden, man glaubt sie den Menschen weit überlegen, und nie wird einem der Trost zuteil, sie zu sehen."

Ihr wißt, mein Herr, wie Bacon eines Verbrechens beschuldigt wurde, welches keinem Philosophen ansteht, nämlich sich mit Geld bestechen zu lassen; Ihr wißt, wie er vom Oberhaus zu einer Strafe von annähernd vierhunderttausend Livres nach unserem Gelde und zum Verlust seiner Würden als Lordkanzler und als Peer verurteilt wurde.

Heute ehren die Engländer sein Andenken so sehr, daß sie nicht eingestehen wollen, daß er schuldig war. Wenn Ihr mich fragt, was ich darüber denke, werde ich mich, um Euch Antwort zu geben, eines Ausspruchs bedienen, welchen ich von Mylord Bolingbroke hörte; in seiner Anwesenheit war von dem Geiz die Rede, dessen der Herzog von Marlborough bezichtigt worden war; man nannte Beispiele und rief Mylord Bolingbroke zum Zeugen an, der als sein erklärter Feind gegebenenfalls mit Schicklichkeit sagen konnte, was an dem war. „Er war ein so großer Mann", versetzte er, „daß ich seine Laster vergessen habe."

Ich werde es also dabei bewenden lassen, Euch darüber zu berichten, was dem Lordkanzler Bacon die Achtung Europas eintrug.

Das herausragendste und beste seiner Werke ist eines, das heute am wenigsten gelesen wird und am nutzlosesten ist, ich meine sein „Novum scientiarium organum"; es ist das Gerüst, mit welchem die neue Philosophie erbaut wurde, und als dieses Gebäude wenigstens zu einem Teil errichtet war, hatte das Gerüst keinerlei Nutzen mehr.

Der Lordkanzler Bacon kannte die Natur noch nicht; indes kannte er alle Wege, die zu ihr führen, und zeigte sie auf. Frühzeitig bewies er Verachtung dem gegenüber, was die Universitäten Philosophie nannten, und er tat alles, was in seiner Kraft stand, damit diese zur Vervollkommnung der menschlichen Vernunft geschaffenen Körperschaften die Vernunft nicht forthin mit ihren *Wesenheiten*, ihrem *horror vacui*, ihren *substantiellen Formen* verdürben und was dergleichen Ungereimtheiten mehr sind, welche nicht allein durch die Unwissenheit zu Ehren gelangten, sondern welche durch eine lächerliche Verquickung mit der Religion fast geheiligt waren.

Er ist der Vater der experimentellen Philosophie. Es ist wohl wahr, daß man vor ihm erstaunliche Geheimnisse enthüllt hatte. Man hatte den Kompaß, den Buchdruck, den Kupferstich, die Ölmalerei, das Spiegelglas, die Kunst, den Greisen durch Augengläser, die man Bügelbrille nennt, das Sehvermögen irgendwie wiederzugeben, das Schießpulver erfunden usw. Man hatte eine neue Welt gesucht, gefunden und erobert. Wer wollte nicht annehmen, daß diese erhabenen Entdeckungen von den größten Philosophen und zu weitaus aufgeklärteren Zeiten als den unseren gemacht worden wären? Weit gefehlt: diese großen Wandlungen erfolgten auf der Erde in den Zeiten der stumpfsinnigsten Barbarei; allein der Zufall brachte fast alle diese Erfindungen hervor, und es drängt sich sehr wohl die Vermutung auf, daß bei der Entdeckung Amerikas das, was man Zufall nennt, einen großen Anteil hatte; zumindest glaubte man immer, daß Christoph Kolumbus seine Reise lediglich auf das Wort eines Schiffskapitäns hin unternahm, den ein Sturm bis auf die Höhe der Karibischen Inseln verschlagen hatte.

Wie dem auch sei, die Menschen vermochten es, bis ans Ende der Welt zu gelangen, sie verstanden es, die Städte durch künstlichen Donner zu zerstören, der schrecklicher als der wirkliche Donner war; der Blutkreislauf jedoch, das Gewicht der Luft, die Bewegungsgesetze, das Licht, die Zahl unserer Planeten usw. waren ihnen unbekannt, und derjenige, welcher eine Auslegung der aristotelischen Kategorien, des Universellen *a parte rei* oder einer anderen derartigen Dummheit vornahm, wurde wie ein Wunder angesehen.

Die erstaunlichsten und nützlichsten Erfindungen sind nicht diejenigen, welche dem menschlichen Geist am meisten zur Ehre gereichen.

Alle Künste verdanken wir einem mechanischen Instinkt, den die meisten Menschen haben, und keineswegs der vernünftigen Philosophie.

Die Entdeckung des Feuers, die Kunst, Brot zu backen, Metalle zu schmelzen und aufzubereiten, Häuser zu bauen, die Erfindung des Weberschiffchens sind von ganz anderem Nutzen als der Buchdruck und der Kompaß; dennoch wurden diese Künste von noch ungesitteten Menschen erfunden.

Welchen wunderbaren Gebrauch machten doch die Griechen und die Römer seither von der Mechanik. Indes glaubte man zu ihrer Zeit, daß der Himmel aus Kristall und daß die Sterne kleine Lampen wären, die manchmal ins Meer fielen, und einer ihrer großen Philosophen hatte nach langem Forschen herausgefunden, daß die Sterne Kieselsteine seien, welche sich von der Erde gelöst hatten.

Mit einem Wort, vor dem Lordkanzler Bacon kannte niemand die experimentelle Philosophie, und von allen physikalischen Versuchen, welche nach ihm angestellt wurden, gibt es fast keinen einzigen, der in seinem Buche nicht vorgezeichnet wäre. Er selbst hatte mehrere Versuche angestellt, er verfertigte eine Art pneumatischer Maschinen, mit welchen er die ausdehnende Kraft der Luft herausfand; er richtete seine Gedanken auf ihre Schwere, und er kam ihrer Entdeckung ganz nahe; Torricelli griff diese Wahrheit sogleich auf. Kurze Zeit später ging man in fast allen Teilen Europas mit einem Male daran, die experimentelle Physik zu betreiben. Das war ein verborgener Schatz, den Bacon vermutet hatte und den alle durch seine Verheißung ermutigten Philosophen auszugraben versuchten.

Was mich jedoch am meisten überraschte, war, in seinem Buch ausdrücklich von dieser neuen Anziehungskraft zu lesen, als deren Entdecker Herr Newton gilt.

„Es gilt zu erforschen“, sagt Bacon, „ob es nicht eine Art magnetischer Kraft gibt, welche zwischen der Erde und den schweren Dingen, zwischen dem Mond und dem Ozean, zwischen den Planeten usw. wirkt.“

An anderer Stelle sagt er:

„Es muß sein, daß die schweren Körper entweder zum Mittelpunkt der Erde gezogen werden oder daß sie sich wechselseitig anziehen, und in letzterem Falle ist es offensichtlich, daß sich die fallenden Körper um so mehr anziehen werden, je mehr sie sich der Erde nähern. Man muß einen Versuch anstellen“, fährt er fort, „ob die gleiche Pendeluhr auf dem Gipfel eines Berges oder auf dem Grunde eines Bergwerks schneller geht; wenn sich die Kraft des Gewichtes auf dem Berg verringert und im Bergwerk zunimmt, deutet es darauf hin, daß die Erde eine tatsächliche Anziehung besitzt.“

Dieser Vorläufer der Philosophie war gleichfalls ein eleganter Schriftsteller, ein Historiker, ein Schöngeist.

Seine moralischen Essays werden hochgeschätzt, indes sind sie eher geschaffen, zu belehren als zu gefallen, und da sie weder eine Satire auf die menschliche Natur wie die Maximen des Herrn de La Rochefoucauld noch eine Schule des Skeptizismus wie bei Montaigne sind, werden sie weniger als diese beiden scharfsinnigen Bücher gelesen.

Seine Geschichte Heinrichs VII. galt für ein Meisterwerk; ich befände mich jedoch stark im Irrtum, sollte man es mit dem Werk unseres rühmlich bekannten de Thou vergleichen können.

Über jenen berühmten Betrüger Perkins, einen Juden von Geburt, der, ermutigt von der Herzogin von Burgund, so kühn den Namen Richard IV., König von England, wählte und welchselbiger Heinrich VII. die Krone streitig machte, äußert sich der Lordkanzler Bacon wie folgt:

„Um diese Zeit etwa wurde König Heinrich durch die Magie

der Herzogin von Burgund von bösen Geistern geplagt; selbige beschwor aus der Hölle den Schatten Eduards IV., damit er König Heinrich martern sollte.

Nachdem die Herzogin von Burgund Perkins unterwiesen hatte, erwog sie, aus welcher Himmelsrichtung sie diesen Kometen erscheinen lassen solle, und sie beschloß, daß er zuerst am Horizonte Irlands erstrahlen sollte."

Mich deucht, daß unser weiser de Thou keine so hochtrabende Art zu schreiben hat, welche man einst für erhaben hielt, gegenwärtig jedoch mit gutem Grund Gewäsch nennt.

DREIZEHNTER BRIEF

Über Herrn Locke

Niemals hat es vielleicht einen weiseren, methodischeren Geist, einen strengeren Logiker als Herrn Locke gegeben; dennoch war er kein großer Mathematiker. Er hat es niemals vermocht, sich der Mühsal der Berechnungen und der Trockenheit mathematischer Wahrheiten zu unterwerfen, die dem Geist zunächst nichts Greifbares darbietet, und niemand hat besser als er bewiesen, daß man einen geometrischen Geist haben kann ohne Zuhilfenahme der Geometrie. Vor ihm hatten große Philosophen zuverlässig darüber befunden, was die menschliche Seele ist; aber da sie ja rein gar nichts darüber wußten, ist es recht und billig, daß sie alle unterschiedlicher Ansicht darüber waren.

In Griechenland, der Wiege der Künste und der Irrtümer, wo die Größe und die Torheit des menschlichen Geistes so weit vorangebracht wurden, räsonierte man wie bei uns über die Seele.

Der göttliche Anaxagoras, dem ein Altar errichtet wurde, weil er die Menschen gelehrt hatte, daß die Sonne größer als der Peloponnes, daß der Schnee schwarz und der Himmel aus Stein sei, bekräftigte, daß die Seele ein flüchtiger Geist, aber nichtsdestoweniger unsterblich sei.

Diogenes, ein anderer als derjenige, welcher Zyniker wurde, nachdem er Falschmünzer gewesen war, behauptete, daß die Seele ein Teil des Wesens Gottes selbst sei, und wenigstens dieser Gedanke war brillant.

Epikur setzte sie wie den Körper aus Teilen zusammen; Aristoteles, welcher auf tausenderlei Art ausgelegt wurde, weil er unverständlich war, glaubte, einigen seiner Schüler zufolge, daß das Urteilsvermögen aller Menschen ein und dieselbe Substanz sei.

Der göttliche Platon, Lehrer des göttlichen Aristoteles, und der göttliche Sokrates, Lehrer des göttlichen Platon, nannten die Seele körperlich und ewig, der Dämon des Sokrates hatte ihn sicher wissen lassen, was es damit auf sich hatte. Es gibt tatsächlich Leute, die behaupten, daß ein Mann, der sich brüstet, einen Schutzgeist zu haben, zweifelsohne ein Verrückter oder ein Betrüger sei; aber solche Leute sind zu eigensinnig.

Was unsere Kirchenväter betrifft, so hielten viele von ihnen in den ersten Jahrhunderten die menschliche Seele, die Engel und Gott für körperlich.

Die Welt wird immer klüger. Der heilige Bernhard lehrte der Aussage von Vater Mabillon zufolge, daß die Seele nach dem Tode Gott nicht im Himmel sähe, sondern daß sie lediglich mit der menschlichen Natur Jesu Christi Zwiesprache hielte; dieses Mal nahm man seine Worte nicht wörtlich. Das Abenteuer der Kreuzzüge hatte seine Orakelsprüche ein wenig in Mißkredit gebracht. Darauf folgten Tausende Scholastiker, wie der Doktor Unwiderlegbar, der Doktor Spitzfindig, der Doktor Engelgleich, der Doktor Seraphim, der Doktor Cherubim, welche alle wohl überzeugt waren, die Seele ganz genau zu kennen, jedoch nicht zugelassen haben, darüber zu sprechen, als ob sie gewollt hätten, daß niemand davon etwas verstünde.

Unser Descartes, auf die Welt gekommen, um die Irrtümer der Antike aufzudecken, aber auch, um die seinen an deren Stelle zu setzen, glaubte, hingerissen von jenem Hang zur Systematik, welcher die größten Männer blind macht, nachgewiesen zu haben, daß die Seele dasselbe wie der Gedanke sei, so wie die Materie ihm zufolge dasselbe wie die Ausdehnung ist; er beteuerte, daß man immerfort denke und daß die Seele mit allen metaphysischen Begriffen ausgerüstet in den Körper gelange, daß sie Gott, den Raum, das Unendliche kenne, über alle abstrakten Vorstellungen verfüge und sogar mit edlem Wissen angefüllt sei, welches sie unglücklicherweise beim Verlassen des Mutterleibes vergißt.

Herr Malebranche vom Orden der Oratorianer hat in seinen erhabenen Illusionen nicht nur die angeborenen Ideen zugegeben: er zweifelte auch nicht daran, daß wir alle in Gott leben und daß Gott sozusagen unsere Seele sei.

Nachdem so viele Denker den Roman der Seele ersonnen hatten, kam ein Weiser, der einfach ihre Geschichte schrieb: Locke hat vom Menschen den menschlichen Verstand abgeleitet, so wie ein hervorragender Anatom die Triebkräfte des menschlichen Körpers erklärt. Allenthalben nimmt er die Fackel der Physik zu Hilfe, er wagt es, sich bisweilen bejahend zu äußern, aber er wagt es auch, zu zweifeln; anstatt mit einem Schlage alles, was wir nicht wissen, zu bestimmen, untersucht er Schritt für Schritt, was wir wissen wollen. Er nimmt ein Kind im Augenblick seiner Geburt, er folgt Schritt um Schritt der Entwicklung seines Verstandes, er sieht, was es mit den Tieren gemein hat und was es darüber hinaus noch hat; er zieht vor allem sein eigenes Zeugnis zu Rate, das Gewissen seines Denkens.

„Ich überlasse es denen, welche mehr als ich davon verstehen, zu erörtern, ob unsere Seele vor oder erst nach der Ausbildung unseres Körpers existiert; indes gestehe ich, daß mir eine jener ungeschliffenen Seelen zuteil geworden ist, die nicht immerfort denken, und überdies habe ich das Unglück, nicht glauben zu können, daß es für die Seele notwendiger sei, immer zu denken, als für den Körper, stets in Bewegung zu sein."

Ich meinerseits rühme mich der Ehre, in diesem Punkte ebenso dumm wie Locke zu sein, niemand wird mich je glauben machen, daß ich beständig denke; und ich fühle mich ebensowenig wie er in der Lage, mir vorzustellen, daß ich wenige Wochen, nachdem ich empfangen wurde, eine überaus gebildete Seele war und zahllose Dinge wußte, die ich bei meiner Geburt vergaß, ebensowenig, daß ich im Uterus völlig nutzlos Kenntnisse besessen haben soll, die mir entfielen, sobald ich ihrer bedurfte, und die ich seither nie wieder erlangen konnte.

Nachdem Locke die angeborenen Ideen zu Fall gebracht und desgleichen auf die Eitelkeit verzichtet hat, zu glauben, daß wir immer denken, stellt er fest, daß wir alle unsere Ideen aus den Sinnen nehmen, untersucht er unsere einfachen und unsere zusammengesetzten Ideen, folgt er dem menschlichen Geist in allen seinen Betätigungen, weist er nach, wie unvollkommen die Sprachen sind, deren sich die Menschen bedienen, und welchen Mißbrauch wir in jedem Augenblick mit den Worten treiben.

Schließlich stellt er Betrachtungen über den Umfang oder, besser gesagt, über die Nichtigkeit des menschlichen Wissens an. In ebendiesem Kapitel wagt er, bescheiden folgende Worte auszusprechen: *Wir werden vielleicht niemals imstande sein zu erfahren, ob ein rein materielles Wesen denkt oder nicht.*

Dieser weise Ausspruch erschien so manchem Theologen als

eine skandalöse Behauptung, daß die Seele materiell und sterblich ist.

Einige auf ihre Weise frömmelnde Engländer schlugen Alarm. Die Abergläubischen sind in der Gesellschaft, was die Memmen in einer Armee sind, sie haben und verbreiten panische Angst. Man schrie, daß Locke die Religion vernichten wolle; es ging in dieser Angelegenheit aber gar nicht um die Religion; es war eine rein philosophische, vom Glauben und der Offenbarung völlig unabhängige Frage; es wäre vonnöten gewesen, ohne Erbitterung zu prüfen, ob ein Widerspruch darin bestand zu sagen: *die Materie kann denken,* und ob Gott der Materie das Denken vermitteln kann. Aber die Theologen sind oft schnell geneigt zu sagen, daß an Gott gefrevelt wurde, wenn man nicht ihrer Ansicht ist. Das erinnert zu sehr an die schlechten Dichter, welche zeterten, daß Boileau schlecht über den König spreche, weil er sich über sie lustig machte.

Doktor Stillingfleet trug sich den Ruf eines gemäßigten Theologen ein, weil er Locke nicht ausdrücklich schmähte. Er trat gegen ihn in die Schranken, aber er wurde geschlagen; denn er dachte wie ein Doktor und Locke wie ein Philosoph, der über die Stärke und die Schwäche des menschlichen Verstandes unterrichtet ist und der sich mit Waffen schlug, deren Schärfe er kannte.

Wagte ich, nach Herrn Locke über einen so delikaten Gegenstand zu sprechen, würde ich sagen, die Menschen disputieren seit langem über die Beschaffenheit und die Unsterblichkeit der Seele. Ihre Unsterblichkeit ist unmöglich zu beweisen, zumal man noch über ihre Beschaffenheit disputiert und man zweifelsohne ein geschaffenes Wesen gründlich kennen muß, um zu entscheiden, ob es unsterblich ist oder nicht. Der menschliche Verstand ist durch sich selbst so wenig imstande, die Unsterblichkeit der Seele nachzuweisen, daß die Religion genötigt war, sie uns zu enthüllen. Das Gemeinwohl aller Menschen erheischt, die Seele für unsterblich zu halten, der Glaube gebietet es uns, mehr bedarf es nicht, die Angelegenheit ist entschieden; das trifft nicht für ihre Beschaffenheit zu, für die Religion ist es wenig bedeutsam, aus welcher Substanz die Seele besteht, vorausgesetzt, daß sie tugendhaft ist; sie ist eine Uhr, welche uns zur Pflege anvertraut wurde; aber ihr Meister hat uns nicht gesagt, woraus das Federwerk dieser Uhr gebildet ist.

Ich bin Körper, und ich denke; mehr weiß ich nicht. Könnte ich einer unbekannten Ursache zuschreiben, was ich so leicht der einzigen zweiten Ursache, welche ich kenne, zuschreiben kann? Hier gebieten mir alle Schulphilosophen mit Argumenten Einhalt und sagen: „Im Körper ist nur Ausdehnung und Festigkeit, und er kann nur Bewegung und Gestalt haben. Nun aber können Bewegung und Gestalt, Ausdehnung und Festigkeit keinen Gedanken bilden, mithin kann die Seele keine Materie sein." All dieses große, so oft wiederholte Geschwätz läuft einzig auf folgendes hinaus: „Ich kenne die Materie nicht im geringsten, ich errate unvollständig einige ihrer Eigenschaften; nun aber weiß ich überhaupt nicht, ob diese Eigenschaften mit dem Denken in Verbindung gebracht werden können; da ich also überhaupt nichts weiß, behaupte ich geradeheraus, daß die Materie nicht denken kann." Das ist kurzum die Denkweise der Schule. Locke würde diesen Herren schlicht und einfach sagen: „Gesteht wenigstens ein, daß Ihr ebenso unwissend seid wie ich, weder Eure noch meine Vorstellungskraft vermag zu erfassen, wie ein Körper Ideen haben kann, und erfaßt Ihr besser, wie eine Substanz, welcher Art sie auch sei, Ideen hat? Ihr begreift weder die Materie noch den Geist, wie könnt Ihr es wagen, irgend etwas zu behaupten?"

Nun kommt die Reihe an den Abergläubischen, der sagt, daß man diejenigen um das Heil ihrer Seele willen verbrennen müsse, welche vermuten, daß man mit bloßer Hilfe des Körpers denken kann. Aber was würden sie sagen, wenn sie selbst es wären, die sich des Irrglaubens schuldig machten? In der Tat, welcher Mensch würde ohne eine widersinnige Gotteslästerung zu behaupten wagen, daß es dem Schöpfer unmöglich sei, der Materie das Denken und die Empfindung zu verleihen! Seht, ich bitte Euch, in welche Verlegenheit Ihr Euch bringt, Ihr, die Ihr die Macht des Schöpfers so eingrenzt! Die Tiere haben die gleichen Organe wie wir, die gleichen Empfindungen, die gleichen Wahrnehmungen; sie haben ein Gedächtnis, sie bringen einige Gedanken zustande. Wenn Gott nicht die Materie belebt und ihr nicht die Empfindung gegeben hat, kann nur eines von beiden möglich sein, entweder daß die Tiere reine Maschinen sind oder daß sie eine geistige Seele haben.

Mir scheint es fast erwiesen, daß die Tiere keine einfachen Maschinen sein können; hier mein Beweis: Gott hat ihnen genau dieselben Sinnesorgane wie uns gegeben; wenn sie folglich nicht fühlen, hat Gott ein nutzloses Werk vollbracht. Da Gott aber nach Eurem Eingeständnis nichts vergeblich tut, hat er ihnen so viele Sinnesorgane also nicht zu dem Zweck verfertigt, damit sie keine

Die Bastille

Empfindungen haben; mithin sind die Tiere keine reinen Maschinen.

Euch zufolge können die Tiere keine geistige Seele haben, mithin bleibt, wider Euren Willen, nur zu sagen übrig, daß Gott den Organen der Tiere, die Materie sind, die Fähigkeit gegeben hat, zu empfinden und wahrzunehmen, was Ihr bei ihnen Instinkt nennt.

Und wer kann Gott daran hindern, unseren feineren Organen diese Fähigkeit, zu fühlen, wahrzunehmen und zu denken, die wir menschlichen Verstand nennen, zu vermitteln? Nach welcher Seite Ihr Euch auch wendet, Ihr seid gezwungen, Eure Unwissenheit und die grenzenlose Macht des Schöpfers einzugestehen: empört Euch also nicht mehr gegen die weise und bescheidene Philosophie Lockes; weit entfernt davon, der Religion feindlich zu sein, hätte sie ihr als Beweis gedient, wenn dieselbe dessen bedurft hätte; denn welche Philosophie wäre religiöser als diese, die nur behauptet, was sie klar erfaßt, und ihre Schwäche einzugestehen weiß und Euch sagt, daß es gilt, seine Zuflucht zu Gott zu nehmen, sobald man die ersten Prinzipien untersucht.

Im übrigen braucht man niemals zu befürchten, daß irgendeine philosophische Meinung der Religion eines Landes Schaden zufügen könnte. Unsere Mysterien mögen wohl unseren Beweisen entgegenstehen, sie werden darob nicht weniger von den christlichen Philosophen verehrt, welche wissen, daß die Gegenstände der Vernunft und des Glaubens unterschiedlicher Natur sind; niemals werden die Philosophen eine religiöse Sekte schaffen. Warum? Weil sie nicht für das Volk schreiben und weil sie ohne Schwärmerei sind.

Teilt die menschliche Gattung in zwanzig Teile. Neunzehn davon bestehen aus jenen, welche mit ihren Händen arbeiten und nie erfahren werden, daß es einen Locke auf der Welt gegeben hat; wie wenige Menschen, die lesen, findet man im verbleibenden zwanzigsten Teil! Und unter denen, welche lesen, entfallen zwanzig, die Romane lesen, auf einen, der die Philosophie studiert; die Zahl derer, die denken, ist über die Maßen klein, und eben diese legen es nicht darauf an, die Welt zu beunruhigen.

Weder Montaigne noch Locke, weder Bayle noch Spinoza, weder Hobbes noch Mylord Shaftesbury, weder Herr Collins noch Herr Toland usw. haben die Fackel der Zwietracht in ihr Vaterland getragen; in der Mehrzahl waren es Theologen, die zunächst den Ehrgeiz hatten, Häupter von Sekten zu sein, und bald auch Häupter von Parteien sein wollten. Was sage ich, alle Bücher der modernen Philosophen zusammengenommen werden niemals so viel Lärm in der Welt machen wie einst der Disput der Franziskaner über die Form ihres Ärmels und ihrer Kapuze.

VIERZEHNTER BRIEF

Über Descartes und Newton

Ein Franzose, der nach London kommt, trifft die Dinge in der Philosophie wie in allem übrigen sehr verändert an. Er hat die Welt als vollen Raum verlassen, er findet sie leer; in Paris sieht man das Universum als aus Wirbeln feiner Materie bestehend an; in London sieht man nichts von alledem; bei uns bewirkt der Druck des Mondes die Flut des Meeres, bei den Engländern strebt das Meer zum Monde hin; wenn Ihr also glaubt, daß der Mond uns die Flut bringen müßte, glauben diese Herren, daß Ebbe sein müßte, was sich unglücklicherweise nicht verifizieren läßt, denn um darüber Aufschluß zu erhalten, hätte man den Mond und die Gezeiten im ersten Augenblick der Schöpfung untersuchen müssen. Überdies werdet Ihr bemerken, daß die Sonne, die in Frankreich rein gar nichts mit dieser Angelegenheit zu schaffen hat, hier ungefähr zu einem Viertel beteiligt ist: bei Euren Cartesianern geschieht alles mittels eines Anstoßes, den man nicht versteht, bei Herrn Newton mittels einer Anziehung, deren Ursache man auch nicht besser kennt; zu Paris stellt man sich die Erde wie eine Melone vor, in London ist sie an beiden Seiten abgeplattet. Das Licht ist für einen Cartesianer in der Luft vorhanden, für einen Anhänger Newtons kommt es in sechs und einer halben Minute von der Sonne. Eure Chemie führt alle ihre Verfahren mit Säuren, Salzen und feiner Materie durch: bei den Engländern wirkt die Anziehung bis in die Chemie hinein.

Selbst das Wesen der Dinge hat sich völlig verändert: Ihr stimmt weder in der Definition der Seele noch der Materie überein. Descartes versichert, daß die Seele dasselbe wie der Gedanke ist, und Locke beweist recht gut das Gegenteil.

Des weiteren versichert Descartes, daß allein die Ausdehnung die Materie ausmacht, Newton fügt hierbei die Festigkeit hinzu. Das sind gewaltige Widersprüche.

Non nostrum inter vos tantas componere lites.[1]

1 (lat.) Uns ziemt nicht, euch diesen so großen Kampf zu entscheiden. (Vergil, Ekloge 3, 108)

Der berühmte Newton, dieser Zerstörer des cartesianischen Systems, starb im März des verflossenen Jahres 1727. Er wurde von seinen Landsleuten geehrt und wie ein König bestattet, der seinen Untertanen Gutes tat.

Hierselbst hat man die Lobrede, die Herr de Fontenelle auf Herrn Newton in der Akademie der Wissenschaften hielt, begierig gelesen und ins Englische übersetzt. Man erwartete in England von Herrn de Fontenelle ein Urteil, das eine feierliche Laudatio auf die Überlegenheit der englischen Philosophie wäre; als man indes sah, daß er Descartes mit Newton verglich, entrüstete sich die gesamte Londoner Royal Society. Weit entfernt davon, dem Urteil beizupflichten, kritisierte man diese Rede, etliche gar (die nicht die größten Philosophen sind) stießen sich an diesem Vergleich einzig deshalb, weil Descartes Franzose war.

Diese beiden Großen sind in ihrem Verhalten, in ihrem Schicksal und in ihrer Philosophie sehr voneinander verschieden gewesen; das muß man einräumen.

Descartes kam mit einer lebhaften und starken Vorstellungskraft zur Welt, die ihn zu einem in seinem privaten Leben wie auch in seiner Art zu denken einzigartigen Menschen machte; diese Vorstellungskraft ließ sich selbst in seinen philosophischen Werken nicht verhehlen, in denen man beständig auf scharfsinnige und brillante Vergleiche stößt; die Natur hatte ihn fast zum Dichter gemacht, und in der Tat schrieb er für die Königin von Schweden ein Zwischenspiel in Versen, das aus Hochachtung vor seinem Andenken nicht gedruckt worden ist.

Er versuchte sich einige Zeit im Kriegshandwerk, und nachdem er ganz zum Philosophen geworden war, hielt er es seiner nicht für unwürdig, sich der Liebe zu widmen. Er hatte von seiner Geliebten eine Tochter namens Francine, die jung starb und um deren Verlust er sehr trauerte; solcherart erfuhr er alles, was menschlich ist.

Lange Zeit glaubte er, daß es vonnöten wäre, die Menschen zu fliehen, vor allem sein Vaterland, um in Freiheit zu philosophieren. Er hatte recht, die Menschen seiner Zeit wußten nicht genug, um ihn zu erleuchten, und waren zu nichts anderem fähig, als ihm zu schaden.

Er verließ Frankreich, weil er die Wahrheit suchte, die hierorts damals von der armseligen Schulphilosophie verfolgt wurde; indes fand er an den Universitäten Hollands, wohin er sich flüchtete, nicht mehr Vernunft: denn zu den Zeiten, da man in Frankreich allein schon die Sätze seiner Philosophie, die erwiesen waren, verurteilte, wurde er von den vorgeblichen holländischen Philosophen, die ihn nicht besser verstanden und die seine Person um so mehr haßten, je deutlicher sie seinen Ruhm sahen, gleichfalls verfolgt. Er war gezwungen, Utrecht zu verlassen, und wurde, letzte Zuflucht der Verleumder, des Atheismus beschuldigt: er, der alle Schärfe seines Geistes darauf verwendet hatte, neue Beweise für die Existenz eines Gottes zu suchen, wurde verdächtigt, sie zu leugnen.

So viele Verfolgungen setzten sehr große Verdienste und einen glänzenden Ruf voraus: in der Tat hatte er beides. Die Vernunft drang durch die Blindheit der Schule und die Vorurteile des im Volke herrschenden Aberglaubens hindurch sogar ein wenig in die Welt; sein Name machte endlich so viel Aufsehen, daß man ihn mit Belohnungen nach Frankreich locken wollte; man bot ihm eine Pension von tausend Ecus; er kam auf diese Aussicht hin, bezahlte den Bestallungsbrief, der zu jener Zeit verkauft wurde, bekam keine Pension und kehrte zurück, um in der Einsamkeit Nordhollands Philosophie zu treiben, zu der Zeit, da der große Galilei im Alter von achtzig Jahren in den Gefängnissen der Inquisition schmachtete, weil er die Bewegung der Erde bewiesen hatte. Schließlich starb er infolge schlechter Diät in Stockholm eines verfrühten Todes, umgeben von ihm feindlich gesinnten Wissenschaftlern und unter den Händen eines Arztes, welcher ihn haßte.

Das Schicksal von Sir Isaac Newton war ganz anders, er lebte vierundachtzig Jahre immerfort ruhig, glücklich und geehrt in seinem Vaterland.

Es war sein großes Glück, nicht nur in einem freien Land geboren worden zu sein, sondern zu einer Zeit, da die scholastischen Ungereimtheiten überwunden waren und die Vernunft allein gepflegt wurde; die Welt konnte nur sein Schüler sein und nicht sein Feind.

Er befindet sich in einem seltsamen Gegensatz zu Descartes darin, daß er im Verlaufe eines so langen Lebens keinerlei Leidenschaft noch Schwäche hatte und sich niemals einer Frau näherte; selbiges wurde mir von dem Medicus und dem Wundarzt bestätigt, in deren Armen er starb. Man kann Newton dafür bewundern; aber man darf Descartes nicht tadeln.

Die öffentliche Meinung in England über diese beiden Philosophen besagt, daß der erste ein Träumer und letzterer ein Weiser war.

Sehr wenige Menschen in London lesen Descartes, dessen Werke in der Tat nutzlos geworden sind, sehr wenige auch lesen Newton, weil man überaus gelehrt sein muß, um ihn zu verstehen; dennoch spricht alle Welt von ihnen; man billigt dem Franzosen keine Verdienste zu, dem Engländer hingegen alle. Einige Leute glauben, daß man es Newton verdanke, wenn man nicht mehr an dem Schrecken vor der Leere festhält, wenn man weiß, daß die Luft ein Gewicht hat, wenn man sich des Fernrohrs bedient. Er ist hier der Herkules der Mythologie, dem die Unwissenden alle Taten der anderen Heroen zuschreiben.

In einer Kritik, die in London an Herrn de Fontenelles Rede geübt wurde, hat man zu behaupten gewagt, daß Descartes kein großer Geometer gewesen sei. Diejenigen, die solches sagen, müßten sich zum Vorwurf machen, daß sie ihre Amme schlagen. Descartes legte von dem Punkt, auf dem er die Geometrie vorfand, bis zu dem Punkt, zu dem er sie voranbrachte, einen ebensolchen Weg zurück wie Newton nach ihm: als erster hat er die Art und Weise gefunden, die algebraischen Gleichungen der Kurven auszudrücken. Seine Geometrie, die heute dank ihm Allgemeingut geworden ist, war zu seiner Zeit so schwierig, daß es kein Professor auf sich nahm, sie zu erklären, und daß in Holland lediglich Schouten und in Frankreich lediglich Fermat sie verstanden.

Er trug diesen Geist der Geometrie und der Erfindung in die Dioptrik, welche unter seinen Händen zu einer völlig neuen Kunst wurde, und wenn er sich in etwas irrte, so deshalb, weil ein Mensch, der neue Gebiete entdeckt, nicht auf einen Schlag alle Eigenschaften zu erkennen vermag; diejenigen, welche nach ihm kommen und diesen Boden fruchtbar machen, verdanken ihm zumindest die Entdeckung. Ich stelle nicht in Abrede, daß alle anderen Werke von Herrn Descartes vor Irrtümern wimmeln.

Die Geometrie war ein Wegweiser, den er selbst in gewisser Weise geschaffen hatte und der ihn in seiner Physik ganz sicher geführt hätte; indes verzichtete er schließlich auf diesen Wegweiser und ergab sich dem Hang zur Systematik; alsbald wurde seine Philosophie zu einem erfindungsreichen Roman und höchstens für die Unwissenden glaubwürdig. Er irrte sich in der Beschaffenheit der Seele, in den Beweisen der Existenz Gottes, in der Materie, in den Gesetzen der Bewegung, in der Beschaffenheit des Lichtes: er verfocht die angeborenen Ideen, er erfand neue Elemente, er erschuf eine Welt, er schuf den Menschen auf seine Weise, und man sagt zu Recht, daß der Mensch bei Descartes in der Tat nichts anderes als der von Descartes ist, weit entfernt von dem wirklichen Menschen.

Er trieb seine metaphysischen Irrtümer so weit, daß er behauptete, zwei und zwei sei nur deshalb vier, weil Gott es so wollte. Aber es ist nicht übertrieben zu sagen, daß er sogar in seinen Verirrungen achtenswert war: er irrte sich, aber es geschah wenigstens mit Methode und mit Konsequenz; er zerstörte die widersinnigen Hirngespinste, mit denen man die Jugend seit zweitausend Jahren verführte; er lehrte die Menschen seiner Zeit, nachzudenken und sich gegen ihn selbst seiner Waffen zu bedienen; und wenn er nicht mit echter Münze zahlte, so ist es viel, daß er die falsche in Verruf gebracht.

Ich glaube nicht, daß man es wagt, seine und Newtons Philosophie in irgend etwas miteinander zu vergleichen; die erste ist ein Versuch, die zweite ein Meisterwerk; indes ist vielleicht derjenige, welcher uns auf den Weg der Wahrheit führte, nicht geringer zu achten als derjenige, welcher später am Ende dieses Weges stand.

Descartes machte Blinde sehend, sie erkannten die Fehler der Antike und auch die seinigen. Der Pfad, den er einschlug, ist nach ihm unermeßlich geworden. Das kleine Buch von Rohault stellte eine Zeitlang die gesamte Physik dar; heutigentags machen die Abhandlungen aller Akademien Europas nicht einmal den Ansatz eines Systems aus: und während dieser Abgrund tiefgründig untersucht wird, erweist er sich als unendlich tief. Nun geht es darum zu sehen, was Herr Newton in diesem Abgrund gefunden hat.

FÜNFZEHNTER BRIEF

Über das System der Anziehung

Die Entdeckungen von Sir Isaac Newton, die ihm solch einen weltweiten Ruhm eintrugen, betreffen das Weltsystem, das Licht, das Unendliche in der Geometrie und schließlich die Zeitrechnung, mit der er sich vergnügte, um sich zu erholen.

Ich will Euch (falls ich es vermag, ohne leere Worte zu machen) das wenige erzählen, das ich von diesen erhabenen Ideen habe fassen können.

Betreffs unseres Weltsystems disputierte man seit langem über die Ursache dafür, daß sich alle Planeten drehen und in ihren Umlaufbahnen bleiben, und über die Ursache, die alle Körper auf die Oberfläche der Erde herabfallen läßt.

Descartes' System, welches später ausgelegt und stark verändert wurde, schien einen einleuchtenden Grund für diese Erscheinungen zu liefern, und dieser Grund erschien um so wahrer, als er einfach und aller Welt verständlich ist. Indes muß man in der Philosophie dem, was man zu leicht zu verstehen glaubt, gleichermaßen mißtrauen wie den Dingen, die man nicht versteht.

Die Schwere, die beschleunigte Geschwindigkeit von auf die Erde fallenden Körpern, der Umlauf der Planeten in ihren Bahnen, ihre Drehungen um ihre Achse, das alles ist ausschließlich Bewegung: jedoch kann Bewegung nur durch Anstoß begriffen werden, mithin werden alle diese Körper angestoßen. Aber wodurch? Jeglicher Raum ist voll, er ist also mit einer sehr feinen Materie angefüllt, da wir sie ja nicht wahrnehmen; diese Materie bewegt sich von Westen nach Osten fort, da ja alle Planeten von Westen nach Osten gezogen werden. Von Mutmaßung zu Mutmaßung, von Wahrscheinlichkeit zu Wahrscheinlichkeit gehend, hat man sich einen unermeßlichen Wirbel feiner Materie vorgestellt, innerhalb dessen die Planeten um die Sonne herum angezogen werden; außerdem schafft man einen weiteren, besonderen Wirbel, welcher in dem großen schwimmt und sich täglich um den Planeten dreht. Nachdem das alles geschehen ist, behauptet man, daß die Schwere auf dieser täglichen Bewegung beruhe: denn, so sagt man, die feine Materie, die um unseren kleinen Wirbel kreist, muß sich siebzehnmal so schnell fortbewegen als die Erde: wenn sie sich also siebzehnmal so schnell fortbewegt, muß sie unvergleichlich mehr Zentrifugalkraft besitzen und folglich alle Körper in Richtung Erde zurückstoßen. Das ist die Ursache der Schwere im Cartesianischen System.

Bevor man indes die Zentrifugalkraft und die Geschwindigkeit dieser feinen Materie berechnete, mußte man sich vergewissern, daß sie existierte, und vorausgesetzt, daß sie existiert, ist es als falsch erwiesen, daß sie die Ursache der Schwere sein könnte.

Herr Newton scheint alle jene großen und kleinen Wirbel unwiderruflich zu vernichten, sowohl den Wirbel, der die Planeten um die Sonne kreisen läßt, als auch den, welcher die Drehung jedes Planeten um sich selbst bewirkt.

Erstens ist hinsichtlich des sogenannten kleinen Wirbels der Erde erwiesen, daß er nach und nach seine Bewegung verlieren muß, es ist erwiesen, daß, falls die Erde in Flüssigem schwimmt, dieses Flüssige von derselben Dichte wie die Erde sein müßte, und wenn dieses Flüssige von derselben Dichte ist, müßten alle Körper, die wir bewegen, auf äußersten Widerstand stoßen, das heißt, man bräuchte einen Hebel von der Länge der Erde, um das Gewicht eines Pfundes anzuheben.

Zweitens. Was die großen Wirbel betrifft, so sind sie noch phantastischer: es ist unmöglich, sie mit den Keplerschen Regeln in Übereinstimmung zu bringen, deren Wahrheit erwiesen ist. Herr Newton zeigt, daß die Bewegung des Flüssigen, von dem der Jupiter vorgeblich mitgezogen wird, nicht – wie der Umlauf des Jupiters mit dem der Erde – mit der Bewegung des Flüssigen der Erde übereinstimmt.

Er beweist, daß – da alle Planeten ihre Bewegungen in Ellipsen vollführen und folglich in ihrem Aphelium voneinander am weitesten entfernt und in ihrem Perihelium einander viel näher sind – die Erde zum Beispiel sich schneller drehen müßte, wenn sie der Venus und dem Mars näher ist, da das Flüssige, das sie trägt, dann stärker zusammengedrückt ist und stärker in Bewegung sein muß; und dennoch ist gerade da die Bewegung der Erde verlangsamt.

Er beweist, daß es keine Himmelsmaterie gibt, die sich von Westen nach Osten bewegt, denn die Kometen durchqueren diesen Raum bald von Osten nach Westen, bald von Norden nach Süden.

Um schließlich nach Möglichkeit jegliche Schwierigkeit auszuschließen, beweist er oder macht es zumindest sehr wahrscheinlich, sogar mittels Experimenten, daß der volle Raum unmöglich ist, und er bringt uns das Leere wieder, welches Aristoteles und Descartes aus der Welt verbannt hatten.

Nachdem er mit diesen und vielen anderen Gründen die Wirbel des Cartesianismus vernichtet hatte, gab er die Hoffnung auf, jemals erkennen zu können, ob es in der Natur ein verborgenes Prinzip gibt, das gleichzeitig die Bewegung aller Himmelskörper verursacht und die Schwere auf der Erde bewirkt.

Als er sich 1666 aufs Land nahe Cambridge zurückgezogen hatte, ging er eines Tages in seinem Garten spazieren und sah Früchte von einem Baume fallen; er versenkte sich in tiefes Nachdenken über jene Schwere, deren Ursache alle Philosophen so lange vergebens gesucht haben und in der der einfache Mensch nicht einmal ein Geheimnis vermutet. Er sagte sich: ‚Von welcher Höhe die Körper auf unserer Hemisphäre auch fallen mögen, so erfolgt ihr Fall gewiß in der von Galilei entdeckten Progression; die von ihnen durcheilten Räume würden den Quadraten der Zeit entsprechen. Jene Kraft, die die schweren Körper herabfallen läßt, ist ohne jede spürbare Verringerung dieselbe in jedweder Entfernung, sei es im Innern der Erde oder auf dem höchsten Berg. Warum sollte diese Kraft nicht bis zum Mond reichen? Und wenn sie wirklich bis dahin dringt, ist es da nicht von großer Wahrscheinlichkeit, daß diese Kraft ihn in seiner Umlaufbahn hält und seine Bewegung bewirkt? Wenn indes der Mond diesem Prinzip, welches es auch sein mag, gehorcht, wäre es dann nicht vernünftig, zu glauben, daß die anderen Planeten ihr gleichfalls unterworfen sind?

Falls diese Kraft existiert, muß sie (was im übrigen bewiesen ist) im umgekehrten Verhältnis zu den Quadraten der Entfernung anwachsen. Man muß also nur den Weg untersuchen, den ein schwerer Körper beim Fall auf die Erde von mittlerer Höhe, und den Weg, den gleichzeitig ein Körper zurücklegen würde, der von der Umlaufbahn des Mondes fiele. Um dieses in Erfahrung zu bringen, bräuchte man nur das Maß der Erde und die Entfernung vom Mond zur Erde zu haben.'

Solcherart waren die Überlegungen Newtons. Jedoch besaß man damals in England nur sehr ungenaue Maße unseres Erdballs; man bezog sich dabei auf die mutmaßliche Berechnung von Seefahrern, die sechzig englische Meilen für ein Grad zählten, obgleich annähernd siebzig hätten gezählt werden müssen. Da diese falsche Berechnung sich nicht mit den Schlußfolgerungen in Übereinstimmung bringen ließ, die Herr Newton ziehen wollte, verwarf er sie. Ein mittelmäßiger, nur von Eitelkeit erfüllter Philosoph hätte nach seinem Vermögen die Maße der Erde mit seinem System in Übereinstimmung gebracht. Herr Newton zog es indes vor, auf sein Vorhaben zu verzichten. Sobald jedoch Herr Picard die Erde genau vermessen hatte, indem er den Meridian zeichnete, der Frankreich so viel Ehre einbringt, griff Herr Newton seine ursprünglichen Ideen wieder auf und kam mit der Berechnung Herrn Picards zum Ziel; so etwas erscheint mir immer wieder bewundernswert, daß man so erhabene Wahrheiten mit Hilfe eines Quadranten und mit ein wenig Arithmetik entdeckte.

Der Umfang der Erde beträgt einhundertdreiundzwanzig Millionen zweihundertneunundvierzigtausendsechshundert Pariser Fuß. Aus dem allein kann sich das ganze System der Anziehung ergeben.

Man kennt den Umfang der Erde, man kennt den der Umlaufbahn des Mondes und den Durchmesser dieser Umlaufbahn. Der

Umlauf des Mondes auf dieser Bahn erfolgt in siebenundzwanzig Tagen, sieben Stunden, dreiundvierzig Minuten, mithin ist es erwiesen, daß der Mond in seiner mittleren Geschwindigkeit einhundertsiebenundachtzigtausendneunhundertsechzig Pariser Fuß in der Minute durchläuft, und auf Grund eines bekannten Lehrsatzes ist erwiesen, daß die Zentralkraft, die einen Körper aus der Höhe des Mondes zum Fallen brächte, ihn nur fünfzehn Pariser Fuß in der ersten Minute fallen lassen würde.

Wenn also das Gesetz stimmt, demzufolge die Körper Gewicht haben, gravitieren, sich im umgekehrten Verhältnis zum Quadrat der Entfernung anziehen; wenn dieselbe Kraft gemäß diesem Gesetz in der gesamten Natur wirkt, so ist es offensichtlich, daß ein schwerer Körper in der ersten Sekunde fünfzehn Fuß und in der ersten Minute vierundfünfzigtausend Fuß fallen muß, da die Erde sechzig halbe Durchmesser vom Mond entfernt ist.

Nun fällt ein schwerer Körper tatsächlich fünfzehn Fuß in der ersten Sekunde und legt in der ersten Minute vierundfünfzigtausend Fuß zurück, welche Zahl sich aus dem Quadrat von sechzig multipliziert mit fünfzehn zusammensetzt; also drücken die Körper im umgekehrten Verhältnis zum Quadrat der Entfernung, folglich bewirkt die gleiche Kraft die Schwere auf der Erde und hält den Mond in seiner Umlaufbahn.

Da also erwiesen ist, daß der Mond auf die Erde drückt, die der Mittelpunkt seiner eigenen Bewegung ist, ist erwiesen, daß die Erde und der Mond auf die Sonne drücken, die der Mittelpunkt ihrer jährlichen Bewegung ist.

Die anderen Planeten müssen diesem allgemeinen Gesetz unterworfen sein, und wenn es dieses Gesetz gibt, müssen diese Planeten den von Kepler gefundenen Regeln folgen. Alle diese Regeln, alle diese Beziehungen werden von den Planeten tatsächlich mit äußerster Genauigkeit befolgt, mithin bewirkt die Kraft der Gravitation, daß alle Planeten auf die Sonne drücken, ebenso wie unser Erdball; da schließlich die Reaktion aller Körper proportional zu ihrer Aktion ist, bleibt es gewiß, daß die Erde ihrerseits auf den Mond drückt und die Sonne auf beide, daß jeder Satellit des Saturn auf die vier anderen drückt und alle vier auf ihn und alle fünf auf den Saturn, der Saturn auf alle; das gleiche trifft für den Jupiter zu, und alle Himmelskörper werden von der Sonne angezogen, die wieder von ihnen angezogen wird.

Diese Kraft der Gravitation wirkt proportional zu der Materie, die die Körper in sich enthalten; das ist eine Wahrheit, die Herr

Newton durch Experimente nachgewiesen hat. Diese neue Entdeckung diente dazu, zu zeigen, daß die Sonne, der Mittelpunkt aller Planeten, sie alle in direktem Verhältnis ihrer Massen zu ihrer Entfernung anzieht. Indem er sich von hier aus Schritt um Schritt zu Erkenntnissen aufschwingt, die nicht für den menschlichen Geist bestimmt zu sein scheinen, wagt er zu errechnen, wieviel Materie die Sonne enthält und wieviel sich in jedem Planeten befindet, und so zeigt er, daß jeder Himmelskörper mittels der einfachen Gesetze der Mechanik notwendigerweise an dem Platz sein muß, an dem er sich befindet. Sein bloßes Prinzip der Gravitationsgesetze erklärt alle scheinbaren Ungleichheiten im Lauf der Himmelskörper. Die Mondphasen werden eine notwendige Folge dieser Gesetze. Des weiteren leuchtet es ein, weshalb die Knoten des Mondes ihre Umläufe in neunzehn Jahren vollziehen und die der Erde in einem Zeitraum von ungefähr sechsundzwanzigtausend Jahren. Ebbe und Flut des Meeres sind eine weitere, sehr einfache Auswirkung dieser Anziehung. Die Nähe des Mondes, wenn er voll ist und wenn er zunimmt, und seine Entfernung in seinen Vierteln, gekoppelt mit der Einwirkung der Sonne, geben eine augenscheinliche Erklärung ab für das Steigen und Fallen des Ozeans.

Nachdem er mit seiner erhabenen Theorie den Lauf und die Ungleichheit der Planeten dargelegt hatte, zwang er die Kometen unter den Zügel des gleichen Gesetzes. Jene so lange Zeit unerforschten Feuer, welche der Schrecken der Welt und die Klippe der Philosophie waren, die Aristoteles unterhalb des Mondes ansiedelte und Descartes oberhalb des Saturn, erhalten durch Newton schließlich ihren wirklichen Platz.

Er beweist, daß es feste Körper sind, die sich in der Sphäre des Einflusses der Sonne bewegen und eine so exzentrische und der Parabel so angenäherte Ellipse beschreiben, daß manche Kometen für ihren Umlauf mehr als fünfhundert Jahre benötigen.

Herr Halley nimmt an, daß der Komet von 1680 der gleiche ist, der zu Zeiten von Julius Caesar erschien: selbiger ließ mehr als ein anderer erkennen, daß die Kometen harte und dichte Körper sind; denn er näherte sich der Sonne so sehr, daß er nur ein Sechstel ihrer Scheibe von ihr entfernt war; er mußte folglich eine Hitze erreichen, die zweitausendmal stärker als die des glühendsten Eisens war. Er hätte sich in kurzer Zeit aufgelöst und wäre verglüht, wenn er kein dichter Körper gewesen wäre. Es wurde damals Mode, den Lauf der Kometen vorauszusagen. Der berühmte Mathematiker Jakob Bernoulli schlußfolgerte aus seinem System, daß dieser berühmte Komet von 1680 am 17. Mai 1719 wiedererscheinen müßte. Kein Astronom in Europa ging in der Nacht des 17. Mai zur Ruhe, jedoch der berühmte Komet erschien nicht. Es zeugt zumindest von einem gewissen Geschick, wenn auch nicht von Sicherheit, ihm fünfhundertfünfundsiebzig Jahre für die Wiederkehr zu geben. Ein englischer Geometer namens Whiston, nicht minder Phantast als Geometer, hat allen Ernstes behauptet, daß es zur Zeit der Sintflut einen Kometen gab, der unseren Erdball überschwemmte, und er besaß die Stirn, sich zu verwundern, daß man ihn verspottete. Die Antike dachte mehr oder weniger wie Whiston; sie glaubte, daß die Kometen stets die Vorboten irgendeines großen Unheils auf der Erde seien. Newton vermutet hingegen, daß sie sehr nutzbringend sind und daß der von ihnen ausgehende Hauch lediglich dazu dient, den Planeten, die in ihrem Lauf alle Teilchen aufsaugen, welche die Sonne von den Kometen loslöste, zu Hilfe zu kommen und sie zu beleben. Diese Mutmaßung ist zumindest wahrscheinlicher als die andere.

Das ist nicht alles: wenn diese Kraft der Gravitation, der Anziehung bei allen Himmelskörpern wirksam ist, so wirkt sie ohne Zweifel auf alle Teile dieser Gestirne; wenn sich die Körper nämlich auf Grund ihrer Masse anziehen, so geschieht das auf Grund der Quantität ihrer Teile, und wenn diese Kraft dem Ganzen innewohnt, dann gewiß auch der Hälfte, dem Viertel, dem Achtel und so fort bis zum Unendlichen; außerdem, wenn diese Kraft nicht ebenfalls in jedem Teil wäre, gäbe es stets einige Seiten des Himmelskörpers, welche mehr gravitieren würden als die anderen, was nicht der Fall ist; also ist diese Kraft wirklich in der ganzen Materie vorhanden, auch in den kleinsten Teilen der Materie.

Also ist die Anziehung die große Triebkraft, die die gesamte Natur in Bewegung setzt.

Nachdem Newton das Vorhandensein dieses Prinzips nachgewiesen hatte, sah er wohl voraus, daß man allein schon gegen den Namen aufbegehren würde; an mehr als einer Stelle seines Buches warnt er seinen Leser vor der Anziehung, er mahnt ihn, sie nicht mit den geheimen Qualitäten der Alten zu verwechseln, sondern sich mit dem Wissen zu begnügen, daß es in allen Körpern eine Zentralkraft gibt, die von einem Ende des Universums zum anderen auf die nächsten und entferntesten Körper gemäß den unveränderlichen Gesetzen der Mechanik wirkt.

Es ist erstaunlich, daß nach den feierlichen Beteuerungen dieses großen Philosophen Herr Saurin und Herr de Fontenelle, welchselbige ebenfalls dieses Titels würdig sind, ihm unumwunden Hirngespinste des Peripatetismus vorgeworfen haben; Herr Saurin in den Denkschriften der Akademie von 1709 und Herr de Fontenelle sogar in der Lobrede auf Herrn Newton.

Nahezu alle Franzosen, Wissenschaftler und andere, haben diesen Vorwurf wiederholt. Allenthalben hört man sagen: „Warum hat sich Newton nicht des Wortes Anstoß bedient, das man so gut versteht, anstatt des Begriffes Anziehung, den man nicht versteht.“

Newton hätte seinen Kritikern antworten können: „Zum ersten versteht Ihr das Wort Anstoß ebensowenig wie das Wort Anziehung, und wenn Ihr nicht begreift, weshalb ein Körper zum Mittelpunkt eines anderen Körpers strebt, so könnt Ihr Euch auch nicht vorstellen, auf Grund welcher Eigenschaft ein Körper einen anderen anstoßen kann.

Zum zweiten konnte ich den Anstoß nicht gelten lassen; denn dafür hätte ich wissen müssen, daß eine Himmelsmaterie die Planeten in der Tat anstößt; nicht allein, daß ich diese Materie nicht kenne – ich habe auch bewiesen, daß sie nicht existiert.

Zum dritten bediene ich mich des Wortes Anziehung lediglich, um eine Wirkung auszudrücken, die ich in der Natur entdeckt habe, eine nachweisliche und unbestreitbare Wirkung eines unbekannten Prinzips, eine der Materie innewohnende Qualität, deren Ursache fähigere Leute als ich finden werden, falls sie es vermögen.“

Was habt Ihr uns also gelehrt? beharrt man weiterhin. Und warum so viele Berechnungen, um uns das zu sagen, was Ihr selbst nicht versteht?

„Ich habe Euch gelehrt (könnte Newton fortfahren), daß die Mechanik der Zentralkräfte den Druck aller Körper im Verhältnis zu ihrer Materie erzeugt, daß allein durch diese Zentralkräfte die Planeten und die Kometen in den bezeichneten Proportionen bewegt werden. Ich beweise Euch, daß es unmöglich eine andere Ursache der Schwere und der Bewegung aller Himmelskörper gibt: denn die schweren Körper fallen auf die Erde gemäß den bewiesenen Proportionen der Zentralkräfte, und die Planeten vollziehen ihren Lauf gemäß denselben Proportionen, und wenn es noch eine andere Kraft gäbe, die auf alle diese Körper wirkt, würde sie deren Geschwindigkeiten vergrößern oder ihre Richtungen ändern. Indes hat keiner dieser Körper jemals einen einzigen Bruchteil an Bewegung, an Geschwindigkeit, an Richtung, der

Schloß Cirey

nicht als Wirkung der Zentralkräfte erwiesen wäre, mithin ist es unmöglich, daß es ein anderes Prinzip gibt."

Es möge mir gestattet sein, Newton noch einen Augenblick zu Worte kommen zu lassen. Stünde es ihm nicht wohl an zu sagen: „Ich bin in einer ganz anderen Lage als die Alten; sie sahen zum Beispiel das Wasser in die Pumpen aufsteigen, und sie sagten, das Wasser steigt auf, weil es Grauen vor der Leere hat; ich befinde mich indes in der Lage desjenigen, welcher als erster bemerkt hat, daß das Wasser in den Pumpen aufsteigt, und es anderen überläßt, die Ursache dieser Wirkung zu erklären. Der Anatom, welcher als erster sagte, daß der Arm sich bewegt, weil sich die Muskeln zusammenziehen, lehrte die Menschen eine unbestreitbare Wahrheit; ist man ihm gegenüber weniger verpflichtet, weil er nicht wußte, weshalb sich die Muskeln zusammenziehen? Die Ursache für die Triebkraft der Luft ist unbekannt, aber derjenige, welcher diese Kraft entdeckte, hat der Physik einen großen Dienst erwiesen. Die Triebkraft, welche ich entdeckte, war viel verborgener, viel universeller, folglich muß man mir mehr Dank dafür wissen. Ich habe eine neue Eigenschaft der Materie entdeckt, eines der Geheimnisse des Schöpfers, ich habe Berechnungen über sie angestellt, ich habe ihre Wirkungen bewiesen; weshalb sollte man mich ob des Namens, den ich ihr gebe, behelligen?

Man kann die Wirbel eine geheime Qualität nennen, weil man ihr Vorhandensein niemals nachzuweisen vermochte. Die Anziehung hingegen ist eine wirkliche Sache, weil man ihre Wirkungen nachweist und ihre Proportionen berechnet. Die Ursache dieser Ursache liegt in Gott selbst."

Procedes hunc, et non ibis amplius.[1]

SECHZEHNTER BRIEF

Über die Optik des Herrn Newton

Die Philosophen des vorigen Jahrhunderts haben ein neues Universum entdeckt, und diese neue Welt war um so schwerer zu erkennen, als man ihre Existenz nicht einmal geahnt hatte. Den Weisesten erschien es vermessen, allein davon träumen zu wollen, daß man in Erfahrung bringen könnte, nach welchen Gesetzen sich die Himmelskörper bewegen und wie das Licht wirkt.

1 (lat.) Bis hierher sollst du kommen und nicht weiter. (Hiob 38,11)

Die Mechanik der Triebkräfte der Welt erkannten Galilei durch seine astronomischen Entdeckungen, Kepler durch seine Berechnungen, Descartes zumindest in seiner Dioptrik und Newton in allen seinen Werken. In der Geometrie wurde das Unendliche der Berechnung unterworfen. Der Kreislauf des Blutes in den Tieren und der Säfte in den Pflanzen hat für uns die Natur verändert. Mit der pneumatischen Maschine wurde dem Körper eine neue Art zu existieren gegeben; mit Hilfe des Teleskops haben sich die Gegenstände unseren Augen genähert; was schließlich Newton über das Licht entdeckte, ist des Kühnsten würdig, was die Wißbegierde der Menschen nach so vielem Neuen zu erwarten vermochte.

Bis zu Antonio de Dominis war der Regenbogen wie ein unerklärliches Wunder erschienen: dieser Philosoph erriet, daß er eine notwendige Auswirkung des Regens und der Sonne war. Descartes machte durch die mathematische Erklärung dieser so natürlichen Erscheinung seinen Namen unsterblich; er errechnete die Reflexionen und die Brechungen des Lichtes in den Regentropfen, und dieser Scharfsinn hatte damals etwas Göttliches.

Was aber hätte er gesagt, wenn man ihn hätte wissen lassen, daß er sich in der Natur des Lichtes irrte? Daß er keinerlei Grund hatte zu behaupten, daß es ein Kügelchen zusammengesetzter Körper sei; daß es falsch ist, daß diese Materie, welche sich über das ganze Universum ausdehnt, nur einen Anstoß durch die Sonne erwartet, um wirksam zu werden, einem langen Stabe vergleichbar, der sich an einem Ende bewegt, wenn er am anderen zusammengedrückt wird; daß es voll und ganz zutrifft, daß das Licht von der Sonne wie ein Pfeil abgeschossen wird und daß es schließlich in fast sieben Minuten von der Sonne auf die Erde gelangt, während eine Kanonenkugel für diesen Weg bei gleichbleibender Geschwindigkeit fünfundzwanzig Jahre braucht.

Wie erstaunt wäre er gewesen, wenn man ihm gesagt hätte: Es ist falsch, daß sich das Licht beim Aufprall auf die festen Teile eines Körpers direkt widerspiegelt; es ist falsch, daß die Körper durchscheinend sind, wenn sie große Poren haben; und es wird ein Mann kommen, welcher diese Paradoxa aufzeigen und einen einzigen Lichtstrahl mit mehr Geschick in seine kleinsten Bestandteile zerlegen wird, als der geschickteste Künstler den menschlichen Körper zergliedert.

Dieser Mann ist gekommen. Allein mit Hilfe des Prismas hat Newton vor Augen geführt, daß das Licht ein Bündel farbiger Strahlen ist, die in ihrer Gesamtheit die weiße Farbe ergeben. Ein einzelner Strahl unterteilt sich in sieben Strahlen, welche sich alle in einer Reihe auf einem Stück Leinen oder einem Blatt weißen Papiers anordnen, einer über dem anderen und in ungleichmäßigen Abständen; der erste ist von der Farbe des Feuers, der zweite von der Farbe einer Zitrone, der dritte gelb, der vierte grün, der fünfte blau, der sechste indigo, der siebente violett; jeglicher Strahl, der in der Folge von Hunderten anderer Prismen durchsiebt worden ist, wird niemals seine Farbe wechseln, ebenso wie sich gereinigtes Gold in den Schmelztiegeln nicht verändert; und als überreichlichen Beweis dafür, daß jeder dieser Elementarstrahlen das in sich trägt, was in unseren Augen seine Farbe ausmacht, nehmt beispielsweise ein kleines Stück gelben Holzes und setzt es dem feuerfarbenen Strahl aus, im selben Augenblick nimmt dieses Holz die Farbe des Feuers an, setzt es dem grünen Strahl aus, es nimmt die grüne Farbe an, und so weiter und so fort.

Was also ist die Ursache der Farben in der Natur? Nichts anderes als das Vermögen der Körper, die Strahlen in einer bestimmten Ordnung zu reflektieren und alle anderen zu absorbieren. Was ist dieses geheime Vermögen? Er beweist, daß es ausschließlich die Dichte der Teilchen ist, aus denen sich ein Körper zusammensetzt. Und wie vollzieht sich diese Reflexion? Man glaubte, daß die Strahlen wie ein Ball auf die Oberfläche eines festen Körpers aufprallten. Keineswegs: Newton lehrt die erstaunten Philosophen, daß die Körper nur deshalb undurchsichtig sind, weil ihre Poren weit sind; daß das Licht aus diesen selben Poren zu unseren Augen reflektiert wird; daß der Körper um so transparenter ist, je kleiner seine Poren sind; so reflektiert Papier das Licht, wenn es trocken ist, und läßt es hindurch, wenn es ölig ist, weil das Öl, welches die Poren ausfüllt, selbige viel kleiner macht.

Indes er die ausgeprägte Porosität der Körper untersucht, deren jedes Teil Poren hat und jedes Teil dieses Teils die seinigen, zeigt er, daß es keinesfalls sicher ist, daß es einen Kubikzoll fester Materie im Universum gibt; so weit ist unser Verstand davon entfernt zu begreifen, was Materie ist.

Nachdem er solcherart das Licht zerlegt und den Scharfsinn seiner Entdeckungen bis zur Darlegung der Möglichkeit gebracht hat, die zusammengesetzte Farbe mittels der einfachen Farben zu erkennen, zeigt er, daß diese durch das Prisma getrennten Elementarstrahlen nur deshalb in ihre Ordnung gefügt sind, weil sie in eben dieser Ordnung gebrochen werden; und er bezeichnet diese vor ihm unbekannte Eigenschaft, sich in diesem Verhältnis zu brechen, das heißt diese ungleichmäßige Brechung der Strahlen, diese Fähigkeit, Rot schwächer zu brechen als Orange usw., als Brechbarkeit.

Die reflektierbarsten Strahlen sind die brechungsfähigsten; davon ausgehend zeigt er, daß dieselbe Kraft die Reflexion und die Brechung des Lichtes verursacht.

Alle diese Wunder sind nur der Beginn seiner Entdeckungen; er hat das Geheimnis gefunden, die Schwingungen und Stöße des Lichtes zu sehen, welche endlos kommen und gehen und das Licht je nach Dicke der Stellen, auf die sie stoßen, durchlassen oder reflektieren; er hat es gewagt, die Dicke der Luftpartikeln zwischen zwei übereinandergestellten Linsen, die eine flach, die andere an einer Seite konvex, zu errechnen, die notwendig ist, um solche Durchlässigkeit oder Reflexion zu bewirken und diese oder jene Farbe zu erzeugen.

Aus allen diesen Kombinationen findet er heraus, in welchem Verhältnis das Licht auf die Körper und die Körper auf das Licht wirken.

Er hat das Licht so gut gesehen, daß er festlegte, bis zu welchem Grad sich die Kunst, unsere Augen mit Teleskopen zu vergrößern und zu unterstützen, beschränken muß.

Descartes hoffte dank einer edlen Zuversicht, welche wohl verzeihlich war durch den Eifer, den ihm der Beginn einer fast von ihm entdeckten Kunst eingab, mit einem Fernrohr auf den Sternen ebenso kleine Gegenstände zu erkennen, wie man sie auf der Erde unterscheiden kann.

Newton hat gezeigt, daß man das Fernrohr auf Grund selbiger Brechung und Brechbarkeit selbst nicht mehr vervollkommnen kann, denn sie verdrängen, während sie uns die Gegenstände näher bringen, zu sehr die Elementarstrahlen; er hat in seinen Gläsern das Verhältnis der Verdrängung der roten und der blauen Strahlen errechnet, und indes er die Beweislegung auf Dinge ausdehnt, deren Vorhandensein man nicht einmal ahnte, untersucht er die Abweichungen, welche durch die Gestalt des Glases und durch die Brechbarkeit erzeugt werden. Er findet heraus, daß bei einem Objektiv des Fernrohrs, das konvex von einer Seite und flach von der anderen und dem Gegenstand mit der flachen Seite zugewendet ist, die von der Bauart und Lage des Glases bedingte Abweichung fünftausendmal geringer ist als die Abweichung, welche von der Brechbarkeit herrührt; und daß es also nicht die Gestalt der Gläser ist, welche bewirkt, daß man das Fernrohr nicht vervollkommnen kann, sondern daß man die Ursache dafür in der Materie des Lichts suchen muß.

Deshalb erfand er ein Teleskop, welches die Gegenstände mittels der Reflexion und nicht mittels Brechung zeigt. Diese neue Art des Fernrohrs läßt sich sehr schwer verfertigen und ist im Gebrauch nicht einfach; jedoch heißt es in England, daß ein fünf Fuß hohes Reflexionsteleskop dieselbe Wirkung hat wie ein Fernrohr von hundert Fuß.

SIEBZEHNTER BRIEF

Über das Unendliche und über die Zeitrechnung

Das Labyrinth und der Abgrund des Unendlichen ist desgleichen ein neuer, von Newton durchlaufener Weg, und von ihm ist auch der Faden, mit dessen Hilfe man sich daselbst zurechtfindet.

Descartes ist in dieser erstaunlichen Neuerung ebenfalls sein Vorläufer, er ging in seiner Geometrie mit großen Schritten dem Unendlichen entgegen; jedoch machte er an seinem Ufer halt. Herr Wallis war um die Mitte des vorigen Jahrhunderts der erste, welcher einen Bruch durch eine fortdauernde Division auf eine unendliche Reihe brachte.

Mylord Brouncker bediente sich dieser Reihe, um die Hyperbel ins Quadrat zu setzen.

Mercator veröffentlichte einen Beweis dieser Quadratur. Es war annähernd zu dem Zeitpunkt, als Newton im Alter von dreiundzwanzig Jahren eine allgemeine Methode erfunden hatte, um an allen Kurven auszuführen, was man soeben an der Hyperbel versucht hatte.

Selbige Methode, das Unendliche allenthalben der algebraischen Berechnung zu unterwerfen, nennt man Differentialrechnung oder Integralrechnung. Das ist die Kunst, mit Exaktheit etwas zu zählen und zu messen, dessen Existenz man nicht einmal begreifen kann.

In der Tat, würdet Ihr nicht glauben, daß man sich über Euch lustig machen will, wenn man Euch sagt, daß es unendlich große Linien gibt, welche einen unendlich kleinen Winkel bilden?

Daß eine Gerade, welche eine Gerade ist, solange sie begrenzt ist, bei einer unendlich kleinen Abweichung von der Richtung eine unendliche Kurve wird: daß eine Kurve unendlich weniger Kurve werden kann?

Daß es Quadrate des Unendlichen, Würfel des Unendlichen und Unendliche des Unendlichen gibt, von denen das vorletzte nichts im Vergleich zum letzten ist?

Dieses alles, was zunächst als Übermaß an Widersinnigkeit erscheint, ist in der Tat Ausdruck der Schärfe und Größe des menschlichen Geistes und die Methode, Wahrheiten zu finden, welche bislang unbekannt waren.

Dieses so kühne Gebäude gründet sich auf einfachen Ideen. Es handelt sich darum, die Diagonale eines Quadrats zu messen, den Flächeninhalt einer Kurve zu ermitteln, eine Quadratwurzel von einer Zahl zu finden, die es in der gewöhnlichen Arithmetik nicht gibt.

Und letztendlich sollen so viele Ordnungen des Unendlichen die Vorstellungskraft nicht mehr in Aufruhr bringen als der so bekannte Satz, daß man zwischen einen Kreis und eine Tangente immerfort Kurven ziehen kann; oder der andere Satz, daß die Materie stets teilbar ist. Diese zwei Wahrheiten sind seit langem erwiesen und sind nicht verständlicher als das andere.

Lange Zeit hat man Newton die Erfindung dieser berühmten Rechnung streitig gemacht. Herr Leibniz hat in Deutschland als Erfinder der Differenzen gegolten, welche Newton Differentiale nennt, und Bernoulli nahm für sich die Integralrechnung in Anspruch, jedoch blieb die Ehre der ersten Entdeckung Newton vorbehalten, und den anderen verblieb der Ruhm, daß sie Zweifel zwischen ihnen und ihm aufkommen lassen konnten.

Solcherart machte man Harvey die Entdeckung des Blutkreislaufes streitig und Herrn Perrault die Entdeckung des Kreislaufs der Pflanzensäfte. Hartsoeker und Leuvenhoeck stritten miteinander um die Ehre, als erste die winzigen Würmchen gesehen zu haben, aus denen wir bestehen. Der nämliche Hartsoeker focht Herrn Huygens' Erfindung an, auf neue Art die Entfernung eines Fixsterns zu berechnen. Man weiß noch nicht, welcher Philosoph das Problem der Zykloide, die man auch Roulette nennt, löste.

Wie dem auch sei, dank dieser Geometrie des Unendlichen ist Newton zu den erhabensten Erkenntnissen vorgestoßen.

Zum Schluß will ich von einem anderen Werk berichten, das mehr im Bereich des Menschlichen liegt, jedoch gleichermaßen von dem schöpferischen Geiste geprägt ist, welchen Newton für alle seine Forschungen aufbrachte; selbiges ist eine völlig neue Zeitrechnung, denn in allem, was er unternahm, mußte er die von den anderen Menschen empfangenen Ideen verändern.

Aus seiner Gewohnheit, Undurchschaubares zu entwirren, wollte er wenigstens etwas Licht in die mit der Geschichte verwobenen alten Legenden bringen und eine ungewisse Zeitrechnung beständig machen. Es gibt in der Tat keine Familie, keine Stadt, keine Nation, welche nicht bestrebt ist, ihren Ursprung zurückzuverlegen; zudem sind die ersten Geschichtsschreiber im Festsetzen der Daten am nachlässigsten; Bücher waren tausendmal weniger verbreitet als heutigentags; folglich war man der Kritik weniger ausgesetzt, man täuschte die Menschen viel ungestrafter; und da man offensichtlich fiktive Tatsachen für wahr ausgab, ist es durchaus möglich, daß man auch Daten unterstellte.

Im allgemeinen nahm Newton an, daß die Welt fünfhundert Jahre jünger war, als sie die Geschichtsschreiber ansetzten; er gründet seine Auffassung auf den üblichen Lauf der Welt und auf die astronomischen Beobachtungen.

Hierorts versteht man unter Lauf der Welt die Zeitspanne einer jeglichen menschlichen Generation. Die Ägypter hatten sich als erste dieser unsicheren Art der Zählung bedient. Als sie die Anfänge ihrer Geschichte aufzeichnen wollten, zählten sie dreihunderteinundvierzig Generationen von Menes bis Sethos, und da sie keine festen Daten hatten, schätzten sie drei Generationen auf einhundert Jahre; solcherart zählten sie vom Reiche des Menes zum Reiche Sethos elftausenddreihundertvierzig Jahre.

Bevor die Griechen nach Olympiaden zählten, folgten sie der Methode der Ägypter und verlängerten sogar ein wenig die Dauer der Generationen, indem sie jede Generation auf vierzig Jahre ausdehnten.

Indes täuschten sich die Ägypter und die Griechen damit in ihrer Rechnung. Es ist wohl wahr, daß nach dem üblichen Lauf der Welt drei Generationen annähernd einhundert bis einhundertzwanzig Jahre ausmachen; doch es fehlt viel daran, daß drei Regierungen diese Anzahl von Jahren umspannen. Es liegt auf der Hand, daß die Menschen im allgemeinen länger leben, als die Könige regieren; so wird sich ein Mann, der die Geschichte aufzeichnen will, ohne genaue Daten zu haben, und der lediglich weiß, daß eine Nation neun Könige hatte, in großem Unrecht befinden, wenn er für diese neun Könige dreihundert Jahre berechnet. Jegliche Generation dauert annähernd sechsunddreißig Jahre, jede Herrschaft eines Königs annähernd zwanzig Jahre, indem eine auf die andere folgt. Nehmt die dreißig Könige Englands seit Wilhelm dem Eroberer bis zu Georg I., sie haben sechshundertachtundvierzig Jahre regiert, was auf die dreißig Könige verteilt einem jeden einundzwanzigeinhalb Jahre Herrschaft einräumt. Dreiundsechzig französische Könige haben aufeinander folgend jeder an die zwanzig Jahre regiert. Das ist der übliche Lauf der Welt; folglich haben sich die Alten geirrt, wenn sie die Dauer der Herrschaft eines Königs im allgemeinen der Dauer der Generationen gleichsetzten; also haben sie zuviel gezählt, mithin ist es angebracht, ihre Berechnung ein wenig zu vermindern.

Die astronomischen Beobachtungen scheinen unserem Philosophen eine noch größere Hilfe zu leisten, auf seinem Boden kämpfend, erscheint er noch stärker.

Ihr wißt, mein Herr, daß die Erde außer ihrer jährlichen Bewegung, welche sie im Verlaufe eines Jahres von West nach Ost um die Sonne wandern läßt, noch eine besondere, bis in die jüngste Zeit unbekannte Umdrehung hat. Ihre Pole haben eine sehr langsame rückläufige Bewegung von Ost nach West, welche bewirkt, daß ihre tägliche Position nicht genau demselben Punkte des Himmels entspricht. Dieser innerhalb eines Jahres unmerkliche Unterschied wird im Laufe der Zeit ziemlich spürbar, und nach zweiundsiebzig Jahren stellt man fest, daß der Unterschied ein Grad beträgt, das heißt den dreihundertsechzigsten Teil des gesamten Himmels. So trifft nach zweiundsiebzig Jahren der Kolur der Tagundnachtgleiche des Frühlings, welcher durch einen Fixstern verlief, auf einen anderen Fixstern; daraus folgt, daß die Sonne, anstatt an dem Teil des Himmels zu sein, wo zu Zeiten des Hipparch der Widder war, sich an dem Teil des Himmels befindet, wo der Stier war, und die Zwillinge sind an der Stelle, wo ehedem der Stier war. Alle Sternbilder haben den Ort gewechselt; dennoch bewahren wir weiterhin die Redeweise der Alten; daß die Sonne im Frühling im Zeichen des Widders steht, sagen wir mit der gleichen Willfährigkeit, wie wir sagen, daß sich die Sonne dreht.

Hipparch war der erste bei den Griechen, der in bezug auf die Tagundnachtgleichen einige Veränderungen in den Sternbildern bemerkte oder sie vielmehr von den Ägyptern vernahm. Die Philosophen schrieben selbige Bewegung den Sternen zu; denn damals war man weit entfernt davon, sich eine solche Drehung bei der Erde vorzustellen, man hielt sie in jeglicher Hinsicht für unbeweglich. Sie schufen also einen Himmel, an welchen sie alle Sterne hefteten, und sie gaben diesem Himmel eine besondere Bewegung, die ihn sich nach Osten vorwärts bewegen ließ, indem alle Sterne ihren täglichen Weg von Ost nach West zurückzulegen schienen. Diesem Irrtum fügten sie einen um vieles schwerwiegenderen hinzu, sie glaubten, daß der vorgebliche Himmel der Fixsterne sich in hundert Jahren um einen Grad gen Osten fortbewegte; solcherart irrten sie sich sowohl in ihrer astronomischen Berechnung als auch in ihrem physikalischen System. Zum Beispiel hätte ein Astronom damals sagen können: „Die Tagundnachtgleiche des Frühlings stand zu Zeiten eines bestimmten Beobachters in einem gewissen Sternbild bei einem gewissen Stern; seit jenem Beobachter hat sie bis heute zwei Grad zurückgelegt; zwei Grad aber entsprechen zweihundert Jahren, mithin lebte jener Beobachter zweihundert Jahre vor mir." Es ist gewiß, daß ein so denkender Astronom sich genau um vierundfünfzig Jahre geirrt hätte. Deshalb errechneten die doppelt im Irrtum befindlichen Alten ihr großes Weltjahr, das heißt die vollständige Umdrehung des Himmels, auf annähernd sechsunddreißigtausend Jahre. Die Modernen wissen indes, daß diese vorgebliche Drehung des Sternenhimmels nichts anderes als die Drehung der Erdpole ist, welche in fünfundzwanzigtausendneunhundert Jahren erfolgt. Es wäre angebracht, hier beiläufig darauf zu verweisen, daß Newton durch die Bestimmung der Gestalt der Erde auf sehr glückliche Art und Weise die Ursache dieser Umdrehung erklärt hat.

Nach Darlegung all dessen bedarf es zur Festlegung der Zeitrechnung des Augenscheins, um festzustellen, bei welchem Stern der Kolur der Tagundnachtgleiche die Sonnenbahn im Frühling heute schneidet, und der Kenntnis, ob es nicht irgendeinen Alten gibt, welcher gesagt hat, an welchem Punkt die Ekliptik von demselben Kolur der Tagundnachtgleiche zu seiner Zeit geschnitten wurde.

Clemens von Alexandria berichtet, daß Chiron, welcher dem Argonautenzug angehörte, die Sternbilder zur Zeit jenes berühmten Unternehmens beobachtete und die Tagundnachtgleiche des Frühlings mitten im Widder, die Tagundnachtgleiche des Herbstes mitten in der Waage, die Sonnenwende des Winters mitten im Steinbock festlegte.

Lange Zeit nach dem Argonautenzug und ein Jahr vor dem Peloponnesischen Krieg beobachtete Meton, daß der Punkt der Sommersonnenwende durch den achten Grad des Krebses verlief.

Nun beläuft sich jedes Tierkreiszeichen auf dreißig Grad. Zu Chirons Zeiten war die Sonnenwende in der Mitte des Zeichens, das heißt, im fünfzehnten Grad; ein Jahr vor dem Peloponnesi-

schen Krieg war sie im achten, war also um sieben Grad zurück. Ein Grad entspricht zweiundsiebzig Jahren, vom Beginn des Peloponnesischen Krieges bis zum Argonautenzug sind es mithin nur siebenmal zweiundsiebzig Jahre, das macht fünfhundertvier Jahre und nicht siebenhundert, wie die Griechen sagten: wenn wir solcherart den heutigen Zustand des Himmels mit dem vergleichen, in dem er sich damals befand, sehen wir, daß der Argonautenzug rund neunhundert Jahre und nicht rund vierzehnhundert Jahre vor Christus angesetzt werden muß und daß die Welt folglich rund fünfhundert Jahre jünger ist, als man annahm. Dadurch sind alle Epochen näher gerückt, und alles vollzog sich später, als man sagt. Ich weiß nicht, ob dieses sinnreiche System großen Anklang finden wird und ob man willens sein wird, sich zu entschließen, die Zeitrechnung der Welt auf der Grundlage dieser Ideen zu reformieren: vielleicht werden die Gelehrten befinden, daß es für einen Mann zuviel Ehre wäre, gleichzeitig die Physik, die Geometrie und die Geschichte vervollkommnet zu haben: es wäre eine Art universeller Monarchie, mit der sich die Eigenliebe nur schwerlich ins Benehmen setzt; so wie ihn damals sehr große Philosophen wegen der Anziehung angriffen, bekämpften andere sein System der Zeitrechnung. Die Zeit, die erbringen sollte, wem der Sieg gebührt, wird vielleicht den Disput nur unentschiedener machen.

ACHTZEHNTER BRIEF

Über die Tragödie

Die Engländer wie die Spanier besaßen bereits ein Theater, als die Franzosen nur Gauklerbühnen hatten. Shakespeare, welcher als der Corneille Englands galt, blühte ungefähr zur Zeit Lope de Vegas; er schuf das Theater; er besaß ein an Kraft und Fruchtbarkeit, an Natürlichem und Erhabenem reiches Genie ohne den kleinsten Funken guten Geschmacks und ohne die geringste Kenntnis der Regeln. Ich will Euch etwas Gewagtes, aber Wahres sagen, nämlich daß das Verdienst dieses großen Schriftstellers das englische Theater ins Verderben gestürzt hat; in seinen monströsen Farcen, welche man Tragödien nennt, finden sich so vollendete Szenen, so große und schreckliche Auftritte, daß selbige Stücke allzeit mit großem Erfolg gespielt worden sind. Die Zeit, die allein das Ansehen der Menschen schafft, verhilft letztlich auch deren Schwächen zu Ehren. Die Mehrzahl der absonderlichen und geschwollenen Ideen dieses Schriftstellers hat sich nach Ablauf von zweihundert Jahren das Recht erobert, als erhaben zu gelten; die modernen Schriftsteller haben ihn fast alle nachgeahmt; was indes bei Shakespeare gelang, wird bei ihnen ausgepfiffen, und Ihr möget wohl glauben, daß die Verehrung für diesen Alten in dem Maße wächst, in dem die Modernen verachtet werden. Man denkt nicht darüber nach, daß man ihn nicht nachahmen sollte, und der Mißerfolg seiner Nachahmer bewirkt allein, daß man ihn für unnachahmlich hält.

Es ist bekannt, daß in der Tragödie „Der Mohr von Venedig", einem sehr rührenden Stück, ein Mann seine Frau auf der Bühne erwürgt, und nachdem die bedauernswerte Frau erwürgt worden ist, schreit sie, daß sie sehr zu Unrecht sterbe. Ihr wißt, daß die Totengräber im „Hamlet" ein Grab ausheben und dabei trinken, Gassenhauer singen und über die gefundenen Totenschädel Witze machen, die Leuten ihres Gewerbes anstehen; was Euch indes überraschen mag, ist, daß diese Torheiten unter der Herrschaft Karls II., da die Höflichkeit den Ton angab und die Künste ein goldenes Zeitalter erlebten, nachgeahmt wurden.

In seinem „Geretteten Venedig" führt Otway den Senator Antonio und die Kurtisane Naki mitten in die Abscheulichkeiten der Verschwörung des Marquis de Bedmar. Der alte Senator Antonio treibt vor seiner Kurtisane alle Torheiten eines alten, impotenten Wüstlings, der nicht bei Sinnen ist; er ahmt einen Stier und einen Hund nach, er beißt seine Geliebte ins Bein, welche ihm Fußtritte und Peitschenhiebe versetzt. Diese für den niedrigsten Pöbel bestimmten Possen hat man aus Otways Stück entfernt; hingegen hat man in Shakespeares „Julius Cäsar" die Späße der römischen Schuster und Schuhflicker, die mit Brutus und Cassius auf die Bühne kommen, gelassen. Und das deshalb, weil Otways Zoten modern und die von Shakespeare alt sind.

Ihr werdet Euch zweifelsohne beklagen, daß diejenigen, welche Euch bis heute vom englischen Theater berichteten, und vor allem über den berühmten Shakespeare, Euch allein seine Fehler zeigten und daß niemand eine einzige jener vortrefflichen Stellen übersetzte, die für alle seine Mißgriffe entschädigen. Ich werde Euch erwidern, daß es sehr bequem ist, die Fehler eines Dichters in Prosa wiederzugeben, aber sehr schwer, seine schönen Verse zu übersetzen. Alle Federfuchser, die sich zu Kritikern berühmter Schriftsteller aufschwingen, schreiben ganze Bände voll: ich würde zwei Seiten den Vorzug geben, die uns etwas von der Schönheit vermitteln; denn zusammen mit allen Leuten guten Geschmacks halte ich stets dafür, daß man aus zwölf Versen Homers und Vergils größeren Nutzen zieht als aus allen Kritiken, die über diese beiden großen Männer geschrieben worden sind.

Ich habe den Versuch unternommen, einige Stellen aus den besten englischen Dichtern zu übersetzen: hier eine von Shakespeare. Übt Nachsicht mit der Nachbildung zugunsten des Originals und bedenket stets, wenn Ihr eine Übersetzung zu Gesicht bekommt, daß Ihr lediglich einen schwachen Abglanz eines vortrefflichen Bildes seht.

Ich habe den Monolog aus der Tragödie „Hamlet“ gewählt, welcher allen bekannt ist und mit folgendem Vers beginnt:

To be, or not to be, that is the question.

Hamlet, Prinz von Dänemark, spricht:

Demeure; il faut choisir et passer à l'instant
De la vie à la mort, ou de l'être au néant:
Dieux cruels! s'il en est, éclairez mon courage.
Faut-il vieillir courbé sous la main qui m'outrage,
Supporter ou finir mon malheur et mon sort?
Qui suis-je? qui m'arrête? et qu'est-ce que la mort?
C'est la fin de nos maux, c'est mon unique asile;
Après de longs transports c'est un sommeil tranquille;
On s'endort et tout meurt; mais un affreux réveil
Doit succéder peut-être aux douceurs du sommeil.
On nous menace, on dit que cette courte vie,
De tourments éternels est aussitôt suivie.
O mort! moment fatal! affreuse éternité,
Tout cœur à ton seul nom se glace épouvanté.
Eh qui pourrait sans toi supporter cette vie,
De nos prêtres menteurs benir l'hypocrisie;
D'une indigne maîtresse encenser les erreurs,
Ramper sous un ministre, adorer ses hauteurs,
Et montrer les langueurs de son âme abattue,
A des amis ingrats qui détournent la vue?
La mort serait trop douce en ces extrémités;
Mais le scrupule parle et nous crie: arrêtez;
Il défend à nos mains cet heureux homicide,
Et d'un héros guerrier, fait un chrétien timide, etc.

Glaubt nicht, ich hätte hier das Englische Wort für Wort wiedergegeben; wehe den buchstäblichen Übersetzern, welche Wort für Wort übersetzen und dadurch den Leser aufbringen. An dieser Stelle kann man sagen, daß der Buchstabe tötet und der Geist belebt.

Hier noch eine Passage eines berühmten englischen Tragikers, Drydens, eines Dichters aus der Zeit Karls II., der weniger klug als fruchtbar war und einen makellosen Ruf gehabt hätte, würde er nur ein Zehntel seiner Werke geschrieben haben, und dessen größter Fehler ist, als universell gelten zu wollen.

Die Stelle beginnt folgendermaßen:

When I consider life, t'is all a cheat.
Yet fool'd by hope, men favour the deceit.

De desseins en regrets, et d'erreurs en désirs,
Les mortels insensés promènent leur folie.
Dans les malheurs présents, dans l'espoir des plaisirs,
Nous ne vivons jamais, nous attendons la vie.
Demain, demain, dit-on, va combler tous nos vœux;
Demain vient, et nous laisse encore plus malheureux.
Quelle est l'erreur, hélas! du soin qui nous dévore?
Nul de nous ne voudrait recommencer son cours:
De nos premiers moments nous maudissons l'aurore,
Et de la nuit qui vient, nous attendons encore
Ce qu'ont en vain promis les plus beaux de nos jours, etc.

In solchen einzelnen Stücken haben die englischen Tragiker bislang geglänzt; ihre fast durchweg barbarischen Dramen, denen es an Anstand, Regelhaftigkeit, Wahrscheinlichkeit mangelt, werden inmitten dieser Finsternis von erstaunlichen Lichtern erhellt. Der Stil ist überaus hochtrabend, zu unnatürlich, ahmt zu sehr die hebräischen Schriftsteller nach, welche ganz und gar vom asiatischen Schwulst durchtränkt sind; indes muß man auch einräumen, daß die Stelzen des blumigen Stils, an denen sich die englische Sprache emporwindet, den Geist wohl erbauen, wenngleich in regelwidrigem Gang.

Der erste Engländer, welcher ein vernünftiges Stück verfaßt hat und es von Anfang bis Ende mit Eleganz schrieb, ist der berühmte Herr Addison. Sein „Cato von Utica“ ist in der Diktion und in der Schönheit der Verse ein Meisterwerk. Die Rolle des Cato steht nach meiner Ansicht weit über der der Cornelia in Corneilles „Pompejus“: denn Cato ist groß ohne Schwulst, und Cornelia, die im übrigen keine notwendige Gestalt ist, neigt bisweilen zur Geschwätzigkeit. Herrn Addisons Cato erscheint mir als die schönste Figur, die es im Theater gibt, indes entsprechen ihm die anderen Rollen des Stückes nicht, und dieses so gut geschriebene Stück wird von einer kalten Liebesintrige entstellt, welche eine Mattigkeit über das Stück breitet, die es tötet.

Die Gewohnheit, die Liebe auf Gedeih und Verderb in die Dramen einzuführen, kam um das Jahr 1600 mit unseren Bändern und unseren Perücken von Paris nach London. Die Frauen, die auch hier die Aufführungen mit ihrer Anwesenheit zieren, wollen es nicht mehr leiden, daß man zu ihnen von anderem als von Liebe spricht. Der weise Addison war willfährig genug, die Strenge seines Charakters den Sitten seiner Zeit unterzuordnen, und verdarb ein Meisterwerk, um zu gefallen.

Nach ihm sind die Theaterstücke regelhafter geworden, das Volk anspruchsvoller, die Schriftsteller korrekter und weniger kühn. Ich habe sehr kluge, aber kalte neue Stücke gesehen. Es hat den Anschein, daß die Engländer bislang nur dafür geschaffen waren, regellose Schönheiten hervorzubringen. Shakespeares brillante Ungeheuer finden tausendmal mehr Gefallen als die moderne Weisheit. Das poetische Genie der Engländer gleicht bis heute einem dicht belaubten Baum, den die Natur pflanzte und der aufs Geratewohl und unaufhaltsam wachsend zahllose Äste treibt; er verdorrt, wenn Ihr seiner Natur Gewalt antun und ihn wie einen der Bäume aus den Gärten von Marly beschneiden wollt.

DREIUNDZWANZIGSTER BRIEF

Über die Achtung, welche den Schriftstellern gebührt

Weder in England noch in einem anderen Lande der Welt findet man Stiftungen zum Besten der schönen Künste wie in Frankreich. Fast überall gibt es Universitäten; aber in Frankreich allein findet man jene nützlichen Beförderungen der Astronomie, aller Gebiete der Mathematik, der Medizin, der Erforschung des Altertums, der Malerei, der Bildhauerei und der Architektur. Ludwig XIV. hat sich mit allen diesen Gründungen unsterblich gemacht, und diese Unsterblichkeit hat ihn nicht einmal zweihunderttausend Francs im Jahre gekostet.

Ich gestehe, es setzt mich in Erstaunen, daß das englische Parlament, welches auf den Gedanken verfiel, demjenigen zwanzigtausend Guineen zu versprechen, welcher die unmögliche Entdekkung der Längengrade machen würde, niemals daran gedacht hat, Ludwig XIV. in seinem verschwenderischen Aufwand gegenüber den Künsten nachzueifern.

In der Tat findet das Verdienst in England andere, für die Nation ehrenvollere Belohnungen; es liegt an der Achtung dieses Volkes vor der Begabung, daß ein Mann von Verdienst daselbst stets sein Glück macht. In Frankreich wäre Herr Addison Mitglied irgendeiner Akademie gewesen und hätte dank der Gunst irgendeiner Frau eine Pension von zwölfhundert Livres bezogen, oder aber man hätte ihm unter dem Vorwand, in seiner Tragödie „Cato" einige Anspielungen gegen den Torhüter eines Würdenträgers bemerkt zu haben, Unannehmlichkeiten bereitet; in England war Herr Addison Staatssekretär. Herr Newton war Intendant der Königlichen Finanzen; Herr Congreve bekleidete ein bedeutendes Amt; Herr Prior war Bevollmächtigter Gesandter; Doktor Swift ist Dekan von Irland und hat dort höheres Ansehen als der Primas. Wenn auch die Religion Herrn Pope nicht gestattet, ein Amt zu bekleiden, so verhinderte sie wenigstens nicht, daß seine Übersetzung Homers ihm zweihunderttausend Francs einbrachte. Lange Zeit habe ich in Frankreich den Verfasser des „Rhadamist" nahezu Hungers sterben sehen, und der Sohn eines der größten Männer, den Frankreich hervorbrachte und welchselbiger die Spuren seines Vaters einzuschlagen schien, wäre ohne Herrn Fagon zum Elend verurteilt gewesen. Das, was die Künste in England am meisten ermutigt, ist die Hochachtung, in der sie stehen: das Porträt des Ersten Ministers findet sich über dem Kamin seines Arbeitszimmers, jedoch sah ich dasjenige des Herrn Pope in mehr als zwei Dutzend Häusern.

Herr Newton wurde zu seinen Lebzeiten und nach seinem Tode geehrt, wie es ihm gebührte. Die Vornehmsten der Nation machten sich die Ehre streitig, bei seinem Totengeleit das Bahrtuch zu tragen. Geht in die Westminster-Abtei, dort bewundert man nicht die Ruhestätten der Könige, sondern die Denkmäler, welche die Dankbarkeit der Nation den größten Männern errichtete, die zu ihrem Ruhme beitrugen; Ihr seht daselbst ihre Standbilder, wie man in Athen diejenigen von Sophokles und Platon sehen konnte, und ich bin überzeugt, daß der alleinige Anblick dieser glorreichen Monumente mehr denn einer Seele Mut einflößte und mehr denn einen großen Mann formte.

Man hat den Engländern sogar vorgehalten, zu weit in den Ehrungen gegangen zu sein, welche sie dem einfachen Verdienst zuteil werden lassen; man fand es tadelnswert, daß die berühmte Schauspielerin Fräulein Oldfield in Westminster mit fast den gleichen Ehrungen wie Herr Newton beigesetzt worden war. Einige haben behauptet, daß sie das Andenken jener Schauspielerin absichtlich in solchem Ausmaße ehrten, um noch nachdrücklicher unsere barbarische und feige Ungerechtigkeit anzuprangern, mit der wir den Leichnam von Fräulein Lecouvreur auf den Schindanger geworfen haben.

Indes kann ich Euch versichern, daß die Engländer bei dem Leichenbegängnis für Fräulein Oldfield, welche sie in ihrem Saint-Denis beisetzten, nichts anderes als ihren Geschmack zu Rate zogen; sie sind weit davon entfernt, der Kunst des Sophokles und des Euripides Schimpf anzutun und aus der Gesamtheit ihrer Bürgerschaft jene herauszureißen, welche hingebungsvoll vor ihnen Werke spielen, deren sich ihre Nation rühmt.

Zu Zeiten Karls I. und zu Beginn *jener* Bürgerkriege, welche von fanatischen Moralisten begonnen wurden, die schließlich selbst deren Opfer wurden, schrieb man vieles gegen die Schauspiele, und das um so mehr, als Karl I. und seine Frau, Tochter unseres Heinrich des Großen, sie überaus liebten.

Ein über die Maßen ängstlicher Gottesgelehrter namens Prynne, der sich zur Verdammnis verurteilt gefühlt hätte, trüge er *eine Soutane anstelle eines kurzen Mantels*, und der am liebsten gesehen hätte, daß die eine Hälfte der Menschheit die andere zum Ruhme Gottes und der *Befestigung des Glaubens* niedermetzelte, verfiel darauf, ein sehr schlechtes Buch gegen recht gute Komödien zu schreiben, welche man in aller Unschuld tagtäglich vor dem König und vor der Königin spielte. Er berief sich auf das Zeugnis der Rabbiner und einiger Absätze aus dem heiligen Bonaventura, um zu beweisen, daß der „Ödipus" des Sophokles ein Werk des Bösen sei, daß Terenz ipso facto ein verstockter Sünder sei, und er setzte dem hinzu, daß zweifelsohne Brutus, welcher ein strenggläubiger Jansenist war, Caesar nur deshalb ermordet habe, weil Caesar, der Hoherpriester war, eine Ödipus-Tragödie geschrieben hatte; schließlich sagte er, daß alle diejenigen, welche einem Schauspiel beiwohnten, verstockte Sünder seien, welche ihr Chrisam und ihre Taufe verleugneten. Das hieß, den König und die gesamte königliche Familie aufs gröbste zu beleidigen. Damals achteten die Engländer Karl I., sie litten nicht, daß von

Exkommunizierung des nämlichen Fürsten gesprochen wurde, dem sie später den Kopf abschlagen ließen. Herr Prynne wurde vor die Sternkammer zitiert und dazu verurteilt, sein schönes Buch durch die Hand des Henkers verbrannt zu sehen und die Ohren abgeschnitten zu bekommen; sein Prozeß befindet sich unter den öffentlichen Akten.

In Italien hütet man sich wohl, die Oper zu verunglimpfen und Signor Senesino oder die Signora Cuzzoni zu exkommunizieren; was mich betrifft, so wagte ich zu wünschen, daß man in Frankreich alle möglichen schlechten Bücher verbieten möchte, welche gegen unsere Schauspiele geschrieben worden sind. Was sollen die Italiener und Engländer von unserer Nation denken, wenn sie erfahren, daß wir mit der größten Ruchlosigkeit eine Kunst verunglimpfen, in der wir die anderen übertreffen, daß man ein vor Mönchen und in Klöstern gespieltes Stück als gottlos verdammt, daß man Spiele entehrt, in denen Ludwig XIV. und Ludwig XV. als Schauspieler auftraten, daß man von den allerstrengsten Zensoren geprüfte Werke, welche vor einer tugendhaften Königin gespielt wurden, zu Teufelswerk erklärt. Was, frage ich, sollen also die Ausländer denken, wenn sie von dieser Herausforderung erfahren, von diesem Mangel an Respekt gegenüber der königlichen Autorität, von dieser gotischen Barbarei, welche man christliche Strenge zu nennen die Stirn hat; und was sollen sie von unserer Nation halten, und wie können sie begreifen, daß entweder unsere Gesetze eine so ruchlose Kunst gutheißen oder daß man es wagt, einer von den Gesetzen gutgeheißenen, von den Souveränen belohnten, von den großen Männern gepflegten und von den Nationen bewunderten Kunst einen solchen Schimpf anzutun; und daß man bei ein und demselben Buchhändler die Schmähschrift des Paters Le Brun gegen unsere Schauspiele neben den unsterblichen Werken Racines, Corneilles, Molières usw. findet?

VIERUNDZWANZIGSTER BRIEF

Über die Akademien

Die Engländer hatten lange vor uns eine Akademie der Wissenschaften; indes ist sie nicht so gut eingerichtet wie die unsrige, und das vielleicht aus dem einfachen Grunde, daß sie älter ist; denn wäre sie nach der Pariser Akademie gegründet worden, hätte sie einige vernünftige Vorschriften übernommen und die anderen vervollkommnet.

Der Royal Society von London fehlt es an zwei der für die Menschen wichtigsten Dinge, an Entgelt und an Vorschriften. Für einen Mathematiker, für einen Chemiker in Paris ist ein Sitz in der Akademie ein sicheres kleines Vermögen; hingegen bringt es in London Kosten mit sich, der Royal Society anzugehören. Wer auch immer in England sagt: *Ich liebe die Künste* und Mitglied der Gesellschaft werden will, wird es unverzüglich; um hingegen in Frankreich Mitglied und Pensionär der Akademie zu werden, genügt es nicht, Liebhaber zu sein, muß man gelehrt sein und seinen Platz gegen um so gefürchtetere Mitbewerber verteidigen, als sie vom Ruhm, von Gewinnsucht, von der Schwierigkeit selbst und von jener Unbeugsamkeit des Geistes angespornt werden, welche gemeinhin aus dem hartnäckigen Studium der mathematischen Wissenschaften erwächst.

Die Akademie der Wissenschaften beschränkt sich wohlweislich auf das Studium der Natur, und in Wahrheit ist es ein Feld, welches weit genug ist, um fünfzig oder sechzig Personen zu beschäftigen. Die Londoner Akademie vermischt unterschiedslos Gelehrsamkeit und Philosophie: mir scheint, daß es besser ist, eine besondere Akademie für die schönen Wissenschaften zu haben, damit nichts vermengt wird und damit nicht eine Abhandlung über die Haartracht der Römerinnen neben Hunderten neuer Kurven erscheint.

Weil die Londoner Gesellschaft wenig Ordnung und keine Ermutigung hat und die Pariser Gesellschaft einen völlig entgegengesetzten Standpunkt einnimmt, erstaunt es nicht, daß die Denkschriften unserer Akademie den ihrigen überlegen sind: disziplinierte und gutbezahlte Soldaten müssen auf die Dauer den Sieg über die unbesoldeten Freiwilligen davontragen. Die Royal Society hat wohl einen Newton gehabt, aber sie hat ihn nicht hervorgebracht: auch haben ihn nur wenige der anderen Mitglieder verstanden. Ein Genie wie Herr Newton gehörte allen Akademien Europas, weil sie alle viel von ihm lernen konnten.

Der berühmte Doktor Swift entwarf in den letzten Jahren der Regierungszeit der Königin Anna den Plan, eine Akademie für die Sprache nach dem Beispiel der Académie française zu gründen: der Lordschatzmeister Graf von Oxford unterstützte selbiges Vorhaben, und noch stärker unterstützte es der Staatssekretär Viscount Bolingbroke, welcher die Gabe besaß, vor dem Parlament aus dem Stegreif mit solcher Reinheit zu sprechen, wie Swift in seinem Arbeitszimmer schrieb, und welcher der Schutzherr und die Zierde dieser Akademie gewesen wäre. Die Mitglieder, welche die Akademie bilden sollten, waren Männer, deren Werk so lange wie die englische Sprache dauern wird; es waren Doktor Swift, Herr Prior, welchen wir hierselbst als Sonderbotschafter kennenlernten und welcher in England denselben Ruf wie La Fontaine bei uns hat: es waren Herr Pope, der englische Boileau, Herr Congreve, welchen man den englischen Molière nennen könnte; zahlreiche andere, deren Namen mir jetzt entfallen sind, hätten alle diese Gesellschaft bei ihrer Entstehung zur Blüte gebracht, jedoch starb die Königin unerwartet: die Whigs setzten es sich in den Kopf, die Schutzherren der Akademie hängen zu lassen, was für die schöne Literatur tödlich war, wie Ihr wohl glauben werdet. Die Mitglieder dieser Körperschaft hätten einen großen Vorzug gegenüber den ersten Angehörigen der Académie française gehabt; denn Swift, Prior, Congreve, Dryden, Pope, Addison usw. hatten die englische Sprache durch ihre Schriften geformt; während Chapelain, Colletet, Cassaigne, Faret, Perrin, Cotin, Eure ersten Akademiemitglieder, die Schmach Eurer Nation waren; ihre Namen sind so lächerlich geworden, daß irgendein leidlicher Schriftsteller, der das Unglück hätte, Chapelain oder Cotin zu heißen, gezwungen wäre, seinen Namen zu ändern. Vor allem wäre es vonnöten gewesen, daß die englische Akademie sich ganz andere Beschäftigungen als die unsrige zum Ziele gesetzt hätte. Eines Tages bat mich ein Schöngeist aus jenem Lande um die Denkschriften der Académie française; sie verfaßt keine Denkschriften, erwiderte ich ihm, aber sie hat sechzig oder achtzig Bände mit Höflichkeitsfloskeln drucken lassen: er überflog eine oder zwei derselben, er vermochte diesen Stil überhaupt nicht zu verstehen, obwohl er alle unsere guten Schriftsteller sehr wohl verstand. „Alles, was ich diesen schönen Reden entnehme“, sagte er, „ist, daß der Anwärter versichert, daß sein Vorgänger ein großer Mann war, daß der Kardinal Richelieu ein sehr großer Mann, der Kanzler Séguier ein ziemlich großer Mann und Ludwig XIV. ein unaussprechlich großer Mann war, woraufhin ihm der Vorsteher dasselbe antwortet und dem hinzusetzt, daß der Anwärter gleichfalls eine Art großer Mann werden könnte und was ihn, den Vorsteher, beträfe, er auf seinem Anteil bestünde.“

Es leuchtet ein, mit welcher Unvermeidlichkeit fast alle diese Reden der Ehre selbiger Körperschaft abträglich waren, vitium est temporis potius quam homini.[1] Unmerklich hat sich der Brauch durchgesetzt, daß jegliches Akademiemitglied diese Lobsprüche bei seiner Aufnahme wiederholt: es war eine Art Gesetz, das Publikum zu langweilen. Wenn man hernach herauszufinden sucht, warum die größten Genies, welche dieser Körperschaft beigetreten sind, bisweilen die schlechtesten Reden vor der Akademie gehalten haben, wird der Grund noch ersichtlicher, weil sie nämlich glänzen wollten, weil sie einen völlig abgegriffenen Gegenstand aufs neue behandelten: die Notwendigkeit zu reden, die Bangigkeit, nichts zu sagen zu haben, und das Verlangen, Geist zu zeigen, sind drei Dinge, die selbst den größten Mann lächerlich machen können. Da sie keine neuen Gedanken finden konnten, haben sie nach neuen Wendungen gesucht und gesprochen, ohne zu denken, wie Leute, die mit leerem Mund kauen und zu essen vorgeben, während sie vor Entkräftung vergehen.

Anstatt daß die Académie française vorschreibt, alle diese Reden drucken zu lassen, durch welche allein sie bekannt ist, sollte es Vorschrift sein, sie nicht zu drucken.

Die Akademie der schönen Wissenschaften hat sich ein vernünftigeres und nützlicheres Ziel gesetzt, nämlich der Öffentlichkeit eine Sammlung von Denkschriften vorzulegen, welche außerordentliche Untersuchungen und Kritiken enthalten. Diese Denkschriften finden bereits Wertschätzung im Ausland, man wünschte nur, daß einige der behandelten Gegenstände gründlicher untersucht und einige nicht abgehandelt worden wären. Man hätte durchaus eine beliebige Abhandlung über den Vorzug der rechten Hand gegenüber der linken Hand und einige andere Untersuchungen, welche unter weniger lächerlichen Überschriften nicht minder nichtig sind, entbehren können.

In ihren schwierigeren und spürbar nutzbringenderen Untersuchungen umfaßt die Akademie der Wissenschaften das Wissen über die Natur und die Vervollkommnung der Künste. Man kann erwarten, daß so gründliche und beständige Studien, so genaue Berechnungen, so sorgfältige Entdeckungen, so erhabene Ansichten letztlich etwas hervorbringen werden, das dem Wohle des Universums dienen wird.

Bis auf den heutigen Tag sind die nutzbringendsten Entdekkungen in den barbarischsten Jahrhunderten gemacht worden, wie wir bereits gemeinsam festgestellt haben. Es scheint, daß die hellsten Köpfe und die gelehrtesten Gesellschaften gleicherweise

1 (lat.) der Fehler ist eher der Zeit als dem Menschen zuzuschreiben.

darüber nachdenken sollten, was Unwissende erfunden haben. Heutigentags kennt man nach langen Streitigkeiten zwischen Herrn Huygens und Herrn Renaud· den günstigsten Winkel zwischen einem Schiffssteuer und dem Kiel; indes hatte Christoph Kolumbus Amerika entdeckt, ohne das geringste von diesem Winkel zu ahnen.

Ich bin weit davon entfernt, daraus zu folgern, daß man sich allein an ein blindes praktisches Tun halten müßte; es wäre jedoch löblich, wenn die Physiker und die Geometer das praktische Tun und die Theorie soviel wie möglich miteinander verbinden würden. Muß es denn sein, daß das, was dem menschlichen Geiste am meisten zur Ehre gereicht, häufig das Nutzloseste ist? Ein Mann, welcher die vier Grundrechenarten kennt und gesunden Menschenverstand besitzt, wird ein großer Kaufmann, ein Jacques Cœur, ein Delme, ein Bernard, während ein armseliger Rechner sich sein Leben lang damit abmüht, in den Zahlen erstaunliche gegenseitige Beziehungen und Eigenschaften zu suchen, aber ohne jeden Nutzen, und nicht bemerkt, daß er von der Hauptsache abgekommen ist. Alle Künste befinden sich in einer ähnlichen Lage; wenn ein Punkt erst einmal überschritten worden ist, dienen die Forschungen allein der Wißbegierde: solche scharfsinnigen und nutzlosen Wahrheiten gleichen Sternen, welche, zu weit von uns entfernt, keinerlei Helligkeit mehr verbreiten.

Was die Académie française betrifft, so würde sie der Literatur, der Sprache und der Nation einen unermeßlichen Dienst erweisen, wenn sie, anstatt jedes Jahr Lobsprüche drucken zu lassen, die guten Werke aus dem Zeitalter Ludwigs XIV. drucken ließe, gereinigt von allen sprachlichen Fehlern, die sich eingeschlichen haben. Corneille und Molière sind voll davon, La Fontaine wimmelt davon: diejenigen, welche man nicht tilgen könnte, müßten zumindest angemerkt werden. Europa, welches selbige Schriftsteller liest, würde durch sie sichere Kenntnis von unserer Sprache erhalten, deren Reinheit für immer festgelegt wäre. Die mit derartiger Sorgfalt auf Kosten des Königs gedruckten guten französischen Bücher würden eines der glorreichsten Monumente der Nation darstellen. Ich habe gehört, daß Boileau einst denselben Vorschlag gemacht hatte und daß er von einem Mann erneut vorgebracht worden war, dessen Geist, Weisheit und kritischer Verstand bekannt sind; indes erlitt dieser Gedanke das Schicksal vieler anderer nützlicher Vorhaben, nämlich gebilligt und fallengelassen zu werden.

Philosophische Erzählungen

MIKROMEGAS

Eine philosophische Geschichte

ERSTES KAPITEL

Ein Bewohner der Siriuswelt reist nach dem Saturn

Auf einem der Planeten, die den Sirius umkreisen, gab es einen sehr gescheiten Jüngling, den kennenzulernen ich die Ehre hatte, als er letzthin auf unserm kleinen Ameisenhaufen weilte; er nannte sich Mikromegas, ein Name, der allen Großen wohl ansteht. Er maß volle acht Meilen; unter acht Meilen verstehe ich vierundzwanzigtausend geometrische Schritt zu je fünf Fuß.

Einige Meister der Algebra, der Öffentlichkeit stets zu Diensten, werden auf der Stelle zur Feder greifen und feststellen, daß, da Herr Mikromegas, Bewohner der Siriuswelt, von Kopf bis Fuß vierundzwanzigtausend Schritt, also hundertzwanzigtausend Königsfuß mißt, wir Erdbewohner indes kaum fünf Fuß messen und unser Erdball neuntausend Meilen Umfang hat – werden sie feststellen, sage ich, daß die Kugel, die ihn hervorgebracht hat, genau einundzwanzigmillionensechshunderttausendmal mehr Umfang haben muß als unsere kleine Erde. Nichts ist einfacher und üblicher in der Natur. Die Staaten einiger deutscher oder italienischer Fürsten, die man in einer halben Stunde durchreist, geben, verglichen mit dem türkischen, moskowitischen oder chinesischen Reich, nur ein sehr schwaches Bild von den ungeheuren Unterschieden, die die Natur in der Fülle ihrer Schöpfungen gemacht hat.

Da Seine Riesigkeit von besagter Körpergröße ist, werden unsere sämtlichen Bildhauer und Maler sich ohne Not einigen, daß sein Leibesumfang tausend Königsfuß betragen dürfte: was eine sehr hübsche Proportion ergibt.

Nach seinem Verstand gehört er zu den höchstgebildeten Wesen, die wir kennen; er weiß viel; er hat manches entdeckt; er war noch keine zweihundertfünfzig Jahre alt und studierte brauchgemäß am Jesuitenkolleg seines Planeten, als er kraft seines scharfen Kopfes bereits fünfzig Euklidische Lehrsätze erriet. Das sind achtzehn mehr als bei Blaise Pascal, der, nachdem er, laut Aussage seiner Schwester, spielend zweiunddreißig erraten hatte, ein ziemlich mittelmäßiger Mathematiker und sehr schlechter Metaphysiker wurde. Gegen sein vierhundertfünfzigstes Jahr, zu Ende der Kindheit also, sezierte er eine Unmenge jener kleinen Insekten, die keine hundert Fuß messen und unter normalen Mikroskopen nicht sichtbar sind; er schrieb darüber ein sehr aufschlußreiches Buch, das ihm allerhand Ärger einbrachte. Der Mufti seines Landes, ein großer Kleinigkeitskrämer und Ignorant, entdeckte in dem Werk verdächtige, anstößige, verwegene, freigeistige, nach Ketzerei riechende Lehrmeinungen und verfolgte ihn erbittert: und zwar ging es um die Frage, ob Siriusflöhe und Wegschnecken die gleiche Urform hätten. Mikromegas verteidigte sich geistreich; er zog die Frauen auf seine Seite; der Prozeß währte zweihundertzwanzig Jahre. Endlich ließ der Mufti das Buch von Rechtsvertretern verbieten, die es nicht gelesen hatten, und der Autor wurde verurteilt, vor achthundert Jahren nicht bei Hof zu erscheinen.

Es grämte ihn mäßig, von einem Hof verbannt zu sein, wo einzig Klatsch und Niedrigkeiten herrschten. Er verfaßte ein sehr schönes Spottlied auf den Mufti, das den wenig grätzte, und machte sich auf, von Planet zu Planet zu reisen, um sich Geist und Herz, wie man sagt, gründlich zu bilden. Wer immer nur per Postkutsche oder Berline gereist ist, wäre sicher höchst erstaunt über die Gefährte dort oben: denn wir auf unserm kleinen Schmutzflecken begreifen nicht, was über unsere Bräuche geht. Unser Weltreisender kannte die Gravitationsgesetze und sämtliche anziehenden und rückstoßenden Kräfte aufs beste. Er bediente sich ihrer so geschickt, daß er samt seiner Mannschaft bald auf einem Sonnenstrahl, bald bequem auf einem Kometen von Planet zu Planet gelangte, wie ein Vogel von Ast zu Ast fliegt. Er durchquerte binnen kurzem die Milchstraße, und hier bin ich genötigt anzumerken, daß er zwischen ihren unzähligen Sternen nie jenes Himmelsgefilde der Seligen erblickt hat, das der hochgeschätzte Vikar Derham durch sein Fernrohr gesehn zu haben sich rühmt. Nicht daß ich behaupten will, Herr Derham habe falsch geguckt, Gott behüte!, aber Mikromegas war an Ort und Stelle, er ist ein guter Beobachter, und ich will keinem widersprechen. Mit einer gezielten Wendung erreichte Mikromegas den Saturn. So gewöhnt er war, Neues kennenzulernen, er konnte sich angesichts der Winzigkeit der Kugel und ihrer Bewohner zunächst jenes überlegenen Lächelns nicht erwehren, das manchmal selbst den Weisesten ankommt. Denn schließlich ist der Saturn kaum neunhundertmal größer als die Erde, und die Saturnbewohner sind Zwerge von allenfalls tausend Klaftern. Er belustigte sich mit seinen Leuten anfangs ein wenig darüber, ungefähr wie ein italienischer Musiker über Lullys Musik lacht, wenn er nach Frankreich kommt. Da der Sirier indes ein guter Kopf war, begriff er schnell, daß ein denkendes Wesen durchaus nicht lächerlich sein muß, nur weil es nur sechstausend Fuß mißt. Nachdem er die Saturnier in Verblüffung gesetzt hatte, freundete er sich mit ihnen an. Er schloß enge Freundschaft mit dem Sekretär der Saturnischen Akademie, einem sehr gescheiten Mann, der freilich selbst nichts entdeckt hatte, aber sehr gute Berichte über die Entdeckungen anderer schrieb, ganz passable kleine Verse und große Berechnungen machte. Zur Genugtuung der Leser will ich hier ein merkwürdiges Gespräch mitteilen, das Mikromegas eines Tages mit dem Herrn Sekretär führte.

ZWEITES KAPITEL

Gespräch des Siriers mit dem Saturnier

Nachdem Seine Exzellenz sich niedergelegt und der Sekretär sich seinem Antlitz genähert hatte, sagte Mikromegas: „Es ist erstaunlich, wie vielfältig die Natur ist!“ – „Ja“, sagte der Saturnier, „die Natur ist wie ein Blumenbeet, wo …“ – „Ach“, sagte der andre, „geht mir mit Eurem Blumenbeet!“ – „Sie ist“, fuhr der Sekretär fort, „wie eine Ansammlung von Brünetten und Blonden, deren Haartrachten …“ – „Eh, was gehn mich Eure Brünetten an?“ sagte der andre. – „Sie ist also wie eine Galerie von Gemälden, deren Eigenarten …“ – „Aber nicht doch!“ sagte der Reisende; „die Natur ist wie die Natur. Wozu Vergleichungen suchen?“ – „Um Euch zu erfreuen“, antwortete der Sekretär. – „Ich will nicht erfreut, ich will unterrichtet werden“, versetzte der Reisende; „sagt mir zuerst, wieviel Sinne die Menschen Eures Planeten haben.“ – „Wir haben zweiundsiebzig“, sagte der Akademiker, „und wir beklagen täglich, daß es so wenige sind. Unsere Einbildungskraft reicht über unsre Bedürfnisse hinaus; wir finden, daß wir mit unsern zweiundsiebzig Sinnen, unserm Ring, unsern fünf Monden gar zu beschränkt sind; und trotz unsrer Wißbegier und den zahlreichen Leidenschaften, die aus unsern zweiundsiebzig Sinnen folgen, haben wir Muße genug, uns zu langweilen." – „Das will ich glauben", sagte Mikromegas; „denn wir auf unserm Planeten haben an die tausend Sinne, und doch bleibt uns ein dunkles Sehnen, eine ewige Unruhe, die uns dauernd gemahnt, daß wir gering sind und daß es sehr viel vollkommenere Wesen geben muß. Ich bin ein wenig gereist; ich habe Sterbliche gesehn, die weit unter uns standen; ich habe weit über uns stehende gesehn; aber ich habe keine gesehen, die nicht mehr Wünsche als wahre Bedürfnisse hatten und mehr Bedürfnisse, als sie befriedigen können. Vielleicht finde ich eines Tages das Land, wo nichts mangelt; aber bisher hat mir niemand verläßliche Nachricht von diesem Land gegeben." Darauf ergingen sich der Saturnier und der Sirier in Vermutungen; aber nach vielen höchst phantasievollen und höchst ungewissen Erwägungen fanden sie zu den Tatsachen zurück. „Wie lange lebt ihr?" fragte der Sirier. – „Ach! kurze Zeit", sagte der Kleine vom Saturn. – „So wie wir", sagte der Sirier; „und immer beklagen wir uns, daß uns so wenig Zeit gegeben ist. Das muß ein universelles Naturgesetz sein." – „Leider!" erwiderte der Saturnier, „wir erleben allenfalls fünfhundert große Sonnenwenden. (Das entspricht nach unserer Zeitrechnung etwa fünfzehntausend Jahren.) Ihr seht, da heißt es sterben, kaum daß man geboren ist; unser Dasein ist ein Punkt, unser Leben ein Augenblick, unser Planet ein Atom. Kaum hat man begonnen, sich ein wenig auszukennen, kommt der Tod, ehe man erfahren ist. Ich für mein Teil wage keine Pläne zu machen; ich empfinde mich wie ein Wassertropfen im unermeßlichen Ozean. Ich schäme mich insonders vor Euch der lächerlichen Gestalt, die ich in der Welt abgebe."

Mikromegas erwiderte: „Wärt Ihr nicht Philosoph, müßte ich fürchten, Euch durch die Mitteilung zu betrüben, daß unser Leben siebenhundertmal länger als Eures währt; aber Ihr wißt nur zu gut: wenn es gilt, seinen Leib den Elementen anheimzugeben und die Natur in neuer Gestalt zu beleben, was man Sterben nennt, wenn dieser Augenblick der Verwandlung gekommen ist, ist es einerlei, ob man eine Ewigkeit oder einen Tag gelebt hat. Ich bin in Ländern gewesen, wo man tausendmal länger lebt als bei uns, und fand, daß sie dort auch noch murren. Aber es gibt überall vernünftige Leute, die ihr Teil zu nehmen und dem Urheber der Natur zu danken wissen. Er hat eine Überfülle verschiedener Arten von bewundernswerter Einheitlichkeit über das All verbreitet. Zum Beispiel sind alle denkenden Wesen verschieden und gleichen sich im Grunde doch alle durch die Gabe des Denkens und des Begehrens. Überall ist Materie; aber sie hat in jeder Welt verschiedene Eigenschaften. Wieviel verschiedene Eigenschaften hat bei euch die Materie?" – „Wenn Ihr die Eigenschaften meint", sagte der Saturnier, „ohne die unser Planet, wie wir glauben, nicht fortbestehen könnte, wie er ist, zählen wir deren dreihundert, als da sind Ausdehnung, Undurchdringlichkeit, Beweglichkeit, Anziehung, Teilbarkeit usw." – „Anscheinend", sagte der Reisende, „genügt diese geringe Zahl den Absichten, die der Schöpfer auf eurer kleinen Wohnstatt hatte. Ich bewundre in allem seine Weisheit; ich sehe überall Verschiedenheit, aber auch überall Entsprechungen. Euer Planet ist klein, eure Bewohner sind es auch; ihr habt wenig Sinne; eure Materie hat wenig Eigenschaften; all das ist das Werk der Vorsehung. Welche Farbe hat, genaugenommen, eure Sonne?" – „Ein stark gelbliches Weiß", sagte der Saturnier; „und wenn wir einen ihrer Strahlen zerlegen, finden wir, daß er sieben Farben hat." – „Unsere Sonne geht ins Rote", sagte der Sirier, „und wir haben neununddreißig Grundfarben. Keine Sonne unter allen, die ich gesehen habe, gleicht einer andern, wie es kein Gesicht bei euch gibt, das nicht von allen andern verschieden wäre."

Nach manchen Fragen dieser Art erkundigte er sich, wie viele wesentlich verschiedene Substanzen man auf dem Saturn kenne. Er erfuhr, daß es knapp dreißig wären, wie Gott, Raum, Materie, körperliche empfindende Wesen, körperliche empfindende und denkende Wesen, körperlose denkende Wesen; sich durchdringende Wesen, sich nicht durchdringende Wesen usw. Der Sirier, in dessen Welt dreihundert bekannt waren und der auf seinen Reisen dreitausend weitere entdeckt hatte, setzte den Philosophen vom Saturn in unmäßiges Erstaunen. Endlich, nachdem sie sich über das wenige, was sie wußten, und das viele, was sie nicht wußten, ausgetauscht und eine ganze Sonnenwende verschwatzt hatten, beschlossen sie, gemeinsam eine kleine philosophische Reise zu machen.

DRITTES KAPITEL

Der Sirier und der Saturnier gehen auf die Reise

Unsere beiden Philosophen waren eben bereit, mit einem hübschen Vorrat mathematischer Instrumente in die Atmosphäre des Saturns auszufahren, als die Geliebte des Saturniers, die dies erfahren hatte, weinend herbeilief und ihm Vorhaltungen machte. Sie war ein reizendes brünettes Persönchen, das nur sechshundertsechzig Klafter maß, aber ihren kleinen Wuchs durch viele Reize wettmachte. „Grausamer, du!“ rief sie, „fünfzehnhundert Jahre habe ich dir widerstanden, und kaum habe ich mich dir ergeben, kaum habe ich hundert Jahre in deinen Armen gelegen, da verläßt du mich, um mit einem Riesen von einem andern Stern auf Reisen zu gehen; ach, du bestehst nur aus Wißbegier, du hast mich nie geliebt: wenn du ein wahrer Saturnier wärest, wärst du treu. Wohin willst du? Was suchst du? Unsere fünf Monde sind verläßlicher, unser Ring ist beständiger als du. Eins steht fest, ich werde nie mehr einen Mann lieben.“ Der Philosoph umarmte sie und weinte mit ihr, so sehr Philosoph er auch war; und die Dame, nachdem sie in Ohnmacht gefallen, ging und tröstete sich mit einem Stutzer.

Unterdessen machten sich unsre beiden Wißbegierigen davon; zuerst sprangen sie auf den Ring, den sie ziemlich flach fanden, wie es ein berühmter Bewohner unseres kleinen Erdballs ganz richtig vermutet hat; von dort ging es von Mond zu Mond. An dem letzten kam dicht ein Komet vorbei; sie schwangen sich samt Dienern und Gerät hinauf. Als sie ungefähr hundertfünfzig Millionen Meilen zurückgelegt hatten, begegneten sie den Trabanten des Jupiter. Sie landeten auf dem Jupiter selbst und hielten sich ein Jahr dort auf, während dessen sie sehr schöne Entdeckungen machten, die jetzt schon im Druck wären, gäbe es die Herren Zensoren nicht, die einige Meinungen ein wenig zu kühn fanden. Ich aber habe das Manuskript in der Bibliothek des hochverehrten Erzbischofs von … gelesen, der mich seine Bücher mit einer Großzügigkeit und Freundlichkeit einsehen ließ, die man nicht hoch genug rühmen kann.

Doch zurück zu unsern Reisenden. Nach Verlassen des Jupiter durchmaßen sie einen Raum von ungefähr hundert Millionen Meilen und kamen zum Mars, der, wie man weiß, fünfmal kleiner ist als unsre kleine Erde; sie fanden zwei Monde in seinem Dienst, die den Blicken unserer Astronomen bislang entgangen sind. Ich weiß genau, daß Pater Castel, sogar ziemlich spaßig, gegen die Existenz dieser zwei Monde schreiben wird; aber ich wende mich an jene, die in Analogien denken können. Und solche guten Philosophen wissen, wie schwer es dem Mars fiele, der von der Sonne so weit entfernt ist, sich mit weniger als zwei Monden zu begnügen. Doch wie dem sei, unsre Leute fanden das Ding so winzig, daß sie fürchteten, darauf keinen Platz zu finden, wo sie ihre Glieder betten könnten, und setzten ihren Weg fort, wie Wanderer, die eine schlechte Dorfschenke verachten und nach der nächstliegenden Stadt ziehn. Aber das sollten der Sirier und sein Gefährte bald bereuen. Sie trieben lange Zeit umher und fanden nichts. Endlich erspähten sie ein mattes Licht: es war die Erde: ein kläglicher Anblick für Leute, die vom Jupiter kamen. Aus Furcht aber, ein zweites Mal bereuen zu müssen, beschlossen sie zu landen. Sie rutschten auf den Schwanz des Kometen, und da sie ein Nordlicht trafen, das eben aufgegangen war, setzten sie dort hinein und kamen am fünften Juli 1737 unserer Zeitrechnung am Nordufer der Ostsee auf die Erde.

VIERTES KAPITEL

Was ihnen auf der Erde begegnet

Nachdem sie einige Zeit geruht hatten, verspeisten sie zum Frühstück zwei Gebirge, die ihre Leute ihnen ganz appetitlich zubereitet hatten. Darauf wollten sie die kleine Welt erkunden. Sie gingen zuerst von Nord nach Süd. Die gewöhnlichen Schritte des Siriers und seiner Leute maßen etwa dreißigtausend Königsfuß; der Zwerg vom Saturn lief japsend weit hintennach; schließlich mußte er an die zwölf Schritte machen, wenn der andre einmal das Bein vorsetzte: stellt euch (wenn solche Vergleiche gestattet sind) einen winzigen Schoßhund vor, der einem Gardehauptmann des preußischen Königs nachrennt.

Da solche Wanderer ziemlich schnell gehn, hatten sie die Weltreise in sechsunddreißig Stunden gemacht; die Sonne, oder vielmehr die Erde, macht eine solche Reise ja in einem Tag; aber man muß zugute halten, daß es sehr viel bequemer ist, sich um seine eigene Achse zu drehen als auf seinen zwei Füßen zu laufen. Nun sind sie also wieder, wo sie aufgebrochen waren, nachdem sie die kleine, ihnen kaum wahrnehmbare Lache gesehn hatten, die man das Mittelmeer nennt, und den andern kleinen Teich, der unter dem Namen Großer Ozean den Maulwurfshügel umspült. Dem Zwerg hatte das Wasser immer nur an die Waden gereicht, dem andern benetzte es gerade die Fersen. Sie taten, was sie konnten, schauten oben, schauten unten, um festzustellen, ob dieser Planet bewohnt sei oder nicht. Sie bückten sich, legten sich nieder, tasteten alles ab; aber ihre Augen und Hände, die den kleinen Wesen, die hier kreuchen, nicht angemessen waren, machten nicht die mindeste Wahrnehmung, die sie hätte vermuten lassen, daß wir und unsere Mitbrüder, die andern Erdbewohner, die Ehre haben, vorhanden zu sein.

Der Zwerg, der zuzeiten ein wenig voreilig urteilte, entschied, es gäbe kein Lebewesen auf der Erde. Seine erste Begründung war, daß er keins gesehen hatte. Mikromegas gab ihm höflich zu verstehn, daß das miserabel geschlußfolgert sei. „Denn", sagte er, „Ihr mit Euren kleinen Augen seht gewisse Sterne fünfzigster Größe nicht, die ich sehr deutlich wahrnehme; schließt Ihr daraus, daß es diese Sterne nicht gibt?" – „Aber", sagte der Zwerg, „ich habe doch alles gut abgetastet." – „Aber", versetzte der andre, „Ihr habt schlecht gefühlt." – „Aber", sagte der Zwerg, „dieser Planet ist doch so übel beschaffen, alles ist so unregelmäßig und von einer Form, die mich so lächerlich anmutet! Nein, hier scheint alles chaotisch zu sein: seht nur die kleinen Bäche, von denen keiner gerade verläuft, diese Teiche, die nicht rund, nicht eckig, nicht oval noch sonstwie regelmäßig gebildet sind; alle die kleinen spitzen Körner, womit diese Kugel gespickt ist und die mir die Füße aufgerissen haben! (Er meinte die Gebirge.) Beachtet auch die Form des ganzen Planeten, wie platt er an den Polen ist, wie linkisch er um die Sonne kreist, so daß die Polarzonen unfruchtbar sein müssen! Kurz, ich denke, daß hier nichts lebt, weil mir dünkt, daß vernünftige Wesen hier nicht leben möchten." – „Nun", sagte Mikromegas, „vielleicht sind es keine vernünftigen Wesen, die hier leben. Immerhin sieht das Ganze aber aus, als sei es nicht umsonst gemacht. Alles scheint Euch hier unregelmäßig, sagt Ihr, weil auf dem Saturn und dem Jupiter alles wie mit der Schnur gezogen ist. Ja, vielleicht herrscht gerade deshalb hier einige Unordnung! Habe ich Euch nicht gesagt, daß ich auf meinen Reisen überall Verschiedenheit beobachtet habe?" Der Saturnier fand all diesen Argumenten etwas zu erwidern. Der Streit hätte nie ein Ende gehabt, wäre Mikromegas, als er sich in Hitze redete, nicht zum Glück der Faden seines Diamanthalsbands gerissen. Die Diamanten kollerten zu Boden; es waren hübsche kleine, ziemlich ungleiche Steine, die dicksten zu vierhundert Pfund, die kleinsten zu fünfzig. Der Zwerg sammelte etliche auf; und als er sie an seine Augen hielt, fand er, daß diese Diamanten, so wie sie geschnitten waren, ausgezeichnet als Mikroskope dienen konnten. Also nahm er so ein kleines Mikroskop von hundertsechzig Fuß Durchmesser und führte es an sein Auge; Mikromegas wählte eins von zweitausendfünfhundert Fuß. Sie waren in der Tat ausgezeichnet; aber anfangs erkannte man damit trotzdem nichts: sie mußten sie erst justieren. Endlich sah der Saturnier etwas Winziges im Wasser der Ostsee sich tummeln: es war ein Wal. Er ergriff ihn geschickt mit dem kleinen Finger; und als er ihn auf seinen Daumennagel gesetzt, zeigte er ihn dem Sirier, der zum zweitenmal über die unsägliche Winzigkeit der Bewohner unserer Kugel zu lachen anfing. Der Saturnier, nun überzeugt, daß unsere Welt bewohnt sei, bildete sich gleich ein, sie sei es nur von Walen; und da er ein großer Schlußfolgerer war, wollte er wissen, woher ein so kleines Atom seine Bewegung nehme, ob es einen Verstand, einen Willen, eine Freiheit habe. Mikromegas geriet in arge Verlegenheit; er untersuchte das Tier sehr geduldig, und das Ergebnis der Prüfung war, daß keinesfalls zu glauben stehe, darin sei eine Seele behaust. Die zwei Reisenden neigten also zu der Ansicht, daß es auf unserer Erde kein Denken gebe, als sie mit Hilfe des Mikroskops etwas ebenso Großes wie den Wal auf der Ostsee treiben sahen. Wie man weiß, kehrte zu jener Zeit eine Forschergruppe vom Polarkreis zurück, wo sie Beobachtungen gemacht hatten, deren bis dahin keiner gewärtig war. In den Zeitungen stand, ihr Schiff sei im Bottnischen Meerbusen gestrandet und sie hätten sich nur mit knapper Not retten können. Aber man erfährt auf dieser Welt nie die wahren Hintergründe der Dinge. Ich werde ungescheut erzählen, wie sich die Sache zugetragen hat, ohne meinerseits etwas hinzuzufügen: was für einen Historiker keine geringe Anstrengung ist.

FÜNFTES KAPITEL

Erfahrungen und Betrachtungen der beiden Reisenden

Mikromegas langte mit der Hand ganz sacht nach der Stelle, wo das Objekt sich zeigte, streckte zwei Finger vor, aber zog sie wieder ein, aus Furcht, sich zu vergreifen, streckte sie erneut und drückte sie zusammen, dergestalt daß er das Schiff, das die Herren trug, sehr geschickt erfaßte, und setzte es behutsam ebenfalls auf seinen Nagel, wohlbedacht, daß er es ja nicht zerdrücke. „Dieses Tier ist dem ersten aber ganz unähnlich", sagte der Zwerg vom Saturn; der Sirier setzte das angebliche Tier auf seine flache Hand. Die Passagiere und die Besatzung, die sich von einem Wirbelsturm auf eine Art Felsen entführt wähnten, gerieten in Bewegung; die Matrosen packen Weinfässer, werfen sie Mikromegas in die Hand und springen hinterdrein. Die Forscher greifen ihre Quadranten, ihre Sextanten und Lappländermädchen und klettern hinunter auf die Finger des Siriers. Sie trieben es dermaßen, daß er schließlich etwas fühlte, was ihn kitzelte: man schlug ihm einen Eisenpflock einen Fuß tief in den Zeigefinger; er vermutete nach diesem Piken, es müßte aus dem kleinen Tier etwas herausgekommen sein; aber mehr erriet er zunächst nicht. Das Mikroskop, durch das ein Wal und ein Schiff gerade noch zu erkennen waren, hatte keine Macht über so unscheinbare Wesen wie die Menschen. Ich möchte hier niemandes Eitelkeit verletzen, aber ich sehe mich genötigt, die Großmannssüchtigen zu bitten, hier eine kleine Betrachtung mit mir anzustellen: setzten wir die Größe des Menschen auf etwa fünf Fuß an, so wäre unsere Gestalt auf der Erde nicht größer als auf einer Kugel von zehn Fuß Umfang ein Tier, das ungefähr ein sechshunderttausendstel Zoll messen würde. Stellt euch ein Wesen vor, das die Erde in der Hand halten könnte und Organe im Verhältnis zu unsern hätte – es kann durchaus sein, daß es viele solche Wesen gibt: und nun überlegt, ich bitte euch, was sie von den Kriegen denken würden, die uns zwei Dörfer eingebracht haben, die wir dann wieder hergeben mußten.

Sollte ein Hauptmann der langen Grenadiere je dieses Werk lesen, so zweifle ich nicht, daß er die Helme seiner Truppe um mindestens zwei Fuß erhöhen wird; aber ich warne ihn, er mag tun, was er will – er und seine Männer werden doch immer nur unendlich geringe Wesen bleiben.

Welcher an Wunder grenzenden Erfindungskunst bedurfte unser Philosoph vom Sirius also, um die Winzigen zu erkennen, von denen ich eben sprach! Als Leuwenhoek und Hartsoeker als erste das Samenkorn, aus dem wir entstehen, sahen oder zu sehen glaubten, machten sie längst keine so erstaunliche Entdeckung. Welche Freude fühlte Mikromegas, als er die kleinen Maschinchen wimmeln sah und bei all ihren Wendungen, all ihren Unternehmungen verfolgte! Wie schrie er auf! Mit welcher Freude drückte er seinem Gefährten eins seiner Mikroskope in die Hände! „Ich sehe sie!" riefen sie beide zugleich. „Seht doch, wie sie Lasten schleppen, sich bücken, sich aufrichten!" Die Hände zitterten ihnen vor Begeisterung, so neuartige Geschöpfe zu erblicken, als auch vor Furcht, sie zu verlieren. Der Saturnier, der vom tiefsten Zweifel in tiefste Gläubigkeit verfiel, wähnte zu erkennen, daß sie ihre Fortpflanzung betrieben. „Ah!" rief er, „ich habe die Natur auf frischer Tat ertappt!" Aber er täuschte sich nach dem Anschein: was nur zu oft geschieht, ob mit Mikroskop, ob ohne.

SECHSTES KAPITEL

Was ihnen mit den Menschen widerfuhr

Mikromegas, ein weit besserer Beobachter als sein Zwerg, sah deutlich, daß die Atome miteinander sprachen; und er wies seinen Gefährten darauf hin, der indes, da er sich schämte, hinsichtlich der Fortpflanzung geirrt zu haben, durchaus nicht glauben wollte, daß diese Wesen sich Gedanken mitzuteilen vermöchten. Er konnte Sprachen so gut wie der Sirier; aber er hörte unsere Atome nicht reden, also meinte er, daß sie nicht reden könnten. Wie auch sollten diese unmerklichen Wesen Stimmorgane haben, und was hätten sie sich zu sagen? Vor der Sprache kommt das Denken oder etwas dergleichen; wenn sie aber denken konnten, mußten sie auch etwas wie eine Seele haben. Nun, dieser Gattung etwas wie eine Seele zuzusprechen, dünkte ihn absurd. „Aber", sagte der Sirier, „Ihr habt noch eben geglaubt, daß sie der Liebe pflögen; glaubt Ihr, man könnte das, ohne zu denken, ohne auch nur ein Wort von sich zu geben oder zumindest ohne sich deutlich zu machen? Meint Ihr ferner, es sei schwieriger, einen Satz hervorzubringen als ein Kind? Mir freilich erscheint eins wie das andre als ein großes Mysterium!" – „Ich wage nicht mehr zu glauben noch zu zweifeln", sagte der Zwerg; „ich habe keine Meinung mehr. Man muß zusehen, wie man diese Insekten untersuchen kann, wir schlußfolgern nachher." – „Trefflich gesprochen", sagte Mikromegas; und schon zog er eine Schere hervor, womit er sich die Nägel beschnitt, und rollte flugs aus einem Stück seines Daumennagels eine Art großes Sprachrohr, einem riesigen Trichter gleich, und steckte sich die Mündung ins Ohr. Der Rand des

Trichters umfaßte das Schiff samt der ganzen Besatzung. Noch die schwächste Stimme drang in die kreisförmigen Fibern des Nagels ein; dergestalt daß der Philosoph, dank seiner Erfindungskunst, von dort oben bestens das Summen unserer Insekten dort unten vernahm. Binnen weniger Stunden gelang es ihm, die Wörter zu unterscheiden und endlich das Französische zu verstehn. Der Zwerg tat es ihm nach, wiewohl mühsamer. Das Staunen der Reisenden erhöhte sich mit jedem Augenblick. Sie hörten die Winzigen mit etlicher Vernunft reden: dieses Naturspiel dünkte sie unerklärlich. Ihr mögt euch vorstellen, daß der Sirier und sein Zwerg vor Ungeduld brannten, mit den Atömchen ein Gespräch anzuknüpfen; nur fürchtete der Zwerg, seine Donnerstimme und schon gar die von Mikromegas könnten die Milben so betäuben, daß sie sie nicht verstünden. So galt es, ihre Stimmen zu dämpfen. Sie steckten sich etwas wie kleine Zahnstocher in den Mund, deren ganz dünne Enden bis zum Schiff hinunterreichten. Der Sirier hielt den Zwerg auf seinem Schoß und das Schiff samt Besatzung auf seinem Nagel; er beugte den Kopf hinab und sprach ganz leise. Vermittels dieser und manch andrer Vorkehrungen begann er endlich seine Rede:

„Unsichtbare Insekten, die ihr der Hand des Schöpfers im Dämmer des unendlich Kleinen entsprungen seid, ich danke ihm für die Gnade, daß er mir Geheimnisse offenbart hat, die unergründlich schienen. Vielleicht würde man an meinem Hof nicht geruhen, euch der Beachtung zu würdigen; ich aber verachte niemand und erbiete euch meinen Schutz."

Wenn es je Erstaunte gab, so waren es die Menschen, die diese Worte hörten. Sie konnten sich nicht erklären, woher sie kamen. Der Schiffskaplan sprach die Gebete des Exorzismus, die Matrosen fluchten, und die Gelehrten machten eine Theorie; aber welche Theorie sie auch machten, sie kamen nicht darauf, wer zu ihnen sprach. Der Zwerg vom Saturn, der eine sanftere Stimme hatte als Mikromegas, unterrichtete sie also in wenig Worten, mit was für Wesen sie es zu tun hatten. Er berichtete die Reise vom Saturn, sagte ihnen, wer Herr Mikromegas sei; und nachdem er sie wegen ihrer Winzigkeit bedauert hatte, fragte er, ob sie sich von jeher in diesem jammervollen, dem Nichts so nahen Zustand befunden hätten, was sie auf einem Planeten machten, der den Walen zu gehören scheine, ob sie glücklich seien, ob sie sich vermehrten, ob sie eine Seele hätten und hunderterlei andres der Art.

Ein Forscher der Truppe, mutiger als die andern und gekränkt, daß man an seiner Seele zweifelte, beobachtete den Redner durch einen auf einen Quadranten gesetzten Diopter, wechselte zweimal den Standort und sprach vom dritten aus: „Ihr glaubt wohl, Herr, weil Ihr von Kopf bis Fuß tausend Klafter meßt, seid Ihr ein ..." – „Tausend Klafter!" schrie der Zwerg; „gerechter Himmel! woher kennt er meine Größe? Tausend Klafter! er täuscht sich nicht um einen Zoll. Wie! dieses Atom hat mich gemessen! Es ist ein Geometer, es kennt meine Größe; und ich, der es nur durch ein Mikroskop sehen kann, kenne seine noch nicht!" – „Ja, ich habe Euch gemessen", sagte der Physiker, „und ich will gern auch Euren großen Gefährten messen." Der Vorschlag wurde angenommen; Seine Exzellenz legte sich lang: denn wäre er aufgestanden, hätte sein Kopf zu weit in die Wolken geragt. Unsere Philosophen pflanzten ihm einen großen Baum an eine Stelle, die Doktor Swift ja beim Namen genannt hätte, die ich aber, aus meinem tiefen Respekt für die Damen, nicht nennen mag. Vermittels einer Reihe miteinander verbundener Dreiecke stellten sie sodann fest, daß das, was sie da sahen, tatsächlich ein hundertzwanzigtausend Fuß langer Jüngling war.

Da sprach Mikromegas: „Ich sehe klarer denn je, daß man nichts nach seiner scheinbaren Größe beurteilen darf. O Gott! der du Wesen, die so verächtlich anmuten, Verstand verliehen hast – das unendlich Kleine kostet dich so wenig als das unendlich Große; und sollte es noch kleinere Geschöpfe geben als diese, sie könnten einen noch höheren Verstand haben als jene herrlichen Tiere, die ich im Himmel sah und deren Fuß allein diese Kugel bedecken würde, auf der ich gelandet bin."

Darauf sagte einer der Philosophen zu ihm, er dürfe getrost glauben, daß es tatsächlich noch viel kleinere denkende Wesen gebe als den Menschen. Er erzählte ihm nicht etwa, was Vergil alles Fabelhaftes über die Bienen gesagt, sondern was Swammerdam entdeckt und Réaumur seziert hatten. Schließlich lehrte er ihn, daß es Tiere gibt, die für die Bienen das sind, was die Bienen für den Menschen sind, was der Sirier selbst für diese so riesigen Tiere war, von denen er gesprochen hatte, und was diese riesigen Tiere für andre Wesen sind, denen sie wie Staubkörner erscheinen. Allmählich wurde die Unterhaltung interessant, und Mikromegas sprach also:

SIEBENTES KAPITEL

Unterhaltung mit den Menschen

„O ihr verständigen Winzlinge, in welchen das Ewige Wesen seine Kunst und seine Macht darzutun beliebt hat, ihr genießt zweifellos nur reine Freuden auf eurem Planeten: denn da ihr so wenig Materie seid und gänzlich Geist zu sein scheint, verbringt ihr euer Leben gewiß einzig damit, zu lieben und zu denken; denn das ist das wahre Leben der Weisen. Ich habe nirgends das vollkommene Glück gefunden; hier aber muß es wohl wirklich sein." Da schüttelten alle Philosophen die Köpfe; und freimütiger als die andern gestand einer aus ehrlichem Sinn, daß, ausgenommen eine kleine Schar von Erdenbewohnern, die sehr wenig geachtet seien, der ganze übrige Haufe eine Versammlung von Narren, Schurken und Unglücklichen sei. „Wir sind mehr Materie, als wir bedürfen", sagte er, „um viel Böses zu tun, sofern das Böse aus der Materie kommt; und zu sehr Geist, falls das Böse aus dem Geist kommt; ist Euch wohl zum Beispiel bekannt, daß eben jetzt, da ich zu Euch spreche, hunderttausend Verrückte unserer Gattung mit Helmen auf dem Kopf hunderttausend andre Tiere, die Turbane tragen, umbringen oder von ihnen gemetzelt werden und daß es fast auf der ganzen Erde so ist und daß man es seit undenklichen Zeiten so treibt?" Der Sirier fragte erschaudernd, um was so gebrechliche Kreaturen solche furchtbaren Kämpfe denn führten. „Es geht", sagte der Philosoph, „um einen Erdflecken, groß wie euer Absatz. Und nicht etwa, daß ein einziger dieser Millionen Menschen, die sich da töten lassen, ein Quentchen von diesem Flecken beanspruchte. Es gilt einzig festzustellen, ob er einem gewissen Menschen gehören wird, den man Sultan heißt, oder einem andern, den man, ich weiß nicht warum, nach Cäsar benannt hat. Weder der eine noch der andere hat den kleinen Erdenwinkel je gesehn, um den es geht, noch wird er ihn je sehn; und nahezu keins jener Tiere, die sich gegenseitig abschlachten, hat je das Tier gesehn, dessentwillen sie sich schlachten."

„O Unglückselige!" rief der Sirier voll Empörung aus, „ist ein solches Maß wahnwitziger Raserei zu fassen! Mich kommt die Lust an, drei Schritte zu machen und diesen ganzen Ameisenhaufen von lächerlichen Mördern unter meinen Füßen zu zermalmen." – „Gebt Euch nicht die Mühe", antwortete man ihm; „sie sorgen selbst hinreichend für ihren Untergang. Bedenkt, daß nach zehn Jahren immer nur der hundertste Teil dieser Elenden übrig ist; daß, selbst wenn sie das Schwert nicht gezogen hätten, Hunger, Erschöpfung oder Zügellosigkeit sie fast sämtlich dahinraffen. Im übrigen sind nicht sie es, die Strafe verdienten, es sind jene seßhaften Barbaren, die von ihren Kabinetten aus, während sie verdauen, die Vernichtung einer Million Menschen befehlen und darauf Gott feierlich dafür danken lassen.“ Der Reisende fühlte sich von Mitleid ergriffen für die kleine Menschengattung, bei der er so erstaunliche Gegensätze entdeckte. „Da ihr zu der geringen Zahl der Weisen zählt“, sagte er zu den Herren, „und anscheinend niemanden um Geld tötet, sagt mir bitte, womit ihr euch befaßt.“ – „Wir sezieren Fliegen“, sagte der Philosoph, „wir messen Strekken, wir stellen Zahlen zusammen; wir sind in zwei, drei Punkten einig, die wir verstehn, und streiten uns über zwei-, dreitausend Punkte, die wir nicht verstehen.“ Den Sirier und den Saturnier kam sogleich die Lust an, diese denkenden Atome auszufragen, um zu sehen, in welchen Punkten sie übereinstimmten. „Wie groß“, begann er, „schätzt Ihr die Entfernung vom Hundsstern bis zum großen Stern der Zwillinge?“ – „Zweiunddreißigundeinhalb Grad“, antworteten alle zugleich. – „Wieviel rechnet ihr von hier bis zum Mond?“ – „Rund sechzig halbe Erddiameter.“ – „Wieviel wiegt eure Luft?“ Er meinte sie zu ertappen, aber alle antworteten, die Luft wiege ungefähr neunhundertmal weniger als ein gleiches Volumen des leichtesten Wassers und neunzehnhundertmal weniger als Dukatengold. Der kleine Zwerg vom Saturn war über ihre Antworten so erstaunt, daß er versucht war, dieselben Menschen, denen er eine Viertelstunde zuvor eine Seele abgesprochen hatte, für Zauberer anzusehn.

Endlich sagte Mikromegas zu ihnen: „Da ihr so gut wißt, was um euch ist, wißt ihr unfehlbar noch besser, was in euch ist. Sagt mir, was eure Seele ist und wie ihr eure Vorstellungen bildet.“ Die Philosophen sprachen alle gleichzeitig wie vorher; aber sie waren ein jeder anderer Meinung. Der Älteste zitierte Aristoteles, ein andrer nannte den Namen Descartes, dieser Malebranche, jener Leibniz, jener Locke. Ein alter Peripatetiker rief laut und voll Selbstgewißheit: „Die Seele ist eine Entelechie und eine Ursache, die sie ermächtigt, zu sein, was sie ist. Das erklärt Aristoteles ausdrücklich auf Seite 633 der Louvre-Edition. *'Εντελεχεῖα ἐστι.*“ – „Ich verstehe Griechisch nicht allzu gut“, sagte der Riese. – „Ich auch nicht“, sagte die philosophische Laus. – „Warum“, fragte der Sirier, „zitiert Ihr dann einen gewissen Aristoteles auf griechisch?“

– „Darum“, versetzte der Gelehrte, „weil man doch, was man durchaus nicht begreift, in der Sprache zitieren muß, die man am wenigsten kennt.“

Da nahm der Cartesianer das Wort und sagte: „Die Seele ist reiner Geist, der im Mutterleib alle metaphysischen Ideen empfangen hat und, nachdem er dort heraus ist, zur Schule gehen und neu lernen muß, was er schon einmal so schön gewußt hat und nie wieder wissen wird.“ – „Dann hat es also nicht gelohnt“, sagte das Achtmeilentier, „daß deine Seele im Mutterleib so gelehrt war, wenn sie, da du einen Bart am Kinn trägst, so dumm ist. Doch was verstehst du unter Geist?“ – „Was fragt Ihr mich das?“ sagte der Räsoneur; „ich habe keine Ahnung; es heißt, er sei nicht Materie.“ – „Weißt du wenigstens, was Materie ist?“ – „Ja, sicher“, antwortete der Mann. „Zum Beispiel, dieser Stein ist grau und von einer gewissen Form, er hat seine drei Dimensionen, ein Gewicht und ist teilbar.“ – „Nun!“ sagte der Sirier, „dieses dir teilbar, gewichtig und grau Erscheinende – würdest du mir wohl sagen, was das ist? Du siehst einige Attribute; aber das Wesen der Sache, kennst du es?“ – „Nein“, sagte der andre. – „Also weißt du nicht, was Materie ist.“

Nun richtete Herr Mikromegas das Wort an einen andern Weisen, den er auf seinem Daumen trug, und fragte ihn, was seine Seele sei und was sie mache. „Nichts, durchaus nichts“, antwortete der malebranchistische Philosoph, „Gott tut alles für mich: ich sehe alles in ihm, ich tue alles in ihm; er tut alles, ohne daß ich mich dareinmische.“ – „Nichtsein wäre das gleiche“, sagte der Weise vom Sirius. „Und du, mein Freund“, sagte er zu einem Leibnizianer, der auch dabei war, „was ist deine Seele?“ – „Sie ist“, antwortete der Leibnizianer, „ein Zeiger, welcher die Stunden anzeigt, während mein Leib die Glocken läutet, oder wenn Ihr wollt, ist sie es, die läutet, während mein Leib die Stunden zeigt; oder meine Seele ist der Spiegel des Universums, und mein Leib ist der Spiegelrahmen: so ist es klar.“

Ein kleiner Anhänger Lockes stand dicht dabei; und als endlich das Wort an ihn kam, sagte er: „Ich weiß nicht, wie ich denke, aber ich weiß, daß ich immer nur bei Gelegenheit meiner Sinneswahrnehmungen gedacht habe. Daß es immaterielle, intelligente Wesen gibt, bezweifle ich nicht; aber daß es Gott unmöglich sein sollte, die Materie zum Denken zu befähigen, bezweifle ich stark. Ich verehre die ewige Macht; es gebührt mir nicht, ihr Grenzen zu ziehen: ich behaupte nichts; ich begnüge mich zu glauben, daß mehr Dinge möglich sind, als man denkt.“

Der Lange vom Sirius lächelte: er fand, daß dieser da nicht der unweiseste war; und der Saturnzwerg hätte den Anhänger Lockes ohne das extreme Größenverhältnis in die Arme geschlossen. Aber unglücklicherweise war da noch ein kleines Tierlein in eckigem Barett, das all den philosophischen Tierlein das Wort abschnitt; es sagte, es kenne das ganze Geheimnis, dieses stände in der „Summa" des heiligen Thomas von Aquino; es musterte die beiden Himmelsbewohner von oben bis unten; dann behauptete es vor ihnen, sie, ihre Welten, ihre Sonnen, ihre Sterne – alles sei einzig für den Menschen erschaffen. Bei dieser Rede gaben sich unsere beiden Reisenden, einer über dem andern, bis zum Ersticken jenem unausrottbaren Gelächter hin, das nach Homer das Eigenteil der Götter ist: ihre Schultern und Bäuche hoben und senkten sich, und unter solchen Krämpfen rutschte das Schiff, das der Sirier auf seinem Nagel hielt, dem Saturnier in die Hosentasche. Die beiden guten Riesen suchten lange danach; endlich fanden sie die Gesellschaft wieder und richteten sie sehr ordentlich wieder auf. Der Sirier nahm sich die kleinen Milben abermals vor; er redete noch einmal sehr gütig mit ihnen, wiewohl er im Herzensgrund ein wenig erbost war, daß diese unendlich kleinen Kreaturen von nahezu unendlich großem Hochmut waren. Er versprach, ihnen ein schönes Philosophiebuch zu schreiben, in ganz winziger, für sie lesbarer Schrift, und aus diesem Werk würden sie die Bestimmung aller Dinge erfahren. Wirklich überreichte er ihnen dieses Buch vor seinem Abschied: man nahm es mit nach Paris in die Akademie der Wissenschaften; aber als der Sekretär es aufschlug, erblickte er nichts als lauter weiße Seiten: „Ah!" sagte er, „hatte ich es doch geahnt!"

MEMNON ODER DIE MENSCHLICHE WEISHEIT

Memnon faßte eines Tages den törichten Entschluß, von Grund auf weise zu werden. Es gibt kaum einen Menschen, der nicht zuzeiten auf solchen Unfug verfällt. Memnon sagte sich: „Um wahrhaft weise zu sein und mithin wahrhaft glücklich, muß man nur von Leidenschaften frei sein; und nichts ist angenehmer, wie man weiß. Zum ersten will ich nie eine Frau lieben; und wenn ich eine noch so vollendete Schönheit sehe – ich werde mir sagen: diese Wangen werden eines Tages runzlig, diese schönen Augen kriegen rote Ränder, dieser runde Busen wird schlaff; dem schönen Kopf wird das Haar ausfallen. Ich muß sie also nur mit den Augen sehen, mit denen ich sie einstens sehen würde, dann kann ihr Kopf mir meinen nicht verdrehen.

Zum zweiten werde ich immer mäßig leben; gute Küche, köstliche Weine, Lockungen der Gesellschaft mögen mich noch so sehr versuchen; ich brauche mir nur die Folgen solcher Exzesse vorzustellen, einen schweren Kopf, einen überfüllten Magen, den Verlust an Verstand, Gesundheit und Zeit, und ich werde nur mehr essen, was ich bedarf; meine Gesundheit wird immer gleichmäßig, mein Kopf immer wach und klar sein. Das ist alles so einfach, daß es gar kein Verdienst ist, so zu werden.

Sodann", sagte sich Memnon, „will ich ein wenig an meine Verhältnisse denken; meine Wünsche sind gemäßigt; mein Vermögen ist bei dem Generalsteuereinnehmer von Ninive sicher angelegt; ich habe genug, um unabhängig zu leben: das ist das höchste der Güter. Ich werde mich nie in der grausamen Notlage befinden, bei Hofe zu bittstellen; ich muß niemanden beneiden, und niemand wird mich beneiden. Das ist abermals sehr angenehm. Ich habe Freunde", fuhr er fort, „ich werde sie nicht verlieren, weil sie mir nie etwas streitig machen können. Ich werde nie Zank mit ihnen haben, noch sie mit mir; da gibt es keine Schwierigkeit."

Als Memnon so seinen kleinen Weisheitsplan in seiner Kammer geschmiedet hatte, steckte er den Kopf zum Fenster hinaus.

Da sah er unter den Platanen nahe seinem Hause zwei Frauen spazierengehen. Die eine war alt und sichtlich unbekümmert; die andre jung, hübsch und sichtlich höchst betrübt. Sie seufzte, sie weinte und war darum nur noch reizender. Unser Weiser war gerührt, nicht von der Schönheit der Dame (er war sich ganz sicher, einer solchen Schwäche ferne zu sein), aber von der Betrübnis, worin er sie erblickte. Er ging hinunter; er sprach die junge Niniveerin an in dem Vorsatz, ihr weisen Trost zu spenden. Die schöne Person erzählte ihm mit der kindlichsten, rührendsten Miene, welche Übel ein Onkel ihr angetan, den sie nicht hatte; mit welchen Kunstgriffen er ihr ein Vermögen abgegaunert, das sie nie besessen, und was alles sie von seiner Gewalttätigkeit zu fürchten hätte. „Ihr scheint mir ein Mann, der so guten Rat weiß", sagte sie, „daß ich gewiß glaube, wenn Ihr die Gefälligkeit hättet, mit zu mir zu kommen und meine Angelegenheiten zu prüfen, Ihr mich aus meiner furchtbaren Bedrängnis erretten werdet." Memnon zögerte nicht, ihr zu folgen, um ihre Angelegenheiten weise zu prüfen und ihr guten Rat zu erteilen.

Die betrübte Dame führte ihn in eine duftende Kammer und hieß ihn, auf einem breiten Diwan gesittet mit ihr Platz zu nehmen, dergestalt daß sie beide mit gekreuzten Beinen sich gegenübersaßen. Die Dame, während sie sprach, schlug die Augen nieder, denen dann und wann Tränen entfielen und die, wenn sie sie aufschlug, stets den Blicken des weisen Memnon begegneten. Seine Worte waren voll einer Anteilnahme, die jedesmal, wenn sie sich anblickten, sich verdoppelte. Memnon nahm sich ihre Angelegenheiten ungemein zu Herzen und fühlte von Mal zu Mal größere Lust, einem so ehrbaren und so unglücklichen Geschöpf seine Dienste zuzuwenden. Im Eifer des Gesprächs saßen sie sich mit einemmal nicht mehr gegenüber. Ihre Beine waren nicht mehr gekreuzt, Memnon beriet sie so nahebei und tat ihr so zärtliche Standpunkte kund, daß sie alle beide von Angelegenheiten nicht mehr reden konnten, noch wußten, wo jene verblieben waren.

Als es so stand, kommt, wie man sich denken kann, der Onkel hinzu: er war von Kopf bis Fuß bewaffnet; und das erste, was er sagte, war, daß er, wie rechtens, den weisen Memnon und seine Nichte töten werde; das letzte, was er von sich gab, war, für viel Geld könnte er verzeihen. Memnon war gezwungen, alles herzugeben, was er bei sich hatte. Zu jener Zeit war man noch froh, so billig davonzukommen; Amerika war noch nicht entdeckt, und die

Voltaire liest Friedrich II. vor

betrübten Damen waren bei weitem noch nicht so gefährlich wie heute.

Beschämt und verzweifelt kehrte Memnon heim: da fand er ein Billett vor, das ihn zum Diner bei seinen besten Freunden einlud. „Wenn ich so allein zu Haus bleibe“, sagte er sich, „werde ich nur über mein trauriges Abenteuer grübeln und nichts essen; ich werde krank: besser ist es, mit meinen lieben Freunden ein frugales Mahl einzunehmen. In ihrer liebreichen Gesellschaft werde ich die Torheit vergessen, die ich heute morgen begangen habe.“ Er geht zu den Freunden; sie finden ihn ein wenig bedrückt. Man heißt ihn trinken, um seine Trübsal zu zerstreuen. Ein wenig Wein, mit Maßen getrunken, ist Labsal für Leib und Seele. So denkt der weise Memnon; und er berauscht sich. Nach dem Mahl schlägt man ihm vor zu spielen. Ein geregeltes Spiel unter Freunden ist ein ehrbarer Zeitvertreib. Er spielt; man gewinnt ihm alles ab, was er im Beutel hat, und viermal soviel auf Ehrenwort. Ein Streit entsteht aus dem Spiel, man erhitzt sich: einer seiner besten Freunde wirft ihm den Würfelbecher an den Kopf und schlägt ihm ein Auge aus. Man trägt den weisen Memnon trunken, ohne Geld und um ein Auge vermindert nach Hause.

Er schläft seinen Rausch aus, und sowie er einen klareren Kopf hat, schickt er seinen Diener aus, bei dem Obersteuereinnehmer von Ninive Geld abzuheben, um seine guten Freunde zu bezahlen: ihm wird gemeldet, sein Schuldner habe diesen Morgen einen betrügerischen Bankrott gemacht, der hundert Familien in Bestürzung versetze. Empört eilt Memnon mit einem Pflaster auf dem Auge und einer Bittschrift in der Hand zu Hof, um beim König Gerechtigkeit gegen den Bankrotteur zu fordern. In einem Saal findet er mehrere Damen, die sämtlich voll Behagen Reifröcke von vierundzwanzig Fuß Umfang trugen. Eine, die ihn ein wenig kannte, sagte, indem sie ihn von der Seite ansah: „Hu! wie gräßlich!“ Eine zweite, die ihn besser kannte, redete ihn an: „Guten Abend, Herr Memnon; ei! wahrhaftig, Herr Memnon, ich bin sehr froh, Euch zu sehn, Herr Memnon, wieso habt Ihr ein Auge verloren?“ Und sie ging davon, ohne die Antwort abzuwarten. Memnon verkroch sich in einen Winkel und harrte des Augenblicks, da er sich dem Monarchen zu Füßen werfen durfte. Der Augenblick kam. Er küßte dreimal die Erde und wies sein Gesuch vor. Seine huldvolle Majestät nahm es sehr wohlwollend entgegen und reichte es einem seiner Satrapen weiter, daß er ihm Bericht erstatte. Der Satrap zieht Memnon beiseite und sagt von oben herab mit bitterem Hohn: „Ihr scheint mir ein spaßiges Einauge, daß Ihr Euch an den König wendet statt an mich, und noch spaßiger, daß Ihr wagt, um Gerechtigkeit gegen einen ehrenwerten Bankrotteur zu bitten, der meine Protektion genießt und der Neffe einer Kammerfrau meiner Mätresse ist. Laßt von der Sache ab, Teuerster, wenn Euch das verbliebene Auge lieb ist."

Memnon, der am Morgen den Frauen, den Tafelfreuden, dem Spiel, allem Streit und insonders dem Hofgehen abgesagt hatte, war vor der Nacht von einer schönen Dame betrogen und bestohlen worden, hatte sich berauscht, hatte gespielt, hatte Streit gehabt, hatte ein Auge eingebüßt und war zu Hof gegangen, wo man seiner gespottet hatte.

Versteint vor Staunen und zerrissen vor Schmerz, kehrt er, den Tod im Herzen, heim. Er will in sein Haus; dort findet er Gerichtsvollzieher, die es im Auftrag seiner Gläubiger räumen. Er steht, seiner Sinne kaum mehr mächtig, unter einer Platane; da sieht er die Schöne vom Morgen mit dem teuren Onkel lustwandeln, und als sie Memnon mit seinem Pflaster erblickt, platzt sie heraus vor Lachen. Die Nacht kam; Memnon legte sich auf das Stroh vor seinem Haus. Fieber packte ihn; er schlief über dem Anfall ein, und ein himmlischer Geist erschien ihm im Traum.

Er strahlte über und über von Licht. Er hatte sechs schöne Flügel, aber weder Füße noch Kopf, noch Schweif, und sah nichts ähnlich. „Wer bist du?" fragte ihn Memnon. – „Dein guter Engel", sagte jener. – „Dann gib mir mein Auge, meine Gesundheit, mein Gut, meine Weisheit wieder", sagte Memnon. Darauf erzählte er, wie ihm das alles in einem Tag abhanden gegangen war. „Solche Abenteuer kennen wir nicht in der Welt, die wir bewohnen", sagte der Geist. – „Und welche Welt bewohnt ihr?" fragte der betrübte Mensch. – „Meine Heimat", antwortete er, „liegt fünfhundert Millionen Meilen von der Sonne auf einem kleinen Stern, nahe dem Sirius, den du von hier siehst." – „Ein schönes Land!" sagte Memnon; „und ihr habt bei euch keine Bübinnen, die einen armen Mann betrügen, keine guten Freunde, die ihm das Geld aus der Tasche ziehen und ihm ein Auge ausschlagen, keine Bankrotteure und keine Satrapen, die euch euer Recht verweigern und euch obendrein verhöhnen?" – „Nein", sagte der Sternenbewohner, „nichts von alledem. Wir werden von Frauen nicht betrogen, weil wir keine haben; wir kennen keine Tafelfreuden, weil wir nicht essen; wir haben keine Bankrotteure, weil es bei uns nicht Gold, nicht Silber gibt; niemand kann uns die Augen ausschlagen, weil wir keinen Körper haben wie ihr; und die Satrapen tun uns kein Unrecht, weil in unserer kleinen Welt alle gleich sind."

Da fragte Memnon: „Wie aber, Euer Gnaden, verbringt Ihr ohne Frauen, ohne Essen Eure Zeit?" – „Wir wachen", sagte der Genius, „über die andern, uns anvertrauten Welten; und ich bin hier, um dich zu trösten." – „Weh!" sagte Memnon, „warum kamt Ihr nicht die Nacht zuvor und habt mich gehindert, so viele Torheiten zu begehen?" – „Ich war bei Hassan, deinem älteren Bruder", sagte das himmlische Wesen. „Er ist übler dran als du. Seine huldreiche Majestät, der König von Indien, an dessen Hof zu leben er die Ehre hatte, ließ ihm wegen einer kleinen Indiskretion beide Augen ausstechen, und jetzt hockt er, Hände und Füße im Eisen, in einem kleinen Kerkerloch." – „Wahrlich", sagte Memnon, „es lohnt, einen guten Geist in der Familie zu haben, wenn von zwei Brüdern einer einäugig, der andere blind wird, einer auf Stroh liegt, der andere im Kerker." – „Dein Los wird sich ändern", versetzte das Sternenwesen. „Freilich wirst du immer einäugig bleiben; aber demungeachtet wirst du hinreichend glücklich werden, sofern du nie wieder den albernen Vorsatz faßt, absolut weise zu werden." – „Das also können wir unmöglich erlangen?" fragte Memnon seufzend. – „So unmöglich", erwiderte jener, „als vollkommen geschickt, vollkommen stark, vollkommen mächtig, vollkommen glücklich zu sein. Selbst wir sind davon weit entfernt. Es gibt eine Welt, wo es all das gibt; aber auf den hunderttausend Millionen Welten im All gibt es alles nach Graden. Man hat in der zweiten Welt weniger Weisheit und Freude als in der ersten, in der dritten weniger als in der zweiten und so fort bis zur letzten, wo alles vollkommen verrückt ist." – „Ich fürchte sehr", sagte Memnon, „unser kleiner Erdball ist eben dies Irrenhaus des Universums, von dem zu sprechen Ihr mir die Ehre antut." – „Nicht ganz", sagte der Geist; „aber er kommt jenem nahe: ein jegliches hat seinen Ort." – „Ah!" sagte Memnon, „dann haben gewisse Poeten, gewisse Philosophen also völlig unrecht, zu behaupten, bei uns stehe alles zum besten?" – „Sie haben völlig recht", sagte der Philosoph des Höheren, „in Ansicht des gesamten Universums." – „Ha!" sagte der geschlagene Memnon, „das glaube ich erst, wenn ich nicht mehr einäugig bin!"

CANDIDE
ODER DER OPTIMISMUS

Aus dem Deutschen übersetzt
von Herrn Doktor Ralph samt den Bemerkungen,
die man in der Tasche des Doktors fand,
als er zu Minden im Jahre
des Heils 1759 starb.

ERSTES KAPITEL

*Wie Candide in einem schönen Schloß aufwuchs
und aus ihm verjagt wurde*

In Westfalen lebte auf dem Schloß des Barons Thunder-ten-tronckh ein junger Mensch, dem die Natur die sanfteste Gesinnung verliehen hatte. Seine Gesichtszüge spiegelten sein Inneres wider. Ein gesundes Urteil verband sich bei ihm mit Arglosigkeit; aus diesem Grunde, glaube ich, wurde er Candide genannt. Die alten Bediensteten des Hauses vermuteten, er sei der Sohn der Schwester des Barons und eines guten, anständigen Edelmannes aus der Gegend, den das Fräulein niemals hatte heiraten wollen, weil er nur einundsiebzig Vorfahren nachweisen konnte und der Rest seines Stammbaums durch die Schuld der Zeit verlorengegangen war.

Der Baron war einer der mächtigsten Herren in Westfalen, denn sein Schloß besaß eine Tür und Fenster. Den großen Saal schmückte sogar eine Tapisserie. Die Hunde auf dem Hühnerhof stellten im Notfall eine Jagdmeute dar; die Stallknechte waren die Piköre; der Dorfgeistliche gab den Schloßkaplan ab. Alles nannte ihn „Euer Gnaden“ und lachte über die Geschichten, die er zum besten gab.

Die Baronin, die etwa dreihundertfünfzig Pfund wog, stand dadurch in hohem Ansehen und machte die Honneurs des Hauses mit einer Würde, die ihr noch größeren Respekt einbrachte. Ihre

Tochter Kunigunde war siebzehn Jahre alt, rotbackig, frisch, fett und appetitlich. Der Sohn des Barons schien in jeder Hinsicht des Vaters würdig zu sein. Der Hofmeister Pangloss war das Orakel des Hauses, und der kleine Candide lauschte seinen Unterweisungen mit der ganzen Zutraulichkeit seines Alters und Wesens.

Pangloss lehrte die metaphysisch-theologische Kosmolonigologie. Er wies aufs bewunderungswürdigste nach, daß es keine Wirkung ohne Ursache gäbe und daß in der bestmöglichen aller Welten das Schloß Seiner Gnaden des Herrn Baron das schönste aller möglichen Schlösser und die Frau Baronin die beste unter allen möglichen Baroninnen sei.

„Es ist erwiesen", sagte er, „daß die Dinge nicht anders sein können, als sie sind, denn da alles um eines Zwecks willen geschaffen ist, dient alles notwendigerweise dem besten Zweck. Bemerken Sie bitte, daß die Nasen geschaffen wurden, um Brillen zu tragen, so haben wir denn auch Brillen. Die Füße wurden sichtlich gemacht, um Schuhe zu tragen; und so haben wir Schuhe. Die Steine wurden gebildet, damit man sie zuhaue und daraus Schlösser baue, und so besitzt denn Seine Gnaden ein schönes Schloß; der größte Baron der Provinz muß am besten wohnen; und da die Schweine zum Essen gemacht sind, essen wir das ganze Jahr hindurch Schweinernes. Infolgedessen ist die Behauptung, es sei alles auf dieser Welt gut eingerichtet, eine Dummheit; vielmehr müßte man sagen, daß alles aufs beste eingerichtet ist."

Candide hörte aufmerksam zu und glaubte in aller Unschuld, was man ihm sagte; denn er fand Fräulein Kunigunde außerordentlich schön, obwohl er niemals so kühn war, es ihr zu gestehen. Er schloß, daß nach dem Glück, als Baron Thunder-ten-tronckh geboren zu sein, der zweite Grad des Glücks darin beruhe, Fräulein Kunigunde zu sein, der dritte, sie täglich zu sehen, und der vierte, Meister Pangloss, dem größten Philosophen der Provinz und also der ganzen Erde, zuhören zu können.

Eines Tages sah Kunigunde, die in der Nähe des Schlosses in dem Wäldchen spazierte, das man Park nannte, den Doktor Pangloss im Unterholz, wie er der Kammerjungfer ihrer Mutter, einer sehr hübschen und folgsamen kleinen Brünette, eine Lektion in experimenteller Physik erteilte. Da Fräulein Kunigunde ein großes Interesse für die Wissenschaften besaß, beobachtete sie atemlos die wiederholten Experimente, deren Zeuge sie wurde; sie sah deutlich den zureichenden Grund des Doktors, die Wirkungen und Ursachen, und kehrte ganz aufgewühlt und nachdenklich nach Hause zurück, erfüllt von dem Wunsch nach Gelehrsamkeit und von dem Gedanken, sie selber könne wohl der zureichende Grund des jungen Candide und dieser seinerseits der ihre werden.

Sie begegnete Candide, als sie ins Schloß zurückkam, und errötete; Candide errötete ebenfalls; sie wünschte ihm mit stockender Stimme einen guten Tag, und Candide sprach zu ihr, ohne zu wissen, was er sagte. Als man am nächsten Tag von der Tafel aufstand, befanden sich Kunigunde und Candide hinter einem Wandschirm; Kunigunde ließ ihr Taschentuch fallen, Candide hob es auf, sie ergriff in aller Unschuld seine Hand, der junge Mann küßte in aller Unschuld die Hand des Fräuleins mit ganz besonderer Lebhaftigkeit, Empfindung und Grazie; ihre Lippen trafen aufeinander, ihre Blicke entflammten, ihre Knie wankten, ihre Hände verirrten sich. Der Baron Thunder-ten-tronckh ging gerade an dem Wandschirm vorbei und jagte beim Anblick dieser Ursache und Wirkung Candide mit heftigen Tritten in den Hintern aus dem Schloß; Kunigunde fiel in Ohnmacht; sie wurde von der Frau Baronin geohrfeigt, sobald sie wieder zu sich gekommen war; und alles war tief betroffen in dem schönsten und angenehmsten aller möglichen Schlösser.

ZWEITES KAPITEL

Was aus Candide bei den Bulgaren wurde

Candide, aus dem irdischen Paradies verjagt, wanderte lange, ohne zu wissen wohin. Er weinte, hob die Blicke gen Himmel oder wandte sie oft dem schönsten aller Schlösser zu, das die schönste aller Baronessen beherbergte; er legte sich, ohne zu Abend gegessen zu haben, mitten auf den Feldern zwischen zwei Furchen nieder; der Schnee fiel in großen Flocken. Der ganz durchfrorene Candide schleppte sich am nächsten Tag bis in die benachbarte Stadt namens Valdberghoff-trarbk-dikdorff, völlig mittellos und sterbend vor Hunger und Müdigkeit. Traurig blieb er vor der Tür einer Schenke stehen. Zwei blaugekleidete Männer bemerkten ihn. „Kamerad“, sagte der eine, „da ist einmal ein gutgebauter junger Mann, der die erforderliche Größe hat.“ Sie gingen auf Candide zu und baten ihn sehr höflich, mit ihnen zu speisen. „Meine Herren“, erwiderte Candide mit reizender Bescheidenheit, „Sie erweisen mir viel Ehre, aber ich besitze nichts, womit ich meine Zeche zahlen könnte." – „Ach", sagte einer der beiden Blauen, „Leute von Ihrem Aussehen und Ihrer Art brauchen nie zu zahlen: messen Sie nicht fünf Fuß und fünf Zoll?" – „Ja, meine Herren, das ist in der Tat mein Maß", sagte er und machte einen Kratzfuß. – „Nun, nehmen Sie Platz; wir werden Sie nicht nur freihalten, sondern auch niemals dulden, daß es einem Mann wie Ihnen an Geld fehlt; die Menschen sind ja da, um einander zu helfen." – „Sie haben recht", sagte Candide, „das sagte auch Herr Pangloss immer, und ich sehe wohl, daß alles zum besten bestellt ist." Man bittet ihn, ein paar Taler anzunehmen, er nimmt sie und will einen Schuldschein ausschreiben; man erlaubt es ihm nicht, man setzt sich zu Tisch. „Haben Sie nicht eine große Liebe? ..." – „O ja", antwortet er, „ich liebe Fräulein Kunigunde sehr." – „Nein", sagt einer der beiden Herren, „wir meinen, ob Sie nicht eine Vorliebe für den König der Bulgaren haben." – „Keineswegs", sagt er, „denn ich habe ihn nie gesehen." – „Wie! aber er ist der charmanteste König, den man sich denken kann, und man sollte auf seine Gesundheit trinken." – „Aber sehr gern, meine Herren", und er trinkt. „Genug jetzt", sagt man ihm, „nun sind Sie die Stütze, der Helfer, der Beschützer, der Held der Bulgaren; Ihr Glück ist gemacht und Ihr Ruhm gesichert." Auf der Stelle legt man ihn in Eisen und bringt ihn zum Regiment. Man läßt ihn nach rechts und links kehrtmachen, den Ladestock heben und senken, anlegen, schießen, den Schritt beschleunigen und verabfolgt ihm dreißig Stockschläge; am nächsten Tag exerziert er ein bißchen weniger schlecht und erhält nur zwanzig Schläge; am übernächsten Tag gibt man ihm nur noch zehn, und seine Kameraden sehen ihn wie ein Wundertier an.

Candide, ganz verblüfft, konnte noch nicht ganz fassen, inwiefern er ein Held sein sollte. An einem schönen Frühlingstag fiel ihm ein spazierenzugehen, und so ging er vor sich hin in dem Glauben, es sei ein Vorrecht der Menschen wie der Tiere, sich zu ihrem Vergnügen ihrer Beine bedienen zu dürfen. Er hatte noch keine zwei Meilen zurückgelegt, als vier weitere Helden, ein jeder sechs Fuß hoch, ihn einholen, binden und in einen Kerker schleppen. Man fragte ihn von Rechts wegen, ob er lieber vor dem ganzen Regiment sechsunddreißigmal Spießruten laufen oder zwölf Bleikugeln auf einmal ins Gehirn haben wolle. Er konnte noch so lange von der Freiheit des Willens reden und daß er weder das eine noch das andere wünsche, er mußte eine Wahl treffen; er entschloß sich kraft der göttlichen Gabe, die man *Willensfreiheit* nennt, dazu, sechsunddreißigmal Spießruten zu laufen; er stand sie zweimal durch. Das Regiment zählte zweitausend Mann; das machte für ihn viertausend Rutenhiebe aus, die ihm, vom Nacken bis zum Hintern, Muskeln und Nerven bloßlegten. Als man zum drittenmal beginnen wollte, bat Candide, der nicht mehr konnte, ihm gütigerweise den Kopf zerschmettern zu wollen: ihm sollte die Gunst zuteil werden; man verbindet ihm die Augen, man läßt ihn niederknien. Der König der Bulgaren reitet in diesem Augenblick vorbei und fragt nach dem Verbrechen des armen Sünders; und da der König ein Mann von bedeutendem Geist war, begriff er aus allem, was er über Candide erfuhr, daß es sich um einen jungen, in den Dingen dieser Welt noch sehr unerfahrenen Metaphysiker handelte, und begnadigte ihn mit einer Milde, die in allen Zeitungen und durch alle Jahrhunderte hindurch gepriesen werden wird. Ein braver Wundarzt heilte Candide in drei Wochen mit Hilfe von Arzneien nach den Lehren des Dioskorides. Er hatte schon wieder ein wenig Haut und konnte gehen, als der König der Bulgaren dem König der Awaren Bataille lieferte.

DRITTES KAPITEL

Wie Candide von den Bulgaren weglief
und was aus ihm wurde

Nichts war schöner, gewandter, glänzender, wohlgeordneter als die beiden Armeen. Die Trompeten, die Pfeifen, die Oboen, die Trommeln und Geschütze bildeten eine Harmonie, wie es sie nicht einmal in der Hölle gab.

Zuerst streckten die Kanonen etwa sechstausend Mann auf jeder Seite hin, dann befreiten die Musketen die beste aller Welten von etwa neun- bis zehntausend Schuften, die ihre Oberfläche beschmutzt hatten. Auch das Bajonett bildete den zureichenden Grund für den Tod einiger tausend Leute. Alles in allem konnte es sich wohl um dreißigtausend Seelen handeln. Candide, der wie ein Philosoph zitterte, versteckte sich während dieser heroischen Schlächterei, so gut er konnte.

Schließlich faßte er, während die beiden Könige, jeder in seinem Lager, ein Te Deum anstimmen ließen, den Entschluß, anderswo über Wirkungen und Ursachen nachzudenken. Er schritt über Haufen von Toten und Sterbenden hinweg und erreichte zuerst das nächste Dorf; es lag in Asche: es war ein awarisches Dorf, das die Bulgaren nach den Regeln des Völkerrechts niedergebrannt hatten. Hier sahen von Schüssen durchbohrte Greise zu, wie ihre niedergemachten Frauen starben und dabei ihre Kinder an die blutenden Brüste preßten; dort taten aufgeschlitzte junge Mädchen, die zuvor die natürlichen Bedürfnisse einiger Helden befriedigt hatten, den letzten Seufzer; andere wieder, zur Hälfte verbrannt, schrien, man möge ihnen den Gnadenstoß versetzen. Hirn war neben abgehackten Armen und Beinen über den Boden verspritzt.

Candide floh, so schnell er konnte, in ein anderes Dorf: es gehörte den Bulgaren, und die awarischen Helden hatten es auf die gleiche Weise behandelt. Candide, immer noch über zuckende Glieder weg oder durch Ruinen hin wandernd, ließ endlich, mit ein paar mageren Vorräten in seinem Quersack und ohne je Fräulein Kunigunde zu vergessen, die Szenerie des Krieges hinter sich.

Seine Vorräte gingen ihm aus, als er in Holland anlangte; da er aber gehört hatte, daß in diesem Lande alle Welt reich und überdies christlich sei, zweifelte er nicht, daß man ihn so gut wie im Schloß des Herrn Baron behandeln würde, ehe man ihn von dort um der schönen Augen des Fräulein Kunigunde willen weggejagt hatte.

Er bat mehrere würdige Personen um ein Almosen. Alle erwiderten, man werde ihn, wenn er so weitermache, in eine Besserungsanstalt einsperren, um ihm bessere Manieren beizubringen.

Darauf wandte er sich an einen Mann, der gerade eine Stunde lang vor einer großen Versammlung über Wohltätigkeit gesprochen hatte. Der Redner sah ihn mißtrauisch an und sagte: „Was macht Ihr hier? Seid Ihr hier um der guten Sache willen?" – „Keine Wirkung ohne Ursache", erwiderte Candide bescheiden, „alles ist notwendigerweise miteinander verknüpft und zum besten bestellt. Ich mußte von Fräulein Kunigundes Seite verjagt werden, mußte Spießruten laufen und muß nun um mein Brot betteln, bis ich mir welches verdienen kann; all das konnte gar nicht anders sein." – „Mein Freund", sagte der Redner, „glaubt Ihr, daß der Papst der Antichrist ist?" – „Ich habe davon noch nichts gehört", erwiderte Candide, „aber ob er es nun ist oder nicht, ich brauche Brot." – „Du verdienst nicht, welches zu essen", sagte der andere, „geh, Schurke, geh, Elender, und komm nie mehr in meine Nähe." Die Frau des Redners, die zum Fenster hinaussah und einen Mann erblickte, der bezweifelte, daß der

Papst der Antichrist ist, goß ihm einen vollen ... über den Kopf. Himmel, wohin führt doch religiöser Eifer bei den Damen!

Ein Mann, der nicht getauft war, ein guter Wiedertäufer namens Jacques, sah die grausame und schändliche Art, mit der man einen seiner Brüder, ein zweibeiniges, ungefiedertes Wesen, das eine Seele besaß, behandelte; er nahm ihn nach Hause mit, säuberte ihn, gab ihm Brot und Bier, schenkte ihm zwei Gulden und wollte ihm sogar die Arbeit in seinen Manufakturen für persische Stoffe, die man in Holland herstellt, beibringen. Candide, der ihm fast zu Füßen fiel, rief: „Meister Pangloss hatte es mir immer gesagt, daß in dieser Welt alles zum besten stünde, denn ich bin von Eurer außerordentlichen Großzügigkeit unendlich tiefer angerührt als von der Härte jenes Herrn im schwarzen Mantel und seiner Frau Gemahlin."

Am nächsten Tag begegnete ihm beim Spaziergang ein von Geschwüren bedeckter Bettler mit erloschenem Blick, zerfressener Nasenspitze, schiefem Mund und schwarzen Zähnen, der mit heiserer Stimme sprach, von einem heftigen Husten gequält wurde und bei jedem Anfall einen Zahn ausspuckte.

VIERTES KAPITEL

Wie Candide seinem
alten Philosophielehrer, dem Doktor Pangloss,
begegnete und was daraus wurde

Candide, mehr noch von Mitleid als von Widerwillen ergriffen, gab diesem gräßlichen Bettler die beiden Gulden, die er von seinem ehrlichen Wiedertäufer Jacques erhalten hatte. Das Phantom sah ihn starr an, brach in Tränen aus und fiel ihm um den Hals. Candide weicht entsetzt zurück. „Ach", sagt der eine zum anderen Elenden, „kennt Ihr Euern lieben Pangloss nicht mehr?" – „Was höre ich? Ihr, mein teurer Lehrer! Ihr, in diesem schrecklichen Zustand! Welch Unglück ist Euch denn widerfahren? Warum seid Ihr nicht mehr im schönsten aller Schlösser? Was ist aus Fräulein Kunigunde geworden, der Perle der Mädchen, dem Meisterwerk der Natur?" – „Ich kann nicht mehr", sagte Pangloss. Sogleich brachte Candide ihn in den Stall des Wiedertäufers, wo er ihm ein wenig Brot zu essen gab, und als Pangloss sich erholt hatte, fragte er: „Nun, und Kunigunde?" – „Sie ist tot", erwiderte der andere.

Bei diesen Worten schwanden Candide die Sinne; sein Freund rief ihn mit ein wenig schlechtem Essig, der sich zufällig in dem Stall befand, wieder ins Leben zurück. Candide schlägt die Augen auf. „Kunigunde ist tot! Ach, beste aller Welten, wo bist du? Aber an welcher Krankheit starb sie? Sollte es daran gelegen haben, daß sie ansehen mußte, wie ich mit Fußtritten aus dem schönen Schloß ihres Herrn Vaters gejagt wurde?“ – „Nein“, sagte Pangloss, „ihr wurde der Bauch von bulgarischen Soldaten aufgeschlitzt, nachdem sie so oft wie nur möglich vergewaltigt worden war; dem Herrn Baron, der sie verteidigen wollte, wurde der Schädel eingeschlagen; die Frau Baronin hackte man in Stücke; meinen armen Zögling behandelte man geradeso wie seine Schwester; und was das Schloß betrifft, so blieb kein Stein auf dem anderen, keine Scheune blieb übrig, nicht ein Hammel, nicht eine Ente, nicht ein Baum; aber wir wurden gerächt, denn die Awaren verfuhren gleichermaßen mit einem benachbarten Herrensitz, der einem bulgarischen Edelmann gehörte.“

Bei diesen Worten fiel Candide von neuem in Ohnmacht; nachdem er aber zu sich gekommen war und gesagt hatte, was zu sagen war, erkundigte er sich nach Ursache und Wirkung und dem zureichenden Grunde, die Pangloss in einen so erbärmlichen Zustand versetzt hatten. „Ach“, versetzte der andere, „es ist die Liebe; die Liebe, die Trösterin des Menschengeschlechts, die Erhalterin der Alls, die Seele aller empfindenden Wesen, die zärtliche Liebe.“ – „Ach“, sagte Candide, „ich habe sie gekannt, diese Liebe, diese Herrscherin über die Herzen, diese Seele unserer Seele; sie hat mir nicht mehr eingebracht als einen Kuß und zwanzig Tritte in den Hintern. Wie hat diese schöne Ursache bei Euch eine so entsetzliche Wirkung nach sich ziehen können?“ Pangloss antwortete mit folgenden Worten: „Ach, mein lieber Candide! Ihr kanntet Paquette, die hübsche Zofe unserer erlauchten Baronin; in ihren Armen kostete ich die Wonnen des Paradieses, aus denen jene Höllenqualen hervorgingen, von denen Ihr mich verzehrt seht; sie war angesteckt, vielleicht ist sie schon tot. Paquette hatte dieses Geschenk von einem sehr gelehrten Franziskaner erhalten, der bis an die Quelle zurückgegangen war, denn er hatte es von einer alten Gräfin, die es von einem Rittmeister hatte, der es einer Marquise schuldete, die es von einem Pagen hatte, der es von einem Jesuiten erhielt, welcher es als Novize in direkter Linie von einem der Gefährten des Christoph Columbus hatte. Was mich angeht, so gebe ich es an niemand weiter, denn ich sterbe.“

„O Pangloss!" rief Candide aus. „Das nenn ich mir einen seltsamen Stammbaum! Sollte nicht der Teufel an seinem Ursprung stehen?" – „Keineswegs", erwiderte der große Mann, „es war etwas Unverzichtbares in der besten der Welten, ein notwendiger Bestandteil: denn wenn Columbus nicht auf einer Insel Amerikas diese Krankheit aufgelesen hätte, die die Quelle der Zeugung vergiftet, die sogar die Zeugung selbst mitunter unmöglich macht und damit offenbar dem großen Zweck der Natur entgegensteht, hätten wir weder Schokolade noch Cochenille; dazu muß man bemerken, daß bis heute diese Krankheit unserem Kontinent eigentümlich ist, ebenso wie die Religionsstreitigkeiten. Türken, Inder, Perser, Chinesen, Siamesen, Japaner kennen sie noch nicht; aber es gibt einen zureichenden Grund, daß sie sie ihrerseits nach einigen Jahrhunderten kennen werden. Inzwischen hat sie bei uns prächtige Fortschritte gemacht, vor allem in den aus anständigen und wohlerzogenen Söldnern bestehenden mächtigen Armeen, die das Schicksal der Staaten entscheiden; man kann sicher sein, daß, wenn dreißigtausend Mann in Schlachtformation gegen ebenso viele Gegner kämpfen, es auf jeder Seite etwa zwanzigtausend Venerische gibt."

„Dies ist in der Tat erstaunlich", sagte Candide, „aber Ihr müßt Euch heilen lassen." – „Und wie sollte ich?" sagte Pangloss. „Ich habe keinen Pfennig, mein Freund; und auf der ganzen Erdoberfläche kann man weder zur Ader gelassen werden noch ein Klistier bekommen, ohne zu bezahlen oder ohne jemand, der für einen bezahlt."

Diese Worte brachten Candide zu einem Entschluß; er ging, warf sich seinem mildtätigen Wiedertäufer Jacques zu Füßen und malte ihm auf so ergreifende Weise den Zustand aus, in dem sich sein Freund befand, daß der gute Mann nicht einen Moment zögerte, Doktor Pangloss in seinem Hause aufnahm und ihn auf seine Kosten heilen ließ. Pangloss verlor durch die Kur lediglich ein Auge und ein Ohr. Er besaß eine schöne Handschrift und beherrschte vollendet die Arithmetik. Der Wiedertäufer Jacques machte ihn zu seinem Buchhalter. Da er nach zwei Monaten in Handelsgeschäften nach Lissabon reisen mußte, nahm er in seinem Schiff seine beiden Philosophen mit. Pangloss erklärte ihm, alles stünde so sehr zum Guten, daß es besser gar nicht sein könne. Jacques war nicht dieser Ansicht. „Es muß wohl sein", sagte er, „daß die Menschen die Natur etwas verdorben haben, denn sie sind nicht als Wölfe geboren und sind dennoch Wölfe geworden. Gott hat ihnen weder Vierundzwanzigpfünder noch Bajonette gegeben, und sie haben sich Bajonette und Kanonen gemacht, um einander zu vernichten. Ich könnte ebenso die Bankrotte anführen und die Justiz, die sich der Güter der Bankrotteure bemächtigt, um sie den Gläubigern vorzuenthalten." – „All das war unumgänglich", erwiderte der einäugige Doktor, „und das Mißgeschick der einzelnen bringt das allgemeine Wohl hervor, so daß, je mehr Mißgeschick der einzelne hat, das Ganze nur desto besser dasteht." Während er dies darlegte, verfinsterte sich der Himmel, die Winde begannen, aus allen vier Himmelsrichtungen zu wehen, und das Schiff wurde im Anblick des Hafens von Lissabon vom schrecklichsten aller Unwetter ergriffen.

FÜNFTES KAPITEL

Sturm, Schiffbruch, Erdbeben und was aus Doktor Pangloss, Candide und dem Wiedertäufer Jacques wurde

Die Hälfte der Passagiere, geschwächt und den unvorstellbaren Ängsten ausgesetzt, die das Rollen eines Schiffes in den Nerven und sämtlichen in den verschiedensten Richtungen bewegten Säften des Körpers hervorruft, hatte nicht einmal mehr die Kraft, die Gefahr wirklich wahrzunehmen. Die andere Hälfte schrie und betete; die Segel waren zerfetzt, die Maste gebrochen, das Schiff leck geschlagen. Wer dazu imstande war, betätigte sich, keiner hörte auf den anderen, niemand führte das Kommando. Der Wiedertäufer half ein wenig beim Manövrieren; er stand auf dem Oberdeck; ein wütender Matrose schlägt ihn nieder, so daß er der Länge nach auf den Planken liegt; aber der Schlag, den der Matrose ihm versetzte, schüttelte ihn selber derart durch, daß er mit dem Kopf voran vom Schiff stürzte. Er blieb an einem Teil des zerbrochenen Mastes hängen. Der gute Jacques eilt zu seiner Unterstützung, hilft ihm aufs Schiff zurückzuklettern und wird bei seiner Bemühung selber ins Meer geschleudert, wo der Matrose ihn umkommen läßt, ohne ihm auch nur einen Blick zu gönnen. Candide kommt herzu und sieht seinen Wohltäter noch einmal auftauchen und dann für immer versinken. Er will sich ihm nach ins Meer stürzen; der Philosoph Pangloss hindert ihn daran und beweist ihm, daß die Reede von Lissabon eigens gebaut wurde, damit der Wiedertäufer dort ertrinke. Während er dies a priori nachwies, bricht das Schiff auseinander, und alle kommen um mit Ausnahme von Pangloss, Candide und dem brutalen Matrosen, der den tugendhaften Wiedertäufer ertränkt hatte; der Schurke schwamm glücklich ans Ufer, wohin auch Pangloss und Candide auf einer Planke getragen wurden.

Als sie ein wenig zu sich selber gekommen waren, schlugen sie den Weg nach Lissabon ein; es blieb ihnen etwas Geld, mit dessen Hilfe sie sich vor dem Hunger zu erretten hofften, nachdem sie dem Unwetter entkommen waren.

Kaum haben sie, den Tod ihres Wohltäters beweinend, die Stadt betreten, als sie die Erde unter ihren Füßen beben fühlen; schäumend erhebt sich das Meer im Hafen und zerbricht die Schiffe, die vor Anker liegen. Wirbel von Flammen und Asche hüllen Straßen und Plätze ein; die Häuser stürzen zusammen, die Dächer werden von den Mauern gefegt, und die Mauern brechen auseinander; dreißigtausend Einwohner jeden Alters und Geschlechts werden unter den Trümmern erschlagen. Pfeifend und fluchend bemerkte der Matrose: „Hier wird etwas zu holen sein." – „Was könnte wohl der zureichende Grund für dieses Phänomen sein?" sagte Pangloss. „Der Jüngste Tag ist gekommen!" rief Candide aus. Der Matrose läuft sogleich zwischen den Trümmern umher, bietet dem Tod die Stirn, um Geld zu suchen, findet auch welches, steckt es ein, betrinkt sich und kauft, nachdem er seinen Rausch ausgeschlafen hat, die Gunst des ersten gutwilligen Mädchens, dem er in den Ruinen zerstörter Häuser zwischen Sterbenden und Toten begegnet. Pangloss hingegen zog ihn am Ärmel. „Mein Freund", sagte er, „das ist nicht gut, Ihr verstoßt gegen die universelle Vernunft, Ihr wählt Eure Zeit schlecht." – „Verflucht!" erwiderte der andere. „Ich bin Matrose und in Batavia geboren; auf vier Fahrten nach Japan bin ich viermal aufs Kruzifix getreten; da bist du an den Richtigen gekommen mit deiner universellen Vernunft!"

Einige Steinsplitter hatten Candide verwundet; er lag, von Trümmern bedeckt, auf der Straße. Er sagte zu Pangloss: „Ach, verschaff mir ein wenig Wein und Öl; ich sterbe." – „Dieses Erdbeben stellt nichts Neues dar", erwiderte Pangloss, „die Stadt Lima in Amerika war im letzten Jahr ebensolchen Erdstößen ausgesetzt; gleiche Ursachen, gleiche Wirkungen: sicherlich führt eine unterirdische Schwefelader von Lima nach Lissabon." – „Nichts ist wahrscheinlicher", sagte Candide, „aber gib mir um Gottes willen ein wenig Öl und Wein." – „Was heißt wahrscheinlich?" entgegnete der Philosoph. „Ich behaupte, daß die Sache bewiesen ist." Candide verlor das Bewußtsein, und Pangloss brachte ihm ein bißchen Wasser aus einem nahe gelegenen Springbrunnen.

Nachdem sie beim Durchsuchen von Ruinen einigen Mundvorrat gefunden hatten, kamen sie am nächsten Tag wieder etwas zu Kräften. Dann waren sie, wie auch die anderen, bemüht, Einwohnern, die dem Tode entkommen waren, ihr Los zu erleichtern. Ein paar Bürger, denen sie geholfen hatten, gaben ihnen ein so gutes Essen, wie es inmitten einer solchen Katastrophe nur sein konnte. Freilich war die Mahlzeit traurig; die Essenden begossen ihr Brot mit Tränen; aber Pangloss tröstete sie und versicherte ihnen, daß die Dinge gar nicht anders sein konnten. „Denn", sagte er, „alles das ist nur zum Besten. Wenn es nämlich einen Vulkan in Lissabon gibt, konnte er nicht woanders sein, denn es ist unmöglich, daß die Dinge sich nicht dort befinden, wo sie sind. Alles nämlich ist gut, wie es ist."

Ein kleiner dunkler Mann, ein Späher der Inquisition, der neben ihm saß, ergriff höflich das Wort und sagte: „Offenbar glaubt der Herr nicht an die Erbsünde; denn wenn alles zum besten steht, gibt es weder Sündenfall noch Strafe."

„Ich bitte Eure Exzellenz in aller Demut um Vergebung", antwortete Pangloss noch höflicher, „aber Sündenfall und Fluch ereigneten sich notwendigerweise in der besten aller möglichen Welten." – „Der Herr glaubt also nicht an die Freiheit?" sagte der Späher. – „Eure Exzellenz werden entschuldigen", sagte Pangloss, „die Freiheit kann durchaus neben der absoluten Notwendigkeit existieren; denn es war notwendig, daß wir frei seien; schließlich ist der determinierte Wille ..." Pangloss war in der Mitte seines Satzes, als der Späher seinem Diener, der ihm Portwein oder Oportowein einschenkte, zunickte.

SECHSTES KAPITEL

Wie man ein schönes Autodafé
zur Verhinderung von Erdbeben veranstaltete,
und wie Candide eine Tracht Prügel erhielt

Nach dem Erdbeben, das drei Viertel von Lissabon zerstört hatte, hatten die Weisen des Landes kein wirksameres Mittel gefunden, um den totalen Ruin der Stadt zu verhindern, als dem

Volk ein schönes Autodafé vorzuführen; von der Universität von Coimbra war entschieden worden, das Schauspiel einiger auf kleinem Feuer und unter großen Zeremonien verbrannter Leute sei ein nie versagendes geheimes Mittel, die Erde am Beben zu hindern.

So hatte man denn einen Mann aus der Provinz Biskaya ergriffen, der der Heirat mit seiner Gevatterin überführt war, sowie zwei Portugiesen, die ein Huhn gegessen und dabei den Speck weggeworfen hatten. Nun fesselte man nach dem Essen den Doktor Pangloss und seinen Schüler Candide, den einen, weil er gesprochen, den anderen, weil er mit dem Ausdruck der Billigung zugehört hatte: beide wurden gesondert in außerordentlich kühle Gemächer gebracht, in denen einen die Sonne nie belästigte. Acht Tage später kleidete man beide in einen Sanbenito und schmückte ihre Häupter mit Mitren aus Papier: die Mitra und der Sanbenito Candides waren mit abwärts gerichteten Flammen und Teufeln ohne Schwänze und Klauen bemalt; aber die Teufel von Pangloss besaßen Klauen und Schwänze, und die Flammen züngelten empor. So gekleidet, schritten sie in Prozession einher und hörten eine sehr pathetische Predigt an, auf die ein schöner, eintöniger Kirchengesang folgte. Candide wurde im Takt auf den Hintern geschlagen, während man sang; der Mann von der Biskaya und die beiden Männer, die auf keinen Fall hatten Speck essen wollen, wurden verbrannt und Pangloss gehängt, obwohl das eigentlich nicht üblich ist. Am gleichen Tage bebte die Erde mit entsetzlichem Donner von neuem.

Candide dachte voller Schrecken, sprachlos, außer sich, blutig und zitternd: „Wenn dies die beste aller möglichen Welten ist, wie müssen erst die anderen sein! Nun gut, ich wurde nur geprügelt, wie einst bei den Bulgaren. Aber Ihr, mein lieber Pangloss, größter aller Philosophen, mußte ich Euch denn hängen sehen, ohne zu wissen warum? Mein teurer Wiedertäufer, bester unter den Menschen, mußtet Ihr im Hafen ertränkt werden? Ach, Fräulein Kunigunde, Perle unter den Mädchen, mußte man Euch unbedingt den Bauch aufschlitzen?“

Er wollte gehen, während er sich mit Mühe aufrecht hielt, mit Predigt, Prügeln, Absolution und Segen wohlversehen, als eine Alte auf ihn zutrat und sagte: „Mein Sohn, faßt Mut, folgt mir.“

SIEBENTES KAPITEL

Wie eine Alte Candide pflegte, und wie er wiederfand, was er liebte

Candide faßte keineswegs Mut, aber folgte der Alten in eine Hütte. Sie gab ihm einen Topf mit Salbe zum Einreiben und ließ ihm etwas zu essen und zu trinken da; sie zeigte ihm ein kleines, ziemlich sauberes Bett; neben dem Bett lag ein vollständiger Anzug. „Eßt, trinkt, schlaft", sagte sie ihm, „und mögen sich unsere liebe Frau von Atocha, der heilige Antonius von Padua und der heilige Jakob von Compostella Eurer annehmen. Morgen komme ich wieder." Candide, immer noch erstaunt darüber, was er gesehen und erlitten hatte, vor allem aber über die Mildtätigkeit der Alten, wollte ihr die Hand küssen. „Nicht meine Hand müßt Ihr küssen", sagte die Alte, „ich komme morgen wieder. Reibt Euch mit der Salbe ein, eßt und schlaft."

Candide aß und schlief, all seinem Ungemach zum Trotz. Am nächsten Tag bringt ihm die Alte ein Frühstück, untersucht seinen Rücken, reibt ihn selber mit einer anderen Salbe ein; dann bringt sie ihm das Mittagessen; abends kommt sie wieder und bringt ihm das Abendbrot. Am übernächsten Tag wiederholte sie die gleichen Zeremonien. „Wer seid Ihr?" fragte Candide immer wieder. „Wer hat Euch so viel Güte eingegeben? Wie kann ich Euch danken?" Die gute Frau erwiderte kein einziges Wort; sie kam am Abend wieder und brachte nichts zu essen. „Kommt mit mir", sagte sie, „und sprecht kein Wort." Sie faßt ihn unter dem Arm und führt ihn etwa eine viertel Meile weit durchs Land: sie erreichen ein vereinzeltes Haus, das von Gärten und Wassergräben umgeben ist. Die Alte klopft an eine kleine Tür. Man öffnet; sie führt Candide über eine verborgene Treppe in ein goldgeschmücktes Kabinett, läßt ihn sich auf ein mit Brokat bezogenes Sofa niedersetzen, schließt die Tür und geht. Candide glaubt zu träumen. Er betrachtete sein ganzes bisheriges Leben wie einen bösen und den gegenwärtigen Augenblick wie einen freundlichen Traum.

Die Alte kam bald wieder; sie stützte mit Mühe eine zitternde, majestätisch gewachsene, von Edelsteinen funkelnde verschleierte Frau. „Nehmt ihr den Schleier ab", sagte die Alte zu Candide. Der junge Mann tritt näher; schüchtern hebt er den Schleier. Welch ein Augenblick! Welche Überraschung! Er glaubt Fräulein Kunigunde zu sehen; er sah sie in der Tat, sie war es selbst. Seine Kräfte schwinden, er kann nicht ein Wort hervorbringen, er fällt ihr zu Füßen. Kunigunde fällt auf das Sofa. Die Alte besprengt sie mit belebenden Wassern; die Sinne kehren ihnen zurück, sie reden einander an: zunächst nur abgebrochene Worte, einander sich kreuzende Fragen und Antworten, Seufzer, Tränen, Aufschreie. Die Alte empfiehlt ihnen, weniger Lärm zu machen, und läßt sie dann allein. „Wie! Ihr seid es", sagt Candide, „Ihr seid am Leben! In Portugal finde ich Euch wieder! Man hat Euch also nicht vergewaltigt? Man hat Euch nicht den Bauch aufgeschlitzt, wie mir der Philosoph Pangloss versichert hatte?" – „Doch, doch", sagt die schöne Kunigunde, „aber man stirbt nicht immer an diesen beiden Unfällen." – „Aber Euer Vater und Eure Mutter wurden getötet?" – „Das ist nur allzu wahr", sagt Kunigunde weinend. – „Und Euer Bruder?" – „Auch mein Bruder wurde umgebracht." – „Und aus welchem Grunde seid Ihr in Portugal? Und wie habt Ihr gewußt, daß ich hier bin? Und auf welch seltsame Weise habt Ihr mich in dieses Haus bringen lassen?" – „Ich werde Euch dies alles berichten", erwiderte die Dame, „aber Ihr müßt mir zuvor erzählen, was alles Euch seit dem unschuldigen Kuß geschah, den Ihr mir gabt, und den Fußtritten, die Ihr bekamt."

Candide gehorchte mit tiefem Respekt; und obwohl es ihm zunächst die Sprache verschlug, obwohl seine Stimme schwach war und zitterte, obwohl ihm das Rückgrat noch ein wenig schmerzte, erzählte er auf die naivste Weise alles, was er seit dem Moment ihrer Trennung erlebt hatte. Kunigunde hob die Augen gen Himmel; sie vergoß Tränen, als sie vom Tode des guten Wiedertäufers und des Pangloss hörte; danach richtete sie folgende Worte an Candide, der nicht eines überhörte und sie mit den Blicken verschlang.

ACHTES KAPITEL

Kunigundes Geschichte

„Ich lag in meinem Bett in tiefem Schlaf, als es dem Himmel gefiel, die Bulgaren in unser schönes Schloß von Thunder-ten-tronckh zu senden; sie brachten meinen Vater und meinen Bruder um und hauten meine Mutter in Stücke. Ein großer, sechs Fuß hoher Bulgare, der merkte, daß ich bei diesem Anblick das Bewußtsein verloren hatte, begann mich zu vergewaltigen; dies rief mich ins Leben zurück, ich kam wieder zu Sinnen, ich schrie, ich strampelte, ich biß, ich kratzte, ich wollte dem großen Bulgaren die Augen ausreißen, da ich nicht wußte, daß alles, was im Schloß meines Vaters geschah, durchaus üblich war: der rohe Kerl gab mir einen Messerstich in die linke Seite, von dem ich noch eine Narbe habe." – „Ach, ich hoffe sehr, sie sehen zu können", sagte der naive Candide. – „Ihr werdet sie sehen", sagte Kunigunde, „aber fahren wir fort." – „Fahrt fort", sagte Candide.

Sie nahm den Faden ihrer Geschichte wieder auf. „Ein bulgarischer Hauptmann trat ein, sah mich blutüberströmt sowie den Soldaten, der sich nicht stören ließ. Der Hauptmann geriet in Wut über den geringen Respekt, den ihm der rohe Bursche bezeigte, und tötete ihn auf meinem Körper. Danach ließ er mich verbinden und brachte mich als Kriegsgefangene in sein Quartier.

Ich wusch die wenigen Hemden, die er besaß, ich kochte für ihn; er fand mich, ich gebe es zu, sehr hübsch; und ich leugne nicht, daß er sehr gut aussah und eine weiße und zarte Haut hatte; er besaß übrigens wenig Geist, wenig Philosophie: man sah deutlich, daß er nicht von Doktor Pangloss erzogen worden war. Nach drei Monaten hatte er all sein Geld verloren und genug von mir und verkaufte mich an einen Juden namens Don Issachar, der in Holland und Portugal Handel trieb und die Frauen leidenschaftlich liebte. Dieser Jude verliebte sich sehr in mich, konnte mich aber nicht erobern; ich widerstand ihm besser als dem bulgarischen Soldaten. Eine Person von Ehre kann einmal genotzüchtigt werden, aber ihre Tugend festigt sich dadurch nur um so mehr.

Um mich nachgiebig zu machen, brachte mich der Jude in dieses Landhaus hier. Bis dahin hatte ich geglaubt, es gäbe nichts Schöneres auf Erden als das Schloß von Thunder-ten-tronckh; ich wurde eines Besseren belehrt.

Der Großinquisitor bemerkte mich eines Tages in der Messe, er betrachtete mich genau durch sein Glas und ließ mir sagen, er habe mit mir geheimer Angelegenheiten wegen zu reden. Ich wurde in seinen Palast gebracht; ich teilte ihm mit, wer ich bin; er stellte mir vor Augen, wie sehr es unter meiner Würde sei, einem Israeliten anzugehören. In seinem Namen schlug man Don Issachar vor, mich an Hochwürden abzutreten. Don Issachar, der Hofbankier und ein einflußreicher Mann ist, wollte darauf nicht eingehen. Der Inquisitor drohte ihm mit einem Autodafé. Schließlich schloß mein eingeschüchterter Jude einen Handel ab, demzufolge das Haus und ich beiden gemeinsam gehören sollten; der Jude sollte den Montag, Mittwoch und den Sabbat für sich haben, der Inquisitor die anderen Tage der Woche. Seit sechs Monaten besteht dieses Abkommen. Es ging dabei nicht ohne Zwist ab; denn oft herrschte Unklarheit, ob die Nacht vom Samstag auf den Sonntag dem Alten oder dem Neuen Bund zukäme. Was mich angeht, so widerstand ich bisher beiden, und ich glaube, daß ich aus diesem Grunde immer geliebt wurde.

Schließlich gefiel es dem Herrn Inquisitor, um die Strafe der Erdbeben von uns abzuwenden und Don Issachar einzuschüchtern, ein Autodafé zu zelebrieren. Er erwies mir die Ehre, mich dazu einzuladen. Ich bekam einen sehr guten Platz; zwischen Messe und Hinrichtung servierte man den Damen Erfrischungen. Um die Wahrheit zu sagen: ich wurde von Schrecken ergriffen, als ich die beiden Juden und den braven Kerl aus Biskaya, der seine Gevatterin geheiratet hatte, brennen sah; wie groß aber war meine Überraschung, mein Entsetzen, meine Verwirrung, als ich in einem Sanbenito und unter einer Mitra ein Antlitz erblickte, das dem des Pangloss glich! Ich rieb mir die Augen, ich blickte aufmerksam hin, ich sah ihn hängen; mir wurde ganz schwach. Kaum war ich wieder bei Bewußtsein, sah ich Euch nackt und bloß dastehen: das war die Höhe des Entsetzens, der Betroffenheit, des Schmerzes und der Verzweiflung. Ich sage Euch aufrichtig, Eure Haut ist noch weißer und von noch vollkommenerem Rosa als die meines bulgarischen Hauptmanns. Dieser Anblick verdoppelte die Gefühle, die mich bedrängten, die mich verzehrten. Ich schrie auf, ich wollte sagen: ‚Haltet ein, Barbaren!', aber meine Stimme versagte, meine Schreie wären nutzlos verhallt. Als man Euch kräftig ausgepeitscht hatte, sagte ich mir: ‚Wie ist es möglich, daß der liebenswürdige Candide und der weise Pangloss sich in Lissabon befinden, der eine, um hundert Geißelhiebe zu empfangen, der andere, um auf Befehl des Herrn Inquisitors, dessen Geliebte ich bin, gehängt zu werden? So hat mich denn Pangloss grausam getäuscht, als er mir sagte, es stünde alles zum besten in der Welt.'

Bestürzt, verwirrt, bald außer mir, bald bereit, vor Schwäche zu sterben, war ich erfüllt von der Erinnerung an die Ermordung meines Vaters, meiner Mutter, meines Bruders, an die Unverschämtheit des bösen bulgarischen Soldaten, an den Messerstich, den er mir gab, an meine Knechtschaft, mein Köchinnendasein, meinen bulgarischen Hauptmann, meinen widerlichen Don Issachar, meinen scheußlichen Inquisitor, an die Erhängung des Doktor Pangloss, das lange eintönige Miserere, währenddessen man Euch den Hintern versohlte, und vor allem an den Kuß, den ich Euch hinter einem Wandschirm an jenem Tag gab, da ich Euch zum letzten Male sah. Ich lobte Gott, der Euch durch so viele Prüfungen hindurch zu mir zurückgeführt hatte. Ich befahl meiner Alten, sich um Euch zu kümmern und Euch so bald wie möglich herzubringen. Sie erfüllte meinen Auftrag aufs beste; ich empfand die unsagbare Freude, Euch wiederzusehen, Euch anzuhören, zu Euch zu sprechen. Ihr müßt schrecklichen Hunger haben; ich habe einen mächtigen Appetit; laßt uns zu Abend essen."

Schon begeben sich beide zu Tisch; und nach dem Essen wechseln sie auf das schöne, bereits erwähnte Sofa hinüber; dort befanden sie sich, als Signor Don Issachar, einer der Hausherren, eintraf. Es war der Tag des Sabbat. Er kam, um seine Rechte wahrzunehmen und seiner zärtlichen Liebe Ausdruck zu geben.

NEUNTES KAPITEL

Was aus Kunigunde, Candide, dem Großinquisitor und einem Juden wurde

Dieser Issachar war der jähzornigste Hebräer, den man im Volk Israel seit der Babylonischen Gefangenschaft gesehen hatte.

„Wie", sagte er, „galiläische Hündin, ist es mit dem Herrn Inquisitor noch nicht genug? Muß auch noch dieser Schuft mit mir teilen?" Während er dies sagte, zieht er einen langen Dolch, den er immer bei sich trug, und wirft sich in dem Glauben, die Gegenpartei sei unbewaffnet, auf Candide; aber unser guter Westfale hatte von der Alten zusammen mit dem vollständigen Anzug einen schönen Degen erhalten. Wenn auch von sanftem Wesen, zieht er ihn und streckt den Israeliten sogleich mausetot zu Boden, der schönen Kunigunde vor die Füße.

„Heilige Jungfrau!" rief sie aus. „Was soll aus uns werden? Ein Mann, umgebracht bei mir! Wenn die Polizei kommt, sind wir verloren." – „Wäre Pangloss nicht gehängt worden", sagte Candide, „würde er uns in dieser extremen Lage einen guten Rat geben, denn er war ein großer Philosoph. Mangels seiner wollen wir die Alte konsultieren." Sie drückte sich sehr vorsichtig aus und begann gerade ihre Meinung zu sagen, als eine andere kleine Tür aufging. Es war eine Stunde nach Mitternacht und der Beginn des Sonntags. Dieser Tag gehörte dem Herrn Inquisitor. Er tritt ein und sieht den verprügelten Candide mit dem Degen in der Hand, einen Toten am Boden, die erschrockene Kunigunde und die Alte beim Erteilen von Ratschlägen.

Hier nun das, was in diesem Augenblick in Candides Seele vorging und wie er überlegte: ‚Wenn dieser heilige Mann Hilfe herbeiruft, läßt er mich unausbleiblich verbrennen; er könnte Kunigunde gegenüber ebenso handeln; er hat mich ohne Erbarmen auspeitschen lassen; er ist mein Rivale; ich bin gerade beim Umbringen, da gibt es kein langes Zögern.' Diese Überlegung erfolgte klar und schnell; und ohne dem Inquisitor Zeit zu lassen, sich von seiner Überraschung zu erholen, durchbohrt er ihn von einem Ende zum andern und streckt ihn neben dem Juden zu Boden. „Also noch einer", sagte Kunigunde, „da ist keine Gnade mehr zu erhoffen; wir werden exkommuniziert, unsere letzte Stunde ist gekommen. Wie habt Ihr, der eigentlich so Sanfte, es nur angestellt, innerhalb von zwei Minuten einen Juden und einen Prälaten umzubringen?" – „Mein schönes Fräulein", erwiderte Candide, „wenn man verliebt und eifersüchtig ist und die Inquisition einen ausgepeitscht hat, kennt man sich selber nicht mehr."

Nun ergriff die Alte das Wort und sagte: „Im Stall stehen drei andalusische Pferde mit Sätteln und Zaumzeug: möge der tapfere Candide sie zurüsten; die gnädige Frau hat Dublonen und Diamanten: besteigen wir schnell die Pferde, wenn ich mich auch nur auf einer Hinterbacke zu halten vermag, und reiten wir nach Cadix; wir haben das schönste Wetter der Welt, und es macht viel Vergnügen, in der nächtlichen Kühle zu reisen."

Sogleich sattelt Candide die drei Pferde. Kunigunde, die Alte und er legen hintereinander dreißig Meilen zurück. Während sie sich entfernten, erscheint die heilige Hermandad im Haus; man setzt Hochwürden in einer schönen Kirche bei und wirft Issachar auf den Schindanger.

Candide, Kunigunde und die Alte befanden sich bereits in der kleinen Stadt Avacena inmitten der Berge der Sierra Morena; und folgendermaßen redeten sie in einem Wirtshaus miteinander.

ZEHNTES KAPITEL

In welchem traurigen Zustand Candide, Kunigunde und die Alte in Cadix ankommen und wie sie sich einschiffen

„Wer hat mir nur meine Dublonen und Diamanten gestohlen?" sagte Kunigunde weinend. „Wovon sollen wir leben? Was werden wir tun? Wo jetzt Inquisitoren und Juden hernehmen, die mir neue geben könnten?" – „Ach", sagte die Alte, „ich hege einen starken Verdacht gegen einen Franziskaner, der gestern in der gleichen Herberge wie wir in Badajoz übernachtete; Gott bewahre mich vor einem voreiligen Urteil, aber er betrat zweimal unsere Kammer und verließ lange vor uns das Haus." – „Ach ja", sagte Candide, „der gute Pangloss bewies mir oft, daß die Güter dieser Erde allen Menschen gemeinsam sind und jeder das gleiche Recht auf sie besitzt. Der Franziskaner hätte in Übereinstimmung mit diesen Grundsätzen uns etwas übriglassen sollen, damit wir unsere Reise beenden können. Es ist Euch also nichts geblieben, meine schöne Kunigunde?" – „Nicht ein Maravedí", sagte sie. – „Was sollen wir tun?" sagte Candide. – „Verkaufen wir eines der Pferde", sagte die Alte, „ich setze mich hinter das Fräulein, obwohl ich mich nur auf einer Hinterbacke halten kann, und so kommen wir nach Cadix."

Im gleichen Gasthof wohnte ein Benediktinerprior; er kaufte das Pferd zu einem günstigen Preis. Candide, Kunigunde und die Alte ritten über Lucena, Chillas und Lebrixa weiter und erreichten schließlich Cadix. Hier rüstete man gerade eine Flotte aus und zog Truppen zusammen, um die hochwürdigen Jesuitenpadres von Paraguay zur Vernunft zu bringen. Man beschuldigte sie, einen ihrer Stämme in der Nähe der Stadt San Sacramento gegen die Könige von Spanien und Portugal aufgewiegelt zu haben. Candide, der bei den Bulgaren gedient hatte, führte das bulgarische Exerzierreglement vor dem General der kleinen Armee mit solcher Anmut, Schnelligkeit, Geschicklichkeit, Kühnheit und Behendigkeit aus, daß man ihm eine Kompanie Fußvolk unterstellte. So ist er denn Hauptmann; er schifft sich mit Fräulein Kunigunde, der Alten, zwei Dienern und den beiden andalusischen Pferden ein, die dem Herrn Großinquisitor von Portugal gehört hatten.

Während der ganzen Überfahrt besprachen sie lange die Philosophie des armen Pangloss. „Wir sind auf dem Weg in eine andere

Welt", sagte Candide, „sicher wird in ebendieser alles zum Guten stehen. Denn eigentlich hätte man schon Grund zu beklagen, was in der unseren in physischer und moralischer Hinsicht geschieht." – „Ich liebe Euch von ganzem Herzen", sagte Kunigunde, „aber meine Seele ist noch voller Schrecken über all das, was ich gesehen und erlitten habe." – „Alles wird gut werden", entgegnete Candide, „das Meer dieser neuen Welt ist bereits besser als die Meere unseres Europa; es ist ruhiger, und die Winde sind beständiger. Gewiß ist die neue Welt die beste aller möglichen Welten." – „Das wolle Gott!" sagte Kunigunde. „Aber ich war so furchtbar unglücklich in der meinen, daß mein Herz sich jeder Hoffnung beinahe ganz verschließt." – „Ihr beklagt Euch", sagte die Alte zu beiden, „ach, Euch ist nichts widerfahren, was meinem Unglück gleichkäme." Kunigunde hätte beinahe aufgelacht und fand die gute Frau drollig, die behauptete, unglücklicher zu sein als sie. „Ach", sagte sie, „meine Gute, sofern Ihr nicht von zwei Bulgaren vergewaltigt wurdet, nicht zwei Messerstiche in den Bauch bekamt, sofern nicht zwei Eurer Schlösser zerstört wurden, vor Euren Augen nicht zwei Mütter und zwei Väter ermordet wurden, nicht zwei Eurer Liebhaber bei einem Autodafé vor Euren Augen ausgepeitscht wurden, kann ich nicht begreifen, wie Ihr über mich den Sieg davontragen wollt; kommt noch hinzu, daß ich eine geborene Baronesse mit zweiundsiebzig Vorfahren bin und als Köchin dienen mußte." – „Mein Fräulein", erwiderte die Alte, „Ihr kennt nicht meine Herkunft; und wenn ich Euch meinen Hintern zeigen würde, würdet Ihr nicht so reden und in Eurem Urteil vorsichtiger sein." Diese Worte ließen in Kunigundes und Candides Herzen eine außerordentliche Neugier wach werden. Die Alte erzählte ihnen folgendes.

ELFTES KAPITEL

Geschichte der Alten

„Nicht immer hatte ich rotumränderte, blutunterlaufene Augen; meine Nase hing nicht immer auf mein Kinn herab, und ich war nicht immer Dienerin. Ich bin die Tochter des Papstes Urban X. und der Prinzessin von Palestrina.* Man zog mich bis zu

* Man beachte die außerordentliche Diskretion des Autors; es gab bis heute keinen Papst namens Urban X.; er scheut sich, einem bekannten Papst eine illegitime Tochter zuzuschreiben. Welche Aufmerksamkeit! Welcher Herzenstakt!

meinem vierzehnten Jahr in einem Palast auf, für den sämtliche Schlösser Eurer deutschen Barone nicht einmal als Pferdeställe gut gewesen wären; und ein einziges meiner Kleider war mehr wert als alle Herrlichkeiten Westfalens zusammengenommen. Ich nahm an Schönheit, Anmut und Talenten zu. Vergnügungen, Respektsbezeugungen und Erwartungen umgaben mich. Schon flößte ich Liebe ein, meine Brust formte sich; und welche Brust! Weiß, fest, gewölbt wie die der Venus von Medici. Und welche Augen! Welche Wimpern! Welche schwarzen Augenbrauen! Welche Flammen sprühten in meinen Augen und ließen das Funkeln der Sterne verbleichen, wie mir die Hofdichter versicherten. Die Frauen, die mich ankleideten und entkleideten, fielen in Ekstase, wenn sie mich von vorn und hinten betrachteten, und alle Männer wären gern an ihrer Stelle gewesen.

Ich wurde mit einem herrschenden Fürsten von Massa-Carrara verlobt. Welch ein Fürst! Ebenso schön wie ich, von Sanftmut und allen angenehmen Eigenschaften gebildet, glänzend von Geist und von Liebe glühend. Ich liebte ihn, wie man zum erstenmal liebt, ich vergötterte ihn, ich war von ihm hingerissen. Die Vermählung wurde vorbereitet. Ein unerhörter Pomp, eine beispiellose Pracht entfalteten sich; da gab es ständig Feste, Ringelstechen, komische Opern; und ganz Italien schrieb Sonette zu meinen Ehren, von denen nicht eines etwas taugte. Mein höchstes Glück stand bevor, als eine alte Marquise, die die Mätresse meines Fürsten gewesen war, ihn zu einer Tasse Schokolade einlud. Er starb in weniger als zwei Stunden unter gräßlichen Zuckungen. Aber das ist nur eine Bagatelle. Meine Mutter wollte in ihrer Verzweiflung, wenn auch viel weniger betroffen als ich, sich auf einige Zeit von einem so unheilvollen Ort trennen. Sie hatte ein sehr schönes Gut in der Nähe von Gaeta. Wir bestiegen eine der landesüblichen Galeeren, die vergoldet war wie der Altar von Sankt Peter in Rom. Und schon stößt ein Korsar von Salé auf uns und entert uns. Unsere Soldaten verteidigen sich wie Soldaten des Papstes: sie fielen allesamt auf die Knie, warfen ihre Waffen weg und baten den Korsaren um Absolution in articulo mortis.

Sogleich zog man sie aus, daß sie nackt wie die Affen waren, desgleichen meine Mutter, unsere Ehrendamen und auch mich. Es ist bewunderungswürdig, mit welcher Schnelligkeit diese Herren die Leute ausziehen. Was mich aber in noch größeres Staunen versetzte, war der Umstand, daß sie uns den Finger in eine Stelle steckten, wo wir Frauen uns im allgemeinen nur Klistierspritzen einführen lassen. Diese Zeremonie erschien mir sehr seltsam: so urteilt man nun einmal, wenn man nie von zu Hause weggekommen ist. Ich begriff bald, daß sie das taten, um herauszubekommen, ob wir nicht an dieser Stelle ein paar Diamanten versteckt hatten: es ist ein seit undenklichen Zeiten etablierter Brauch unter den gesitteten Nationen, die die Meere befahren. Ich erfuhr, daß die Herren Malteserritter nie gegen diesen Brauch verstoßen, wenn sie Türken und Türkinnen in ihre Gewalt bekommen; es handelt sich um eine Bestimmung des Völkerrechts, gegen die nie verstoßen wurde.

Ich brauche Euch nicht zu sagen, wie hart es für eine junge Fürstin ist, mit ihrer Mutter als Sklavin nach Marokko verschleppt zu werden. Ihr könnt Euch zur Genüge vorstellen, was alles wir an Bord des Korsarenschiffes zu erdulden hatten. Meine Mutter war noch sehr schön; unsere Ehrendamen, unsere einfachen Kammerzofen besaßen mehr Reize, als man sie in ganz Afrika finden kann. Was mich betraf, so war ich entzückend, ich war die Schönheit und Anmut selbst und außerdem Jungfrau; ich blieb es nicht lange: jene Blüte, die dem schönen Fürsten von Massa-Carrara vorbehalten war, wurde mir von dem Korsarenkapitän geraubt. Er war ein scheußlicher Neger, der dazu noch glaubte, mir eine große Ehre zu erweisen. Gewiß mußten die Frau Fürstin von Palestrina und ich über eine beträchtliche Kraft verfügen, um all das auszuhalten, was wir bis zu unserer Ankunft in Marokko zu erdulden hatten. Aber lassen wir das; es handelt sich da um so übliche Dinge, daß man darüber nicht weiter zu reden braucht.

Marokko schwamm im Blut, als wir dort ankamen. Von den fünfzig Söhnen des Kaisers Muley Ismael besaß jeder seine eigene Partei: was nun fünfzig Bürgerkriege verursachte, Schwarze gegen Schwarze, Schwarze gegen Braune, Braune gegen Braune, Mulatten gegen Mulatten. Es fand eine unablässige Schlächterei im gesamten Reich statt.

Kaum hatte man uns ausgeschifft, als Schwarze einer der Partei meines Korsaren feindlichen Richtung auftauchten, um ihm seine Beute abzunehmen. Wir waren, nach den Diamanten und dem Gold, das Wertvollste, was er besaß. Ich wurde Zeuge eines Kampfes, wie Ihr in Euren europäischen Breiten ihn nie zu sehen bekommt. Die Völker des Nordens haben nicht so feuriges Blut. Sie haben nicht diese Gier nach Frauen, wie sie in Afrika allgemein verbreitet ist. Es scheint, als ob Eure Europäer Milch in den Adern hätten; dagegen fließen Vitriol und Feuer in denen der Bewohner des Atlasgebirges und der umliegenden Länder. Man kämpfte mit der Raserei der Löwen, Tiger und Schlangen jener Gegend, um herauszubekommen, wem wir gehören sollten. Ein Maure packte meine Mutter am rechten Arm, der Leutnant meines Kapitäns hielt sie am linken Arm; ein maurischer Soldat ergriff sie an einem Bein, einer unserer Piraten am anderen. Unsere Mädchen wurden fast alle in einem Augenblick auf diese Weise von vier Soldaten hin und her gezerrt. Mein Kapitän hatte mich hinter seinem Rücken versteckt. Er hielt den Krummsäbel in der Faust und machte alles nieder, was sich seiner Wut widersetzte. Schließlich sah ich, wie alle unsere Italienerinnen und meine Mutter von den um sie streitenden Ungeheuern zerfetzt, in Stücke gehauen, massakriert wurden. Meine gefangenen Gefährten, jene, die sie gefangengenommen hatten, Soldaten, Matrosen, Schwarze, Braune, Weiße, Mulatten, und schließlich auch mein Kapitän, alles wurde umgebracht, und ich blieb sterbend auf einem Haufen von Toten liegen. Gleiche Szenen spielten sich, wie man weiß, im Umkreis von mehr als dreihundert Meilen ab, ohne daß man deshalb es an den von Mohammed angeordneten täglichen fünf Gebeten fehlen ließ.

Mit großer Mühe befreite ich mich aus der Masse so vieler aufeinanderliegender blutiger Leichen und schleppte mich unter einen hohen Orangenbaum am Rande eines nahen Baches; dort fiel ich vor Schrecken, Erschöpfung, Entsetzen, Verzweiflung und Hunger zu Boden. Bald darauf gaben sich meine bedrängten Sinne einem Schlummer hin, der mehr einer Ohnmacht als der Ruhe ähnelte. Ich lag in diesem Zustand von Schwäche und Empfindungslosigkeit zwischen Tod und Leben, als ich etwas auf mir lasten fühlte, das sich auf meinem Körper bewegte. Ich öffnete die Augen und erblickte einen Weißen von angenehmem Äußeren, der seufzte und zwischen den Zähnen hervorstieß: ‚O che sciagura d'essere senza c …!'[1]

ZWÖLFTES KAPITEL

Fortsetzung der Mißgeschicke der Alten

Erstaunt und entzückt, die Sprache meiner Heimat zu hören, und nicht weniger überrascht von den Worten, die der Mann äußerte, erwiderte ich, es gäbe Schlimmeres als das Ungemach,

1 (ital.) Oh, welch ein Unglück, wenn man keine Eier mehr hat!

das er beklagte. Ich unterrichtete ihn mit wenigen Worten von den Schrecknissen, die ich durchgemacht hatte, und sank wieder in meine Schwäche zurück. Er trug mich in ein benachbartes Haus, ließ mich zu Bett bringen und mir zu essen geben, bediente mich, tröstete mich, liebkoste mich, sagte mir, er habe noch nie etwas so Schönes gesehen wie mich und noch nie so sehr das vermißt, was ihm niemand wiedergeben konnte. ‚Ich kam in Neapel zur Welt', sagte er, ‚man verschneidet dort jährlich zwei- oder dreitausend Kinder; die einen sterben daran, die anderen bekommen eine Stimme, die schöner als die der Frauen ist, die dritten machen sich daran, Staaten zu regieren. Man operierte mich mit dem größten Erfolg, und ich wurde Sänger in der Kapelle der Frau Fürstin von Palestrina.' – ‚Meiner Mutter!' rief ich aus. – ‚Eurer Mutter!' rief er seinerseits unter Tränen. ‚Wie, solltet Ihr die junge Fürstin sein, die ich bis zum Alter von sechs Jahren unterrichtete und die damals bereits versprach, ebenso schön zu werden, wie Ihr jetzt seid?' – ‚Ich bin es; meine Mutter liegt vierhundert Schritte von hier, in Stücke gehauen unter einem Haufen von Toten …'

Ich erzählte ihm alles, was mir widerfahren war; auch er erzählte mir seine Abenteuer und berichtete, wie er von einer christlichen Macht zum König von Marokko gesandt wurde. Er sollte mit diesem Monarchen einen Vertrag abschließen über die Lieferung von Pulver, Kanonen und Schiffen, die helfen sollten, den Handel anderer Christen zu vernichten. ‚Meine Mission ist erfüllt', sagte der brave Eunuch, ‚ich werde mich in Ceuta einschiffen und Euch nach Italien zurückbringen. Ma che sciagura d'essere senza c …!'

Ich dankte ihm und vergoß Tränen der Rührung; statt mich nach Italien zu bringen, brachte er mich nach Algier und verkaufte mich an den Dey dieser Provinz. Kaum war ich verkauft, als die Pest, die durch Afrika, Asien und Europa zog, mit großer Gewalt in Algier ausbrach. Ihr habt Erdbeben erlebt; aber, Fräulein, habt Ihr jemals die Pest gehabt?" – „Niemals", erwiderte die Baronesse.

„Hättet Ihr sie gehabt", fuhr die Alte fort, „würdet Ihr zugeben, daß sie ein Erdbeben weit übertrifft. Sie ist sehr verbreitet in Afrika; ich wurde von ihr befallen. Stellt Euch vor: welche Situation für die fünfzehnjährige Tochter eines Papstes, die innerhalb von drei Monaten Armut und Sklaverei durchgemacht hat, fast täglich vergewaltigt wurde, zusehen mußte, wie man ihre Mutter in Stücke hieb, Krieg und Hunger erduldete und an der Pest in Algier sterben sollte. Jedoch starb ich nicht an ihr. Dagegen kamen mein Eunuch und der Dey und fast der ganze Serail von Algier ums Leben.

Als das erste Wüten der schrecklichen Pest vorbei war, verkaufte man die Sklaven des Dey. Ein Händler erwarb mich und brachte mich nach Tunis; er verkaufte mich an einen anderen Händler, der mich nach Tripolis weiterverkaufte; von Tripolis wurde ich nach Alexandria, von Alexandria nach Smyrna, von Smyrna nach Konstantinopel verkauft. Schließlich wurde ich Eigentum eines Aga der Janitscharen, der bald abkommandiert wurde, um Asow gegen die russischen Belagerer zu verteidigen.

Der Aga, ein sehr galanter Mann, nahm seinen ganzen Serail mit und brachte uns in einem kleinen Fort an der Mäotischen See unter, das von zwei schwarzen Eunuchen und zwanzig Soldaten bewacht wurde. Man tötete Massen von Russen, aber sie zahlten es uns in gleicher Münze heim. Asow wurde gestürmt, und die Sieger achteten weder Geschlecht noch Alter; nur unser kleines Fort blieb übrig; die Feinde wollten uns aushungern. Die zwanzig Janitscharen hatten geschworen, sich nie zu ergeben. Das Übermaß des Hungers, dem sie ausgesetzt waren, zwang sie, aus Furcht, ihren Eid zu verletzen, unsere beiden Eunuchen zu verzehren. Nach einigen Tagen beschlossen sie, mit den Frauen gleichermaßen zu verfahren.

Wir hatten einen sehr frommen und mitleidigen Imam, der ihnen eine schöne Predigt hielt und sie so überredete, uns nicht gänzlich umzubringen. ‚Schneidet', so sagte er, ‚jeder dieser Damen nur eine Hinterbacke ab, ihr werdet eine vorzügliche Mahlzeit genießen; wenn ihr wieder etwas braucht, werdet ihr nach ein paar Tagen ebensoviel haben; der Himmel wird euch eine solche Barmherzigkeit lohnen und euch helfen.'

Seine Beredsamkeit war beträchtlich; er überzeugte sie. Man nahm die schreckliche Operation an uns vor. Der Imam behandelte uns mit dem gleichen Balsam, den man bei eben beschnittenen Knaben anwendet. Alle waren wir dem Tode nahe.

Kaum hatten die Janitscharen die Mahlzeit beendet, zu der wir ihnen verholfen hatten, als die Russen auf flachen Booten anlegten; nicht ein Janitschare entkam. Die Russen schenkten dem Zustand, in dem wir uns befanden, keinerlei Beachtung. Überall gibt es französische Wundärzte: einer von ihnen, der sehr geschickt war, nahm uns in Pflege; er heilte uns, und ich werde mich mein ganzes Leben hindurch erinnern, daß er mir, sobald meine Wunden zugeheilt waren, gewisse Anträge machte. Im übrigen sagte er uns allen, wir sollten uns trösten; er versicherte uns, derartiges sei schon bei mehreren Belagerungen geschehen und das sei nun einmal Kriegsbrauch.

Sobald meine Gefährtinnen gehen konnten, ließ man sie nach Moskau aufbrechen. Ich wurde einem Bojaren zugeteilt, der mich zu seiner Gärtnerin machte und mir täglich zwanzig Peitschenhiebe verabreichte. Da aber dieser Herr nach zwei Jahren zusammen mit etwa dreißig anderen Bojaren wegen irgendeines Zwistes am Hofe gerädert wurde, zog ich aus diesem Abenteuer Gewinn; ich flüchtete; ich zog durch ganz Rußland; lange Zeit hindurch war ich Kellnerin in Riga, dann in Rostock, Wismar, Leipzig, Kassel, Utrecht, Leiden, Den Haag, Rotterdam: ich wurde in Elend und Schande alt, hatte nur noch die Hälfte eines Hinterns und dachte dabei stets daran, daß ich die Tochter eines Papstes bin; hundertmal wollte ich mich umbringen, aber ich lebte immer noch gern. Diese lächerliche Schwäche ist vielleicht eine unserer übelsten Eigenschaften: denn gibt es etwas Dümmeres, als ständig eine Bürde tragen zu wollen, die man ständig abzuwerfen wünscht? Sich vor sich selber zu ekeln und doch an sich selber zu hängen? Schließlich die Schlange zu streicheln, die uns verschlingt, bis sie uns das Herz abgefressen hat?

Ich traf in den Ländern, die das Schicksal mich durchwandern ließ, und in den Gasthäusern, in denen ich diente, eine unglaubliche Anzahl von Leuten, die ihr Dasein verabscheuten, aber ich lernte nur zwölf kennen, die ihr Elend freiwillig selber beendeten: drei Neger, vier Engländer, vier Genfer und einen deutschen Professor namens Robeck. Schließlich wurde ich Bediente bei dem Juden Don Issachar; er gesellte mich Euch bei, mein schönes Fräulein; ich schloß mich Eurem Geschick an und war mehr mit Euern Erlebnissen als mit den meinen beschäftigt. Ich hätte Euch sogar von meinem Unglück nichts erzählt, wenn Ihr mich nicht ein wenig gereizt hättet und wenn es an Bord eines Schiffes nicht Brauch wäre, Geschichten zu erzählen, um sich die Zeit zu vertreiben. Schließlich, mein Fräulein, habe ich Erfahrung, ich kenne die Welt; bereitet Euch selber ein Vergnügen, bittet jeden Passagier, Euch seine Geschichte zu erzählen; und wenn es einen einzigen unter ihnen gibt, der nicht schon oft sein Leben verflucht hat, der sich nicht schon oft sagen mußte, er sei der unglücklichste aller Menschen, dann werft mich kopfüber ins Meer."

DREIZEHNTES KAPITEL

Wie Candide gezwungen war, sich von der schönen Kunigunde und der Alten zu trennen

Sobald die schöne Kunigunde die Geschichte der Alten vernommen hatte, erwies sie ihr jede Höflichkeit, die man einer Person ihres Ranges und Verdienstes schuldig ist. Sie nahm den Vorschlag an; sie forderte alle Passagiere auf, den einen nach dem anderen, ihre Erlebnisse zu berichten. Candide und sie gestanden, daß die Alte recht hatte. „Es ist schade", sagte Candide, „daß der weise Pangloss im Gegensatz zu dem üblichen Brauch bei einem Autodafé gehängt wurde; er könnte uns wundervolle Dinge über die physischen und moralischen Übel sagen, die sich über Land und Meer ausbreiten, und ich fühlte mich stark genug, um wagen zu können, ihm bei allem Respekt einige Einwände entgegenzuhalten."

Während nun jeder seine Geschichte erzählte, fuhr das Schiff weiter. Man legte in Buenos Aires an. Kunigunde, der Hauptmann Candide und die Alte suchten den Gouverneur Don Fernando d'Ibaraa y Figueora y Mascarenes y Lampourdos y Souza auf. Dieser Herr zeigte einen Stolz, wie er einem Manne mit so vielen Namen zukam. Er sprach zu den Leuten mit der nobelsten Herablassung und trug dabei die Nase so hoch, fuhr jeden so rücksichtslos an, redete in so imposantem Ton und stolzierte so erhaben einher, daß jeder, der mit ihm zu tun hatte, versucht war, ihn zu verprügeln. Er liebte die Frauen bis zur Wildheit. Kunigunde schien ihm das Schönste zu sein, was er je gesehen hatte. Als erstes fragte er sie, ob sie nicht die Frau des Hauptmanns sei. Die Art, wie er diese Frage stellte, beunruhigte Candide.

Er wagte nicht, sie als seine Frau zu bezeichnen, weil sie es in der Tat nicht war; er wagte nicht, sie seine Schwester zu nennen, weil sie es ebensowenig war; und obwohl diese Gefälligkeitslüge bei den Alten einst sehr in Mode gewesen war und bei den Zeitgenossen hätte nützlich sein können, war seine Seele zu rein, um die Wahrheit zu verleugnen. „Fräulein Kunigunde", sagte er, „wird mir die Ehre erweisen, mich zu heiraten, und wir bitten Eure Exzellenz zu geruhen, uns miteinander zu vermählen."

Don Fernando d'Ibaraa y Figueora y Mascarenes y Lampourdos y Souza zwirbelte seinen Schnurrbart, lächelte säuerlich und befahl dem Hauptmann Candide, seine Kompanie antreten zu lassen. Candide gehorchte; der Gouverneur blieb mit Fräulein Kunigunde allein. Er bekannte ihr seine leidenschaftliche Zuneigung und schwor, sie am nächsten Tag, kirchlich, oder auch anders, wie es ihr zusage, heiraten zu wollen. Kunigunde bat ihn um eine Viertelstunde Zeit, um sich bedenken, die Alte um ihren Rat bitten und sich entscheiden zu können.

Die Alte sagte zu Kunigunde: „Mein Fräulein, Sie besitzen zweiundsiebzig Vorfahren und keinen Pfennig; nur von Euch hängt es ab, die Frau des bedeutendsten Edelmanns von Südamerika zu werden, der dazu einen sehr schönen Schnurrbart hat; habt Ihr es nötig, auf eine über jeden Verdacht erhabene Treue stolz zu sein? Ihr seid von den Bulgaren vergewaltigt worden; ein Jude und ein Inquisitor haben Eure Gunst besessen: Ungemach verleiht einem Rechte. Ich gestehe, daß ich, wäre ich an Eurer Stelle, nicht die mindesten Skrupel hätte, den Herrn Gouverneur zu heiraten und das Glück des Herrn Hauptmann Candide zu machen." Während die Alte mit jener Einsicht redete, die Alter und Erfahrung verleihen, sah man ein kleines Schiff in den Hafen einfahren; ein Alkalde und einige Alguazils waren an Bord.

Folgendes war geschehen:

Die Alte hatte sehr richtig vermutet, daß ein gewissenloser Franziskaner sich in der Stadt Badajoz Kunigundes Geld und Schmuck angeeignet hatte, als sie mit Candide zusammen in aller Eile geflohen war. Der Mönch hatte einige Steine an einen Juwelier verkaufen wollen. Der Händler erkannte sie als das Eigentum des Großinquisitors. Der Franziskaner gestand vor dem Erhängtwerden, daß er sie gestohlen hatte; er beschrieb die Personen und den Weg, den sie eingeschlagen hatten. Die Flucht Kunigundes und Candides war bereits bekannt. Man folgte ihnen nach Cadix; ohne Zeit zu verlieren, sandte man ihnen ein Schiff nach. Das Schiff war bereits im Hafen von Buenos Aires. Das Gerücht verbreitete sich, ein Alkalde werde an Land gehen und daß man die Mörder des Herrn Großinquisitors verfolge. Die kluge Alte begriff sofort, was zu tun war. „Ihr könnt nicht fliehen", sagte sie zu Kunigunde, „und Ihr habt nichts zu befürchten; nicht Ihr habt Hochwürden umgebracht; übrigens wird der Gouverneur, der Euch liebt, nicht dulden, daß man Euch ein Leid zufügt; bleibt also hier." Sie läuft auf der Stelle zu Candide. „Flieht", sagt sie, „oder Ihr werdet in einer Stunde verbrannt." Kein Augenblick war zu verlieren; aber wie sollte er sich von Kunigunde trennen, und wohin sollte er fliehen?

VIERZEHNTES KAPITEL

Wie Candide und Cacambo von den Jesuiten in Paraguay aufgenommen wurden

Candide hatte aus Cadix einen Bedienten mitgebracht, wie man sie an den spanischen Küsten und in den Kolonien häufig findet. Er war zu einem Viertel Spanier und Sohn eines Mestizen aus Tucuman; er war Meßsänger, Sakristan, Matrose, Mönch, Bote, Soldat und Lakai gewesen. Er hieß Cacambo und liebte seinen Herrn sehr, weil dieser ein sehr guter Mann war. Er sattelte so schnell wie möglich die beiden andalusischen Pferde. „Auf, Herr, laßt uns dem Rat der Alten folgen; brechen wir auf und reiten wir, ohne uns umzusehen." Candide vergoß Tränen. „Ach, meine teure Kunigunde, muß ich Euch so verlassen, während der Herr Gouverneur gerade Eure Hochzeit zurüstet! Kunigunde, aus so weiter Ferne hierher geführt, was wird aus Euch werden?" – „Aus ihr wird, was aus ihr werden mag", sagte Cacambo, „die Frauen stehen sich nie selber im Wege; dafür sorgt Gott; laufen wir." – „Wohin führst du mich? Was machen wir ohne Kunigunde?" fragte Candide. – „Beim heiligen Jakob von Compostella", sagte Cacambo, „Ihr wolltet gegen die Jesuiten Krieg führen; laßt uns für sie Krieg führen: ich kenne die Wege zur Genüge, ich werde Euch in ihr Reich bringen, sie werden entzückt sein, einen Hauptmann zu haben, der auf bulgarisch exerzieren kann; Ihr werdet fabelhafte Reichtümer verdienen; kommt man in der einen Welt nicht auf seine Kosten, dann eben in einer anderen. Es macht viel Spaß, Neues zu sehen und zu tun."

„Du warst also schon in Paraguay?" fragte Candide. – „Und ob", sagte Cacambo, „ich war Pedell am Kollegium in Asunción und kenne das Reich der Padres wie die Straßen in Cadix. Diese Regierung ist etwas Wundervolles. Das Reich hat schon mehr als dreihundert Meilen Durchmesser; es besteht aus dreißig Provinzen. Die Padres besitzen alles und die Leute nichts; es ist ein Meisterwerk der Vernunft und der Gerechtigkeit. Was mich angeht, so kenne ich nichts Erhabeneres als die Padres, die hier gegen den König von Spanien und den König von Portugal Krieg führen und in Europa die Beichtväter dieser Könige sind; die hier Spanier umbringen und sie in Madrid gen Himmel senden: das entzückt mich einfach; gehen wir; Ihr werdet der glücklichste aller Menschen sein. Welche Freude werden die Padres empfinden, wenn sie erfahren, daß ein Hauptmann zu ihnen kommt, der auf bulgarisch exerzieren kann!“

Sobald sie am ersten Schlagbaum ankamen, sagte Cacambo dem Vorposten, daß ein Hauptmann den Herrn Kommandanten zu sprechen wünsche. Man benachrichtigte die Hauptwache. Ein paraguayischer Offizier lief zum Kommandanten, um ihm die Nachricht zu bringen. Candide und Cacambo wurden zunächst entwaffnet; man nahm ihnen ihre beiden andalusischen Pferde weg. Die beiden Fremden werden durch zwei Reihen von Soldaten hindurchgeführt; am Ende stand der Kommandant, den Dreispitz auf dem Kopf, mit zurückgeschlagenem Rock, den Degen an der Seite, das Sponton in der Hand. Er gab ein Zeichen; sogleich umstellen vierundzwanzig Soldaten die Ankömmlinge. Ein Sergeant sagte ihnen, daß sie zu warten hätten, der Kommandant könne nicht mit ihnen reden, der hochwürdige Pater Provinzial erlaube keinem Spanier, in seiner Abwesenheit den Mund aufzumachen und länger als drei Stunden im Lande zu bleiben. „Und wo ist der hochwürdige Pater Provinzial?“ fragte Cacambo. – „Er nimmt die Parade ab, nachdem er seine Messe gelesen hat“, erwiderte der Sergeant, „und ihr könnt ihm erst in drei Stunden die Sporen küssen.“ – „Aber“, sagte Cacambo, „der Herr Hauptmann, der, wie ich selber, vor Hunger umkommt, ist keineswegs Spanier, er ist Deutscher; könnten wir nicht frühstücken, während wir Hochwürden erwarten?“

Der Sergeant ging sofort, um dem Kommandanten diese Worte mitzuteilen. „Gott sei Dank“, sagte dieser Herr, „da er Deutscher ist, kann ich mit ihm reden; man bringe ihn in meine Laubhütte.“ Sogleich führt man Candide in einen aus Laub gebildeten Raum, der mit einem sehr hübschen Säulengang aus grüngoldenem Marmor versehen war und wo ein Gitterwerk Papageien, Kolibris, Perlhühner und alle möglichen anderen sehr seltenen Vögel umschloß. Ein vorzügliches Frühstück stand in goldenen Gefäßen bereit; und während die Paraguayer auf freiem Feld in der Sonnenglut Mais aus hölzernen Näpfen aßen, betrat der hochwürdige Pater Kommandant die Laubhütte.

Er war ein sehr schöner junger Mann mit vollem, ziemlich weißem Gesicht und roten Backen, gewölbten Augenbrauen, lebhaftem Blick, roten Ohren, purpurnen Lippen, von stolzem Aussehen, wie es weder einem Spanier noch einem Jesuiten eigen ist. Man gab Candide und Cacambo ihre Waffen, die man ihnen weggenommen hatte, sowie auch die beiden andalusischen Pferde zurück; Cacambo gab ihnen neben der Laubhütte Hafer zu fressen, wobei er sie aus Furcht vor einer Überraschung nicht aus den Augen ließ.

Candide küßte zunächst den Rocksaum des Kommandanten, darauf begaben sie sich zu Tisch. „Ihr seid also Deutscher?" fragte der Jesuit in ebendieser Sprache. „Ja, ehrwürdiger Vater", sagte Candide. Während diese Worte fielen, blickten beide einander äußerst überrascht und mit einer Bewegung an, die sie nicht bemeistern konnten. „Und aus welchem Land in Deutschland seid Ihr?" fragte der Jesuit. – „Aus der jämmerlichen Provinz Westfalen", sagte Candide, „ich wurde auf dem Schloß von Thunder-ten-tronckh geboren." – „O Himmel! Ist es möglich?" rief der Kommandant. – „Welch ein Wunder!" rief Candide. – „So seid Ihr es wirklich?" sagte der Kommandant. – „Es ist nicht möglich", sagte Candide. Sie fallen beide auf ihre Stühle, sie umarmen sich, sie vergießen Ströme von Tränen. „Wie! Ihr seid es, ehrwürdiger Vater, Ihr, der Bruder der schönen Kunigunde, Ihr, der von den Bulgaren umgebracht wurde, Ihr, der Sohn des Herrn Baron, Ihr, nun Jesuit in Paraguay! Man muß schon zugeben, daß es in der Welt seltsam zugeht! Ach, Pangloss, Pangloss, wie würdet Ihr Euch freuen, wenn Ihr nicht gehängt worden wäret!"

Der Kommandant schickte die Negersklaven und Paraguayer, die ihnen die Becher aus Bergkristall füllten, hinaus. Tausendmal dankte er Gott und dem heiligen Ignatius; er schloß Candide in die Arme; ihre Gesichter waren in Tränen gebadet. „Ihr werdet noch verwunderter, noch ergriffener, noch mehr außer Euch sein", sagte Candide, „wenn ich Euch sage, daß Fräulein Kunigunde, Eure Schwester, die Ihr aufgeschlitzt glaubtet, bei bester Gesundheit ist." – „Wo?" – „Ganz in Eurer Nähe, bei dem Herrn Gouverneur von Buenos Aires; wohin ich kam, um gegen Euch Krieg zu führen." Jedes Wort, das sie während dieser langen Unterhaltung sprachen, häufte Wunder auf Wunder. Ihr ganzes Herz lag ihnen auf der Zunge, hörte aufmerksam mit ihren Ohren, leuchtete aus ihren Augen. Da sie Deutsche waren, saßen sie lange bei Tisch und warteten auf den Pater Provinzial; und folgendermaßen sprach der Kommandant zu seinem lieben Candide.

FÜNFZEHNTES KAPITEL

Wie Candide den Bruder seiner teuren Kunigunde umbrachte

„Ich werde mein ganzes Leben hindurch den schrecklichen Tag vor Augen haben, an dem ich sehen mußte, wie mein Vater und meine Mutter umgebracht wurden und man meine Schwester vergewaltigte. Als die Bulgaren abgezogen waren, blieb meine bezaubernde Schwester unauffindbar, und man legte meine Mutter, meinen Vater und mich sowie zwei Mägde und drei kleine Jungen, die ebenfalls ermordet worden waren, auf einen Karren, um uns in einer zwei Meilen vom Schloß meiner Väter entfernten Jesuitenkapelle beizusetzen. Ein Jesuit besprengte uns mit Weihwasser; es war fürchterlich salzig; ich bekam einige Tropfen in die Augen; der Pater bemerkte, daß meine Lider ein wenig zuckten; er legte mir die Hand aufs Herz und fühlte, daß es schlug; man kümmerte sich um mich, und nach drei Wochen war mir nichts mehr anzumerken. Ihr wißt, mein lieber Candide, daß ich sehr hübsch war, ich wurde noch hübscher; so faßte denn auch der ehrwürdige Vater Croust, der dem Hause vorstand, die zärtlichste Zuneigung zu mir; er gab mir das Gewand des Novizen; einige Zeit darauf wurde ich nach Rom gesandt. Der Pater General brauchte junge deutsche Jesuiten. Die Herrscher von Paraguay nehmen sowenig wie möglich spanische Jesuiten auf; sie ziehen Ausländer vor, von denen sie glauben, sie besser unter Kontrolle halten zu können. Ich wurde vom Pater General für geeignet befunden, in diesem Weinberg zu arbeiten. Wir brachen auf, ein Pole, ein Tiroler und ich. Ich wurde bei der Ankunft mit einem Subdiakonat und einer Leutnantsstelle ausgezeichnet; heute bin ich Oberst und Priester. Den Truppen des Königs von Spanien bereiten wir einen gebührenden Empfang; ich kann dafür bürgen, daß sie exkommuniziert und geschlagen werden. Die Vorsehung schickt Euch her, um uns beizustehen. Aber ist es wirklich wahr, daß meine teure Schwester Kunigunde in der Nähe ist und sich beim Gouverneur von Buenos Aires befindet?" Candide schwor, es sei die reine Wahrheit. Ihre Tränen begannen von neuem zu fließen.

Der Baron wurde nicht müde, Candide zu umarmen; er nannte ihn seinen Bruder, seinen Retter. „Ach", sagte er, „mein lieber Candide, vielleicht werden wir gemeinsam in die Stadt einziehen und meine Schwester Kunigunde zurückholen können." – „Das ist mein sehnlichster Wunsch", sagte Candide, „denn ich wollte sie heiraten, und ich erhoffe es immer noch." – „Ihr, Unverschämter!" erwiderte der Baron. „Ihr habt die Frechheit, meine Schwester heiraten zu wollen, die zweiundsiebzig Vorfahren besitzt! Ich finde es unerhört von Euch, daß Ihr wagt, mir von so verwegenen Absichten zu sprechen." Candide erwiderte, ganz starr über diese Worte: „Ehrwürdiger Vater, alle Vorfahren der Welt können daran nichts ändern; ich entriß Eure Schwester den Armen eines Juden und eines Inquisitors; sie hat mir gegenüber genug Verpflichtungen, sie will mich heiraten. Meister Pangloss sagte mir immer, die Menschen seien gleich, und so werde ich sie ganz gewiß heiraten." – „Das werden wir schon sehen, du Schuft!" sagte der Jesuitenbaron von Thunder-ten-tronckh und versetzte ihm zugleich mit der flachen Klinge einen heftigen Schlag ins Gesicht. Candide zieht augenblicklich seinen Degen und bohrt ihn bis zum Griff dem Jesuitenbaron in den Bauch; aber als er ihn, dampfend von Blut, herauszog, begann er zu weinen. „Ach, mein Gott", sagte er, „ich habe meinen früheren Herrn, meinen Freund, meinen Schwager getötet. Ich bin der beste Mensch der Welt, und nun habe ich schon drei Leute umgebracht, von denen zwei sogar Geistliche sind."

Cacambo, der an der Tür der Laubhütte Wache stand, eilte herbei. „Uns bleibt nichts weiter übrig, als unser Leben so teuer wie möglich zu verkaufen", sagte ihm sein Herr, „sicher wird man in die Laubhütte kommen, wir müssen mit der Waffe in der Hand sterben." Cacambo, der schon ganz andere Dinge erlebt hatte, verlor keineswegs den Kopf; er nahm das Jesuitengewand, das der Baron trug, legte es Candide an, setzte ihm das Barett des Toten auf und half ihm aufs Pferd. Dies alles geschah in einem Augenblick. „Los im Galopp, Herr! Alle Welt wird Euch für einen Jesuiten halten, der Befehle überbringt. Und wir werden die Grenze passiert haben, ehe man uns nachsetzen kann." Schon stürmte er los, während er noch diese Worte sprach, und rief auf spanisch: „Platz, Platz für den hochwürdigen Vater Oberst."

SECHZEHNTES KAPITEL

Was den beiden Reisenden mit zwei Mädchen, zwei Affen und den Wilden widerfuhr, die man Ohrlöffel nennt

Candide und sein Bedienter befanden sich jenseits der Schlagbäume, und noch wußte niemand im Lager vom Tod des deutschen Jesuiten. Der umsichtige Cacambo hatte es sich angelegen sein lassen, seinen Reisesack mit Brot, Schokolade, Schinken, Obst und einigen Maß Wein zu füllen. Sie stießen mit ihren andalusischen Pferden in ein unbekanntes Land vor, in dem sie keine Straße zu entdecken vermochten. Schließlich zeigte sich ihnen eine schöne, von Bächen durchflossene Wiese. Unsere beiden Reisenden ließen ihre Pferde grasen. Cacambo schlägt seinem Herrn vor, etwas zu essen, und geht ihm mit gutem Beispiel voran. „Wie kannst du erwarten", sagte Candide, „daß ich Schinken esse, nachdem ich den Sohn des Herrn Baron umgebracht habe und mich dazu verdammt weiß, die schöne Kunigunde in meinem Leben nie wiederzusehen? Was könnte es mir nützen, meine elenden Tage zu verlängern, da ich sie doch nun fern von ihr in Reue und Verzweiflung dahinschleppen muß? Und was wird erst das Journal de Trévoux darüber schreiben!"

Während er so sprach, aß er nichtsdestoweniger weiter. Die Sonne begann zu sinken. Die beiden Verirrten hörten einige schwache Schreie, die klangen, als hätten Frauen sie ausgestoßen. Sie konnten nicht erkennen, ob es sich um Schmerzens- oder Freudenschreie handelte; aber sie standen eilig mit jener Unruhe und Furcht auf, die einem jeder Umstand in einem unbekannten Land einflößt. Die Rufe stammten von zwei völlig nackten Mädchen, die am Rande der Wiese leichtfüßig dahineilten, während zwei Affen sie verfolgten und in den Hintern bissen. Candide wurde von Mitleid erfaßt; er hatte bei den Bulgaren schießen gelernt und hätte in einem Gesträuch eine Haselnuß treffen können, ohne dabei die Blätter zu berühren. Er nimmt sein doppelläufiges spanisches Gewehr, drückt ab und tötet die beiden Affen.

„Gott sei gelobt, mein lieber Cacambo! Ich habe die beiden armen Wesen aus großer Gefahr gerettet; wenn ich eine Sünde beging, indem ich einen Inquisitor und einen Jesuiten umbrachte, so habe ich sie wohl wiedergutgemacht, indem ich zwei Mädchen das Leben rettete. Vielleicht sind es zwei Fräulein von Stande, und so könnte dieses Abenteuer hier zu unserem Vorteil ausschlagen."

Er wollte weiterreden, aber das Wort erstarb ihm auf den Lippen, als er bemerkte, daß die beiden Mädchen die beiden Affen zärtlich umarmten, über ihren Leichen in Tränen ausbrachen und die Luft mit den schmerzlichsten Schreien erfüllten. „So viel Herzensgüte erwartete ich nicht", sagte er schließlich zu Cacambo. Dieser entgegnete: „Herr, da habt Ihr ein Meisterwerk vollbracht; Ihr habt die Liebhaber dieser beiden Fräulein getötet." – „Ihre Liebhaber! Ist es denn möglich? Ihr scherzt, Cacambo. Wie soll ich Euch glauben?" – „Lieber Herr", erwiderte Cacambo, „immer versetzt Euch alles in Staunen. Warum findet Ihr es so merkwürdig, daß es in manchen Ländern Affen gibt, die die Gunst von Damen erlangen? Sie sind zu einem Viertel Menschen, wie ich zu einem Viertel Spanier bin." – „Ach", sagte Candide, „ich entsinne mich, von Meister Pangloss gehört zu haben, wie sich früher einmal ähnliche Vorfälle ereigneten und daß diese Paarungen Pane, Faune und Satyre hervorbrachten. Mehrere große Leute im Altertum sollen solche Geschöpfe gesehen haben; aber ich hielt das alles für Fabeln." – „Jetzt werdet Ihr Euch davon überzeugt haben", sagte Cacambo, „daß es sich um Tatsachen handelt, und Ihr seht, wie Leute sie sich zunutze machen, die keine bessere Erziehung genossen haben; was ich befürchte, ist, daß diese Damen uns in eine üble Lage bringen könnten."

Diese soliden Überlegungen veranlaßten Candide, die Wiese zu verlassen und in einem Wald zu verschwinden. Dort speiste er mit Cacambo; beide schliefen, nachdem sie den Inquisitor von Portugal, den Gouverneur von Buenos Aires und den Baron verflucht hatten, auf dem Moose ein. Als sie erwachten, merkten sie, daß sie sich nicht bewegen konnten; und zwar aus dem Grunde, weil die Ohrlöffel, die Bewohner dieses Landes, an welche sie von den beiden Damen verraten worden waren, sie während der Nacht mit Seilen aus Baumrinde gefesselt hatten. Sie waren von etwa fünfzig völlig nackten, mit Pfeilen, Keulen und Steinäxten bewaffneten Ohrlöffeln umgeben. Einige von diesen brachten einen großen Kessel mit Wasser zum Kochen, andere machten Bratspieße bereit, und alle schrien: „Ein Jesuit, ein Jesuit! Wir werden uns rächen und prächtig essen! Jesuitenbraten, Jesuitenbraten!"

„Ich hatte es Euch ja gesagt, lieber Herr", rief Cacambo traurig, „daß die beiden Mädchen uns einen üblen Streich spielen würden." Candide bemerkte den Kessel und die Bratspieße und rief: „Sicherlich werden wir gebraten oder gekocht werden. Ach, was würde Meister Pangloss sagen, wenn er sehen könnte, wie es um die reine Natur steht. Alles ist gut, meinetwegen, aber ich muß schon sagen, es ist schon grausam, Fräulein Kunigunde verloren zu haben und von den Ohrlöffeln am Spieß gebraten zu werden." Cacambo verlor nie den Kopf. „Verzweifelt nur nicht", sagte er dem niedergeschlagenen Candide, „ich verstehe ein wenig das Kauderwelsch dieser Stämme, ich werde mit ihnen reden." – „Versäumt nicht", sagte Candide, „ihnen die furchtbare Unmenschlichkeit vor Augen zu stellen, die darin liegt, Menschen zuzubereiten, und wie wenig christlich das ist."

„Meine Herren", sagte Cacambo, „Sie wollen also heute einen Jesuiten verzehren: nun gut; es ist nur recht und billig, seine Feinde derart zu behandeln. In der Tat lehrt uns das Naturrecht, unseren Nächsten zu töten, und danach verfährt man auf der ganzen Welt. Wenn *wir* nicht von dem Recht Gebrauch machen, ihn zu fressen, so nur deshalb, weil wir etwas anderes Gutes zu essen haben; aber Sie verfügen nicht über die gleichen Möglichkeiten wie wir; sicher ist es besser, seine Feinde zu verzehren, als die Früchte des Sieges den Raben und Krähen zu überlassen. Aber, meine Herren, Sie werden doch nicht Ihre Freunde fressen! Sie glauben, einen Jesuiten an den Spieß zu stecken, und dabei ist es Ihr Verteidiger, der Feind Ihrer Feinde, den Sie braten wollen. Was mich betrifft, so bin ich in Ihrem Land geboren; der Herr, den Sie da sehen, ist mein Dienstherr, der, weit davon entfernt, Jesuit zu sein, gerade einen Jesuiten umgebracht hat und dessen Gewänder trägt: deshalb haben Sie sich getäuscht. Um nachzuprüfen, was ich Ihnen sage, nehmen Sie sein Gewand, bringen Sie es an den ersten Schlagbaum des Reiches der Padres; fragen Sie, ob mein Herr nicht einen Jesuitenoffizier umgebracht hat. Sie brauchen dafür wenig Zeit; Sie können uns immer noch fressen, wenn Sie finden, daß ich Sie belogen habe. Wenn ich aber die Wahrheit gesagt habe, so kennen Sie nur allzugut die Grundsätze des Völkerrechts, die Sitten und Gesetze, um uns nicht Gnade widerfahren zu lassen."

Die Ohrlöffel fanden diese Worte sehr vernünftig; sie entsandten zwei Notabeln, die in aller Eile die Wahrheit ermitteln sollten; die beiden Boten entledigten sich ihres Auftrags als Männer von Geist und kehrten bald mit froher Botschaft zurück. Die Ohrlöffel banden die beiden Gefangenen los, bezeugten ihnen jede nur mögliche Höflichkeit, boten ihnen Mädchen an, reichten ihnen Erfrischungen und geleiteten sie mit dem fröhlichen Ruf:

„Er ist kein Jesuit, er ist kein Jesuit!“ bis an die Grenzen ihres Staates.

Candide wurde nicht müde, über den Anlaß seiner Befreiung zu staunen. „Welch ein Volk“, sagte er, „was für Menschen! Was für Sitten! Hätte ich nicht das Glück gehabt, dem Bruder von Fräulein Kunigunde meinen Degen durch den Leib zu jagen, so wäre ich unvermeidlich aufgefressen worden. Schließlich aber ist die reine Natur doch gut, da ja diese Leute, statt mich zu verzehren, mir tausendfach Freundlichkeiten erwiesen, sobald sie erfuhren, daß ich kein Jesuit bin.“

SIEBZEHNTES KAPITEL

Ankunft Candides und seines Dieners im Lande Eldorado und was sie dort sahen

Als sie an den Grenzen der Ohrlöffel anlangten, sagte Cacambo zu Candide: „Ihr seht, daß diese Hemisphäre nicht besser ist als die andere. Glaubt mir, laßt uns auf dem kürzesten Weg nach Europa zurückkehren.“ – „Wie denn zurückkehren?“ sagte Candide. „Und wohin gehen? Wenn ich in meine Heimat gehe, so morden dort Bulgaren und Awaren jedermann; wenn ich nach Portugal zurückkehre, werde ich verbrannt; wenn wir in diesem Land hier bleiben, setzen wir uns jeden Moment der Gefahr aus, auf einen Spieß gesteckt zu werden. Aber wie sich entschließen, jenen Teil der Welt zu verlassen, in dem Fräulein Kunigunde weilt?“

„Gehen wir nach Cayenne“, sagte Cacambo, „wir werden dort Franzosen treffen, die in der ganzen Welt zu finden sind; sie werden uns helfen können. Gott wird vielleicht Erbarmen mit uns haben.“

Es war nicht leicht, nach Cayenne zu gelangen: sie wußten zwar ungefähr, in welche Richtung sie zu gehen hatten; aber Berge, Flüsse, Abgründe, Räuber, Wilde bildeten überall schreckliche Hindernisse. Ihre Pferde gingen vor Erschöpfung zugrunde; ihre Vorräte waren aufgezehrt; sie nährten sich einen Monat lang von wilden Früchten. Schließlich gelangten sie an ein Flüßchen, an dessen Ufer Kokosbäume standen, welche ihr Leben und ihre Hoffnungen erhielten.

Cacambo, der ständig ebenso gute Ratschläge bereit hatte wie die Alte, sagte zu Candide: „Wir können nicht mehr, wir sind genug gewandert; ich sehe ein leeres Boot am Ufer, füllen wir es mit Kokosnüssen, setzen wir uns in die kleine Barke und lassen wir uns mit der Strömung treiben; ein Fluß führt immer zu einem bewohnten Ort. Wenn wir nichts Erfreuliches finden, so doch zumindest Neues." – „Gehen wir", sagte Candide, „vertrauen wir uns der Vorsehung an."

Sie fuhren ein paar Meilen zwischen teils blühenden, teils dürren, einmal flachen, ein andermal abschüssigen Ufern dahin. Der Fluß wurde immer breiter, schließlich verlor er sich unter einem Gewölbe schreckeneinflößender Felsen, die bis zum Himmel aufragten. Die beiden Reisenden besaßen die Kühnheit, sich den Fluten unter dieser Wölbung anzuvertrauen. Der an dieser Stelle eingeengte Fluß trug sie schrecklich reißend und tosend dahin. Nach vierundzwanzig Stunden erblickten sie wieder das Tageslicht; aber ihr Boot zerschellte an den Riffen; sie mußten sich eine ganze Meile weit von Felsen zu Felsen dahinschleppen; schließlich lag ein unermeßlicher Horizont vor ihnen, der von unübersteigbaren Bergen gesäumt war. Das Land war sowohl mit Zier- als auch mit Nutzpflanzen bebaut; überall war das Nützliche mit dem Angenehmen verbunden. Die Straßen waren voller Wagen oder vielmehr mit Wagen geschmückt, deren Formen und Material glänzten, die Männer und Frauen von einzigartiger Schönheit dahintrugen und geschwind von großen roten Hammeln gezogen wurden, welche an Schnelligkeit die schönsten Pferde von Andalusien, Tetuan und Mequinez übertrafen.

„Da haben wir einmal", sagte Candide, „ein Land, das besser ist als Westfalen." Er und Cacambo stiegen im ersten Dorf ab, das sie erreichten. Ein paar Dorfkinder, die in ganz zerrissenen Goldbrokat gekleidet waren, spielten am Dorfeingang mit Wurfscheiben. Unsere beiden Männer aus der anderen Welt vergnügten sich damit, ihnen zuzusehen: ihre Wurfscheiben waren ziemlich große runde Stücke von gelber, roter und grüner Farbe und hatten einen merkwürdigen Glanz. Die Reisenden bekamen Lust, ein paar davon aufzuheben; es war Gold; es waren Smaragde und Rubine, von denen der geringste den schönsten Schmuck am Thron des Großmoguls abgegeben hätte. „Sicherlich", sagte Cacambo, „sind diese Kinder die Söhne des Königs dieses Landes, die gerade Werfen spielen." Der Lehrer des Dorfes tauchte in diesem Augenblick auf, um sie in die Schule zurückzuholen. „Das ist also", sagte Candide, „der Hofmeister der königlichen Familie."

Die zerlumpten Kinder hörten sofort mit dem Spiel auf und ließen ihre Wurfscheiben und alles, womit sie sich vergnügt hatten, am Boden liegen. Candide hebt die Gegenstände auf, läuft dem Hofmeister nach und bietet sie ihm demütig dar, wobei er ihm durch Zeichen zu verstehen gibt, daß die Königlichen Hoheiten ihr Gold und ihre Edelsteine vergessen hätten. Der Dorfschullehrer warf sie lächelnd wieder zu Boden, betrachtete einen Moment lang mit großer Verwunderung Candides Gesicht und ging weiter.

Die Reisenden verfehlten nicht, Gold, Rubine und Smaragde einzusammeln. „Wo sind wir?“ rief Candide aus. „Die Kinder der Könige dieses Landes müssen sehr gut erzogen sein, wenn man ihnen beibringt, Gold und Edelsteine geringzuachten.“ Cacambo war ebenso erstaunt wie Candide. Schließlich kamen sie an das erste Haus im Dorf; es war wie ein europäischer Palast gebaut. Eine große Menge drängte sich an der Tür und mehr noch in den Räumen. Eine sehr angenehme Musik war zu vernehmen, und man verspürte einen köstlichen Geruch von Speisen. Cacambo näherte sich der Tür und hörte, daß man peruanisch sprach; es war seine Muttersprache: denn jedermann weiß, daß Cacambo in Tucuman zur Welt kam, und zwar in einem Dorf, in dem man nur diese Sprache spricht. „Ich werde Euch als Dolmetscher dienen“, sagte er zu Candide, „treten wir ein, es ist ein Gasthaus.“

Sogleich laden zwei Burschen und zwei Mädchen vom Personal, in goldene Gewänder gekleidet und mit Bändern im Haar, sie ein, sich an der Tafel niederzulassen. Man servierte vier Suppen, von denen jede mit zwei Papageien garniert war, einen gekochten zweihundertpfündigen Kondor, zwei geröstete Affen von außerordentlichem Wohlgeschmack, dreihundert Kolibris in einer Schüssel und sechshundert von anderer Sorte in einer zweiten; ferner ausgesuchte Ragouts und köstliches Gebäck; das alles lag auf Tellern aus einer Art Bergkristall. Die Burschen und Mädchen vom Personal schenkten verschiedene aus Zuckerrohr gemachte Liköre ein.

Die Gäste bestanden zur Hauptsache aus Händlern und Fuhrleuten, alle von außergewöhnlicher Höflichkeit, die an Cacambo mit größter Zurückhaltung einige Fragen richteten und die seinen auf eine Art beantworteten, die ihn zufriedenstellen mußte.

Als die Mahlzeit beendet war, glaubten Cacambo wie auch Candide, ihre Zeche reichlich zu zahlen, indem sie zwei jener großen Goldstücke, die sie aufgehoben hatten, auf den Tisch warfen. Wirt und Wirtin brachen in Gelächter aus und mußten sich lange den Bauch halten. Schließlich beruhigten sie sich. „Meine Herren“, sagte der Wirt, „wir sehen wohl, daß Sie Fremde sind. Wir sind nicht gewohnt, welche bei uns zu sehen. Vergeben Sie uns, daß wir in Lachen ausbrachen, als sie uns Steine von unseren Landstraßen als Zahlung boten. Sicher besitzen Sie kein hiesiges Geld, aber man braucht auch keines, wenn man hier speist. Alle Gasthäuser, die zur Beförderung des Geschäftslebens errichtet wurden, werden von der Regierung unterhalten. Sie haben hier nicht gut gegessen, weil es ein armes Dorf ist; aber überall sonst werden Sie aufgenommen werden, wie es Ihnen zukommt." Cacambo übersetzte Candide die ganze Rede des Wirts, und Candide hörte sie mit der gleichen Verwunderung und Verwirrung, mit der sein Freund Cacambo sie wiedergab. „Was ist das nur für ein Land", sagten beide, „das der übrigen Welt unbekannt und wo die Natur so ganz anders ist als bei uns? Vielleicht ist es das Land, wo alles zum besten bestellt ist, denn es muß unbedingt eines von dieser Gattung geben. Und was auch immer Meister Pangloss sagte, ich bemerkte oft, daß in Westfalen alles sehr schlecht bestellt war."

ACHTZEHNTES KAPITEL

Was sie im Lande Eldorado sahen

Cacambo zeigte dem Wirt seine ganze Neugier; der Wirt sagte ihm: „Ich bin sehr unwissend und befinde mich dabei wohl; aber wir haben hier einen Greis, der früher am Hofe lebte und der weiseste und mitteilsamste Mann im ganzen Königreich ist."

Sogleich führt er Cacambo zu dem Alten. Candide spielte eine Person zweiten Ranges und begleitete seinen Bedienten. Sie traten in ein sehr einfaches Haus, denn die Tür war nur aus Silber und die Täfelungen aus Gold, aber diese waren so geschmackvoll gearbeitet, daß sie hinter den kostbarsten nicht zurückstanden. Das Vorzimmer war zwar bloß mit Rubinen und Smaragden ausgelegt; aber die Anordnung, in welcher sich alles befand, machte diese äußerste Einfachheit wieder wett.

Der Alte empfing die beiden Fremden auf einem mit Kolibrifedern gepolsterten Sofa und ließ ihnen Liköre in diamantenen Gläsern reichen; worauf er ihre Neugier mit folgenden Worten zufriedenstellte:

„Ich bin hundertzweiundsiebzig Jahre alt und hörte von meinem verstorbenen Vater, dem Stallmeister des Königs, von den erstaunlichen Umwälzungen in Peru, deren Zeuge er gewesen war. Das Königreich, in dem wir uns befinden, ist die alte Heimat der Inkas, die sie unvorsichtigerweise verließen, um sich einen Teil der Welt zu unterwerfen. Sie wurden schließlich von den Spaniern vernichtet.

Die königlichen Prinzen, die in ihrem Geburtsland blieben, waren klüger; sie beschlossen mit dem Einverständnis der Nation, daß kein Einwohner je unser kleines Königreich verlassen sollte; und das hat uns unsere Unschuld und unsere Glückseligkeit bewahrt. Die Spanier haben verworrene Vorstellungen von unserem Lande gehabt, sie nannten es Eldorado, und ein Engländer, welcher der Ritter Raleigh hieß, näherte sich ihm sogar vor etwa hundert Jahren; da wir aber von unübersteigbaren Felsen und von Schluchten umgeben sind, waren wir bisher immer vor der Raublust der europäischen Nationen geschützt, die eine unvorstellbare Gier nach den Steinen und dem Schlamm unseres Landes haben und uns, um dieser Dinge habhaft zu werden, bis auf den letzten Mann umbringen würden."

Die Unterhaltung währte lange; sie betraf die Regierungsform, die Sitten, die Frauen, die öffentlichen Schaustellungen und die Künste. Schließlich ließ Candide, der sich stets für die Metaphysik interessierte, durch Cacambo fragen, ob es in diesem Land eine Religion gäbe.

Der Greis errötete leicht. „Wie denn", sagte er, „könnt Ihr daran zweifeln? Haltet Ihr uns für undankbare Geschöpfe?" Cacambo erkundigte sich demütig, wie denn die Religion von Eldorado beschaffen sei. Der Greis errötete von neuem. „Kann es denn zwei Religionen geben?" sagte er. „Wir haben, glaube ich, die Religion aller Menschen: wir verehren Gott vom Abend bis zum Morgen." – „Verehrt Ihr nur einen einzigen Gott?" fragte Cacambo, der den Zweifeln Candides ständig als Dolmetscher diente. – „Offenbar", sagte der Greis, „da es ja weder zwei noch drei noch vier gibt. Ich muß gestehen, daß die Leute aus Eurer Welt ziemlich seltsame Fragen stellen." Candide wurde nicht müde, den guten Greis weiter auszufragen; er wollte wissen, wie man in Eldorado zu Gott bete. „Wir beten gar nicht", sagte der gute, ehrwürdige Weise, „wir haben nichts von ihm zu verlangen; er hat uns alles gegeben, dessen wir bedürfen; unaufhörlich danken wir ihm." Candide war begierig, Priester zu sehen. Er ließ fragen, wo sie wären. Der gute Alte lächelte. „Meine Freunde", sagte er, „wir sind alle Priester. Der König und alle Familienoberhäupter stimmen feierlich jeden

Morgen die Gesänge des Dankes an, und fünf- oder sechstausend Musiker begleiten sie dabei." – „Wie! Ihr habt keine Mönche, die lehren, disputieren, regieren, intrigieren und die Leute verbrennen, die nicht ihrer Ansicht sind?" – „Da müßten wir ja verrückt sein", sagte der Greis, „wir sind hier alle der gleichen Meinung, und wir verstehen gar nicht, was Ihr mit Euern Mönchen meint." Candide erfüllten diese Antworten immer wieder mit Entzücken, und er dachte: „Das ist ziemlich verschieden von Westfalen und vom Schloß des Herrn Barons. Hätte unser Freund Pangloss Eldorado gesehen, würde er nicht mehr gesagt haben, es gäbe nichts Besseres auf Erden als das Schloß Thunder-ten-tronckh; soviel steht fest: man muß eben reisen."

Nach dieser langen Unterhaltung ließ der gute Alte sechs Hammel vor eine Kutsche spannen und gab den beiden Reisenden zwölf seiner Domestiken mit, die sie zum Hof geleiten sollten. „Vergebt mir", sagte er, „wenn mein Alter mich der Ehre beraubt, Euch zu begleiten. Der König wird Euch auf eine Art und Weise empfangen, die Euch nicht unzufrieden stimmen wird, und Ihr werdet gewiß nachsichtig sein, wenn Euch einige von den Bräuchen des Landes mißfallen sollten."

Candide und Cacambo stiegen in die Kutsche; die sechs Hammel stürmten dahin, und in weniger als vier Stunden kam man vor dem Palast des Königs an, der an dem einen Ende der Hauptstadt gelegen war. Das Tor war zweihundertzwanzig Fuß hoch und hundert Fuß breit; man kann unmöglich das Material beschreiben, aus dem es gefertigt war. Man ersieht daraus zur Genüge, welche unerhörte Überlegenheit es gegenüber jenen Steinen und jenem Sand besitzen mußte, die wir als „Gold" und „Edelsteine" bezeichnen.

Zwanzig schöne Mädchen der Leibwache empfingen Candide und Cacambo, als sie aus dem Wagen stiegen, geleiteten sie in die Bäder und kleideten sie in Gewänder aus einem Gewebe, das aus Kolibriflaum gemacht war. Danach führten hohe Würdenträger und Würdenträgerinnen der Krone sie in die Gemächer Seiner Majestät, nach dem Landesbrauch zwischen zwei Reihen von je tausend Musikern. Als sie sich dem Thronsaal näherten, fragte Cacambo einen Großwürdenträger, wie man denn Seine Majestät begrüßen müsse, ob man sich auf die Knie oder auf den Bauch werfen solle; ob man dabei die Hände auf den Kopf oder auf den Hintern lege; ob man den Staub des Saales auflecken müsse; mit einem Wort, wie eigentlich die Zeremonie beschaffen sei. „Es ist

Brauch", sagte der Großwürdenträger, „den König zu umarmen und auf beide Wangen zu küssen." Candide und Cacambo fielen Seiner Majestät um den Hals, und er empfing sie so gnädig, wie man es sich nur vorzustellen vermag, und bat sie höflich zum Souper.

Inzwischen zeigte man ihnen die Stadt, die öffentlichen Gebäude, die bis zu den Wolken reichten, die mit tausend Säulen geschmückten Märkte, die Springbrunnen mit reinem Wasser, Rosenwasser, Zuckerrohrlikör, die ohne Unterbrechung auf den großen Plätzen flossen. Die Plätze waren mit einer Art von Gestein gepflastert, das einen der Gewürznelke und dem Zimt ähnlichen Duft verbreitete. Candide wollte den Justizpalast sehen. Man sagte ihm, so etwas gäbe es nicht, und man würde nie prozessieren. Er fragte, ob es Gefängnisse gäbe, und man sagte ihm, es gäbe keine. Was ihn noch mehr erstaunte und ihm große Freude machte, war der Palast der Wissenschaften, in dem er eine zweitausend Schritte lange Galerie erblickte, die voller mathematischer und physikalischer Instrumente war.

Nachdem man den ganzen Nachmittag hindurch ungefähr den tausendsten Teil der Stadt durchwandert hatte, brachte man sie zum König zurück. Candide ließ sich an der Tafel zwischen Seiner Majestät, seinem Bedienten Cacambo und mehreren Damen nieder. Nie zuvor hatte man besser gespeist, und nie zeigte jemand bei Tische mehr Geist als Seine Majestät. Cacambo übersetzte Candide die Bonmots des Königs, und trotz der Übersetzung blieben sie immer noch Bonmots. Von allem, was Candide in Staunen versetzte, war dieser Umstand nicht der geringste.

Diese Gastlichkeit genossen sie einen vollen Monat. Unzählige Male sagte Candide zu Cacambo: „Noch einmal, mein Freund, es stimmt, das Schloß, in dem ich zur Welt kam, kann es mit dem Land nicht aufnehmen, in dem wir uns befinden, aber schließlich ist Fräulein Kunigunde nicht da, und Ihr habt sicher irgendeine Geliebte in Europa. Wenn wir hier bleiben, werden wir dasselbe sein wie alle anderen; wenn wir dagegen in unsere Welt auch nur in Begleitung von zwölf mit den Steinen von Eldorado beladenen Hammeln zurückkehren, werden wir reicher sein als alle Könige zusammengenommen, werden wir keine Inquisitoren mehr zu fürchten haben und werden wir mit Leichtigkeit Fräulein Kunigunde zurückholen können."

Diese Worte gefielen Cacambo. Man liebt derart, umherzureisen, sich vor den Seinen aufzuspielen, sich mit dem zu brüsten, was man auf seinen Reisen gesehen hat, daß die beiden Glücklichen beschlossen, nicht länger glücklich zu sein und Seine Majestät zu bitten, sie gehen zu lassen.

„Sie machen eine Dummheit", sagte der König, „ich weiß wohl, daß mein Land gering ist; wenn es einem aber irgendwo einigermaßen gut geht, soll man bleiben, wo man ist. Natürlich habe ich kein Recht, Fremde zurückzuhalten; das wäre eine Tyrannei, die weder in unseren Bräuchen noch in unseren Gesetzen begründet ist: alle Menschen sind frei. Gehen Sie, wann immer Sie wollen, aber der Ausgang ist ziemlich schwierig. Es ist unmöglich, gegen die reißende Strömung zu rudern, mit der Sie wunderbarerweise hierhergekommen sind und die unter der Wölbung der Felsen fließt. Die Berge, die mein ganzes Reich umgeben, sind zehntausend Fuß hoch und steil wie Mauern; jeder von ihnen ist mehr als zehn Meilen breit; man kann von ihnen nur durch Schluchten herabsteigen. Da Sie aber unbedingt abreisen wollen, werde ich meinen Maschinenbauern befehlen, eine Maschine herzustellen, die Sie auf bequeme Weise befördern kann. Wenn man Sie auf die andere Seite des Gebirges gebracht hat, wird Sie niemand weiter begleiten können, denn meine Untertanen haben geschworen, niemals unsere Grenzen zu überschreiten, und sie sind zu klug, um ihren Eid zu brechen. Fordern Sie im übrigen alles von mir, was Sie gern haben wollen." – „Wir bitten Eure Majestät", sagte Cacambo, „lediglich um ein paar Hammel, die mit Lebensmitteln, Steinen und dem Schmutz des Landes beladen sind." Der König lachte. „Ich begreife nicht recht", sagte er, „welchen Geschmack Ihr Leute aus Europa an unserem gelben Schmutz findet, aber nehmt nur immer so viel davon mit, wie Ihr wollt, und mögt Ihr viel Vergnügen daran finden."

Er erteilte seinen Ingenieuren auf der Stelle den Befehl, eine Maschine zu bauen, um die beiden merkwürdigen Männer aus dem Königreich zu hissen. Dreitausend gute Physiker arbeiteten an ihr. Sie war nach vierzehn Tagen fertig und kostete nicht mehr als zwanzig Millionen Pfund Sterling in Landeswährung. Man setzte Candide und Cacambo auf die Maschine; ferner zwei große rote gezäumte und gesattelte Hammel, die ihnen als Reittiere dienen sollten, sobald sie die Berge überwunden hätten, zwanzig Packhammel mit Lebensmitteln, dreißig weitere, die Geschenke trugen von allem, was das Land an besonders Merkwürdigem besaß, und fünfzig, die mit Gold, kostbaren Steinen und Diamanten beladen waren. Der König umarmte die beiden Vagabunden zärtlich.

Ihre Abreise und die erfindungsreiche Art, mit der sie und ihre Hammel hoch über die Berge gehißt wurden, boten ein schönes Schauspiel. Die Physiker verabschiedeten sich von ihnen, nachdem sie sie in Sicherheit gebracht hatten, und Candide hatte nun keinen anderen Wunsch und kein anderes Ziel, als Fräulein Kunigunde seine Hammel zu Füßen zu legen. „Wir haben", sagte er, „genug, um den Gouverneur von Buenos Aires zu bezahlen, sofern man überhaupt für Fräulein Kunigunde einen Preis benennen kann. Gehen wir nach Cayenne, schiffen wir uns ein und sehen wir dann, welches Königreich wir uns kaufen können."

NEUNZEHNTES KAPITEL

Was ihnen in Surinam widerfuhr, und wie Candide mit Martin Bekanntschaft schloß

Der erste Tag verlief ziemlich angenehm für unsere beiden Reisenden. Sie waren von dem Gedanken belebt, Schätze zu besitzen, wie sie Asien, Europa und Afrika zusammengenommen nicht vorweisen konnten. Candide schnitt voller Begeisterung den Namen Kunigundes in die Rinde der Bäume. Am zweiten Tag blieben zwei ihrer Hammel im Sumpf stecken und versanken mit ihrer Last; zwei andere Hammel starben einige Tage drauf vor Erschöpfung; sieben oder acht verhungerten in einer Wüste; andere wieder stürzten nach einigen Tagen in Abgründe. Schließlich blieben ihnen nach hundert Marschtagen nur zwei Hammel übrig. „Mein Freund", sagte Candide zu Cacambo, „Ihr seht, wie vergänglich die Reichtümer dieser Welt sind; es gibt nichts Beständiges außer der Tugend und dem Glück, Fräulein Kunigunde wiederzusehen." – „Zugegeben", sagte Cacambo, „aber es bleiben uns noch zwei Hammel mit größeren Schätzen, als sie der König von Spanien je besitzen wird, und ich sehe in der Ferne eine Stadt, von der ich vermute, daß es Surinam ist, das den Holländern gehört. Wir stehen am Ende unserer Leiden und am Beginn unserer Glückseligkeit."

Als sie sich der Stadt näherten, fanden sie einen Neger, der am Boden lag und nur noch zur Hälfte bekleidet war, nämlich mit einer halben Hose aus blauer Leinwand; dem armen Mann fehlte das linke Bein und die rechte Hand. „O mein Gott", sagte Candide auf holländisch, „was machst du da, mein Freund, in dem schrecklichen Zustand, in dem ich dich erblicke?" – „Ich warte auf meinen Gebieter, Herrn Vanderdendur, den berühmten Handelsmann", erwiderte der Neger. – „Hat dir Herr Vanderdendur", sagte Candide, „so übel mitgespielt?" – „Ja", sagte der Neger, „das ist so der Brauch. Man gibt uns zweimal im Jahr eine Leinenhose als Bekleidung. Wenn wir in den Zuckerfabriken arbeiten und das Mühlwerk uns einen Finger abreißt, schneidet man uns die Hand ab. Wenn wir fliehen wollen, schneidet man uns das Bein ab; beide Fälle treffen auf mich zu. Um diesen Preis also eßt Ihr Zukker in Europa. Dabei sagte mir meine Mutter, als sie mich für zehn patagonische Taler an der Küste von Guinea verkaufte: ‚Mein liebes Kind, bete zu unseren Fetischen, verehre sie stets, sie werden dafür sorgen, daß dein Leben glücklich ist; du hast die Ehre, Sklave unserer weißen Herren zu sein, und wirst so deinem Vater und deiner Mutter Glück bringen.' Ach, ich weiß nicht, ob ich ihnen Glück gebracht habe, sie jedenfalls haben mir keines gebracht. Hunde, Affen und Papageien sind tausendmal weniger unglücklich als wir. Die holländischen Fetische, die mich bekehrten, sagen mir jeden Sonntag, daß wir alle, Weiße und Schwarze, Kinder Adams sind. Ich bin kein Genealoge; wenn diese Prediger aber die Wahrheit sagen, sind wir alle leibliche Vettern. Ihr werdet mir zugestehen, daß man seine Verwandten nicht gräßlicher behandeln kann."

„O Pangloss", rief Candide aus, „diese Greuel hast du dir nicht vorstellen können; nun denn, schließlich werde ich wohl auf deinen Optimismus verzichten müssen." – „Was heißt Optimismus?" sagte Cacambo. – „Ach", sagte Candide, „das ist die Besessenheit, zu behaupten, alles sei gut, wenn es einem schlecht geht." Und er vergoß Tränen, während er den Neger betrachtete, und immer noch weinend zog er in Surinam ein.

Das erste, wonach sie fragen, ist, ob im Hafen nicht ein Schiff liege, das man nach Buenos Aires senden könnte. Der Mann, an den sie sich wandten, war gerade ein spanischer Schiffsherr, der sich erbot, mit ihnen einen ehrlichen Handel abzuschließen. Er bestellte sie in ein Gasthaus, Candide und der treue Cacambo erwarteten ihn dort mit ihren beiden Hammeln.

Candide, der das Herz auf der Zunge trug, erzählte dem Spanier all seine Abenteuer und gestand ihm, daß er Fräulein Kunigunde entführen wolle. „Ich werde mich hüten, Euch nach Buenos Aires zu bringen", sagte der Schiffspatron, „ich würde gehängt werden und Ihr dazu. Die schöne Kunigunde ist die Favoritin Seiner Gnaden." Candide war wie vom Blitz getroffen; er weinte lange; schließlich nahm er Cacambo beiseite. „Höre, mein lieber Freund", sagte er, „du mußt Folgendes tun. Wir haben jeder für fünf oder sechs Millionen Diamanten in der Tasche; du bist geschickter als ich; hole Fräulein Kunigunde aus Buenos Aires heraus. Wenn der Gouverneur gewisse Schwierigkeiten macht, gib ihm eine Million; wenn er nicht nachgibt, gib ihm zwei; du hast keinen Inquisitor umgebracht, man wird gegen dich keinen Argwohn hegen. Ich rüste ein anderes Schiff aus; ich werde in Venedig auf dich warten; das ist ein freies Land, wo man weder von Bulgaren noch von Awaren, Juden und Inquisitoren etwas zu befürchten hat." Cacambo stimmte diesem weisen Entschluß zu. Er war verzweifelt, sich von einem guten Herrn, der sein intimer Freund geworden war, trennen zu müssen; aber das Vergnügen, ihm nützlich sein zu können, war stärker als der Schmerz der Trennung. Sie umarmten einander unter Tränen. Candide legte ihm nahe, auf keinen Fall die gute Alte zu vergessen. Cacambo reiste noch am gleichen Tage ab: dieser Cacambo war wirklich ein ausgezeichneter Mann.

Candide blieb noch einige Zeit in Surinam und wartete auf einen anderen Schiffsherrn, der bereit wäre, ihn und seine beiden restlichen Hammel nach Italien zu bringen. Er stellte Bediente an und kaufte, was für eine lange Reise notwendig war. Schließlich stellte sich ihm Herr Vanderdendur vor, der Eigentümer eines großen Schiffes. „Wieviel verlangt Ihr dafür", fragte er diesen Mann, „wenn Ihr mich, meine Leute, mein Gepäck und diese beiden Hammel geradenwegs nach Venedig bringt?" Der Schiffsherr berechnete zehntausend Piaster. Candide überlegte nicht lange.

„Sieh mal an", dachte der schlaue Vanderdendur, „dieser Fremde gibt auf einmal zehntausend Piaster her! Er muß schon sehr reich sein." Er kam einen Augenblick später noch einmal zurück und erklärte, er könne nur für nicht weniger als zwanzigtausend fahren. „Nun gut! Ihr sollt sie haben", sagte Candide.

„So", dachte der Kaufmann, „dieser Mann gibt also zwanzigtausend Piaster ebenso leicht her wie zehntausend." Er kam noch einmal zurück und sagte, daß er ihn für weniger als dreißigtausend Piaster nicht nach Venedig bringen könne. „So sollt Ihr denn dreißigtausend haben", erwiderte Candide.

„Ei, ei", dachte der holländische Kaufmann wieder, „dreißigtausend Piaster machen dem Mann da nichts aus; sicherlich tragen die beiden Hammel ungeheure Schätze; dringen wir nicht weiter in ihn: lassen wir uns erst einmal die dreißigtausend Piaster auszahlen, später werden wir weiter sehen.“ Candide verkaufte zwei kleine Diamanten, von denen der geringere mehr wert war als alles Geld, das der Schiffsherr forderte. Er bezahlte ihn im voraus. Die beiden Hammel wurden verladen. Candide folgte in einem kleinen Boot, um das Schiff an der Reede zu besteigen. Der Schiffsherr nützt den Augenblick, hißt die Segel, fährt ab; der Wind steht günstig. Candide, vom Donner gerührt, erstarrt, verliert ihn bald aus den Augen. „Ach“, ruft er aus, „dieser Streich ist der alten Welt würdig.“ Er kehrt, vom Schmerz vernichtet, ans Ufer zurück, denn schließlich hatte er ein Vermögen verloren, das zwanzig Monarchen hätte reich machen können.

Er begibt sich zum holländischen Richter; und da er ein wenig verwirrt ist, klopft er heftig an die Tür; er tritt ein, berichtet, was ihm widerfahren ist, und spricht ein wenig lauter als angebracht. Der Richter ließ ihn zunächst zehntausend Piaster für die Ruhestörung zahlen. Dann hörte er ihn geduldig an, versprach, seinen Fall zu prüfen, sobald der Kaufmann zurückgekehrt wäre, und ließ sich weitere zehntausend Piaster für die Konsultation bezahlen.

Dieser Vorgang brachte Candide vollends zur Verzweiflung. Er hatte zwar wahrhaftig schon tausendfach schlimmeres Ungemach erfahren, aber die Kaltschnäuzigkeit des Richters und des Schiffsherrn, der ihn beraubt hatte, ließ seine Galle überlaufen und ließ ihn in die schwärzeste Melancholie versinken. Die menschliche Bosheit stand ihm in all ihrer Häßlichkeit vor der Seele; nur traurige Gedanken stiegen in ihm auf. Schließlich nahm er, da gerade ein französisches Schiff nach Bordeaux in See stechen wollte und er keine diamantenbeladenen Hammel mehr zu verladen hatte, eine Schiffskabine zu einem angemessenen Preis und ließ in der Stadt bekanntmachen, daß er einem ehrlichen Mann Überfahrt, Nahrung und überdies zweitausend Piaster bezahlen würde, wenn er die Reise mit ihm machen wolle, vorausgesetzt, der Mann sei von seinem Leben aufs äußerste angewidert und der unglücklichste Mensch des Landes.

Es stellten sich ihm so viele Anwärter vor, daß eine ganze Flotte nicht für sie ausgereicht hätte. Da Candide unter den am meisten geeigneten wählen wollte, bestimmte er etwa zwanzig Personen, die ihm einigermaßen umgänglich zu sein schienen und alle den Anspruch erhoben, den Vorzug vor den anderen zu verdienen. Er versammelte sie in seinem Gasthof und lud sie zum

Abendessen ein unter der Bedingung, daß ein jeder unter Eid getreulich seine Geschichte erzählen sollte, wobei er versprach, den zu wählen, der ihm der Beklagenswerteste und der mit seiner Lage zu Recht am meisten Unzufriedene zu sein schien. Die anderen sollten entschädigt werden.

Das Beisammensein dauerte bis vier Uhr morgens. Candide hörte sich alle ihre Erlebnisse an und erinnerte sich an das, was ihm die Alte auf der Reise nach Buenos Aires gesagt hatte, sowie der Wette, die sie eingegangen war, daß es nämlich auf dem Schiff nicht einen einzigen gäbe, den nicht ein schweres Unglück betroffen hätte. Bei jedem Abenteuer, das man ihm erzählte, dachte er an Pangloss. „Dieser Pangloss", sagte er sich, „wäre in arger Verlegenheit, wenn er jetzt sein System beweisen sollte. Ich wünschte, er wäre hier. Ganz sicherlich – wenn alles gut steht, so trifft das für Eldorado zu, aber nicht für den Rest der Welt." Schließlich entschied er sich für einen armen Gelehrten, der zehn Jahre lang für Amsterdamer Verleger gearbeitet hatte. Er fand, es gäbe keinen Beruf auf Erden, der einen mehr anwidern könne.

Dieser Gelehrte, im übrigen ein guter Mann, war von seiner Frau bestohlen, von seinem Sohn verprügelt und von seiner Tochter, die mit einem Portugiesen durchgegangen war, im Stich gelassen worden. Er hatte gerade die kleine Stelle, von der er lebte, verloren; und die Prädikanten von Surinam verfolgten ihn, weil sie ihn für einen Sozinianer hielten. Gewiß hatten die anderen zumindest ebensoviel Unglück gehabt wie er; aber Candide hoffte, daß der Gelehrte ihm während der Reise die Langeweile vertreiben würde. Alle anderen Bewerber fanden, Candide täte ihnen ein großes Unrecht an; aber er beschwichtigte sie, indem er jedem hundert Piaster gab.

ZWANZIGSTES KAPITEL

Was Candide und Martin auf dem Meere zustieß

So schiffte sich denn der alte Gelehrte, der Martin hieß, gemeinsam mit Candide nach Bordeaux ein. Beide hatten viel gesehen und erlitten; und wenn das Schiff sogar von Surinam über das Kap der Guten Hoffnung nach Japan gesegelt wäre, so hätten sie doch auf der ganzen Reise genug Stoff gehabt für ihre Unterhaltungen über das moralisch und physisch Böse der Welt.

Jedoch hatte Candide viel vor Martin voraus, denn er hoffte immer noch auf ein Wiedersehen mit Fräulein Kunigunde, während Martin nichts mehr zu erhoffen hatte; außerdem besaß er Gold und Diamanten; und obwohl er hundert große rote, mit den herrlichsten Schätzen der Erde beladene Hammel verloren hatte und ihm die Schurkerei des holländischen Schiffsherrn immer noch auf dem Herzen lastete, neigte er dennoch, wenn er daran dachte, was er noch in den Taschen hatte, und wenn er von Kunigunde sprach, vor allem gegen Ende einer Mahlzeit, dazu, das System des Pangloss gutzuheißen.

„Aber Ihr, Herr Martin", sagte er zu dem Gelehrten, „was haltet Ihr von alldem? Was denkt Ihr vom moralischen und vom physischen Übel?" – „Herr", erwiderte Martin, „meine Priester beschuldigten mich, Sozinianer zu sein, aber in Wirklichkeit bin ich Manichäer." – „Ihr macht Euch über mich lustig", sagte Candide, „es gibt keine Manichäer mehr." – „Doch, mich nämlich", sagte Martin, „was soll ich tun, ich kann nicht anders denken." – „Ihr müßt den Teufel im Leibe haben", sagte Candide. – „Er mischt sich so sehr in die Angelegenheiten dieser Welt ein", sagte Martin, „daß ich ihn durchaus im Leibe haben kann, wie übrigens jeder andere auch; aber ich muß gestehen, wenn ich diese Erdkugel, oder vielmehr dieses Erdkügelchen, betrachte, muß ich annehmen, Gott habe es irgendeinem bösartigen Wesen überlassen; ich nehme natürlich Eldorado aus. Ich habe kaum eine Stadt gesehen, die nicht den Ruin der Nachbarstadt gewünscht hätte, keine Familie, die nicht eine andere Familie hätte ausrotten wollen. Überall verabscheuen die Schwachen die Mächtigen, vor denen sie kriechen, und die Mächtigen behandeln sie wie eine Herde, deren Wolle und Fleisch man verkauft. Eine Million von Mördern in Formation verüben von einem bis zum anderen Ende Europas disziplinierten Mord und Raub, um ihr Brot zu verdienen und weil sie kein ehrenhafteres Gewerbe betreiben können; und in den Städten, die sich des Friedens zu freuen scheinen und wo die Künste in Blüte stehen, werden die Menschen von mehr Neid, Sorgen und Unruhe zerfressen, als es Heimsuchungen in einer belagerten Stadt gibt. Die verborgenen Leiden sind noch grausamer als die öffentlich sichtbaren. Mit einem Wort, ich habe so viel gesehen, so viel durchgemacht, daß ich Manichäer bin."

„Dennoch gibt es auch Gutes", entgegnete Candide. – „Wohl möglich", sagte Martin, „nur ist es mir nicht bekannt."

Während sie so disputierten, hörte man Kanonendonner. Der

Lärm wird von Augenblick zu Augenblick stärker. Jeder greift nach dem Fernglas. Man gewahrt zwei Schiffe, die in etwa drei Meilen Entfernung miteinander kämpfen. Der Wind brachte beide so nahe an das französische Schiff heran, daß man das Vergnügen hatte, den Kampf ganz bequem beobachten zu können. Schließlich gab eines der beiden Schiffe eine so tief und genau gezielte Salve ab, daß es das andere in den Grund bohrte. Candide und Martin sahen deutlich etwa hundert Menschen auf dem Deck des sinkenden Schiffes; alle hoben die Arme gen Himmel und stießen schreckliche Schreie aus; in einem Moment wurden sie alle vom Meer verschlungen.

„Da könnt Ihr sehen", sagte Martin, „wie die Menschen einander behandeln." – „Das stimmt", sagte Candide, „es liegt etwas Teuflisches in dieser Affäre." Während er so sprach, bemerkte er irgend etwas leuchtend Rotes neben ihrem eigenen Schiff. Man ließ eine Schaluppe ins Wasser, um nachzusehen, was es wohl sein könnte: es war einer seiner Hammel. Candide empfand größere Freude über diesen Hammel, als er Trauer verspürte beim Verlust der hundert anderen, die mit großen Diamanten von Eldorado beladen gewesen waren.

Der französische Kapitän bemerkte bald, daß der Kapitän des siegreichen Schiffes Spanier war und der des versenkten Schiffes ein holländischer Pirat; es war ebender, welcher Candide beraubt hatte. Die ungeheuren Reichtümer, deren der Schurke sich bemächtigt hatte, waren zugleich mit ihm vom Meere verschlungen worden, und nur ein einziger Hammel war übriggeblieben. „Ihr seht", sagte Candide zu Martin, „daß das Verbrechen manchmal seine Strafe erhält; diesen Schuft von holländischem Schiffsherrn traf das verdiente Los." – „Ja", sagte Martin, „aber mußten auch die Passagiere, die sich auf dem Schiff befanden, umkommen? Gott bestrafte den Spitzbuben, der Teufel ertränkte die anderen."

Währenddem setzten das französische und das spanische Schiff ihre Fahrt fort, und Candide führte seine Unterhaltung mit Martin weiter. Sie disputierten vierzehn Tage ohne Unterbrechung, und am vierzehnten Tag waren sie ebensoweit wie am ersten. Aber immerhin unterhielten sie sich, teilten einander ihre Gedanken mit und trösteten sich gegenseitig. Candide streichelte seinen Hammel. „Da ich dich gefunden habe", sagte er, „werde ich wohl auch Kunigunde finden."

EINUNDZWANZIGSTES KAPITEL

Candide und Martin nähern sich der Küste Frankreichs und philosophieren

Schließlich kam die französische Küste in Sicht. „Wart Ihr jemals in Frankreich, Herr Martin?“ fragte Candide. – „Ja“, sagte Martin, „ich bereiste einige seiner Provinzen. Es gibt welche, wo die Hälfte der Einwohner verrückt ist, einige, wo man allzu durchtrieben ist, wieder andere, wo die Leute im allgemeinen ziemlich sanft und recht dumm sind, wieder andere, wo man den Schöngeist spielt; und in allen ist die Hauptbeschäftigung die Liebe, die zweite die üble Nachrede und die dritte das Reden von Albernheiten.“ – „Aber, Herr Martin, habt Ihr Paris gesehen?“ – „Ja, ich war auch in Paris; es hat etwas von alledem; es ist ein Chaos, ein Gewühl, wo jedermann sein Vergnügen sucht und kaum jemand es findet, zumindest schien es mir so zu sein. Mein Aufenthalt dort war nur kurz; mir wurde, kaum angekommen, alles, was ich besaß, auf dem Jahrmarkt in Saint-Germain von Strolchen gestohlen; man hielt mich selber für einen Dieb, und ich saß acht Tage im Gefängnis; danach wurde ich Korrektor in einer Druckerei; ich mußte etwas verdienen, um zu Fuß nach Holland zurückkehren zu können. Ich lernte die schreibende, die intrigierende und die fanatisierte Kanaille kennen. Man behauptet, es gäbe in dieser Stadt sehr höfliche Leute; ich will es gern glauben.“

„Was mich betrifft, so empfinde ich keinerlei Neugier, Frankreich zu sehen“, sagte Candide, „Ihr werdet leicht erraten, daß man, wenn man einen Monat in Eldorado verbracht hat, auf Erden nur noch Fräulein Kunigunde wiedersehen möchte. Ich werde sie in Venedig erwarten; wir werden Frankreich durchqueren, um nach Italien zu kommen; wollt Ihr mich nicht begleiten?“ – „Sehr gern“, sagte Martin, „man sagt, Venedig sei nur den edlen Venezianern günstig, man nehme aber dennoch Fremde sehr gut auf, wenn sie viel Geld haben; ich habe keins, Ihr habt welches, ich werde Euch überallhin folgen.“ – „Übrigens“, sagte Candide, „glaubt Ihr, daß die Erde ursprünglich ein Meer war, wie es jenes dicke Buch behauptet, das dem Schiffskapitän gehört?“ – „Ich glaube nichts davon“, sagte Martin, „so wenig wie all die Phantastereien, die man uns seit einiger Zeit auftischt.“ – „Aber zu welchem Zweck wurde denn eigentlich diese Welt gemacht?“ fragte Candide. – „Um uns zur Raserei zu bringen“, erwiderte

Martin. – „Wundert Ihr Euch nicht", fuhr Candide fort, „über die Liebe, die die beiden Mädchen aus dem Lande der Ohrlöffel, von denen ich Euch erzählte, für jene beiden Affen empfanden?" – „Nicht im mindesten", sagte Martin, „ich kann nicht einsehen, inwiefern diese Leidenschaft etwas Seltsames an sich haben soll; ich habe so viele außergewöhnliche Dinge erlebt, daß es für mich nichts Außergewöhnliches mehr gibt." – „Glaubt Ihr", sagte Candide, „daß die Menschen sich immer gegenseitig umgebracht haben, wie sie es heutzutage tun? Daß sie immer Lügner, Betrüger, Treulose, Undankbare, Räuber, Schwächlinge, Unbeständige, Feiglinge, Neidhammel, Freßsäcke, Trunkenbolde, Geizhälse, Streber, Blutsäufer, Verleumder, Wüstlinge, Fanatiker, Heuchler und Dummköpfe waren?" – „Glaubt Ihr", sagte Martin, „daß die Sperber immer Tauben gefressen haben, wenn sie welche kriegen konnten?" – „Ja, gewiß", sagte Candide. – „Nun wohl", sagte Martin, „wenn die Sperber immer den gleichen Charakter hatten, warum wollt Ihr, daß die Menschen den ihren geändert haben sollen?" – „Ach", sagte Candide, „da gibt es doch wohl einen Unterschied, denn die freie Willensentscheidung ..." Während sie so philosophierten, kamen sie in Bordeaux an.

ZWEIUNDZWANZIGSTES KAPITEL

Was Candide und Martin in Frankreich widerfuhr

Candide hielt sich in Bordeaux nur so lange auf, als er brauchte, um ein paar Steine aus Eldorado zu verkaufen und sich einen guten zweisitzigen Wagen zu beschaffen; denn er konnte nicht mehr ohne seinen Philosophen Martin auskommen.

Er war nur sehr ärgerlich, sich von seinem Hammel trennen zu müssen, den er der Akademie der Wissenschaften in Bordeaux überließ, die als Thema für die Preisarbeit des Jahres bestimmte, herauszufinden, warum die Wolle dieses Hammels wohl rot sei; der Preis wurde einem Gelehrten aus dem Norden zugesprochen, der nach der Formel A plus B minus C dividiert durch Z nachwies, daß der Hammel rot sein und an Schafpocken eingehen müsse.

Jedoch sagten alle Reisenden, denen Candide in den Gasthöfen an den Landstraßen begegnete: „Wir wollen nach Paris." Dieser allgemeine Drang machte ihn schließlich neugierig, diese Hauptstadt kennenzulernen; sie lag nicht weit ab vom Weg nach Venedig.

Er erreichte sie am Faubourg Saint-Marceau und glaubte im häßlichsten aller Dörfer von Westfalen zu sein.

Kaum war Candide in seiner Herberge, als er von einem leichten Unwohlsein befallen wurde, das auf seine Erschöpfung zurückzuführen war. Da er einen enormen Diamanten am Finger trug und man in seinem Gepäck eine mächtig schwere Kassette bemerkte, tauchten bei ihm sofort zwei Ärzte auf, nach denen er nicht verlangt hatte, einige intime Freunde, die ihm nicht mehr von der Seite wichen, und zwei Betschwestern, die ihm seine Suppen kochten. Martin sagte: „Ich entsinne mich, ebenfalls in Paris bei meiner ersten Reise krank gewesen zu sein; ich war sehr arm: so waren weder Freunde noch Betschwestern, noch Ärzte um mich, und ich wurde gesund."

Jedoch verschlimmerte sich Candides Zustand infolge der Arzneien und Aderlässe beträchtlich. Ein Pfarrgehilfe aus dem Stadtviertel erschien und bat sanftmütig um einen Schein, zahlbar in der anderen Welt an den Überbringer; Candide lehnte ab. Die Betschwestern versicherten ihm, dies sei eine neue Mode; Candide erwiderte, er sei kein Mann nach der Mode. Martin wollte den Pfarrgehilfen aus dem Fenster werfen. Der Geistliche schwor, man werde Candide nicht beerdigen. Martin schwor, er werde den Geistlichen beerdigen, wenn er sie weiter belästige. Der Streit wurde hitzig; Martin ergriff den anderen bei den Schultern und warf ihn hinaus, was einen großen Skandal hervorrief und einen Prozeß nach sich zog.

Candide wurde wieder gesund; und während seiner Genesung hatte er eine sehr angenehme Gesellschaft zum Essen bei sich. Man spielte hoch. Candide war sehr erstaunt, daß er nie ein As bekam; Martin staunte nicht.

Unter denen, die ihm im Namen der Stadt aufwarteten, war ein kleiner Abbé aus Périgord, einer jener eifrigen, immer auf dem Sprung befindlichen, immer zu allen Diensten bereiten, frechen, schmeichlerischen, willfährigen Leute, die sich an die Fremden bei der Durchreise heranmachen, ihnen die Skandalgeschichten der Stadt erzählen und unbedingt für ihr Amüsement sorgen wollen. Dieser führte Candide und Martin zunächst in die Komödie. Man gab ein neues Trauerspiel. Candide saß neben einigen Schöngeistern. Das hinderte ihn nicht, bei manchen vollendet gespielten Szenen zu weinen. Einer der Klugschwätzer neben ihm sagte in der Pause: „Sie tun nicht gut daran zu weinen: diese Schauspielerin ist sehr schlecht; der Schauspieler, der mit ihr auftritt, ist noch schlechter; das Stück ist noch schlechter als die Schauspieler; der Autor kann kein Wort Arabisch, und dabei spielt das Stück in Arabien; außerdem ist er ein Mensch, der nicht an die angeborenen Ideen glaubt: ich bringe Ihnen morgen zwanzig Schriften gegen ihn." – „Wie viele Theaterstücke habt Ihr in Frankreich?" fragte Candide den Abbé; der antwortete: „Fünf- oder sechstausend." – „Das ist viel", sagte Candide, „wie viele davon sind gut?" – „Fünfzehn oder sechzehn", versetzte der andere. – „Das ist viel", sagte Martin.

Candide war von einer Schauspielerin sehr angetan, die in einer ziemlich platten Tragödie, die man manchmal aufführt, die Königin Elisabeth gab. „Diese Schauspielerin", sagte er zu Martin, „gefällt mir sehr; sie ähnelt ein bißchen Fräulein Kunigunde; ich würde mich freuen, mit ihr bekannt zu werden." Der Abbé aus dem Périgord bot ihm an, ihn bei ihr einzuführen. Candide, der in Deutschland aufgewachsen war, fragte nach der Etikette und wie man in Frankreich die Königinnen von England zu behandeln pflege. „Man muß da unterscheiden", sagte der Abbé, „in der Provinz führt man sie ins Gasthaus; in Paris respektiert man sie, solange sie schön sind, und wenn sie tot sind, wirft man sie auf den Schindanger." – „Königinnen auf den Schindanger!" sagte Candide. – „In der Tat", sagte Martin, „der Herr Abbé hat recht; ich war in Paris, als Fräulein Monime, wie man so sagt, aus diesem in ein anderes Leben einging; man verweigerte ihr, was die Leute hier ein ehrliches Begräbnis nennen, das heißt, mit sämtlichen Lumpen des Viertels auf einem scheußlichen Friedhof verfaulen zu dürfen; sie wurde ganz allein von ihrer Truppe an der Ecke der Rue de Bourgogne eingescharrt; was ihr sicher sehr schmerzlich war, denn sie dachte edel." – „Das ist wirklich unhöflich", sagte Candide. – „Was wollt Ihr", sagte Martin, „so sind hier nun einmal die Leute. Stellt Euch alle nur möglichen Widersprüche, alle nur möglichen Unvereinbarkeiten vor, und Ihr findet sie in der Regierung, in den Gerichtssälen, den Kirchen, den Theatern dieser komischen Nation." – „Stimmt es, daß man in Paris immer lacht?" fragte Candide. – „Ja", sagte der Abbé, „ja, aber vor Zorn; denn man beklagt sich über alles mit lautem Gelächter; lachend begeht man sogar die widerlichsten Untaten."

„Wer ist", fragte Candide, „dieses dicke Schwein, das mir so viel Schlechtes von dem Stück sagte, über das ich so viele Tränen vergoß, und von den Schauspielern, die mir so viel Vergnügen bereiteten?" – „Eine Pest auf zwei Beinen", antwortete der Abbé, „die ihr Leben damit verdient, über alle Stücke und Bücher Schlechtes zu sagen; sie haßt jeden, dem etwas gelingt, so wie die Eunuchen die Genießenden hassen: es ist eine jener Literatenschlangen, die von Kot und Gift leben; ein Schmierant." – „Wen meint Ihr mit Schmierant?" fragte Candide. – „Einen Zeilenschinder", sagte der Abbé, „einen Fréron."

So unterhielten sich Candide, Martin und der Mann aus dem Périgord auf der Treppe und sahen zu, wie die Leute das Theater verließen. „Obwohl ich große Eile habe, Fräulein Kunigunde wiederzusehen", sagte Candide, „möchte ich doch mit Fräulein Clairon zu Abend essen; denn ich fand sie entzückend."

Der Abbé war nicht der geeignete Mann, um sich Fräulein Clairon zu nähern, die nur in guter Gesellschaft verkehrte. „Sie ist für heute abend verabredet", sagte er, „aber ich werde die Ehre haben, Euch zu einer Dame von Rang zu geleiten, und dort werdet Ihr Paris kennenlernen, als lebtet Ihr schon vier Jahre hier."

Candide, der von Natur aus neugierig war, ließ sich zu der Dame bringen, die am Ende des Faubourg Saint-Honoré wohnte; man war damit beschäftigt, Pharao zu spielen; zwölf trübsinnige Mitspieler hielten jeder ein Päckchen Karten in der Hand, das eselsohrige Register ihrer Mißgeschicke. Tiefes Schweigen herrschte, Blässe stand auf den Gesichtern der Spieler, Unruhe auf dem des Bankhalters, und die Dame des Hauses, die neben diesem unerbittlichen Bankhalter saß, bemerkte mit Luchsaugen jedes Paroli und jedes Zeichen, mit dem die Spieler bei siebenfachem Einsatz unerlaubt ihre Karten zu markieren suchten; sie ließ sie mit strenger, aber höflicher Aufmerksamkeit ihre Karten zurückbiegen, regte sich dabei aber keineswegs auf, aus Angst, ihre Kunden zu verlieren: die Dame ließ sich Marquise von Parolignac nennen. Ihre fünfzehnjährige Tochter saß unter den Spielern und zeigte mit einem Augenzwinkern jede Schwindelei der armen Leute an, die die Grausamkeiten des Zufalls wiedergutzumachen suchten. Der Abbé aus dem Périgord, Candide und Martin traten ein; niemand stand auf, niemand begrüßte sie, niemand gönnte ihnen einen Blick; alle waren zutiefst mit ihren Karten beschäftigt. „Die Frau Baronin von Thunder-ten-tronckh war höflicher", sagte Candide.

Währenddem beugte sich der Abbé zum Ohr der Marquise herab, die sich halb erhob und Candide mit einem graziösen Lächeln und Martin mit einem durchaus noblen Kopfnicken beehrte; sie ließ für Candide einen Stuhl und ein Spiel Karten herbeibringen, Candide verlor in zwei Partien fünfzigtausend Francs; worauf man sehr fröhlich speiste und sich alle Welt wunderte, daß Candide sich über seinen Verlust nicht weiter aufregte; die Lakaien sagten untereinander in ihrer Lakaiensprache: „Das muß irgend so ein englischer Mylord sein."

Das Souper war wie die meisten Soupers in Paris: zunächst Schweigen, dann ein Durcheinanderreden, daß man kein Wort mehr verstehen kann, meistens fade Witze, Gerüchte, dummes Geschwätz, ein bißchen Politik und viel üble Nachrede; man sprach sogar über neue Bücher. „Haben Sie", sagte der Abbé aus dem Périgord, „den Roman von Gauchat, Doktor der Theologie, gelesen?" – „Ja", antwortete einer der Gäste, „aber ich brachte es nicht fertig, ihn zu Ende zu lesen. Wir haben eine Masse unverschämter Machwerke, aber alle zusammengenommen können es nicht mit der Unverschämtheit von Gauchat, Doktor der Theologie, aufnehmen; ich habe so übergenug von dieser ungeheuren Flut widerwärtiger Bücher, die uns überschwemmt, daß ich begonnen habe, Pharao zu spielen." – „Und die ‚Vermischten Schriften' des Erzdiakons T..., was sagen Sie dazu?" fragte der Abbé. – „Ach", sagte Frau von Parolignac, „so etwas Todlangweiliges! Wie ernsthaft er erzählt, was jedermann schon weiß! Wie schwerfällig er diskutiert, was nicht einmal wert ist, auch nur oberflächlich bemerkt zu werden! Wie geistlos er sich des Geistes anderer bemächtigt! Wie er verdirbt, was er bei anderen gestohlen hat! Wie er mich anekelt! Aber er wird mich nicht länger anekeln: es genügt, ein paar Seiten von dem Erzdiakon gelesen zu haben."

Bei Tisch saß ein Mann von Wissen und Geschmack, der allem zustimmte, was die Marquise sagte. Man sprach darauf von Tragödien; die Dame wollte wissen, warum es Tragödien gebe, die man manchmal aufführe, die man aber nicht lesen könne. Der Mann von Geschmack setzte auf vorzügliche Weise auseinander, daß ein Stück ein gewisses Interesse beanspruchen könne, ohne dabei aber wirklich Wert zu besitzen. Er bewies mit wenigen Worten, daß es nicht genüge, eine oder zwei Situationen zustande zu bringen, die man in fast allen Romanen findet und die die Zuschauer fast immer begeistern, vielmehr müsse man neu sein, ohne wunderlich zu werden, müsse man oft erhaben und immer natürlich sein. Man müsse das Menschenherz kennen und zum Reden bringen. Man müsse ein großer Dichter sein, ohne daß je eine Figur des Stücks wie ein Dichter wirke. Man müsse die Sprache vollendet beherrschen, sie rein, mit ständiger Harmonie sprechen, ohne daß der Reim je den Sinn des Gesagten beeinträchtige. „Wer auch immer“, setzte er hinzu, „nicht alle diese Regeln beobachtet, kann eine oder zwei Tragödien verfassen, denen man im Theater applaudiert, aber er wird nie zu den guten Schriftstellern zählen; es gibt nur sehr wenige gute Trauerspiele; die einen sind gut geschriebene und wohlgereimte Idyllen in Dialogform; die anderen politische Überlegungen, die einen einschläfern, oder abstoßende Weitschweifigkeiten; wieder andere Hirngespinste von Verrückten in barbarischem Stil, ununterbrochenes Gerede, lange Anrufungen der Götter, weil man den Menschen nichts zu sagen weiß, falsche Maximen, schwülstige Gemeinplätze.“

Candide hörte aufmerksam auf diese Worte und gewann eine hohe Meinung von dem Redenden; und da ihn die Marquise mit Bedacht neben sich Platz nehmen ließ, beugte er sich zu ihr hin und nahm sich die Freiheit, sie zu fragen, wer der Mann sei, der so gut zu reden wisse. „Ein Gelehrter“, sagte die Dame, „der niemals spielt und den der Abbé manchmal zum Essen mitbringt; er kennt sich vollendet in Trauerspielen und Büchern aus und hat selber eine Tragödie geschrieben, die ausgepfiffen wurde, sowie ein Buch, das man nie außerhalb des Ladens seines Verlegers gesehen hat, ein Exemplar ausgenommen, das er mir widmete.“ – „Ein großer Mann“, sagte Candide, „er ist ein zweiter Pangloss.“

Darauf wandte er sich an ihn und sagte: „Sicher glauben Sie doch auch, daß alles in der physischen Welt und in der Moral zum besten bestellt ist und gar nicht anders sein könnte?“ – „Ich“, erwiderte der Gelehrte, „glaube das durchaus nicht: ich finde, daß bei uns alles falsch läuft; das niemand seinen Rang noch seine Aufgabe kennt, noch weiß, was er tut und was er tun muß, und daß mit Ausnahme des Essens, wo es einigermaßen fröhlich zugeht und einigermaßen Eintracht zu herrschen scheint, die ganze übrige Zeit mit albernen Streitigkeiten vergeht: Jansenisten gegen Molinisten, Juristen gegen Kirchenleute, Schriftsteller gegen Schriftsteller, Höflinge gegen Höflinge, Finanzleute gegen das Volk, Ehefrauen gegen Ehemänner, Verwandte gegen Verwandte; es ist ein ewiger Krieg.“

Candide versetzte: „Ich habe Schlimmeres erlebt. Aber ein Weiser, der später das Unglück hatte, gehängt zu werden, brachte mir bei, daß alles ganz ausgezeichnet stehe; es handele sich um ein paar dunkle Stellen auf einem schönen Bild." – „Euer Gehängter machte sich über uns lustig", sagte Martin, „eure dunklen Stellen sind schreckliche Schandflecken." – „Es sind die Menschen, die die Schandflecken machen", sagte Candide, „und sie können es nicht bleibenlassen." – „Es ist also nicht ihre Schuld", sagte Martin. Die meisten Spieler, die von diesen Worten nichts verstanden, tranken; Martin diskutierte mit dem Gelehrten, und Candide erzählte der Dame des Hauses einen Teil seiner Abenteuer.

Nach dem Essen führte die Marquise Candide in ihr Kabinett und bat ihn, sich auf ein Kanapee zu setzen. „Nun", sagte sie, „Sie lieben also immer noch Fräulein Kunigunde von Thunder-ten-tronckh aufs innigste?" – „Ja, Madame", erwiderte Candide. Die Marquise versetzte darauf mit zärtlichem Lächeln: „Sie antworten wie ein junger Mann aus Westfalen; ein Franzose hätte gesagt: ‚Ich habe in der Tat Fräulein Kunigunde geliebt; aber seit ich Sie gesehen habe, Madame, fürchte ich, sie nicht mehr lieben zu können.'" – „Ach, Madame", sagte Candide, „ich antworte, wie Sie es wünschen." – „Ihre Leidenschaft für sie", sagte die Marquise, „begann, als Sie ihr Taschentuch aufhoben; ich will, daß Sie mein Strumpfband aufheben." – „Herzlich gern", sagte Candide und hob es auf. – „Aber ich will auch, daß Sie es mir wieder umbinden", sagte die Dame, und Candide band es ihr um. „Sehen Sie", sagte die Dame, „Sie sind ein Fremder; manchmal lasse ich meine Pariser Liebhaber vierzehn Tage lang schmachten, aber Ihnen gebe ich mich schon in der ersten Nacht hin, denn man muß einem jungen Mann aus Westfalen gegenüber seinem Land Ehre machen." Die Schöne hatte zwei enorme Diamanten an beiden Händen ihres jungen Fremdlings bemerkt und spendete ihnen so aufrichtiges Lob, daß die Ringe von Candides Fingern auf die Finger der Marquise überwechselten.

Als Candide mit seinem Abbé aus dem Périgord nach Hause ging, verspürte er ein wenig Reue wegen seiner Untreue gegenüber Fräulein Kunigunde; der Herr Abbé empfand mit ihm; er hatte nur einen geringen Anteil an den fünfzigtausend Pfund, die Candide im Spiel verloren, sowie an dem Wert der beiden halb geschenkten, halb abgeforderten Brillanten. Sein Plan war, die Vorteile, die ihm die Bekanntschaft Candides einbringen konnte, so gut wie möglich zu nützen. Er sprach viel über Kunigunde; und Candide sagte ihm, er werde die Schöne, sobald er sie in Venedig treffen würde, wegen seiner Untreue um Verzeihung bitten.

Der Mann aus dem Périgord verdoppelte Höflichkeit und Aufmerksamkeiten und nahm ein zartes Interesse an allem, was Candide sagte, an allem, was er tat, an allem, was er tun wollte.

„Sie haben also", sagte er, „eine Verabredung in Venedig?" – „Ja, Herr Abbé", sagte Candide, „ich muß dort unbedingt Fräulein Kunigunde finden." So erzählte er denn, hingerissen, von dem reden zu können, was ihm am Herzen lag, seiner Gewohnheit nach einen Teil seiner Erlebnisse mit der illustren Westfalin.

„Ich nehme an", sagte der Abbé, „daß das Fräulein Kunigunde Geist besitzt und bezaubernde Briefe schreibt." – „Ich habe noch nie welche von ihr bekommen", sagte Candide, „denn stellen Sie sich vor, nachdem ich wegen meiner Liebe zu ihr aus dem Schlosse gejagt worden war, konnte ich ihr nicht schreiben; bald darauf erfuhr ich von ihrem Tode; später fand ich sie wieder, verlor sie und schickte ihr an einen Ort, der zweitausendfünfhundert Meilen von hier entfernt ist, einen Eilboten, von dem ich ihre Antwort erwarte."

Der Abbé hörte aufmerksam zu und schien ein wenig nachdenklich zu sein. Er verabschiedete sich bald von den beiden Fremden, nachdem er sie zärtlich umarmt hatte. Am folgenden Tage erhielt Candide beim Erwachen einen Brief, der folgendermaßen lautete:

‚Mein teurer Herr Geliebter, seit acht Tagen liege ich krank in dieser Stadt; ich erfahre, daß Ihr hier seid. Ich würde in Eure Arme fliegen, wenn ich mich nur rühren könnte. Ich erfuhr von Eurer Durchreise in Bordeaux; dort ließ ich den treuen Cacambo und die Alte, die mir bald folgen sollen. Der Gouverneur von Buenos Aires hat mir alles genommen, aber mir bleibt Euer Herz. Kommt, Eure Gegenwart wird mir das Leben wiedergeben oder mich vor Lust sterben lassen.'

Dieser reizende, dieser unverhoffte Brief erfüllte Candide mit unaussprechlicher Freude; und die Krankheit seiner teuren Kunigunde bereitete ihm tiefen Schmerz. Hin und her gerissen zwischen diesen beiden Empfindungen, nimmt er sein Gold und seine Diamanten und läßt sich und Martin in den Gasthof bringen, in dem Fräulein Kunigunde wohnte. Bebend tritt er ein, sein Herz schlägt, seine Stimme bricht; er will die Vorhänge am Bett zur Seite schlagen, er will Licht herbeischaffen lassen. „Laßt das wohl bleiben", sagt die Bedienerin, „das Licht tötet sie." Und jählings zieht sie die Vorhänge zu. „Meine teure Kunigunde", sagte

Candide unter Tränen, „wie geht es Euch? Wenn Ihr mich schon nicht sehen könnt, so redet zumindest." – „Sie kann nicht sprechen", sagte die Bedienerin. Nun streckt die Dame eine fleischige Hand durch den Vorhang, die Candide lange Zeit hindurch mit seinen Tränen begießt und später mit Diamanten füllt, wobei er noch einen Beutel mit Gold auf den Sessel legt.

Während er sich seiner Verzückung hingibt, erscheint ein Polizeioffizier, gefolgt von dem Abbé aus Périgord und einem Polizeitrupp. „Das also", sagte er, „sind die beiden verdächtigen Fremden?" Er läßt sie sofort festnehmen und befiehlt seinen tapferen Jungen, sie ins Gefängnis zu schleppen. „So behandelt man Reisende nicht in Eldorado", sagte Candide. – „Ich bin mehr Manichäer als je zuvor", sagte Martin. – „Werter Herr, wo bringt Ihr uns hin?" sagte Candide. – „Ins Loch", sagte der Offizier.

Sobald Martin seine Kaltblütigkeit wiedererlangt hatte, äußerte er die Meinung, die angebliche Kunigunde sei eine Betrügerin, der Herr Abbé aus dem Périgord, der sich Candides Unschuld so schnell wie möglich zunutze gemacht hatte, ein Betrüger und der Offizier ein weiterer Betrüger, den man aber leicht loswerden könne.

Von diesem Rat erleuchtet, bietet Candide, um sich nicht den Maßnahmen der Justiz auszusetzen und im übrigen immer noch begierig, die wirkliche Kunigunde wiederzusehen, dem Polizeioffizier drei kleine Diamanten im Stückwert von etwa dreitausend Pistolen an. „Ach, lieber Herr", sagte der Mann mit dem Elfenbeinstab, „hättet Ihr auch alle nur vorstellbaren Verbrechen der Welt begangen – Ihr seid doch der anständigste Mann auf der Welt. Drei Diamanten! Jeder dreitausend Pistolen wert! Lieber Herr! ich würde mich eher für Euch umbringen lassen, als Euch in ein Verlies zu befördern. Man verhaftet alle Fremden bei uns, aber laßt mich nur machen. Ich habe einen Bruder in Dieppe in der Normandie, dort bringe ich Euch hin. Und wenn Ihr für ihn auch noch einen Diamanten habt, so wird er sich Eurer annehmen wie ich selbst." – „Und warum werden alle Fremden festgenommen?" fragte Candide. Nun ergriff der Abbé aus dem Périgord das Wort und sagte: „Weil ein Lump aus dem Land Atrebatien dummes Zeug gehört hat und allein darum einen Königsmord beging, zwar nicht so, wie er im Mai 1610, sondern wie er im Dezember 1594 und in anderen Jahren und Monaten von anderen Lumpen begangen wurde, die ebenfalls dummes Zeug gehört hatten."

Nun erklärte der Polizeioffizier, worum es ging. „Ah, welche

Ungeheuer!" rief Candide. „Wie! Solche Untaten bei einem Volk, das tanzt und singt! Könnte ich nicht schnellstens aus diesem Lande herauskommen, wo Affen Tiger reizen? In meiner Heimat habe ich Bären gesehen. Menschen traf ich nur in Eldorado. Bringt mich, Herr Polizeioffizier, in Gottes Namen nach Venedig, wo ich auf Fräulein Kunigunde warten muß." – „Ich kann Euch nur in die Untere Normandie bringen", sagte der Häscher. Sogleich läßt er ihm die Fesseln abnehmen, spricht von einem Mißgriff, schickt seine Leute nach Hause und schafft Candide und Martin nach Dieppe, wo er sie seinem Bruder übergibt. An der Reede lag ein kleines holländisches Schiff. Der Normanne, der mit Hilfe von drei weiteren Diamanten zum hilfreichsten aller Menschen geworden war, bringt Candide und seine Leute an Bord des Schiffes, das gerade nach Portsmouth in England in See stach. Es war nicht der Weg nach Venedig; aber Candide glaubte der Hölle entkommen zu sein und hoffte darauf, bei erster Gelegenheit wieder den Weg nach Venedig einschlagen zu können.

DREIUNDZWANZIGSTES KAPITEL

Candide und Martin fahren an die englische Küste; was sie dort sehen

„Ach, Pangloss, Pangloss! Ach, Martin, Martin! Ach, meine teure Kunigunde! Was ist das schon für eine Welt!" sagte Candide an Bord des holländischen Schiffes. – „Etwas ziemlich Verrücktes und ziemlich Abscheuliches", erwiderte Martin. – „Ihr kennt England; ist man da ebenso verrückt wie in Frankreich?" – „Es handelt sich um eine andere Art von Verrücktheit", sagte Martin, „Ihr wißt, daß diese beiden Nationen einander wegen ein paar Morgen Schnee in der Gegend von Kanada bekriegen und daß sie für diesen feinen Krieg viel mehr ausgeben, als das ganze Kanada wert ist. Wenn ich Euch genau sagen soll, in welchem Land von den beiden man mehr Leute an die Kette legen müßte, so reichen dazu meine schwachen Kenntnisse nicht aus. Ich weiß nur, daß die Leute, die wir treffen werden, im allgemeinen sehr launisch sind."

Während sie sich so unterhielten, legten sie in Portsmouth an. Eine große Menge stand am Ufer und beobachtete aufmerksam einen ziemlich dicken Mann, der auf dem Oberdeck eines Kriegsschiffes mit verbundenen Augen kniete. Vier Soldaten, die ihm gegenüberstanden, schossen ihm jeder auf die friedlichste Art von der Welt drei Kugeln in den Schädel, und die ganze Versammlung ging äußerst zufrieden auseinander. „Was soll das alles bedeuten?“ fragte Candide. „Und wie heißt der Dämon, der überall seine Herrschaft ausübt?“ Er erkundigte sich, wer der dicke Mann gewesen sei, den man gerade so feierlich umgebracht hatte. „Es ist ein Admiral“, antwortete man ihm. – „Und warum muß man diesen Admiral umbringen?“ – „Weil er“, sagte man, „nicht genug Leute umbringen ließ; er lieferte einem französischen Admiral eine Schlacht, und man fand heraus, er sei ihm nicht nahe genug auf den Leib gerückt.“ – „Aber“, sagte Candide, „der französische Admiral war von dem englischen Admiral ebenso weit entfernt wie der von ihm.“ – „Das ist nicht zu bestreiten“, versetzte man, „aber in diesem Land hier ist es gut, von Zeit zu Zeit einen Admiral umzubringen, um die anderen kühner zu machen.“

Candide war so betäubt und erschüttert von dem, was er gesehen und gehört hatte, daß er gar nicht erst an Land gehen wollte, sondern mit dem holländischen Schiffsherrn (selbst wenn dieser ihn wie jener andere in Surinam berauben sollte) einen Handel abschloß, demzufolge der Schiffsherr ihn ohne Verzug nach Venedig bringen würde.

Nach zwei Tagen war der Schiffsherr bereit. Man fuhr an den Küsten Frankreichs entlang; man segelte in Sichtweite an Lissabon vorbei, und Candide erbebte. Man fuhr in die Meerenge ein und ins Mittelmeer; schließlich legte man in Venedig an. „Gott sei gelobt!“ sagte Candide und umarmte Martin. „Hier werde ich die schöne Kunigunde wiedersehen. Ich zähle auf Cacambo wie auf mich selbst. Alles ist gut, alles geht gut, alles steht so gut, wie es überhaupt nur möglich ist.“

VIERUNDZWANZIGSTES KAPITEL

Von Paquette und dem Bruder Giroflée

Sobald er in Venedig angekommen war, ließ er Cacambo in allen Wirtshäusern, in allen Cafés und bei allen Freudenmädchen suchen, fand ihn aber nirgends. Täglich versuchte er ihn auf jedem Schiff und auf jeder Barke zu entdecken: keine Nachricht von Cacambo. „Wie“, sagte er zu Martin, „ich bin inzwischen von

Surinam nach Bordeaux gereist, von Bordeaux nach Paris, von Paris nach Dieppe, von Dieppe nach Portsmouth, habe Portugal und Spanien umfahren, das ganze Mittelmeer durchquert, ein paar Monate in Venedig verbracht, und die schöne Kunigunde ist immer noch nicht da! Statt ihrer bin ich nur einem Flittchen und einem Abbé aus dem Périgord begegnet. Sicherlich ist Kunigunde tot, und mir bleibt nichts übrig, als zu sterben. Ach, es wäre besser gewesen, in dem Paradies Eldorado zu bleiben, als in dieses verdammte Europa zurückzukommen. Wie hattet Ihr doch recht, mein lieber Martin; alles ist nur Illusion und Beschwernis."

Er verfiel in die schwärzeste Melancholie und nahm nicht den geringsten Anteil an der Oper alla moda noch an den anderen Belustigungen des Karnevals; nicht eine Dame führte ihn auch nur im mindesten in Versuchung. Martin sagte: „Ihr seid wirklich ziemlich simpel, wenn Ihr glaubt, daß ein Mestizendiener mit fünf oder sechs Millionen in der Tasche Eure Mätresse am anderen Ende der Welt suchen und sie Euch nach Venedig bringen wird. Er wird sie selber behalten, sofern er sie findet. Wenn er sie nicht findet, nimmt er eine andere. Ich rate Euch, Euren Diener Cacambo und Eure Mätresse Kunigunde zu vergessen." Martin war nicht gerade tröstlich anzuhören. Candides Melancholie nahm zu, und Martin hörte nicht auf, ihm zu beweisen, daß es auf Erden wenig Tugend und wenig Glück gebe, ausgenommen vielleicht in Eldorado, wo niemand hingelangen konnte.

Während sie über dieses wichtige Thema disputierten und auf Kunigunde warteten, bemerkte Candide auf dem Markusplatz einen jungen Theatinermönch Arm in Arm mit einem Mädchen. Der Theatiner sah frisch, gut gepolstert und kräftig aus; seine Augen blitzten, sein Auftreten war sicher, er trug den Kopf hoch, sein Gang war stolz. Das Mädchen war hübsch und trällerte vor sich hin; sie sah ihren Theatiner verliebt an und kniff ihn von Zeit zu Zeit in die dicken Backen. „Wenigstens das werdet Ihr mir zugestehen", sagte Candide zu Martin, „daß diese Leute da glücklich sind. Bisher traf ich auf der ganzen bewohnbaren Erde, mit Ausnahme von Eldorado, nur Unglückliche; was aber dieses Mädchen und den Theatiner angeht, möchte ich wetten, daß sie sehr glückliche Geschöpfe sind." – „Ich wette, sie sind es nicht", sagte Martin. – „Wir brauchen sie bloß zum Essen einzuladen", sagte Candide, „und Ihr werdet sehen, ob ich mich getäuscht habe."

Sogleich tritt er auf sie zu, grüßt sie höflich und bittet sie in seinen Gasthof, um gemeinsam mit ihnen Makkaroni, Rebhühner

aus der Lombardei und Kaviar zu essen sowie Montepulciano, Lacrimae Christi, Zypern- und Samoswein zu trinken. Das Fräulein wurde rot, der Theatiner nahm an, und das Mädchen folgte, während sie Candide mit überraschten und verwirrten Augen, in die ein paar Tränen traten, betrachtete. Kaum waren sie in Candides Zimmer eingetreten, sagte sie: „Herr Candide erkennt also Paquette nicht mehr!“ Bei diesen Worten sagte Candide, der sie bisher nicht aufmerksam angesehen hatte, weil er immer nur an Kunigunde dachte: „Ach, mein armes Kind, Ihr seid es also, die den Doktor Pangloss in den schönen Zustand versetzte, in dem ich ihn traf?“ – „Leider, Herr, ich bin es selbst“, sagte Paquette, „ich sehe, daß Ihr alles wißt. Ich erfuhr von dem entsetzlichen Unglück, das dem ganzen Haus der Frau Baronin und der schönen Kunigunde widerfahren ist. Ich schwöre Euch, mein Geschick war kaum weniger traurig. Ich war ganz unschuldig, als Ihr mir begegnetet. Ein Franziskaner, mein Beichtvater, verführte mich mit Leichtigkeit. Die Folgen waren fürchterlich; ich war gezwungen, das Schloß kurze Zeit, nachdem der Herr Baron Euch mit Fußtritten in den Hintern hinausgeworfen hatte, zu verlassen. Hätte ein berühmter Arzt nicht mit mir Mitleid gehabt, wäre ich gestorben. Aus Dankbarkeit war ich einige Zeit die Mätresse dieses Arztes. Seine Frau, bis zur Verrücktheit eifersüchtig, verprügelte mich täglich erbarmungslos; sie war eine Furie. Dieser Arzt war der häßlichste Mann, den man sich denken kann, und ich die unglückseligste aller Kreaturen, ständig wegen eines Mannes verprügelt, den ich nicht liebte. Ihr wißt, wie gefährlich es für eine zänkische Frau ist, mit einem Arzt verheiratet zu sein. Dieser, der von ihrer Aufführung schließlich genug hatte, gab ihr eines Tages, um sie von einem kleinen Schnupfen zu heilen, eine so wirksame Arznei, daß sie binnen zweier Stunden unter schrecklichen Zuckungen starb. Madames Verwandte strengten gegen den Herrn einen Kriminalprozeß an; er ergriff die Flucht, und mich steckte man ins Gefängnis. Meine Unschuld hätte mich nicht gerettet, wäre ich nicht ein bißchen hübsch gewesen. Der Richter ließ mich unter der Bedingung frei, daß er die Nachfolge des Arztes antreten würde. Ich wurde bald von einer Rivalin verdrängt, ohne Belohnung davongejagt und war gezwungen, dieses widerwärtige Gewerbe fortzusetzen, das Euch Männern so vergnüglich vorkommt und das für uns nur einen Abgrund an Elend bedeutet. Ich beschloß, mein Gewerbe in Venedig zu betreiben. Ach, wenn Ihr Euch vorstellen könntet, was es bedeutet, gezwungen zu sein, ohne Unterschied einem alten Händler, einem Advokaten, einem Mönch, einem Gondoliere, einem Abbé Zärtlichkeiten zu erweisen; jedem Schimpf, jeder Erpressung ausgesetzt zu sein; oft sich einen Rock borgen zu müssen, um ihn sich von einem ekelhaften Kerl hochheben zu lassen; von dem einen um das bestohlen zu werden, was man bei dem anderen verdient hat; Gerichtsbeamten Lösegeld zahlen zu müssen und nichts vor sich zu haben als ein entsetzliches Alter, ein Hospital und einen Misthaufen, dann würdet Ihr zu dem Schluß kommen, daß ich eines der unglücklichsten Geschöpfe auf der Welt bin."

So schüttete Paquette dem guten Candide in einem Zimmer in Martins Gegenwart ihr Herz aus. Martin sagte zu Candide: „Ihr seht, ich habe die Wette schon zur Hälfte gewonnen."

Bruder Giroflée war im Eßzimmer geblieben und trank einen Schluck, während er auf das Essen wartete. „Aber", sagte Candide zu Paquette, „Ihr saht doch so froh, so zufrieden aus, als ich Euch begegnete. Ihr sangt vor Euch hin, Ihr streicheltet den Theatiner mit so natürlicher Zuneigung; Ihr erschient mir ebenso glücklich, wie Ihr vorgebt unglücklich zu sein." – „Ach, Herr", erwiderte Paquette, „auch das ist eine jener Berufsmiseren. Gestern wurde ich von einem Offizier bestohlen und verprügelt, und heute muß ich mich gut gelaunt zeigen, um einem Mönch zu gefallen."

Mehr wollte Candide nicht hören; er gab zu, daß Martin recht gehabt hatte. Man begab sich mit Paquette und dem Theatiner zu Tisch, die Mahlzeit war ziemlich amüsant, und schließlich redete man ziemlich offen miteinander. „Ehrwürdiger Vater", sagte Candide zu dem Mönch, „Ihr scheint Euch eines Geschicks zu erfreuen, um das Euch alle Welt beneiden könnte; Gesundheit glänzt auf Euerm Gesicht, Eure Physiognomie zeigt jedem, daß Ihr glücklich seid; Ihr habt ein sehr hübsches Mädchen zu Eurer Unterhaltung und scheint sehr zufrieden mit Euerm Stand eines Theatiners zu sein."

„Bei meiner Ehre", sagte Bruder Giroflée, „ich wünschte, alle Theatiner lägen auf dem Meeresgrund. Hundertmal war ich in Versuchung, das Kloster in Brand zu stecken und selber Türke zu werden. Als ich fünfzehn Jahre alt war, zwangen mich meine Eltern, dieses ekelhafte Gewand anzulegen, um einem verdammten älteren Bruder, den Gott verderben möge, ein größeres Erbteil hinterlassen zu können. Eifersucht, Zwietracht und Wut herrschen im Kloster. Es stimmt, ich habe ein paar schlechte Predigten gehalten, die mir ein bißchen Geld einbrachten, von dem mir der Prior die Hälfte stiehlt: der Rest dient mir dazu, Mädchen auszuhalten; aber wenn ich abends ins Kloster zurückkehre, möchte ich mir den Schädel an den Wänden des Schlafraumes einrennen; und allen meinen Mitbrüdern geht es genauso."

Martin wandte sich mit seiner üblichen Gelassenheit Candide zu: „Nun", sagte er, „habe ich nicht die ganze Wette gewonnen?" Candide gab Paquette zweitausend und dem Bruder Giroflée tausend Piaster. „Ich bin sicher", sagte er, „daß sie damit glücklich sein werden." – „Das glaube ich durchaus nicht", sagte Martin, „vielleicht werdet Ihr sie mit diesen Piastern noch viel unglücklicher machen." – „Wie dem auch sei", sagte Candide, „etwas tröstet mich, ich sehe, daß man oft Leuten wiederbegegnet, die man nie wiederzutreffen meinte; es kann wohl sein, daß ich, nachdem ich meinen roten Hammel und Paquette wiedergefunden habe, nun auch Kunigunde treffe." – „Ich wünschte", sagte Martin, „sie würde eines Tages Euer Glück machen; aber das bezweifle ich stark." – „Ihr seid sehr hart", sagte Candide. – „Weil ich das Leben kenne", sagte Martin.

„Aber seht Euch doch diese Gondolieri an", sagte Candide, „singen sie nicht unaufhörlich?" – „Ihr seht sie nicht zu Hause, mit ihren Frauen und Gören", sagte Martin. „Der Doge hat seine Sorgen, die Gondolieri haben die ihren. Es stimmt, alles in allem ist das Schicksal eines Gondolieri dem eines Dogen vorzuziehen, aber ich halte den Unterschied für so gering, daß er nicht weiter untersucht zu werden braucht."

„Man spricht", sagte Candide, „von dem Senator Pococurante, der in dem schönen Palast an der Brenta wohnt und Fremde gebührend empfängt. Man behauptet, er sei ein Mensch, der Kummer nie gekannt hat." – „So etwas Seltenes würde ich gern sehen", sagte Martin. Candide ließ den Herrn Pococurante sogleich um die Erlaubnis bitten, ihn am folgenden Tage aufsuchen zu dürfen.

FÜNFUNDZWANZIGSTES KAPITEL

Besuch bei dem Herrn Pococurante, einem edlen Venezianer

Candide und Martin fuhren mit einer Gondel auf der Brenta zum Palast des edlen Pococurante. Die Gärten waren gepflegt und mit schönen Marmorstatuen geschmückt; der Palast war ein wundervoller Bau. Der Herr des Hauses, ein sehr reicher Mann von etwa sechzig Jahren, nahm die beiden Neugierigen höflich, aber ohne Eifer auf, was Candide verwirrte und Martin keineswegs mißfiel.

Zunächst servierten zwei hübsche und gutgekleidete Mädchen Schokolade, die sie kräftig schäumen ließen. Candide konnte nicht umhin, ihre Schönheit, ihre angenehmen Sitten und ihre Geschicklichkeit zu loben. „Es sind recht nette Geschöpfe", sagte der Senator Pococurante, „ich lasse sie manchmal in meinem Bett schlafen, denn ich habe ziemlich genug von den städtischen Damen, von ihrer Koketterie, ihren Eifersüchteleien, ihren Streitigkeiten, ihren Launen, ihrer Kleinlichkeit, ihrem Hochmut, ihren Albernheiten und den Sonetten, die man für sie machen oder bestellen muß; aber alles in allem, fangen auch die beiden Mädchen an, mich stark zu langweilen."

Candide ging nach dem Essen in einer langen Galerie spazieren und war von der Schönheit der Bilder überrascht. Er fragte, welcher Meister die beiden ersten gemalt habe. „Sie sind von Raffael", sagte der Senator, „ich kaufte sie vor ein paar Jahren aus Eitelkeit zu einem sehr hohen Preis; man sagt, daß es in Italien nichts Schöneres gibt, aber sie gefallen mir überhaupt nicht: die Farben sind ziemlich stark nachgedunkelt; die Figuren sind nicht genug abgerundet und treten nicht genügend hervor; die Gewänder ähneln in keiner Weise irgendwelchen Stoffen; in einem Wort, was immer man auch sagen möge, ich finde hier keinerlei wahre Wiedergabe der Natur. Ich liebe ein Bild nur dann, wenn ich auf ihm die Natur selbst zu sehen glaube. Aber es gibt gar keine von solcher Art. Ich besitze viele Bilder, doch ich sehe sie mir gar nicht mehr an."

Pococurante ließ in Erwartung der Mahlzeit ein Konzert geben. Candide fand die Musik köstlich. „Dieses Geräusch", sagte Pococurante, „kann einen eine halbe Stunde lang unterhalten; wenn es aber länger dauert, ermüdet es alle Welt, obwohl niemand es zuzugeben wagt. Die Musik ist heutzutage nichts weiter als die Kunst, technische Schwierigkeiten zu bewältigen, aber was nur schwierig ist, kann auf die Dauer nicht gefallen.

Mir würde vielleicht die Oper ein wenig mehr zusagen, hätte man nicht herausgefunden, wie man aus ihr ein Monstrum macht, was mich geradezu aufbringt. Höre sich schlechte Tragödien mit Musikbegleitung an, wer will, wo die Auftritte nur dazu da sind, um an falscher Stelle zwei oder drei lächerliche Lieder singen zu lassen, die die Kehle einer Sängerin zur Geltung bringen sollen; möge vor Vergnügen vergehen, wer will oder kann, wenn er einen Kastraten die Rolle des Caesar oder des Cato trällern hört und ihn ungeschickt auf den Brettern umherspazieren sieht; was mich betrifft, so habe ich seit langem auf diese Armseligkeiten verzichtet, die heute Italiens Ruhm begründen und für die Fürsten so viel bezahlen." Candide disputierte ein wenig, aber mit Zurückhaltung. Martin teilte voll und ganz die Ansicht des Senators.

Man setzte sich zu Tisch und ging nach einem ausgezeichneten Essen in die Bibliothek. Candide erblickte einen herrlich gebundenen Homer und lobte den erlauchten Gastgeber für seinen guten Geschmack. „Dies ist", sagte er, „ein Buch, das den großen Pangloss, den besten Philosophen Deutschlands, entzückte." – „Nicht mich", sagte Pococurante kalt, „man machte mich einmal glauben, ich würde bei seiner Lektüre Vergnügen empfinden; aber diese ständige Wiederholung von Kämpfen, die einander alle gleichen, diese Götter, die immer in Bewegung sind, aber nie etwas Entscheidendes tun, diese Helena, um die der Krieg geht und die kaum in Erscheinung tritt, dieses Troja, das man belagert und nicht einnimmt, all das verursachte mir tödliche Langeweile. Ich fragte mehrmals Gelehrte, ob sie sich bei dieser Lektüre ebenso langweilten wie ich. Alle aufrichtigen Leute gestanden mir, daß ihnen das Buch aus den Händen falle, daß man es aber stets in seiner Bibliothek haben müsse als ein Denkmal der Antike, ebenso wie jene verrosteten Münzen, die nicht mehr im Umlauf sind."

„Euer Exzellenz denken doch nicht etwa gleichermaßen von Vergil?" fragte Candide. – „Ich gebe zu", sagte Pococurante, „daß das zweite, das vierte und das sechste Buch der ‚Aeneis' ausgezeichnet sind; was aber seinen frommen Aeneas, den starken Cloanthes, den Freund Achates, den kleinen Ascanius, den blöden König Latinus, die beschränkte Amata, die fade Lavinia angeht, so gibt es, glaube ich, nicht noch einmal etwas so Kaltes und dazu noch Unangenehmes. Ich ziehe Tasso vor und die Geschichten des Ariost, bei denen man im Stehen einschläft."

„Dürfte ich wohl fragen", sagte Candide, „ob es Ihnen nicht ein großes Vergnügen macht, Horaz zu lesen?" – „Es gibt bei ihm Maximen", sagte Pococurante, „aus denen ein Mann von Welt Vorteil ziehen kann und die, in energische Verse gedrängt, sich dem Gedächtnis leichter einprägen. Aber ich habe wenig für seine Reise nach Brindisi übrig und für seine Beschreibung eines schlechten Gastmahls und das Gekeif zwischen irgendeinem Pupilus, dessen

Worte, wie er sagt, *voller Eiter* waren, und einem anderen, dessen Worte *Essig* waren. Ich habe nur mit äußerstem Widerwillen seine groben Verse gegen alte Weiber und Hexen gelesen; und ich verstehe nicht, welches Verdienst darin liegen soll, wenn er seinem Freund Maecenas mitteilt, er würde, falls dieser ihm den Rang eines lyrischen Dichters zuerkenne, mit erhabener Stirn die Sterne berühren. Dummköpfe bewundern alles bei einem Autor, der einen Namen hat. Ich lese nur für mich selber. Ich liebe nur das, was mir dienlich ist." Candide, den man dazu erzogen hatte, über nichts selbständig zu urteilen, war sehr verwundert über das, was er hörte; Martin fand die Denkart des Pococurante ziemlich vernünftig.

„Ach, sieh an, ein Cicero", sagte Candide, „diesen großen Mann, vermute ich, werden Sie nicht müde zu lesen." – „Ich lese ihn niemals", sagte der Venezianer, „was geht es mich an, ob er Rabirius oder Cluentius verteidigt hat? Ich habe genug an den Prozessen, in denen ich das Urteil fällen muß. Ich hätte mich noch leichter mit seinen philosophischen Werken abgefunden, als ich aber sah, daß er an allem zweifelt, schloß ich daraus, daß ich ebensoviel wisse wie er und daß ich niemand nötig hätte, um unwissend zu sein."

„Ach, seht, achtzig Bände gesammelter Werke einer Akademie der Wissenschaften", rief Martin, „darunter könnte Gutes sein." – „Es hätte sein können", sagte Pococurante, „wenn auch nur ein einziger Autor dieses Plunders wenigstens die Kunst erfunden hätte, Nadeln zu machen; aber in all diesen Büchern finden sich nur leere Systeme und nicht ein einziges nützliches Ding."

„Was sehe ich da an Theaterstücken", sagte Candide, „auf italienisch, spanisch, französisch!" – „Ja", sagte der Senator, „es sind dreitausend, und darunter nicht einmal drei Dutzend gute. Was diese Sammlungen von Predigten, die insgesamt nicht eine Seite Seneca wert sind, und all diese Riesenbände Theologie angeht, so schlage ich sie wohlgemerkt niemals auf, weder ich noch sonst jemand."

Martin bemerkte Regale mit vielen englischen Büchern. „Ich glaube", sagte er, „daß einem Republikaner die meisten dieser im Geist der Freiheit geschriebenen Werke gefallen müssen." – „Ja", erwiderte Pococurante, „es ist schön zu schreiben, was man denkt; es ist ein Vorrecht des Menschen. In unserem ganzen Italien schreibt man nur, was man nicht denkt; die das Land der Caesar und Antonius bewohnen, wagen ohne Erlaubnis eines Jakobinermönchs nicht, einen Gedanken zu haben. Ich wäre mit der Freiheit zufrieden, die die englischen Genien beseelt, würden nicht Fanatismus und Parteigeist alles wieder verderben, was diese kostbare Freiheit Schätzenswertes hat."

Candide, der einen Milton bemerkte, fragte ihn, ob er nicht diesen Autor als einen großen Mann betrachte. „Wen?" sagte Pococurante. „Diesen Barbaren, der zum ersten Kapitel der Schöpfungsgeschichte einen langen Kommentar in zehn Büchern aus schlechten Versen schreibt? Diesen groben Nachahmer der Griechen, der die Schöpfung entstellt und der, während Moses das ewige Wesen zeigt, wie es die Welt durch das Wort hervorbringt, den Messias aus einem himmlischen Schrank einen Zirkel holen läßt, um sein Werk zu entwerfen? Ich soll jemand schätzen, der Tassos Hölle und Teufel verdorben hat, der Luzifer bald als Kröte, bald als Zwerg verkleidet, der ihn hundertmal die gleichen Reden halten läßt, der ihn zwingt, über Theologie zu disputieren, der, indem er die komische Erfindung der Feuerwaffen bei Ariost auf ernsthafte Weise imitiert, die Teufel mit einer Kanone in den Himmel schießen läßt? Weder ich noch sonst jemand in Italien hat an diesen tristen Extravaganzen Gefallen finden können. Bei der Vermählung von Sünde und Tod und den Nattern, die die Sünde zur Welt bringt, muß sich jedermann, der ein wenig Geschmack hat, übergeben, und seine lange Beschreibung eines Hospitals kann höchstens einem Totengräber gefallen. Dieses dunkle, bizarre und widerliche Gedicht wurde bei seiner Veröffentlichung verachtet; ich behandle es heute, wie es in seiner Heimat von seinen Zeitgenossen behandelt wurde. Übrigens sage ich, was ich denke, und es kümmert mich wenig, ob andere ebenso denken." Diese Worte machten Candide traurig; er verehrte Homer, er liebte ein wenig Milton. „Ach", sagte er leise zu Martin, „ich fürchte, dieser Mann hat nur tiefste Verachtung für unsere deutschen Dichter übrig." – „Das würde nichts weiter schaden", sagte Martin. – „O welch ein überlegener Mann", stieß Candide zwischen den Zähnen hervor, „welch großer Geist, dieser Pococurante! Nichts will ihm gefallen!"

Nachdem sie auf diese Weise alle Bücher durchgegangen waren, stiegen sie in den Garten hinab. Candide pries alle seine Schönheiten. „Ich kenne nichts ähnlich Geschmackloses", sagte der Hausherr, „alles das ist Spielerei; aber schon morgen werde ich einen nach einem besseren Entwurf anlegen lassen."

Als die beiden Neugierigen sich von Seiner Exzellenz verabschiedet hatten, sagte Candide zu Martin: „Ihr werdet mir zugestehen, daß dies der glücklichste aller Menschen ist, denn er steht über allem, was er besitzt.“ – „Seht Ihr nicht“, sagte Martin, „daß ihn alles anekelt, was er hat? Platon sagte vor langer Zeit, nicht *die* Mägen seien die besten, die jede Nahrung verweigern.“ – „Aber“, sagte Candide, „macht es nicht Freude, alles zu kritisieren, Mängel dort zu finden, wo andere Menschen Schönheiten zu sehen glauben?“ – „Das will besagen“, fuhr Martin fort, „daß es Vergnügen macht, nicht vergnügt zu sein?“ – „Nun gut“, sagte Candide, „es gibt also keinen Glücklichen außer mir, wenn ich erst Fräulein Kunigunde wiedersehe.“ – „Man tut immer gut daran, die Hoffnung nicht sinken zu lassen“, sagte Martin.

Jedoch gingen Tage und Wochen dahin. Cacambo kam nicht wieder, und Candide war so in seinen Schmerz versunken, daß er nicht einmal daran dachte, daß Paquette und Bruder Giroflée nicht wiedergekommen waren, sei es auch nur, um sich bei ihm zu bedanken.

SECHSUNDZWANZIGSTES KAPITEL

Wie Candide und Martin mit sechs Fremden speisten, und wer sie waren

Eines Abends, als Candide, von Martin gefolgt, sich mit den Fremden zu Tisch setzen wollte, die im gleichen Gasthaus wohnten, trat von hinten ein Mann mit rußfarbenem Gesicht an ihn heran, faßte ihn am Arm und sagte: „Macht Euch bereit, mit uns abzureisen. Versäumt es ja nicht!“ Er dreht sich um und erblickt Cacambo. Nur Kunigundes Anblick hätte ihn mehr verwundern und ihm mehr gefallen können. Er wollte vor Freude verrückt werden. Er umarmt seinen teuren Freund. „Kunigunde ist bestimmt hier, wo ist sie? Bringe mich zu ihr, damit ich vor Freude mit ihr sterbe.“ – „Kunigunde ist nicht hier“, sagte Cacambo, „sie ist in Konstantinopel.“ – „Himmel! In Konstantinopel! Aber wäre sie auch in China, ich fliege hin, gehen wir.“ – „Wir gehen nach dem Essen“, fuhr Cacambo fort, „mehr kann ich Euch nicht sagen. Ich bin Sklave, mein Herr erwartet mich; ich muß ihn bei Tisch bedienen. Sagt kein einziges Wort. Eßt und haltet Euch bereit.“

Candide, hin und her gerissen zwischen Freude und Schmerz, entzückt, seinen treuen Sendboten wiederzusehen, verwundert, ihn als Sklaven zu sehen, von dem Gedanken erfüllt, seine Mätresse wiederzufinden, setzte sich bewegten Herzens und ergriffenen Gemüts zu Tisch. Neben ihm nahm Martin Platz, der alldem mit Gelassenheit zusah, sowie sechs Fremde, die den Karneval in Venedig verleben wollten.

Cacambo, der einem der Fremden einschenkte, näherte sich gegen Ende der Mahlzeit seinem Herrn und sagte ihm ins Ohr: „Sire, Eure Majestät können abreisen, wann Sie wünschen, das Schiff ist bereit." Nachdem er diese Worte gesprochen hatte, ging er hinaus. Die Tafelnden sahen ohne ein Wort einander erstaunt an, als ein zweiter Bedienter auf seinen Herrn zutrat und sagte: „Sire, der Wagen Eurer Majestät steht in Padua, und die Barke ist bereit." Der Herr gab ihm ein Zeichen, und der Bediente ging. Alle Gäste blickten von neuem einander an, und die allgemeine Verwunderung verdoppelte sich. Ein dritter Diener näherte sich ebenfalls einem dritten Fremden und sagte: „Sire, glauben Sie mir, Eure Majestät können nicht länger hier bleiben. Ich werde alles vorbereiten." Und sogleich verschwand er.

Candide und Martin zweifelten nun nicht mehr daran, daß es sich um einen Maskenscherz handelte. Ein vierter Diener sagte zu dem vierten Herrn: „Eure Majestät können reisen, sobald es Majestät beliebt", und ging wie die anderen. Der fünfte Bediente sagte dem fünften Herrn das gleiche. Aber der sechste sprach auf andere Weise zum sechsten Fremden, der neben Candide saß; er sagte: „Bei meinem Leben, Sire, man will Eurer Majestät keinen Kredit mehr geben, und mir auch nicht. Und wir könnten heute nacht beide leicht verhaftet werden, Sie und ich. Ich werde mich um meine Angelegenheiten kümmern. Leben Sie wohl."

Nachdem alle Bedienten verschwunden waren, blieben die sechs Fremden, Candide und Martin in tiefem Schweigen zurück. Schließlich unterbrach Candide die Stille. „Meine Herren", sagte er, „das nenne ich mir einen merkwürdigen Spaß: warum sind Sie alle Könige? Was mich angeht, so gebe ich zu, daß wir, ich und Martin, keine sind."

Nun nahm Cacambos Herr mit ernster Miene das Wort und sagte auf italienisch: „Ich scherze keineswegs, ich heiße Achmed III. Ich war mehrere Jahre hindurch Großsultan; ich entthronte meinen Bruder; mein Neffe entthronte mich; man schnitt meinen Wesiren den Kopf ab; ich verbringe den Rest meines Lebens im alten Serail. Mein Neffe, der Großsultan Mahmoud, erlaubt mir manchmal, aus Gesundheitsgründen zu reisen, und ich kam her, um den Karneval in Venedig zu verleben."

Ein junger Mann, der neben Achmed saß, sprach nach ihm und sagte: „Ich heiße Iwan; ich war Kaiser aller russischen Lande; ich wurde in der Wiege entthront, mein Vater und meine Mutter wurden eingesperrt, ich bin im Gefängnis aufgewachsen; man erlaubt mir manchmal, in Begleitung jener zu reisen, die mich bewachen, und ich kam, um den Karneval in Venedig zu verleben."

Der dritte sagte: „Ich bin Charles Edward, König von England. Mein Vater trat an mich seine Rechte auf das Königreich ab. Ich hatte zu kämpfen, um sie zu behaupten. Man riß achthundert meiner Gefolgsleute das Herz heraus und schlug es ihnen um die Ohren. Ich wurde ins Gefängnis geworfen. Ich gehe nach Rom, um dem König, meinem Vater, einen Besuch abzustatten. Er wurde vom Thron gestoßen wie ich und mein Großvater, und ich kam her, um den Karneval in Venedig zu verleben."

Nun nahm der vierte das Wort und sagte: „Ich bin der König der Polacken. Das Kriegsglück beraubte mich meiner angestammten Staaten. Mein Vater erlitt die gleiche Niederlage. Ich beuge mich der Vorsehung wie der Sultan Achmed, der Kaiser Iwan und der König Charles Edward, denen Gott ein langes Leben schenken möge, und ich kam, um den Karneval in Venedig zu verleben."

Der fünfte sagte: „Ich bin ebenfalls König der Polacken. Ich verlor zweimal mein Königreich. Aber die Vorsehung schenkte mir einen anderen Staat, in dem ich mehr Gutes tat, als alle Könige der Sarmaten zusammengenommen an den Ufern der Weichsel je tun konnten. Auch ich vertraue mich der Vorsehung an und kam, um den Karneval in Venedig zu verleben."

Nun blieb noch der sechste Monarch. „Meine Herren", sagte er, „ich bin kein so großer Herr wie Sie, aber schließlich war ich auch König. Ich heiße Theodor, man wählte mich zum König von Korsika; man redete mich mit ‚Eure Majestät' an, jetzt nennt man mich kaum noch ‚Herr'. Ich ließ Münzen prägen und habe keinen Heller mehr. Ich hatte zwei Staatssekretäre und habe kaum noch einen Diener. Ich saß auf einem Thron und lag dann lange Zeit in London im Gefängnis auf Stroh. Ich fürchte sehr, hier auf die gleiche Art behandelt zu werden, obwohl ich wie Eure Majestäten ebenfalls kam, um den Karneval in Venedig zu verleben."

Die fünf anderen Könige hörten diese Worte mit edler Teilnahme an. Jeder von ihnen gab dem König Theodor zwanzig Zechinen für Kleider und Hemden; Candide machte ihm einen Diamanten im Wert von zweitausend Zechinen zum Geschenk. „Wer ist eigentlich“, fragten sich die fünf Könige, „dieser simple Privatmann, der imstande ist, hundertmal soviel zu geben wie jeder von uns, und es tatsächlich auch tut?“

Im Augenblick, da man vom Tisch aufstand, kamen in dem gleichen Gasthof vier durchlauchtigste Hoheiten an, die ebenfalls ihre Staaten durch die Launen des Kriegsglücks verloren hatten und den Rest des Karnevals in Venedig verleben wollten. Aber Candide schenkte den Neuankömmlingen gar keine Beachtung. Er war nur damit beschäftigt, seine teure Kunigunde in Konstantinopel wiederzutreffen.

SIEBENUNDZWANZIGSTES KAPITEL

Candides Reise nach Konstantinopel

Der treue Cacambo hatte bereits bei dem türkischen Schiffsherrn, der den Sultan Achmed nach Konstantinopel zurückbringen sollte, erreicht, daß er Candide und Martin an Bord nehmen würde. Beide gingen hin, nachdem sie sich vor Seiner elenden Hoheit zu Boden geworfen hatten. Candide sagte unterwegs zu Martin: „Nun haben wir also mit sechs entthronten Königen gespeist, und dazu habe ich noch einem von den sechs ein Almosen gegeben. Vielleicht gibt es viele andere noch unglücklichere Fürsten. Ich dagegen habe bloß hundert Hammel verloren und fliege in Kunigundes Arme. Mein lieber Martin, noch einmal: Pangloss hatte recht: alles ist gut.“ – „Ich wünschte, es wäre so“, sagte Martin. – „Aber“, sagte Candide, „das nennt man ein ziemlich unwahrscheinliches Abenteuer, was uns in Venedig begegnete. Nie wurde gesehen noch gehört, daß sechs entthronte Könige im gleichen Wirtshaus miteinander speisten.“ – „Es ist nicht ungewöhnlicher“, sagte Martin, „als die meisten Dinge, die uns passierten. Es ist durchaus üblich, daß Könige gestürzt werden; was nun die Ehre betrifft, die uns widerfuhr, indem wir mit ihnen speisten, so ist das eine Kleinigkeit, die keinerlei Beachtung verdient.“

Kaum war Candide an Bord des Schiffes, als er seinem früheren Diener und Freund Cacambo um den Hals fiel. „Nun“, sagte er, „was macht Kunigunde? Ist sie immer noch ein Wunder an Schönheit? Liebt sie mich immer noch? Wie geht es ihr? Du hast ihr doch sicher einen Palast in Konstantinopel gekauft?“

„Mein lieber Herr“, erwiderte Cacambo, „Kunigunde spült am Ufer der Propontis Geschirr, und zwar bei einem Fürsten, der sehr wenig Geschirr besitzt. Sie ist Sklavin im Hause eines ehemaligen regierenden Herrn namens Ragotzki, dem der Großtürke täglich drei Taler in seinem Asyl gibt; was aber viel trauriger ist, sie hat ihre Schönheit eingebüßt und ist fürchterlich häßlich geworden.“ – „Ach was, schön oder häßlich“, sagte Candide, „ich bin ein Ehrenmann, und meine Pflicht ist, sie immer zu lieben. Aber wie ist sie in einen so entsetzlichen Zustand geraten mit den fünf oder sechs Millionen, die du mitbrachtest?“ – „Na“, sagte Cacambo, „mußte ich etwa nicht zwei Millionen dem Señor Don Fernando d’Ibaraa y Figueora y Mascarenes y Lampourdos y Souza, Gouverneur von Buenos Aires, geben, um die Erlaubnis zu erhalten, Fräulein Kunigunde mitzunehmen? Und hat uns nicht ein Seeräuber tapfer um den ganzen Rest gebracht? Und hat uns dieser Seeräuber nicht nach dem Kap Matapan, nach Milo, Nicaria, Samos, Petra, zu den Dardanellen, nach Marmara und Scutari geschleppt? Kunigunde und die Alte dienen bei dem Fürsten, von dem ich sprach, und ich bin Sklave des abgesetzten Sultans.“ – „Welch entsetzliche Verkettung von Widrigkeiten!“ sagte Candide. „Aber schließlich besitze ich noch ein paar Diamanten; ich werde Kunigunde mit Leichtigkeit freibekommen. Schade, daß sie so häßlich geworden ist.“

Dann sagte er, indem er sich an Martin wandte: „Wer, denkt Ihr, ist am meisten zu beklagen – der Kaiser Achmed, der Kaiser Iwan, der König Charles Edward oder ich?“ – „Ich habe keine Ahnung“, sagte Martin, „ich müßte jedem ins Herz sehen können, um das herauszubekommen.“ – „Ach“, sagte Candide, „wäre doch Pangloss hier, er wüßte es und würde es uns sagen.“ – „Ich weiß nicht“, sagte Martin, „mit welcher Waage Euer Pangloss das Unglück von Menschen hätte abwägen und ihre Schmerzen schätzen können. Alles, was ich vermuten kann, ist, daß es Millionen von Menschen auf Erden gibt, die hundertmal mehr zu bedauern sind als der König Charles Edward, der Kaiser Iwan und der Sultan Achmed.“ – „Das kann schon sein“, sagte Candide.

In wenigen Tagen langten sie auf dem Kanal an, der zum Schwarzen Meer führt. Candide kaufte zunächst Cacambo zu einem sehr hohen Preis los und bestieg, ohne Zeit zu verlieren, mit seinen Gefährten eine Galeere, um an die Gestade der Propontis zu eilen und Kunigunde zu suchen, wie häßlich sie auch immer sein mochte.

Unter dem Rudervolk befanden sich zwei Sträflinge, die sehr schlecht ruderten und denen der Galeerenführer von Zeit zu Zeit ein paar Hiebe mit dem Ochsenziemer über die nackten Schultern versetzte. Candide betrachtete sie aus einem natürlichen Mitgefühl etwas genauer als die anderen Galeerensklaven und näherte sich ihnen teilnahmsvoll. Einige Züge ihrer entstellten Gesichter schienen ihm eine gewisse Ähnlichkeit mit Pangloss und jenem unglücklichen Jesuiten, dem Baron, dem Bruder Fräulein Kunigundes, zu besitzen. Dieser Gedanke bewegte ihn und machte ihn traurig. Er betrachtete die beiden noch genauer. „In der Tat", sagte er zu Cacambo, „hätte ich nicht selber Meister Pangloss hängen sehen und nicht das Unglück gehabt, den Baron umzubringen, ich würde glauben, sie seien es, die auf dieser Galeere rudern."

Bei der Erwähnung des Barons und des Pangloss stießen die beiden Sträflinge einen lauten Schrei aus, erstarrten auf ihrer Bank und ließen die Ruder sinken. Der Galeerenführer lief herbei, und die Schläge mit dem Ochsenziemer fielen dichter. „Hört auf, hört auf, lieber Herr", rief Candide, „ich gebe Euch so viel Geld, wie Ihr haben wollt." – „Wie! Es ist Candide!" sagte der eine Sträfling. – „Wie! Es ist Candide!" sagte der andere. – „Ist es ein Traum?" sagte Candide. „Wache ich? Bin ich auf dieser Galeere? Ist dies der Herr Baron, den ich umgebracht habe? Ist das Meister Pangloss, den ich hängen sah?" – „Wir sind's! Wir sind's!" antworteten sie. – „Wie! Ist das also der große Philosoph?" sagte Martin. – „Nun, Herr Galeerenführer", sagte Candide, „wieviel Lösegeld wollt Ihr für den Herrn Baron von Thunder-ten-tronckh, einen der ersten Barone des Reichs, und Herrn Pangloss, den tiefsten Metaphysiker Deutschlands, haben?" – „Christenhund", erwiderte der Galeerenführer, „da diese beiden Hunde von christlichen Sträflingen Barone und Metaphysiker sind, was in ihrer Heimat offenbar einen hohen Rang bedeutet, wirst du mir fünfzigtausend Zechinen zahlen." – „Ihr bekommt sie. Bringt uns wie der Blitz nach Konstantinopel, und Ihr werdet auf der Stelle bezahlt werden. Aber nein, bringt mich zuerst zu Fräulein Kunigunde."

Der Galeerenführer hatte bereits beim ersten Angebot Candides den Bug des Schiffes zur Stadt hin gewandt und ließ schneller rudern, als ein Vogel die Lüfte durchschneidet.

Hundertmal umarmte Candide den Baron und Pangloss. „Und wie kommt es, daß ich Euch nicht umbrachte, mein lieber Baron?

Und Ihr, mein teurer Pangloss, wie ist es möglich, daß Ihr am Leben seid, nachdem Ihr doch gehängt wurdet? Und warum seid Ihr beide in der Türkei auf einer Galeere?" – „Ist es wahr, daß sich meine liebe Schwester in diesem Lande befindet?" fragte der Baron. – „Ja", antwortete Cacambo. – „So sehe ich denn meinen lieben Candide wieder", rief Pangloss aus. Candide stellte ihnen Martin und Cacambo vor. Alle umarmten einander, alle redeten gleichzeitig. Die Galeere flog dahin, schon waren sie im Hafen. Man ließ einen Juden kommen, dem Candide für fünfzigtausend Zechinen einen Diamanten im Wert von hunderttausend verkaufte und der bei Abraham schwor, daß er dafür nicht mehr geben könne. Candide zahlte auf der Stelle das Lösegeld für den Baron und Pangloss. Dieser warf sich seinem Befreier zu Füßen und benetzte sie mit Tränen; der andere dankte ihm mit einem Kopfnicken und versprach, ihm das Geld bei der ersten Gelegenheit zurückzugeben. „Aber ist es denn möglich, daß meine Schwester in der Türkei ist?" fragte er. – „Nichts ist möglicher", erwiderte Cacambo, „da sie ja bei einem transsylvanischen Fürsten das Geschirr spült." Sogleich ließ man zwei Juden kommen. Candide verkaufte noch weitere Diamanten. Und alle fuhren in einer zweiten Galeere weiter, um Kunigunde zu befreien.

ACHTUNDZWANZIGSTES KAPITEL

Was Candide, Kunigunde, Pangloss, Martin etc. widerfuhr

„Verzeiht noch einmal", sagte Candide zum Baron, „verzeiht, Ehrwürdiger Vater, daß ich Euch einen Degenstoß quer durch den Leib versetzte." – „Reden wir nicht mehr davon", sagte der Baron, „ich war ein wenig heftig, das muß ich zugeben; da Ihr aber wissen wollt, aus welchem Grunde Ihr mich auf einer Galeere antraft, will ich Euch sagen, daß ich, nachdem der Bruder Apotheker des Kollegiums meine Wunde geheilt hatte, von einer Schar von Spaniern angegriffen und entführt wurde; man brachte mich ins Gefängnis nach Buenos Aires zur Zeit, da meine Schwester die Stadt gerade verlassen hatte. Ich verlangte, zum Pater General nach Rom zurückkehren zu können. Ich wurde zum Kaplan des französischen Botschafters in Konstantinopel ernannt. Noch keine acht Tage war ich in dieser Stellung, als ich gegen Abend einem sehr hübschen Itschoglan begegnete. Es war sehr heiß: der junge Mann wollte baden. Ich nahm die Gelegenheit wahr und badete auch. Ich wußte nicht, daß es ein Kapitalverbrechen darstellt, wenn man einen Christen völlig nackt in Gesellschaft eines jungen Moslems findet. Ein Kadi ließ mir hundert Stockschläge auf die Fußsohlen verabreichen und verurteilte mich zu den Galeeren. Ich glaube nicht, daß je eine schrecklichere Ungerechtigkeit begangen wurde. Aber ich würde gern wissen, warum meine Schwester in der Küche eines zu den Türken geflüchteten Fürsten von Transsylvanien arbeitet."

„Und Ihr, mein teurer Pangloss", sagte Candide, „wie kommt es, daß ich Euch wiedersehe?" – „Es stimmt", sagte Pangloss, „Ihr habt mich hängen sehen; natürlich sollte ich verbrannt werden; aber Ihr entsinnt Euch gewiß, daß es heftig regnete, als man mich braten wollte: das Gewitter war so gewaltig, daß man es aufgeben mußte, das Feuer anzuzünden; ich wurde gehängt, weil es nicht anders ging: ein Chirurg kaufte meinen Körper, brachte mich in seine Wohnung und begann mich zu sezieren. Er machte mir zuerst einen Kreuzschnitt vom Nabel bis zum Schlüsselbein. Schlechter als ich konnte man gar nicht gehängt worden sein. Der Vollstrecker der hohen Werke der heiligen Inquisition, ein Unterdiakon, verbrannte zwar die Leute aufs beste, war aber das Hängen nicht gewöhnt: der Strick war feucht und rutschte schlecht, er war verknotet, kurz, ich atmete noch: der Kreuzschnitt entlockte mir einen so lauten Schrei, daß mein Chirurg auf den Rücken fiel. Im Glauben, er sei dabei, den Teufel zu zersägen, ergriff er in seiner Todesangst die Flucht und fiel dabei noch die Treppe hinunter. Seine Frau lief bei dem Lärm aus einem Nebenzimmer herbei; sie sah mich ausgestreckt auf dem Tisch mit einem Kreuzschnitt liegen, hatte noch mehr Angst als ihr Mann, flüchtete und fiel über ihn. Als sie ein wenig zu sich gekommen waren, hörte ich, wie die Arztfrau sagte: ‚Mein Guter, warum seziert Ihr auch einen Ketzer? Wißt Ihr nicht, daß diese Leute immer den Teufel im Leibe haben? Ich werde schnell einen Priester holen, um ihn auszutreiben.' Ich erbebte bei diesen Worten, raffte die Kräfte, die mir verblieben waren, zusammen und rief: ‚Habt Mitleid!' Schließlich faßte der portugiesische Barbier wieder Mut; er flickte meine Haut zusammen; seine Frau pflegte mich; nach vierzehn Tagen war ich wieder auf den Beinen. Der Barbier besorgte mir eine Stellung als Lakai bei einem Malteserritter, der nach Venedig reiste; da aber mein Herr nichts hatte, womit er mich bezahlen konnte, trat ich in den Dienst eines venezianischen Kaufmanns und folgte ihm nach Konstantinopel.

Eines Tages hatte ich den Einfall, in eine Moschee einzutreten. Nur ein alter Imam war da sowie eine junge, sehr hübsche Gläubige, die ihre Paternoster hersagte; ihr Busen war völlig entblößt: zwischen ihren Brüsten steckte ein schöner Strauß Tulpen, Rosen, Anemonen, Ranunkeln, Hyazinthen und Aurikeln; sie ließ den Strauß fallen; ich hob ihn auf und steckte ihn ihr mit respektvollem Eifer wieder an. Ich hielt mich damit so lange auf, daß der Imam wütend wurde, und als er bemerkte, daß ich Christ war, rief er um Hilfe. Man brachte mich zum Kadi, der mir hundert Stockhiebe auf die Fußsohlen versetzen ließ und mich auf die Galeeren schickte. Ich wurde genau auf der gleichen Galeere und derselben Ruderbank angekettet wie der Herr Baron. Es gab auf dieser Galeere vier junge Leute aus Marseille, fünf neapolitanische Priester und zwei Mönche aus Korfu, die uns sagten, daß dergleichen Dinge täglich vorkämen. Der Herr Baron behauptete, ihm sei größeres Unrecht geschehen als mir; ich wieder behauptete meinerseits, es sei eher zulässig, einer Frau einen Blumenstrauß wieder an den Busen zu stecken, als nackt mit einem Itschoglan zusammen zu sein. Wir disputierten unaufhörlich und erhielten täglich zwanzig Hiebe mit dem Ochsenziemer, als die Verkettung der Ereignisse in dieser Welt Euch auf unsere Galeere führte und Ihr uns loskauftet."

„Nun wohl, mein lieber Pangloss", sagte Candide, „als Ihr gehängt, seziert, mit Schlägen überschüttet wurdet und als Ihr auf der Galeere rudern mußtet, dachtet Ihr da immer noch, daß alles in der Welt zum besten bestellt sei?" – „Ich bin immer noch meiner ursprünglichen Ansicht", antwortete Pangloss, „denn schließlich bin ich Philosoph: ein Widerruf kommt mir nicht zu, da Leibniz nicht Unrecht gehabt haben kann und da im übrigen die prästabilierte Harmonie ebenso wie der erfüllte Raum und die immaterielle Substanz das Schönste ist, was es auf der Welt gibt."

NEUNUNDZWANZIGSTES KAPITEL

Wie Candide Kunigunde und die Alte wiederfand

Während Candide, der Baron, Pangloss, Martin und Cacambo einander ihre Erlebnisse berichteten, über die zufälligen und nicht zufälligen Ereignisse dieser Welt Überlegungen anstellten, über Wirkung und Ursache, über das moralische und physische Übel, Freiheit und Notwendigkeit und über die Tröstungen, die man auf den Galeeren in der Türkei erfahren kann, diskutierten, legten sie am Gestade der Propontis beim Haus des Fürsten von Transsylvanien an. Das erste, was sie erblickten, waren Kunigunde und die Alte, die Handtücher zum Trocknen aufhängten.

Bei diesem Anblick erbleichte der Baron. Der zärtliche Liebhaber Candide wich, als er seine schöne Kunigunde mit geschwärztem Gesicht, blutunterlaufenen Augen, eingetrockneter Brust, faltigen Wangen und roten, aufgesprungenen Armen erblickte, von Schrecken erfaßt drei Schritte zurück und trat dann, wie es sich gehört, wieder auf sie zu. Sie umarmte Candide und ihren Bruder; man umarmte die Alte: Candide kaufte beide los.

In der Nähe lag ein kleiner Pachthof. Die Alte schlug Candide vor, ihn zu bewirtschaften, bis die ganze Truppe eine bessere Möglichkeit fände. Kunigunde wußte nicht, daß sie häßlich geworden war. Niemand hatte sie davon in Kenntnis gesetzt: sie erinnerte Candide an sein Versprechen in einem so bestimmten Ton, daß der gute Candide nicht zu widersprechen wagte. Er teilte also dem Baron mit, daß er seine Schwester zu heiraten gedenke. „Ich werde nie“, sagte der Baron, „eine solche Selbsterniedrigung meiner Schwester noch eine solche Unverschämtheit von Eurer Seite dulden; eine derartige Infamie wird man mir nie vorwerfen können: daß nämlich die Kinder meiner Schwester nicht in ein deutsches Ordensstift eintreten können. Nein, meine Schwester wird niemals jemand außer einem Reichsfreiherrn heiraten.“ Kunigunde warf sich ihm zu Füßen und benetzte sie mit Tränen; er blieb unerbittlich. „Dummkopf“, sagte ihm Candide, „ich habe dich von der Galeere geholt, dein Lösegeld und das deiner Schwester bezahlt; sie spülte hier Geschirr, sie ist häßlich, ich bin so gutmütig, sie zu meiner Frau zu machen, und du willst dich dem noch entgegenstellen! Ich könnte dich noch einmal umbringen, wenn ich meinem Zorn freien Lauf lassen würde.“ – „Du kannst mich noch einmal umbringen“, sagte der Baron, „aber solange ich lebe, wirst du meine Schwester nicht heiraten.“

DREISSIGSTES KAPITEL

Schluß

Candide hatte im Grunde seines Herzens nicht die geringste Lust, Kunigunde zu heiraten. Aber die besondere Unverschämtheit des Barons veranlaßte ihn, die Ehe zu schließen, und Kunigunde drängte ihn so heftig, daß er sein einmal gegebenes Wort halten mußte. Er beriet sich mit Pangloss, Martin und dem treuen Cacambo. Pangloss fertigte eine schöne Denkschrift an, in der er nachwies, daß der Baron keinerlei Rechte auf seine Schwester hätte und daß sie mit Candide, allen Gesetzen des Reichs gemäß, eine morganatische Ehe eingehen könnte. Martin kam zu dem Schluß, man sollte den Baron ins Meer werfen. Cacambo schlug vor, ihn dem Galeerenführer zurückzugeben und ihn wieder auf die Galeere zu bringen; dann könnte man ihn mit dem ersten besten Schiff nach Rom zum Pater General schicken. Diesen Rat fand man sehr gut; die Alte stimmte ihm zu; der Schwester des Barons sagte man nichts davon; die Sache wurde zu einem niedrigen Preis durchgeführt, und man hatte so das Vergnügen, einen Jesuiten zu foppen und gleichzeitig einen deutschen Baron für seinen Hochmut zu strafen.

Es wäre ganz natürlich, zu glauben, daß Candide nach so vielem Mißgeschick, mit seiner Mätresse verheiratet und in Gesellschaft des Philosophen Pangloss, des Philosophen Martin, des umsichtigen Cacambo und der Alten, und dazu noch im Besitz so vieler Diamanten aus der Heimat der alten Inkas, das angenehmste Leben der Welt führte; aber er wurde von den Juden so angeführt, daß ihm nur sein kleiner Pachthof blieb; seine Frau, die täglich häßlicher wurde, zeigte sich zänkisch und unverträglich; die Alte war kränklich und wurde noch launischer als Kunigunde. Cacambo, der im Garten tätig war und das Gemüse, das er zog, in Konstantinopel verkaufte, war mit Arbeit überlastet und verfluchte sein Geschick. Pangloss war verzweifelt, nicht auf einer deutschen Universität glänzen zu können. Was Martin betraf, so war er fest davon überzeugt, daß man überall gleichermaßen schlecht dran sei; er schickte sich in alles mit Geduld. Candide, Martin und Pangloss disputierten manchmal über Metaphysik und Moral. Oft sah man vor den Fenstern des Pachthofs mit Effendis, Paschas und Kadis beladene Schiffe vorbeifahren, die nach Lemnos, Mytilene und Erzerum ins Exil geschickt wurden. Man gewahrte andere Kadis, andere Paschas, andere Effendis, die den Platz der Verstoßenen einnahmen und dann ihrerseits verstoßen wurden. Man erblickte sauber in Stroh gewickelte Köpfe, die der Hohen Pforte präsentiert werden sollten. Diese Wahrnehmungen belebten ihre angeregten Unterhaltungen; und wenn man nicht diskutierte, war ihre Langeweile so übermäßig stark, daß die Alte eines Tages ganz offen sagte: „Ich möchte wissen, was schlimmer ist – hundertmal hintereinander von Negerpiraten vergewaltigt zu werden, eine Hinterbacke abgeschnitten zu bekommen, bei den Bulgaren Spießruten zu laufen, bei einem Autodafé ausgepeitscht und gehängt zu werden, seziert zu werden, auf einer Galeere zu rudern, kurz, alles Elend zu erleben, das wir alle samt und sonders durchgemacht haben, oder aber hier zu sitzen und nichts zu tun?“ – „Das ist eine wesentliche Frage“, sagte Candide.

Diese Worte gaben Anlaß zu weiteren Überlegungen, und vor allem Martin kam zu dem Schluß, der Mensch sei dazu geboren, in Ruhelosigkeit oder aber in der Lethargie der Langeweile zu leben. Candide war damit nicht einverstanden, aber er konnte auch nichts anderes sagen. Pangloss gestand, er habe stets schrecklich gelitten; da er aber einmal gesagt habe, alles stünde zum besten, würde er dabei bleiben, wenn er auch nicht mehr daran glaube.

Ein Umstand trug endgültig dazu bei, Martin in seinen verabscheuenswürdigen Grundsätzen zu bestärken, Candide mehr als je zuvor schwanken zu lassen und Pangloss in Verlegenheit zu bringen. Eines Tages erschienen nämlich auf dem Pachthof Paquette und Bruder Giroflée in jämmerlichem Zustand; sie hatten ihre dreitausend Piaster schnell verbraucht, waren auseinandergegangen, hatten sich wieder versöhnt, sich entzweit, waren ins Gefängnis gekommen, waren geflüchtet, und schließlich war Bruder Giroflée Türke geworden. Paquette betrieb überall ihr Gewerbe weiter und verdiente dabei nicht das mindeste mehr. „Ich hatte es vorausgesagt“, sagte Martin zu Candide, „daß Eure Geschenke sich bald in Luft auflösen und die beiden nur noch unglücklicher machen würden. Ihr und Cacambo besaßt Millionen von Piastern und seid nicht glücklicher als Bruder Giroflée und Paquette.“ – „Sieh einer an“, sagte Pangloss zu Paquette, „der Himmel führt Euch also zu uns zurück, mein armes Kind! Wißt Ihr auch, daß Ihr mich die Nasenspitze, ein Auge und ein Ohr gekostet habt? Schön seht Ihr aus! Ach ja, was ist schon diese Welt ...“ Dieses neue Erlebnis veranlaßte sie, mehr als je zuvor zu philosophieren.

In der Gegend lebte ein sehr berühmter Derwisch, der als bester Philosoph der Türkei galt. Sie wollten seinen Rat erbitten. Pangloss trat als Wortführer auf und sagte: „Meister, wir kommen, um Euch zu fragen, aus welchem Grunde ein so merkwürdiges Tier wie der Mensch geschaffen wurde."

„Was geht dich das an?" sagte der Derwisch. „Ist das deine Angelegenheit?" – „Aber, ehrwürdiger Vater", sagte Candide, „es gibt entsetzlich viel Böses auf Erden." – „Was liegt daran", sagte der Derwisch, „ob es Böses oder Gutes gibt? Wenn Seine Hoheit ein Schiff nach Ägypten schickt, stört es ihn, ob sich die Mäuse auf dem Schiff wohl befinden oder nicht?" – „Was sollte man also tun?" fragte Pangloss. – „Schweigen", sagte der Derwisch. – „Ich hoffte", sagte Pangloss, „mit Euch ein wenig über Wirkung und Ursache, über die beste aller möglichen Welten, über den Ursprung des Bösen, über die Natur der Seele und die prästabilierte Harmonie diskutieren zu können." Bei diesen Worten schlug ihnen der Derwisch die Tür vor der Nase zu.

Während dieser Unterhaltung war bekannt geworden, daß man in Konstantinopel gerade zwei Wesire des hohen Gerichts und den Mufti erwürgt und mehrere ihrer Freunde gepfählt hatte. Diese Katastrophe erregte einige Stunden hindurch überall großes Aufsehen. Als Pangloss, Candide und Martin auf den kleinen Pachthof zurückkehrten, begegneten sie einem freundlichen Greis, der vor seiner Tür in einer Laube von Orangenbäumen die frische Luft genoß. Pangloss, der ebenso neugierig wie diskutierfreudig war, fragte ihn nach dem Namen des Muftis, den man gerade erdrosselt hatte. „Ich habe keine Ahnung", sagte der gute Mann, „und ich kannte übrigens nie den Namen eines Muftis noch irgendeines Wesirs. Ich weiß nicht das mindeste von dem Ereignis, von dem Ihr sprecht. Ich vermute, daß im allgemeinen Leute, die sich mit öffentlichen Angelegenheiten befassen, umkommen, manchmal auf elende Weise, und daß sie es sogar verdienen; aber ich frage nie nach dem, was in Konstantinopel passiert; ich begnüge mich damit, die Früchte des Gartens, den ich bearbeite, in Konstantinopel verkaufen zu lassen." Nachdem er dies gesagt hatte, ließ er die Fremden in sein Haus eintreten. Seine beiden Töchter und seine zwei Söhne boten ihnen mehrere Sorten Sorbet an, die sie selber herstellten, Kaimak, mit eingemachten Zedratschalen gewürzt, Orangen, Zitronen, Limonen, Ananas, Pistazien sowie einen Mokka, der nicht mit dem schlechten Kaffee aus Batavia und von den Inseln vermischt war. Darauf parfümierten die beiden Töchter des guten Muselmans die Bärte von Candide, Pangloss und Martin.

„Ihr müßt", sagte Candide zu dem Türken, „ein großes und herrliches Gut besitzen." – „Ich habe nur zwanzig Morgen Land", antwortete der Türke, „ich bearbeite sie mit meinen Kindern. Die Arbeit hält drei große Übel von uns fern: die Langeweile, das Laster und die Not."

Während Candide auf seinen Pachthof zurückkehrte, dachte er tief über die Worte des Türken nach. Er sagte zu Pangloss und Martin: „Dieser gute Greis hat sich, scheint mir, ein Schicksal bereitet, das bei weitem dem der sechs Könige vorzuziehen ist, mit denen wir die Ehre hatten zu speisen." – „Größe", sagte Pangloss, „ist, den Berichten aller Philosophen zufolge, etwas sehr Gefährliches: denn schließlich wurde Eglon, König der Moabiter, von Aod ermordet; Absalom wurde an den Haaren aufgehängt und von drei Lanzen durchbohrt; der König Nadab, Sohn des Jerobeam, wurde von Baesa umgebracht; der König Ela von Zambri; Ahasja von Jehu; Athalia von Jojada; die Könige Joachim, Jechonia, Zedekia gerieten in die Sklaverei. Ihr wißt, wie Kroesus, Astyages, Darius, Dionys von Syrakus, Pyrrhus, Perseus, Hannibal, Jugurtha, Ariovist, Caesar, Pompejus, Nero, Otho, Vitellius, Domitian, Richard II. von England, Eduard II., Heinrich VI., Richard III., Maria Stuart, Karl I., die drei Heinriche von Frankreich, der Kaiser Heinrich IV. umkamen. Ihr wißt ..." – „Ich weiß auch", sagte Candide, „daß wir in unserem Garten arbeiten müssen." – „Ihr habt recht", sagte Pangloss, „denn als der Mensch in den Garten Eden gesetzt wurde, geschah dies ut operaretur eum, auf daß er ihn bebaue, was beweist, daß der Mensch nicht zum Ausruhen geschaffen wurde." – „Arbeiten wir, ohne zu philosophieren", sagte Martin, „denn das ist das einzige Mittel, das Leben erträglich zu machen."

Die ganze kleine Gesellschaft folgte dieser löblichen Absicht; jeder machte sich daran, seine Talente zu entfalten. Das kleine Stück Boden brachte viel ein. Kunigunde war wirklich sehr häßlich; aber sie wurde eine ausgezeichnete Kuchenbäckerin; Paquette stickte; die Alte kümmerte sich um die Wäsche. Sogar Bruder Giroflée machte sich nützlich; er erwies sich als ein sehr guter Tischler und wurde sogar ein ehrlicher Mann; und Pangloss sagte manchmal zu Candide: „Alle Ereignisse sind in der besten aller möglichen Welten miteinander verknüpft; denn wäret Ihr schließlich nicht um der Liebe zu Fräulein Kunigunde willen mit ordentlichen Tritten in den Hintern aus einem schönen Schloß gejagt worden, hätte man Euch nicht vor die Inquisition gebracht, hättet Ihr nicht Amerika zu Fuß durchwandert, dem Baron einen tüchtigen Degenstoß versetzt und alle Eure Hammel aus dem guten Land Eldorado eingebüßt, dann würdet Ihr hier jetzt nicht eingemachte Zedratfrüchte und Pistazien essen." – „Wohl gesprochen", versetzte Candide, „aber wir haben in unserem Garten zu arbeiten."

Aus: Das Zeitalter Ludwigs XIV.

ERSTES KAPITEL

Einleitung

Es ist nicht meine Absicht, bloß das Leben Ludwigs XIV. zu beschreiben: ich habe einen größern Gegenstand im Auge. Ich will versuchen, der Nachwelt nicht die Taten eines einzelnen Mannes, sondern den Geist der Menschen im aufgeklärtesten aller bisherigen Zeitalter zu schildern.

Jedes Jahrhundert hat Helden und Staatsmänner hervorgebracht, jedes Volk hat Revolutionen erlebt, und wer sich bloß Tatsachen ins Gedächtnis prägen will, dem sind die Geschichten der einzelnen Völker sämtlich von nahezu gleichem Werte. Wer jedoch denkt und wer, was noch viel seltener ist, Geschmack hat, der zählt nur vier Zeitalter in der Geschichte der Welt. Diese vier glücklichen Weltalter sind jene Jahrhunderte, in denen die Künste vervollkommnet wurden und die als Epochen der Größe des Menschengeistes Vorbilder für die Nachwelt sind.

Das erste von diesen Zeitaltern, die sich den wahren Ruhm erworben haben, ist die Epoche Philipps und Alexanders, oder die der Perikles, Demosthenes, Aristoteles, Platon, Apelles, Phidias und Praxiteles. Aber dieser Ruhm blieb auf die Grenzen Griechenlands beschränkt: der Rest der damals bekannten Erde war barbarisch.

Das zweite ist das Zeitalter von Caesar und Augustus, für das auch die Namen Lukrez, Cicero, Livius, Vergil, Horaz, Ovid, Varro und Vitruvius stehen.

Das dritte ist jenes Zeitalter, das auf die Eroberung Konstantinopels durch Mohammed II. folgte. Der Leser mag sich erinnern, daß man damals in Italien eine Familie einfacher Bürger tun sah, was die europäischen Könige hätten unternehmen sollen. Die Medici beriefen die Gelehrten, welche von den Türken aus Griechenland vertrieben wurden, nach Florenz; es war die Zeit des Glanzes für Italien. Die schönen Künste waren dort bereits zu neuem Leben erwacht, und die Italiener ehrten sie mit dem Namen Tugend, wie die alten Griechen sie mit dem Namen

Weisheit ausgezeichnet hatten. Alles strebte der Vervollkommnung zu.

Die Künste, die immer von Griechenland aus nach Italien verpflanzt worden waren, befanden sich dort auf einem günstigen Boden, auf dem sie unverzüglich Frucht trugen. Frankreich, England, Deutschland und Spanien begehrten ihrerseits solche Früchte, aber entweder kamen dieselben gar nicht in diese Länder, oder sie verkümmerten allzu schnell.

Franz I. unterstützte Gelehrte, die aber nichts weiter als gelehrt waren. Er hatte Architekten, aber weder einen Michelangelo noch einen Palladio. Vergebens versuchte er Malerschulen zu gründen: die italienischen Maler, die er berief, zogen keine französischen Schüler. Einige Epigramme und einige schlüpfrige Erzählungen in Versen machten unsere ganze Poesie aus. Rabelais war zur Zeit Heinrichs II. unser einziges modisches Prosawerk.

Kurzum, die Italiener allein hatten alles – ausgenommen die Musik, die noch nicht entwickelt, und die Experimentalphilosophie, die allenthalben in gleichem Maße unbekannt war, bis endlich Galilei sie kennen lehrte.

Das vierte Zeitalter ist nun das, welches man das Zeitalter Ludwigs XIV. nennt, und vielleicht ist es von allen vieren dasjenige, welches der Vollkommenheit am nächsten steht. Durch die Entdeckungen seiner drei Vorgänger bereichert, hat es in mancher Hinsicht mehr geleistet als jene drei zusammen. Die Künste sind allerdings nicht weiter gediehen als unter den Medici, den Augustus und Alexander – aber die menschliche Vernunft im allgemeinen hat sich vervollkommnet. Die wahre Philosophie ist erst in dieser Epoche bekannt geworden, und man darf in Wahrheit behaupten, daß sich in dem Zeitraum zwischen den letzten Jahren des Kardinals von Richelieu bis zu den ersten Jahren nach dem Tode Ludwigs XIV. in unsern Künsten, unsern Ansichten, unsern Sitten und unserer Regierung eine Umwälzung vollzogen hat, die als ein ewiges Denkmal der wahrhaften Größe unseres Vaterlandes dastehen wird. Und dieser segensreiche Einfluß ist nicht auf Frankreich beschränkt geblieben: er verbreitete sich nach England und machte dort den Wetteifer rege, dessen dies geistreiche, unternehmende Volk damals bedurfte; er brachte den Geschmack nach Deutschland und die Wissenschaften nach Rußland; er hat sogar dem hinsiechenden Italien neues Leben eingehaucht, und Europa verdankt seinen Anstand und seinen geselligen Sinn dem Hofe Ludwigs XIV.

Man darf nicht etwa meinen, daß es in jenen vier Zeitaltern keine Unglücksfälle und Verbrechen gegeben hätte. Die Vollkommenheit der von friedlichen Bürgern gepflegten Künste hindert nicht, daß die Fürsten bisweilen ehrgeizig, die Völker aufsässig, die Priester und Mönche unruhig und schurkisch sind. In bezug auf die menschliche Bosheit sind alle Zeitalter gleich, durch großartige Talente aber zeichnen sich meines Wissens nur diese vier aus.

Vor dem Zeitalter, das ich nach Ludwig XIV. benenne und das ungefähr mit der Gründung der Académie française beginnt, bezeichneten die Italiener alle Ultramontaner als Barbaren. Es steht nicht zu leugnen, daß die Franzosen diesen Schimpfnamen in gewisser Hinsicht verdienten. Ihre Väter verbanden die romaneske Galanterie der Mauren mit der altfränkischen Roheit. Sie besaßen nahezu keine einzige von den angenehmen Künsten, ein Beweis, daß die nützlichen Künste bei ihnen vernachlässigt wurden; denn sobald man das Notwendige zur Vollkommenheit gebracht hat, gelangt man bald zum Angenehmen und zum Schönen. Es kann auch nicht wundernehmen, daß Malerei, Bildhauerei, Dichtkunst, Beredsamkeit und Philosophie nahezu unbekannt waren bei einem Volke, das keine Flotte besaß, obschon es am Ozean und am Mittelländischen Meere Häfen hatte, und das kaumhin einige unvollkommene Manufakturen im Lande zählte, obschon es den Luxus über die Maßen liebte.

Die Juden, die Genueser, die Venezianer, die Portugiesen, Flamen, Holländer und Engländer besorgten abwechselnd den Handel Frankreichs, das nicht einmal die Prinzipien desselben kannte. Ludwig XIII. besaß bei seiner Thronbesteigung kein einziges Schiff; Paris zählte keine viermal hunderttausend Einwohner und keine vier schönen Gebäude; die übrigen Städte des Königsreichs glichen jenen Marktflecken, wie man sie jenseits der Loire findet. Der gesamte Adel lebte auf dem Lande in gräbenumzogenen Burgen und bedrückte die Ackerbauer. Die Landstraßen waren nahezu unwegsam, die Städte ohne Polizeiwesen, der Staat ohne Geld und die Regierung beinahe immer ohne Kredit bei den fremden Nationen.

Wie man sich nicht verhehlen darf, hatte Frankreich seit dem Verfalle des Hauses Karls des Großen immer mehr oder weniger an diesen Gebrechen gesiecht, weil ihm beinahe nie eine gute Regierung beschieden gewesen war.

Die Macht eines Staates hat zur Voraussetzung, daß entweder

das Volk eine auf den Gesetzen beruhende Freiheit besitzt oder daß die Autorität des Landesherrn über jeden Widerstand erhaben ist. In Frankreich waren die Völker bis zu Philipp August Sklaven; die Lehnsherren waren bis zu Ludwig XI. Tyrannen, und die Könige, beständig mit der Verteidigung ihrer Autorität gegen ihre Vasallen beschäftigt, hatten nie die Zeit, an das Glück ihrer Untertanen zu denken, noch die Macht, dies Glück zu begründen.

Ludwig XI. tat viel für die königliche Macht, aber nichts für das Wohl und den Ruhm der Nation. Franz I. rief den Handel, die Schiffahrt, die schönen Wissenschaften und die Künste ins Leben, er hatte jedoch nicht das Glück, sie in Frankreich Wurzel schlagen zu sehn, und sie verschwanden wieder mit ihm. Heinrich der Große stand im Begriff, Frankreich dem Elend und der Barbarei zu entreißen, in die dreißig Jahre Zwietracht es zurückgeschleudert hatten, als er in seiner Hauptstadt, inmitten des Volkes, dessen Glück er zu begründen begann, meuchlings ermordet wurde. Kardinal Richelieu, der damit beschäftigt war, das Haus Österreich, den Calvinismus und die Großen zu demütigen, erfreute sich keiner hinlänglich friedlichen Machtfülle, um die Nation zu reformieren; doch machte er wenigstens den Anfang zu diesem segensreichen Werke.

Das Genie der Franzosen war also neun Jahrhunderte lang inmitten der innern Zwiste und Bürgerkriege, während man weder Gesetze noch feste Bräuche hatte und während die immer noch unbeholfene Sprache sich alle zweihundert Jahre veränderte, beinahe unausgesetzt durch eine veraltete Regierungsform eingeschnürt; der zuchtlose Adel kannte nur Krieg und Müßiggang, die Geistlichkeit lebte in Liederlichkeit und Unwissenheit, und das gewerbslose Volk verkam in seinem Elend.

Weder an den großen Entdeckungen noch an den bewunderungswürdigen Erfindungen der übrigen Völker hatten die Franzosen Anteil: die Menschheit verdankt ihnen nicht die Buchdrukkerkunst, nicht das Pulver, nicht die Spiegel, das Fernrohr, den Proportionszirkel, die Luftpumpe und das wahre Weltsystem; sie hielten Turniere ab, während die Portugiesen und die Spanier östlich und westlich der bekannten Welt neue Welten entdeckten. Karl V. verschwendete bereits in Europa die Schätze Mexikos, bevor noch etliche Untertanen Franz' I. das wilde, unwirtliche Kanada entdeckt hatten; aber selbst aus dem wenigen, was die Franzosen zu Anfang des 16. Jahrhunderts leisteten, ersieht man, wessen sie fähig sind, sobald sie unter guter Leitung stehen.

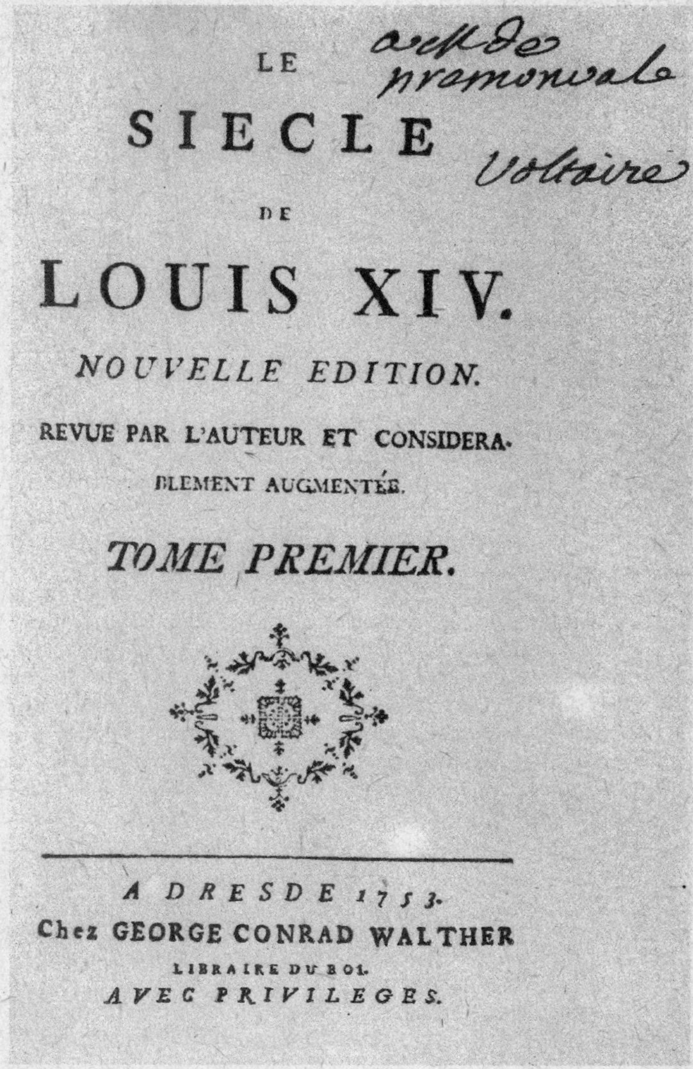

LE
SIECLE
DE
LOUIS XIV.
NOUVELLE EDITION.
REVUE PAR L'AUTEUR ET CONSIDERA-
BLEMENT AUGMENTÉE.
TOME PREMIER.

A DRESDE 1753.
Chez GEORGE CONRAD WALTHER
LIBRAIRE DU ROI.
AVEC PRIVILEGES.

Voltaire

„Das Zeitalter Ludwigs XIV."
Titelblatt der Neuausgabe Dresden 1753

Ich beabsichtige zu zeigen, was sie unter Ludwig XIV. waren.

Man darf nicht erwarten, hier – mehr als in der Darstellung der früheren Zeitalter – sehr viele Einzelheiten über die Kriege zu finden, über die Belagerung von Städten, die mit den Waffen erobert und zurückerobert, durch Verträge abgetreten und zurückgewonnen wurden. Tausend Umstände, die für die Zeitgenossen von Interesse sind, verlieren sich in den Augen der Nachwelt und verschwinden, um bloß jene großen Begebenheiten hervortreten zu lassen, die über das Schicksal der Reiche entschieden. Nicht alles Geschehene ist der Aufzeichnung wert. Ich werde mich in der vorliegenden Geschichte nur an das halten, was die Beachtung aller Zeiten verdient, was den Charakter und die Sitten der Menschen zu kennzeichnen geeignet ist, was der Belehrung dienen kann und was Liebe zur Tugend, zu den Künsten und zum Vaterlande zu erwecken vermag.

Der Leser weiß bereits, in welchem Zustande Frankreich und die übrigen Staaten Europas sich vor der Geburt Ludwigs XIV. befanden; hier nun werde ich die großen politischen und militärischen Begebenheiten seiner Regierungszeit beschreiben. Die innere Verwaltung des Reichs, die für die Völker von ungleich größerer Wichtigkeit ist, wird gesondert behandelt werden. Das Privatleben Ludwigs XIV., die Besonderheiten seines Hofes und seiner Herrschaft werden eine ausführliche Darstellung finden. Andere Abschnitte werden den Künsten, den Wissenschaften, den Fortschritten des menschlichen Geistes in diesem Zeitalter gewidmet sein. Schließlich wird von der Kirche die Rede sein, die seit so vielen Jahrhunderten eng mit der Regierung verbunden ist; die die Regierung bisweilen in Unruhe versetzt, ein andermal ihr als Stütze dient und die sich trotz ihrer Bestimmung, Moral zu lehren, häufig der Politik und den menschlichen Leidenschaften überläßt.

ZWEITES KAPITEL

Die Staaten Europas vor Ludwig XIV.

Schon seit langem durfte man das christliche Europa – Rußland ausgenommen – für eine Art großer Republik ansehen, die in mehrere teils monarchische, teils konstitutionelle Staaten zerfiel; aristokratisch die einen, demokratisch die anderen, harmonierten sie jedoch sämtlich miteinander; sie hatten sämtlich, wenn auch in verschiedene Sekten zersplittert, dieselbe religiöse Grundlage; sie bekannten sich sämtlich zu denselben staatsrechtlichen und politischen Grundsätzen, die den übrigen Teilen der Welt fremd waren. Diesen Grundsätzen gemäß machen die europäischen Völker ihre Gefangenen nicht zu Sklaven, achten sie die Gesandten ihrer Feinde, gestehen sie einmütig gewissen Fürsten – wie dem Kaiser, den Königen und andern, geringern Potentaten – Vorrang und einige Rechte zu; namentlich aber stimmen sie in der klugen Politik überein, daß sie soviel als möglich ein Gleichgewicht an Macht unter sich erhalten, indem sie beständig, sogar mitten im Kriege, das Mittel der Unterhandlung anwenden und eines beim andern Gesandte oder minder ehrenwerte Spione unterhalten, die alle Höfe von den Plänen eines einzigen in Kenntnis zu setzen, ganz Europa mit einem Schlage zu alarmieren und die Schwächern vor den Überfällen zu bewahren vermögen, zu denen der Stärkere stets bereit ist.

Seit Karl V. neigte sich die Waage zugunsten des Hauses Österreich. Dies mächtige Haus herrschte um 1630 über Spanien, Portugal und die Schätze Amerikas; die Niederlande, Mailand, das Königreich Neapel, Böhmen, Ungarn und sogar Deutschland waren sozusagen sein Erbgut geworden, und wenn so viele Staaten unter ein einziges Oberhaupt aus jenem Hause gekommen waren, so steht zu glauben, daß schließlich ganz Europa ihm untertan geworden wäre.

Deutschland

Das Deutsche Reich ist der mächtigste Nachbar, den Frankreich hat: es ist von größerer Ausdehnung und, wenn auch vielleicht minder reich an Geld, so doch fruchtbarer an kräftigen und arbeitsamen Menschen. Das deutsche Volk wird nahezu in derselben Weise regiert wie Frankreich unter den ersten Capetingern, die die bisweilen herzlich schlecht respektierten Oberhäupter mehrerer großer und einer großen Anzahl kleiner Vasallen waren. Heute bilden sechzig unabhängige sogenannte freie Reichsstädte, ungefähr ebenso viele weltliche Landesherrn, nahe an vierzig geistliche Fürsten, die teils Äbte, teils Bischöfe sind, neun Kurfürsten, unter denen sich zur Zeit vier Könige befinden, und endlich der Kaiser, das Oberhaupt aller dieser Potentaten, den großen germanischen Staatskörper, den das deutsche Phlegma bis in unsere Tage am Leben erhalten hat, mit beinahe ebensoviel Ordnung, wie es in der französischen Regierung früher Verwirrung gab.

Jedes Glied des Reiches hat seine Rechte, seine Privilegien, seine Pflichten; und die schwierige Kenntnis dieser zahllosen und oft streitigen Gesetze bildet das *Studium des Staatsrechts,* wie man es in Deutschland nennt, dessentwegen das deutsche Volk so berühmt ist.

Der Kaiser als solcher würde in Wirklichkeit kaum mächtiger und reicher sein als ein Doge von Venedig. Wie bekannt, läßt das in Städte und Fürstentümer zerfallende Deutschland dem Oberhaupte aller dieser Staatswesen nur den mit den größten Ehren verknüpften Vorrang, gewährt ihm aber weder Krongüter noch Geld und folglich auch keine Macht. In seiner Eigenschaft als Kaiser besitzt er nicht ein einziges Dorf. Indessen war diese häufig ebenso leere wie hohe Würde in den Händen der Österreicher ein so mächtiges Werkzeug geworden, daß man oft befürchtete, sie würden diese Republik von Fürsten in eine absolute Monarchie verwandeln.

Zwei Parteien teilten damals und teilen noch heute das christliche Europa, und namentlich Deutschland. Die eine Partei ist die katholische, die mehr oder weniger dem Papste Folge leistet; die andere Partei bilden die Feinde der geistlichen und weltlichen Herrschaft des Papstes und der katholischen Prälaten. Die Anhänger dieser letztern Partei bezeichnen wir allgemein als Protestanten, obgleich sie in Lutheraner, Calvinisten und andere zerfallen, die sich gegenseitig fast ebenso hassen, wie sie Rom verabscheuen.

In Deutschland hängen Sachsen, ein Teil von Brandenburg, die Pfalz, ein Teil von Böhmen und von Ungarn, die Staaten des Hauses Braunschweig, Württemberg und Hessen dem lutherischen, sogenannten evangelischen Bekenntnis an. Auch sämtliche freien Reichsstädte haben sich zu dieser Sekte geschlagen, da sie für Völker, die auf ihre Freiheit eifersüchtig sind, angemessener erschien als die katholische Religion.

Die unter die stärkern Lutheraner verstreuten Calvinisten machen nur eine geringfügige Partei aus. Den Rest des Reichs bilden die Katholiken, die das Haus Österreich an ihrer Spitze haben und daher zweifelsohne die mächtigste Partei sind.

Nicht bloß Deutschland, sondern alle christlichen Staaten bluteten noch aus den Wunden, welche zahllose Religionskriege, dieser den Christen eigentümliche Wahnsinn, der den Heiden unbekannt und eine unglückliche Folge des unter allen Ständen verbreiteten dogmatischen Geistes ist, ihnen geschlagen hatten. Es gibt wenig Kontroverspunkte, die keinen Bürgerkrieg entzündet haben, und die fremden Völker (vielleicht unsere Nachkommen) werden eines Tages nicht begreifen können, wie unsere Väter sich so viele Jahre lang gegenseitig erwürgen konnten, während sie unablässig Geduld predigten.

Ich habe bereits gezeigt*, wie Ferdinand II. nahe daran war, die deutsche Adelsherrschaft in eine absolute Monarchie umzuwandeln und wie er Gefahr lief, von Gustav Adolf entthront zu werden. Sein Sohn, Ferdinand III., der seine Politik erbte und, wie er, seinen Kabinettskrieg führte, regierte während der Minderjährigkeit Ludwigs XIV.

Deutschland war damals nicht so blühend, wie es seitdem geworden ist; der Luxus war dort unbekannt, und die Bequemlichkeiten des Lebens waren selbst bei den größten Herrn noch äußerst selten. Sie wurden erst um 1686 durch die französischen Flüchtlinge nach Deutschland gebracht, die ihre Manufakturen dort errichteten. Es fehlte diesem fruchtbaren und bevölkerten Lande an Handelsverkehr und an Geld; die Sittenstrenge und die den Deutschen eigentümliche Unbeholfenheit beraubten sie jener Genüsse und jener angenehmen Künste, welche der italienische Scharfsinn schon seit so langen Jahren pflegte und welche der französische Gewerbefleiß damals zu vervollkommnen begann. Zu Hause reich, waren die Deutschen in fremdem Lande arm, und diese Armut in Verbindung mit der Schwierigkeit, so viele verschiedene Völker binnen kurzer Zeit unter demselben Feldzeichen zusammenzubringen, machte es ihnen damals wie heute nahezu unmöglich, den Krieg zu ihren Nachbarn zu tragen und dort längere Zeit zu unterhalten. Daher haben die Franzosen den Krieg gegen die Kaiser beinahe immer im Reich geführt. Die Verschiedenheit in der Regierung und im Wesen scheint die Franzosen besser zum Angriff, die Deutschen besser zur Verteidigung zu befähigen.

Spanien

Das vom ältern Zweige des Hauses Österreich regierte Spanien hatte nach dem Tode Karls V. mehr Schrecken eingeflößt als die deutsche Nation. Die Könige von Spanien waren weit unumschränkter und reicher. Die Minen von Mexiko und von Potosi schienen ihnen Schätze genug zu liefern, um die Freiheit Europas zu kaufen. Der Leser kennt bereits den von Karl V. entworfenen

* Im „Versuch über die Sitten und den Geist der Nationen".

und von Philipp II. weiterverfolgten Plan der Alleinherrschaft oder vielmehr der umfassenden Hegemonie über unsern christlichen Erdteil.

Unter Philipp III. war die Größe Spaniens nur noch ein markloser Körper, der mehr Reputation als Kraft besaß.

Philipp IV., Erbe der Schwachheit seines Vaters, verlor Portugal infolge seiner Nachlässigkeit, das Roussillon infolge der Schwäche seiner Waffen und Catalonien infolge des Mißbrauchs der Gewalt. Dergleichen Könige konnten in ihren Kriegen gegen Frankreich nicht lange glücklich sein. Wenn sie infolge der Uneinigkeit und der Fehler ihrer Feinde wirklich einige Vorteile errangen, ging die Frucht derselben immer wieder infolge ihrer Unfähigkeit verloren. Zudem herrschten sie über Völker, denen ihre Privilegien ein Recht zum Ungehorsam gaben: die Castilier hatten das Vorrecht, daß sie nicht außerhalb ihrer Heimat zu kämpfen brauchten; die Aragonier stritten unabhängig mit dem Königsrate um ihre Freiheit, und die Catalanen, die ihre Könige für ihre Feinde ansahen, erlaubten denselben nicht einmal, in ihrer Provinz Soldaten auszuheben.

Dessenungeachtet aber warf Spanien im Verein mit dem Reich ein schweres Gewicht in die europäische Waagschale.

Portugal

Portugal wurde damals wieder zu einem Königreich. Herzog Johann von Braganza, ein Fürst, der für schwach galt, hatte diese Provinz einem Könige entrissen, der noch schwächer war als er. Die Portugiesen befaßten sich aus Not mit dem Handel, den die Spanier aus Stolz vernachlässigten; im Jahre 1641 hatten sie sich mit Frankreich und Holland gegen Spanien verbunden. Diese Erhebung Portugals war vorteilhafter für Frankreich, als die bedeutendsten Siege es hätten sein können. Das französische Ministerium zog aus diesem Ereignis, zu dem es nicht das geringste beigetragen hatte, ohne Mühe den größten Vorteil, den man seinem Feinde gegenüber haben kann, nämlich den, ihn von einer unversöhnlichen Macht angegriffen zu sehen.

Portugal, welches das spanische Joch abschüttelt, seinen Handel ausdehnt und seine Macht vermehrt, erinnert hier an Holland, das sich derselben Vorteile auf ganz andere Weise erfreute.

Die Vereinigten Provinzen

Der kleine Staat der sieben Vereinigten Provinzen, ein grasreiches, aber getreidearmes, ungesundes und beinahe vom Meere überschwemmtes Land, war seit ungefähr einem halben Jahrhundert ein auf Erden beinahe einmaliges Beispiel dessen, was die Liebe zur Freiheit und unermüdliche Arbeit vermögen. Dies arme, wenig zahlreiche Volk, das weit weniger kriegsgeübt war als die schlechtesten spanischen Truppen und damals in Europa noch für nichts gerechnet wurde, widerstand allen Streitkräften seines Gebieters und Tyrannen Philipp II., vereitelte die Pläne verschiedener Fürsten, die ihm helfen wollten, es zu unterjochen, und begründete eine Macht, die sogar der Macht Spaniens das Gleichgewicht hielt. Zuerst hatte die Verzweiflung, welche die Tyrannei erzeugt, ihm die Waffen in die Hand gegeben: die Freiheit hatte seinen Mut gestählt, und die Prinzen aus dem Hause Oranien hatten aus den Bürgern ausgezeichnete Soldaten gemacht. Sie führten, kaum daß seine Gebieter besiegt waren, eine Regierungsform ein, die soviel als möglich die Gleichheit erhält, das natürlichste Menschenrecht.

Vom Zeitpunkt seiner Gründung an war dieser Staat von so neuer Art innig mit Frankreich verbunden; das Interesse vereinigte beide; sie hatten die nämlichen Feinde; Heinrich IV. und Ludwig XIII. waren seine Verbündeten und seine Beschützer gewesen.

England

Das weit mächtigere England trachtete begierig nach der Herrschaft über die Meere und behauptete, ein Gleichgewicht zwischen den Regierungen Europas zu schaffen. Karl I. jedoch, der seit 1625 regierte, konnte die Last dieses Amtes nicht tragen, er fühlte bereits das Zepter seinen Händen entschlüpfen. Er hatte seine Macht in England von den Gesetzen unabhängig machen und in Schottland die Religion verändern wollen. Zum Verzicht auf seine Pläne zu hartnäckig und zur Ausführung derselben zu schwach, ein guter Gatte, guter Vater, guter Gebieter und ehrenhafter Mann, aber ein schlecht beratener Monarch, verwickelte er sich in einen Bürgerkrieg, durch den er, wie bereits erwähnt, infolge einer beinahe unerhörten Revolution den Thron und das Leben auf dem Schafott verlor.

Dieser Bürgerkrieg, der während der Minderjährigkeit Ludwigs XIV. begann, hinderte England für einige Zeit, die Interessen seiner Nachbarn wahrzunehmen; es verlor mit seinem Wohlstande auch seine Bedeutung; sein Handel erlitt eine Unterbrechung; die übrigen Nationen hielten es für begraben unter seinen Trümmern, bis es plötzlich furchtbarer ward denn je, unter der Herrschaft Cromwells, der es mit der Bibel in der einen, mit dem Schwerte in der andern Hand und mit der Maske der Religion vor dem Gesichte unterjochte und der während seiner Regierung alle Verbrechen eines Usurpators mit den Eigenschaften eines großen Königs verhüllte.

Rom

Jenes Gleichgewicht zwischen den Königen, das England durch seine Macht zu erhalten sich schmeichelte, versuchte der römische Hof durch seine Politik zu erhalten. Italien zerfiel damals wie heute in mehrere Herrschaften: das Gebiet, welches der Papst besitzt, ist groß genug, um ihn als Fürsten zu achten, aber zu klein, um ihn zu fürchten. Die Art der Regierung ist nicht dazu angetan, sein Land zu bevölkern, das zudem wenig Geld und wenig Handelsverkehr besitzt; seine stets ein wenig mit weltlicher Macht verbundene geistliche Autorität ist bei der halben Christenheit vernichtet und verabscheut; und wenn er bei der andern Hälfte als ein Vater gilt, so hat er doch Kinder, die ihm bisweilen mit Recht und mit Erfolg Widerstand leisten. In Frankreich gilt der Grundsatz, daß er für eine geheiligte, aber gefährliche Person anzusehen sei, der man die Füße küssen und bisweilen die Hände binden muß. Noch heute sieht man in allen katholischen Ländern die Spuren der Schritte, die einst der römische Hof auf dem Wege zur Weltmonarchie getan hat. Alle katholischen Fürsten senden bei ihrer Thronbesteigung an den Papst sogenannte Botschaften der *Obedienz*. Jede Krone hat in Rom einen Kardinal, der den Namen eines *Protektors* führt. Der Papst erteilt Bestätigungsbullen über alle Bistümer und gebraucht in seinen Bullen Wendungen, als ob er diese Würden aus alleiniger Machtvollkommenheit verleihe. Alle italienischen, spanischen und flämischen Bischöfe nennen sich Bischöfe aus göttlicher Zulassung und aus der *des Heiligen Stuhles*. Um 1682 verwarfen viele französische Prälaten diese den ersten Jahrhunderten durchaus unbekannte Formel; und in unseren Tagen, im Jahre 1754, war ein Bischof (Stuart Fitzjames, Bischof von Soissons) mutvoll genug, sie in einem Erlasse zu unterdrücken, der wert ist, auf die Nachwelt zu kommen. In diesem Erlasse oder vielmehr dieser einmaligen Unterweisung ist ausdrücklich gesagt, was bisher noch kein Papst zu erklären gewagt hat, daß nämlich alle Menschen, und sogar die Ungläubigen, unsere Brüder sind.

Endlich hat der Papst in allen katholischen Ländern Vorrechte behalten, die ihm sicher nicht zuteil würden, wenn nicht die Zeit sie ihm gegeben hätte. Er hat in jedem Reiche eine nicht geringe Anzahl von Pfründen zu vergeben; von den durch die Kirchenräte vergebenen Pfründen empfängt er die Einkünfte des ersten Jahres als Steuer.

Die Mönche, deren Oberhäupter in Rom ihren Sitz haben, sind ebenfalls unmittelbare, über alle Länder verbreitete Untertanen des Papstes. Die Gewohnheit, die alles macht und Ursache ist, daß die Welt ebensowohl durch Mißbräuche wie durch Gesetze regiert wird, hat den Fürsten nicht immer erlaubt, eine Gefahr völlig zu beseitigen, die zudem mit Dingen im Zusammenhange steht, welche für heilig angesehen werden. Einem andern als seinem Landesherrn den Eid des Gehorsams zu leisten ist bei einem Laien ein Majestätsverbrechen; im Kloster ist es eine religiöse Handlung. Die Schwierigkeit, festzustellen, bis zu welchem Punkte jenem fremden Gebieter Gehorsam zu leisten ist; die Leichtigkeit der Verführung; das Vergnügen, sich einem natürlichen Joche zu entziehen, um sich ein selbstgewähltes aufzubürden; der Hang zum Aufruhr und die unglücklichen Zeiten haben nur zu oft ganze Mönchsorden dazu gebracht, Rom gegen ihr Vaterland zu Diensten zu sein.

Der Geist der Aufklärung, der seit einem Jahrhundert in Frankreich herrscht und sich über beinahe alle Stände verbreitet hat, war das beste Mittel gegen diesen Mißbrauch. Die guten Bücher, die über diesen Gegenstand geschrieben wurden, sind wahrhafte, den Königen und den Völkern erwiesene Dienste; und eine der großen Veränderungen, die sich dadurch unter Ludwig XIV. in unsern Sitten vollzogen haben, besteht eben darin, daß die Mönche jetzt sämtlich anfangen zu erkennen, daß sie in erster Linie Untertanen des Königs und erst in zweiter Diener des Papstes sind. Die Gerichtsbarkeit, dies wesentliche Kennzeichen der Oberhoheit, ist dem Papste noch verblieben. Sogar Frankreich läßt es trotz aller Freiheiten der gallikanischen Kirche geschehen, daß man in einigen geistlichen Angelegenheiten an den Papst als höchsten Richter appelliert.

Will man eine Ehe lösen, seine Base oder Nichte heiraten, sich von seinen Gelübden entbinden lassen, so wendet man sich nicht an seinen Bischof, sondern ebenfalls nach Rom; dort gibt es einen Tarif für die Gnadengaben, und die Privatpersonen aller Länder kaufen dort Dispense zu jedem Preis.

Diese Vorrechte, von vielen als eine Folge der gröbsten Mißbräuche, von andern aber als Überreste der heiligsten Rechte angesehen, werden noch immer mit vollendetem Geschick behauptet. Rom erhält sein Ansehn und seinen Einfluß mit derselben Klugheit, mit der einst die römische Republik die Hälfte der bekannten Welt eroberte.

Nie verstand ein Hof es besser, sich nach den Menschen und nach den Umständen zu richten. Die Päpste sind beinahe immer Italiener, in den Staatsgeschäften ergraut, ohne Leidenschaften, die sie blind machen könnten; ihr Rat besteht aus Kardinälen, die ihnen gleichen und sämtlich von demselben Geiste beseelt sind. Dieser Rat erteilt Befehle bis nach China und Amerika hin: er umfaßt in diesem Sinne die Welt, und bisweilen konnte von ihm gesagt werden, was einst ein Fremder vom römischen Senate sagte: „Ich habe eine Versammlung von Königen gesehen." Die meisten von unsern Schriftstellern haben sich mit Recht gegen die Anmaßung dieses Hofes aufgelehnt; keiner hat jedoch der Klugheit desselben hinlängliche Gerechtigkeit widerfahren lassen. Ich weiß nicht, ob eine andere Nation so viele ständig umstrittene Vorrechte so lange Zeit in Europa hätte behaupten können: jeder andere Hof hätte sie durch seinen Hochmut oder seine Feigheit oder seine Langsamkeit oder sein Ungestüm eingebüßt; Rom aber hat alles behauptet, was zu behaupten Menschen möglich war, indem es beinahe immer zur rechten Zeit Festigkeit und Geschmeidigkeit anzuwenden wußte. Unter Karl V. zeigte es sich kriechend, gegen Heinrich III., den König von Frankreich, furchtbar, gegen Heinrich IV. abwechselnd freundlich und feindlich, gegen Ludwig XIII. geschickt; gegen Ludwig XIV. opponierte es offen, solange er zu fürchten war, und den Kaisern, denen es mehr mißtraute als dem türkischen Sultan, war es häufig ein heimlicher Feind.

Einige Rechte, viele Ansprüche, Klugheit und Geduld, das ist dem römischen Hofe heute von jener ehemaligen Macht geblieben, die vor sechs Jahrhunderten das Reich und Europa der Tiara hatte unterwerfen wollen.

Neapel ist ein noch fortbestehendes Denkmal des von den Päpsten mit soviel Geschick und Größe errungenen Rechts, Königreiche zu schaffen und zu vergeben; der König von Spanien, Besitzer dieses Staates, ließ jedoch dem römischen Hofe nur die Ehre und die Gefahr, einen allzu mächtigen Vasallen zu haben.

Übrigens erfreute sich der Kirchenstaat eines segensreichen Friedens, der nur durch den bereits erwähnten* kleinen Krieg zwischen den Kardinälen Barberini, den Neffen Urbans VIII., und dem Herzog von Parma gestört worden war.

Das übrige Italien

Die anderen Staaten Italiens gehorchten verschiedenen Interessen. Venedig fürchtete die Türken und den Kaiser; es vermochte kaumhin seine Besitzungen auf dem festen Lande vor den Ansprüchen Deutschlands und gegen die Einfälle des Sultans zu schützen. Es war nicht mehr jenes Venedig, einstmals Herrin des Welthandels, das hundertundfünfzig Jahre zuvor die Eifersucht so vieler Könige erregt hatte. Die Umsicht seiner Regierung war noch dieselbe, aber die Vernichtung seines Handels beraubte es nahezu seiner ganzen Kraft. Einerseits infolge seiner Lage uneinnehmbar, war Venedig andererseits infolge seiner Schwäche nicht imstande, Eroberungen zu machen.

Florenz erfreute sich unter der Herrschaft der Medici der Ruhe und des Wohlstandes; die schönen Wissenschaften, die Künste und die Geselligkeit, welche die Medici ins Leben gerufen hatten, blühten noch immer. Die Toscana war damals in Italien, was Athen in Griechenland gewesen war.

Das durch einen Bürgerkrieg und durch französische und spanische Truppen verheerte Savoyen hatte sich endlich völlig zugunsten Frankreichs geeinigt und trug in Italien zur Schwächung der österreichischen Macht bei.

Die Schweizer behaupteten, wie heute, ihre Freiheit, ohne jeglichen Versuch, andere zu unterdrücken. Sie verkauften ihre Truppen an ihre reicheren Nachbarn; sie waren arm; sie kannten weder die Wissenschaften noch die Künste, die der Luxus hervorgebracht hat; aber sie waren verständig und glücklich.

* Im „Versuch über die Sitten".

Die nordischen Staaten

Die Staaten des nördlichen Europa, Polen, Schweden, Dänemark und Rußland, waren gleich den übrigen Mächten beständig auf der Hut oder im Kriege gegeneinander. In Polen fanden sich, wie noch heute, die Sitten und Regierungsformen der Goten und Franken, ein Wahlkönig, ein Adel, der an dessen Macht Anteil hatte, eine leibeigene Bevölkerung, eine schwache Infanterie, eine aus Edelleuten bestehende Reiterei, keine befestigten Städte und so gut wie kein Handel. Es wurde bald von den Schweden oder den Moskowitern, bald von den Türken angegriffen. Die Schweden, ein infolge seiner Verfassung, die sogar die Bauern zur Ständeversammlung zuließ, noch freieres Volk, das aber damals gegen seine Könige unterwürfiger war als die Polen, waren beinahe überall siegreich. Dänemark, einstmals für Schweden ein Schrekken, war es für niemand mehr, und seine wirkliche Größe begann erst unter seinen beiden Königen Friedrich III. und Friedrich IV. Das moskowitische Reich war noch völlig barbarisch.

Die Türkei

Die Türken waren nicht mehr, was sie unter einem Selim, Mohammed und Soliman gewesen waren; Schwäche herrschte im Serail, ohne die Grausamkeit daraus zu verbannen. Die Sultane waren die despotischsten Gebieter in ihrem Serail und zugleich am wenigsten ihres Throns und ihres Lebens sicher. Osman und Ibrahim starben durch die seidene Schnur, Mustapha war zweimal abgesetzt worden. Durch diese Vorgänge erschüttert, wurde das türkische Reich auch noch von den Persern angegriffen; als aber die Perser es aufatmen ließen und die Serail-Revolutionen vorüber waren, wurde das Reich von neuem ein Schrecken der Christenheit; von der Mündung des Dnepr bis Venedig fielen Rußland, Ungarn, Griechenland und der Archipel der Reihe nach den türkischen Waffen zur Beute, und seit 1644 unterhielten sie unausgesetzt den Krieg auf Candia, der den Christen so verderblich wurde.

Das waren die Lage, die Streitkräfte und die Interessen der wichtigsten Nationen Europas zur Zeit des Todes des französischen Königs Ludwig XIII.

Die Lage Frankreichs

Im Bunde mit Schweden, Holland, Savoyen und Portugal unterhielt Frankreich gegen das Reich und Spanien einen für beide Parteien höchst kostspieligen und für das Haus Österreich verhängnisvollen Krieg, bei welchem es die guten Wünsche der übrigen, nicht beteiligten Völker auf seiner Seite hatte. Dieser Krieg glich allen denen, die seit so vielen Jahrhunderten zwischen den christlichen Fürsten geführt werden, in denen man Millionen von Menschen opfert und ganze Provinzen verheert, um schließlich einige kleine Grenzstädte zu erhalten, deren Besitz selten die Kosten der Eroberung aufwiegt.

Die Generäle Ludwigs XIII. hatten das Roussillon eingenommen, und die Catalanen hatten sich an Frankreich als dem Schilde der von ihnen gegen ihre Könige verfochtenen Freiheit ergeben: aber diese Erfolge hatten die Feinde nicht gehindert, im Jahre 1637 Corbie zu erobern und bis nach Pontoise vorzudringen. Die Furcht hatte die Hälfte der Einwohner aus Paris vertrieben, und Kardinal Richelieu war inmitten seiner großartigen Pläne zur Verminderung der österreichischen Macht darauf angewiesen, jedes herrschaftliche Haus in Paris zur Stellung eines Dieners einzuschätzen, der in den Krieg ziehen und die Feinde von den Toren der Hauptstadt vertreiben sollte.

Die Franzosen hatten also den Spaniern und den Deutschen viel Schaden zugefügt und ihrerseits nicht weniger erlitten.

Frankreichs Streitkräfte nach dem Tode Ludwigs XIII. und Sitten jener Zeit

Die Kriege hatten bedeutende Heerführer hervorgebracht, wie zum Beispiel einen Gustav Adolf, einen Wallenstein, einen Herzog von Weimar, Piccolomini, Johann von Werth, den Marschall von Guébriant, die Prinzen von Oranien, den Grafen von Harcourt. Nicht weniger hatten sich einzelne Staatsminister ausgezeichnet. Kanzler Oxenstierna, Herzog Graf von Olivares, besonders aber Kardinal Richelieu hatten die Aufmerksamkeit Europas auf sich gezogen. Bisher hat noch jedes Jahrhundert berühmte Staatsmänner und Feldherrn gehabt: die Politik und der Krieg scheinen unglücklicherweise die beiden Professionen zu sein, die der Natur des Menschen am meisten entsprechen; er muß entweder unterhandeln oder kämpfen. Der Glücklichste gilt für den

Größten, und das Publikum schreibt häufig alle Erfolge, die das Glück zuwege brachte, dem Verdienste zu.

Der Krieg wurde noch nicht in der Weise geführt wie zur Zeit Ludwigs XIV.; die Heere waren nicht so zahlreich: seit der Belagerung von Metz durch Karl V. hatte kein General fünfzigtausend Mann unter seinen Befehlen gehabt, die Städte wurden mit weniger Geschützen als heute belagert und verteidigt. Die Befestigungskunst steckte noch in den Kinderschuhen. Piken und Musketen waren noch im Gebrauch; man bediente sich häufig des Degens, der heute unnütz geworden ist. Von den alten völkerrechtlichen Gesetzen her bestand noch der Brauch, den Krieg durch einen Herold zu erklären. Ludwig XIII. war der letzte, der diese Sitte beobachtete: er sandte 1635 einen Wappenherold nach Brüssel, um Spanien den Krieg zu erklären.

Wie man weiß, war es damals nicht ungewöhnlich, einen Priester Armeen befehligen zu sehen: der Kardinal-Infant, der Kardinal von Savoyen, Richelieu, La Valette, Sourdis, der Erzbischof von Bordeaux, Kardinal Théodore Trivulce, Kommandant der spanischen Reiterei, hatten den Küraß angelegt und persönlich am Kriege teilgenommen. Ein Bischof von Mende war wiederholt Armeeintendant gewesen. Die Päpste bedrohten diese kriegerischen Priester bisweilen mit der Exkommunikation. Als Papst Urban VIII. gegen Frankreich aufgebracht war, ließ er dem Kardinal von La Valette sagen, er werde ihn seiner Würde entkleiden, wenn er nicht die Waffen niederlege; als er sich aber mit Frankreich ausgesöhnt hatte, spendete er ihm seinen Segen.

Die Gesandten, nicht minder Diener des Friedens als die Geistlichen, hegten kein Bedenken, in den Heeren der verbündeten Mächte, zu denen sie geschickt waren, Kriegsdienste zu tun. Charnacé, der Gesandte Frankreichs in Holland, befehligte dort im Jahre 1637 ein Regiment, und der Gesandte d'Estrades wurde sogar noch später Oberst in holländischen Diensten.

Frankreich hatte im ganzen nur ungefähr achtzigtausend Mann auf den Beinen. Die Marine, seit Jahrhunderten vernichtet, dann durch Kardinal Richelieu ein wenig wiederhergestellt, wurde unter Mazarin völlig zugrunde gerichtet. Ludwig XIII. hatte nur gegen fünfundvierzig Millionen wirklicher regelmäßiger Einkünfte; aber die Mark Silber galt sechsundzwanzig Livres; jene fünfundvierzig Millionen entsprachen mithin ungefähr fünfundachtzig Millionen unserer Zeit, wo der Wert der Mark geprägten Silbers auf neunundvierzigeinhalb Livres, der des Feinsilbers auf vierundfünfzig Livres und siebzehn Sous gestiegen ist; ein Wert, der im Interesse des Publikums und der Gerechtigkeit niemals verändert werden sollte.

Der Handel, der heute allgemein verbreitet ist, befand sich in wenigen Händen; die Verwaltung des Königreichs war völlig vernachlässigt, sicherer Beweis einer wenig glücklichen Regierung. Kardinal Richelieu, mit seiner eigenen Größe beschäftigt, die von der des Staates abhing, hatte Frankreich nach außen furchtbar gemacht, ohne es doch im Innern blühend machen zu können. Die Landstraßen wurden weder ausgebessert noch bewacht; Räuber machten sie unsicher; die engen, schlecht gepflasterten und mit ekelhaftem Unrat bedeckten Straßen von Paris wimmelten von Spitzbuben. Aus den Registern des Parlaments geht hervor, daß die Nachtwache der Stadt nur aus fünfundvierzig Mann bestand, die, schlecht besoldet, nicht einmal Dienst taten.

Seit dem Tode Franz' II. war Frankreich beständig durch Bürgerkriege zerrissen oder durch Parteiungen beunruhigt worden. Nie hatte man friedlich und freiwillig das Joch getragen. Die großen Herren waren in Verschwörungen verstrickt; dies war die Kunst des Hofes, die seither darin bestand, dem Gebieter zu gefallen.

Dieser Geist der Zwietracht und der Parteiung war vom Hofe aus bis in die kleinsten Städte gedrungen und beherrschte alle Gemeinwesen des Königreichs: man machte sich alles streitig, weil nichts geregelt war; sogar die Kirchspiele von Paris gerieten einander in die Haare; die Prozessionen schlugen sich für die Ehre ihrer Fahnen. Oft genug sah man die Domherrn von Notre-Dame im Handgemenge mit denen der Sainte-Chapelle. Das Parlament und die Rentkammer hatten sich an dem Tage, an welchem Ludwig XIII. sein Reich unter die Obhut der Jungfrau Maria stellte, in der Kirche Notre-Dame um den Vortritt geschlagen.

Beinahe alle Gemeinwesen im Königreiche waren bewaffnet; beinahe alle Privatpersonen huldigten der Raserei des Duells. Diese vormals von den Königen selbst gutgeheißene Barbarei trug ebenso wie die innern und die auswärtigen Kriege zur Entvölkerung des Landes bei. Es ist nicht zuviel behauptet, wenn man sagt, daß im Laufe von zwanzig Jahren, von denen zehn durch den Krieg ausgefüllt waren, mehr französische Edelleute durch die Hände von Franzosen als durch die Hände der Feinde starben.

Über die Weise, in der die Wissenschaften und die Künste gepflegt wurden, werde ich hier nichts sagen; man wird diesen Teil der Geschichte unserer Sitten an seiner Stelle behandelt finden.

Ich will nur bemerken, daß die französische Nation in Unwissenheit versenkt lag, sogar diejenigen nicht ausgenommen, die nicht zum Volke zu gehören glauben.

Man zog Astrologen zu Rate und glaubte an ihre Aussprüche. Alle Memoiren aus jener Zeit, angefangen bei der „Geschichte des Präsidenten de Thou", sind mit Wahrsagungen angefüllt. Sogar der bedächtige, strenge Herzog von Sully teilt in allem Ernste die Prophezeiungen mit, die Heinrich IV. gemacht wurden. Der Aberglaube, untrüglichstes Kennzeichen der Unwissenheit, stand in solchem Ansehn, daß man im Augenblicke der Geburt Ludwigs XIV. einen Astrologen nahe bei dem Zimmer von Königin Anna von Österreich verborgen hielt.

Kaum glaublich und dennoch von einem sehr unterrichteten zeitgenössischen Autor, dem Abbé Vittorio Siri, verbürgt ist, daß Ludwig XIII. von Kindesbeinen an den Beinamen eines *Gerechten* führte, weil er unter dem Zeichen der Waage geboren war.

Dieselbe Schwachheit, welche das widersinnige Wahngebilde der Sterndeuterei zu Ansehn brachte, erzeugte auch den Glauben an Besessenheit und Zauberei: man machte eine Frage der Religion daraus. Allenthalben sah man nicht nur Priester, welche Teufel austrieben. Die Gerichtshöfe, welche aus Beamten bestanden, die aufgeklärter hätten sein sollen als die Menge, waren damit beschäftigt, Zauberer zu richten. Auf immer wird man dem Andenken Kardinal Richelieus den Tod jenes berüchtigten Pfarrers von Loudun, Urbain Grandier, zum Vorwurf machen, der von einer Kommission des Rates als Zauberer zum Feuertode verurteilt wurde. Man ist entrüstet, daß der Minister und die Richter so schwach waren, an die Teufel von Loudun zu glauben, oder daß sie die Grausamkeit besaßen, einen Unschuldigen zum Scheiterhaufen zu schicken. Die späteste Nachwelt wird mit Erstaunen daran denken, daß die Marschallin d'Ancre auf dem Grève-Platze als Hexe verbrannt wurde.

Noch heute findet man in einer Abschrift einiger Register des Châtelet Angaben über einen im Jahre 1610 anhängig gemachten Prozeß, dessen Gegenstand ein Pferd war, welches der geschickte Besitzer ungefähr in derselben Weise abgerichtet hatte, wie man es heute auf den Jahrmärkten sieht; man wollte den Herrn samt dem Pferde verbrennen.

Dies dürfte genügen, um im allgemeinen die Sitten und den Geist des Jahrhunderts zu kennzeichnen, das dem Zeitalter Ludwigs XIV. voranging.

Der Mangel an Aufklärung bei allen Ständen des Staats erzeugte bei den ehrenwertesten Personen abergläubische Gebräuche, welche die Religion entehrten. Die Calvinisten, die den vernünftigen Kultus der Katholiken mit den Mißbräuchen, die man mit ihm trieb, verwechselten, waren dadurch in ihrem Haß gegen unsere Kirche noch mehr bestärkt. Sie setzten dem oft mit Ausschweifungen verknüpften Aberglauben der Menge ungeschliffene Strenge und rauhe Sitten entgegen, wie sie beinahe allen Reformatoren eigentümlich sind: auf diese Weise wurde Frankreich vom Parteigeist zerrissen und erniedrigt; und der gesellige Geist, der diese Nation heute so berühmt und liebenswürdig macht, war völlig unbekannt. Es gab keine Häuser, in denen die Leute von Verdienst sich zum gegenseitigen Austausch ihrer Kenntnisse zusammenfanden, keine Akademien, keine regulären Theater. Kurzum, die Sitten, die Gesetze, die Künste, die Gesellschaft, die Religion, der Krieg und der Friede waren ganz anders, als man es seither kennt in dem Jahrhundert, welches man das *Zeitalter Ludwigs XIV.* nennt.

NEUNUNDZWANZIGSTES KAPITEL

Innere Verwaltung. Justiz. Handel. Polizei. Gesetze. Kriegswesen. Marine usw.

Man ist den Männern des Staates, die ihrem Zeitalter Gutes getan haben, die Gerechtigkeit schuldig, daß man den Punkt ins Auge faßt, von dem sie ausgingen, um so die Veränderungen, die sie in ihrem Vaterlande bewirkten, besser beurteilen zu können. Die Nachwelt schuldet ihnen, selbst wenn sie übertroffen worden sind, ewigen Dank für das Beispiel, das sie gegeben haben. Dieser gerechte Ruhm ist ihr einziger Lohn. Unzweifelhaft wurde auch Ludwig XIV. von der Liebe zu diesem Ruhme beseelt, als er gleich von Beginn seiner Regierung an sein Reich zu reformieren, seinen Hof zu verschönern und die Künste zu vervollkommnen suchte.

Er machte es sich nicht nur zum Gesetz, regelmäßig mit jedem seiner Minister zusammenzuarbeiten, sondern es konnte jeder bekannte Mann eine Privataudienz bei ihm erlangen, und jedem Bürger war gestattet, ihm Bittschriften und Pläne vorzulegen. Die Bittgesuche wurden zunächst von einem Requetenmeister entgegengenommen, der sie mit Randbemerkungen versehen zurückgab; in der Folge wurden sie den Büros der Minister zugeschickt. Die Projekte wurden im Rate geprüft, wenn sie eine Prüfung verdienten, und ihre Urheber mehr als einmal zugelassen, um ihre Vorschläge mit den Ministern in Anwesenheit des Königs zu erörtern. Auf diese Weise bildete sich zwischen dem Throne und der Nation ein Verkehr, der der absoluten Gewalt zum Trotz fortbestand.

Ludwig XIV. erzog sich selbst zur Tätigkeit und gewöhnte sich an Arbeit; und diese Arbeit war um so beschwerlicher für ihn, da sie ihm neu war und die verführerischen Vergnügungen ihn leicht davon abziehen konnten. Er schrieb die ersten Depeschen an seine Gesandten, entwarf später oftmals eigenhändig die wichtigern Briefe und ließ kein Schriftstück unter seinem Namen ausfertigen, das er sich nicht hätte vorlesen lassen.

Kaum hatte Colbert nach dem Sturze Fouquets wieder Ordnung in die Finanzen gebracht, als der König dem Volke alle rückständigen Steuern aus den Jahren 1647 bis 1656 und insbesondere dem dritten Stande drei Millionen Auflagen erließ. Außerdem wurden für jährlich fünfmal hunderttausend Taler lästige Zölle abgeschafft. Der Abbé von Choisy scheint mithin schlecht unterrichtet oder sehr ungerecht gewesen zu sein, wenn er behauptet, daß die Einnahme nicht herabgesetzt ward: sie wurde durch jene Steuernachlasse herabgesetzt und durch die gute Ordnung erhöht.

Die Bemühungen des ersten Präsidenten Bellièvre waren durch die Freigebigkeit der Herzogin von Aiguillon und verschiedener Bürger unterstützt worden und hatten zur Errichtung des General-Hospitals geführt. Der König vergrößerte dasselbe und ließ derartige Anstalten in allen größern Städten des Reichs errichten.

Die bis dahin unwegsamen Landstraßen wurden nicht mehr vernachlässigt und gestalteten sich nach und nach zu dem, was sie heute unter der Regierung Ludwigs XV. sind: die Bewunderung der Fremden. Auf welcher Seite man auch Paris verläßt, immer reist man jetzt, einige wenige Stellen ausgenommen, fünfzig bis sechzig Meilen weit auf festen, mit Bäumen eingefaßten Wegen. Die von den alten Römern angelegten Straßen waren dauerhafter, aber nicht so breit und so schön.

Das Genie Colberts wandte sich besonders dem Handel zu, der nur wenig ausgebildet und dessen große Prinzipien noch unbekannt waren. Die Engländer und mehr noch die Holländer versahen mit ihren Schiffen beinahe den ganzen Handel Frankreichs;

die Holländer namentlich beluden in unsern Häfen ihre Schiffe mit unsern Produkten und verteilten sie über Europa. Im Jahre 1662 begann der König seine Untertanen von einer Abgabe, dem sogenannten *Frachtzoll*, zu befreien, den alle fremden Schiffe bezahlen mußten, und gewährte den Franzosen alle möglichen Erleichterungen, damit sie ihre Waren selbst und mit weniger Kosten transportieren könnten. Nunmehr entwickelte sich der Seeverkehr. Der Handelsrat, der noch heute besteht, wurde errichtet, und der König führte alle vierzehn Tage darin den Vorsitz.

Dünkirchen und Marseille wurden zu Freihäfen erklärt, und binnen kurzem zog dieser Vorteil den Handel mit der Levante nach Marseille und den Handel mit dem Norden nach Dünkirchen.

Im Jahre 1664 bildete sich eine Westindische Kompanie und wurde die Ostindische Kompanie errichtet. Vor dieser Zeit war der Luxus in Frankreich der holländischen Betriebsamkeit zinspflichtig. Die Anhänger der verzagten, unerfahrenen, beschränkten alten Nationalökonomie zeterten vergeblich gegen einen Handel, bei welchem unausgesetzt unvergängliches Geld gegen verzehrbare Dinge ausgetauscht wird. Sie bedachten dabei nicht, daß die indischen Waren, da sie unentbehrlich geworden waren, um einen teurern Preis dem Auslande hätten abgekauft werden müssen. Allerdings wird mehr bares Geld nach Ostindien geschafft, als von dort zurückfließt, und Europa wird dadurch ärmer. Aber dies Geld kommt aus Mexiko und aus Peru, es ist der Preis für die nach Cádiz geschafften Erzeugnisse unseres Landes, und es bleibt mehr von diesem Gelde in Frankreich zurück, als Ostindien davon aufsaugt.

Der König übermachte der Ostindischen Kompanie mehr als sechs Millionen nach heutigem Gelde. Er forderte die Reichen auf, sich daran zu beteiligen, und die Königinnen, die Prinzen und der Hofstaat gaben zwei Millionen Münze jener Zeit, die höheren Gerichtshöfe zwölfmal hunderttausend Livres, die Steuerpächter zwei Millionen und die Kaufmannschaft sechshundertfünfzigtausend Livres. Die ganze Nation unterstützte ihren Gebieter.

Diese Handelsgesellschaft hat sich stets erhalten. Denn ungeachtet die Holländer 1694 Pondichéry erobert hatten und der indische Handel seit dieser Zeit siechte, gewann er doch unter der Regentschaft des Herzogs von Orléans wieder neue Kräfte. Pondichéry wetteiferte fortan mit Batavia; und diese vom großen Colbert mit unendlicher Mühe gegründete, in unsern Tagen durch seltsame Erschütterungen wiedererstandene Ostindische Kompanie war mehrere Jahre hindurch eine der größten Hilfsquellen des Königreichs. Im Jahre 1669 gründete der König auch noch eine Nordindische Kompanie und stellte ihr, wie der Ostindischen, Kapitalien zur Verfügung. Damals zeigte sich, daß der Handel dem Adel nicht abträglich ist, denn nach dem Beispiele des Monarchen beteiligten sich die vornehmsten Häuser an diesen Gründungen.

Die Westindische Kompanie fand nicht weniger Ermutigung: der König gab den zehnten Teil ihres Grundkapitals her.

Er zahlte für jede Tonne ausgeführten Guts dreißig und für jede Tonne eingeführten Guts vierzig Francs. Diejenigen, welche in den Häfen des Landes Schiffe bauen ließen, erhielten fünf Livres für jede Tonne, die ihr Schiff fassen konnte.

Man kann sich nicht genug wundern, daß der Abbé von Choisy diese Einrichtungen in seinen „Denkwürdigkeiten", die mit Mißtrauen gelesen werden müssen, getadelt hat.* Wir empfinden heute, was der Minister Colbert alles für das Wohl des Landes getan hat; damals aber empfand man es nicht: er arbeitete für Undankbare. Man wußte ihm in Paris weit mehr schlechten Dank für die Unterdrückung einiger seit 1656 zu niedrigem Preise erworbener Renten auf das Stadthaus und für die Annullierung der unter dem vorigen Ministerium verschwenderisch vergebenen Anweisungen auf die Schatzkammer, als man für das Gute empfänglich war, das er für das Gemeinwesen vollbrachte. Es gab mehr Spießbürger als Staatsbürger. Nur wenige Personen faßten den öffentlichen Vorteil ins Auge. Man weiß, wie kurzsichtig und engherzig das Sonderinteresse macht, nicht bloß das Sonderinteresse eines Kaufmanns, sondern auch das einer Gesellschaft, einer Stadt. Die grobe Antwort, die ein Kaufmann namens Hazon dem Minister erteilte, als dieser ihn um Rat fragte: „Sie haben den Wagen nach der einen Seite hin umgestürzt gefunden und haben ihn nun selbst nach der anderen hin umgestürzt" – diese Antwort wurde noch in meiner Jugend mit Wohlgefallen zitiert und findet sich auch bei Moréri. Der philosophische Geist, der erst sehr spät in

* Der Abbé Castel de Saint-Pierre drückt sich auf Seite 105 des Manuskripts seiner „Politischen Annalen" folgendermaßen aus: „Colbert, ein starker Arbeiter, nahm, indem er die Seehandelsgesellschaften vernachlässigte, um mehr für die Wissenschaften und die schönen Künste zu sorgen, den Schatten für den Körper." Aber Colbert war so weit davon entfernt, den Seehandel zu vernachlässigen, daß vielmehr gerade er der Begründer desselben ist: nie nahm ein Minister weniger den Schatten für den Körper. Das heißt einer von ganz Frankreich und Europa anerkannten Wahrheit widersprechen. – Diese Anmerkung wurde im August 1756 geschrieben.

Frankreich Eingang fand, mußte erst mit den Vorurteilen des Volkes aufräumen, ehe man endlich dem Gedächtnis dieses großen Mannes Gerechtigkeit widerfahren ließ. Er besaß dieselbe Pflichttreue und Sorgfalt wie Sully, aber im Verein mit einem weit umfassendern Blick. Der eine verstand nur zu sparen, der andere wußte bedeutende Einrichtungen zu schaffen. Sully hatte seit dem Frieden von Vervins keine weitere Sorge, als eine genaue und strenge Sparsamkeit einzuhalten, Colbert aber mußte für die Kriege von 1667 und 1672 in größter Schnelle gewaltige Hilfsquellen schaffen. Heinrich IV. unterstützte die Sparsamkeit Sullys, während die Prachtliebe Ludwigs XIV. beständig das System Colberts durchkreuzte.

Dessenungeachtet wurde zu seiner Zeit beinahe alles verbessert oder neu geschaffen. Die Ermäßigung des Zinsfußes für die Staatsanleihen und den Privatverkehr auf fünf Prozent im Jahre 1665 war ein greifbarer Beweis für die reichliche Geldzirkulation. Er wollte Frankreich bereichern und bevölkern. Die Heiraten unter der Landbevölkerung wurden dadurch befördert, daß man all denen, die mit zwanzig Jahren einen eigenen Hausstand gründeten, für fünf Jahre Steuerfreiheit gewährte; die Familienväter, welche zehn Kinder hatten, waren für ihre ganze Lebenszeit steuerfrei, weil sie dem Staate durch die Arbeit ihrer Kinder mehr Vorteil brachten, als sie durch Entrichtung der Abgaben gekonnt hätten. Diese Bestimmung hätte für immer unangetastet bleiben sollen.

Von 1663 bis 1672 wurde fast jedes Jahr dieses Ministeriums durch die Einführung irgendeines Gewerbszweiges gekennzeichnet. Die feinen Tuche, die man früher aus England und Holland bezog, wurden jetzt in Abbeville hergestellt. Der König streckte dem Unternehmer, abgesehen von beträchtlichen Gratifikationen, zweitausend Livres für jeden in Gang befindlichen Webstuhl vor. Im Jahre 1669 zählte man bereits vierundvierzigtausendzweihundert Webstühle für Wollstoffe im Lande. Die verbesserten Seidenmanufakturen hatten einen Umsatz von über fünfzig Millionen damaliger Münze; und der Nutzen, den man daraus zog, überstieg nicht bloß bedeutend den Einkaufspreis der Rohseide, sondern die Fabrikanten wurden durch den Anbau des Maulbeerbaums in den Stand gesetzt, sich für den Einschuß der Stoffe der ausländischen Seide zu entschlagen.

Vom Jahre 1666 an begann man ebenso schöne Spiegel wie in Venedig herzustellen, das früher ganz Europa damit versehen hatte; und bald fertigte man Exemplare an, deren Größe und Schönheit anderwärts niemals nachgeahmt werden konnten. Die türkischen und persischen Teppiche wurden in der Savonnerie übertroffen. Die flandrischen Tapetenwebereien mußten denen der Gobelins den Vorrang lassen. Die weiten Räumlichkeiten der Gobelins-Manufaktur beherbergten damals über achthundert Arbeiter, von denen dreihundert dort wohnten. Die besten Maler leiteten die Arbeit, entweder nach ihren eigenen Zeichnungen oder nach den Entwürfen der alten italienischen Meister. Man fertigte in der Gobelins-Manufaktur auch Schachtelarbeiten, eine Art bewundernswertes Mosaik; die eingelegte Arbeit wurde zur Vollkommenheit gebracht.

Außer dieser vortrefflichen Tapetenweberei in den Gobelins wurde noch eine zweite in Beauvais angelegt. Der erste Unternehmer hatte sechshundert Arbeiter in dieser Stadt und erhielt vom König ein Geschenk von sechzigtausend Livres.

Sechzehnhundert Mädchen wurden mit Spitzenklöppeln beschäftigt: man ließ aus Venedig dreißig und aus Flandern zweihundert Vorarbeiterinnen kommen und gab ihnen sechsunddreißigtausend Livres, um sie zu ermutigen.

Die verfallenen und eingegangenen Tuchfabriken von Sedan und die Tapetenwebereien von Aubusson wurden wiederhergestellt. Die reichen Stoffe, in denen die Seide sich mit dem Gold und dem Silber vereint, wurden in Lyon und in Tours mit neuer Kunst und Geschicklichkeit angefertigt.

Man weiß, wie der Minister in England das Geheimnis jener sinnreichen Maschine erkaufte, mittels welcher die Strümpfe zehnmal schneller hergestellt werden als mit der Nadel. Das Weißblech, der Stahl, die schöne Fayence und das Maroquinleder, die stets aus dem Auslande bezogen worden waren, bereitete man jetzt in Frankreich. Aber die Calvinisten, die das Geheimnis der Weißblech- und der Stahlbereitung besaßen, nahmen dies Geheimnis im Jahre 1686 mit sich und verschafften fremden Nationen Anteil an diesem wie an vielen andern Vorteilen.

Der König kaufte jährlich für etwa achtmal hunderttausend Livres heutigen Geldes von allen geschmackvollen Artikeln, die in seinem Lande angefertigt wurden, und verwandte sie zu Geschenken.

Paris war damals bei weitem nicht, was es heute ist: es gab in der Stadt weder Licht noch Sicherheit, noch Reinlichkeit. Es galt also, für die beständige Reinigung der Straßen zu sorgen, die allnächtliche Beleuchtung durch fünftausend Laternen zu schaffen, die Straßen zu pflastern, zwei neue Brücken zu erbauen, die alten auszubessern und zum Schutze der Bürger Wachmannschaften zu Fuß und zu Pferd anzustellen. Der König sorgte für alles, indem er die Gelder für diese notwendigen Ausgaben anwies. Im Jahre 1667 setzte er einen Beamten ein, der ausschließlich mit der Polizei betraut war. Die meisten Großstädte Europas haben erst lange nachher dies Beispiel kaumhin nachgeahmt, keine aber ist dem Vorbilde gleichgekommen. Es hat keine zweite Stadt ein Pflaster wie Paris, und selbst Rom ist noch ohne Beleuchtung.

Alles begann sich dermaßen der Vollkommenheit zu nähern, daß der zweite Polizeidirektor, den Paris hatte, in dieser Stellung einen Ruf erwarb, der ihm einen Platz in der Reihe der Männer sichert, die jener Zeit zur Zierde gereichen; allerdings war er ein zu allem befähigter Mensch. Er trat später ins Ministerium ein und wäre auch ein tüchtiger Heerführer gewesen. Das Amt eines Polizeidirektors war unter seinem Stande und seinem Verdienst; und dennoch machte diese Stellung ihm einen größern Namen als die beengte und kurze Ministerstellung, die er zu Ende seines Lebens erhielt.

Ich muß hier bemerken, daß Herr d'Argenson bei weitem nicht der einzige Sproß aus altadligem Geschlechte war, der ein Amt bei der Justiz bekleidete. Frankreich ist nahezu das einzige Land in Europa, in welchem der alte Adel sich häufig den Ämtern bei den Gerichtshöfen zugewandt hat; beinahe alle andern Staaten, infolge eines Restes altfränkischer Barbarei, wissen noch nicht, daß diese Profession etwas Erhabenes hat.

Vom Jahre 1661 an baute der König unablässig am Louvre, an Saint-Germain und an Versailles. Die Privatleute führten in Paris nach seinem Vorbilde zahlreiche prächtige und mit allen Bequemlichkeiten ausgestattete Gebäude auf. Die Zahl derselben wuchs dermaßen, daß sich in der Gegend des Palais-Royal und in der Umgebung von Saint-Sulpice zwei neue Städte in Paris bildeten, die der alten Stadt weit überlegen sind. Um jene Zeit wurde auch die prunkvolle Bequemlichkeit der mit Spiegeln geschmückten und in Federn hängenden Kutschen erfunden, so daß ein Pariser Bürger mit größerm Luxus durch die große Stadt fuhr, als die römischen Triumphatoren ihrer Zeit zum Capitol zogen. Diese Sitte, die in Paris ihren Anfang nahm, verbreitete sich bald über ganz Europa und ist heute, da sie allgemein geworden, kein Luxus mehr.

Ludwig XIV. hatte Sinn für die Architektur, für die Gartenbaukunst und die Bildhauerei, und dieser Sinn war in allem auf das Große und Edle gerichtet. Sobald der Generalkontrolleur Colbert 1664 die Direktion der Bauten erhielt, die recht eigentlich das Ministerium der Künste* ist, bemühte er sich, die Pläne seines Gebieters zu unterstützen. Zunächst mußte an die Vollendung des Louvre gedacht werden. François Mansard, einer der größten Architekten, die Frankreich gehabt hat, wurde zur Ausführung der gewaltigen Bauten auserlesen, die man plante. Er wollte sich jedoch nur unter der Bedingung damit befassen, daß es ihm freistünde, alles, was ihm bei der Ausführung fehlerhaft vorkäme, umarbeiten zu lassen. Dies Mißtrauen gegen sich selbst, das allzu große Ausgaben zur Folge gehabt hätte, schloß seine Wahl aus. Man berief aus Rom den Chevalier Bernini, dessen Name durch den Säulengang, der den Vorplatz der Peterskirche umschließt, durch das Reiterstandbild Konstantins und durch den Brunnen auf der Piazza Navona berühmt war. Für die Reise nach Frankreich wurden ihm Equipagen gestellt, und er wurde als ein Mann nach Paris geführt, der Frankreich Ehre zu machen kam. Außer fünf Louisdor täglich empfing er für seinen achtmonatigen Aufenthalt ein Geschenk von fünfzigtausend Talern nebst einer Pension von zweitausend Talern für sich selbst und von fünfhundert Talern für seinen Sohn. Diese Freigebigkeit Ludwigs XIV. gegen Bernini war größer als die Franz' I. gegen Raffael. Bernini verfertigte später aus Dankbarkeit das Reiterstandbild des Königs, das man in Versailles sieht. Als er aber als der einzige Künstler, der würdig wäre, für Ludwig XIV. zu arbeiten, mit solchem Gepränge nach Paris kam, war er gewaltig überrascht über die Zeichnung der Fassade des Louvre auf der Seite nach Saint-Germain-l'Auxerrois hin, die bald darauf, nach ihrer Ausführung, eins der erhaben-

* Der Abbé de Saint-Pierre sagt in seinen „Politischen Annalen", Seite 104 des Manuskripts, daß „diese Dinge die Zahl der Müßiggänger und ihren Hang zum Müßiggang verraten, der hinreicht, um wieder andere Arten von Nichtstuern zu erhalten und zu ernähren; daß sich gegenwärtig die Italiener, bei denen jene Künste zu hoher Vollkommenheit gelangt sind, in dieser Lage befinden: sie sind Bettler, Tagediebe, Faulenzer, eitel, mit kindischen Possen beschäftigt usw."

Diese plumpen und ungeschickt ausgedrückten Bemerkungen sind darum keineswegs richtiger. Als die Italiener sich am meisten in jenen Künsten hervortaten, herrschten die Medici und war Venedig der reichste und kriegerischste Staat. Zu jener Zeit brachte Italien große Kriegsleute und berühmte Künstler jeder Art hervor; und ebenso wurden in Frankreich die Künste gerade während der glücklichsten Jahre der Regierung Ludwigs XIV. vervollkommnet. Der Abbé de Saint-Pierre hat sich in vielen Beziehungen geirrt und läßt bedauern, daß bei ihm die Vernunft die guten Absichten nicht unterstützt hat.

sten Denkmäler der Baukunst wurde, die die Welt kennt. Dieser von Louis Le Vau und d'Orbay ausgeführte Plan rührte von Claude Perrault her, der auch die Maschinen erfand, mit deren Hilfe die Steine von zweiundfünfzig Fuß Länge transportiert wurden, die das Fronton dieses majestätischen Gebäudes bilden. Man sucht bisweilen in weiter Ferne, was man ganz nahe bei der Hand hat. Kein Palast in Rom besitzt einen Eingang, der dem des Louvre zu vergleichen wäre, den man eben diesem Perrault verdankt, den Boileau lächerlich zu machen versuchte. Die so berühmten italienischen Villen können sich, nach dem Geständnis der Reisenden, nicht im entferntesten auch nur mit Schloß Maison messen, das François Mansard mit so geringen Kosten erbaut hatte. Bernini wurde prächtig belohnt, verdiente aber seine Belohnungen nicht: er lieferte nur Zeichnungen, die nicht ausgeführt wurden.

Während der König am Louvre bauen ließ, dessen Vollendung so sehr gewünscht wird, während er bei jenem Schlosse, das so viele Millionen gekostet hat, die Stadt Versailles anlegen ließ, während er Trianon und Marly erbaute und zahllose andere Gebäude verschönerte, ließ er auch die Sternwarte aufführen, die 1666 in Angriff genommen ward, gleichzeitig mit der Errichtung der Akademie der Wissenschaften. Der durch seine Nützlichkeit, seine Größe und seine Schwierigkeit glorreichste Bau war jedoch die Herstellung des Languedoc-Kanals, der die beiden Meere verbindet und sich in den eigens zur Aufnahme seiner Gewässer angelegten Hafen von Sète ergießt. Dies gewaltige Werk wurde 1664 begonnen und ohne Unterbrechung bis zum Jahre 1681 fortgeführt. Die Gründung des Hôtel des Invalides sowie die Kapelle dieses Bauwerks, die schönste in Paris, und die Stiftung von Saint-Cyr, dieses letzten unter den vielen von diesem Monarchen erbauten Gebäuden, würden schon allein hinreichen, sein Gedächtnis in Ehren zu erhalten.* Viertausend Soldaten und eine große Anzahl von Offizieren, die in dem ersterwähnten Asyle einen Trost für ihr Alter, Pflege für ihre Wunden und Vorsorge für ihren Unterhalt finden; zweihundertundfünfzig junge Mädchen von Adel, die in dem andern eine ihrer würdige Erziehung empfangen, sind ebenso viele Stimmen, die Ludwig XIV. feiern. Die Stiftung Saint-Cyr wird durch jene übertroffen werden, die Ludwig XV. kürzlich zum Zweck der Erziehung von fünfhundert jungen Edelleuten

* Der Abbé de Saint-Pierre tadelt diese Stiftung, die von nahezu allen Nationen nachgeahmt worden ist.

gemacht hat; aber sie bringt Saint-Cyr nicht etwa in Vergessenheit, sondern wird vielmehr daran erinnern: die Kunst der Wohltätigkeit hat sich vervollkommnet.

Ludwig XIV. wollte gleichzeitig noch größere Dinge vollbringen, die von allgemeinerem Nutzen, aber schwerer auszuführen waren: die Gesetze verbessern. Er ließ den Kanzler Séguier, Lamoignon, Talon, Bignon und namentlich den Staatsrat Pussort an diesem Werke arbeiten und wohnte bisweilen persönlich ihren Verhandlungen bei. Das Jahr 1667 war sowohl die Zeit seiner ersten Gesetze wie seiner Eroberungen. Zunächst erschien das Zivilgesetz, dann folgten beinahe Jahr um Jahr das Fisch- und Forstgesetz, eine Manufakturordnung, das Strafgesetz, das Handelsgesetz und das Marinegesetz. Es wurde sogar eine neue Jurisprudenz zugunsten der Neger in unseren Kolonien geschaffen, einer Gattung von Menschen, die sich bis dahin noch nicht der Rechte der Menschheit erfreut hatten.

Eine eingehendere Kenntnis der Jurisprudenz ist nicht die Sache eines Souveräns. Der König war jedoch über die wichtigsten Gesetze unterrichtet; er hatte den Geist derselben inne und wußte sie je nach den Umständen aufrechtzuerhalten oder auch zu mildern. Er gab häufig über die Prozesse seiner Untertanen sein Urteil ab, nicht bloß im Rat der Staatssekretäre, sondern auch im sogenannten Appellationsrate (conseil des parties). Es gibt zwei berühmte Urteilssprüche von ihm, in denen er gegen sich selbst entschied.

Im ersten Falle, aus dem Jahre 1680, handelte es sich um einen Prozeß zwischen ihm und Pariser Bürgern, die auf seinem Grund und Boden gebaut hatten. Er entschied, daß die Häuser ihnen verbleiben sollten mitsamt dem Boden, der ihm gehörte und den er ihnen abtrat.

Der zweite Fall betraf einen Perser namens Roupli, dessen Waren 1687 von seinen Steuerbeamten mit Beschlag belegt worden waren. Der König bestimmte, daß ihm alles zurückgegeben würde, und fügte ein Geschenk von dreitausend Talern hinzu. Roupli kehrte voll Bewunderung und Dankbarkeit in sein Vaterland zurück. Als wir später den persischen Gesandten, Mehemet Rizabeg, in Paris zu sehen bekamen, fanden wir ihn durch das Gerücht seit langem über diesen Vorfall unterrichtet.

Die Abschaffung der Zweikämpfe war einer der größten Dienste, die Ludwig XIV. dem Staate erwies. Diese Kämpfe waren früher sogar von den Parlamenten und der Kirche gutgeheißen worden; und obschon Heinrich IV. sie verboten hatte, blieb diese unglückselige Sitte mehr denn je im Schwange. Der berühmte Kampf von La Frette, vier gegen vier, bestimmte Ludwig XIV. im Jahre 1663, keine Verzeihung mehr zu gewähren. Seine heilsame Strenge änderte nach und nach unsere eigene und sogar die fremden Nationen, die, nachdem sie unsere schlechten Sitten angenommen hatten, sich nun auch unserer verständigen befleißigten. Es kommen jetzt in Europa hundertmal weniger Duelle vor als zur Zeit Ludwigs XIII.

Nachdem er der Gesetzgeber seines Volkes gewesen, wurde er der Gesetzgeber seines Heeres. Es ist seltsam, daß vor ihm die Uniformen bei den Truppen unbekannt waren. Ludwig XIV. ordnete gleich im ersten Jahre seiner Regierung an, daß die einzelnen Regimenter durch die Farbe der Röcke oder anderweitige Kennzeichen voneinander unterschieden werden sollten, und diese Bestimmung wurde bald auch von allen andern Nationen angenommen. Er führte die Brigadiers ein* und brachte die Abteilungen, die seine Haustruppen bildeten, auf den Fuß, auf dem sie heute stehen. Er verwandelte die Leibwache des Kardinals Mazarin in eine Musketierkompanie und setzte die Stärke beider Kompanien, denen er die Uniform gab, die sie noch heute tragen, auf fünfhundert Mann fest.

Es gab unter ihm keinen Konnetabel und, nach dem Tode des Herzogs von Epernon, keinen Generalobersten der Infanterie mehr: sie waren zu selbständig; er wollte und mußte Herr sein. Der Marschall von Gramont, der unter dem Herzog von Epernon einfacher Oberst der Gardes françaises gewesen war und die Befehle dieses Generalobersten entgegengenommen hatte, holte jetzt seine Befehle nur noch beim König ein und war der erste, der den Titel eines Obersten der Garden führte. Ludwig XIV. setzte diese Obersten persönlich vor der Front ihres Regiments in ihre Würde ein, indem er ihnen eigenhändig einen vergoldeten Ringkragen nebst einer Pike und später, als die Piken abgeschafft waren, ein Sponton überreichte. Er führte die Grenadiere ein, indem er zunächst jeder Kompanie des von ihm geschaffenen Regiments des Königs vier Mann beigab, später aber in jedem Regimente eine Grenadierkompanie errichtete; die Gardes françaises erhielten zwei Grenadierkompanien, heute gibt es bei jedem Bataillon Infanterie eine. Außerdem verstärkte er das Korps der Dra-

* Der Abbé de Saint-Pierre gedenkt in seinen „Annalen" nur dieser Einführung der Brigadiers und vergißt alles andere, was Ludwig XIV. für das Kriegswesen tat.

goner und gab ihnen einen Generalobersten. Auch die Errichtung der Gestüte im Jahre 1667 darf nicht vergessen werden. Dieselben waren zuvor völlig unbeachtet geblieben und wurden ein wichtiges Hilfsmittel zur Ausrüstung der Kavallerie, ein Hilfsmittel, das seither allzusehr vernachlässigt worden ist.

Der Gebrauch des aufgepflanzten Bajonetts wurde ebenfalls von Ludwig XIV. eingeführt. Zwar hatte man sich desselben bisweilen schon vor ihm bedient, es gab aber nur wenige Kompanien, die mit dieser Waffe kämpften. Es gab keine Einheitlichkeit in der Verwendung derselben, keine regelmäßigen Übungen; alles war dem Belieben des Generals überlassen. Die Pike galt für die furchtbarste Waffe. Das erste Regiment, welches Bajonette erhielt und im Gebrauch derselben ausgebildet wurde, war das 1671 errichtete Regiment der Füsiliere.

Man verdankt Ludwig XIV. die ganze Art und Weise, in der heute der Artilleriedienst versehen wird. Er gründete Schulen in Douai und später in Metz und in Straßburg, und das Artillerieregiment sah sich schließlich im Besitz von Offizieren, die beinahe sämtlich befähigt waren, eine Belagerung richtig zu leiten. Alle Magazine des Landes waren gefüllt, und man verteilte auf dieselben jährlich achtmal hunderttausend Pfund Pulver. Er schuf ein Bombardier-Regiment und ein Regiment Husaren; vor ihm kannte man die Husaren nur bei den Feinden.

Im Jahre 1688 errichtete er dreißig Regimenter Landmiliz, die von den Gemeinden gestellt und ausgerüstet wurden. Diese Milizen übten sich im Gebrauche der Waffen, ohne den Ackerbau im Stich zu lassen.

In den meisten Grenzplätzen wurden Kompanien junger Edelleute unterhalten. Dieselben wurden in den mathematischen Wissenschaften, der Zeichenkunst und allen militärischen Übungen unterrichtet und versahen den Dienst von Soldaten. Diese Einrichtung bestand zehn Jahre. Man wurde dieser allzu schwer in Zucht zu erhaltenden Jugend schließlich überdrüssig. Das Ingenieurkorps aber, das der König schuf und für das er Vorschriften aufstellte, die noch heute befolgt werden, ist eine Einrichtung von unbegrenzter Dauer. Die Befestigungskunst wurde unter ihm von Marschall Vauban und dessen Schülern, die den Grafen Pagan übertrafen, zur Vollkommenheit gebracht. Er erbaute oder reparierte hundertundfünfzig Festungen.

Um die Manneszucht zu erhalten, setzte er Generalinspektoren und später Direktoren ein, die über den Zustand der Truppen Bericht erstatteten und aus deren Berichten man ersah, ob die Kriegskommissare ihre Schuldigkeit getan hatten.

Er stiftete den Orden des heiligen Ludwig, eine ehrenvolle Belohnung, die häufig mehr begehrt wurde als Geld und Würden. Das Hôtel des Invalides bildete die Krone der Mühen, durch welche er sich guter Dienste versicherte.

Infolge solcher Bemühungen besaß er vom Jahre 1672 an hundertundachtzigtausend Mann regulärer Truppen und hatte schließlich, indem er seine Streitkräfte in dem Maße vermehrte, wie die Zahl und die Macht seiner Feinde wuchs, bis zu vierhundertfünfzigtausend Mann unter den Waffen, die Seesoldaten mitgezählt.

Man hatte vor ihm noch keine so starken Armeen gesehen. Seine Feinde stellten ihm kaumhin ebenso beträchtliche entgegen und mußten sich zu diesem Zwecke immer erst vereinigen. Er zeigte, was Frankreich allein vermag; und er hatte stets große Erfolge oder große Reserven.

Er war der erste, der in Friedenszeiten ein Bild vom Kriege und eine vollständige Unterweisung in der Kriegskunst gab. Er zog 1698 siebzigtausend Mann bei Compiègne zusammen und ließ dort alle Operationen eines Feldzugs ausführen. Dies geschah zur Belehrung seiner drei Enkel. Der Luxus gestaltete diese militärische Übung zu einem pomphaften Feste.

Mit derselben Sorgfalt, mit der er sich ein starkes und wohlgeschultes Landheer schuf, noch bevor er in einen Krieg verwickelt war, bemühte er sich, die Herrschaft über das Meer zu gewinnen. Zunächst wurden die wenigen Schiffe ausgebessert, die der Kardinal Mazarin in den Häfen hatte verkommen lassen; dann kauft man in Holland und Schweden Schiffe an, und schon im dritten Jahr seiner Regierung sendet er seine Flotte aus, um bei Gigeri an der afrikanischen Küste die Probe zu bestehen. Der Herzog von Beaufort reinigt 1665 die Meere von den Freibeutern; und zwei Jahre später hat Frankreich sechzig Kriegsschiffe in seinen Häfen liegen. Das war nur erst ein Anfang; aber während man neue Verordnungen entwirft und neue Anstrengungen macht, ist er sich bereits seiner ganzen Kraft bewußt. Er will nicht mehr dulden, daß seine Schiffe vor den englischen die Flagge senken. Vergebens besteht der Ministerrat König Karls II. auf diesem Recht, das die Gewalt, der Gewerbefleiß und die Zeit den Engländern verliehen hatten. Ludwig XIV. schreibt seinem Gesandten, dem Grafen d'Estrades: „Der König von England und sein Lordkanzler mögen den Zustand meiner Streitkräfte sehen, aber sie sehen nicht mein Herz. In Hinsicht der Ehre kenne ich keine Rücksicht."

Er sagte nur, was er durchzusetzen entschlossen war, und in der Tat gab die Anmaßung der Engländer dem natürlichen Rechte und der Festigkeit Ludwigs XIV. nach: die beiden Nationen waren fortan auf dem Meere gleich. Während er aber die Gleichheit mit England forderte, behauptete er Spanien gegenüber seine Überlegenheit; kraft des ihm 1662 zugestandenen feierlichen Vorrangs zwang er die spanischen Admirale, vor der seinen die Flagge zu senken.

Inzwischen wird von allen Seiten an der Begründung einer Marine gearbeitet, die imstande wäre, dies Gefühl des Stolzes zu rechtfertigen. Man erbaut an der Mündung der Charente die Stadt und den Hafen Rochefort. Man wirbt Matrosen an, die teils auf den Kauffahrteischiffen, teils auf der königlichen Flotte dienen sollen. Bald sind es sechzigtausend diensttüchtige Seeleute.

In den Häfen werden Bauräte berufen, um den Schiffen die vorteilhafteste Gestalt zu geben. Fünf Marinearsenale werden in Brest, Rochefort, Toulon, Dünkirchen und Le Havre-de-Grâce erbaut. Im Jahre 1672 zählt man sechzig Linienschiffe und vierzig Fregatten. Im Jahre 1681 sind es, die Lichterschiffe mitgezählt, hundertundachtundneunzig Kriegsschiffe; und im Hafen von Toulon liegen dreißig Galeeren entweder bereits ausgerüstet oder zum Ausrüsten fertig. Auf den Schiffen dienen elftausend, auf den Galeeren dreitausend Mann regulärer Truppen. Es gibt sechsundsechzigtausend Mann Eingetragene für die verschiedenen Dienste in der Marine. Unter diesen zählte man in den folgenden Jahren tausend Edelleute oder Söhne aus guter Familie, die als Soldaten auf den Schiffen dienten und in den Häfen alles für die Navigation und das Manöver Erforderliche erlernten: die Seekadetten, die dasselbe zu Wasser waren, was die Kompanien der jungen Edelleute zu Lande vorstellten. Sie waren im Jahre 1672, aber in sehr geringer Anzahl, geschaffen worden. Dies Korps war die Schule, aus der die besten Schiffsoffiziere hervorgegangen sind.

Es hatte bis dahin noch keinen Marschall von Frankreich bei der Marine gegeben; ein Beweis, wie sehr dieser wesentliche Teil der Streitkräfte Frankreichs vernachlässigt worden war. Der erste Marschall war 1681 Jean d'Estrées. Wie es scheint, war es eine der größten Sorgen Ludwigs XIV., in jeder Richtung jenen Wetteifer zu beleben, ohne den alles des Schwungs und des Feuers entbehrt.

In allen Seeschlachten, die sie lieferten, blieben die französischen Flotten im Vorteil bis zu dem Tag von La Hogue, im Jahre 1692, wo der Graf von Tourville den Befehlen des Hofes gemäß mit vierundvierzig Segeln eine Flotte von neunzig englischen und holländischen Schiffen angriff: er mußte der Übermacht weichen, und man verlor vierzehn Schiffe ersten Ranges, die auf Grund liefen und in Brand gesteckt wurden, um sie nicht in die Hände des Feindes fallen zu lassen. Trotz dieser Niederlage behauptete sich die französische Seemacht während des ganzen Erbfolgekrieges. Der Kardinal von Fleury vernachlässigte sie später, während der Muße eines glücklichen Friedens, der doch die einzig günstige Zeit zu ihrer Wiederherstellung war.

Diese Seemacht diente zum Schutze des Handels. Die früher daniederliegenden Kolonien Martinique, Saint-Domingue und Kanada kamen jetzt zur Blüte und brachten Vorteile, die man nicht erwartet hatte, denn von 1635 bis 1665 waren diese Niederlassungen eine Last gewesen.

Im Jahre 1664 sandte der König eine Kolonie nach Cayenne, bald darauf eine andere nach Madagascar. Er wandte alle Mittel an, um den Schaden und den Nachteil wiedergutzumachen, den Frankreich sich durch die Vernachlässigung des Seewesens zugefügt hatte, während seine Nachbarn sich an den Enden der Welt Reiche errichtet hatten.

Aus diesem einfachen Überblick ersieht man, welche Veränderungen Ludwig XIV. im Staate vornahm: nützliche Veränderungen, denn sie bestehen noch heute. Seine Minister unterstützten ihn um die Wette. Zweifelsohne verdankt man ihnen die ganzen Einzelheiten, die ganze Ausführung; die allgemeinen Richtlinien aber verdankt man ihm. Die Gesetze wären nicht revidiert, die Finanzen nicht geordnet, die Manneszucht im Heere und die Polizei im Reiche wären nicht eingeführt worden, man hätte keine Flotte gebaut, die Künste und Gewerbe wären nicht ermutigt worden – das alles übereinstimmend, und gleichzeitig, und mit Beharrlichkeit, und unter verschiedenen Ministern –, wenn nicht ein Gebieter dagewesen wäre, der alle diese großen Pläne entwickelte und dabei den festen Willen hatte, sie auszuführen.

Er trennte seinen eigenen Ruhm nicht von dem Vorteile Frankreichs und sah sein Reich nicht mit denselben Augen an wie ein Gutsherr sein Land, aus dem er soviel wie möglich herauspreßt, um in Herrlichkeit und Freuden zu leben. Jeder König, der den

Ruhm liebt, liebt das öffentliche Wohl. Ludwig XIV. hatte keinen Colbert und keinen Louvois mehr, als er im Jahre 1698 zum Zwecke der Unterweisung des Herzogs von Burgund anordnete, daß jeder Intendant eine ausführliche Beschreibung seiner Provinz einreichen solle. Man konnte auf diesem Wege zu einer genauen Kenntnis des Landes und zu richtigen Angaben über die Bevölkerung gelangen. Die Arbeit war von Nutzen, obschon nicht alle Intendanten die Befähigung und die Sorgfalt des Herrn Lamoignon de Bâville besaßen. Wären die Absichten des Königs in bezug auf jede Provinz in derselben Weise ausgeführt worden, in der dieser Beamte seine Darstellung des Languedoc ausführte, so wäre diese Sammlung von Denkschriften eins der schönsten Denkmäler des Jahrhunderts geworden. Einzelne sind vortrefflich abgefaßt; aber der ganze Plan schlug fehl, weil man nicht sämtlichen Intendanten dasselbe Schema vorschrieb. Es wäre zu wünschen gewesen, daß jeder eine reihenweise Aufstellung über die Einwohner jedes Steuerbezirks, über die Edelleute, die Bürger, die Bauern, die Handwerker und die Arbeiter, über den Viehstand, über die guten, die mittelmäßigen und die schlechten Ländereien, über den gesamten Klerus – Ordensleute und Weltgeistliche –, über ihre Einkünfte, über die Einkünfte der Städte und der Gemeinwesen gegeben hätte.

In der Mehrzahl der eingereichten Denkschriften sind alle diese Dinge bunt durcheinandergeworfen; die einzelnen Punkte sind weder gründlich erörtert noch genau dargestellt; häufig muß man mühsam die Angaben zusammensuchen, deren man bedarf und die ein Minister bei der Hand haben und mit einem Blicke überschauen muß, um mit Leichtigkeit die Kräfte, die Bedürfnisse und die Hilfsquellen des Landes aufzufinden. Der Plan war ausgezeichnet, und eine gleichmäßige Ausführung desselben würde von dem größten Nutzen sein.

Das ist im allgemeinen das, was Ludwig XIV. vollbrachte und versuchte, um sein Land in einen blühenderen Zustand zu versetzen. Wie mir scheint, muß man angesichts all dieser Arbeiten und Anstrengungen einige Dankbarkeit empfinden und sich von der Liebe zum öffentlichen Wohl, die sie inspirierte, ergriffen fühlen. Man stelle sich nur vor, was Frankreich zur Zeit der Fronde war und was es heute ist. Ludwig XIV. tat seinem Volke mehr Gutes als zwanzig von seinen Vorgängern zusammengenommen; und er tat bei weitem noch nicht alles, was er hätte tun können. Der Krieg, der mit dem Frieden zu Rijswijk schloß, begann den Ruin jenes ausgedehnten Handels, den sein Minister Colbert begründet hatte, und der Erbfolgekrieg vollendete ihn.

Wenn er die ungeheuren Summen, welche die Wasserleitungen und die in der Folge aufgegebenen und unnütz gewordenen Anlagen von Maintenon gekostet haben, die Wasser nach Versailles leiten sollten, zur Verschönerung von Paris und zur Vollendung des Louvre verwandt hätte; wenn er den fünften Teil des Geldes, welches die Bewältigung der von der Natur bereiteten Schwierigkeiten in Versailles verschlang, in Paris verausgabt hätte, so würde Paris in seiner ganzen Ausdehnung so schön sein, wie es auf der Seite der Tuilerien und des Pont-Royal ist, und wäre die prächtigste Stadt in der Welt geworden.

Die Revision der Gesetze war schon ein großer Schritt zum Bessern, aber die Justiz hat immer noch nicht den Advokatenkniffen den Garaus zu machen vermocht. Man beabsichtigte, eine gleichmäßige Jurisprudenz zu schaffen, und in der Tat ist sie für die Verbrechen, die Handelsangelegenheiten und das Prozeßverfahren jetzt ein und dieselbe; aber sie könnte es auch in bezug auf die Gesetze sein, die den Besitz der Bürger regeln. Es ist ein sehr großer Übelstand, daß ein und dasselbe Tribunal nach hundert verschiedenen Gebräuchen zu urteilen hat. Noch immer bestehen als Reste der untergegangenen feudalen Regierungsform zweideutige oder beschwerliche oder der Gesellschaft hinderliche Sonderrechte, die am Grund und Boden haften. Es sind das Trümmer eines verfallenen gotischen Gebäudes.

Ich verlange nicht etwa, daß ein und dasselbe Gesetz für die verschiedenen Stände des Staates gelten soll. Ich weiß sehr wohl, daß die Bräuche für den Adel, die Geistlichkeit, die Beamten und die Ackerbauern verschieden sein müssen; aber zweifelsohne steht zu wünschen, daß für jeden Stand dasselbe Gesetz im ganzen Lande Gültigkeit habe und daß also das, was in der Champagne gerecht oder wahr ist, nicht in der Normandie für falsch oder ungerecht gelte. Die Gleichförmigkeit in jedem einzelnen Zweige der Verwaltung ist ein großer Vorzug; aber die Schwierigkeiten haben bisher von diesem großen Werke abgeschreckt.

Weit leichter hätte Ludwig XIV. sich des gefährlichen Aushilfsmittels der Verpachtung der Steuern enthalten können, zu dem er durch die beinahe beständig wiederkehrende Vorwegnahme seiner Einkünfte gezwungen war, wie im Kapitel über die Finanzen gezeigt werden wird.

Wäre er nicht der Meinung gewesen, daß sein Wille ein hinreichender Grund sei, eine Million Menschen zum Glaubenswechsel zu bringen, so hätte Frankreich nicht so viele Bürger verloren. Trotz dieser Erschütterungen und Verluste ist indessen dies Land immer noch eines der blühendsten auf der Erde, weil das Gute, das Ludwig XIV. ihm erwies, fortdauert, das Üble aber, das in stürmischen Zeiten schwer zu vermeiden war, wieder wettgemacht worden ist. Die Nachwelt, welche die Könige richtet und deren Urteil diese stets vor Augen haben sollten, wird, wenn sie die Vorzüge und die Schwächen dieses Monarchen gegeneinander abwägt, schließlich anerkennen, daß er, wenngleich er zu seinen Lebzeiten allzusehr gepriesen wurde, doch stets gepriesen zu werden verdiente und daß er wohl des Standbilds würdig war, das man ihm in Montpellier mit einer lateinischen Inschrift errichtet hat, welche besagt: *Ludwig dem Großen, nach seinem Tode.* Don Ustariz, ein Staatsmann, der über die Finanzen und den Handel Spaniens geschrieben hat, nennt Ludwig XIV. einen „wunderbaren Mann".

All die angeführten Veränderungen in der Regierung und in allen Ständen des Staats hatten notwendigerweise eine sehr große Veränderung in den Sitten zur Folge. Der Geist der Zwietracht, der Wut und der Rebellion, der die Bürger seit der Zeit Franz' II. beherrscht hatte, wurde zum Wetteifer im Dienst des Fürsten. Da die Besitzer der großen Ländereien nicht mehr auf ihren Gütern hockenblieben, da die Gouverneure der Provinzen keine wichtigen Ämter mehr zu vergeben hatten, so war jeder nur noch darauf bedacht, die Gunst des Souveräns zu verdienen, und der Staat wurde ein regelmäßiges Ganzes, dessen einzelne Linien sämtlich in den Mittelpunkt einmündeten.

Dieser Umstand befreite den Hof von den Parteiungen und Verschwörungen, die so viele Jahre die Ruhe des Staates gestört hatten. Es gab unter der Regierung Ludwigs XIV. nur eine einzige Verschwörung, im Jahre 1674, die La Tréaumont anzettelte, ein ausschweifender und tief verschuldeter Edelmann aus der Normandie, und an der ein Mann aus dem Hause Rohan, der die Stelle eines Großjägermeisters von Frankreich bekleidete und viel Mut, aber wenig Vorsicht besaß, sich beteiligte. Der Stolz und die Härte des Marquis de Louvois hatten ihn in solchem Grade empört, daß er nach einer Audienz, die er bei demselben gehabt, ganz erregt und außer sich zu Herrn von Caumartin kam, sich auf ein Ruhebett warf und sagte: „Dieser ... Louvois muß sterben, oder ich!" Caumartin nahm diesen Zornesausbruch nur für eine flüchtige Aufwallung; als aber der nämliche junge Mann ihn am folgenden Tage fragte, ob er glaube, daß die Bevölkerung der Normandie der Regierung zugetan wäre, ahnte er unheilvolle Pläne und erwiderte: „Die Zeiten der Fronde sind vorüber. Glauben Sie mir, Sie werden sich nur zugrunde richten, und niemand wird Sie bedauern." Der Chevalier glaubte ihm nicht und stürzte sich blindlings in die Verschwörung des La Tréaumont. Außer ihm beteiligte sich an dem Komplott noch der Chevalier de Préaux, ein Neffe La Tréaumonts, der, von seinem Oheim verleitet seinerseits seine Geliebte, die Marquise de Villiers, verleitete. Ihre Absicht und ihre Hoffnung waren nicht und konnten nicht darauf gerichtet sein, sich eine Partei im Lande zu machen; sie beabsichtigten nur, den Holländern Quillebœuf zu verkaufen und auszuliefern und die Feinde in die Normandie zu führen. Es war das eher ein schlecht gesponnener Verrat als eine Verschwörung. Die Hinrichtung sämtlicher Schuldigen war das einzige Ergebnis dieses unsinnigen und nutzlosen Verbrechens, dessen man sich heute kaum noch erinnert.

Wenn hin und wieder Empörungen in den Provinzen vorkamen, so waren es immer nur schwache Volksaufläufe, die leicht unterdrückt wurden. Selbst die Hugenotten verhielten sich bis zu der Zeit, wo man ihre Tempel zerstörte, immer ruhig. Kurzum, es gelang dem König, aus einer bis dahin aufrührerischen und hitzigen Nation ein friedliebendes Volk zu machen, das nur noch den Feinden gefährlich war, nachdem es mehr als hundert Jahre sich selbst gefährlich gewesen war. Die Sitten wurden milder, ohne daß der Mut eine Minderung erfuhr.

Die Häuser, die die großen Herrn in Paris erbauten oder ankauften, und die Frauen dieser Großen, die sich einer würdigen Lebensweise befleißigten, schufen jene Schulen der Höflichkeit, die nach und nach die jungen Leute dem Wirtshausleben abwendig machten, das lange Zeit Sitte gewesen war und nur zu wüster Liederlichkeit führte. Die Sitten sind von so kleinen Dingen abhängig, daß der Gebrauch, durch die Straßen zu reiten, in Paris eine Neigung zu häufigen Reibereien unterhielt, die sogleich aufhörten, als jener Gebrauch abgeschafft wurde. Der feine Anstand, den man hauptsächlich den Damen zu verdanken hatte, welche die Gesellschaft um sich versammelten, machte die Geister liebenswürdiger, und die Lektüre machte sie mit der Zeit kenntnisreicher. Die Verrätereien und schweren Verbrechen, die zu Zeiten des Aufstands und der Zwietracht die Menschen nicht entehren, gerieten beinahe in Vergessenheit. Die furchtbaren Taten einer Brinvilliers und einer Voisin waren nur vorüberziehende Wolken an einem sonst klaren Himmel; und es wäre ebenso unverständig, eine Nation wegen der auffälligen Verbrechen einiger Individuen zu verdammen, wie sie wegen der Verdienste von La Trappe heiligzusprechen.

All die verschiedenen Lebensberufe waren früher an Fehlern kenntlich, durch die sie gekennzeichnet wurden. Die Kriegsleute und die jungen Männer, die sich dem Militärstande widmen wollten, waren von leicht reizbarer Heftigkeit, die Gerichtsbeamten dagegen von abschreckender Bedächtigkeit, wozu die Sitte, immer und sogar bei Hofe in der Robe zu erscheinen, nicht wenig beitrug. Dasselbe war bei den Angehörigen der Universitäten und bei den Ärzten der Fall. Die Kaufleute trugen noch bescheidene Kleider, wenn sie sich versammelten und sich zu den Ministern begaben, und die reichsten Händler waren damals grobe Tölpel. Allmählich aber machten die Empfänge, die Theater, die öffentlichen Promenaden, wo man sich zusammenzufinden begann, um sich eines angenehmern Lebens zu erfreuen, alle Bürger im Äußern nahezu gleich. Man spürt gegenwärtig sogar in einem Laden, daß die Artigkeit und Höflichkeit alle Stände durchdrungen hat. Auch die Provinzen haben mit der Zeit den Einfluß aller dieser Veränderungen erfahren.

Schließlich ist man dahin gelangt, nur noch in Dingen des Geschmacks und der Kommodität Luxus zu treiben. Die Menge der Pagen und Livreebedienten ist verschwunden, um das Innere der Häuser behaglicher zu machen. Man hat den leeren Pomp und den äußern Prunk den Nationen überlassen, bei denen man sich nur darauf versteht, sich vor der Öffentlichkeit zu zeigen, und bei denen die Kunst zu leben noch unbekannt ist.

Die ungemeine Leichtigkeit des gesellschaftlichen Verkehrs, die Umgänglichkeit, die Einfachheit und die geistige Kultur haben Paris zu einer Stadt gemacht, die, was die Annehmlichkeit des Lebens anlangt, aller Wahrscheinlichkeit nach Rom und Athen, zur Zeit ihrer Blüte betrachtet, bei weitem übertrifft.

Die Menge der Hilfsmittel, die hier beständig für alle Wissenschaften, alle Künste, alle Neigungen und Bedürfnisse bereit und zur Hand sind; die Vereinigung so vieler wahrhaft nützlicher mit so vielen wahrhaft angenehmen Dingen in Verbindung mit dem den Parisern eigenen Freimut – das alles veranlaßt eine große Anzahl von Fremden, diese Heimat der Geselligkeit zu besuchen oder ihren Aufenthalt daselbst zu nehmen. Wenn einzelne Eingeborene Paris verlassen, so sind es Männer, die, ihrer Talente wegen anderwärts hinberufen, ein ehrendes Zeugnis für ihr Vaterland sind; oder es ist der Auswurf der Nation, der das Ansehn, das dieselbe besitzt, auszunutzen versucht; oder es sind Auswanderer, die ihren Glauben ihrem Vaterlande vorziehen und anderwärts ihr Glück oder Unglück suchen wollen gleich ihren Vätern, die aus Frankreich vertrieben wurden durch die verhängnisvolle Schmach, welche man der Asche des großen Heinrich IV. antat, als man sein unvergängliches Gesetz, das sogenannte *Edikt von Nantes*, aufhob; oder es sind mit dem Ministerium unzufriedene Offiziere oder Angeklagte, die den harten Formen einer bisweilen schlecht verwalteten Justiz entschlüpft sind, wie das in allen Ländern der Erde vorkommt.

Man hat darüber Klage geführt, daß am Hofe nicht mehr soviel Selbständigkeit und Hochherzigkeit in den Gemütern zu erkennen ist wie früher. In der Tat gibt es keine kleinen Tyrannen mehr wie zur Zeit der Fronde, unter Ludwig XIII. und in den frühern Jahrhunderten. Aber bei jener adligen Menge, die so lange zum Dienste bei den allzu Mächtigen erniedrigt war, hat sich die wahre Größe wiedergefunden. Man findet Edelleute und Bürger, die es sich früher zur Ehre geschätzt haben würden, die Bedienten jener Großen zu sein, die jetzt aber im Kriegsdienste ihnen ebenbürtig geworden und nicht selten ihnen überlegen sind. Je mehr aber der Dienst in jeder Hinsicht den Vorrang vor den Titeln behauptet, um so blühender ist ein Staat.

Man hat das Zeitalter Ludwigs XIV. mit dem des Augustus verglichen. Nicht, daß die Macht und die persönlichen Erlebnisse vergleichbar wären. Rom und Augustus waren von zehnmal größerer Bedeutung in der Welt als Ludwig XIV. und Paris. Aber man muß bedenken, daß Athen dem römischen Reiche gleich war in allen Dingen, deren Wert nicht in der Stärke und der Macht liegt. Und man muß ferner bedenken, daß, wenn es auch heute nichts Derartiges gibt wie das alte Rom und Augustus, dennoch ganz Europa zusammen das römische Reich bei weitem überragt. Zur Zeit des Augustus gab es nur eine einzige Nation, heute aber gibt es mehrere gesittete, kriegerische, aufgeklärte Nationen, die im Besitz von Künsten sind, die den Griechen wie den Römern unbekannt waren; und unter diesen Nationen gibt es keine, die sich seit etwa einem Jahrhundert in jeder Hinsicht mehr hervorgetan hätte als die Nation, die gewissermaßen von Ludwig XIV. geschaffen wurde.

DREISSIGSTES KAPITEL

Finanzen und Verordnungen

Wenn man die Verwaltung Colberts mit sämtlichen frühern Verwaltungen vergleicht, so wird die Nachwelt diesen Mann verehren, dessen Körper der unsinnige Pöbel nach seinem Tode in Stücke reißen wollte. Die Franzosen verdanken ihm zweifelsohne ihre Industrie und ihren Handel und somit jenen Reichtum, dessen Quellen im Kriege bisweilen eine Minderung erfahren, sich aber im Frieden immer wieder in reicher Fülle erschließen. Indessen war man im Jahre 1702 noch undankbar genug, Colbert für die Schwäche verantwortlich zu machen, die sich in den Nerven des Staats fühlbar zu machen begann. Ein gewisser Boisguillebert, Generalleutnant im Gerichtsbezirke Rouen, veröffentlichte um jene Zeit „Le Détail de la France", in zwei kleinen Bänden, und behauptete darin, seit 1660 sei alles in Verfall geraten. In Wahrheit war gerade das Gegenteil der Fall: Frankreich war nie so blühend gewesen wie in der Zeit vom Tode des Kardinals Mazarin bis zum Kriege von 1689; und sogar noch während dieses Krieges erhielt sich der Staatskörper, der damals zu erkranken begann, infolge der Kraft und Stärke, die Colbert allen seinen Gliedern eingeflößt hatte. Der Verfasser des „Détail" behauptete, daß sich das Grundeigentum des Landes seit 1660 um fünfzehnhundert Millionen verringert habe. Nichts war falscher und unwahrscheinlicher; seine trügerischen Argumente aber überzeugten jene, die sich überzeugen lassen wollten, von der Richtigkeit dieses lächerlichen Paradoxons. So sieht man in England zur Zeit der größten Blüte hundert Zeitungen den Nachweis bringen, daß der Staat ruiniert sei.

Es war in Frankreich leichter als anderwärts, das Finanzministerium in der Meinung des Volkes herabzusetzen. Dies Ministerium ist das verhaßteste, weil die Steuern immer verhaßt sind; zudem herrschten allgemein bezüglich der Finanzen ebensoviel Vorurteile und Unwissenheit wie bezüglich der Philosophie.

Man ist in dieser Beziehung so spät zur Einsicht gekommen, daß man noch zu unserer Zeit, im Jahre 1718, das versammelte Parlament dem Herzog von Orléans erklären hörte, daß „der innere Wert der Mark Silber fünfundzwanzig Livres betrage" – als ob es einen andern wirklichen innern Wert gäbe als den des Gewichts und des Feingehalts! Der Herzog von Orléans, so kenntnisreich er war, war doch nicht einsichtsvoll genug, um dem Parlamente diesen Irrtum vorzuhalten.

Als Colbert die Leitung der Finanzen übernahm, war er ausgerüstet mit einem reichen Schatze von Wissen und Genie. Wie der Herzog von Sully begann er damit, daß er die umfangreichen Mißbräuche und Diebereien abstellte. Das Einnahmeverfahren wurde soviel als möglich vereinfacht, und durch eine Sparsamkeit, die ans Wunderbare grenzt, vermehrte er den königlichen Schatz, während er gleichzeitig die Steuern verminderte. Aus dem denkwürdigen Edikt von 1664 ist zu ersehen, daß alljährlich eine Million zur Förderung der Manufakturen und des Seehandels bestimmt war. Auch das platte Land, bis dahin der Raubsucht der Steuerpächter preisgegeben, wurde von ihm nicht vernachlässigt; als englische Händler sich 1667 an den Gesandten in London, Colbert de Croissy, seinen Bruder, wandten mit dem Anerbieten, irländisches Vieh nach Frankreich und Pökelfleisch für die Kolonien zu liefern, ließ der Generalkontrolleur ihnen erwidern, daß „man dergleichen seit vier Jahren selbst an das Ausland verkaufe".

Es hatte einer Kriminalkammer und großer Reformen bedurft, um zu dieser heilsamen Verwaltung zu gelangen. Colbert war genötigt, für über acht Millionen Renten auf die Stadt zu tilgen, die zu niedrigem Preise gekauft worden waren; er zog sie gegen Rückzahlung des Ankaufspreises ein. Diese verschiedenen Veränderungen erforderten Edikte. Das Parlament war seit Franz I. im Besitz des Bestätigungsrechts. Man schlug vor, sie nur bei der Rentkammer eintragen zu lassen, aber das alte Herkommen behielt die Oberhand. Der König erschien 1664 selbst im Parlamente, um seine Edikte bestätigen zu lassen.

Er gedachte noch immer der Fronde, der gegen einen Kardinal, seinen Ersten Minister, ausgesprochenen Achtung und der übrigen Beschlüsse, kraft deren man den königlichen Schatz mit Beschlag belegt und das Geld und die bewegliche Habe der der Krone ergebenen Bürger eingezogen hatte. Da alle diese Ausschreitungen mit den Vorstellungen wegen einiger die Staatseinkünfte betreffender Edikte begonnen hatte, ordnete er im Jahre 1667 an, daß das Parlament immer nur innerhalb acht Tagen seine Vorstellung zu machen habe, nachdem es das betreffende Edikt gehorsamst eingetragen habe. Diese Verordnung wurde 1673 erneuert. Auch kam während seiner ganzen Regierung keine Vorstellung von seiten eines der Obergerichte vor, ausgenommen im unglücklichen Jahre 1709, wo das Parlament von Paris ohne Erfolg wegen des Schadens vorstellig wurde, den der Finanzminister durch die Abänderung des Gold- und Silberwertes dem Staate zufügte.

Beinahe alle Bürger waren überzeugt, daß, wenn das Parlament sich stets darauf beschränkt hätte, in Kenntnis der Ursachen den Landesherrn auf das Unglück und die Bedürfnisse des Volkes, auf die Gefahren der Steuern und auf die noch größeren Gefahren des Verkaufs dieser Steuern an Steuerpächter, die den König betrügen und das Volk aussaugen, aufmerksam zu machen – daß dann die Sitte der Vorstellungen ein geheiligtes Hilfsmittel für den Staat, ein Zügel für die Habgier der Steuerpächter und eine ununterbrochene Belehrung für die Minister gewesen wäre. Aber der auffällige Mißbrauch, den man mit diesem heilsamen Mittel getrieben, hatte Ludwig XIV. dermaßen erzürnt, daß er nur diesen Mißbrauch sah und das Mittel verdammte. Die Entrüstung, die stets im Innern seines Herzens fortlebte, veranlaßte ihn sogar, sich am 13. August 1669 nochmals persönlich ins Parlament zu begeben und dort die Adelsprivilegien zu widerrufen, die er 1644, während seiner Minderjährigkeit, allen Mitgliedern der höhern Gerichtshöfe zugestanden hatte.

Aber diesem Edikt zum Trotz, das in Gegenwart des Königs eingetragen wurde, hat sich beständig der Gebrauch erhalten, all die, deren Väter zwanzig Jahre lang eine Richterstelle an einem der höhern Gerichtshöfe bekleidet haben oder in ihren Ämtern gestorben sind, die Adelsvorrechte genießen zu lassen.

Indem er so eine Körperschaft von Beamten demütigte, wollte er den Adel ermutigen, der das Vaterland verteidigt, und die Akkerbauern, die es ernähren. Schon durch sein Edikt von 1666 hatte er jedem Edelmann, der Vater von zwölf Kindern war, eine Pension von zweitausend Francs, die heute nahe an viertausend ausmachen würden, und dem, der zehn Kinder hatte, eine Pension von tausend Francs gewährt. Die Hälfte dieses Gnadengeschenks war den Stadtbewohnern zugesichert, die steuerfrei waren; unter den Steuerzahlern aber war jeder Familienvater, der zehn Kinder hatte oder gehabt hatte, jeder Abgabe überhoben.

Allerdings vollbrachte der Minister Colbert nicht alles, was er konnte, und noch weniger, was er wollte. Die Menschen waren noch nicht aufgeklärt genug, und in einem großen Reiche gibt es immer große Mißbräuche. Die Willkür der Auflagen, die Mannigfaltigkeit der Einfuhrzölle, die Zölle zwischen den einzelnen Provinzen, die einen Teil Frankreichs dem andern fremd und sogar feindlich machten, die Ungleichheit der Maße und Gewichte in den verschiedenen Städten und zwanzig andere Gebrechen des Staatskörpers konnten nicht behoben werden.

Der größte Fehler, den man diesem Minister zum Vorwurf macht, besteht darin, daß er die Ausfuhr des Getreides nicht zu fördern wagte. Schon seit langem ging kein Getreide mehr aus Frankreich ins Ausland. Der Ackerbau war während der Stürme unter dem Ministerium Richelieu vernachlässigt worden und wurde es in den Bürgerkriegen der Fronde noch mehr. Im Jahre 1661 vollendete eine Hungersnot den Ruin des Landwesens; einen Ruin, den die Natur stets bereit ist, im Verein mit der Arbeit wettzumachen. Das Parlament von Paris erließ in diesem unglücklichen Jahre eine Verordnung, die in ihrem Prinzip richtig schien, in ihren Folgen aber beinahe ebenso verderblich war wie die Erlasse, die jener Körperschaft während des Bürgerkrieges abgenötigt worden waren: es wurde den Kaufleuten bei schwerer Strafe verboten, zu einer Gesellschaft für den Getreidehandel zusammenzutreten, und allen Privatleuten untersagt, Getreidevorräte anzuhäufen. Was während einer vorübergehenden Teuerung gut war, wurde auf die Dauer verderblich und entmutigte die Akkerbauern. Die Aufhebung einer solchen Verordnung in einer Zeit der Krise und des Vorurteils hätte einen Aufstand des Volkes zur Folge gehabt.

Es blieb dem Minister kein anderer Ausweg, als den Fremden das Getreide, das die Franzosen ihnen in den guten Jahren verkauft hatten, um teuern Preis wieder abzukaufen. Das Volk wurde ernährt, aber das kostete dem Staate unendliche Summen; und nur die Ordnung, die Colbert bereits in den Finanzen hergestellt hatte, machte diesen Verlust leicht.

Die Furcht vor einer abermaligen Teuerung verschloß unsere Häfen für die Getreideausfuhr; jeder Intendant in seiner Provinz machte sich sogar ein Verdienst daraus, die Ausführung des Getreides in die Nachbarprovinz zu verhindern; man durfte auch in den guten Jahren seine Ernte nur auf Grund einer vom Ministerrate erteilten Erlaubnis verkaufen. Diese unglückliche Maßregel schien durch die frühere Erfahrung gerechtfertigt zu sein; der gesamte Rat befürchtete, die Freigebung des Getreidehandels würde ihn zwingen, dies unentbehrliche Produkt nochmals mit großen Kosten vom Auslande zurückzukaufen, nachdem die Bauern es aus Eigennutz und Sorglosigkeit um niedrigen Preis verkauft hätten.

Der Bauer, noch ängstlicher als der Rat, fürchtete nun sich zugrunde zu richten, wenn er eine Ernte schaffe, von der er keinen großen Gewinn erhoffen durfte; und die Felder wurden daher nicht so bebaut, wie sie hätten bebaut werden können. Der Umstand, daß alle andern Zweige der Verwaltung in Blüte standen, hinderten Colbert, dem Gebrechen dieses Hauptzweiges abzuhelfen.

Das ist der einzige Fehler seines Ministeriums: ein großer Fehler; was ihn aber entschuldigt und was zugleich beweist, wie beschwerlich es ist, die Vorurteile in der französischen Verwaltung zu zerstören, und wie schwierig, das Rechte zu tun, ist der Umstand, daß dieser von allen einsichtsvollen Bürgern wahrgenommene Fehler hundert volle Jahre lang von keinem Minister gutgemacht worden ist bis zu dem denkwürdigen Zeitpunkte von 1764, wo ein aufgeklärterer Generalkontrolleur Frankreich einem tiefen Elende entrissen hat, indem er den Getreidehandel mit einigen Beschränkungen freigab, wie sie auch in England gebräuchlich sind.

Um die Kosten der Kriege, der Bauten und der Feste aufzubringen, war Colbert genötigt, um 1672 das wieder einzuführen, was er anfangs für immer hatte abschaffen wollen: teilweise Auflagen, Renten, neue Ämter, Pfandbriefvermehrungen, kurzum alles, was den Staat für einige Zeit erhält und ihn für Jahrhunderte belastet.

Er wurde über den Kreis seiner Absichten hinausgerissen, denn aus den Instruktionen, die man noch von ihm hat, ist zu ersehen, daß er der Überzeugung war, der Reichtum eines Landes beruhe einzig auf der Zahl der Bewohner, auf dem Ackerbau, der Industrie und dem Handel; daß der König, da er sehr wenige eigene Güter besitzt und nur der Verwalter der Habe seiner Untertanen ist, nur durch leicht zu erhebende und gleichmäßig verteilte Auflagen reich sein kann.

Er hegte eine solche Besorgnis, der Staat könnte den Steuerpächtern in die Hände fallen, daß er einige Zeit nach der Auflösung der Gerichtskammer, die er gegen sie hatte einsetzen lassen, vom Ministerrate eine Verordnung ausfertigen ließ, die gegen diejenigen, welche auf neue Steuern Geld vorstrecken, die Todesstrafe festsetzte. Er wollte durch diese drohende Verordnung, die nie gedruckt erschien, die Habgier der Geldleute abschrecken. Aber bald darauf war er genötigt, sich ihrer zu bedienen, ohne daß jener Erlaß widerrufen wurde: der König drängte, und es mußten unverzüglich Mittel herbeigeschafft werden.

Diese durch Katharina von Medici aus Italien nach Frankreich gebrachte Erfindung hatte durch ihre leichte Anwendbarkeit die Regierung dermaßen bestochen, daß sie, nachdem sie in den guten Jahren Heinrichs IV. unterdrückt worden, unter der Regierung Ludwigs XIII. wieder auftauchte und insbesondere die letzten Jahre Ludwigs XIV. vergiftete.

Kurzum, Sully bereicherte den Staat durch eine weise Sparsamkeit, die durch einen ebenso kargen wie tapfern König unterstützt wurde, der an der Spitze seines Heeres Soldat und seinem Volke gegenüber ein Vater war. Colbert dagegen erhielt den Staat trotz der Prunksucht eines hochmütigen Gebieters, der alles verschwendete, um seine Regierung zu einer glänzenden zu machen.

Wie man weiß, äußerte Le Tellier, als der König nach dem Tode Colberts Le Pelletier an die Spitze des Finanzwesens zu stellen beschloß: „Sire, er ist nicht geeignet zu diesem Amte.“ – „Warum?“ fragte der König. – „Er ist nicht hartherzig genug“, erwiderte Le Tellier. – „Aber ich will auch nicht, daß mein Volk hart behandelt werde“, erklärte Ludwig XIV. Der neue Minister war in der Tat gütig und gerecht. Als man aber 1688 von neuem in den Krieg geriet und sich gegen das Augsburger Bündnis, d. h. gegen fast ganz Europa, behaupten mußte, sah er eine Last auf seine Schultern gewälzt, die einem Colbert zu schwer erschienen war. Der leichte, aber verderbliche Ausweg, Geld zu leihen und Renten dafür anzuweisen, war sein erstes Hilfsmittel. Dann wollte man den Luxus vermindern, was in einem mit Manufakturen angefüllten Lande die Industrie und den Umsatz verringern heißt und nur bei einer Nation angebracht ist, die ihre Luxusgegenstände aus dem Ausland bezieht.

Es wurde befohlen, alle Geräte aus gediegenem Silber, die damals bei den großen Herrn in ziemlich bedeutender Menge zu finden und ein Zeichen des herrschenden Wohlstands waren, in die Münze zu schaffen. Der König gab das Beispiel dazu: er beraubte sich aller jener Tafeln, Leuchter und großen Sessel aus gediegenem Silber sowie all der andern Geräte, die Meisterwerke der Ziselierkunst von der Hand Ballins, eines in seiner Kunst einzigen Mannes, und sämtlich nach Zeichnungen von Lebrun ausgeführt waren. Sie hatten zehn Millionen gekostet; man gewann daraus drei. Die silbernen Geräte der Privatleute ergaben drei weitere Millionen. Diese Hilfe war nur schwach.

Nunmehr beging man einen von jenen ungeheuren Fehlern, bezüglich deren das Finanzministerium sich erst in jüngster Zeit gebessert hat: man verschlechterte die Münzen, nahm ungleichmäßige Umprägungen vor und legte den Talern einen Wert bei, der mit dem der Vierteltaler im Mißverhältnis stand. Die Folge war, daß die Vierteltaler, da sie stärker, die Taler aber schwächer waren, sämtlich ins Ausland flossen; dort wurden sie zu ganzen Talern umgeprägt, an denen, indem man sie nach Frankreich zurückbrachte, ein Gewinn zu machen war. Ein Land muß aus sich selbst sehr lebenskräftig sein, um machtvoll fortzubestehen, nachdem es so häufig dergleichen Erschütterungen erlitten hat. Man war noch unerfahren: die Finanzen waren damals wie die Physik eine auf bloßer Mutmaßung beruhende Wissenschaft. Die Steuerpächter waren Scharlatane, die das Ministerium betrogen; der Staat mußte dafür mit achtzig Millionen bezahlen. Es bedarf einer zwanzigjährigen angestrengten Arbeit, um solche Lücken wieder auszufüllen.

Um 1691 und 1692 erschienen also die Staatsfinanzen merklich zerrüttet. Diejenigen, welche das allmähliche Versiegen der Quellen des Überflusses der Verschwendung Ludwigs XIV. bei seinen Bauten, seinen Festen und seinen Kunstliebhabereien zugeschrieben, wußten nicht, daß gerade im Gegenteil die Ausgaben, welche die Industrie fördern, einen Staat bereichern. Der Krieg ist's, der unvermeidlicherweise den öffentlichen Schatz leert, wenn nicht die den Besiegten abgenommene Beute ihn wieder füllt. Die alten Römer ausgenommen, kenne ich keine Nation, die durch Siege reich geworden wäre. Italien war im 16. Jahrhundert nur infolge seines Handels reich. Holland würde nicht lange bestanden haben, wenn es sich auf das Wegfangen der spanischen Silberflotte beschränkt hätte und wenn nicht Indien die Nährmutter seiner Macht geworden wäre. England ist durch den Krieg stets ärmer geworden, selbst als es die französischen Flotten vernichtete, und nur der Handel hat es bereichert. Die Algerier, die fast nichts weiter besitzen, als was sie durch die Seeräuberei gewinnen, sind ein sehr elendes und armes Volk.

Bei den europäischen Nationen macht der Krieg nach Verlauf einiger Jahre den Sieger beinahe ebenso unglücklich wie den Besiegten. Der Krieg ist ein Schlund, der alle Kanäle des Wohlstands einschluckt. Das bare Geld, dies Prinzip alles Guten und alles Bösen, das mit so vieler Mühe in den Provinzen erhoben wird, fließt in die Kassen von hundert Unternehmern und in die Schatullen von hundert Zollpächtern, welche die unentbehrlichen Summen vorschießen und dadurch das Recht erkaufen, die Nation im Namen des Landesherrn auszuplündern. Die Bürger, die dann die Regierung als ihren Feind betrachten, vergraben ihr Geld; und der mangelnde Umlauf versetzt das Reich in einen kraftlosen Zustand.

Kein eilfertiges Hilfsmittel vermag eine feste, stete, von langer Hand begründete Ordnung zu ersetzen, die im voraus für die unvorhergesehenen Bedürfnisse Sorge trägt. Im Jahre 1695 führte man die Kopfsteuer ein.* Nach dem Rijswijker Frieden wurde sie unterdrückt und dann von neuem eingeführt. Der Generalkontrolleur Pontchartrain verkaufte im Jahre 1696 Adelspatente für zweitausend Taler: fünfhundert Bürger kauften solche; aber die Hilfe war vorübergehend und die Schmach dauernd. Man nötigte alle Edelleute, alte wie neue, ihre Wappen eintragen zu lassen und die Erlaubnis zu bezahlen, ihre Briefe mit ihrem Wappen zu siegeln. Dies Geschäft wurde von Zolleinnehmern in die Hand genommen, die Geld darauf vorstreckten. Das Ministerium griff fast immer nur zu solchen kleinlichen Mitteln in einem Lande, das weit bedeutendere Hilfsquellen hätte bieten können.

Den Zehnten wagte man nur im Jahre 1710 aufzulegen. Im Gefolge so vieler anderer drückender Abgaben aber erschien dieser Zehnte so hart, daß man ihn nicht mit aller Strenge einzutreiben wagte. Die Regierung zog daraus keine fünfundzwanzig Millionen jährlich, zu vierzig Francs die Mark.

Colbert hatte den Zahlungswert der Münzen wenig verändert. Es ist besser, ihn gar nicht zu verändern. Das Gold und das Silber müssen als Tauschmittel unveränderliche Maße sein. Er hatte den Zahlungswert der Mark Silber nur von sechsundzwanzig Francs, in welcher Höhe er ihn vorgefunden hatte, auf siebenundzwanzig und auf achtundzwanzig erhöht. Nach ihm aber, in den letzten Jahren Ludwigs XIV., steigerte man diesen Wert bis auf vierzig ideale Livres: ein verhängnisvolles Hilfsmittel, durch das dem König zwar für den Augenblick geholfen wurde, das ihn später aber zugrunde richtete, denn statt einer Mark Silber gab man ihm nahezu nur noch die Hälfte. Wer im Jahre 1668 sechsundzwanzig Livres schuldete, gab eine Mark; wer aber 1710 vierzig Livres schuldete, gab ebenfalls beinahe nur diese eine Mark. Die spä-

* In Band IV, S. 136 der „Denkwürdigkeiten der Frau von Maintenon" findet man angegeben, daß der Ertrag der Kopfsteuer „die Erwartungen der Pächter überstieg". Es gab aber nie eine Verpachtung der Kopfsteuer. Ferner heißt es dort, daß „die Lakaien in Paris sich nach dem Stadthause begaben, um sich die Kopfsteuer auflegen zu lassen". Dies lächerliche Märchen richtet sich selbst; stets bezahlten die Herrn für ihr Gesinde.

tern Herabsetzungen zerrütteten dann den wenigen Handel, der noch vorhanden war, ebensosehr, wie die Erhöhung es getan hatte.

Man würde in einem Kreditpapier ein Hilfsmittel gefunden haben; aber dies Papier muß zu einer Zeit der Prosperität eingeführt werden, um sich in einer schlechten Zeit zu behaupten.

Der Minister Chamillart begann im Jahre 1706 in Münzobligationen, Unterhaltsanweisungen, Gerätverschreibungen usw. zu bezahlen; da aber dies Papiergeld nicht bei den königlichen Kassen angenommen wurde, so geriet es beinahe gleich bei seinem Erscheinen in Verruf. Man war gezwungen, mit der Aufnahme beschwerlicher Anleihen fortzufahren und Einkünfte, welche die Krone in vier Jahren haben würde, im voraus zu verzehren.*

Dabei machte man beständig sogenannte außergewöhnliche Geschäfte: man schuf lächerliche Ämter, die stets von denen gekauft wurden, die sich der Schatzung (taille) entziehen wollten, denn die Schatzungssteuer war in Frankreich erniedrigend, und da die Menschen von Geburt eitel sind, so machte der Köder, der sie jener Schmach enthob, viele Toren; überdies verlocken die mit den neuen Ämtern verbundenen Gehälter viele, ein solches Amt in schwerer Zeit zu kaufen, weil man nicht überlegt, daß diese Ämter in minder schweren Zeiten wieder unterdrückt werden. So erfand man 1707 die Würde der königlichen Fuhrräte und Weinmaklerräte, was hundertachtzigtausend Livres eintrug; man ersann königliche Registratoren und Subdelegierte für die Intendanten der Provinzen; man erfand königliche Holz-Klafter-Kontroll-Räte, Polizeiräte, Barbier- und Perückenmacherämter, Kontrollvisitatoren für frische Butter, Salzbutterprobierer usw. Diese Ungereimtheiten bringen heute zum Lachen, damals aber brachten sie zum Weinen.

Der Generalkontrolleur Desmarets, ein Neffe des berühmten

* In der von La Hode geschriebenen und unter dem Namen La Martinières herausgegebenen Geschichte heißt es, man habe während der italienischen Kriege zweiundsiebzig Prozent an Wechselgebühr bezahlt. Das ist Unsinn. Tatsache ist, daß Herr von Chamillart, um die Armeen zu befriedigen, sich des Kredits des Chevalier Bernard bediente. Infolge eines alten Vorurteils glaubte der Minister, daß das Geld um keinen Preis außer Landes gehen dürfe, als ob dies Geld für nichts hingegeben würde und als ob es möglich wäre, daß eine Nation, die die Schuldnerin einer andern ist und ihre Schuld nicht in Handelsgegenständen abträgt, nicht in barem Gelde bezahle. Chamillart gab also dem Bankier acht Prozent Nutzen unter der Bedingung, daß er das Ausland bezahlte, ohne Geld aus Frankreich weggehen zu lassen; außerdem bezahlte er den Wechselzins, der fünf oder sechs Prozent betrug; trotz seines Versprechens aber war der Bankier genötigt, seine Rechnung mit dem Auslande in barer Münze zu begleichen, was einen beträchtlichen Verlust zur Folge hatte.

Colbert, der im Jahre 1709 Chamillarts Nachfolger wurde, vermochte ein Übel nicht zu beheben, das durch die Umstände unheilbar gemacht wurde.

Die Natur verband sich mit dem Schicksal zu Lasten des Staats. Der harte Winter von 1709 zwang den König, dem Volke zu einer Zeit, wo es an Sold für die Truppen fehlte, neun Millionen Livres Abgaben zu erlassen. Der Preis der Lebensmittel erreichte eine solche Höhe, daß der Unterhalt des Heeres die Summe von fünfundvierzig Millionen verschlang. Die Gesamtausgabe für das Jahr 1709 belief sich auf zweihunderteinundzwanzig Millionen, während die gewöhnliche Einnahme nur neunundvierzig Millionen ergab. Man mußte also den Staat zugrunde richten, um ihn vor den Feinden zu bewahren. Die Zerrüttung der Finanzen nahm in solchem Maße zu und wurde so wenig ausgeglichen, daß der König noch lange nach dem Frieden, zu Anfang des Jahres 1715, genötigt war, für zweiunddreißig Millionen Anweisungen zu begeben, um acht Millionen Münze zu erhalten. Bei seinem Tode hinterließ er schließlich zwei Milliarden sechshundert Millionen Schulden, zu achtundzwanzig Livres die Mark, auf welchen Stand die Münze damals zurückgegangen war, was etwa vier Milliarden und fünfhundert Millionen der im Jahre 1760 gangbaren Münze ausmacht.

Es ist staunenswert, aber wahr, daß diese ungeheure Schuld keineswegs eine unmöglich zu tragende Last gewesen wäre, wenn es damals einen blühenden Handel, ein eingeführtes Kreditpapier und zuverlässige Gesellschaften gegeben hätte, die sich, wie in Schweden, England, Venedig und Holland, für dies Papier verbürgt hätten; denn wenn ein mächtiger Staat nur bei sich selber Schulden hat, so sind das Vertrauen und der Geldumsatz zur Zahlung hinreichend. Frankreich besaß jedoch damals bei weitem nicht Spannkraft genug, um eine so große und komplizierte Maschine, deren Gewicht es erdrückte, in Gang zu bringen.

Ludwig XIV. verausgabte während seiner Regierung achtzehn Milliarden, was für das Jahr dreihundertdreißig Millionen nach heutigem Gelde ergibt, wenn man die Erhöhungen und Herabsetzungen des Zahlungswerts der Münzen gegeneinander ausgleicht.

Unter der Verwaltung des großen Colbert beliefen sich die gewöhnlichen Einkünfte der Krone nur auf hundertsiebzehn Millionen, zu siebenundzwanzig und später zu achtundzwanzig Livres die Mark Silber. Der gesamte Überschuß mußte also durch die „außergewöhnlichen Geschäfte“ gewonnen werden. Colbert, der größte Gegner dieses verderblichen Hilfsmittels, war dennoch genötigt, dazu seine Zuflucht zu nehmen, um schnell die erforderlichen Summen zu beschaffen. Zum Kriege von 1672 entlieh er achthundert Millionen nach heutigem Gelde. Der König besaß nur noch sehr wenig von den ehemaligen Gütern der Krone; dieselben sind von allen Parlamenten des Landes für unveräußerlich erklärt worden und dennoch beinahe sämtlich veräußert worden. Heute besteht das Einkommen des Königs aus dem seiner Untertanen; es findet ein beständiger Kreislauf von Schulden und Zahlungen statt. Der König schuldet den Bürgern unter dem Namen von Renten auf das Stadthaus mehr Millionen jährlich, als je ein König aus den Besitzungen der Krone gewonnen hat.

Um sich eine Vorstellung zu machen von dem ungeheuren Wachstum der Steuern, der Schulden, des Reichtums und des Umsatzes sowie der gleichzeitigen Zunahme der Arbeit und Mühe, die in Frankreich wie in den übrigen Ländern stattgefunden hat, möge man beachten, daß der Staat beim Tode Franz' I. ungefähr dreißigtausend Livres ewiger Renten auf das Stadthaus schuldete und daß er heute über fünfundvierzig Millionen schuldet.

Diejenigen, welche sich die Mühe geben, die Einkünfte Ludwigs XIV. mit denen Ludwigs XV. zu vergleichen, haben gefunden, daß Ludwig XIV. im Jahre 1683, dem Todesjahre Colberts, mit hundertsiebzehn Millionen Einkommen weit reicher war als sein Nachfolger im Jahre 1730 mit nahe an zweihundert Millionen; und das ist vollkommen richtig, sobald man nur die festen und gewöhnlichen Einkünfte der Krone in Rechnung zieht. Denn hundertsiebzehn Millionen, die Mark zu achtundzwanzig Livres, sind eine größere Summe als zweihundert Millionen zu neunundvierzig Livres, auf welchen Betrag sich das Einkommen des Königs im Jahre 1730 belief, und überdies müssen noch die durch die Anleihen der Krone vermehrten Lasten in Rechnung gezogen werden. Aber auch die Einkünfte des Königs, d.h. des Staats, sind seitdem gewachsen, und die Finanzwirtschaft hat sich in solchem Grade vervollkommnet, daß während des kostspieligen Krieges von 1741 der Kredit nicht einen Augenblick schwankend wurde. Man hat sich entschlossen, Amortisationsfonds aufzubringen wie bei den Engländern: wie ihre Philosophie hat man auch einen Teil ihres Finanzsystems annehmen müssen; und wenn man in einem rein monarchischen Staate jenes Papiergeld einführen könnte, das den Reichtum Englands zum mindesten verdoppelt, so würde die

Verwaltung Frankreichs die höchste Stufe ihrer Vollkommenheit erreichen, leider aber einer Vollkommenheit, die in einer Monarchie allzu leicht zum Mißbrauch führt.*

Im Jahre 1683 gab es für etwa fünfhundert Millionen Zahlungswert gemünztes Silber im Lande, im Jahre 1730 für etwa zwölfhundert Millionen, wenn man nach unserer heutigen Weise rechnet. Aber unter dem Ministerium des Kardinals Fleury war der Zahlungswert beinahe doppelt so hoch wie zur Zeit Colberts. Es erhellt daraus, daß Frankreich seit dem Tode Colberts nur etwa um ein Sechstel an geprägtem Gelde reicher geworden ist. Weit bedeutender ist die Zunahme des zu Gebrauchsgegenständen und Prunkgeräten verarbeiteten Edelmetalls. Im Jahre 1690 war davon noch nicht für vierhundert Millionen nach heutigem Gelde vorhanden; gegen 1730 aber besaß man davon ebensoviel wie an geprägter Münze. Nichts beweist besser und augenscheinlicher, wie sehr der Handel, dessen Quellen Colbert erschloß, gewachsen ist, seitdem seine durch den Krieg geschlossenen Kanäle sich wieder aufgetan haben. Die Industrie hat sich vervollkommnet trotz der Auswanderung so vieler Handwerker, welche durch die Aufhebung des Edikts von Nantes über die ganze Welt zerstreut wurden; und diese Industrie wächst noch von Tag zu Tag. Die Nation ist jetzt zu ebenso großen und noch größern Dingen befähigt als unter Ludwig XIV., weil das Genie und der Handel beständig an Kraft gewinnen, sobald sie gefördert und ermutigt werden.

Beim Anblick der Wohlhabenheit der Bürger, der wunderbaren Anzahl gefälliger Häuser, die in Paris und in den Provinzen erbaut worden sind, der Menge von Equipagen, der Kommoditäten, der Gesuchtheiten, die man *Luxus* nennt, sollte man glauben, daß der Reichtum heute in Frankreich zwanzigmal größer ist als früher. Das alles ist die Frucht einer erfindungsreichen Arbeit, mehr noch als des Reichtums. Angenehm zu wohnen kostet heute kaum mehr, als unter Heinrich IV. eine schlechte Wohnung kostete. Ein schöner Spiegel aus unsern eigenen Manufakturen ist ein weit wohlfeilerer Schmuck für unsere Häuser als jene kleinen Spiegelchen, die man aus Venedig bezog. Unsere schönen Stoffe sind weniger teuer als die Stoffe des Auslands, die ihnen nicht einmal gleichkamen.

* Der Abbé de Saint-Pierre behauptet in seinem „Politischen Journal", im Artikel über das System, es sei in England und Holland nur so viel Papier wie bare Münze vorhanden; es ist indessen bekannt, daß das Papier den Betrag des Metallgeldes bei weitem übersteigt und nur durch das allgemeine Vertrauen sich erhält und behauptet.

In der Tat sind es nicht Gold und Silber, die ein behagliches Leben schaffen, sondern das Genie. Ein Volk, das nur diese Metalle besäße, würde sehr elend sein; ein Volk dagegen, das ohne diese Metalle alle Produkte des Bodens auf glückliche Weise verwertete, würde in Wahrheit das reichste sein. Frankreich besitzt diesen Vorzug und dabei mehr gemünztes Metall, als für den Verkehr vonnöten ist.

Nachdem die Industrie sich in den Städten vervollkommnet hat, hat sie sich auch auf das platte Land verbreitet. Es werden stets Klagen über das Los der Bauern laut werden. Man vernimmt solche in allen Ländern der Welt, und dies Gemurr rührt beinahe überall von den reichen Müßiggängern her, die weit mehr die Regierung verdammen, als das Volk beklagen. Wenn freilich diejenigen, die ihr Leben mit Feldarbeiten zubringen, Muße zum Klagen hätten, würden sie sich fast im ganzen Land gegen die Erpressungen erheben, die ihnen einen Teil ihres Unterhalts rauben. Sie würden die Notwendigkeit verwünschen, Steuern zu zahlen, die sie sich nicht selbst auferlegt haben, und die Lasten des Staates zu tragen, ohne an den Vorteilen der übrigen Bürger Anteil zu haben. Es obliegt nicht dem Geschichtsschreiber, zu untersuchen, wieviel das Volk beizutragen habe, ohne gedrückt zu werden, und den so schwer auffindbaren Punkt zu bestimmen, wo die Ausführung der Gesetze zum Mißbrauch der Gesetze, wo die Steuer zur Ausplünderung wird; aber die Geschichte muß zeigen, daß eine Stadt unmöglich blühend sein kann, ohne daß das umliegende Land sich im Wohlstand befindet, denn unzweifelhaft ist es doch dies Land, welches die Stadt ernährt. Man vernimmt an bestimmten Tagen in allen Städten Frankreichs von seiten derer, denen ihr Beruf erlaubt, öffentlich zu reden, laute Vorwürfe gegen all die verschiedenen Zweige des Verbrauchs, die man als Luxus bezeichnet. Es ist klar, daß die Mittel zu diesem Luxus einzig durch die fleißige Arbeit der Landleute geschaffen werden, die stets teuer bezahlt wird.

Man hat mehr Weinberge angelegt und sie besser bearbeitet. Man hat neue Weine hergestellt, die man früher nicht kannte, wie zum Beispiel die Champagnerweine, denen man die Farbe, die Kraft und das Feuer des Burgunders zu verleihen wußte und die mit großem Vorteile an das Ausland verkauft werden. Diese Vermehrung der Weine hat die Vermehrung der Branntweine zur Folge gehabt. Der Gartenbau, die Kultur der Gemüse und des Obstes, hat wunderbare Fortschritte gemacht, und der Lebensmittelhandel mit den amerikanischen Kolonien ist dadurch vermehrt worden. Die Klagen, die zu allen Zeiten über das Elend auf dem Lande laut wurden, sind seitdem nicht mehr begründet. Überdies macht man bei diesen unklaren Klagen keinen Unterschied zwischen den Bauern oder Pächtern und den Tagelöhnern. Diese letzteren leben ausschließlich von ihrer Hände Arbeit, und das ist so in allen Ländern der Welt, wo die große Mehrzahl von ihrer Mühsal leben muß; es gibt aber kaum ein Land in der Welt, wo der Bauer und der Pächter glücklicher leben als in einigen Provinzen Frankreichs, und nur England kann ihm in dieser Hinsicht den Vorrang streitig machen. Der den Verhältnissen angemessene Zins, der in einigen Provinzen an die Stelle der willkürlichen Besteuerung getreten ist, hat ebenfalls dazu beigetragen, den Vermögensstand der Bauern zu sichern, die Pflüge, Weinberge und Gärten besitzen. Der Tagelöhner, der Arbeiter muß auf das Notwendige beschränkt sein, wenn er arbeiten soll: das liegt in der Natur des Menschen. Diese große Zahl von Menschen muß arm sein, aber sie braucht nicht elend zu sein.

Der Mittelstand ist durch die Industrie reich geworden. Die Beamten und die Hofleute sind jetzt minder reich, weil, während das Geld sich numerisch nahezu um die Hälfte vermehrt hat, die Besoldungen und Jahrgehälter dieselben geblieben sind, der Preis der Lebensmittel aber auf mehr als das Doppelte gestiegen ist: das ist in allen Ländern Europas geschehen. Die Gebühren, die Besoldungen sind überall auf dem alten Fuße geblieben. Ein Kurfürst, der die Belehnung mit seinen Staaten empfängt, zahlt dafür nur das, was seine Vorgänger zur Zeit Kaiser Karls IV., im 14. Jahrhundert, bezahlten, und schuldet dem Sekretär des Kaisers bei dieser Zeremonie nicht mehr als einen Taler.

Noch weit auffälliger ist der Umstand, daß, während alles, der Zahlungswert der Münzen, die Menge des Goldes und des Silbers, der Preis der Lebensmittel usw., gestiegen ist, dennoch der Sold des Soldaten derselbe geblieben ist wie vor zweihundert Jahren: man zahlt dem Fußvolk fünf Sous wie zur Zeit Heinrichs IV. Keiner aus dieser Menge unwissender Menschen, die ihr Leben so wohlfeil verkaufen, hat Kenntnis davon, daß er in Anbetracht der Vermehrung der Münzen und der Verteuerung der Lebensmittel ungefähr zwei Drittel weniger empfängt als ein Soldat Heinrichs IV. Wenn er es wüßte, wenn er einen um zwei Drittel höhern Sold verlangte, so müßte ihm derselbe bewilligt werden: dann würde jede europäische Macht zwei Drittel weniger Truppen halten; die Streitkräfte blieben wie früher im Gleichgewicht; der Ackerbau und die Manufakturen würden Vorteil davon haben.

Man muß noch beachten, daß, da die Gewinne beim Handel gestiegen sind, die Besoldungen aller bedeutenden Ämter aber an wirklichem Werte eingebüßt haben, sich jetzt bei den Großen weniger und beim Mittelstand mehr Überfluß findet als früher; gerade das aber hat den Abstand zwischen den Menschen verringert. Früher blieb den Kleinen kein anderer Ausweg, als bei den Großen Dienste zu nehmen; heute aber hat die Industrie tausend Wege erschlossen, die man vor hundert Jahren nicht kannte. In welcher Weise aber schließlich auch die Staatsfinanzen verwaltet werden mögen, Frankreich besitzt an der Arbeit von ungefähr zwanzig Millionen Bewohnern einen unschätzbaren Reichtum.

EINUNDDREISSIGSTES KAPITEL

Die Wissenschaften

Dies glückliche Zeitalter, das eine Umwälzung im menschlichen Geiste anbrechen sah, schien keineswegs dazu bestimmt zu sein; denn zur Zeit Ludwigs XIII. hatte es, um mit der Philosophie den Anfang zu machen, durchaus nicht den Anschein, als ob dieselbe sich dem Chaos entwinden würde, in das sie getaucht war. In Italien, Spanien und Portugal hatte die Inquisition die Irrtümer der Philosophie mit den Dogmen des Glaubens verknüpft; die Bürgerkriege in Frankreich nebst den kalvinistischen Streitigkeiten waren ebensowenig geeignet, die menschliche Vernunft zu befördern, wie in England der Fanatismus der Zeiten Cromwells. Nachdem ein Domherr aus Thorn das alte, seit so langer Zeit in Vergessenheit geratene Planetensystem der Chaldäer erneuert hatte, wurde diese Wahrheit in Rom verdammt; und als die aus siebzehn Kardinälen bestehende Kongregation des Heiligen Offiziums die Bewegung der Erde, ohne welche es keine wahre Astronomie gibt, nicht bloß für ketzerisch, sondern für widersinnig erklärte, und der große Galilei im Alter von siebzig Jahren um Verzeihung dafür bat, daß er recht hatte – da hatte es nicht den Anschein, daß die Wahrheit eine Stätte auf Erden finden würde.

Der Lordkanzler Bacon hatte den Weg angedeutet, den man einschlagen konnte; Galilei hatte die Fallgesetze entdeckt; Torri-

François Marie Arouet de Voltaire

celli begann die Schwere der uns umgebenden Luft zu erkennen; in Magdeburg waren einige Experimente angestellt worden. Mit diesen schwachen Versuchen blieben alle Schulen im Widersinn, und die Welt in der Unwissenheit. Da erschien Descartes. Er tat das Gegenteil von dem, was er hätte tun sollen: anstatt die Natur zu studieren, wollte er sie erraten. Er war der größte Geometer seiner Zeit; aber die Geometrie beläßt den Geist, wie sie ihn vorfindet. Descartes' Geist war allzusehr zum Erfinden geneigt: der Erste unter den Mathematikern schuf fast nur philosophische Romane. Ein Mann, der die Experimente verachtete, der niemals Galilei zitierte, der ohne Materialien bauen wollte, konnte nur ein imaginäres Gebäude errichten.

Was romanhaft daran war, fand Beifall, die wenigen Wahrheiten aber, die sich unter diesen neuen Chimären befanden, wurden anfangs bekämpft. Schließlich drangen jedoch diese wenigen Wahrheiten mit Hilfe der Methode durch, die er eingeführt hatte: denn vor ihm hatte man keinen Faden in dem Labyrinthe, und er gab zum wenigsten einen solchen, dessen man sich bediente, nachdem er sich verirrt hatte. Die Zerstörung der Chimären der Peripatetiker war schon viel, wenn sie auch durch andere Chimären geschah. Diese beiden Phantome bekämpften einander; sie fielen eins nach dem andern, und auf ihren Trümmern erstand endlich die Vernunft. In Florenz gab es eine Akademie für Experimente, *Accademia del Cimento* genannt, die um 1655 von Kardinal Leopold von Medici gegründet worden war. Man fühlte im Vaterlande der Künste bereits, daß man von dem großen Gebäude der Natur nur dann etwas begreifen würde, wenn man es Stück für Stück der Prüfung unterzöge. Diese Akademie leistete nach den Tagen Galileis und seit der Zeit Torricellis bedeutende Dienste.

In England traten unter der düstern Herrschaft Cromwells einige Philosophen zusammen, um friedlich nach Wahrheiten zu forschen, während der Fanatismus jede Wahrheit unterdrückte. Nachdem die Reue und der Wankelmut seiner Nation Karl II. auf den Thron seiner Väter berufen, verlieh dieser König der werdenden Akademie ein Patent; das war aber alles, was die Regierung gab. Die Londoner königliche oder richtiger freie Gesellschaft der Wissenschaften arbeitete für die Ehre zu arbeiten. Aus ihrem Schoße gingen zu unserer Zeit die Entdeckungen über das Licht, über das Prinzip der Gravitation, über die Aberration der Fixsterne, über die transzendente Geometrie und hundert andere Erfindungen hervor, so daß man diese Epoche ebensogut das

Zeitalter der Engländer wie das Zeitalter Ludwigs XIV. nennen könnte.

Im Jahre 1666 wollte Colbert, eifersüchtig auf diesen neuen Ruhm, daß auch die Franzosen an demselben Anteil gewännen, und bewog auf die Bitte einiger Gelehrten hin Ludwig XIV., die Gründung einer Akademie der Wissenschaften zu genehmigen. Dieselbe war bis zum Jahre 1699 eine freie wie die englische und wie die Académie française.

Colbert holte aus Italien Domenico Cassini, aus Holland Huygens, aus Dänemark Römer durch hohe Jahrgehälter nach Paris. Römer bestimmte die Geschwindigkeit der Sonnenstrahlen, Huygens entdeckte den Ring und einen der Trabanten, Cassini die vier andern Trabanten des Saturn. Ferner verdankt man Huygens wenn nicht die erste Erfindung der Pendeluhren, doch wenigstens die wahren Prinzipien der Regelmäßigkeit ihrer Bewegung; Prinzipien, die er aus einer erhabenen Geometrie ableitete. Allmählich erwarb man Kenntnisse in allen Teilen der wahren Physik, indem man jedes System beiseite schob. Das Publikum war verwundert über eine Chemie, die weder den Stein der Weisen noch das Lebenselixier suchte; über eine Astronomie, die nicht den Lauf der Welt vorhersagte; über eine Medizin, die von den Mondphasen unabhängig war. Die Fäulnis galt nicht mehr für die Erzeugerin der Tiere und der Pflanzen. Es gab keine Wunder mehr, seitdem die Natur besser bekannt war. Man studierte sie in allen ihren Erzeugnissen.

Die Geographie machte staunenswerte Fortschritte. Kaum hatte Ludwig XIV. die Sternwarte erbauen lassen, gab er 1669 Domenico Cassini und Picard den Auftrag, einen Meridian zu bestimmen. Nach Norden zu ward derselbe 1683 von La Hire fortgeführt, und Cassini verlängerte ihn schließlich im Jahre 1700 bis an die äußerste Grenze des Roussillon. Er ist das schönste Denkmal der Astronomie und reicht hin, dies Jahrhundert unsterblich zu machen.

Im Jahre 1672 wurden Naturforscher nach Cayenne gesandt, um nützliche Beobachtungen anzustellen. Diese Reise brachte die erste Kenntnis von der Abplattung der Erde, die später von dem großen Newton nachgewiesen wurde; und sie bereitete jene berühmtern Reisen vor, die seither die Regierung Ludwigs XV. verherrlichen halfen.

Im Jahre 1700 sandte man Tournefort nach der Levante. Er sammelte dort Pflanzen, die eine Zierde des früher vernachlässigten königlichen Pflanzengartens wurden, der nun wieder zu Ehren kam und heute die Aufmerksamkeit Europas verdient. Die schon ziemlich umfangreiche königliche Bibliothek wurde unter Ludwig XIV. um mehr als dreißigtausend Bände vermehrt; und dies Beispiel wird in unserer Zeit so wohl befolgt, daß sie bereits über hundertachtzigtausend Bände zählt. Er ließ die Rechtsschule wieder eröffnen, die seit hundert Jahren geschlossen war, und errichtete an allen Universitäten Frankreichs einen Lehrstuhl des französischen Rechts. Mir scheint, es sollte gar keine andern Rechtsprofessuren geben, vielmehr müßten die guten römischen Gesetze den Landesgesetzen einverleibt werden und mit diesen ein einziges Gesetzbuch der Nation bilden.

Unter seiner Regierung begannen die Journale zu erscheinen. Wie bekannt, ist das im Jahre 1665 begründete „Journal des Savants" der Vater all der Zeitschriften dieser Art, mit denen Europa heute angefüllt ist und bei denen sich nur zu viele Mißbräuche eingeschlichen haben, wie bei den nützlichsten Dingen.

Die Akademie der schönen Wissenschaften, zuerst 1663 von einigen Mitgliedern der Académie française zu dem Zwecke gegründet, die Taten Ludwigs XIV. durch Medaillen auf die Nachwelt zu bringen, wurde von Nutzen für das Publikum, seitdem sie sich nicht mehr ausschließlich mit dem Monarchen beschäftigte, sondern sich der Erforschung des Altertums und einer scharfsinnigen Kritik der Ansichten und der Tatsachen zuwandte. Sie tat für die Geschichte ungefähr das, was die Akademie der Wissenschaften für die Naturkunde tat: sie zerstreute die Irrtümer.

Der Geist der Einsicht und der Kritik, der sich von einem zum andern verbreitete, zerstörte unmerklich viele abergläubische Ansichten. Dieser werdenden Vernünftigkeit ist die Erklärung des Königs vom Jahre 1672 zu verdanken, die den Gerichtshöfen verbot, einfache Anklagen wegen Zauberei entgegenzunehmen. Unter Heinrich IV. und Ludwig XIII. hätte man ein solches Verbot nicht gewagt; und wenn auch nach 1672 noch Anklagen wegen Hexerei vorkamen, so verurteilten die Richter die Angeklagten doch in der Regel nur als Glaubensschänder, die zudem vom Gift Gebrauch gemacht hatten.*

* Im Jahre 1609 wurden im Amtsbezirk des Parlaments von Bordeaux sechshundert Zauberer verurteilt und zumeist verbrannt. Nicolaus Remi führt in seiner „Dämonolatrie" neunhundert Urteile an, die binnen fünfzehn Jahren allein in Lothringen gegen Zauberer und Hexen erlassen wurden. Der berüchtigte Pfarrer Louis Gaufridi, der 1611 in Aix verbrannt ward, hatte gestanden, daß er ein Hexenmeister sei, und die Richter hatten es ihm geglaubt. – Es ist eine Schande, daß Pater Le-

Es war früher üblich, mit den Beschuldigten die Hexenprobe anzustellen, indem man sie, mit Stricken gebunden, ins Wasser warf: schwammen sie oben, so waren sie überführt. Verschiedene Richter in der Provinz hatten dergleichen Proben angeordnet, und unter dem Volke blieben sie noch lange in Gebrauch. Jeder Schäfer galt für einen Hexenmeister, und die Amulette sowie die mit den Zeichen der Planeten versehenen Ringe wurden sogar in den Städten getragen. Die Wirkungen der Wünschelrute, durch die man Quellen, Schätze und Diebe auffinden zu können meint, galten für unantastbar bewiesen und stehen noch heute in manchen Provinzen Deutschlands in großem Ansehn. Es gab beinahe niemand, der sich nicht sein Horoskop hätte stellen lassen. Überall hörte man nur von magischen Geheimnissen reden; beinahe alles war Illusion. Gelehrte und obrigkeitliche Personen hatten in allem Ernst über diese Dinge Werke geschrieben. Man unterschied unter den Autoren eine eigene Klasse von Dämonographen. Es gab Regeln, nach denen man die wahren Zauberer, die wahren Besessenen von den falschen unterschied. Kurzum, man hatte um jene Zeit vom Altertum fast nichts als Irrtümer aller Art herübergenommen.

Die abergläubischen Vorstellungen waren bei den Menschen dermaßen eingewurzelt, daß noch im Jahre 1680 die Kometen sie in Angst und Schrecken setzten. Man wagte kaumhin diese im Volke verbreitete Furcht zu bekämpfen. Jakob Bernoulli, einer der größten Mathematiker Europas, der gelegentlich dieses Kometen den Anhängern des Vorurteils entgegentrat, erklärte, daß der Kopf des Kometen kein Zeichen des göttlichen Zorns sein könne, weil dieser Kopf unvergänglich sei, daß aber der Schwanz durchaus ein solches Zeichen sein möge. Indessen ist weder der Kopf noch der Schwanz unvergänglich. Bayle mußte erst gegen das allgemeine Vorurteil ein berühmtes Buch schreiben, das heute infolge der Fortschritte der Vernunft minder packend und pikant erscheint, als es damals war.

Man sollte eigentlich nicht meinen, daß die Herrscher den Philosophen irgend Dank schuldig wären. Und doch steht fest, daß

brun in seiner Abhandlung „Die abergläubischen Gebräuche" noch wirkliche Zaubereien gelten läßt; er geht sogar so weit, daß er – Seite 524 – behauptet, „das Parlament von Paris anerkennt Zaubereien". Er täuscht sich: das Parlament anerkennt Glaubensschändungen und Missetaten, aber keine übernatürlichen, vom Teufel bewirkten Taten. Das Buch des Dom Calmet über die Vampire und Geistererscheinungen gilt für aberwitzig, aber es zeigt, wie sehr der menschliche Geist zum Aberglauben neigt.

der philosophische Geist, der sich, das niedere Volk ausgenommen, über alle Stände verbreitet hat, viel dazu beitrug, daß die Rechte des Landesherrn zur Geltung kamen. Streitigkeiten, die früher Exkommunikationen, Bannflüche und Schismen zur Folge gehabt hätten, erzeugten jetzt nichts von alledem. Man hat gesagt, die Völker würden glücklich sein, wenn sie Philosophen zu Königen hätten: man kann mit noch größerm Rechte sagen, daß die Könige um so glücklicher sind, sobald viele von ihren Untertanen Philosophen sind.

Man muß allerdings einräumen, daß der Geist der Vernunft, der die Erziehung in den großen Städten zu leiten beginnt, weder die Greueltaten der Fanatiker in den Cévennen verhindern noch dem Aberwitz des niedern Pariser Volkes an einem Grabe des Friedhofs Saint-Médard vorbeugen konnte, noch die ebenso hitzigen wie nichtswürdigen Zänkereien zwischen Männern, die verständig hätten sein sollen, zur Ruhe zu bringen vermochte. Aber vor dieser Zeit hätten jene Zänkereien Unruhen im Staate verursacht; die Wunder von Saint-Médard hätten bei den angesehensten Bürgern Glauben gefunden; und der Fanatismus, der jetzt auf die Cévennen beschränkt blieb, hätte sich über die Städte verbreitet.

Alle Zweige des Wissens und der Literatur sind während dieses Zeitalters ausgebeutet worden; und so viele Schriftsteller haben das Licht des menschlichen Geistes verbreitet, daß diejenigen, die zu anderer Zeit für Wunder gegolten hätten, sich in der Menge verloren. Ihr persönlicher Ruhm ist ihrer großen Anzahl wegen gering, der Ruhm des Zeitalters aber ist darum um so größer.

ZWEIUNDDREISSIGSTES KAPITEL

Die schönen Künste

Die gesunde Philosophie machte in Frankreich nicht dieselben Fortschritte wie in England und in Florenz; und wenn auch die Akademie der Wissenschaften dem menschlichen Geiste Dienste erwies, so erhob sie doch Frankreich nicht über die andern Nationen: alle großen Erfindungen und Wahrheiten kamen von anderwärts.

In der Beredsamkeit aber, in der Dichtkunst, in der Literatur, in den moralischen und den unterhaltenden Schriften wurden die Franzosen die Gesetzgeber Europas. In Italien war der feine Geschmack erloschen. Die wahre Beredsamkeit war überall unbekannt; die Religion wurde auf der Kanzel, die Rechtshändel wurden im Gerichtssaale auf dieselbe lächerliche Weise verhandelt und vorgetragen.

Die Prediger zitierten Vergil und Ovid, die Advokaten den heiligen Augustinus und den heiligen Hieronymus. Es hatte sich noch kein Genie gefunden, das der französischen Sprache Schwung, Wohlklang, Reinheit des Stils und Würde verliehen hätte. Einige Verse Malherbes ließen wohl erkennen, daß sie der Kraft und der Erhabenheit fähig sei, aber das war alles. Dieselben Geister, die sehr gut lateinisch geschrieben hatten, wie der Präsident de Thou und der Kanzler de L'Hospital, waren nicht mehr dieselben, sobald sie ihre Muttersprache gebrauchten, die sich unter ihren Händen sträubte und empörte. Die Franzosen empfahlen sich damals nur erst durch eine gewisse Natürlichkeit, die das einzige Verdienst Joinvilles, Amyots, Marots, Montaignes, Régniers und der „Satire Ménippée" ausmachte: diese Natürlichkeit glich aber noch sehr der Regellosigkeit und Derbheit.

Jean de Lingendes, Bischof von Mâcon, der heute vergessen ist, weil er seine Werke nicht drucken ließ, war der erste Redner, der im erhabenen Stile sprach. Obgleich noch mit dem Roste seiner Zeit vermischt, wurden seine Predigten und Grabreden doch das Vorbild für die Redner, die ihn nachahmten und in der Folge übertrafen. Die Grabrede auf Karl Emanuel von Savoyen, in seinem Lande „der Große" genannt, die Lindenges im Jahre 1630 hielt, war voll solcher beredter Züge, daß Fléchier ihr lange nachher den ganzen Eingang wie auch den Text und mehrere beträchtliche Stellen entlehnte, um seine berühmte Grabrede für den Vicomte de Turenne damit zu schmücken.

Guez de Balzac gab um diese Zeit der Prosa Wohlklang und Harmonie. Allerdings waren seine Briefe schwülstige Festreden. Er schrieb an den ersten Kardinal von Retz: „Sie haben das Zepter der Könige ergriffen und die Livree der Rosen angelegt." Auf die wohlriechenden Wasser anspielend, schrieb er aus Rom an Boisrobert: „Ich schwimme flüchtend durch die Düfte in meinem Zimmer." Aber trotz all dieser Mängel entzückte er das Ohr. Die Beredsamkeit hat solche Gewalt über die Menschen, daß man Balzac zu seiner Zeit bewunderte, weil er jenen kleinen, unbekannten, aber unentbehrlichen Teil der Kunst gefunden hatte, der in der harmonischen Wahl der Worte besteht; daß man ihn sogar bewunderte, wenn er sie häufig am unrechten Orte anwandte.

Voiture gab eine annähernde Vorstellung von der leichten Anmut jenes Briefstils, der nicht der beste ist, weil er nur aus scherzhaftem Getändel besteht. Zwei Bände Briefe, von denen kein einziger lehrreich ist, kein einziger aus dem Herzen kommt, keiner die Sitten der Zeit und den Charakter der Menschen schildert, sind nur ein geistiges Tanzmeisterkunststück und eher ein Mißbrauch als ein Gebrauch der geistigen Kraft.

Die Sprache begann jetzt reiner zu werden und eine feste Gestalt anzunehmen. Man verdankte dies der Académie française und namentlich Vaugelas. Seine Übersetzung des Quintus Curtius, die im Jahre 1646 herauskam, ist das erste gute Buch in reinem Stile, und es finden sich darin wenige Ausdrücke und Wendungen, die veraltet wären.

Olivier Patru, der bald auf ihn folgte, trug viel zur Regelung und Reinigung der Sprache bei; und obschon er nicht für einen gründlichen Sachwalter galt, verdankt man ihm doch die Ordnung, Klarheit, Ehrbarkeit und Eleganz der Rede, Vorzüge, die vor ihm in den Gerichtssälen vollständig unbekannt waren.

Eins der Werke, die am meisten dazu beitrugen, den Geschmack der Nation zu bilden und ihr einen Sinn für Richtigkeit und Klarheit zu geben, war die kleine Sammlung der „Maximen" des Herzogs François de La Rochefoucauld. Obgleich sich in diesem Buche beinahe nur eine Wahrheit findet, nämlich daß „die Eigenliebe die Triebfeder für alles ist", bietet dieser eine Gedanke sich doch in so vielen verschiedenen Gestalten, daß er beinahe immer pikant ist. Es ist dies weniger ein Buch, es sind Materialien zur Ausschmückung eines Buches. Man las diese kleine Sammlung mit Begierde; sie gewöhnte an Nachdenken und an eine lebendige, bündige und feine Weise des Ausdrucks der Gedanken: ein Verdienst, wie es vor ihm seit dem Wiedererstehen der Literatur noch niemand in Europa gehabt hatte.

Das erste geniale Werk aber, das in Prosa erschien, war Pascals Sammlung der „Lettres provinciales" im Jahre 1654. In diesem Buche sind alle Arten der Beredsamkeit enthalten. Es findet sich darin nicht ein einziges Wort, das, seit hundert Jahren, von der Veränderung berührt worden wäre, die so oft den lebenden Sprachen eine andere Gestalt gibt. Der Zeitpunkt der Fixierung unserer Sprache muß daher nach diesem Buche bestimmt werden. Der Bischof von Luçon, ein Sohn des berühmten Bussy, hat mir erzählt, Bossuet habe ihm auf die Frage, welches Werk er am liebsten verfaßt haben würde, wenn er nicht seine eigenen geschrieben hätte, erwidert: „Die ‚Lettres provinciales'." Sie haben viel von ihrer Würze verloren, seitdem die Jesuiten abgeschafft und die Gegenstände ihres Gezänks in Verachtung geraten sind.

Der gute Geschmack, der von der ersten bis zur letzten Seite dieses Buches herrscht, und der Schwung und die Schärfe der letzten Briefe besserten allerdings zunächst nicht die matte, weitschweifige, fehlerhafte, unzusammenhängende Schreibart, die seit langem bei nahezu allen Schriftstellern, Predigern und Advokaten im Gebrauch war.

Einer der ersten, die auf der Kanzel eine immer beredte Verständigkeit entfalteten, war Pater Bourdaloue um 1668. Er war ein neues Licht. Es hat nach ihm andere Kanzelredner gegeben, die, wie der Bischof von Clermont, Pater Massillon, in ihren Vorträgen mehr Anmut und feinere, ergreifendere Sittenschilderungen gaben, aber keiner hat ihn in Vergessenheit gebracht. Mit seinem mehr kräftigen als gefälligen Stile und seinen schmucklosen Ausdrücken scheint er eher überzeugen als rühren zu wollen und denkt nie daran, Gefallen zu erregen.

Vielleicht stände zu wünschen, daß man, indem man den schlechten Geschmack von der Kanzel verbannte, der dieselbe erniedrigte, auch den Gebrauch abgeschafft hätte, über einen Schrifttext zu predigen. Endlos über ein Zitat von ein oder zwei Zeilen Länge zu sprechen, mühsam seine ganze Rede nach jener Zeile zu bemessen, das scheint in der Tat eine der Würde jenes Amtes wenig entsprechende Spielerei zu sein. Der Text wird dabei zu einer Art Sinnspruch oder vielmehr Rätsel, darüber die Predigt sich verbreitet. Die Griechen und Römer kannten diesen Gebrauch nicht; er begann erst mit dem Verfall der schönen Wissenschaften, und die Zeit hat ihn geheiligt.

Die Gewohnheit, Gegenstände wie die Moral, die gar keine Teilung erfordern, oder solche wie die Kontroverse, die eine weit ausgedehntere erfordern würden, stets in zwei oder drei Punkte zu unterteilen, ist ebenfalls ein beschwerlicher Brauch, den Pater Bourdaloue eingeführt fand und dem er sich anbequemte.

Ihm war Bossuet vorausgegangen, der spätere Bischof von Meaux, Dieser, der ein so bedeutender Mann wurde, hatte in seinen Jünglingsjahren versprochen, Fräulein Desvieux zu heiraten, ein Mädchen mit seltenem Verdienst. Seine Anlagen für die Theologie und für jene Beredsamkeit, die ihn kennzeichnet, zeigten sich aber so frühzeitig, daß seine Verwandten und seine Freunde ihn bestimmten, sich einzig der Kirche zu widmen. Fräulein Desvieux selbst bestärkte ihn darin und gab dem Ruhm, den er erwerben sollte, Vorrang vor dem Glück, an seiner Seite durchs Leben zu gehen.

Er hatte in noch ziemlich jugendlichem Alter, im Jahre 1662, vor dem König und der Königinmutter gepredigt, lange bevor der Pater Bourdaloue bekannt wurde. Seine von einer edlen und rührenden Gebärdensprache unterstützten Predigten, die ersten erhabenen Predigten, die man bei Hofe vernahm, hatten einen so großen Erfolg, daß der König an seinen Vater, den Intendanten von Soissons, schreiben ließ, um ihn zu einem solchen Sohne zu beglückwünschen.

Als indessen Bourdaloue auftrat, galt Bossuet nicht mehr für den ersten Prediger. Er hatte sich bereits den Grabreden zugewandt, einem Zweige der Redekunst, der Erfindungsgabe und eine majestätische Hoheit erfordert, die ein wenig der Dichtkunst verwandt ist, der man, wenn auch mit Vorsicht, immer einiges entlehnen muß, sobald man auf das Erhabene abzielt. Die Grabrede für die Königinmutter, die er im Jahre 1667 hielt, trug ihm das Bistum Condom ein; aber diese Rede war seiner noch nicht würdig und wurde ebensowenig gedruckt wie seine Predigten. Die Leichenrede dagegen, die er 1669 für die Königin von England, die Witwe Karls I., hielt, schien beinahe durchweg ein Meisterwerk. Die Gegenstände dieser Gattung der Beredsamkeit sind stets um so ergiebiger, je mehr Unglück die Toten erduldet haben; es ist hier beinahe wie in der Tragödie, wo die großen Widrigkeiten, welche den Hauptpersonen zustoßen, eben das sind, was am meisten interessiert. Die Grabrede für Madame, die, in der Blüte ihrer Jahre dahingerafft, in seinen Armen gestorben war, hatte den größten und seltensten aller Erfolge: sie entlockte dem Hofstaate Tränen. Nach den Worten „O unheilvolle, entsetzliche Nacht! als plötzlich, wie ein Donnerschlag, die erschreckende Nachricht erscholl: Madame stirbt! Madame ist tot!“ usw. war er genötigt innezuhalten. Die Zuhörer begannen laut zu schluchzen, und die Stimme des Redners wurde durch ihre Seufzer und Tränen unterbrochen.

Die Franzosen waren die einzigen, die sich in dieser Gattung der Redekunst hervortaten. Derselbe Mann erfand einige Zeit später noch eine neue, die nahezu nur bei ihm Erfolg haben konnte: er wandte die Redekunst auf die Geschichte an, die doch diese Kunst auszuschließen scheint. Seine zur Unterweisung des Dauphins verfaßte „Abhandlung über die Weltgeschichte“ hat weder ein Vorbild gehabt noch Nachahmer gefunden. Wenn das System, nach welchem er die Zeitrechnung der Juden mit der der anderen Völker in Einklang zu bringen sucht, unter den Gelehrten Gegner gefunden hat, so hat dagegen sein Stil nur Bewunderer gefunden. Man war erstaunt über den majestätischen Schwung, mit dem er die Sitten, die Regierung, das Wachstum und den Untergang der großen Reiche beschreibt, und über jene schnellen Striche von energischer Wahrheit, mit denen er die Nationen darstellt und richtet.

Beinahe alle die Werke, die diesem Zeitalter zur Ehre gereichen, waren von einer dem Altertum unbekannten Art. Auch der „Telemachos“ gehört zu dieser Zahl. Fénelon, der Schüler, der Freund Bossuets und später wider Willen sein Rivale und Gegner, war der Verfasser dieses eigentümlichen Werkes, das gleichzeitig ein Roman und ein Poem ist und den Vers durch eine Prosa von rhythmischem Wohlklang ersetzt. Es scheint, daß er den Roman in derselben Art behandeln wollte, in der Bossuet die Geschichte behandelt hatte, indem er ihm eine Würde und einen bis dahin unbekannten Reiz verlieh, besonders aber indem er aus den Erdichtungen eine für die Menschheit ersprießliche Moral zog, eine Moral, die in beinahe allen fabulierenden Erfindungen vollständig vernachlässigt worden war. Man hat geglaubt, er habe dies Buch verfaßt, damit es für den Herzog von Burgund und die übrigen Kinder des Hauses Frankreich, deren Erzieher er war, als Übungsgegenstand und zur Belehrung diene, gerade wie Bossuets „Weltgeschichte“ zur Belehrung Monseigneurs geschrieben war. Aber sein Neffe, der Marquis de Fénelon, der die Tugend dieses berühmten Mannes geerbt hatte und in der Schlacht bei Rocoux gefallen ist, hat mir das Gegenteil versichert. In der Tat wäre es nicht passend gewesen, die Liebeständeleien der Kalypso und der Eucharis zum Gegenstand der ersten Unterweisungen zu machen, die ein Priester den Kindern des königlichen Hauses erteilt.

Er schrieb dies Werk erst, als er in sein Erzbistum Cambrai verwiesen war. Erfüllt von der Lektüre der Alten und mit einer lebhaften und anmutigen Einbildungskraft begabt, hatte er sich einen Stil geschaffen, der nur ihm eigen war und sich in reicher Fülle aus seinem Quell ergoß. Ich habe sein Originalmanuskript gesehen: es finden sich keine zehn Streichungen darin. Er schrieb das ganze Buch innerhalb dreier Monate während des unglückseligen Gezänks über den Quietismus und ahnte sicher nicht, wie hoch diese Zerstreuung über seiner damaligen Beschäftigung stand. Wie man erzählt, entwendete ein Diener ihm eine Abschrift und ließ sie drucken. Wenn dies wahr ist, so verdankte der Erzbischof von Cambrai dieser Unredlichkeit den ganzen Ruf, den er in Europa erwarb – freilich auch die Ungnade, in die er für immer bei Hofe geriet. Man glaubte im „Telemachos" eine mittelbare Kritik der Regierung Ludwigs XIV. zu erkennen. Sesostris, der mit übertriebenem Pomp seinen Triumph feierte, und Idomeneus, der den Luxus in Salent einführte, aber das Notwendige vergaß, schienen Porträts Ludwigs XIV. zu sein; ungeachtet es doch unmöglich ist, das Überflüssige im eigenen Lande anders als durch die Überfülle der für das Notwendige erforderlichen Fertigkeiten zu gewinnen. Der Marquis de Louvois schien in den Augen der Mißvergnügten in der Gestalt des Protesilas gezeichnet zu sein, eitel, hart, hochmütig und ein Gegner der großen Heerführer, die dem Staate und nicht dem Minister dienten.

Die Verbündeten, die sich im Kriege von 1688 gegen Ludwig XIV. vereinigten und später, im Kriege von 1701, seinen Thron erschütterten, machten sich ein Vergnügen daraus, ihn in jenem Idomeneus zu erkennen, dessen Hochmut alle seine Nachbarn empört. Diese Anspielungen machten dank einem harmonischen Stil, der in so zarter Weise Mäßigung und Eintracht predigt, tiefen Eindruck. Der endlosen Kriege müde, sahen die Ausländer und auch die Franzosen mit boshafter Befriedigung in einem Buche, das Tugendlehren erteilen sollte, eine Satire. Es wurden zahllose Ausgaben davon veranstaltet: ich selbst habe vierzehn in englischer Sprache gesehen. Als nach dem Tode dieses so gefürchteten, so beneideten, von allen geachteten und von einigen gehaßten Monarchen die menschliche Bosheit aufhörte, sich an den angeblichen Anspielungen zu weiden, die sein Verhalten tadelten, haben allerdings die Richter von strengem Geschmack den „Telemachos" mit einiger Härte behandelt. Sie haben die Weitschweifigkeiten, die Einzelheiten, die allzu lose verknüpften Abenteuer, die allzu häufig wiederkehrenden und allzu gleichförmigen Beschreibungen des Landlebens getadelt; dessenungeachtet hat dies Werk stets für eins der schönen Denkmale eines blühenden Zeitalters gegolten.

Zu den Schriften, die in ihrer Art einzig sind, dürfen auch die „Charaktere" von La Bruyère gezählt werden. Es gab von einem solchen Werke bei den Alten ebensowenig Beispiele wie vom „Telemachos". Der bündige, kräftige, fließende Stil, die malerischen Ausdrücke und eine ganz neue Verwendung der Sprache, die dennoch nicht gegen die Regeln verstößt, erregten die Aufmerksamkeit des Publikums; und die zahlreichen Anspielungen, die man darin entdeckte, machten den Erfolg vollständig. Als La Bruyère das Manuskript seines Werkes dem Herrn von Malésieux zeigte, sagte ihm dieser: „Das wird Ihnen viele Leser und viele Feinde verschaffen." Das Buch verlor in der Meinung der Menschen, als die ganze in diesem Werke angegriffene Generation verschwunden war. Da es indessen Dinge gibt, die jeder Zeit und jedem Orte eigen sind, so steht zu glauben, daß es niemals in Vergessenheit geraten wird. Der „Telemachos" hat einige Nachahmer gefunden; die „Charaktere" La Bruyères noch mehr. Es ist leichter, kurze Schilderungen von Dingen zu geben, die uns auffallen, als ein umfangreiches Werk der Einbildungskraft zu schaffen, das zugleich belehrt und gefällt.

Die schwere Kunst, sogar die Philosophie in ein anmutiges Gewand zu kleiden, war ebenfalls eine neue Erfindung, von der Fontenelles Buch über die „Welten" das erste Beispiel gab, freilich ein gefährliches Beispiel, denn der wahre Schmuck der Philosophie ist die Ordnung, die Klarheit und vor allem die Wahrheit. Was die Nachwelt hindern könnte, dies geistreiche Werk unter unsere klassischen Bücher einzureihen, ist der Umstand, daß es sich zum Teil auf die Chimäre der Descartesschen Wirbel stützt.

Diesen Neuheiten müssen noch jene angereiht werden, die Bayle durch die Herausgabe eines kritischen Wörterbuches ins Leben rief. Es war das erste Werk dieser Art, aus dem man denken lernen konnte. Diejenigen Artikel dieser Sammlung, die nur kleinliche Umstände enthalten, welche Bayles, eines ernsten Lesers und der Nachwelt unwürdig sind, muß man dem Schicksal der Bücher gemeinen Schlags anheimgeben. Indem ich hier übrigens Bayle, obschon er nach Holland geflüchtet war, unter den Autoren aufführe, die das Zeitalter Ludwigs XIV. zierten, schließe ich mich nur dem Urteile des Parlaments von Toulouse an, das sein Testament der Härte des Gesetzes zum Trotz für in Frankreich gültig erklärte und dabei ausdrücklich betonte, daß „ein solcher Mann nicht für einen Ausländer angesehen werden darf".

Ich verbreite mich hier nicht über die vielen vortrefflichen Bücher, die dies Zeitalter hervorgebracht hat; ich verweile vielmehr nur bei den besonderen oder ganz neuen Produktionen des Geistes, die es kennzeichnen und von den übrigen Zeitaltern unterscheiden. Die Beredsamkeit Bossuets und Bourdaloues zum Beispiel war und konnte nicht die Beredsamkeit Ciceros sein: sie war von ganz neuer Art und ganz neuen Vorzügen. Wenn etwas sich der Weise des römischen Orators nähert, so waren es die drei Denkschriften, die Pellisson für Fouquet verfaßte; diese sind von derselben Art wie verschiedene Reden Ciceros: eine Verschmelzung von Gerichtssachen und Staatsangelegenheiten in einer gründlichen Erörterung, die mit einer sich wenig verratenden Kunst und mit rührender Beredsamkeit entwickelt wird.

Wir haben Geschichtsschreiber gehabt, aber keinen Titus Livius. Der Stil der „Verschwörung gegen Venedig" ähnelt dem Stile Sallusts. Man erkennt, daß der Abbé de Saint-Réal ihn zum Muster genommen hatte, und vielleicht hat er ihn übertroffen. Alle übrigen Schriften, von denen vorstehend die Rede war, scheinen von neuem Schlage zu sein. Darin zeichnet sich diese große Epoche aus: denn was die Gelehrten und die Kommentatoren anlangt, so hatten das 16. und das 17. Jahrhundert deren eine große Anzahl hervorgebracht; das wahre Genie jeder Art aber war noch nicht entwickelt.

Wer sollte glauben, daß alle diese vortrefflichen Prosaschriften vielleicht nie ins Dasein getreten wären, wenn ihnen nicht die Dichtkunst vorangegangen wäre? Und dennoch ist dies das Los des menschlichen Geistes bei allen Nationen: die Verse waren überall die ersten Kinder des Genies und die ersten Lehrer der Beredsamkeit.

Die Völker sind im Ganzen, was der Mensch im einzelnen ist. Platon und Cicero begannen damit, Verse zu schreiben. Man konnte noch keine edle und erhabene Stelle französischer Prosa anführen, als man bereits die wenigen schönen Stanzen, die Malherbe hinterließ, auswendig wußte; und es ist sehr wahrscheinlich, daß sich ohne Pierre Corneille das Genie der Prosaisten nicht entfaltet haben würde.

Dieser Mann ist um so mehr zu bewundern, da er nur von sehr schlechten Vorbildern umgeben war, als er seine Tragödien zu schaffen begann. Überdies wurde ihm der rechte Weg dadurch verlegt, daß jene schlechten Vorbilder in großem Ansehn standen und daß sie, was ihn vollends hätte entmutigen können, von Kardinal Richelieu, dem Beschützer der Schriftsteller, nicht aber des guten Geschmacks, begünstigt wurden. Richelieu belohnte jämmerliche Skribenten, die in der Regel kriechend sind, wollte aber mit jener Überhebung, die an anderer Stelle so gut angebracht ist, diejenigen niederdrücken, an denen er mit einigem Verdruß ein wahres Genie wahrnahm, das sich selten in die Abhängigkeit schickt. Es kommt höchst selten vor, daß ein mächtiger Mann, wenn er selbst Künstler ist, aufrichtig die guten Künstler fördert.

Corneille hatte sein Jahrhundert, seine Nebenbuhler und den Kardinal Richelieu zu bekämpfen. Ich will hier nicht wiederholen, was über den „Cid" geschrieben worden ist. Ich bemerke nur, daß die Académie française in ihren scharfsinnigen Entscheidungen zwischen Corneille und Scudéry allzu willfährig gegen den Kardinal Richelieu war, indem sie die Liebe Ximenens verwarf. Den Mörder ihres Vaters lieben und dennoch Rache für diesen Mord fordern – das war etwas Bewunderungswürdiges. Der Sieg über diese Liebe wäre ein kapitaler Fehler in der tragischen Kunst gewesen, die ja hauptsächlich auf den Kämpfen des menschlichen Herzens beruht. Aber die Kunst war damals aller Welt unbekannt, den Verfasser ausgenommen.

Der „Cid" war nicht das einzige Werk Corneilles, das der Kardinal Richelieu herabzusetzen versuchte. Durch den Abbé d'Aubignac wissen wir, daß der Minister auch „Polyeucte" tadelte.

Der „Cid" war bei alledem nur eine sehr verschönerte Nachbildung und stellenweise eine Übersetzung des Guillén de Castro.* „Cinna", der ihm folgte, war einzig. Ich war mit einem alten Diener des Hauses Condé bekannt, der mir erzählte, wie der große Condé, als er im Alter von zwanzig Jahren der ersten Aufführung des „Cinna" beiwohnte, bei folgenden Worten des Augustus in Tränen ausbrach:

> Je suis maître de moi comme de l'univers;
> Je le suis, je veux l'être. O siecles, ô mémoire!
> Conservez à jamais ma dernière victoire.
> Je triomphe aujourd'hui du plus juste courroux
> De qui le souvenir puisse aller jusqu'à vous:
> Soyons amis, Cinna; c'est moi qui t'en convie.
> [Herr bin ich über mich und übers Weltall,
> Ich bin's und will es sein. Bewahr, o Zeit,
> Das Angedenken meines letzten Siegs.
> Zum Zorn hab ich das höchste Recht, doch ich
> Bemeistre ihn, seid dessen eingedenk.
> Komm, Cinna, laß uns Freunde sein, ich wünsch es.]

* Es gab zwei spanische Tragödien über diesen Gegenstand: den „Cid" von Guillén de Castro und „El Honrador de su padre" von Juan Bautista Diamante. Corneille entlehnte sowohl Szenen von Diamante wie Castro.

Es waren das Heldentränen. Der große Corneille, der dem großen Condé Tränen der Bewunderung entlockt – das ist ein denkwürdiger Moment in der Geschichte des menschlichen Geistes.

Die vielen Stücke, die Corneille mehrere Jahre später schrieb und die seiner unwürdig waren, hinderten die Nation nicht, ihn für einen großen Mann anzusehen, sowenig wie die großen Fehler, die man bei Homer findet, je seine Erhabenheit geschmälert haben. Es ist das Vorrecht des wahren Genies, und namentlich des Genies, das eine neue Bahn erschließt, daß es ungestraft große Fehler begehen darf.

Corneille hatte sich allein gebildet; aber Ludwig XIV., Colbert, Sophokles und Euripides trugen alle dazu bei, Racine zu bilden. Eine Ode, die er als Achtzehnjähriger zur Hochzeitsfeier des Königs verfaßte, trug ihm ein Geschenk ein, das er nicht erwartete, und bestimmte ihn, sich der Dichtkunst zu widmen. Sein Ruhm ist von Tag zu Tag gewachsen, während derjenige der Werke Corneilles ein wenig abgenommen hat. Der Grund liegt darin, daß Racine in allen seinen Werken, von seinem „Alexandre" an, immer elegant, immer tadellos, immer wahr ist; daß er zum Herzen spricht; und daß Corneille nur zu oft gegen alle diese Pflichten sündigt. Racine übertraf die Griechen und Corneille bei weitem im Verständnis für die Leidenschaften und entwickelte die sanfte Harmonie der Poesie wie die Anmut der Sprache bis zum höchsten Punkte, den sie zu erreichen vermögen. Diese Männer lehrten die Nation denken, empfinden und reden. Ihre Zuhörer, die sie allein das alles gelehrt hatten, wurden schließlich strenge Richter für dieselben Männer, denen sie ihre Einsicht verdankten.

Zur Zeit des Kardinals Richelieu gab es wenig Personen in Frankreich, die die Mängel des „Cid" zu beurteilen vermochten; im Jahre 1702 aber, als „Athalie", das Meisterwerk der Bühne, bei der Herzogin von Burgund aufgeführt wurde, hielten die Hofleute sich bereits für weise genug, um es zu verwerfen. Die Zeit hat den Dichter gerächt, aber der große Mann ist gestorben, ohne sich des Erfolges seines bewunderungswürdigsten Werkes zu erfreuen. Eine starke Partei war hartnäckig bemüht, Racine keine Gerechtigkeit widerfahren zu lassen. Frau von Sévigné, die erste Person ihrer Zeit, was den Briefstil und was insbesondere die anmutige Wiedergabe von Bagatellen anlangt, ist stets der Meinung, daß „Racine nicht weit kommen wird". Sie urteilte über ihn wie über den Kaffee, von dem sie sagt, daß „man sich bald eines Bessern besinnen wird". Es braucht Zeit, ehe die Reputationen zur Reife gedeihen.

Die eigentümliche Bestimmung dieses Zeitalters machte Molière zum Zeitgenossen Corneilles und Racines. Es ist nicht wahr, daß Molière bei seinem Erscheinen das Theater vollständig ohne gute Komödien vorgefunden habe. Corneille hatte bereits seinen „Lügner" geschrieben, ein Charakter- und Intrigenstück, das, wie der „Cid", dem spanischen Theater entlehnt war; und Molière hatte erst zwei von seinen Meisterwerken erscheinen lassen, als dem Publikum Quinaults „Kokette Mutter" geschenkt wurde, zugleich ein Charakter- und ein Intrigenstück, und zwar mit einer musterhaften Intrige. Es stammt aus dem Jahre 1664 und ist die erste Komödie, in der jene geschildert werden, die man seither als *Marquis* bezeichnet hat. Die meisten großen Herrn vom Hofe Ludwigs XIV. suchten das stolze, prunkvolle und würdige Wesen ihres Gebieters nachzuahmen. Die niedriger Stehenden kopierten den Stolz der ersteren; und schließlich gab es eine große Anzahl Nachäffer, die das großartige Auftreten und das Verlangen, sich zur Geltung zu bringen, bis zur maßlosen Lächerlichkeit trieben.

Dies Gebrechen war von langer Dauer. Molière griff es häufig an und trug viel dazu bei, das Publikum von diesen subalternen Wichtigtuern ebenso wie von der Affektiertheit der „Preziösen", vom Pedantismus der „gelehrten Frauen", von der Robe und dem Latein der Ärzte zu befreien. Molière war, wenn man so sagen darf, ein Gesetzgeber für den gesellschaftlichen Anstand. Ich spreche hier nur von diesem Dienste, den er seinem Zeitalter geleistet hat: seine übrigen Verdienste sind zur Genüge bekannt.

Es war eine Zeit, die der Beachtung der kommenden Geschlechter würdig ist, diese Epoche, wo die Helden Corneilles und Racines, die Gestalten Molières, die Symphonien Lullys, ganz neu für die Nation, und (da es sich hier nur um die Künste handelt) die Stimmen eines Bossuet, eines Bourdaloue sich vor Ludwig XIV., vor Madame, die für ihren Geschmack berühmt war, vor einem Condé, einem Turenne, einem Colbert und den vielen hervorragenden Männern vernehmen ließen, die auf allen Gebieten in Erscheinung traten. Die Zeit wird nicht mehr wiederkehren, wo ein Herzog von La Rochefoucauld, der Verfasser der „Maximen", nachdem er sich mit einem Pascal und einem Arnauld unterhalten, sich ins Theater begab, um ein Stück von Corneille zu sehen.

Boileau schwang sich zur Höhe so vieler großer Männer empor, nicht durch seine ersten Satiren, denn die Augen der Nachwelt werden nicht bei den „Embarras de Paris" und bei den Namen Cottin und Cassaigne verweilen; aber er belehrte diese Nachwelt durch seine schönen „Episteln" und namentlich durch seine „Art poétique", aus der Corneille vieles hätte lernen können.

Weit weniger geziert in seinem Stile und weniger korrekt in seiner Sprache, aber einzig in seiner Naivität und Anmut, die ihm eigen sind, stellte La Fontaine durch die einfachsten Sachen sich jenen erhabenen Männern beinahe ebenbürtig an die Seite.

Quinault zeigte sich – in einem ganz neuen Genre, das um so schwieriger war, je leichter es schien – der Zuordnung zu allen diesen berühmten Zeitgenossen würdig. Man weiß, mit welcher Ungerechtigkeit Boileau ihn um seinen Ruf zu bringen suchte. Boileau hatte nie den Grazien geopfert: vergebens bemühte er sich sein Leben lang, einen Mann zu demütigen, der nur durch sie bekannt war. Das beste Lob für einen Dichter ist, daß man seine Verse behält. Man weiß ganze Szenen von Quinault auswendig; ein Vorzug, dessen keine italienische Oper sich erfreuen könnte. Die französische Musik hat sich eine Einfachheit bewahrt, die keiner andern Nation mehr zusagt; die einfache und schöne Natur aber, die sich bei Quinault häufig mit solchem Zauber zeigt, gefällt noch in ganz Europa all denen, die unserer Sprache mächtig sind und einen kultivierten Geschmack besitzen. Fände man im Altertum ein Gedicht wie „Armide" oder wie „Atys", mit welcher Vergötterung würde es aufgenommen werden! Aber Quinault war ein Moderner.

Alle diese großen Männer waren Ludwig XIV. bekannt und wurden von ihm beschützt, La Fontaine ausgenommen. Seine ungemeine Einfachheit, die er bis zur Selbstvergessenheit trieb, hielt ihn von einem Hofe fern, den er nicht suchte; der Herzog von Burgund jedoch nahm ihn freundlich auf, und er empfing in seinen alten Tagen einige Wohltaten von diesem Prinzen. Seinem Genie zum Trotz war er beinahe ebenso einfach wie die Helden seiner Fabeln. Ein Priester vom Oratorium, namens Pouget, machte sich ein großes Verdienst daraus, daß er gegen diesen Mann von so unschuldigen Sitten aufgetreten sei, als ob er zur Brinvilliers und zur Voisin gesprochen hätte. Seine Erzählungen sind nur dieselben, die Poggio, Ariost und die Königin von Navarra geliefert haben. Wenn die Wollust gefährlich ist, so sind es doch nicht kurzweilige Schwänke, die diese Wollust erwecken. Man könnte auf La Fontaine seine reizende Fabel von den „Kranken Tieren“ anwenden, die sich ihrer Vergehen anklagen: den Löwen, den Wölfen und den Bären wird alles verziehen; ein unschuldiges Tier aber wird geopfert, weil es ein wenig Gras gefressen hat.

In der Schule dieser großen Genies, die das Entzücken und die Vorbilder der kommenden Jahrhunderte sein werden, formten sich eine Menge liebenswürdiger Geister, von denen wir unendlich viele hübsche kleine Werke besitzen, die das Ergötzen der braven Leute bilden, so wie wir viele anmutige Maler gehabt haben, die darum doch nicht den Poussins, Lesueurs, Lebruns, Lemoines und Vanloos an die Seite gestellt werden.

Gegen Ende der Regierung Ludwigs XIV. traten indessen zwei Männer aus dieser Menge mittelmäßiger Geister hervor und erlangten einen großen Ruf. Der eine war La Motte-Houdart, ein Mann von mehr verständigem und umfassendem als erhabenem Geiste, ein feiner und kunstgerechter Prosaschriftsteller, als Dichter aber häufig ohne Schwung und Eleganz und sogar ohne jene Klarheit, die immer nur zugunsten der Erhabenheit vernachlässigt werden darf. Er schrieb zunächst eher schöne Stanzen als schöne Oden. Bald darauf nahm sein Talent ab; aber viele schöne Stücke verschiedener Genres, die uns von ihm bleiben, werden stets verhindern, daß er den schlechten Skribenten zugezählt werde. Er bewies, daß man in der Kunst des Schreibens auch noch im zweiten Range von Bedeutung sein kann.

Der andere war Jean-Baptiste Rousseau, der bei weniger Witz, weniger Feinheit und Leichtigkeit als La Motte ein weit größeres poetisches Talent besaß. Er schrieb seine Oden erst nach La Motte; aber sie waren schöner, mannigfaltiger, bilderreicher. In seinen Psalmen erreichte er die Salbung und Harmonie, welche die Gesänge Racines auszeichnen. Seine Epigramme sind besser gefeilt als die von Clément Marot. Weit weniger gelangen ihm die Opern, die Empfindsamkeit erfordern, die Komödien, die fröhlichen Witz verlangen, und die moralischen Episteln, die Wahrheit erheischen: alles das fehlte ihm, und so scheiterte er in diesen Gattungen, die seinem Wesen fremd waren.

Er hätte die französische Sprache verdorben, wenn der marotische Stil, den er in seinen ernsten Schriften gebrauchte, nachgeahmt worden wäre. Zum Glück aber ist diese Vermengung der Reinheit unserer Sprache mit den Mißformen der vor zweihundert Jahren gesprochenen Sprache nur eine vorübergehende Mode gewesen. Einige von seinen Episteln sind etwas gezwungene Nachahmungen Boileaus und beruhen nicht auf ebenso klaren Gedanken und anerkannten Wahrheiten: *Das Wahre nur ist schön.*

Im Auslande verlor er viel von seinen Vorzügen: sei es, daß das Alter und das Unglück sein Genie geschwächt hatten; sei es, daß sein hauptsächliches Verdienst, das in der Wahl der Worte und in den glücklichen Wendungen bestand – ein Verdienst, das unentbehrlicher und seltener ist, als man meint –, dort nicht mehr dieselben Hilfsmittel zur Hand hatte. Fern von seinem Vaterlande, konnte er zu seinen Mißgeschicken auch den Umstand zählen, daß er keine strengen Kritiker mehr hatte.

Sein langdauerndes Unglück hatte seine Quelle in einer unzähmbaren Eigenliebe, die mit allzuviel Eifersucht und Feindseligkeit verbunden war. Sein Beispiel muß eine deutliche Lehre für jeden Mann von Talent sein; ich betrachte ihn jedoch hier nur als einen Schriftsteller, der nicht wenig zur Ehre der Literatur beigetragen hat.

Seit den schönen Tagen dieser berühmten Künstler zeigten sich kaum mehr große Genies; die Natur schien sich um die Zeit des Ablebens Ludwigs XIV. auszuruhen.

Zu Anfang dieses Zeitalters war der Weg schwer, weil ihn noch niemand gegangen war; heute ist er es, weil er ausgetreten ist. Die großen Männer des vergangenen Jahrhunderts haben denken und reden gelehrt; sie haben gesagt, was man nicht wußte. Ihre Nachfolger können fast nur noch sagen, was man bereits weiß. Die Vielzahl der Meisterwerke hat zu einer Art Überdruß geführt.

Das Zeitalter Ludwigs XIV. teilt also in jeder Hinsicht das Los der Zeitalter Leos X., des Augustus und Alexanders. Die Gefilde, die in jenen ruhmvollen Zeiten so viele Früchte des Geistes hervorbrachten, waren lange vorher vorbereitet worden. Man hat vergebens in den moralischen und in den physischen Ursachen den Grund für diese verspätete Fruchtbarkeit gesucht, auf die eine lange Sterilität folgte. Der wahre Grund ist der, daß bei den Völkern, welche die Künste pflegen, viele Jahre zur Reinigung der Sprache und des Geschmacks erforderlich sind. Sind die ersten Schritte getan, dann entwickeln sich die Genies; der Wetteifer, die diesen neuen Bestrebungen sich zuwendende Gunst des Publikums regen alle Talente an. Jeder Künstler erfaßt in seiner Kunstgattung die natürlichen Schönheiten dieser Gattung. Wer gründlich in die Theorie der rein geistigen Künste eindringt, muß, wenn er selbst einiges Genie besitzt, innewerden, daß diese

Grundschönheiten, die großen natürlichen Züge, die diesen Künsten eigen und zugleich der Nation angemessen sind, für die man arbeitet, gering an Zahl sind. Die Sujets und die zu ihnen passenden Verschönerungen haben weit engere Grenzen, als man meint. Der Abbé Dubos, ein Mann von sehr umfassendem Verstande, der um 1714 seine Abhandlung über die Poesie und die Malerei schrieb, fand in der ganzen französischen Geschichte nur ein einziges Sujet für ein episches Gedicht: die Vernichtung der Liga durch Heinrich den Großen. Er hätte hinzufügen sollen – da die bei den Griechen, den Römern, den Italienern des 15. und 16. Jahrhunderts üblichen Zierate des Epos bei den Franzosen geächtet sind und da die Götter der Fabel, die unverwundbaren Helden, die Orakel, die Ungeheuer, die Zauberkünste, die Verwandlungen, die romanesken Abenteuer nicht mehr zeitgemäß sind –, daß die für das Epos verwendbaren Zierden sich auf einen sehr engen Kreis beschränken. Wenn sich nun ein Künstler findet, der sich der einzigen Verzierungen bemächtigt, die der Zeit, dem Sujet und der Nation angemessen sind, und das ausführt, was man versucht hat, so finden alle später Kommenden die Bahn bereits besetzt.

Ebenso verhält es sich mit der Kunst der Tragödie. Man darf nicht glauben, daß die großen tragischen Leidenschaften und die großen Gefühle sich in immer neuer und ergreifender Weise bis ins unendliche vermannigfaltigen lassen. Alles hat seine Grenzen.

Auch die hohe Komödie hat die ihren. Es liegen in der menschlichen Natur nur höchstens ein Dutzend wahrhaft komische und durch kräftige Züge hervorstechende Charaktere. Der Abbé Dubos glaubt, aus Mangel an Genie, daß die Leute von Genie noch eine Menge neuer Charaktere finden können; aber dazu müßte die Natur erst neue schaffen. Er bildet sich ein, daß die kleinen Unterschiede, die sich in den Charakteren der Menschen finden, mit demselben Glück behandelt werden können wie die großen Sujets. Die Nuancen sind in der Tat zahllos, die hervorstechenden Farben aber sind gering an Zahl; und eben diese Grundfarben sind es, die ein großer Künstler in Anwendung bringen muß.

In dieser Lage befindet sich die Kanzelberedsamkeit und insbesondere die Kunst der Grabredner. Sind die moralischen Wahrheiten einmal mit Beredsamkeit dargelegt, sind die Gemälde des menschlichen Elends und der menschlichen Schwäche, der Eitelkeit aller irdischen Größe und der Verheerungen des Todes einmal von geschickter Hand entworfen worden, so wird das alles zum Gemeinplatz. Man ist genötigt, nachzuahmen oder sich zu verirren. Nachdem eine hinlängliche Anzahl von Fabeln von einem La Fontaine entworfen wurden, läuft alles, was noch weiter hinzugefügt wird, auf dieselbe Moral und beinahe auf dieselben Geschehnisse hinaus. Das Genie hat also nur ein Zeitalter, danach muß es in Verfall geraten.

Jene Gattungen, die sich, wie die Geschichte und die Naturbeschreibung in ihren Sujets unaufhörlich erneuern und nur Fleiß, Urteilskraft und gesunden Verstand erfordern, können sich leichter behaupten; und die Künste, die auf der Fertigkeit der Hand beruhen wie die Malerei und die Bildhauerei, können nicht verfallen, sobald die Regierenden, nach dem Beispiele Ludwigs XIV., die Aufmerksamkeit besitzen, nur die besten Künstler zu beschäftigen. Denn in der Malerei und der Bildhauerei kann man hundertmal dieselben Sujets behandeln: man malt noch immer die Heilige Familie, obschon Raffael an diesem Stoffe bereits die ganze Überlegenheit seiner Kunst entfaltet hat. Dagegen würde eine nochmalige Bearbeitung von „Cinna", „Andromaque", der „Art poétique" und des „Tartuffe" keine Aufnahme finden.

Ferner muß man beachten, daß es, da das vergangene Jahrhundert das gegenwärtige an Erfahrungen bereichert hat, sehr leicht geworden ist, mittelmäßige Sachen zu schreiben, so daß man mit oberflächlichen und, was noch schlimmer ist, mit unnützen ernsten Büchern wahrhaft überschwemmt wird; aber unter dieser Menge mittelmäßiger Schriften, die in einer großen, reichen und müßigen Stadt, wo ein Teil der Bürger beständig beschäftigt ist, den andern zu unterhalten, ein unentbehrlich gewordenes Übel sind, finden sich dennoch von Zeit zu Zeit vortreffliche Werke geschichtlichen oder philosophischen Inhalts, oder auch Bücher von jener mehr leichtfertigen Art, die die verschiedenartigen Gemüter ergötzt.

Die französische Nation ist unter allen Nationen diejenige, die die meisten derartigen Werke hervorgebracht hat. Ihre Sprache ist die Sprache Europas geworden. Alles hat dazu beigetragen: die großen Schriftsteller des Zeitalters Ludwigs XIV. sowie deren Nachfolger; die geflüchteten kalvinistischen Prediger, die die Beredsamkeit und die Methode in die fremden Länder brachten; ein Bayle insbesondere, der in Holland schrieb und in allen Ländern gelesen wurde; ein Rapin de Thoyras, der die einzige gute Geschichte Englands lieferte, die man in französischer Sprache besitzt; ein Saint-Evremond, dessen Umgang vom ganzen Londoner

Hofe gesucht wurde; die Herzogin von Mazarin, der man allenthalben zu gefallen begehrte; Madame d'Olbreuse, die als Herzogin von Celle allen Grazien ihres Vaterlandes in Deutschland Eingang verschaffte. Der Geist der Geselligkeit ist das natürliche Erbteil der Franzosen; er ist ein Vorzug und ein Vergnügen, dessen Unentbehrlichkeit auch von den andern Völkern empfunden ward. Die französische Sprache ist unter allen Sprachen diejenige, die alle in der Unterhaltung kultivierter Menschen vorkommenden Gegenstände mit der größten Leichtigkeit, Klarheit und Feinheit ausdrückt; dadurch trägt sie in ganz Europa zu einer der größten Annehmlichkeiten des Lebens bei.

DREIUNDDREISSIGSTES KAPITEL

Die Künste. Fortsetzung

Was die Künste anlangt, die, wie die Musik, die Malerei, die Bildhauerei und die Baukunst, nicht einzig vom Geiste abhängen, so hatten sie vor der Zeit, die man als das Zeitalter Ludwigs XIV. bezeichnet, in Frankreich nur schwache Fortschritte gemacht. Die Musik steckte noch in den Kinderschuhen: einige schmachtende Lieder, einige Geigen-, Gitarren- und Theorbenmelodien, die noch dazu meist aus Spanien stammten, waren alles, was man kannte. Lully erregte durch sein Wissen und seinen Geschmack Erstaunen. Er war der erste in Frankreich, der Baßstücke, Zwischensätze und Fugen schrieb. Anfangs machte die Ausführung seiner Kompositionen, die heute so einfach und so leicht erscheinen, einige Mühe. Es gibt heute tausend Personen, die sich auf Musik verstehen, gegen eine, die sich zur Zeit Ludwigs XIII. darauf verstand; und die Kunst hat sich in demselben Verhältnis vervollkommnet. Jede große Stadt hat jetzt ihre öffentlichen Konzerte, damals aber besaß selbst Paris nichts Derartiges: vierundzwanzig königliche Spielleute machten die ganze Musik Frankreichs aus.

Die Kenntnisse, welche zur Musik und den davon abhängigen Künsten gehören, haben so große Fortschritte gemacht, daß man gegen Ende der Regierung Ludwigs XIV. die Kunst erfand, den Tanz durch Noten zu bezeichnen; so daß man heute im wahren Sinne des Wortes sagen kann, man tanze „nach Noten".

Große Architekten hatten wir bereits zur Zeit der Regentschaft

Maria von Medicis. Sie ließ das Palais du Luxembourg im toskanischen Geschmacke ausführen, um ihr Vaterland zu ehren und das unsere zu verschönern. Derselbe de Brosse, dem wir das Portal von Saint-Gervais verdanken, erbaute auch den Palast dieser Königin, dessen sie sich nie erfreute. Kardinal Richelieu hatte bei all seiner geistigen Überlegenheit bei weitem nicht soviel Geschmack; das Palais-Cardinal, das heutige Palais-Royal, beweist es. Wir faßten die größten Hoffnungen, als wir die schöne Fassade des Louvre errichten sahen, die die Vollendung dieses Palastes so wünschenswert erscheinen läßt. Viele Bürger haben prächtige Gebäude ausgeführt, die aber gesuchter in der innern Einrichtung als durch äußeren Zierat im großen Stile empfehlenswert sind und mehr der Prunkliebe der Privatleute Genüge tun als die Stadt verschönern.

Colbert, der Mäzen aller Künste, gründete 1671 eine Bauakademie. Einen Vitruv zu haben will wenig sagen, es muß auch ein Augustus dasein, der ihn beschäftigt. Die städtischen Behörden müssen von Eifer beseelt sein und Geschmack besitzen. Hätte es zwei oder drei Vorsteher der Kaufmannschaft gleich dem Präsidenten Turgot gegeben, so würde man der Stadt Paris nicht das schlecht gebaute und schlecht gelegene Rathaus; den engen und winkligen Platz, der nur durch den Galgen und kleine Freudenfeuer berühmt ist; die engen Gassen in den belebtesten Vierteln; kurzum, inmitten der Größe und im Schoße aller Künste einen Überrest von Barbarei zum Vorwurf zu machen haben.

Die Malerei nahm erst unter Ludwig XIV. mit Poussin ihren Anfang. Die mittelmäßigen Maler, die diesem Meister vorangingen, dürfen nicht gerechnet werden. Seit ihm haben wir stets bedeutende Maler gehabt, wenn auch nicht in jener Menge, die einen der Reichtümer Italiens ausmacht; abgesehen von einem Lesueur, der keinen andern Lehrer hatte als sich selbst, einem Lebrun, der den Italienern in der Zeichnung und der Komposition gleichkam, haben wir mehr als dreißig Maler gehabt, die äußerst beachtenswerte Stücke hinterlassen haben. Die Ausländer beginnen uns dieselben zu entführen. Ich sah bei einem großen König Galerien und Gemächer, die nur mit unsern Gemälden geschmückt waren, deren Wert wir vielleicht nicht hinlänglich hatten anerkennen wollen. In Frankreich habe ich zwölftausend Livres für ein Gemälde von Santerre ausschlagen sehen. Es gibt in Europa kaum größere Malereien als die Deckenmalerei Lemoines in Versailles, und ich weiß nicht, ob es schönere gibt. Später trat dann Vanloo auf, der selbst im Auslande für den ersten Meister seiner Zeit galt.

Colbert gab nicht allein der Malerakademie die Gestalt, die sie heute hat, sondern er bewog auch Ludwig XIV., 1667 eine solche Akademie in Rom zu errichten. Man kaufte in dieser Metropole ein Palais, in welchem der Direktor wohnt, und entsendet dorthin alle Schüler, die in der Pariser Akademie Preise errungen haben. Sie werden dort auf Kosten des Königs unterrichtet und unterhalten: sie zeichnen nach der Antike, sie studieren Raffael und Michelangelo. Dies Verlangen, es nachzuahmen, ist eine edle Huldigung, die man dem alten und neuen Rom erweist; und man hat auch nicht aufgehört, diese Huldigung zu leisten, nachdem die vom König und vom Herzog von Orléans erworbenen großen Sammlungen italienischer Gemälde sowie die Meisterwerke der Bildhauerkunst, die Frankreich hervorgebracht hat, uns in den Stand gesetzt haben, die Meister der Kunst in unserem eigenen Lande zu studieren.

Wir haben uns hauptsächlich in der Skulptur und in der Kunst, kolossale Reiterstatuen in einem einzigen Guß herzustellen, hervorgetan.

Wenn man eines Tages Stücke wie die Apollo-Bäder, die in den Gebüschen von Versailles allen Unbilden der Witterung preisgegeben sind, das Grabmal des Kardinals Richelieu, das in der Kapelle der Sorbonne dem Publikum allzuwenig zugänglich ist, das Reiterstandbild Ludwigs XIV., das in Paris für Bordeaux geschaffen wurde, den Merkur, den Ludwig XV. dem König von Preußen zum Geschenk machte, und viele andere, ebenbürtige Werke unter Ruinen fände, so steht zu glauben, daß diese Denkmale unserer Zeit den schönsten griechischen Antiken an die Seite gestellt würden.

Auch in der Kunst, Medaillen zu prägen, haben wir die Alten erreicht. Varin war der erste, der gegen Ende der Regierung Ludwigs XIII. diese Kunst emporbrachte. Die Stempel und Punzen, die man jetzt in geschichtlicher Ordnung an der den Künstlern eingeräumten Stelle der Galerie des Louvre aufgestellt sieht, bieten einen bewunderungswürdigen Anblick. Sie haben einen Wert von zwei Millionen, und die meisten sind Meisterwerke.

Mit nicht geringerm Erfolg ist die Steinschneidekunst gepflegt worden. Die Fertigkeit, die Gemälde zu vervielfältigen, sie durch Übertragung auf kupferne Platten zu verewigen und alle Darstellungen der Natur und Kunst mit Leichtigkeit der Nachwelt zu überliefern, war vor dieser Zeit in Frankreich noch sehr unvollkommen. Es ist dies eine der angenehmsten und nützlichsten Künste. Man verdankt dieselbe den Florentinern, die sie um die Mitte des 15. Jahrhunderts erfanden; sie ist aber in Frankreich zu höherer Vollkommenheit gediehen als in ihrem Heimatlande, weil man hier eine größere Anzahl von Werken dieser Art herstellte. Die Sammlungen von Kupferstichen waren häufig eins der prachtvollsten Geschenke, die der König den Gesandten machte. Die Ziselierarbeiten in Gold und Silber, deren Schönheit vom Muster und dem Geschmack abhängt, erreichten die höchste Vollkommenheit, deren die Hand des Menschen fähig ist.

Nachdem wir so aller Künste gedacht haben, die zur Unterhaltung der Bürger und zum Ruhme des Staats beitragen, dürfen wir die nützlichste unter allen nicht vergessen, in der die Franzosen alle Nationen der Erde übertreffen: ich meine die Chirurgie, die in dieser Zeit so schnelle und so aufsehenerregende Fortschritte machte, daß man wegen aller Kuren und Operationen, die eine ungewöhnliche Geschicklichkeit erforderten, von den äußersten Enden Europas nach Paris kam. Nicht allein fand man fast nur in Frankreich ausgezeichnete Chirurgen, sondern auch die erforderlichen Instrumente wurden nur in diesem Lande in vollkommener Weise angefertigt: Frankreich versah alle seine Nachbarn damit, und ich weiß aus dem Munde des berühmten Cheselden, des größten Londoner Chirurgen, daß man erst auf seine Veranlassung im Jahre 1715 in London die Instrumente seiner Kunst anzufertigen begann. Die Medizin, die zur Vervollkommnung der Chirurgie beitrug, erhob sich in Frankreich nicht über den Punkt, auf dem sie in England und unter dem berühmten Boerhaave in Holland stand; aber wie die Philosophie gelangte sie zu der Vollkommenheit, deren sie fähig ist, indem sie aus dem Wissen und der Einsicht unserer Nachbarn Vorteil zog.

Das ist im allgemeinen ein wahrheitsgetreues Bild von den Fortschritten des menschlichen Geistes bei den Franzosen während des Zeitalters, das mit der Zeit des Kardinals Richelieu begann und in unseren Tagen endet. Es zu übertreffen wird schwer sein, und wenn es in mancher Beziehung übertroffen wird, so wird es doch stets das Vorbild für die noch glücklicheren Zeiten bleiben, die es hervorbringen wird.

VIERUNDDREISSIGSTES KAPITEL

Die schönen Künste in Europa zur Zeit Ludwigs XIV.

Wir haben im ganzen Verlaufe dieser Geschichte zur Genüge darauf hingewiesen, daß die öffentlichen Desaster, aus denen sie sich zusammensetzt und die beinahe unausgesetzt aufeinander folgen, irgendwann einmal aus den Registern der Zeit verschwinden. Die Einzelheiten und die Triebfedern der Politik fallen der Vergessenheit anheim; die guten Gesetze und Einrichtungen, die von den Wissenschaften und Künsten geschaffenen Monumente bestehen fort.

Die vielen Fremden, die heute nicht als Pilger, sondern als Leute von Geschmack nach Rom ziehen, kümmern sich wenig um Gregor VII. und Bonifaz VIII.; sie bewundern die Tempel, die Bramante und Michelangelo errichtet haben, die Gemälde Raffaels, die Skulpturen Berninis; und wenn sie Geist besitzen, so lesen sie Ariost und Tasso und erweisen der Asche Galileis ihre Hochachtung. In England spricht man von Cromwell wenig, von den Kriegen der Weißen Rose gar nicht mehr, aber man studiert Jahre hindurch Newton. Man wundert sich nicht, in seiner Grabschrift zu lesen, daß er „der Ruhm der Menschheit war", würde aber sehr erstaunt sein, wenn man in diesem Lande die Asche irgendeines Staatsmanns durch einen solchen Titel ausgezeichnet sähe.

Ich möchte hier all den großen Männern gerecht werden können, die wie er in diesem letzten Jahrhundert eine Zierde ihres Vaterlandes gewesen sind. Ich habe dies Zeitalter nach Ludwig XIV. benannt, nicht bloß weil dieser Monarch die Künste weit mehr gefördert hat als alle Könige seiner Zeit zusammengenommen, sondern auch weil er dreimal alle Generationen der europäischen Fürsten sich erneuern sah. Ich habe die Grenzen dieser Epoche auf einige Jahre vor und einige Jahre nach Ludwig XIV. bestimmt, denn in der Tat hat der menschliche Geist gerade während dieses Zeitraums die größten Fortschritte gemacht.

Die Engländer haben sich von 1660 bis heute auf beinahe allen Gebieten weit mehr der Vollkommenheit genähert als während aller früheren Jahrhunderte. Ich will hier nicht wiederholen, was ich schon an anderer Stelle über Milton gesagt habe. Gewiß, viele Kritiker werfen ihm die Wunderlichkeit seiner Schilderungen vor, sein Paradies der Toren, die Alabastermauern, die das irdische Paradies umgeben; seine Teufel, die sich aus Riesen zu Zwergen verwandeln, um im Rate, der in einem großen goldenen Saale in der Hölle abgehalten wird, weniger Raum einzunehmen; die Kanonen, die im Himmel abgefeuert werden, und die Berge, die man dort einander an den Kopf wirft; die reitenden Engel, die Engel, die mittendurch gespalten werden und deren Teile plötzlich wieder zusammenwachsen. Man klagt über seine Weitschweifigkeit und seine Wiederholungen; man behauptet, daß er in seiner langen Beschreibung der Art und Weise, wie die Erde, die Tiere und der Mensch geschaffen wurden, weder Ovid noch Hesiod erreicht habe. Man tadelt seine Abhandlungen über die Astronomie, die man allzu trocken findet, und seine Erdichtungen, die mehr ungereimt als wunderbar, mehr abschreckend als großartig erscheinen: zum Beispiel der lange Damm über das Chaos; die Sünde und der Tod, die ineinander verliebt sind und in blutschänderischer Verbindung Kinder zeugen; der Tod, der „gierig schwelgt in dem Hauch der tödlichen Verändrung auf der Erde, wie ein viel Meilen weit entfernter Schwarm Raubvögel sich am Tage vor der Schlacht dem Felde naht, wo Kriegsheere lagern, gelockt von dem Geruch lebend'ger Leichen“ und den Geruch der Sünde verspürt, die mit ihrer zu Stein verwandelten Keule auf das Kalte und das Trockne schlägt; dies Kalte und dies Trockne in Verbindung mit dem Warmen und dem Feuchten, die, in vier tapfere Heerführer verwandelt, leichtbewaffnete Atom-Embryonen ins Treffen führen. Kurzum, man hat sich in tadelnden Bemerkungen erschöpft; aber man erschöpft sich nie in Lobeserhebungen. Milton bleibt der Ruhm und die Bewunderung Englands: man vergleicht ihn mit Homer, dessen Fehler nicht minder groß, und stellt ihn über Dante, dessen Erfindungen noch wunderlicher sind.

Unter der großen Anzahl unterhaltender Dichter, die wie Waller, die Grafen Dorset und Rochester, der Herzog von Buckingham usw. die Regierungszeit Karls II. schmückten, tritt besonders Dryden hervor, der sich in allen Gattungen der Dichtkunst ausgezeichnet hat. Seine Werke sind voll lebendiger, kraftvoller, kühner, leidenschaftlicher und dabei doch natürlicher Einzelheiten, ein Vorzug, den kein Dichter seiner Nation erreicht und den keiner von den Alten übertroffen hat. Wenn Pope, der nach ihm kam, nicht gegen das Ende seiner Tage seinen „Versuch über den Menschen“ geschrieben hätte, würde er Dryden nicht an die Seite zu stellen sein.

Keine Nation hat die Moral in poetischer Form mit größerm Feuer und größerer Gründlichkeit behandelt als die englische. Darin besteht, wie mir scheint, das größte Verdienst ihrer Dichter.

Eine andere Art von Mischliteratur erfordert einen geschultern und umfassendern Geist. In dieser Gattung war Addison Meister. Er hat sich nicht bloß durch seinen „Cato", die einzige englische Tragödie, die durchgehend mit vornehmer Eleganz geschrieben ist, unsterblich gemacht; auch seine übrigen Werke moralischen und kritischen Inhalts verraten einen feinen Geschmack. Überall erscheint der richtige Gedanke mit den Blumen der Phantasie umwunden: seine Schreibweise ist ein ausgezeichnetes Muster für jedes Land. Für mehrere Stücke von Dean Swift findet sich im Altertum kein Beispiel: er ist der vervollkommnete Rabelais.

Die Grabreden sind bei den Engländern kaum bekannt: es ist bei ihnen nicht Sitte, Könige und Königinnen in der Kirche zu loben; dagegen bildete sich die Kanzelberedsamkeit, die vor Karl II. in London äußerst plump und unbeholfen war, mit einem Schlage aus. Der Bischof Burnet gesteht in seinen Denkwürdigkeiten, daß dies in Nachahmung der Franzosen geschah. Vielleicht haben die Engländer sogar ihre Lehrmeister überflügelt: ihre Predigten sind weniger abgezirkelt, weniger deklamatorisch als die französischen.

Bemerkenswert ist noch, daß diese von der übrigen Welt abgeschnittenen und so spät unterrichteten Insulaner mindestens ebensoviel Kenntnisse über das Altertum besitzen, wie man in Rom, das so lange der Mittelpunkt der Nationen gewesen ist, zusammenzubringen vermocht hat. Marsham hat das Dunkel gelichtet, das über dem alten Ägypten lagert. Kein Perser hat die Religion Zoroasters besser ergründet als der gelehrte Hyde. Die Geschichte Mohammeds und der Zeiten vor ihm war den Türken unbekannt und ist von dem Engländer Sale entwickelt worden, der Arabien mit so großem Nutzen bereist hat.

Es gibt kein Land in der Welt, in welchem die christliche Religion so kräftig angegriffen und so geschickt verteidigt worden wäre wie in England. Von Heinrich VIII. bis auf Cromwell hatte man nach Art jener alten Gladiatoren gestritten und gekämpft, die mit einem Schwerte in der Hand und einer Binde vor den Augen in die Arena hinabstiegen. Einige unbedeutende Unterschiede im Kultus und im Dogma hatten furchtbare Kriege hervorgerufen; seitdem aber, von der Restauration bis heute, fast alljährlich der gesamte christliche Glaube angegriffen worden ist, haben diese Streitigkeiten nicht die geringste Störung mehr verursacht: man hat nur mit den Waffen der Wissenschaft geantwortet; früher geschah dies mit Feuer und Schwert.

Besonders in der Philosophie sind die Engländer die Lehrmeister der übrigen Nationen gewesen. Es ging nicht mehr um erfindungsreiche Systeme. Die Fabeleien der Griechen waren längst verschwunden, und die Fabeleien der Modernen sollten niemals auftauchen. Lordkanzler Bacon hatte den Anfang gemacht mit der Erklärung, daß man die Natur auf eine neue Art befragen, daß man Experimente anstellen müsse. Boyle brachte sein Leben mit solchen Versuchen zu. Es ist hier nicht der Ort, eine physikalische Abhandlung zu geben; doch wird schon die Bemerkung genügen, daß nach dreitausendjährigen fruchtlosen Nachforschungen Newton der erste war, der das große Naturgesetz entdeckte und nachwies, nach welchem alle Elemente der Materie sich gegenseitig anziehen und durch welches alle Gestirne in ihren Bahnen erhalten werden. Er war der erste, der in Wirklichkeit das Licht gesehen hat; vor ihm kannte man es nicht.

Seine mathematischen Prinzipien, in denen eine völlig neue und wahre Physik herrscht, beruhen auf der Entdeckung jener Rechnungsart, die man recht unzutreffend *Unendlichkeitsrechnung* nennt, ein Meisterstück der Geometrie, das er mit vierundzwanzig Jahren vollbrachte. Dies hat einen großen Philosophen, den Gelehrten Halley, zu dem Ausspruche bewogen, daß „keinem Sterblichen erlaubt sei, der Gottheit näher zu kommen".

Eine Menge trefflicher Geometer und tüchtiger Physiker wurde durch seine Entdeckungen belehrt und von ihm angefeuert. Bradley fand schließlich die Abirrung des Lichts der Fixsterne, die mindestens zwölf Millionen Millionen Meilen von unserer kleinen Erdkugel entfernt sind.

Der eben erwähnte Halley erhielt, obgleich nur ein einfacher Astronom, im Jahre 1698 den Befehl über ein königliches Schiff. Auf diesem Schiffe bestimmte er die Position der Sterne des antarktischen Pols und beobachtete er alle Abweichungen der Magnetnadel in allen Teilen der bekannten Erde. Der Argonautenzug war im Vergleich zu dieser Reise nur eine Bootsfahrt vom einen Ufer eines Flusses zum andern; in Europa ist die Halleysche Reise kaum erwähnt worden.

Diese Gleichgültigkeit, die wir gegen die großen Dinge hegen, weil wir zu vertraut damit geworden sind, im Gegensatze zu der

Bewunderung der alten Griechen für die kleinen ist ebenfalls ein Beweis für die wunderbare Überlegenheit unseres Zeitalters über die früheren. Boileau in Frankreich und Sir William Temple in England wollten diese Überlegenheit durchaus nicht anerkennen: sie wollten ihr eigenes Zeitalter herabsetzen, um sich über dasselbe zu stellen. Dieser Streit zwischen den Alten und den Modernen ist jetzt endlich entschieden, zum wenigsten in der Philosophie. Bei den aufgeklärten Nationen wird jetzt kein alter Philosoph mehr beim Unterricht benutzt.

Schon Locke allein wäre ein hervorragendes Beispiel für den Vorzug, den unser Zeitalter vor den schönsten Tagen Griechenlands voraus hat. Von Platon bis auf ihn findet sich nichts; niemand hat während dieses langen Zwischenraums die Verrichtungen unserer Seele klargelegt; und ein Mann, der den ganzen Platon wüßte, aber nur den Platon, wüßte wenig und nichts Rechtes.

Dabei war Platon ein beredter Grieche. Seine „Apologie des Sokrates" ist ein Dienst, den er den Weisen aller Länder erwiesen hat: man achtet ihn mit Recht, da er die verfolgte Tugend so achtenswert und die Verfolger so verhaßt gemacht hat. Lange Zeit glaubte man, seine schöne Moral könne keine schlechte Metaphysik zur Begleiterin haben; wegen seines Ternarius, den niemand je begriffen hat, machte man ihn beinahe zu einem Kirchenvater. Was würde man aber heute von einem Philosophen denken, der uns erklärte, ein Stoff sei der andere; die Welt sei eine Figur von zwölf Fünfecken; das Feuer habe die Gestalt einer Pyramide und sei durch Zahlen an die Erde gebunden? Würde man eine gute Aufnahme finden, wenn man die Unsterblichkeit und die Seelenwanderung durch die Behauptung erweisen wollte, der Schlaf entstehe aus dem Wachen, das Wachen aus dem Schlaf, das Lebendige aus dem Toten, das Tote aus dem Lebendigen? Und doch hat man dergleichen Begründungen jahrhundertelang bewundert und sind noch ungereimtere Vorstellungen in der Folge zur Erziehung der Menschen verwandt worden.

Locke allein hat den menschlichen Verstand in einem Werke enthüllt, das nur Wahrheiten enthält; und was diesem Werke das Siegel der Vollkommenheit aufdrückt: alle diese Wahrheiten sind klar und einleuchtend.

Will man vollends sehen, worin dies letzte Zeitalter alle frühern übertrifft, so braucht man die Augen nur auf Deutschland und den Norden zu richten. Hevelius in Danzig war der erste, der den Mondplaneten genau studiert hat; niemand vor ihm hatte den

Himmel besser untersucht. Unter den großen Männern dieser Epoche beweist keiner besser, daß dies Zeitalter nach Ludwig XIV. benannt werden darf: Hevelius verlor bei einem Brande seine großartige Bibliothek; der französische Monarch machte dem Danziger Astronomen ein Geschenk, das den Verlust mehr als ausglich.

Mercator in Holstein war in der Geometrie der Vorläufer Newtons; die Bernoullis in der Schweiz waren würdige Schüler dieses großen Mannes; Leibniz galt eine Zeitlang für seinen Rivalen.

Der berühmte Leibniz war in Leipzig geboren und starb in Hannover als Philosoph, der wie Newton einen Gott verehrte, ohne sich um die Menschen zu bekümmern. Er war vielleicht der universellste Gelehrte in Europa: ein in seinen Nachforschungen unermüdlicher Historiker; ein gründlicher Rechtsgelehrter, der das Rechtsstudium durch die Philosophie erläuterte, so fremd diese jenem Studium zu sein scheint; ein hinlänglich scharfsinniger Metaphysiker, um die Theologie mit der Physik versöhnen zu wollen; sogar lateinischer Dichter; und endlich ein hinlänglich guter Mathematiker, um dem großen Newton die Erfindung der Infinitesimalrechnung streitig zu machen und die Meinungen eine Zeitlang zwischen Newton und sich im Zweifel zu erhalten.

Es war damals die schöne Zeit der Geometrie. Die Mathematiker sandten einander häufig Herausforderungen, d. h. zu lösende Aufgaben zu, ungefähr wie der Sage nach die alten Könige von Ägypten und Asien einander Rätsel zusandten. Die Aufgaben, welche die Geometer einander stellten, waren schwerer als jene Rätsel, doch blieb keine in Deutschland, England, Italien oder Frankreich ungelöst. Zu keiner Zeit herrschte unter den Gelehrten ein regerer Verkehr; namentlich trug Leibniz zur Belebung desselben bei. Man sah trotz der Kriege und der verschiedenen Religionen allmählich eine Gelehrtenrepublik in Europa entstehen. Alle Wissenschaften, alle Künste haben sich auf diese Weise gegenseitig unterstützt und gefördert: die Akademien bildeten jene Republik. Italien und Rußland wurden durch die Wissenschaften miteinander verbunden. Der Engländer, der Deutsche, der Franzose begab sich nach Leyden, um dort zu studieren. Der berühmte Arzt Boerhaave wurde gleichzeitig vom Papste und vom Zar zu Rate gezogen. Seine bedeutendsten Schüler haben in gleicher Weise die Ausländer angezogen und sind gewissermaßen die Ärzte aller Nationen geworden. Die wahrhaften Gelehrten auf jedem Gebiete haben die große Gesellschaft der Geister, die überall verbreitet und überall unabhängig ist, durch enge Bande verknüpft. Dieser innige Verkehr währt noch immer fort und ist eins der Trostmittel gegen die Übel, welche der Ehrgeiz und die Politik über die Erde verbreiten.

Italien bewahrte während dieses Zeitalters seinen alten Ruhm, obschon es weder einen neuen Tasso noch einen neuen Raffael besaß: es ist schon genug, dergleichen Männer einmal hervorgebracht zu haben. Ein Chiabrera und später ein Zappi, ein Filicaja haben gezeigt, daß die Feinheit immer noch das Erbteil dieser Nation ist. Die „Merope" Maffeis und die dramatischen Werke Metastasios sind herrliche Denkmäler dieser Epoche.

Das Studium der von Galilei begründeten wahren Physik hat sich trotz des Widerspruchs der allzusehr mit der Religion verquickten alten Philosophie behauptet. Die Cassini, Viviani, Manfredi, Bianchini, Zanotti und viele andere haben über Italien dasselbe Licht verbreitet, das in den übrigen Ländern erglänzte; und obschon die Hauptstrahlen dieses Lichtes aus England kamen, haben doch die italienischen Schulen nicht die Augen dagegen verschlossen.

Alle Literaturgattungen sind in diesem ehemaligen Vaterland der Künste mit demselben Erfolge gepflegt worden wie anderwärts, die Gegenstände ausgenommen, wo die Denkfreiheit dem Geiste bei anderen Nationen einen größeren Schwung verleiht. Besonders aber hat diese Epoche das Altertum gründlicher kennen gelehrt als alle früheren. Italien lieferte allein mehr Monumente als Europa zusammen, und je mehr man von diesen Monumenten ausgegraben hat, um so mehr hat sich die Wissenschaft erweitert.

Alle diese Fortschritte verdankt man einigen Weisen, einigen Genies, die, in geringer Anzahl über verschiedene Teile Europas verstreut, beinahe alle lange Zeit unbekannt waren und oft verfolgt wurden. Sie haben die Erde erleuchtet und getröstet, während die Kriege sie verwüsteten. Man wird in andern Werken Verzeichnisse all derer finden, die Deutschland, England und Italien geziert haben. Ein Fremder wäre vielleicht nur wenig geeignet, das Verdienst aller dieser berühmten Männer richtig zu würdigen. An dieser Stelle genügt der Nachweis, daß die Menschen im vergangenen Jahrhundert von einem Ende Europas bis zum andern mehr an Einsicht und Bildung gewonnen haben als in allen vorhergehenden.

Publizistik

DIALOG ZWISCHEN EINEM PHILOSOPHEN UND EINEM GENERALKONTROLLEUR DER FINANZEN

Philosoph: Wissen Sie, daß ein Finanzminister sehr viel Gutes wirken und infolgedessen ein größerer Mann sein kann als zwanzig Marschälle von Frankreich?

Minister: Ich wußte wohl, ein Philosoph würde die Härte an mir zu mildern wünschen, die man meinem Amte zum Vorwurf macht; aber ich war nicht darauf gefaßt, daß er meiner Eitelkeit Vorschub leisten würde.

Philosoph: Eitelkeit ist nicht so lasterhaft, wie Sie meinen. Hätte Ludwig XIV. nicht ein wenig davon besessen, dann wäre seine Regierung nicht so glanzvoll gewesen. Auch der große Colbert kannte Eitelkeit; möge die Ihre darin bestehen, ihn zu übertreffen! Sie sind in einer Zeit geboren, die günstiger ist als die seine. Man muß auf der Höhe seines Jahrhunderts sein.

Minister: Ich gebe zu, daß diejenigen, die ein fruchtbares Land bestellen, sehr im Vorteil sind gegenüber denen, die es urbar gemacht haben.

Philosoph: Glauben Sie mir, es gibt nichts Nützliches, was Sie nicht mit Leichtigkeit tun könnten. Zum einen fand Colbert die Finanzverwaltung in der völligen Zerrüttung vor, welche die Bürgerkriege und eine dreißigjährige Ausplünderung angerichtet hatten. Zum anderen hatte er es mit einer leichtsinnigen, unwissenden Nation zu tun, die von Vorurteilen beherrscht war, an denen die Patina von dreizehn Jahrhunderten haftete. Es gab keinen Mann im Thronrat, der gewußt hätte, was ein Wechselkurs ist; keiner verstand etwas von Währungsverhältnissen, niemand hatte eine Ahnung vom Handel. Inzwischen haben sich allmählich Kenntnisse verbreitet. Das gemeine Volk verharrt noch immer in der tiefen Unwissenheit, zu der es die Notwendigkeit verdammt, seinen Lebensunterhalt zu verdienen, und in der es zu belassen das Wohl des Staates gebot, wie man lange

Zeit meinte; der Mittelstand jedoch ist aufgeklärt. Dieser Stand ist sehr einflußreich; er beherrscht sowohl die Großen, die hin und wieder denken, wie die Kleinen, die überhaupt nicht denken. Seit dem berühmten Colbert ist im Finanzwesen eingetreten, was seit Lully in der Musik geschah. Lully hatte noch Mühe, Leute zu finden, die imstande waren, seine Sinfonien aufzuführen, obwohl sie ganz einfach sind. Heute ist die Zahl der Künstler, welche die anspruchsvollste Musik zu spielen vermögen, genauso gewachsen wie die Kunst selbst. So ist es auch in der Philosophie und in der Verwaltung. Colbert hat mehr getan als der Herzog von Sully; nun muß man mehr tun als Colbert.

Auf diese Worte hin wollte der Minister einige Papiere sehen, die er bei dem Philosophen bemerkt hatte: eine Sammlung einiger Ideen, die zu mannigfachen Überlegungen Stoff boten; der Minister nahm ein Blatt und las:

„Der Reichtum eines Staates besteht in der Zahl seiner Einwohner und in ihrer Arbeit.

Der Handel soll nur deshalb einen Staat mächtiger machen als seine Nachbarn, weil der Staat innerhalb einer bestimmten Anzahl von Jahren Krieg mit ihnen führen wird, wie denn im Verlauf einer bestimmten Anzahl von Jahren immer mit irgendeiner allgemeinen Plage zu rechnen ist. Im Fall dieser Kriegsplage nun trägt die reichste Nation notwendigerweise den Sieg über die anderen davon, bei im übrigen insgesamt gleichen Voraussetzungen, weil sie mehr Verbündete und mehr Söldnertruppen kaufen kann. Ohne die Kriegsplage wäre eine Vergrößerung der Gold- und Geldmenge unnütz: denn vorausgesetzt, es ist ausreichend Gold und Geld für die Zirkulation vorhanden, vorausgesetzt, die Handelsbilanz ist ausgeglichen, so ist klar, daß es uns an nichts mangelt.

Wenn ein Königreich über zwei Milliarden verfügt, werden alle Verbrauchsgüter und die geleistete Arbeit doppelt soviel kosten, als wäre es nur eine Milliarde. Wenn ich für ein Pfund Fleisch vier Sous zahle, bin ich mit fünfzigtausend Livres ebenso reich wie mit hunderttausend, wenn mich das Fleisch acht Sous und auch alles andere entsprechend mehr kostet. Der wahre Reichtum eines Landes steckt also nicht im Gold und im Geld: er besteht im Überfluß aller Verbrauchsgüter; er ist im Gewerbefleiß und in der Arbeit enthalten. Vor einiger Zeit konnte man auf dem Rio de la Plata ein spanisches Regiment sehen, dessen Offiziere sämtlich goldene Speere trugen; aber Brot und Hemden besaßen sie nicht.

Ich vermute, daß sich seit Hugues Capet die Menge des Geldes im Königreich nicht vergrößert hat, daß aber die Geschicklichkeit in allen Werkkünsten hundertfach vervollkommnet wurde; ich behaupte, wir sind in Wirklichkeit hundertmal reicher als zu Hugues Capets Zeiten; denn reich sein heißt genießen; und ich genieße ein luftigeres, besser gebautes und besser eingerichtetes Haus als Hugues Capet selber. Der Weinanbau ist verbessert worden, und ich trinke besseren Wein; die Manufakturen sind vervollkommnet worden, und ich bin in schöneres Tuch gekleidet; die Kunst, dem Geschmackssinn mit feinerer Zubereitung zu schmeicheln, gewährt mir alle Tage ein Mahl, das köstlicher ist als die königlichen Bankette des Hugues Capet. Wenn er krank war und sich von einem Haus zu einem andern bringen ließ, benutzte er einen zweirädrigen Karren; ich dagegen lasse mich in einer hübschen und bequemen Kutsche fahren, in der ich mich des Tageslichts freue, ohne vom Wind belästigt zu werden. Um einen bemalten Holzkasten in Lederriemen einzuhängen, wurde im Königreich nicht mehr Geld gebraucht, es bedurfte nur der Geschicklichkeit: so auch bei allem übrigen. Die Steine, die man zum Bau des Hauses von Hugues Capet verwendete, wurden aus den gleichen Steinbrüchen geholt wie die, aus denen heute die Häuser in Paris gebaut werden. Für ein häßliches Gefängnis braucht man nicht mehr Geld als für ein ansprechendes Haus. Einen richtigen Garten anzulegen kostet das gleiche, wie Taxusbäume in lächerlicher Weise zu plumpen Tierfiguren zurechtzustutzen. Früher verfaulten die Eichen in den Wäldern; heute werden sie zu Parkett verarbeitet. Der Sand blieb ungenutzt auf der Erde liegen; jetzt verwendet man ihn zur Herstellung von Spiegeln.

Reich aber ist gewiß derjenige, der aller dieser Werte Nutznießer ist.

Der Werkfleiß allein hat sie hervorgebracht. Es ist also gar nicht das Geld, das den Reichtum eines Königreiches ausmacht: es ist der Geist; und zwar der Geist, der die Arbeit leitet.

Der Handel tut die gleiche Wirkung wie die Arbeit der Hände; er trägt zur Annehmlichkeit meines Lebens bei. Wenn ich ein Erzeugnis aus Indien brauche, ein Naturprodukt, das es nur in Ceylon oder Ternate gibt, so bin ich auf Grund dieser Bedürfnisse arm; ich werde reich, wenn der Handel sie befriedigt. Nicht Gold und Geld war, was mir fehlte: es war Kaffee und Zuckerrohr. Diejenigen aber, die sechstausend Meilen weit reisen und dabei ihr Leben aufs Spiel setzen, damit ich morgens Kaffee trinken kann, sind nichts anderes als die überschüssigen arbeitsamen Menschen der Nation. Der Reichtum besteht also in der großen Anzahl arbeitsamer Menschen.

Das Ziel, die Aufgabe einer klugen Regierung sind also offenbar die Kolonien und die Arbeitsbeschaffung.

In unseren Breiten werden mehr männliche als weibliche Kinder geboren, also darf man die weiblichen nicht sterben lassen: indessen läßt man sie für die Gesellschaft sterben, wenn man sie bei lebendigem Leibe in Klöstern begräbt, wo sie für die gegenwärtige Generation verloren sind und die künftigen Geschlechter zunichte machen. Das Geld, das für den Unterhalt der Klöster vergeudet wird, könnte also viel besser zur Förderung von Eheschließungen verwendet werden. Ich möchte das Brachland, das es in Frankreich noch gibt, mit den Mädchen vergleichen, die man in einem Kloster vertrocknen läßt: beide müssen fruchtbar gemacht werden. Es gibt viele Mittel, die Landwirte anzuhalten, aus einem unbestellten Land ein fruchtbringendes zu machen; aber es gibt ein unfehlbares Mittel, dem Staat Schaden zuzufügen: diese beiden Unsitten beizubehalten, die Mädchen zu begraben und die Felder vom Unkraut überwuchern zu lassen. Unfruchtbarkeit in jeder Gestalt ist entweder ein Gebrechen der Natur oder ein Anschlag gegen sie.

Der König, der der Ökonom der Nation ist, gewährt den Hofdamen Pensionen, und dieses Geld wandert zu den Händlern, den Haarkünstlern, den Stickerinnen. Aber warum gibt es keine Pensionen zur Förderung der Landwirtschaft? Auch dieses Geld würde zum Staat zurückkehren, aber mit größerem Gewinn.

Es ist bekannt, daß die Regierung schuld hat, wenn es Bettler gibt. Man unterscheidet zwei Arten: solche, die in Lumpen das Königreich von einem Ende zum andern durchwandern und den Passanten mit ihrem Wehgeschrei entreißen, was sie brauchen, um in die Schenke gehen zu können; und solche, die, in einheitliche Kutten gekleidet, im Namen Gottes das Volk ausplündern und zu den Abendmahlzeiten in ihre großen Häuser zurückkehren, wo sie es sich wohl sein lassen. Die erste dieser beiden Arten ist nicht so schädlich wie die andere, weil sie auf ihren Wegen dem Staat Kinder produziert, und zeugt sie Diebe, so doch auch Bauleute und Soldaten; aber beide sind ein Übel, über das alle sich beklagen und das niemand aus der Welt schafft. Es ist recht merkwürdig, daß in einem Königreich, das über Brachland und Kolonien verfügt, Bewohner geduldet werden, die weder arbeiten noch die Bevölkerung vermehren. Die beste Regierung ist diejenige, unter der es die wenigsten unnützen Menschen gibt. Wie ist es zu erklären, daß es Völker gegeben hat, die weniger Gold und Geld besaßen als wir, aber ihr Andenken durch Leistungen unsterblich gemacht haben, die wir nicht nachzuahmen wagen? Offenkundig war ihre Verwaltung der unseren überlegen, da sie mehr Menschen zur Arbeit anhielt.

Steuern sind notwendig. Die beste Art, sie zu erheben, ist diejenige, welche Arbeit und Handel am meisten erleichtert. Eine willkürliche Steuer ist verwerflich. Einzig das Almosen darf willkürlich sein, aber in einem wohlgeordneten Staat sollte kein Platz für Almosen sein. Der große Schah Abbas, der in Persien so viele nützliche Einrichtungen geschaffen hat, gründete keine Armenhäuser. Man fragte ihn nach dem Grund. ‚Ich will nicht, daß in Persien Armenhäuser nötig sind', sagte er.

Was ist eine Steuer? eine bestimmte Menge Getreide, Vieh, Verbrauchsgüter, welche die Landeigentümer denen schulden, die kein Land haben. Vom Geld werden diese Konsumgüter nur repräsentiert. Steuern werden daher nur von den Reichen wirklich erhoben; von einem Armen kann man nicht einen Teil des von ihm verdienten Brotes fordern oder einen Teil der Milch, welche die Brüste seiner Frau seinen Kindern spenden. Nicht den Armen also, nicht den Handarbeiter darf man mit Abgaben belasten; man muß ihm, indem man ihn arbeiten läßt, Hoffnung machen, daß er eines Tages gut genug dastehen wird, um Steuern zahlen zu können.

In Kriegszeiten zahlt man vermutlich fünfzig Millionen mehr im Jahr; von diesen fünfzig Millionen wandern zwanzig ins Ausland, und dreißig werden dazu verwendet, Menschen hinmetzeln zu lassen. Ich nehme an, im Frieden zahlt man von diesen fünfzig Millionen nur fünfundzwanzig; nichts geht ins Ausland: man läßt ebenso viele Bürger für das Gemeinwohl arbeiten, wie im Krieg umgebracht wurden. Man betreibt verstärkt Bautätigkeiten aller Art, die Felder werden bestellt, die Städte verschönert: also ist man wirklich reich, indem man an den Staat zahlt. Die Steuern während der Kriegsnot dürfen nicht dazu dienen, uns die Annehmlichkeiten des Lebens zu verschaffen; sie müssen verwendet werden, es zu verteidigen. Das glücklichste Volk muß dasjenige sein, das am meisten zahlt; es ist unstreitig das arbeitsamste und reichste.

Ein Staatspapier ist für das Geld, was das Geld für die Verbrauchsgüter ist: eine Repräsentation, ein Tauschpfand. Geld ist nur deshalb nützlich, weil es bequemer ist, einen Hammel mit einem Louisdor zu bezahlen, als vier Paar Socken für ihn hinzugeben. Desgleichen ist es leichter für einen Provinzialeinnehmer, dem königlichen Schatzamt vierhunderttausend Francs in einem Brief zu schicken, als sie mit großem Kostenaufwand dort hinfahren zu lassen: eine Bank, ein Kreditbrief sind also nützlich. Ein Kreditbrief spielt in der Leitung eines Staates, im Handel und in der Zirkulation die gleiche Rolle wie die Flaschenzüge in den Steinbrüchen. Sie heben Lasten, die Menschen mit ihren Armen nicht hätten bewegen können. Ein Schotte, ein gefährlicher und nützlicher Mann, führte in Frankreich den Kreditbrief ein: er war gleichsam ein Arzt, der Kranken eine zu starke Dosis Brechwurz verabreichte. Sie bekamen Krämpfe davon; aber soll man für immer auf ein gutes Heilmittel verzichten, weil man zuviel davon genommen hat? Von den Trümmern seines Systems ist eine Indienkompanie übriggeblieben, die den Neid der Ausländer erregt und der Nation zur Größe verhelfen kann: also hätte dieses System, in richtigen Grenzen gehalten, mehr Gutes gewirkt, als es Schaden angerichtet hat.*

Den Preis der Münzsorten verändern ist so gut wie Falschgeld machen; Falschmünzerei ist es auch, mehr Kreditbriefe auszustellen, als Menge und Zirkulation des Geldes und der Verbrauchsgüter vertragen.

Die Ausfuhr von Gold und Silber zu verbieten ist ein Überbleibsel der Barbarei und Bedürftigkeit: es bedeutet sowohl, seine Schulden nicht begleichen zu wollen, wie auch das Geschäft einzubüßen. In der Tat ist es Zahlungsverweigerung, weil die Nation, wenn sie Schuldnerin ist, ihre Rechnung mit dem Ausland begleichen muß; und eine Geschäftseinbuße bedeutet es insofern, als Gold und Silber nicht nur der Preis für die Waren, sondern zugleich selbst Waren sind. Spanien wie auch andere Nationen haben dieses alte Gesetz, das nichts als ein altes Übel ist, aufrechterhalten. Es ist die einzige Rettung der Regierung, daß dieses Gesetz dauernd gebrochen wird.

Im eigenen Staat zwischen den Provinzen auf die Produkte des Landes Steuern zu erheben, die Champagne zum Feind der Bourgogne, die Guyenne zu dem der Bretagne zu machen ist ein be-

* Damals erlebte die Indienkompanie ihre Glanzzeit und weckte große Hoffnungen.

schämender und lächerlicher Unfug. Genausogut könnte ich einige meiner Bedienten in einem Vorzimmer postieren, damit sie, wenn mir meine Abendmahlzeit gebracht wird, einen Teil davon zurückhalten und verzehren. Es hat Bemühungen gegeben, mit dieser Unsitte aufzuräumen; zur Schande des menschlichen Verstandes ist kein Erfolg erzielt worden."

Die Papiere des Philosophen enthielten noch viele andere Ideen. Der Minister fand Gefallen an ihnen; er verschaffte sich eine Kopie davon, und dies ist die erste Schrift eines Philosophen, die je im Portefeuille eines Ministers gesehen worden ist.

BETRACHTUNGEN FÜR DIE DUMMKÖPFE

Wenn die große Zahl der Geführten aus Ochsen bestünde und die kleine Zahl der Führenden aus Ochsentreibern, so wäre die Minderheit gut beraten, wenn sie der Mehrheit ihre Unwissenheit bewahrte.

Das ist jedoch nicht der Fall. Einige Nationen, die lange Zeit hindurch nichts als Hörner hatten und wiederkäuten, schicken sich an zu denken.

Ist diese Zeit des Denkens einmal angebrochen, so kann die erworbene Fähigkeit unmöglich wieder aus den Köpfen entfernt werden; wer denkt, muß als denkendes Wesen behandelt werden, so wie man unvernünftige Tiere als Tiere behandelt.

Den im Londoner Rathaus versammelten Rittern vom Hosenbandorden wäre es heute unmöglich, jemanden glauben zu machen, der heilige Georg, ihr Schutzpatron, blicke mit der Lanze in der Hand und auf einem großen Streitroß sitzend vom Himmel auf sie hernieder.

König Wilhelm, Königin Anna, Georg I. und Georg II. haben niemanden von den Skrofeln geheilt. Früher hätte ein König, der es abgelehnt hätte, dieses geheiligte Privileg auszuüben, die Nation zur Empörung gereizt; heute würde ein König, der davon Gebrauch machte, bei der gesamten Nation Gelächter ernten.

Der Sohn des großen Racine äußert sich in einem Gedicht mit dem Titel „Die Gnade" folgendermaßen über England:

> Wo einst so helle Einsicht glänzte, England,
> Ist nun der Tummelplatz für alle Religionen,
> Und von Gesichten, hirnverbrannt, ein trister
> Haufen …

Herr Racine irrt; bis zur Zeit des Lordkanzlers Bacon steckte England tief in Unwissenheit und Geschmacksroheit. Es war die Freiheit des Denkens, die bei den Engländern so viele ausgezeichnete Bücher hervorgebracht hat; weil sie aufgeklärte Köpfe waren, besaßen sie Wagemut; weil sie wagemutig waren, hat man Preise ausgesetzt für die, welche es dem englischen Getreide ermöglichen würden, die Meere zu überqueren; es war diese Freiheit, die alle Künste zur Entfaltung gebracht und den Ozean mit Schiffen bedeckt hat.

Was die hirnverbrannten Gesichte angeht, die ihnen der Autor des Gedichts über „Die Gnade" vorwirft, so haben sie freilich den Streit über die wirkende, hinreichende und mitwirkende Gnade aufgegeben; aber dafür bescherten sie uns die Logarithmen, die Positionen von dreitausend Gestirnen, die Aberration des Lichts, die physikalische Kenntnis desselben, die sogenannte *Unendlichkeitsrechnung* und das mathematische Gesetz, auf Grund dessen alle Planeten des Universums einander gegenseitig anziehen. Man muß zugeben, daß die Sorbonne, obzwar ihnen weit voraus, solche Entdeckungen noch nicht gemacht hat.

Jene kleinliche Sucht, sich wichtig zu tun, indem man sein Jahrhundert schmäht, die Menschen von der Ernährung mit Brot zu der mit Eicheln zurückführen will und unablässig bei jeder unpassenden Gelegenheit elende Gemeinplätze wiederholt, wird hinfort nicht mehr auf ihre Kosten kommen.

Es ist lachhaft, zu meinen, eine aufgeklärte Nation sei nicht glücklicher als eine unwissende.

Es ist verabscheuungswürdig, zu unterstellen, die Toleranz sei gefährlich, wenn wir in unserer unmittelbaren Nachbarschaft England und Holland durch diese Toleranz bevölkert und bereichert sehen, große Königreiche durch die entgegengesetzte Einstellung aber entvölkert und zurückgeblieben.

Die Verfolgung frei Denkender rührt nicht daher, daß man diese Männer für gefährlich hält; denn gewiß hat keiner von ihnen, weder auf der Place Maubert noch in der Grand'Salle, jemals auch nur vier Ganoven aufgewiegelt. Niemals hat ein Philosoph mit Jacques Clément, Barrière, Chastel, Ravaillac oder Damiens gesprochen.

Kein Philosoph hat verhindert, daß dem Staat die zu seiner Verteidigung erforderlichen Steuern gezahlt wurden; und als man früher den Reliquienschrein der heiligen Genoveva durch die Straßen von Paris spazierentrug, damit es Regen oder gutes Wetter gäbe, hat kein Philosoph die Prozession gestört; und wenn die Verzückten gottgefällige Spenden erbaten, hat kein Philosoph mit Knüppeln auf sie eingeschlagen.

Als die Jesuiten Verleumdung, Beichtgeständnisse und Verhaftsbefehle gegen alle benutzten, die sie als Jansenisten, das heißt als ihre Feinde anklagten; als die Jansenisten sich daraufhin nach Kräften für die unverschämten Verfolgungen der Jesuiten rächten, haben sich die Philosophen in keiner Weise in diese Streitigkeiten eingemischt; sie haben sie verächtlich gemacht und dadurch der Nation einen bleibenden Dienst erwiesen.

Wenn keine in miserablem Latein abgefaßte, mit dem Fischerring gesiegelte Bulle mehr über die Geschicke eines Staates entscheidet; wenn kein Gesandter vom Heiligen Stuhl mehr unseren Königen Befehle erteilt und von unseren Völkern den Zehnten erhebt, wem ist es zu verdanken? den Grundsätzen des Kanzlers de L'Hospital, der ein Philosoph war; den Schriften Gersons, ebenfalls eines Philosophen; den Erkenntnissen des Generaladvokaten Cugnières, der als Philosoph galt, und vor allem den grundlegenden Veröffentlichungen unserer Tage, welche die Torheit unserer Vorfahren dermaßen lächerlich gemacht haben, daß es ihren Nachkommen fortan unmöglich ist, ebenso töricht zu sein.

Die wahren Gelehrten und die wahren Philosophen haben sich um die Menschheit mehr verdient gemacht als die Orpheus, Herkules und Theseus; denn es ist schöner und schwieriger, die Vorurteile zivilisierter Menschen zu beseitigen, als Menschen im Zustand der Roheit zu zivilisieren; seltener wird Bestehendes berichtigt als Neues eingeführt.

Woher rührt denn der Zorn einiger Philister und kleiner Schreiberlinge gegen höchst schätzbare und nützliche Bürger? Diese Philister und diese miesen Skribenten haben im Innersten ihres Herzens gespürt, daß sie in den Augen geistvoller Männer verächtlich waren; sie haben die Dreistigkeit besessen, eifersüchtig zu sein: ein Mann, der es gewohnt ist, im Zwielicht seines kleinen Kreises gerühmt zu werden, gerät in Wut, wenn man ihm am hellen Tage mit Geringschätzung begegnet.

Hamann wollte alle Juden aufknüpfen lassen, weil Mordekai ihm nicht gehuldigt hatte. Akanthos möchte alle Weisen verbrennen lassen, weil ein Weiser geäußert hat, eine Rede von Akanthos tauge nichts.

O Akanthos! laß die Meditationen des Paters Croiset in Saffianleder binden; und wenn ein gutes Buch erscheint, so lauf und denunziere es denen, die es nicht lesen werden; laß ein nützliches Werk verbrennen, die Funken werden dir ins Gesicht stieben.

DIALOG ZWISCHEN DEM KAPAUN UND DER POULARDE

Kapaun: He, mein Gott! du bist ja so traurig, Huhn, was hast du?

Poularde: Mein Bester, frage mich lieber, was ich nicht mehr habe. Eine unselige Magd hat mich auf den Schoß genommen, mir eine lange Nadel in mein Hinterteil gebohrt, meine Gebärmutter gefaßt, um die Nadel gewickelt, herausgerissen und ihrer Katze zu fressen gegeben. Nun ist es mir nicht mehr möglich, die Gunstbeweise des Morgensängers zu empfangen und Eier zu legen.

Kapaun: Oje! meine Gute, ich habe mehr verloren als Sie; an mir hat man eine doppelt grausame Operation vorgenommen: künftig wird weder Ihnen noch mir auf dieser Welt ein Trost vergönnt sein; Sie hat man zur Poularde gemacht und mich zum Kapaun. In meinem beklagenswerten Zustand tröstet mich nur der Gedanke, daß ich dieser Tage neben meinem Hühnerstall zwei italienische Abbés räsonieren hörte, denen man denselben Schimpf angetan, damit sie dem Papst mit hellerer Stimme vorsingen könnten. Anfangs, sagten sie, hätten die Menschen ihresgleichen beschnitten, und nun seien sie beim Kastrieren angelangt: sie verfluchten das Schicksal und die Menschheit.

Poularde: Was! dann hat man uns also unseres schönsten Teils beraubt, damit wir eine hellere Stimme bekämen?

Kapaun: Ach! arme Poularde, man will uns fetter und unser Fleisch zarter machen.

Poularde: Nanu! wenn wir fetter sind, werden sie es dann noch mehr?

Kapaun: Ja, denn sie gedenken uns zu verspeisen.

Poularde: Uns verspeisen! ah, die Ungeheuer!

Kapaun: Das ist bei ihnen üblich; sie sperren uns ein paar Tage ein, geben uns einen Brei zu schlucken, dessen Zubereitung ihr Geheimnis ist, und stechen uns die Augen aus, damit wir keinerlei Ablenkung haben; schließlich, wenn der Feiertag herangekommen ist, rupfen sie uns die Federn aus, schneiden uns den Hals ab und lassen uns braten. Auf einer großen Silberplatte werden wir ihnen serviert; ein jeder sagt, was er über uns denkt; man hält uns die Leichenrede: der eine spricht von unserem Nußgeschmack, der andere rühmt unser saftiges Fleisch; man lobt unsere Keulen, unsere Flügel, unsere Bürzel; und mit der Geschichte unseres Erdenwallens ist es für alle Zeiten vorbei.

Poularde: Diese nichtswürdigen Schurken! mir schwinden fast die Sinne. Wie! man wird mir die Augen ausreißen! den Hals abschneiden! gebraten und gegessen werden soll ich! Haben diese Bösewichte denn keine Gewissensbisse?

Kapaun: Nein, meine Beste; die beiden Abbés, von denen ich sprach, meinten, die Menschen hätten bei Dingen, die sie gewohnheitsmäßig tun, niemals Gewissensbisse.

Poularde: Verwünschte Sippschaft! Ich wette, sie lachen noch und erzählen einander lustige Geschichten, während sie uns verschlingen, als ob gar nichts wäre.

Kapaun: Sie haben es erraten; aber zu Ihrem Trost (wenn das einer ist) sollen Sie wissen, daß diese Tiere, die wie wir Zweibeiner sind und weit unter uns stehen, da sie keine Federn haben, mit ihresgleichen sehr oft genauso umgesprungen sind. Ich habe meine beiden Abbés sagen hören, daß die Kaiser, christliche wie griechische, nie Bedenken hatten, ihren Vettern und Brüdern beide Augen auszustechen; daß sogar in dem Land, wo wir sind, einer, den man den Sanftmütigen hieß, seinem Neffen Bernard die Augen ausreißen ließ. Und Menschen zu braten, das sei bei dieser Gattung durchaus üblich gewesen. Meine beiden Abbés sagten, mehr als zwanzigtausend habe man gewisser Auffassungen wegen gebraten, die zu erläutern für einen Kapaun schwierig wäre und die mich auch nicht weiter interessieren.

Poularde: Anscheinend hat man sie gebraten, um sie zu fressen.

Kapaun: Das würde ich nicht zu behaupten wagen; aber ich erinnere mich, deutlich gehört zu haben, daß es viele Länder gibt, unter anderen auch das der Juden, wo Menschen sich manchmal gegenseitig aufgefressen haben.

Poularde: Sei's drum! Es ist nur recht und billig, daß eine so entartete Gattung sich selbst vertilgt und die Erde von diesem Geschlecht gereinigt wird. Aber ich, die ich friedfertig bin, nie etwas Böses getan habe, ich, die ich diese Ungeheuer sogar genährt habe, indem ich ihnen meine Eier schenkte, bin nun unfruchtbar, soll geblendet, geköpft und gebraten werden! Behandelt man uns in der restlichen Welt ebenso?

Kapaun: Die beiden Abbés meinen nein. Sie behaupten, in einem Land namens Indien, das viel größer, schöner und fruchtbarer ist als das unsere, hätten die Menschen ein heiliges Gesetz, das ihnen seit Jahrtausenden verbietet, uns zu fressen; ein gewisser Pythagoras sei zu diesen gerechten Völkern gereist und habe dieses edle Gesetz sogar nach Europa gebracht, wo es von allen seinen Schülern befolgt wurde. Diese braven Abbés lasen den Pythagoreer Porphyrios, der ein gutes Buch gegen das Braten am Spieß geschrieben hat.

O welch ein großer Mann! welch ein edler Mann ist dieser Porphyrios! Mit welcher Weisheit, welcher Kraft, mit wieviel inniger Ehrfurcht vor Gott weist er nach, daß wir Verbündete und Verwandte der Menschen sind; daß Gott uns die gleichen Organe, die gleichen Empfindungen, das gleiche Gedächtnisvermögen, den gleichen unbekannten Keim des Verstandes gab, der sich in uns entwickelt bis zu dem Punkt, der ihm von den ewigen Gesetzen bestimmt ist und den weder die Menschen noch wir jemals überschreiten! In der Tat, liebstes Masthuhn, wäre es nicht eine Beleidigung der Gottheit, zu sagen, daß wir Sinne besitzen, um nicht zu empfinden, ein Hirn, um nicht zu denken? Wäre diese Vorstellung, die eines Narren namens Descartes würdig ist, wie sie sagten, nicht der Gipfel der Lächerlichkeit und die nichtswürdige Entschuldigung der Barbarei?

Daher haben die größten Philosophen der Antike uns niemals am Spieß gebraten. Sie versuchten, unsere Sprache zu erlernen und unsere Eigenschaften zu erforschen, die denen der menschlichen Gattung so überlegen sind. Wir waren bei ihnen geborgen wie im Goldenen Zeitalter. Weise töten keine Tiere, sagt Porphyrios; nur Barbaren und Priester töten und verspeisen welche. Er schuf dieses bewundernswerte Buch, um einen seiner Schüler zu bekehren, der aus Gefräßigkeit Christ geworden war.

Poularde: Hat man denn diesem großen Mann, der die Menschheit Tugend lehrte und den Tieren das Leben rettete, Altäre errichtet?

Kapaun: Nein, er flößte den Christen, die uns verspeisen, Entsetzen ein, und die Erinnerung an ihn erfüllt sie noch heute mit

Schaudern; sie sagen, er seit gottlos gewesen und seine Tugenden falsch, da er ja ein Heide war.

Poularde: Was doch die Gefräßigkeit für schreckliche Vorurteile zeitigt! Neulich hörte ich in diesem scheunenähnlichen Haus neben unserem Hühnerstall einen Mann, wie er allein vor anderen Männern sprach, die schwiegen. Er rief aus, Gott habe „einen Bund mit uns und jenen anderen, *Menschen* genannten Geschöpfen geschlossen"; er habe „ihnen verboten, sich von unserem Fleisch und Blut zu nähren". Wie können sie diesem ausdrücklichen Verbot die Erlaubnis hinzufügen, unsere Gliedmaßen gekocht oder gebraten zu verschlingen? Es ist unmöglich, daß nicht noch viel Blut in unseren Adern bleibt, wenn sie uns den Hals abgeschnitten haben; dieses Blut vermengt sich notwendigerweise mit unserem Fleisch; also sind sie offensichtlich Gott ungehorsam, wenn sie uns essen. Ist es nicht außerdem ein Frevel, Lebewesen zu töten und zu verschlingen, mit denen Gott einen Bund geschlossen hat? Das wäre ein merkwürdiger Vertrag, der darauf hinausliefe, uns dem Tode zu weihen. Entweder hat unser Schöpfer gar keinen Bund mit uns geschlossen, oder es ist ein Verbrechen, uns zu töten und kochen zu lassen: ein Drittes gibt es nicht.

Kapaun: Das ist nicht der einzige Widerspruch bei diesen Ungeheuern, die unsere ewigen Feinde sind. Man wirft ihnen schon seit langem vor, daß sie in nichts übereinstimmen. Sie machen nur Gesetze, um sie zu brechen; und was noch schlimmer ist, sie brechen sie ganz bewußt. Sie haben hundert Vorwände erfunden, hundert Sophismen, um ihre Übertretungen zu rechtfertigen. Sie bedienen sich des Denkens nur, um ihre Ungerechtigkeiten zu begründen, und die Worte gebrauchen sie nur, um ihre Gedanken zu verbergen. Stell dir vor, in dem kleinen Land, in dem wir leben, ist es an zwei Wochentagen verboten, uns zu essen: sie finden aber Mittel, das Gesetz zu umgehen; übrigens ist dieses Gesetz, das dir vorteilhaft erscheint, sehr barbarisch; es bestimmt, daß an diesen Tagen die Bewohner der Gewässer zu fressen sind: sie suchen sich ihre Opfer auf dem Grunde des Meeres und der Flüsse. Sie verschlingen Geschöpfe, von denen ein einziges oft mehr kostet als hundert Kapaune: das nennen sie *fasten, sich kasteien.* Kurz, ich glaube, man kann sich unmöglich eine lächerlichere und zugleich schädlichere, abgeschmacktere und blutgierigere Gattung vorstellen.

Poularde: Oh, mein Gott! kommt dort nicht dieser garstige Küchenjunge mit seinem großen Messer?

Kapaun: Es ist aus, meine Beste, unsere letzte Stunde hat geschlagen. Befehlen wir Gott unsere Seele.

Poularde: Könnte ich doch dem Schuft, der mich verspeisen wird, so den Magen verderben, daß er dran krepiert! Aber die kleinen Leute rächen sich an den Mächtigen mit folgenlosen Wünschen, und die Mächtigen machen sich darüber lustig.

Kapaun: Au! man packt mich am Halse. Laß uns unseren Feinden vergeben.

Poularde: Ich kann nicht; man sperrt mich ein, man trägt mich fort. Leb wohl, liebster Kapaun!

Kapaun: Auf ewig lebe wohl, liebste Poularde!

DIE ALTEN UND DIE MODERNEN ODER MORGENTOILETTE BEI MADAME DE POMPADOUR

Madame de Pompadour: Wer ist diese Dame mit der Adlernase, den großen schwarzen Augen, dem so hohen und edlen Wuchs, der stolzen und zugleich so koketten Miene, die mein Ankleidezimmer betritt, ohne sich melden zu lassen, und ihre Reverenz wie eine Nonne macht?

Tullia: Ich bin Tullia, geboren in Rom vor ungefähr achtzehnhundert Jahren; meinen Gruß entbiete ich nach römischer Sitte, nicht nach französischer; ich bin von wer weiß wo gekommen, um Ihr Land, Sie selbst und Ihre Gewandung zu sehen.

Madame de Pompadour: Ah, Madame, erweisen Sie mir die Ehre, Platz zu nehmen. Einen Sessel für Madame Tullia!

Tullia: Wie! auf diesen unbequemen kleinen Thron soll ich mich setzen, so daß meine Beine herunterhängen und ganz rot werden?

Madame de Pompadour: Wie pflegen Sie sich denn zu setzen, Madame?

Tullia: Auf ein gutes Ruhebett, Madame.

Madame de Pompadour: Ah! ich verstehe; Sie meinen, auf ein gutes Kanapee. Da ist eines, auf dem Sie sich ganz bequem ausstrekken können.

Tullia: Es freut mich, zu sehen, daß die Französinnen ebenso gut eingerichtet sind wie wir.

Madame de Pompadour: Ah! ah! Madame, Sie haben keine Strümpfe an: Ihre Beine sind nackt! wirklich, sie sind mit einem sehr hübschen Band umwunden, das wie ein Schnürstiefel aussieht.

Tullia: Wir kennen keine Strümpfe; das ist eine angenehme und bequeme Erfindung, die ich unserem Soccus vorziehe.

Madame de Pompadour: Um Gottes willen, Madame! ich glaube, Sie haben gar kein Hemd an!

Tullia: Nein, Madame, zu unserer Zeit trug man keine.

Madame de Pompadour: Und in welcher Zeit lebten Sie, Madame?

Tullia: Zur Zeit von Sulla, Pompeius, Caesar, Cato, Catilina und Cicero, dessen Tochter zu sein ich die Ehre habe; ebenjenes Cicero, dem einer Ihrer Günstlinge barbarische Verse in den Mund gelegt hat. Gestern besuchte ich in Paris die „Comédie“; man spielte dort „Catilina“ und stellte alle Persönlichkeiten meiner Zeit dar: ich erkannte keine einzige wieder. Mein Vater hielt mich an, Catilina entgegenkommend zu behandeln; ich war sehr verblüfft. Aber mir scheint, Madame, Sie haben da schöne Spiegel, Ihr Gemach ist voll davon. Unsere Spiegel maßen nicht einmal den sechsten Teil der Ihrigen. Sind sie aus Stahl?

Madame de Pompadour: Nein, Madame; man verwendet Sand zu ihrer Herstellung, und sie sind bei uns durchaus keine Seltenheit.

Tullia: Das ist eine schöne Fertigkeit; ich gebe zu, diese war uns versagt. Ah! was für ein hübsches Gemälde Sie da haben!

Madame de Pompadour: Es ist kein Gemälde, es ist ein Stich: so etwas wird einfach mit Kienruß gemacht; man fertigt hundert Kopien davon an einem Tage, und durch dieses Verfahren werden Bilder, an denen die Zeit ihr Zerstörungswerk tut, eine Ewigkeit erhalten.

Tullia: Dieses Verfahren ist bewundernswert: niemals haben unsere Römer etwas Ähnliches gehabt.

Ein Gelehrter, der bei der Toilette zugegen war, nahm hier das Wort und sagte zu Tullia, indem er ein Buch aus seiner Tasche zog:

Gelehrter: Sie werden sich noch mehr wundern, Madame, wenn Sie erfahren, daß dieses Buch nicht mit der Hand geschrieben ist, daß es ähnlich wie diese Stiche gedruckt wird und daß diese Erfindung auch die Erzeugnisse des Geistes verewigt.

Der Gelehrte reichte Tullia sein Buch; es war eine Sammlung von Versen für die Marquise; Tullia las eine Seite darin, bewunderte die Buchstaben und sagte zu dem Autor:

Tullia: Monsieur, das Drucken ist eine schöne Sache; und wenn sie derartige Verse unsterblich zu machen vermag, scheint mir das die größte Leistung der Kunst. Aber haben Sie diese Erfindung nicht wenigstens dazu benutzt, die Werke meines Vaters zu drucken?

Gelehrter: Ja, Madame; aber sie werden nicht mehr gelesen. Das tut mir leid für Ihren Herrn Vater; aber wir kennen heute kaum mehr als seinen Namen.

Jetzt wurde Schokolade, Tee, Kaffee und Gefrorenes gebracht. Tullia war erstaunt, im Sommer Sahne und Johannisbeeren gefroren zu sehen. Man sagte ihr, daß Eisgetränke vermittels des Salpetersalzes, mit dem man sie umgibt, in sechs Minuten zubereitet und die Erstarrung sowie die eisige Kälte durch Bewegung erzeugt werden. Sie war sprachlos vor Bewunderung. Die Schwärze der Schokolade und des Kaffees erregten ihr einigen Widerwillen; sie fragte, wie diese Säfte aus einheimischen Gewächsen gewonnen würden. Ein anwesender Herzog und Pair gab ihr Auskunft:

Herzog: Die Früchte, aus denen man diese Getränke zubereitet, kommen aus einer anderen Welt und aus dem Innern Arabiens.

Tullia: Arabien kenne ich; aber ich habe nie etwas von dem, was Sie Kaffee nennen, gehört; und was die andere Welt angeht, so kenne ich nur die, aus der ich komme: ich versichere Ihnen, daß es dort keine Schokolade gibt.

Herzog: Die Welt, von der hier die Rede ist, Madame, ist ein Kontinent, genannt Amerika, der fast genauso groß ist wie Asien, Europa und Afrika zusammen und von dem man sehr viel zuverlässigere Nachrichten hat als von jener, aus der Sie kommen.

Tullia: Wie! wir, die wir uns die *Herren der Welt* nannten, hätten also von ihr nur die Hälfte besessen! Das ist niederschmetternd.

Gelehrter (beleidigt, daß Madame Tullia seine Verse schlecht gefunden hatte; antwortet schroff): Ihre Römer, die sich rühmten, die Herren der Welt zu sein, hatten von ihr nicht einmal den zwanzigsten Teil erobert. Gegenwärtig haben wir am Rande Europas ein Reich, das für sich allein größer ist als das Römische Imperium; überdies wird es von einer Frau regiert, die mehr Geist besitzt und schöner ist als Sie und die Hemden trägt. Ich bin gewiß, sie fände meine Verse gut, wenn sie sie läse.

Die Marquise hieß den Gelehrten schweigen, der es an Ehrerbietung gegenüber einer römischen Dame, der Tochter des Cicero, fehlen ließ. Der Herzog erklärte, wie man Amerika entdeckt hatte; und indem er seine Uhr zog, an der zierlich ein kleiner Kompaß baumelte, machte er ihr klar, daß man mit Hilfe einer Magnetnadel in eine andere Hemisphäre gelangt war. Das Staunen der Römerin verstärkte sich mit jedem Wort, das man zu ihr sprach, und bei jedem Gegenstand, den sie erblickte; endlich rief sie aus:

Tullia: Ich beginne zu fürchten, daß die Modernen die Alten in den Schatten stellen; ich war gekommen, um mir darüber Klarheit zu verschaffen, und ich merke, daß ich meinem Vater traurige Nachrichten mitbringen werde.

Der Herzog antwortete ihr folgendermaßen:

Herzog: Trösten Sie sich, Madame; keiner unserer Männer kann sich mit Ihrem berühmten Vater messen, nicht einmal die Autoren der „Gazette ecclésiastique“ oder des „Journal chrétien“; keiner kann es mit Caesar aufnehmen, der Ihr Zeitgenosse war, noch mit Ihren Scipionen, die seine Vorgänger waren. Es ist möglich, daß die Natur heute wie ehemals solche erhabenen Seelen hervorbringt; doch das sind schöne Keimlinge, die in schlechtem Erdreich nicht zur Reife gelangen.

Mit den Künsten und Wissenschaften verhält es sich anders; die Zeit und glückliche Zufälle haben sie vervollkommnet. Zum Beispiel ist es einfacher für uns, Männer wie Sophokles und Euripides zu haben als Persönlichkeiten wie Ihren Herrn Vater, weil wir Theater haben und ein Forum für öffentliche Reden nicht haben können. Die Tragödie „Catilina“ haben Sie ausgepfiffen; aber wenn Sie „Phädra“ spielen sehen, werden Sie vielleicht zustimmen, daß die Rolle der Phädra bei Racine der Vorlage, die Sie aus dem Euripides kennen, gewaltig überlegen ist. Ich hoffe, Sie pflichten mir bei, daß unser Molière Ihren Terenz übertrifft. Wenn Sie gestatten, werde ich mich beehren, Sie in die Oper zu begleiten, und Sie werden erstaunt sein, mehrstimmigen Gesang zu hören. Auch das ist eine Kunst, die Ihnen unbekannt war.

Hier, Madame, ist ein kleines Fernglas; haben Sie die Güte, es vor Ihr Auge zu halten, und betrachten Sie jenes Haus, das eine Meile von hier entfernt ist.

Tullia: Bei den unsterblichen Göttern, dieses Haus ist ganz nah und viel größer, als es schien!

Herzog: Ganz recht! mit diesem Spielzeug, Madame, haben wir neue Himmel erblickt, wie wir durch eine Nadel eine neue Hemisphäre kennenlernten. Sehen Sie dort das lackierte Instrument, in das säuberlich ein kleines Glasrohr eingelassen ist? Dieses kleine Ding hat uns dazu verholfen, das genaue Gewicht der Luft zu bestimmen.

Schließlich ist, nach allerlei tastenden Versuchen, ein Mann erschienen, der die erste Triebfeder der Natur, die Ursache der Schwerkraft, entdeckt und bewiesen hat, daß die Sterne auf die Erde drücken und die Erde auf die Sterne. Er hat das Sonnenlicht aufgedröselt wie unsere Damen einen Goldstoff.

Tullia: Was ist das, aufdröseln, Monsieur?

Herzog: Madame, in den Reden Ciceros findet sich keine Entsprechung für dieses Wort. Es bedeutet, einen Stoff in seine Fäden zu zerlegen, ihn Faden für Faden aufzutrennen und das Gold davon zu sondern: das ist es, was Newton mit den Sonnenstrahlen gemacht hat; die Gestirne waren ihm untertan, und mit dem menschlichen Verstand hat ein gewisser Locke das gleiche gemacht.

Tullia: Für einen Herzog und Pair wissen Sie ziemlich viel darüber; Sie scheinen mir kenntnisreicher als dieser Gelehrte, der von mir verlangt, daß ich seine Verse gut finde, und Sie sind bedeutend höflicher als er.

Herzog: Weil ich besser erzogen worden bin, Madame; aber was mein Wissen angeht, es ist sehr durchschnittlich: die jungen Leute wissen, wenn sie die Schule verlassen, mehr als alle Ihre Philosophen des Altertums. Es ist nur schade, daß wir in unserem Europa die schöne lateinische Sprache, von der Ihr Vater einen so bewunderungswürdigen Gebrauch machte, durch ein halbes Dutzend sehr unvollkommener Kauderwelsche ersetzt haben; mit diesen groben Instrumenten haben wir dennoch vermocht, sehr gute Werke zu schaffen, sogar in der schönen Literatur.

Tullia: Die Nationen, die nach dem Römischen Imperium gekommen sind, müssen immer im tiefsten Frieden gelebt haben, und es muß seit meinem Vater bis zu Ihnen eine ununterbrochene Kette großer Männer gegeben haben, daß man so viele neue Künste hat erfinden können und es dahin gebracht hat, so gut über den Himmel und die Erde Bescheid zu wissen.

Herzog: Keineswegs, Madame; wir sind fast alle aus dem Lande der Skythen gekommen, um euer Land und die Künste und Wissenschaften zugrunde zu richten. Sieben- bis achthundert Jahre haben wir wie Wilde gelebt; und um die Barbarei voll zu machen, sind wir mit einer Sorte Menschen überschwemmt worden, die „Mönche" genannt werden und die in Europa die Menschheit verdummt haben, die ihr aufgeklärt und unterworfen hattet. Es wird Sie wundern, daß während der letzten Jahrhunderte dieser Barbarei die Natur sogar unter den Mönchen, diesen Feinden der Vernunft, nützliche Männer hervorgebracht hat. Die einen haben die Kunst erfunden, die durch Alter geschwächte Sehkraft zu verstärken; andere haben Salpetersalz mit Kohlenstoff versetzt, und das hat uns Mittel der Kriegsführung beschert, mit denen wir die Scipionen, Alexander und Caesar und die makedonische Phalanx und alle eure Legionen vernichtet hätten: nicht etwa, weil wir größere Feldherren wären als die Scipionen, als Alexander und Caesar, sondern weil wir über die besseren Waffen verfügen.

Tullia: Ich beobachte an Ihnen ständig die Höflichkeit eines großen Herrn im Verein mit der Gelehrsamkeit eines Staatsmannes; Sie wären würdig gewesen, römischer Senator zu sein.

Herzog: Ah! Madame, noch mehr gebührt es Ihnen, an der Spitze unseres Hofes zu stehen.

Madame de Pompadour: Madame wäre mir allzu gefährlich geworden.

Tullia: Befragen Sie Ihre mit Sand hergestellten schönen Spiegel, und Sie werden sehen, daß Sie nichts zu befürchten haben. Nun, Monsieur, Sie sagten also auf die höflichste Weise der Welt, daß Sie sehr viel mehr wissen als wir?

Herzog: Ich sagte, Madame, daß spätere Jahrhunderte den früheren immer an Kenntnissen überlegen sind, zum wenigsten wenn keine allgemeine Umwälzung stattgefunden hat, durch die alle Denkmäler des Altertums völlig zerstört worden wären. Wir haben schreckliche, aber vorübergehende Umwälzungen gehabt; und in diesen Stürmen hat man glücklicherweise die Werke Ihres Vaters und einiger anderer großer Männer bewahren können: auf diese Weise ist das heilige Feuer niemals gänzlich erstickt worden, und es hat am Ende eine nahezu universelle Erleuchtung bewirkt. Wir pfeifen auf die scholastischen Barbaren, die bei uns lange Zeit das Regiment führten; aber Cicero und allen den Alten, die uns denken gelehrt haben, zollen wir unsere Anerkennung. Wenn wir andere physikalische Gesetze haben, als es jene zu Ihrer Zeit waren, so haben wir doch keineswegs andere Regeln der Beredsamkeit; und damit könnte man vielleicht den Streit zwischen den Alten und den Modernen beenden.

Die ganze Gesellschaft schloß sich der Ansicht des Herzogs an. Anschließend besuchte man die Oper „Castor und Pollux". Tullia war vom Text wie von der Musik sehr eingenommen, was man auch darüber sagen mag. Sie gab zu, daß eine solche Darbietung besser sei als ein Gladiatorenkampf.

IHR FRAUEN, SEID EUERN MÄNNERN UNTERTAN

Der Abbé de Châteauneuf erzählte mir einmal, daß die Marschallin de Grancey sehr herrisch sei; im übrigen verfügte sie über großartige Qualitäten. Sie setzte ihren größten Stolz darein, ihre Selbstachtung zu wahren, nichts zu tun, worüber sie insgeheim hätte erröten können; niemals erniedrigte sie sich so weit, eine Lüge auszusprechen: lieber gestand sie eine verfängliche Wahrheit ein, als zu vorteilhafter Verstellung ihre Zuflucht zu nehmen; sie sagte, Verstellung sei stets ein Zeichen von Furchtsamkeit. Ihr Leben zeichnete sich durch zahllose großmütige Handlungen aus; aber wenn man sie dafür lobte, sah sie darin eine Unterschätzung; sie sagte: „Meinen Sie denn, diese Handlungen hätten mich Überwindung gekostet?" Ihre Liebhaber beteten sie an, ihre Freunde liebten sie innig, und ihr Gatte schätzte sie.

Vierzig Jahre brachte sie mit jener Zerstreuung, in jenem Kreislauf von Vergnügungen zu, die Frauen ernsthaft zu beschäftigen pflegen; sie hatte nichts gelesen außer den Briefen, die man ihr schrieb, nie anderes in ihren Kopf aufgenommen als Tagesneuigkeiten, die Albernheiten ihrer Mitmenschen und ihre Herzensinteressen. Endlich, als sie sich in einem Alter befand, von dem es heißt, schöne Frauen, die über Geist verfügen, tauschten dann den einen Thron gegen einen anderen aus, verlangte es sie zu lesen. Sie machte den Anfang mit den Tragödien von Racine und war erstaunt, bei ihrer Lektüre noch mehr Vergnügen zu empfinden, als ihr bei deren Aufführung zuteil geworden war: der gediegene Geschmack, der sich in ihr ausbildete, ließ sie erkennen, daß dieser Mann ausschließlich wahrhaftige und interessante Dinge sagte, die alle Hand und Fuß hatten; daß er schlicht und edel, frei von Wortgepränge, von aller Gezwungenheit und Geistreichelei war; daß seine dramatischen Verwicklungen ebenso wie seine Gedanken sich alle an die Natur hielten: sie fand in dieser Lektüre die Geschichte ihrer Empfindungen und das Abbild ihres Lebens wieder.

Es wurde ihr empfohlen, Montaigne zu lesen: sie war entzückt von einem Mann, der mit ihr Zwiesprache hielt und an allem zweifelte. Dann gab man ihr Plutarchs Lebensbeschreibungen großer Männer: sie fragte, warum er nicht die Geschichte großer Frauen geschrieben habe.

Eines Tages begegnete ihr der Abbé de Châteauneuf, als sie hochrot vor Zorn war. „Was ist Ihnen denn, Madame?" fragte er.

„Ich habe zufällig ein Buch aufgeschlagen", sagte sie, „das in meinem Zimmer herumlag; ich glaube, es ist eine Briefsammlung; darin stieß ich auf die Worte: ‚Ihr Frauen, seid euern Männern untertan.' Ich habe das Buch weggeworfen."

„Wie, Madame! ist Ihnen bekannt, daß dies die Briefe des heiligen Paulus sind?"

„Es ist mir gleichgültig, von wem sie stammen; der Autor ist sehr ungezogen. Niemals hat der Marschall in diesem Tone an mich geschrieben; ich bin überzeugt, Ihr heiliger Paulus war ein Mann, mit dem sehr schwer auszukommen war. War er verheiratet?"

„Ja, Madame."

„Seine Frau muß wohl ein recht gutmütiges Geschöpf gewesen sein: wäre ich die Frau eines solchen Mannes gewesen, dem hätte ich zu schaffen gemacht. *Seid euern Männern untertan!* Wenn er sich wenigstens begnügt hätte zu sagen: *Seid sanft, gefällig, aufmerksam, sparsam,* so würde ich sagen: das ist ein Mann mit Lebensart; aber warum untertan, bitte schön? Als ich Monsieur de Grancey heiratete, versprachen wir, einander treu zu sein: ich habe mein Wort nicht sonderlich gut gehalten und er nicht das seinige; aber weder er noch ich versprachen zu gehorchen. Sind wir denn Sklaven? Ist es nicht genug, daß ein Mann, der mich heiratet, das Recht hat, mir eine neun Monate währende Krankheit aufzuhalsen, die bisweilen tödlich ist? Ist es nicht genug, daß ich unter großen Schmerzen ein Kind zur Welt bringe, das, wenn es volljährig ist, einen Prozeß gegen mich anstrengen kann? Reicht es nicht, daß ich alle Monate Unpäßlichkeiten auf mich nehmen muß, die für eine Frau von Stand sehr lästig sind, und daß, um das Maß voll zu machen, die Verhinderung dieser zwölfmal im Jahr auftretenden Krankheit möglicherweise meinen Tod verursachen kann? Muß man mir da noch befehlen: *Gehorche*?

Ein Gebot der Natur ist das bestimmt nicht; sie hat uns mit Organen ausgestattet, die sich von denen der Männer unterscheiden; aber als sie uns füreinander unentbehrlich machte, war es nicht ihre Absicht, daß aus der Vereinigung eine Sklaverei erwachse. Freilich entsinne ich mich, daß Molière gesagt hat:

Die Allmacht ist auf seiten der bärtigen Partei.

Aber das ist eine seltsame Begründung dafür, daß jemand mein Herr sein soll. Wie! weil das Kinn des Mannes einen unangenehm rauhen Bart aufweist, den er ganz kurz zu scheren genötigt ist, und weil mein Kinn von Geburt an glatt ist, sollte ich ihm demütig gehorchen müssen? Ich weiß wohl, daß die Männer im allgemeinen stärkere Muskeln haben als wir und daß sie einen Fausthieb treffsicherer zu versetzen wissen: ich fürchte, dies ist der Ursprung ihrer Überlegenheit.

Sie behaupten, auch ihr Kopf sei besser organisiert, und rühmen sich infolgedessen, zum Herrschen besser geeignet zu sein; aber ich will ihnen Königinnen zeigen, die es sehr wohl mit Königen aufnehmen können. Dieser Tage wurde mir von einer deutschen Regentin erzählt, die morgens um fünf Uhr aufsteht, um für die Wohlfahrt ihrer Untertanen tätig zu sein; die alle Geschäfte leitet, alle Briefe beantwortet, alle Künste ermuntert und ebenso viele Wohltaten austeilt, wie ihr Kenntnisse zu Gebote stehen. Ihr Mut hält ihrem Wissen die Waage; sie ist auch nicht in einem Kloster von Dummköpfen erzogen worden, die uns lehren, was man nicht zu wissen braucht, und uns unwissend lassen über das, was man lernen muß. Ich für mein Teil, hätte ich einen Staat zu regieren, traue mir die Fähigkeit zu, diesem Beispiel zu folgen."

Der Abbé de Châteauneuf, der sehr wohlerzogen war, hütete sich, der Marschallin zu widersprechen.

„Apropos", sagte sie, „ist es wahr, daß Mohammed so große Verachtung für uns hegte, daß er behauptete, wir seien nicht würdig, ins Paradies einzugehen, und würden allenfalls am Eingang geduldet?"

„Wenn dies der Fall ist", sagte der Abbé, „so werden sich die Männer dauernd an der Tür aufhalten; aber trösten Sie sich, an allem, was hier über die mohammedanische Religion gesagt wird, ist kein wahres Wort. Unsere unwissenden und böswilligen Mönche haben uns gehörig betrogen, wie mein Bruder sagt, der zwölf Jahre lang Gesandter bei der Pforte war."

„Wie! es ist nicht wahr, Monsieur, daß Mohammed die Vielweiberei ersonnen hat, um die Männer besser an sich zu binden? Es ist nicht wahr, daß wir in der Türkei Sklavinnen sind und daß es uns verboten ist, in einer Moschee zu Gott zu beten?"

„Kein Wort davon ist wahr, Madame; Mohammed hat die Polygamie keineswegs erfunden, sondern sie vielmehr unterbunden und eingeschränkt. Der weise Salomo besaß siebenhundert Frauen. Mohammed hat diese Zahl auf ganze vier reduziert. Die Damen werden ebenso wie die Herren ins Paradies eingehen, und ohne Zweifel wird man sich dort auch der Liebe hingeben, aber auf andere Weise als hier: denn Sie begreifen wohl, daß wir in dieser Welt nur eine sehr unvollkommene Kenntnis von der Liebe haben."

„Ach! da haben Sie recht", sagte die Marschallin. „Der Mensch ist doch recht unzulänglich. Aber sagen Sie mir, hat Ihr Mohammed befohlen, die Frauen sollten ihren Männern untertan sein?"

„Nein, Madame, das steht nicht im Koran."

„Warum sind sie dann in der Türkei Sklavinnen?"

„Sie sind keine Sklavinnen, sie haben ihren Besitz, sie können ein Testament machen, sie können, wenn Veranlassung besteht, eine Scheidung verlangen; sie gehen zur ihnen bestimmten Zeit in die Moschee und zu anderen Stunden zu ihren Verabredungen: auf den Straßen sieht man sie mit ihrem Schleier vorm Gesicht, wie Sie vor einigen Jahren Ihre Maske trugen. Es trifft zu, daß sie weder in der Oper noch im Schauspiel erscheinen, jedoch weil es beides dort gar nicht gibt. Zweifeln Sie daran, daß die türkischen Damen, sollte es jemals in Konstantinopel, im Vaterland des Orpheus, eine Oper geben, die ersten Logenplätze einnehmen würden?"

„Ihr Frauen, seid euern Männern untertan!" stieß die Marschallin noch einmal zwischen den Zähnen hervor. „Dieser Paulus war ziemlich ungehobelt."

„Er war ein wenig streng", erwiderte der Abbé, „und er liebte es ungemein, der Herr zu sein: den heiligen Petrus, der ein recht gutmütiger Alter war, behandelte er herablassend. Man muß übrigens nicht alles, was er sagt, ganz wörtlich nehmen. Man wirft ihm vor, er hätte stark zum Jansenismus geneigt."

„Ich habe mir schon gedacht, daß er ein Ketzer war", sagte die Marschallin; und sie wandte sich wieder ihrer Toilette zu.

ÜBER DIE ENZYKLOPÄDIE

Ein Diener Ludwigs XV. erzählte mir, als sein Herr, der König, einmal in engem Kreise im Trianon soupierte, habe sich das Gespräch zunächst um die Jagd gedreht und dann um das Schießpulver. Jemand meinte, Salpeter, Schwefel und Kohle zu gleichen Teilen ergäben das beste Pulver. Der Herzog de La Vallière, der sich besser auskannte, versicherte, um ein gutes Schießpulver herzustellen, seien nur ein Teil Schwefel und ein Teil Kohle auf fünf Teile gründlich gereinigten, gut evaporierten und kristallisierten Salpeters erforderlich.

„Es ist eigenartig", sagte der Herzog von Nivernais, „daß es unser alltäglicher Zeitvertreib war, im Park von Versailles Rebhühner zu erlegen und zuweilen auch auf Menschen zu schießen oder uns an der Grenze erschießen zu lassen, ohne genau zu wissen, womit geschossen wird."

„Ach! damit müssen wir uns in allen Dingen dieser Welt bescheiden", antwortete Madame de Pompadour; „ich weiß nicht, woraus das Rouge hergestellt ist, das ich meinen Wangen auflege, und man brächte mich arg in Verlegenheit, wenn man mich fragte, wie die Seidenstrümpfe gemacht werden, die ich an den Beinen trage."

„Es ist bedauerlich", sagte nun der Herzog de La Vallière, „daß Seine Majestät unsere enzyklopädischen Nachschlagewerke konfisziert haben, für die jeder von uns hundert Pistolen bezahlt hat: dort fänden wir eine rasche Antwort auf alle unsere Fragen."

Der König rechtfertigte seine Beschlagnahme: ihm war bedeutet worden, die einundzwanzig Foliobände, die in den Ankleidezimmern sämtlicher Damen zu finden waren, brächten das französische Königreich in allerhöchste Gefahr; und er hatte sich selbst überzeugen wollen, ob dies der Wahrheit entsprach, bevor er erlaubte, daß man das Werk läse. Nach Beendigung des Soupers schickte er drei seiner Kammerdiener nach einem Exemplar, und jeder schleppte mit einiger Mühe sieben Bände herbei.

Der Artikel *Pulver* erwies, daß der Herzog de La Vallière recht hatte; und Madame de Pompadour lernte alsbald den Unterschied

kennen zwischen dem alten spanischen Rouge, mit dem sich die Damen in Madrid die Wangen färbten, und dem Rouge der Pariser Damen. Sie erfuhr, daß die griechischen und römischen Damen mit dem aus der *Stachelschnecke* gewonnenen Purpur bemalt waren und daß folglich unser Scharlachrot der Purpur der Alten war; daß zu dem spanischen Rouge mehr Safran verwendet wurde und zu dem französischen mehr vom Farbstoff der Schildlaus.

Sie erfuhr, wie ihre Strümpfe gewirkt wurden, und war beim Anblick der Maschine, die diese Arbeit ausführte, von Staunen überwältigt. „Ah! was für ein schönes Buch!" rief sie aus. „Sire, diesen Speicher alles Wissenswerten haben Sie wohl konfisziert, damit Sie ihn allein besitzen und der einzig Wohlunterrichtete in Ihrem Reiche sind?"

Alle stürzten sich auf die Bände wie Lykomedes' Töchter auf die Kleinodien des Odysseus; im Nu fand jeder, was er suchte. Wer prozessierte, war überrascht, hier die Lösung für seinen Streitfall zu finden. Der König las darin sämtliche Rechte seiner Krone nach. „Nein, wahrhaftig", sagte er, „ich weiß nicht, weshalb man mir so viel Schlechtes von dem Buch gesagt hat."

„Ha! sehen Sie nicht, Sire, daß man es seiner Vortrefflichkeit halber tat?" sagte der Herzog von Nivernais. „Über das Platte und Mittelmäßige aller Spielarten pflegt man nicht zu geifern. Wenn Frauen versuchen, eine neu Hinzugekommene lächerlich zu machen, so ist sie bestimmt schöner."

Inzwischen blätterte man, und Graf C... sagte laut: „Sire, wie glücklich müssen Sie sein, daß sich unter Ihrer Regierung Männer fanden, die sich in allen Künsten auskennen und sie der Nachwelt überliefern können. Hier ist alles nachzulesen, von der Art und Weise, eine Nadel herzustellen, bis zu der, Ihre Geschütze zu gießen und zu justieren; vom unendlich Kleinen bis zum unendlich Großen. Danken Sie Gott, daß er in Ihrem Reiche Männer hat geboren werden lassen, die auf diese Weise der ganzen Welt gedient haben. Die anderen Völker müssen die Enzyklopädie entweder kaufen oder nachahmen. Nehmen Sie all meinen Besitz, wenn Sie wollen; aber geben Sie mir meine Enzyklopädie zurück."

„Dennoch wird behauptet", erwiderte der König, „dieses so notwendige und bewunderungswürdige Werk enthalte viele Fehler."

„Sire", nahm Graf C... wieder das Wort, „bei Ihrem Souper gab es zwei mißlungene Ragouts; wir haben nicht davon gegessen und ein vorzügliches Mahl genossen. Hätte man wegen dieser beiden Ragouts das ganze Souper aus dem Fenster werfen sollen?"

Der König empfand die Stärke des Arguments; ein jeder nahm sein Eigentum wieder in Empfang: das war ein schöner Tag.

Neid und Unwissenheit gaben sich nicht geschlagen; dieses unsterbliche Geschwisterpaar fuhr in seinem Gezeter, seinen Ränken, seinen Nachstellungen fort: die Unwissenheit ist in solchen Dingen ungemein erfinderisch.

Was geschah? im Ausland erschienen vier Ausgaben dieses in Frankreich verfolgten französischen Werkes und brachten etwa achtzehnhunderttausend Taler ein.

Franzosen, sucht in Zukunft eure Interessen besser wahrzunehmen.

DAS DINER
BEIM GRAFEN BOULAINVILLIERS

ERSTES GESPRÄCH

Vor dem Diner

Abbé Couet: Wie! Herr Graf, Sie glauben, die Philosophie sei der Menschheit ebenso von Nutzen wie der römische katholische apostolische Glaube?

Graf Boulainvilliers: Das Reich der Philosophie erstreckt sich über das ganze Universum, und Ihre Kirche herrscht nur über einen Teil von Europa; überdies hat sie dort viele Gegner. Auch müssen Sie mir zugeben, daß die Philosophie tausendmal segensreicher ist als Ihre Religion, so wie sie seit langem ausgeübt wird.

Abbé: Sie erstaunen mich. Was verstehen Sie denn unter Philosophie?

Graf: Ich verstehe darunter die aufgeklärte Liebe zur Weisheit, die bestärkt wird von der Liebe zum Ewigen Wesen, dem Vergelter der Tugend und Rächer der Sünde.

Abbé: Nun gut! ist das nicht dasselbe, was unsere Religion verkündigt?

Graf: Wenn es das ist, was ihr verkündigt, so sind wir uns einig: ich bin ein guter Katholik, und Sie sind ein guter Philosoph; gehen wir also nicht davon ab, weder Sie noch ich. Entehren wir nicht unsere fromme und heilige Philosophie, weder durch Sophismen und Widersinnigkeiten, die der Vernunft hohnsprechen, noch durch die zügellose Gier nach Ehren und Reichtümern, die alle Tugenden verderben. Lassen wir uns nur von den Wahrheiten und der Besonnenheit der Philosophie leiten; dann wird diese Philosophie die Religion als ihre Tochter betrachten.

Abbé: Erlauben Sie, diese Rede riecht entschieden nach Ketzerei.

Graf: Solange ihr nicht aufhört, uns alberne Märchen zu erzählen und euch anstelle von Argumenten brennender Scheiterhaufen zu bedienen, werdet ihr nur Heuchler und Dummköpfe zu euren Anhängern zählen. Die Meinung eines einzigen Weisen hat ohne Zweifel mehr Gewicht als die Vorspiegelungen von Schwindlern und die Unterwürfigkeit von tausend Schwachköpfen. Sie haben mich gefragt, was ich unter Philosophie verstehe; ich frage Sie meinerseits, was Sie unter Religion verstehen.

Abbé: Ich würde viel Zeit brauchen, um Ihnen alle unsere Dogmen zu erklären.

Graf: Allein das ist ein großes Indiz gegen Sie. Sie haben dicke Bücher nötig; und ich brauche nur vier Wörter: Diene Gott, sei gerecht.

Abbé: Unsere Religion hat niemals das Gegenteil gesagt.

Graf: Ich wünschte, ich fände keine gegenteiligen Ideen in euren Büchern. Diese kalten Worte: „Nötige sie hereinzukommen", mit denen soviel unmenschlicher Mißbrauch getrieben wird; und diese: „Ich bin nicht gekommen, Frieden zu bringen, sondern das Schwert"; und gar diese: „Hört er auf die Gemeinde nicht, dann sei er dir wie ein Heide und Zöllner"; und hundert ähnliche Leitsprüche erfüllen den gesunden Verstand und das menschliche Gefühl mit Schauder.

Gibt es etwas Unbarmherzigeres und Gehässigeres als jenen anderen Ausspruch: „Ich rede zu ihnen in Gleichnissen, auf daß sie sehend sehen und doch nicht schauen, und hörend hören und doch nicht verstehen"? Geben sich so ewige Weisheit und Güte zu erkennen?

Der Gott des ganzen Universums, der Mensch wird, um alle Menschen zu erleuchten und ihnen liebreich zu begegnen, hat er sagen können: „Nur zum Volke Israel bin ich gesandt worden", das heißt zu einem kleinen Land von höchstens dreißig Meilen?

Ist es möglich, daß dieser Gott, den man die Kopfsteuer zahlen läßt, gesagt hat, seine Jünger brauchten nichts zu bezahlen; die Könige „empfangen Steuern nur von Fremden, und Kinder sind davon ausgenommen"?

Abbé: Diese Anstoß erregenden Aussprüche finden durch ganz anders lautende Stellen ihre Erklärung.

Graf: Gerechter Himmel! was ist das für ein Gott, der einen Kommentar nötig hat und dem man fortwährend ein Für und Wider in den Mund legt? Was ist das für ein Gesetzgeber, der nichts schriftlich niedergelegt hat? Was sind das für vier göttliche Bücher, deren Entstehungszeit unbekannt ist und deren so wenig nachgewiesene Autoren sich auf jeder Seite widersprechen?

Schloß Ferney

Abbé: Es stimmt alles miteinander überein, sage ich Ihnen. Aber geben Sie nicht wenigstens zu, daß Ihnen die Bergpredigt sehr gefällt?

Graf: Ja; man behauptet, Jesus habe gesagt, alle, die ihren Bruder Dummkopf heißen, wie es eure Theologen Tag für Tag tun, würden verbrannt werden. Er sagt, er sei gekommen, das Gesetz Mose zu erfüllen, das euch ein Greuel ist. Er fragt, womit man salzen solle, wenn das Salz dumpf ist. Er sagt, selig seien die Armen im Geiste, denn ihrer sei das Himmelreich. Ich weiß auch, daß man ihn sagen läßt, der Weizen müsse in der Erde verwesen und sterben, um zu keimen; das Reich Gottes sei ein Senfkorn; es sei Geld, das auf Wucherzins angelegt ist; man dürfe seinen Verwandten kein Mahl geben, wenn sie reich sind. Vielleicht hatten diese Auslassungen in der Sprache, in der sie dem Vernehmen nach ausgesprochen wurden, eine ehrenwerte Bedeutung: alles, was die Tugend beflügeln kann, mache ich mir zu eigen; aber haben Sie die Güte, mir zu sagen, was Sie von einer anderen Textstelle wie dieser hier halten:
„Gott hat mich erschaffen; Gott ist allgegenwärtig und in mir; wie werde ich es wagen, ihn durch sündhafte und niedrige Taten zu besudeln, mit unreinen Worten und schändlichen Wünschen? Könnte ich in meinen letzten Augenblicken zu Gott sprechen: O mein Herr! o mein Vater! du hast gewollt, daß ich leide, ich habe gelitten in Ergebung; du hast gewollt, daß ich arm sei, ich habe mich der Armut verschrieben; du hast mich erniedrigt, und ich habe kein Verlangen nach Erhöhung gehabt; du willst, daß ich sterbe, und sterbend bete ich dich an. Ich verlasse dieses herrliche Schauspiel und danke dir dafür, daß du mich ihm hast beiwohnen lassen, auf daß ich die wunderbare Ordnung schaue, mit der du das Weltall regierst."

Abbé: Das ist wundervoll; bei welchem der Kirchenväter haben Sie dieses göttliche Stück gefunden? Beim heiligen Cyprian, bei Sankt Gregorius von Nazianz oder beim heiligen Kyrill?

Graf: Nein; dies sind die Worte eines heidnischen Sklaven mit Namen Epiktet, und Kaiser Mark Aurel hat genauso gedacht wie dieser Sklave.

Abbé: Ich entsinne mich tatsächlich, in meiner Jugend bei heidnischen Autoren Moralvorschriften gelesen zu haben, die mir einen großen Eindruck machten; ich will Ihnen sogar gestehen, daß die Gesetze von Zaleukos und Charondas, die Ratschläge des Konfutse, die Moralgebote des Zoroaster und die Maximen des Pythagoras mir zum Heil des Menschengeschlechtes von der Weisheit eingegeben schienen: mich dünkte, es habe Gott gefallen, diese großen Männer einer reineren Erleuchtung für wert zu halten als gewöhnliche Menschen, wie er Vergil mehr Wohllaut, Cicero mehr Redegewalt und Archimedes mehr Scharfsinn schenkte als ihren Zeitgenossen. Ich war betroffen über diese großen Tugendlehren, die das Altertum uns hinterlassen hat. Aber schließlich kannten alle diese Leute die Theologie nicht; sie wußten nicht, worin der Unterschied zwischen einem Cherub und einem Seraph besteht, zwischen der wirkenden Gnade, der man nicht widerstehen kann, und der hinreichenden Gnade, die nicht hinreicht; sie wußten nichts von Gottes Tod und daß er, für alle gekreuzigt, dennoch nur um einiger willen gekreuzigt worden ist. Ah, Herr Graf! hätten Männer wie Scipio, Cicero, Cato, Epiktet, Antoninus gewußt, daß „der Vater den Sohn gezeugt, aber ihn nicht geschaffen hat; daß der Heilige Geist weder gezeugt noch geschaffen worden ist, sondern als Hauch bald vom Vater, bald vom Sohne ausgeht; daß der Sohn alle Attribute hat, die dem Vater zukommen, nicht aber die Vaterschaft"; wenn die Alten, sage ich, die in allen Dingen unsere Lehrer waren, hundert Wahrheiten von solcher Klarheit und Kraft hätten wissen können; kurzum, wenn sie Theologen gewesen wären, zu welchen Vorteilen hätten sie den Menschen verholfen! Besonders die Konsubstantiation, Herr Graf, die Transsubstantiation sind etwas so Schönes! Hätte es doch dem Himmel gefallen, daß Scipio, Cicero und Mark Aurel diese Wahrheiten noch vertieft hätten! sie hätten Großvikare Seiner Hochwürden des Erzbischofs oder Syndikusse der Sorbonne sein können.

Graf: Apropos, sagen Sie mir aufs Gewissen, unter uns und vor Gott, ob Sie glauben, daß die Seelen dieser großen Männer immerdar von Teufeln auf dem Rost gebraten werden, bis sie ihren Leib wiedergefunden haben, der dann in Ewigkeit mitgebraten werden wird, und das nur darum, weil sie nicht Syndikusse der Sorbonne und Großvikare Seiner Hochwürden des Erzbischofs haben sein können.

Abbé: Sie bringen mich arg in Verlegenheit, denn „außerhalb der Gemeinde gibt es kein Heil".

Des Himmels Beifall gelte
Nur uns und unsern Freunden.

„Wer nicht auf die Gemeinde hört, soll sein wie ein Heide oder Generalpächter." Scipio und Mark Aurel haben nicht auf die Gemeinde gehört; sie haben das Tridentiner Konzil nicht anerkannt; ihre des Leibes ledigen Seelen werden immerdar brennen; und wenn ihre in die vier Elemente versprengten Leiber sich wieder angefunden haben, so werden sie mit ihren Seelen gemeinsam ewiglich schmoren. Das ist vollkommen klar, das ist vollkommen gerecht: soviel steht fest.

Andererseits ist es recht unbarmherzig, Sokrates, Aristides, Pythagoras, Epiktet, die Antonine, all jene, die ein untadeliges und beispielhaftes Leben geführt haben, in Ewigkeit brennen zu lassen, dem Leib und der Seele des François Ravaillac aber, der als guter Christ, nach wohlverrichteter Beichte und mit einer wirkenden oder hinreichenden Gnade ausgerüstet starb, die ewige Seligkeit zuzubilligen. Ich bin in dieser Sache etwas in Verlegenheit: denn schließlich bin ich Richter über alle Menschen; ihr ewiges Wohl oder Wehe hängt von mir ab, und es würde mir ein wenig widerstreben, Ravaillac selig zu machen und Scipio der ewigen Verdammnis zu überantworten.

Eines tröstet mich, nämlich daß wir Theologen aus der Hölle befreien können, wen wir wollen; wir lesen in der „Geschichte der heiligen Thekla", einer großen Gottesgelehrten und Schülerin des heiligen Paulus, die sich als Mann verkleidete, um ihm nachfolgen zu können, daß sie ihre Freundin Falconilla, die das Unglück hatte, als Heidin zu sterben, aus der Hölle befreite.

Wie der große heilige Johannes von Damaskus berichtet, befragte der große heilige Makarius, der nämliche, der durch seine inbrünstigen Gebete den Tod des Arius von Gott erflehte, eines Tages auf einem Totenacker den Schädel eines Heiden über sein Seelenheil: der Schädel antwortete ihm, die Gebete der Theologen brächten den Verdammten unendliche Linderung.

Endlich haben wir sichere Kenntnis davon, daß der große heilige Gregor, der Papst, die Seele des Kaisers Trajan aus der Hölle befreit hat: dies sind schöne Beispiele für Gottes Barmherzigkeit.

Graf: Sie sind ein Spaßvogel; entreißen Sie der Hölle doch mit Ihren frommen Gebeten Heinrich IV., der wie ein Heide ohne Sakramente starb, und versetzen Sie ihn in den Himmel zu Ravaillac mit seiner wohlabsolvierten Beichte; aber mich beschäftigt die Frage, wie sie miteinander leben und sich vertragen werden.

Gräfin Boulainvilliers: Das Diner wird kalt; da kommt Monsieur Fréret, begeben wir uns zu Tisch, danach mögen Sie aus der Hölle befreien, wen immer Sie wollen.

ZWEITES GESPRÄCH

Während des Diners

Abbé: Oho, Madame, Sie essen Fleisch an einem Freitag, ohne ausdrückliche Genehmigung von Hochwürden Erzbischof oder von mir! Wissen Sie nicht, daß dies eine Versündigung gegen die Kirche ist? Bei den Juden war es nicht erlaubt, vom Hasen zu essen, weil er damals ein Wiederkäuer war und keine gespaltenen Klauen hatte; von Geiervögeln und Ixions zu essen war ein abscheuliches Verbrechen.

Gräfin: Immer machen Sie Scherze, Herr Abbé; tun Sie mir den Gefallen und sagen Sie mir, was ein Ixion ist.

Abbé: Das weiß ich nicht, Madame; aber ich weiß, daß eine Todsünde begeht, wer freitags ohne Erlaubnis seines Bischofs einen Hühnerflügel verspeist, anstatt sich den Bauch mit Lachs und Stör vollzuschlagen; seine Seele wird, während sie ihres Leibes harrt, im Feuer schmoren, und wenn ihr Leib sich wieder mit ihr vereinigt, werden beide in Ewigkeit brennen, ohne vom Feuer verzehrt werden zu können, wie ich vorhin sagte.

Gräfin: Das ist ohne Frage nur recht und billig; es ist eine Lust, in einem so weisen Glauben zu leben. Möchten Sie einen Flügel von diesem Rebhuhn?

Graf: Nehmen Sie getrost; Jesus Christus hat gesagt: Esset, was man euch gibt. Essen Sie, essen Sie; nur keine falsche Scham.

Abbé: Ah, vor Ihrer Dienerschaft! an einem Freitag, dem Tag nach dem Donnerstag! sie würden es in der ganzen Stadt herumtratschen.

Graf: Sie haben also mehr Respekt vor meinen Lakaien als vor Jesus Christus.

Abbé: Es ist freilich wahr, daß unser Erlöser die Unterscheidung zwischen Fleisch- und Fastentagen nie gekannt hat; aber wir haben seine gesamte Lehre aufs trefflichste verändert; er hat uns alle Macht im Himmel und auf Erden gegeben. Wissen Sie wohl, daß es in einigen Provinzen noch kein Jahrhundert her ist, daß Leute, die zur Fastenzeit Fleisch aßen, gehängt wurden? ich werde Ihnen Beispiele dafür anführen.

Gräfin: Mein Gott! wie erbaulich – und wie deutlich sieht man, daß Ihre Religion göttlichen Ursprungs ist!

Abbé: So göttlich, daß man in ein und demselben Land Leute hängen ließ, die Eierkuchen mit Speck gegessen hatten, und diejenigen zu verbrennen befahl, die den Speck aus einem Spickhuhn entfernt hatten; und daß die Kirche noch heute bisweilen in dieser Weise verfährt: so gut weiß sie sich den unterschiedlichen Schwächen der Menschen anzupassen. Zu trinken ...

Graf: Apropos, Herr Großvikar, gestattet Ihre Kirche, daß man zwei Frauen heiratet, die Schwestern sind?

Abbé: Nicht beide zugleich; aber eine nach der anderen, je nach Erfordernis, nach den Umständen, dem Geld, das man bei der römischen Kurie hinterlegt hat, und der Protektion, die man genießt: wohlgemerkt, alles ist in stetem Wandel begriffen, und alles hängt von unserer heiligen Kirche ab. Die heilige jüdische Kirche, unsere Mutter, die wir verwerfen und ständig zitieren, findet es ganz richtig, daß der Erzvater Jakob zwei Schwestern gleichzeitig heiratet: im Leviticus verbietet sie, daß man seines Bruders Witwe ehelicht; im Deuteronom befiehlt sie es ausdrücklich; und in Jerusalem war es Brauch, die eigene Schwester zur Frau zu nehmen, denn Sie wissen, als Amnon, des keuschen Königs David Sohn, seine Schwester Tamar vergewaltigte, sprach die sittsame und umsichtige Schwester zu ihm die Worte: „Bruder, tu mir keinen Schimpf an; erbitte mich von unserem Vater zur Ehe; er wird dich nicht abweisen."

Aber um auf unser göttliches Gesetz über die Zulässigkeit der Ehe mit zwei Schwestern oder der Frau des Bruders zurückzukommen, das ändert sich je nach den Zeitläuften, wie ich Ihnen gesagt habe. Unser Papst Clemens VII. hat nicht gewagt, die Ehe Heinrichs VIII., des Königs von England, mit der Frau des Prinzen Arthur, seines Bruders, für ungültig zu erklären – aus Furcht, Karl V. werde ihn ein zweites Mal ins Gefängnis werfen und zum Bastard erklären lassen, der er auch war; aber Sie können gewiß sein, daß in Sachen Eheschließung wie in allem übrigen der Papst und Hochwürden Erzbischof, wenn sie die Stärkeren sind, alles in der Hand haben. Zu trinken ...

Gräfin: Nun, Monsieur Fréret, Sie haben keine Erwiderung auf diese schönen Ausführungen; Sie sagen nichts!

Monsieur Fréret: Madame, ich schweige, weil ich zuviel zu sagen hätte.

Abbé: Und was könnten Sie sagen, Monsieur, was die Autorität unserer heiligen römischen apostolischen katholischen Mutter Kirche erschüttern, ihren Glanz verdunkeln, ihre Wahrheit entkräften könnte? Zu trinken ...

Monsieur Fréret: Wahrhaftig! ich würde sagen, daß ihr Juden und Götzendiener seid, die uns an der Nase herumführen und sich mit unserem Geld die Taschen füllen.

Abbé: Juden und Götzendiener! das geht zu weit!

Monsieur Fréret: Jawohl, Juden und Götzendiener, Sie fordern mich dazu heraus. Ist nicht euer Gott als Jude geboren? ist er nicht wie ein Jude beschnitten worden? hat er nicht sämtliche jüdischen Bräuche geübt? Laßt ihr ihn nicht wiederholt sagen, man müsse dem Gesetz Mose gehorchen? Hat er nicht im Tempel geopfert? War nicht eure Taufe eine jüdische Sitte, die ihr von den Orientalen übernommen habt? Bezeichnet ihr nicht euer wichtigstes Fest noch immer mit dem jüdischen Wort *Passahfest*? Singt ihr nicht seit mehr als siebzehnhundert Jahren nach einer teuflischen Musik jüdische Gesänge, die ihr einem räuberischen, ehebrecherischen, mordgierigen jüdischen Zwergkönig zuschreibt, einem Mann nach dem Herzen Gottes? Leiht ihr nicht in Rom in euren Judenläden, die ihr *monts-de-piété* nennt, gegen Pfänder und verkauft erbarmungslos die Pfänder der Armen, wenn sie nicht fristgemäß eingelöst werden?

Graf: Er hat recht; nur eines fehlt euch vom jüdischen Gesetz, nämlich ein richtiges Jubeljahr, ein echtes Jubeljahr, durch das die Herren wieder auf ihre Ländereien zurückkehren würden, die sie euch wie Schafsköpfe überlassen haben zu der Zeit, als ihr ihnen weisgemacht habt, Elias und der Antichrist würden erscheinen, das Weltende stünde bevor und man müsse „zur Rettung der Seele und auf daß man nicht unter die Böcke gezählt werde", all seine Habe der Kirche geben. So ein Jubeljahr wäre mehr wert als eines, bei dem ihr uns lediglich vollen Ablaß gewährt; ich für mein Teil würde dabei mehr als hunderttausend Livres an Renten gewinnen.

Abbé: Mir soll es recht sein, vorausgesetzt, daß Sie mir von diesen hunderttausend Livres eine fette Pension aussetzen. Aber warum nennt uns Monsieur Fréret Götzendiener?

Monsieur Fréret: Warum, Monsieur? Fragen Sie das den heiligen Christophorus, der das erste ist, worauf Sie in Ihrem Dom stoßen, und zugleich euer schlimmstes Denkmal der Barbarei; fragen Sie die heilige Klara, die bei Augenleiden angerufen wird und der ihr Kirchen gebaut habt; den heiligen Genulf, der die Gicht heilt; den heiligen Januarius in Neapel, dessen Blut sich feierlich verflüssigt, wenn man es seinem Haupte nähert; den heiligen Antonius, der die Pferde in Rom mit Weihwasser besprengt.

Solltet ihr es wagen, eure Götzendienerei zu leugnen, ihr, die ihr in zahllosen Kirchen der Milch der Jungfrau, der Vorhaut und dem Nabel ihres Sohnes, den Dornen, von denen ihm, wie ihr sagt, eine Krone gemacht wurde, dem morschen Holz, an dem eurer Behauptung zufolge der Ewige verschieden ist, die gleiche andächtige Verehrung erweist wie den Heiligen? ihr, die ihr mit einem Stück Teig, das ihr der Mäuse wegen in einem Kästchen verschließt, einen Kult treibt, wie er nur Gott zukommt? Eure römischen Katholiken in ihrer katholischen Überspanntheit behaupten gar, sie verwandelten dieses Stück Teig durch die Kraft einiger lateinischer Wörter in Gott und aus jedem Bröckchen dieses Teiges würde ein Gott und Schöpfer des Alls. Ein Bettler, den man zum Priester gepreßt hat, ein Mönch, der aus den Armen einer Hure kommt, murmelt mir, mit einem Komödiantenrock angetan, für zwölf Sous in einer fremden Sprache etwas vor, das ihr als Messe bezeichnet, teilt mit drei Fingern die Luft in vier Teile, bückt sich, richtet sich wieder auf, wendet sich nach rechts und links, nach vorn und hinten und macht so viele Götter, wie es ihm beliebt, trinkt sie, verzehrt sie und überläßt sie sodann seinem Nachtgeschirr! Und Sie wollen nicht zugeben, daß dies die ungeheuerlichste und lächerlichste Götzendienerei ist, die je die menschliche Natur entehrt hat? Muß man nicht zum Vieh geworden sein, um sich einzubilden, weißes Brot und roter Wein würden in Gott verwandelt? Ihr Götzendiener der Neuzeit, vergleicht euch nicht mit denen des Altertums, die Zeus, den Demiurgen und Herrn über Götter und Menschen, anbeteten und Nebengöttern ihre Huldigung darbrachten; nehmt zur Kenntnis, daß Ceres, Pomona und Flora besser sind als eure Ursula mit ihren elftausend Jungfrauen; und daß es den Priestern der Maria Magdalena nicht zusteht, über die Priester der Minerva zu spotten.

Gräfin: Herr Abbé, Sie haben in Monsieur Fréret einen schonungslosen Gegner. Warum haben Sie gewollt, daß er sich äußert? Sie haben selbst schuld.

Abbé: Oh, Madame, ich bin abgehärtet; solche Kleinigkeiten schrecken mich nicht; diese Einwände habe ich alle schon gegen unsere heilige Mutter Kirche vorbringen hören.

Gräfin: Meiner Treu, Sie gleichen einer gewissen Herzogin, die ein Unzufriedener eine Dirne nannte; sie gab ihm zur Antwort: „So nennt man mich seit dreißig Jahren, und ich wünschte, man würde mich auch die nächsten dreißig Jahre noch so nennen."

Abbé: Madame, Madame, ein Bonmot beweist gar nichts.

Graf: Das ist wahr; aber ein Bonmot schließt nicht aus, daß man recht haben kann.

Abbé: Und welche Beweise könnte man der Authentizität der Weissagungen, den Wundern Mose, den Wundern Jesu, den Märtyrern entgegenhalten?

Graf: Oh, ich möchte Ihnen nicht raten, von den Weissagungen zu sprechen, seit die kleinen Knaben und Mädchen wissen, was der Prophet Ezechiel zum Frühstück verzehrte, wovon bei Tische zu reden unschicklich wäre; seit sie über die Abenteuer Oholas und Oholibas im Bilde sind, über die man vor den Damen schwerlich reden kann; seit ihnen bekannt ist, daß der Gott der Juden dem Propheten Hosea befahl, eine Dirne zu nehmen und Hurensöhne zu zeugen. Ach! werden Sie bei diesen Elenden etwas anderes finden als Galimathias und Obszönitäten?

Eure armen Theologen mögen doch aufhören, mit den Juden über den Sinn von Stellen in ihren Prophetenbüchern zu streiten, über ein paar hebräische Zeilen eines Amos, Joel, Habakuk oder Jeremias; über einige Worte, die Elias betreffen, der in einem feurigen Wagen in die östlichen Himmelsregionen entrückt wurde, welchselber Elias, nebenbei bemerkt, niemals existiert hat.

Vor allem sollten sie erröten über die Weissagungen, die in ihren Evangelien vorkommen. Kann es noch Menschen geben, die so stumpfsinnig und so träge sind, daß keine Entrüstung sie überkommt, wenn Jesus im Lukas-Evangelium weissagt: „Es werden Zeichen sein an Mond und Sternen, Tosen des Meeres und der Wogen; Menschen werden vergehen vor Furcht und Erwartung dessen, was über den ganzen Erdkreis kommen wird. Die Kräfte des Himmels werden erschüttert werden. Und dann werden sie den Menschensohn in einer Wolke kommen sehen mit großer Macht und Herrlichkeit. Wahrlich, ich sage euch: dieses Geschlecht wird nicht vergehen, bis alles geschieht."

Eine genauere, ausführlichere und weniger zutreffende Ankündigung ist bestimmt unmöglich zu finden. Man müßte übergeschnappt sein, um die Behauptung zu wagen, sie sei in Erfüllung gegangen, des Menschen Sohn sei in einer Wolke mit großer Macht und Herrlichkeit erschienen. Wie kommt es, daß Paulus in seinem Brief an die Thessalonicher (I. Brief 4, 17) diese lächerliche Voraussage durch eine andere, noch anmaßendere bekräftigt? „Wir, die wir leben und zu euch sprechen, werden in die Wolken entrückt werden dem Herrn entgegen in der Luft" usw.
Wer nur ein wenig unterrichtet ist, der weiß, daß die Lehre vom Ende der Welt und dem Heraufkommen einer neuen ein Hirngespinst war, an das damals fast alle Völker glaubten. Sie finden diese Auffassung im vierten Buch des Lukrez. Sie werden im ersten Buch von Ovids „Metamorphosen" darauf stoßen. Heraklit hatte sehr viel früher gesagt, diese Welt würde vom Feuer verzehrt werden. Die Stoiker haben sich diese Spekulation zu eigen gemacht. Jene, welche die Evangelien fabrizierten, halb Juden, halb Christen, ließen es sich nicht entgehen, eine überlieferte Lehre zu übernehmen und sich zunutze zu machen. Da aber die Welt noch lange weiterbestand und Jesus im ersten Jahrhundert der Kirche mitnichten in Wolken gehüllt mit großer Macht und Herrlichkeit erschien, sagten sie, dies würde im zweiten Jahrhundert geschehen; darauf versprachen sie es für das dritte; und von Jahrhundert zu Jahrhundert hat sich diese Narretei wiederholt. Die Theologen haben es gemacht wie ein Marktschreier, den ich auf dem Quai de l'Ecole am Ende des Pont-Neuf gesehen habe: wenn der Abend dämmerte, zeigte er dem Volk einen Hahn und einige Flaschen Balsam: „Meine Herren", sagte er, „ich werde meinem Hahn den Kopf abschneiden und ihn gleich darauf in Ihrer Gegenwart wieder lebendig machen; aber vorher müssen Sie meine Flaschen kaufen." Stets fanden sich Leute, die einfältig genug waren, welche zu kaufen. „Ich werde also meinem Hahn den Kopf abschneiden", fuhr der Scharlatan fort; „aber da es spät ist und diese Operation bei Tage vorgenommen werden sollte, wird sie morgen stattfinden."
Zwei Mitglieder der Akademie der Wissenschaften waren neugierig und ausdauernd genug, wiederzukommen, um zu sehen, wie sich der Schwindler aus der Affäre ziehen würde; die Posse hielt sich acht Tage lang; aber die Posse vom zu erwartenden

Weltuntergang hat sich im Christentum volle acht Jahrhunderte gehalten. Und nun, Monsieur, zitieren Sie uns die jüdischen oder christlichen Weissagungen.

Monsieur Fréret: Ich möchte Ihnen nicht raten, erwachsenen Leuten von den Wundern Mose zu erzählen. Wären diese unfaßbaren Wundertaten alle vollbracht worden, so hätten die Ägypter in ihren Geschichten davon gesprochen. Die Erinnerung an so viele wunderbare Geschehnisse, welche die Natur in Erstaunen setzen, hätte sich bei allen Nationen erhalten. Die Griechen, die alle Märchen Ägyptens und Syriens kannten, hätten dafür gesorgt, daß sich das Echo dieser übernatürlichen Taten bis an beide Enden der Welt fortpflanzte. Doch kein Geschichtsschreiber, weder ein griechischer noch ein syrischer oder ägyptischer verliert darüber ein einziges Wort. Flavius Josephus, ein so guter Patriot, der so besessen war von seinem Judentum, derselbe, der so viele Zeugnisse über die Frühgeschichte seiner Nation gesammelt hat, konnte keines finden, das die zehn Plagen Ägyptens, das trockenen Fußes erfolgte Durchschreiten des Meeres usw. bestätigt hätte.

Sie wissen, daß es über den Autor des Pentateuchs noch keine Gewißheit gibt: welcher Mensch, der bei Verstand ist, wird auf das Zeugnis irgendeines Juden hin, sei es nun Esra oder ein anderer, an so schreckenerregende Wunder glauben, von denen die gesamte übrige Welt nichts weiß? Selbst wenn alle eure jüdischen Propheten diese befremdlichen Ereignisse tausendmal erwähnt hätten, könnte man sie unmöglich glauben; aber es gibt unter diesen Propheten keinen einzigen, der die Worte des Pentateuchs über diese Häufung von Wundern zitiert, keinen, der auf die geringste Einzelheit dieser Begebenheit eingeht: erklären Sie dieses Schweigen, wie Sie können.

Bedenken Sie, daß sehr schwerwiegende Beweggründe erforderlich sind, um die Natur derart auf den Kopf zu stellen. Welchen Beweggrund, welche Veranlassung hätte der Gott der Juden haben können? Wollte er etwa sein kleines Volk begünstigen? ihm ein fruchtbares Land geben? Warum gab er ihm dann nicht Ägypten, anstatt Wunder zu tun, wie sie zumeist auch Pharaos Zauberer vollbrachten? Warum läßt er alle Erstgeborenen in Ägypten vom Würgeengel umbringen und alle Tiere töten – damit sich die sechshundertdreißigtausend kampffähigen Israeliten davonstehlen wie gemeine Diebe? Warum bahnt er einen Pfad für sie durch das Rote Meer – damit sie in eine Wüste ziehen, in der sie vor Hunger verschmachten? Sie erfassen das Ausmaß dieser sinnlosen Dummheiten; Sie besitzen zuviel Verstand, um sie gelten zu lassen und im Ernst an die auf jüdische Betrügerei gegründete christliche Religion zu glauben. Sie bemerken das Lächerliche der landläufigen Entgegnung, man dürfe an Gott keine Fragen stellen, die Unergründlichkeit der Vorsehung nicht ausloten. Nein, man muß Gott nicht fragen, warum er Läuse und Spinnen geschaffen hat, denn während wir gewiß sind, daß Läuse und Spinnen existieren, vermögen wir nicht zu wissen, warum sie existieren; aber wir sind nicht so gewiß, ob Moses seinen Stab in eine Schlange verwandelt und Ägypten mit Läusen übersät hat, obschon die Läuse in seinem Volke zu Hause waren. Wir fragen nicht Gott; wir fragen Narren, die es wagen, Gott Worte in den Mund zu legen und ihm ihre verstiegenen Schrullen anzudichten.

Gräfin: Bei Gott, bester Abbé, ich möchte Ihnen auch nicht raten, von Jesu Wundertaten zu sprechen. Sollte der Schöpfer des Universums sich zum Juden gemacht haben, um auf einer Hochzeit, wo schon alle einen Rausch hatten, Wasser in Wein zu verwandeln? Sollte er vom Teufel auf einen Berg geschleppt worden sein, von dem aus man alle Königreiche der Erde sieht? Sollte er in einem Land, in dem es gar keine Schweine gab, den Teufel in zweitausend Schweinewänste haben fahren lassen? Sollte er einen Feigenbaum haben verdorren lassen, weil dieser keine Feigen trug, „als es nicht die Zeit der Feigen war“? Glauben Sie mir, diese Wundertaten sind genauso lächerlich wie die von Moses. Geben Sie offen zu, was Sie im tiefsten Innern denken.

Abbé: Madame, etwas Rücksicht auf meine Würde, wenn ich bitten darf; lassen Sie mich mein Geschäft betreiben: ich bin vielleicht ein wenig abgeschlagen, was die Weissagungen und die Wunder betrifft; aber von den Märtyrern ist sicher, daß es sie gegeben hat; und Pascal, der Patriarch von Port-Royal des Champs, hat gesagt: „Ich glaube gern die Geschichten, deren Zeugen sich töten lassen.“

Monsieur Fréret: Ah, Monsieur, wie mißtrauisch und unklug von Pascal! Wenn man ihn hört, könnte man meinen, daß er die Verhöre der Apostel mit angesehen hat und Zeuge ihres Martyriums war. Aber wo hat er gesehen, daß sie hingerichtet worden sind? Wer hat ihm gesagt, daß Simon Barjona, genannt Petrus, in Rom mit dem Kopf nach unten ans Kreuz geschlagen wor-

den ist? Wer hat ihm gesagt, daß dieser Barjona, ein armseliger Fischer aus Galiläa, jemals in Rom gewesen sei und dort lateinisch gesprochen habe? Ach! wäre er in Rom verurteilt worden und die Christen hätten das gewußt, so wäre die erste Kirche, die sie zu Ehren der Heiligen erbaut, Sankt Peter von Rom gewesen und nicht San Giovanni in Laterano; das hätten sich die Päpste nicht entgehen lassen; ihrer Ehrsucht hätte sich da ein schöner Vorwand geboten. Wie genügsam muß man sein, wenn man zum Beweis dafür, daß Petrus in Rom gewohnt hat, behaupten muß, ein aus Babylon datierter, ihm zugeschriebener Brief sei in Wirklichkeit von Rom aus geschrieben worden? Worauf ein berühmter Autor sehr treffend bemerkt hat, einer solchen Auslegung zufolge müßte ein aus Petersburg datierter Brief in Konstantinopel geschrieben worden sein.
Es ist Ihnen bekannt, wer die Schwindler waren, die über diese Reise des Petrus berichtet haben. Als erster schrieb ein gewisser Obadja, Petrus sei vom See Genezareth geradeswegs zum Kaiser nach Rom gekommen, um Simon den Magier im Wundertun zu überbieten; von ihm stammt das Märchen von einem Verwandten des Kaisers, der von Simon halb und von Simon Barjona ganz wieder zum Leben erweckt worden sei; er läßt die beiden Simons einander in die Haare geraten – der eine erhebt sich in die Lüfte und bricht sich auf die Gebete des andern hin beide Beine; er erzählt die berühmte Geschichte von den zwei Bullenbeißern, die von Simon geschickt werden, Petrus zu fressen. Von Männern wie Marcellus und Hegesippos wird das alles wiederholt. Das sind die Grundlagen der christlichen Religion. Sie finden darin nur ein Gewebe aus den abgeschmacktesten Lügen, ersonnen vom niedrigsten Pöbel, der hundert Jahre hindurch die alleinige Gefolgschaft des Christentums bildete.
Es ist eine ununterbrochene Kette von Fälschern. Sie erdichten Briefe von Jesus Christus, Briefe von Pilatus, Briefe von Seneca, päpstliche Konstitutionen, sibyllinische Verse in Form von Akrostichen, mehr als vierzig Evangelien, eine Geschichte des Barnabas, Liturgien des Petrus, Jakobus, Matthäus und Markus usw. usw. Sie wissen es, Monsieur, Sie haben sie zweifellos gelesen, diese schändlichen Lügensammlungen, die ihr frommen Betrug nennt; und Sie besitzen nicht die Aufrichtigkeit, wenigstens Ihren Freunden gegenüber einzugestehen, daß der Thron des Papstes zum Unheil der Menschheit auf lauter abscheulichen Hirngespinsten errichtet worden ist?

Abbé: Aber wie hätte sich die christliche Religion zu solcher Höhe entwickeln können, wenn nur Fanatismus und Lüge ihre Grundlagen gewesen wären?

Graf: Und wieso hat sich der Mohammedanismus noch höher entwickelt? Seine Lügen sind wenigstens hochherziger, sein Fanatismus ist duldsamer gewesen. Mohammed hat wenigstens geschrieben und gekämpft; und Jesus hat weder zu schreiben noch sich zu wehren verstanden. Mohammed vereinte den Mut Alexanders mit dem Geist eines Numa; und euer Jesus hat gleich Blut und Wasser geschwitzt, als er von seinen Richtern verurteilt wurde. Der Mohammedanismus hat sich niemals verändert, ihr aber habt eure gesamte Religion zwanzigmal verändert. Zwischen dem, was sie heute ist, und dem, was sie in eurer Frühzeit war, besteht ein größerer Unterschied als zwischen euren Bräuchen und denen des Königs Dagobert. Ihr erbärmlichen Christen; nein, ihr begegnet eurem Jesus nicht mit Verehrung, ihr beleidigt ihn, indem ihr seine Gesetze durch eure neuen ersetzt. Mit euren Mysterien, Andachtsbildern, Reliquien, Ablässen, Pfründen und mit eurer Papisterei verhöhnt ihr ihn noch mehr, als ihr es alljährlich am 5. Januar mit euren unflätigen Weihnachtsliedern tut, in denen ihr die Jungfrau Maria, den Engel, der ihr seine Aufwartung macht, die Taube, von der sie geschwängert wird, den Zimmermann, der deshalb eifersüchtig ist, und den Knirps, dem die drei Könige zwischen Ochs und Esel, der würdigen Gesellschaft einer solchen Familie, ihren Glückwunsch darbringen, der Lächerlichkeit preisgebt.

Abbé: Dennoch war es dieses Lächerliche, was der heilige Augustinus göttlich fand; er sagte: „Ich glaube es, weil es absurd ist; ich glaube es, weil es unmöglich ist."

Monsieur Fréret: Ei! was scheren uns die Phantasien eines Afrikaners, der bald Manichäer, bald Christ, bald ausschweifend, bald fromm, bald duldsam, bald verfolgungswütig ist? Was kümmert uns sein theologischer Galimathias? Erwarten Sie, daß ich diesen geistesgestörten Schönredner ernst nehme, wenn er in seiner zweiundzwanzigsten Predigt behauptet, der Engel habe Maria ein Kind durchs Ohr gemacht, *impraegnavit per aurem*?

Gräfin: In der Tat, das Absurde sehe ich, aber das Göttliche sehe ich nicht. Ich finde es ganz erklärlich, daß das Christentum sich im niederen Volk herausgebildet hat, wie die Sekten der Wiedertäufer und der Quäker, wie die Propheten im Vivarais und in den Cevennen sich entwickelt haben, wie der Klüngel der Verzückten schon im Zunehmen begriffen ist. Es beginnt mit Schwärmerei und endet mit Betrug. Mit der Religion ist es wie mit dem Spiel:

> Anfangs ist man der Geprellte,
> am Ende ist man der Spitzbube.

Monsieur Fréret: Das ist nur allzu wahr, Madame. Aus dem Wirrwarr von Geschichten über Jesus, wie sie von den Juden gegen ihn, von den Christen zu seinen Gunsten geschrieben wurden, geht als das Wahrscheinlichste hervor, daß er ein aufrechter Jude war, der sich beim Volke Geltung verschaffen wollte wie die Begründer der Rekabiten, Essener, Sadduzäer, Pharisäer, Judaiten, Herodianer, Johannisjünger, Therapeuten und so vieler anderer Grüppchen, die in Syrien, der Wiege des Fanatismus, aufgekommen waren. Wahrscheinlich ist, daß er einige Frauen in seine Partei aufnahm, wie alle jene, die Anführer von Sekten sein wollten; daß ihm einige vorlaute Bemerkungen gegen die Obrigkeit entschlüpften und daß er grausam mit dem Tode bestraft wurde. Ob er jedoch unter der Regierung Herodes des Großen verurteilt wurde, wie es die Talmudisten behaupten, oder unter Herodes dem Tetrarchen, wie einige Evangelien angeben, ist höchst gleichgültig. Es ist erwiesen, daß seine Jünger sehr wenig bekannt waren, bis sie in Alexandria einige Platoniker kennenlernten, welche die Phantasien der Galiläer mit denen Platons untermauerten. Damals lebten die Völker im Banne von Dämonen, bösen Geistern, Wahnvorstellungen, Besessenheit und Zauberei wie heutzutage die Wilden. Fast alle Krankheiten wurden auf das Besessensein von bösen Geistern zurückgeführt. Seit unvordenklichen Zeiten hatten sich die Juden gerühmt, die Teufel vermittels der Barathwurzel, die man den Kranken unter die Nase hielt, und ein paar angeblich von Salomo stammenden Worten auszutreiben. Der junge Tobias vertrieb den Teufel mit dem Rauch eines am Rost gebratenen Fisches. Da ist die Quelle der Wunder, deren die Galiläer sich rühmten.

Die Heiden waren fanatisch genug, zu bezeugen, daß die Galiläer diese schönen Wunder zu tun vermochten; denn sie glaubten selbst welche zu vollbringen. Wie die Jünger Jesu glaubten sie an Zauberei. Wenn einige Kranke durch natürliche Kräfte genasen, so beeilten sie sich, zu beteuern, sie seien durch Zauberkraft vom Kopfschmerz befreit worden. Sie sagten zu den Christen: Ihr wißt große Geheimnisse und wir ebenfalls; ihr heilt mit Worten und wir ebenfalls; ihr habt uns nichts voraus. Als aber die Galiläer, nachdem sie viel niederes Volk für sich gewonnen hatten, gegen die Staatsreligion zu predigen begannen; als sie sich Unduldsamkeit erlaubten, nachdem sie Duldsamkeit gefordert hatten; als sie auf den Trümmern des alten ihren neuen Fanatismus errichten wollten, da entsetzten sich die römischen Priester und die Obrigkeit vor ihnen; da gebot man ihrer Kühnheit Einhalt. Was taten sie? Sie gaben zahllose Werke für die ihren aus, wie wir gesehen haben; die Geprellten wurden zu Spitzbuben, zu Fälschern; sie verteidigten sich mit den schmählichsten Betrügereien, da ihnen andere Waffen nicht zu Gebote standen, bis zu dem Zeitpunkt, da Konstantin, der mit ihrem Gelde Kaiser geworden war, ihre Religion auf den Thron erhob. Da wurden die Spitzbuben blutgierig. Ich wage zu behaupten, daß vom Konzil zu Nicäa bis zum Aufstand in den Cevennen kein einziges Jahr vergangen ist, in dem das Christentum nicht Blut vergossen hätte.

Abbé: Monsieur, das geht zu weit!

Monsieur Fréret: Nein, das ist noch nicht alles. Lesen Sie nur noch einmal in der „Kirchengeschichte“ nach; sehen Sie, wie die Donatisten und ihre Gegner mit Knüppeln aufeinander einschlagen; wie die Athanasianer und die Arianer wegen eines Diphthongs im Römischen Reich ein Blutbad anrichten. Sehen Sie, wie diese christlichen Barbaren sich bitter darüber beklagen, daß der weise Kaiser Julian sie hindert, sich gegenseitig den Hals umzudrehen und zugrunde zu richten. Betrachten Sie diese erschreckende Kette von Massakern; so viele unter Qualen sterbende Bürger, so viele ermordete Herrscher, die von euren Konzilien angefachten Scheiterhaufen, zwölf Millionen Bewohner eines neuen Kontinents wie wilde Tiere in einem Pferch unschuldig getötet unter dem Vorwand, daß sie keine Christen sein wollten; und auf unserem alten Kontinent die Christen, die sich unaufhörlich gegenseitig hinopfern, Greise, Kinder, Mütter, Frauen, Töchter, die in Massen ihr Leben aushauchen in den Kreuzzügen der Albigenser, in den Hussitenkriegen, in den Kriegen der Lutheraner, Calvinisten, Wiedertäufer, in der Bartholomäusnacht, bei den Massakern in Irland, in Piemont, in den Cevennen; während sich ein Bischof von Rom, wollüstig auf seinem Ruhebett liegend, die Füße küssen läßt und fünfzig Kastraten ihm zum Zeitvertreib ihre Koloraturen zu Gehör bringen. Gott ist mein Zeuge, daß dieses Bild wahrhaftig ist, und Sie werden mir nicht zu widersprechen wagen.

Abbé: Ich gebe zu, es ist etwas Wahres daran; aber, wie der Bischof von Noyon sagte, das sind keine Tafelgespräche. Die Diners wären allzu trübselig, wenn die Konversation lange bei den Greueln der Menschheit verweilen würde. Die Geschichte der Kirche schadet der Verdauung.

Graf: Die Tatsachen haben ihr noch mehr geschadet.

Abbé: Das ist nicht Schuld der christlichen Religion, sondern des Mißbrauchs, der mit ihr getrieben wird.

Graf: Das wäre richtig, wenn es nur wenig Mißbrauch gegeben hätte! Aber wenn die Priester auf unsere Kosten leben wollten, seit Paulus oder einer, der sich seinen Namen aneignete, geschrieben hat: „Ist es nicht mein Recht, daß ich mich von euch nähren und kleiden lasse, mich, meine Frau oder meine Schwester?"; wenn die Kirche stets auf Beutezüge aus war, stets alle nur möglichen Mittel anwandte, uns um Gut und Leben zu bringen, seit dem angeblichen Vorfall mit Ananias und Saphira, die, wie es heißt, den Erlös für ihr Erbgut Simon Barjona zu Füßen gelegt und einige Drachmen für ihren Lebensunterhalt zurückbehalten hatten; wenn es offenkundig ist, daß die Geschichte der Kirche eine nicht enden wollende Folge von Zwistigkeiten, Verleumdungen, Schikanen, Betrug, Erpressung und Mord ist – dann ist erwiesen, daß der Mißbrauch in der Sache selbst liegt, so wie erwiesen ist, daß der Wolf von jeher ein Fleischfresser gewesen ist und sich nicht auf Grund irgendeiner gelegentlichen Verirrung am Blut unserer Schafe gütlich getan hat.

Abbé: Das könnten Sie ebensogut von allen anderen Religionen sagen.

Graf: Keineswegs; nennen Sie mir einen einzigen Krieg, der um der Lehre willen in einer einzigen Sekte des Altertums angezettelt worden wäre. Zeigen Sie mir bei den Römern einen einzigen Menschen, der seiner Überzeugungen wegen verfolgt worden wäre, von Romulus bis zu der Zeit, da die Christen alles in Verwirrung brachten. Diese aberwitzige Barbarei blieb uns vorbehalten. Sie bemerken errötend, wie die Wahrheit Ihnen zusetzt, und Sie haben nichts zu entgegnen.

Abbé: Ich entgegne auch nichts. Ich stimme zu, daß die theologischen Dispute unsinnig und verderblich sind.

Monsieur Fréret: Dann stimmen Sie auch zu, daß man einen Baum, der immer giftige Früchte getragen hat, mit der Wurzel ausreißen muß.

Abbé: Das würde ich nicht zulassen, denn dieser Baum hat bisweilen auch gute Früchte getragen. Wenn es in einer Republik immer Zwistigkeiten gegeben hat, so wünsche ich deswegen nicht, daß man die Republik abschaffe. Man kann ihre Gesetze reformieren.

Graf: Mit einem Staat verhält es sich anders als mit der Religion. Venedig hat seine Gesetze reformiert und ist zu voller Blüte gelangt; aber als der Katholizismus reformiert werden sollte, schwamm Europa im Blute; und als zuletzt der berühmte Locke, der behutsam die Lügen dieser Religion und zugleich die Rechte der Menschheit behandeln wollte, sein Buch vom „Vernunftgemäßen Christentum" geschrieben hat, hatte er nur vier Gefolgsleute: ein nachdrücklicher Beweis, daß Christentum und Vernunft nicht zusammen bestehen können. Beim derzeitigen Stand der Dinge bleibt nur ein einziges Mittel, das überdies nur mildernd wirken kann: die Religion absolut vom Herrscher und der Obrigkeit abhängig zu machen.

Monsieur Fréret: Jawohl, vorausgesetzt, der Herrscher und die Obrigkeit sind aufgeklärt, vorausgesetzt, sie wissen jede Religion gleichermaßen zu tolerieren, alle Menschen als ihre Brüder anzusehen und nicht in Anschlag zu bringen, was sie denken, hingegen sehr, was sie tun; vorausgesetzt, sie gewähren ihnen Freiheit in ihrem Verkehr mit Gott und legen ihnen in allen Verpflichtungen gegenüber den Menschen keine anderen Fesseln an als die des Gesetzes. Denn Obrigkeiten, die ihre Religion mit Hilfe von Henkern aufrechterhalten, müßten wie wilde Tiere behandelt werden.

Abbé: Und wenn die autorisierten Religionen sich gegenseitig bekämpfen? Wenn der Katholik, der Protestant, der Grieche, der Türke, der Jude sich in die Haare geraten, wenn sie aus der Messe, dem Gottesdienst, der Moschee und der Synagoge kommen?

Monsieur Fréret: Dann muß ein Regiment Dragoner sie auseinanderscheuchen.

Graf: Noch lieber wäre mir, ihnen Lektionen in Mäßigung zu erteilen, als ihnen Regimenter zu schicken; ich würde die Menschen erst einmal belehren, ehe ich sie bestrafe.

Abbé: Die Menschen belehren! Was meinen Sie, Herr Graf? Halten Sie sie dessen für würdig?

Graf: Ich verstehe; Sie sind immer noch der Meinung, sie brauchten nur betrogen zu werden: Sie sind erst zur Hälfte geheilt; Ihr altes Übel befällt Sie immer wieder.

Gräfin: Übrigens, ich vergaß, Sie nach Ihrer Meinung über eine Sache zu fragen, die ich gestern in der Geschichte dieser guten Mohammedaner las und die mich sehr beeindruckte. Als Hassan, Alis Sohn, einmal im Bade war, goß ihm einer seiner Sklaven aus Unachtsamkeit einen Krug kochenden Wassers über den Leib. Hassans Diener wollten den Schuldigen pfählen. Hassan, anstatt ihn pfählen zu lassen, ließ ihm zwanzig Goldstücke geben. „Im Paradies", sagte er, „wird der erste Grad der Herrlichkeit denen zuteil, die geleistete Dienste bezahlen, ein höherer denen, welche Missetaten vergeben, ein noch höherer jenen, welche unbeabsichtigte Missetaten belohnen." Wie finden Sie diese Tat und diese Rede?

Graf: Darin erkenne ich meine guten Muselmanen aus dem ersten Jahrhundert wieder.

Abbé: Und ich meine guten Christen.

Monsieur Fréret: Und mich ärgert, daß der verbrühte Hassan, Alis Sohn, zwanzig Goldstücke hingab, um Glanz im Paradiese zu ernten. Gute Taten, die eigennützig sind, kann ich nicht leiden. Ich wünschte, Hassan wäre so tugendhaft und menschlich gewesen, den verzweifelten Sklaven zu trösten, ohne daran zu denken, daß ihm im Paradies der dritte Grad der Erhöhung zuteil würde.

Gräfin: Begeben wir uns zum Kaffee. Ich bilde mir ein, wenn bei allen Diners in Paris, Wien, Madrid, Lissabon, Rom und Moskau so lehrreiche Gespräche geführt würden, es würde der Welt nur zum Guten gereichen.

DRITTES GESPRÄCH

Nach dem Diner

Abbé: Ein vorzüglicher Kaffee, Madame; der reinste Mokka.

Gräfin: Ja, er kommt aus dem Lande der Muselmanen; ist das nicht sehr schade?

Abbé: Scherz beiseite, Madame, die Menschen brauchen eine Religion.

Graf: Ja, kein Zweifel; und Gott hat ihnen eine hehre, ewige geschenkt, die allen Herzen eingeprägt ist: die nämlich, welche

Ihnen zufolge Henoch, die Nachkommen Noahs und Abraham übten; chinesische Gelehrte haben sie seit mehr als viertausend Jahren bewahrt: Ehrfurcht vor einem Gott, Liebe zur Gerechtigkeit und Abscheu vor dem Verbrechen.

Gräfin: Ist es möglich, daß man um der elenden Sekten willen, welche die Erde überschwemmt haben, eine so lautere und gottgefällige Religion preisgegeben hat?

Monsieur Fréret: In Dingen der Religion, Madame, hat man sich anders verhalten als in Dingen der Kleidung, Wohnung und Nahrung, nämlich genau entgegengesetzt. Angefangen haben wir mit Höhlen, Hütten, Kleidern aus Tierhäuten und Eicheln; später haben wir Brot, bekömmliche Speisen, Gewänder aus Wolle und Seide, saubere und behagliche Behausungen gehabt; aber was die Religion angeht, sind wir zu Eicheln, Tierhäuten und Höhlen zurückgekehrt.

Abbé: Es würde schwerhalten, Sie daraus zu befreien. Sie sehen, daß die christliche Religion beispielsweise überall mit dem Staat eine unauflösliche Einheit bildet und daß vom Papst bis zum letzten Kapuziner jeder seinen Thron oder seine Küche auf sie gründet. Ich habe Ihnen bereits gesagt, daß die Menschen nicht vernünftig genug sind, sich mit einer reinen und Gottes würdigen Religion zu begnügen.

Gräfin: Das ist nicht Ihr Ernst; Sie geben selbst zu, daß sie zur Zeit Ihres Henoch, Ihres Noah und Abraham an dieser Religion festgehalten haben. Warum sollte man heute nicht ebenso vernünftig sein, wie man es damals war?

Abbé: Ich muß es wohl sagen: weil es damals weder einen Domherrn mit fetter Pfründe noch einen Abt von Corbie mit einer Million noch einen Papst mit sechzehn oder achtzehn Millionen gegeben hat. Um der menschlichen Gesellschaft alle diese Reichtümer zurückzuerstatten, wären vielleicht ebenso blutige Kriege nötig wie jene, die geführt worden sind, um sie ihr zu entreißen.

Graf: Obwohl ich Soldat gewesen bin, möchte ich nicht gegen Priester und Mönche Krieg führen; ich möchte die Wahrheit nicht mit Mord durchsetzen, wie sie den Irrtum durchgesetzt haben; sondern ich wünschte zumindest, daß diese Wahrheit die Menschen ein wenig aufklären würde, daß sie freundlicher und glücklicher würden, daß die Völker aufhörten, abergläubisch zu sein, und die Oberhäupter der Kirche davor zurückschreckten, Verfolger zu sein.

Abbé: Es ist ziemlich schwierig (da ich mich denn erklären muß), Wahnsinnigen die Ketten abzunehmen, die sie in Ehren halten. Vielleicht würde das Volk von Paris Sie steinigen, wenn Sie verhindern wollten, daß man bei Regen das angebliche Gerippe der heiligen Genoveva durch die Straßen spazierenträgt, damit schönes Wetter werde.

Monsieur Fréret: Ich glaube nicht, was Sie da sagen; die Vernunft hat bereits so große Fortschritte gemacht, daß man seit über zehn Jahren dieses angebliche Gerippe samt dem des Marcellus nicht mehr durch Paris spazierengetragen hat. Ich glaube, daß es ganz leicht ist, allmählich jeden Aberglauben auszurotten, mit dem wir verdummt worden sind. Man glaubt nicht mehr an Zauberer, es werden keine Teufel mehr ausgetrieben; und obschon es heißt, Ihr Jesus habe seine Apostel eben dazu ausgesandt, die Teufel zu vertreiben, ist kein Priester bei uns so hirnverbrannt oder töricht, sich ihrer Vertreibung zu rühmen; die Reliquien des heiligen Franziskus sind zum Gespött geworden, und vielleicht werden eines Tages die des heiligen Ignatius samt den Jesuiten in den Kot gezogen. Zwar läßt man dem Papst das Herzogtum Ferrara, das er usurpiert hat; die Domänen, die Cesare Borgia mit Gift und Dolch an sich brachte und die an die Kirche Roms zurückfielen, für die er nichts getan hat; selbst Rom wird den Päpsten überlassen, weil man nicht wünscht, daß der Kaiser sich der Stadt bemächtigt; bereitwillig zahlt man dem Papst weiter die Annaten, obschon dies eine beschämende Lächerlichkeit und offenkundige Simonie ist; eines so geringfügigen Subsidiums wegen möchte man kein Aufsehen machen. Der Macht der Gewohnheit unterworfen, brechen die Menschen nicht von heute auf morgen einen schlechten Handel ab, auf den sie sich seit fast dreihundert Jahren eingelassen haben. Sollten die Päpste jedoch die Frechheit besitzen, wie ehedem Legaten zu schicken, um den Zehnten von den Völkern zu erheben, die Könige zu exkommunizieren, über deren Staaten das Interdikt zu verhängen und ihre Kronen anderen zu geben, so sollen Sie sehen, welchen Empfang man einem päpstlichen Legaten bereiten wird: ich würde die Hoffnung nicht aufgeben, daß das Parlament von Aix oder von Paris ihn hängen ließe.

Graf: Sie sehen, wie viele beschämende Vorurteile wir abgeschüttelt haben. Wenden Sie jetzt den Blick nach dem wohlhabendsten Teil der Schweiz, nach den sieben Vereinigten Provinzen, die ebenso mächtig sind wie Spanien, nach Großbritannien, dessen Seestreitkräfte allein den vereinten Streitkräften aller anderen Nationen bei weitem überlegen wären; sehen Sie sich den ganzen Norden Deutschlands und Skandinavien an, diese unerschöpflichen Pflanzschulen der Krieger, alle diese Völker haben uns im Fortschritt der Vernunft bei weitem überflügelt. Das Blut eines jeden Hauptes der Hydra, das sie abgeschlagen, hat ihre Felder fruchtbar gemacht; die Abschaffung der Mönche hat ihre Staaten bevölkert und sie an Reichtum zunehmen lassen; bestimmt kann man in Frankreich tun, was man anderswo getan hat; Frankreich wird dadurch wohlhabender und volkreicher werden.

Abbé: Wohlan! wenn ihr in Frankreich das Geschmeiß der Mönche abgeschüttelt hättet, wenn es keine albernen Reliquien mehr gäbe, wenn wir dem Bischof von Rom keinen schimpflichen Tribut mehr zahlten, wenn wir sogar die Konsubstantialität und das Ausströmen des Heiligen Geistes durch Vater und Sohn sowie die Transsubstantiation nach Gebühr verachteten und kein Wort mehr darüber verlören, wenn diese Mysterien in der „Summa" des heiligen Thomas begraben blieben und die nichtswürdigen Theologen darauf verwiesen wären, den Mund zu halten – ihr würdet trotzdem Christen bleiben und vergebens versuchen, noch weiter zu gehen: das werdet ihr niemals erreichen. Eine Religion von Philosophen ist für die Menschen nicht geeignet.

Monsieur Fréret:

Est quodam prodire tenus, si non datur ultra.[1]
(Erstes Buch I, 32)

Ich möchte Ihnen mit Horaz sagen: Euer Arzt wird euch niemals die Sehkraft des Luchses geben, aber laßt es zu, daß er aus euren Augen einen blinden Fleck entfernt. Wir ächzen unter zentnerschweren Ketten, gestatten Sie, daß man uns von drei Vierteln dieser Last befreit. Das Wort „Christ" hat sich durchgesetzt, es wird bleiben; doch nach und nach wird man Gott ohne Beimischungen verehren, ohne ihm eine Mutter, einen Sohn, einen vermeintlichen Vater zu geben; ohne zu behaupten, er sei an einer schmachvollen Todesstrafe gestorben; ohne zu glauben, man könne Götter aus Mehl machen; kurzum, ohne

1 (lat.) Man geht, so weit man gehen kann, wenn weiter zu gehen nicht möglich ist.

diese Anhäufung von Aberglauben, welcher die zivilisierten Völker den Wilden so unterlegen macht. Die reine Verehrung des höchsten Wesens ist heute im Begriff, die Religion aller Gebildeten zu werden, und bald wird sie einen gesunden Teil sogar des Volkes erfassen.

Abbé: Fürchten Sie nicht, der Unglaube (dessen riesige Fortschritte ich beobachte) werde dem Volk, wenn er bis zu ihm vordringt, verderblich sein und es auf den Weg des Verbrechens führen? Die Menschen sind schlimmen Begierden und schrecklichen Schicksalsschlägen ausgeliefert; sie brauchen einen Zügel, der sie bändigt, und einen Irrtum, der sie tröstet.

Monsieur Fréret: Die geziemende Verehrung eines gerechten Gottes, der lohnt und straft, würde der Gesellschaft zweifellos zum Wohl gereichen; wenn jedoch dieses segensreiche Wissen um einen gerechten Gott von unsinnigen Lügen und schädlichem Aberglauben verfälscht wird, verwandelt sich das Heilmittel in Gift, und was das Verbrechen abschrecken müßte, ermutigt es nun. Ein Bösewicht, der beim Räsonieren auf halbem Wege stehenbleibt (und von dieser Sorte gibt es viele), wagt oft den Gott zu leugnen, von dem man ihm eine empörende Schilderung gegeben hat.

Ein anderer Bösewicht, in dessen schwacher Seele große Begierden wohnen, wird häufig durch die Gewißheit der Vergebung, welche die Priester ihm anbieten, zum Unrecht ermuntert. „Mit welchem Unmaß von Freveltaten du auch besudelt sein magst, beichte mir, und auf Grund der Verdienste eines Mannes, der vor mehreren Jahrhunderten in Judäa gehängt worden ist, soll dir alles verziehen werden. Alsdann stürze dich in neue Verbrechen, siebenmal sechzig und siebenmal, und abermals wird dir alles verziehen werden." Heißt dies nicht wahrlich in Versuchung führen? heißt es nicht der Sittenverderbnis Tür und Tor öffnen? Ging nicht die Brinvilliers nach jedem Giftmord, den sie begangen, zur Beichte? Machte nicht dereinst Ludwig XI. den gleichen Gebrauch von ihr?

Die Alten hatten wie wir ihre Beichten und ihre Bußen; aber von einem wiederholten Verbrechen wurde man nicht entsühnt. Zweifachem Königsmord wurde keine Verzeihung gewährt. Alles haben wir von den Griechen und Römern übernommen, und alles haben wir verdorben.

Ihr Orkus war töricht, zugegeben; aber unsere Teufel sind alberner als ihre Furien. Diese Furien waren selbst keine Ver-

dammten; man sah in ihnen die Vollstrecker, nicht die Opfer göttlicher Vergeltung. Zugleich Henker und Armersünder zu sein, zu brennen und andere zu verbrennen wie unsere Teufel, das ist ein unsinniger Widerspruch, der unser würdig ist, und er ist um so unsinniger, als der Fall der Engel, dieses Fundament des Christentums, weder in der Genesis noch in den Evangelien zu finden ist. Er ist ein altes Märchen der Brahmanen.
Nun, Monsieur, heute lacht jedermann über Ihre Hölle, weil sie zum Lachen ist; aber niemand würde über einen lohnenden und strafenden Gott lachen, dessen Preis der Tugend man erhoffen, dessen Sühnung des Verbrechens man fürchten würde, ohne die Art der Strafen und Belohnungen zu kennen, doch überzeugt, daß es welche geben wird, weil Gott gerecht ist.

Graf: Mir scheint, Monsieur Fréret hat hinlänglich erläutert, inwiefern die Religion ein segensreicher Zügel zu sein vermag. Ich will versuchen, Ihnen darzutun, daß eine reine Religion unendlich viel mehr Trost spendet als die Ihre.
Sie sagen, die Illusionen frommer Seelen haben ihr Angenehmes, freilich; die Irrenhäuser auch. Aber welche Qualen, wenn diese Seelen unversehens Klarheit gewinnen! in welchem Zweifel, in welcher Trostlosigkeit verbringen manche Nonnen ihre trüben Tage! Sie waren selbst Zeuge, Sie haben es mir selbst gesagt: in den Klöstern wohnt die Reue; aber das Kloster ist, vor allem bei den Männern, eine Brutstätte der Zwietracht und des Neides. Mönche sind freiwillige Galeerensklaven, die sich beim gemeinsamen Rudern in den Haaren liegen. Eine verschwindend kleine Anzahl, die entweder wirklich bußwillig oder nützlich ist, nehme ich aus; aber wahrhaftig, hat Gott Mann und Frau in die Welt gesetzt, damit sie, für immer voneinander getrennt, in Zellen dahinvegetieren? Ist dies nun im Sinne der Natur? Jedermann zieht über die Mönche her, ich bedaure sie. Am Ende ihrer Kindheit haben die meisten ihre Freiheit für immer hingeopfert; und auf hundert kommen wenigstens achtzig, die in Bitterkeit dahinwelken. Wo sind denn die großen Tröstungen, die Ihre Religion den Menschen spendet? Einem reichen Pfründner wird ohne Zweifel Trost zuteil, aber vermöge seines Geldes und nicht dank seinem Glauben. Wenn er sich einigen Glückes erfreut, so kommt er in dessen Genuß nur, indem er sich über die Regeln seines Standes hinwegsetzt. Glücklich fühlt er sich nur als Mann der Gesellschaft und nicht als Mann der Kirche. Ein braver, gottergebener, seinem Vaterlande ver-

bundener Familienvater, der Kinder und Freunde um sich hat, empfängt von Gott sehr viel handgreiflichere Segnungen. Ferner würde ich alles, was Sie über die Verdienste Ihrer Mönche sagen könnten, mit viel größerem Recht von den Derwischen, den Marabuts, den Fakiren und den Bonzen behaupten. Sie unterziehen sich hundertmal strengeren Bußübungen: sie haben sich schrecklichere Askese auferlegt; und diese ehernen Ketten, unter denen sie sich krümmen, diese immer in der gleichen Stellung ausgestreckten Arme, diese furchtbaren Kasteiungen sind noch nichts im Vergleich zu den jungen Frauen in Indien, die sich auf den Scheiterhaufen ihrer Gatten verbrennen im Wahn ihrer Hoffnung auf eine gemeinsame Wiedergeburt. Rühmen Sie also nicht länger die Leiden, welche die christliche Religion auferlegt, noch die Tröstungen, die sie gewährt. Geben Sie offen zu, daß sie in keiner Weise der vernünftigen Gottesverehrung gleichkommt, die eine rechtschaffene Familie, frei von Aberglauben, dem höchsten Wesen entgegenbringt. Kehren Sie Ihren Klosterzellen den Rücken; lassen Sie Ihre sich widersprechenden und unnützen Mysterien ruhen, die in der ganzen Welt Gelächter hervorrufen; preisen Sie Gott und die Moral, und ich stehe Ihnen dafür ein, daß es mehr Tugend und mehr Glückseligkeit auf Erden geben wird.

Gräfin: Ich bin ganz der gleichen Meinung.

Monsieur Fréret: Und ich auch, ohne Frage.

Abbé: Nun gut! da ich Ihnen denn mein Geheimnis verraten muß, ich bin es ebenfalls.

Jetzt kamen der Präsident de Maisons, der Abbé de Saint-Pierre, Monsieur Dufay und Monsieur Dumarsais hinzu; und der Abbé de Saint-Pierre las, wie es seine Gewohnheit war, aus seinen „Morgengedanken" vor, aus deren jedem einzelnen man ein gutes Werk machen könnte.

EINZELNE GEDANKEN DES ABBÉ DE SAINT-PIERRE

Die meisten Herrscher, Minister, Würdenträger haben keine Zeit zum Lesen; sie verachten die Bücher und lassen sich von einem dicken Buch leiten, das ein Grab des gesunden Menschenverstandes ist.

Hätten sie zu lesen verstanden, sie hätten der Welt alle die Übel erspart, die Aberglaube und Unwissenheit verursacht haben. Hätte Ludwig XIV. zu lesen verstanden, er hätte das Edikt von Nantes nicht widerrufen.

Fest davon überzeugt, daß ihre Macht nur auf Unwissenheit gegründet ist, haben die Päpste und ihre Helfershelfer das Lesen des einzigen Buches, das ihre Religion verkündet, stets verboten; sie sagten: Da ist euer Gesetz, und wir verbieten euch, es zu lesen; ihr sollt davon nur erfahren, was wir geruhen werden, euch wissen zu lassen. Diese maßlose Tyrannei ist unbegreiflich; dennoch existiert sie, und jede Bibel in einer heute gesprochenen Sprache ist in Rom verboten; sie ist nur in einer Sprache zugelassen, die nicht mehr gesprochen wird.

Alle päpstlichen Anmaßungen nehmen ein schlechtes Wortspiel zum Vorwand, eine allbekannte Zweideutigkeit, ein Witzwort, das man Gott in den Mund legt und für das ein Schüler die Rute bekommen würde: „Du bist Petrus, und auf diesen Felsen will ich meine Kirche bauen."

Wenn man zu lesen verstünde, würde man mit aller Deutlichkeit sehen, daß die Religion der Regierung nur Schaden zugefügt hat. Großen Schaden hat sie auch in Frankreich angerichtet: durch die Verfolgung der Protestanten; durch die Zwistigkeiten über wer weiß welche Bulle, die noch weniger Bedeutung hat als ein Gassenhauer vom Pont-Neuf; durch das lächerliche Priesterzölibat, die Faulenzerei der Mönche, die schlechten Geschäfte mit dem Bischof von Rom usw.

Spanien und Portugal, die wesentlich mehr verdummt sind als Frankreich, ertragen fast alle diese Übel und haben die Inquisition noch obendrein, die, gesetzt, es gäbe eine Hölle, deren scheußlichste Ausgeburt wäre.

In Deutschland gibt es Querelen ohne Ende zwischen den drei Sekten, die vom Westfälischen Frieden zugelassen worden sind: die Bewohner der den deutschen Priestern unmittelbar unterstellten Länder sind halbe Tiere, die kaum genug zu essen haben.

In Italien hat diese Religion, die das Römische Reich zugrunde gerichtet hat, nur Elend und Musik, Eunuchen, Harlekine und Priester übriggelassen. Eine kleine schwarze Statue, genannt die Madonna di Loreto, behängt man über und über mit Kostbarkeiten, und die Äcker werden nicht bestellt.

Die Theologie ist in der Religion, was die Gifte unter den Nahrungsmitteln sind.

Ihr sollt eure Tempel haben, in denen Gott angebetet, seine Wohltaten besungen, seine Gerechtigkeit verkündet und zur Tugend ermahnt wird: alles übrige ist Parteiinteresse, Cliquenwesen, Verlogenheit, Hoffart, Geiz und muß für alle Zeiten abgeschafft werden.

Es gibt nichts Nützlicheres für die Allgemeinheit als einen Pfarrer, der über die Geburten Buch führt, den Armen Hilfe zukommen läßt, den Kranken Trost spendet, die Toten bestattet, Frieden in den Familien stiftet und der ausschließlich ein Lehrmeister der Sittlichkeit ist. Um es ihm zu ermöglichen, nützlich zu sein, darf er keinen Mangel leiden und nicht die Möglichkeit haben, seinem Amt Schande zu machen, indem er gegen seinen Herrn und die Mitglieder der Gemeinde als Kläger auftritt, wie es so viele Pfarrer auf dem Lande tun; die Provinzialverwaltung soll sie der Größe ihrer Gemeinde entsprechend besolden, und sie sollen keine andere Sorge haben als die, ihre Aufgaben zu erfüllen.

Es gibt nichts Unnützeres als einen Kardinal. Was ist das für eine seltsame Würde ohne Obliegenheiten, die von einem ausländischen Priester verliehen wird und fast immer hunderttausend Taler Rente abwirft, wohingegen ein Landpfarrer weder zur Unterstützung der Armen noch zu seiner eigenen etwas erhält?

Die beste Regierung ist unstreitig die, welche nur die erforderliche Anzahl an Priestern zuläßt: denn zu viele sind nur eine schädliche Bürde. Die beste Regierung ist die, wo die Priester verheiratet sind: denn damit sind sie bessere Staatsbürger; sie schenken dem Staat Kinder und erziehen sie mit Anstand; die beste Regierung ist die, wo die Priester ausschließlich Sittlichkeit zu predigen wagen, denn predigen sie den Glaubensstreit, so geben sie das Zeichen zum Unfrieden.

Die Vernünftigen lesen die Geschichte der Religionskriege mit Abscheu; über die theologischen Dispute lachen sie wie über ein italienisches Possenspiel. Möchten wir uns doch zu einer Religion bekennen, die weder zum Zittern noch zu Gelächter Anlaß gibt.

Hat es aufrichtige Theologen gegeben? Jawohl, ebenso wie es Leute gegeben hat, die sich für Zauberer hielten.

Monsieur Deslandes von der Akademie der Wissenschaften zu Berlin, der uns gerade die „Geschichte der Philosophie" geschenkt hat, sagt im Band 3, Seite 299: „Die theologische Fakultät erscheint mir als die verächtlichste Körperschaft des Königreiches." Sie würde zu einer der respektabelsten, wenn sie sich darauf beschränkte, über Gott und Sittlichkeit zu belehren. Das wäre das einzige Mittel, ihre verbrecherischen Beschlüsse gegen Heinrich III. und den großen Heinrich IV. wiedergutzumachen.

Mit den Wundern, welche die Halunken im Faubourg Saint-Médard tun, kann es noch ein böses Ende nehmen, wenn der Herr Kardinal de Fleury da nicht Ordnung schafft. Man muß zum Frieden ermahnen und die Wunder streng verbieten.

Die ungeheuerliche Bulle Unigenitus kann im Reich noch immer Unfrieden stiften. Jede Bulle ist ein Anschlag gegen die Würde der Krone und die Freiheit der Nation.

Der Pöbel schuf den Aberglauben; die Vernünftigen machen ihm den Garaus.

Die Gesetze und die Künste sucht man zu vervollkommnen; darf man die Religion vergessen?

Wer wird den Anfang machen, sie zu läutern? Jene, die denken. Die anderen werden folgen.

Ist es nicht beschämend, daß die Fanatiker voller Eifer sind und die Gescheiten keinen solchen zeigen? Man soll vorsichtig sein, aber nicht furchtsam.

Voltaires Kampf
für die Menschenrechte

BERICHT ÜBER DEN TOD DES CHEVALIER DE LA BARRE

Von Herrn Cassen, Anwalt im königlichen Rat, an den Marchese Beccaria

Es scheint, sehr geehrter Herr, daß jedesmal, wenn ein wohltätiges Genie dem Menschengeschlecht einen Dienst zu erweisen sucht, sogleich ein unheilbringender Dämon aufsteht, um das Werk der Vernunft zu zerstören.

Sie hatten kaum mit Ihrem ausgezeichneten Buch ganz Europa über Vergehen und Strafen aufgeklärt, als ein Mann, der sich Jurist nennt, gegen Sie in Frankreich zur Feder griff. Sie hatten die Sache der Humanität vertreten, er war der Anwalt der Barbarei. Vielleicht hat das zu der Katastrophe beigetragen, in die der junge Chevalier de La Barre mit seinen neunzehn Jahren und der Sohn des Präsidenten d'Etallonde, der noch nicht achtzehn war, geraten sind.

Bevor ich Ihnen, mein Herr, die entsetzliche Geschichte erzähle, über die sich ganz Europa empört hat (ausgenommen vielleicht einige dem Menschengeschlechte feindlich gesinnte Fanatiker), erlauben Sie mir, hier zwei Grundsätze aufzustellen, welche Sie unanfechtbar finden werden:

Erstens: Wenn eine Nation noch so tief in der Barbarei steckt, daß Angeklagte der Folter unterworfen werden, das heißt, daß man sie tausend Tode statt einen sterben läßt, ohne zu wissen, ob sie unschuldig oder schuldig sind, so steht doch immerhin fest, daß man mit solcher abscheulichen Raserei nicht gegen einen Angeklagten vorgehen darf, wenn er sein Verbrechen zugibt und es keines weiteren Beweises bedarf.

Zweitens: Es ist ebenso unsinnig wie grausam, Verstöße gegen die hergebrachten Sitten, Vergehen gegen die herrschende Meinung, die keinen greifbaren Schaden verursacht haben, mit der gleichen Todesstrafe zu ahnden, wie sie gegen Vatermörder und Giftmörder verhängt wird.

Wenn diese beiden Regeln nicht als erwiesen gelten, gibt es keine Gesetze mehr, gibt es keine Vernunft mehr auf Erden; die Menschen sind der launischsten Tyrannei ausgeliefert, und um ihr Schicksal ist es viel schlechter bestellt als um das der Tiere.

Mit diesen beiden Grundsätzen komme ich nun, mein Herr, zu der entsetzlichen Geschichte, die ich Ihnen versprochen habe.

In Abbeville, einer kleinen Stadt in der Picardie, lebte eine Äbtissin, Tochter eines sehr angesehenen Staatsrates; sie war eine liebeswürdige, sittsame Dame, sanft und freundlich, wohltätig und von frommer, von Aberglauben freier Denkart.

Ein Bürger aus Abbeville, Belleval mit Namen, ein Mann von sechzig Jahren, lebte mit ihr in großer Vertrautheit, weil ihm verschiedene Geschäfte für das Kloster übertragen waren: er war zweiter Vorsteher einer Art niederen Gerichts, „élection" genannt, wenn man die Bezeichnung Gericht auf eine Versammlung von Bürgern anwenden kann, die einzig und allein befugt sind, die Festsetzung der „taille" genannten Steuer zu regeln. Dieser Mann verliebte sich in die Äbtissin, die ihn zuerst lediglich mit der ihr eigenen Sanftmut zurückwies, dann aber gezwungen war, ihre Abneigung und Verachtung gegen seine allzu heftigen Zudringlichkeiten deutlicher zu zeigen.

Zu dieser Zeit, es war im Jahre 1764, ließ sie ihren Neffen, den Chevalier de La Barre, zu sich kommen. Er war der Enkel eines Generalleutnants der Armee, doch hatte der Vater ein Vermögen von über vierzigtausend Livres Rente durchgebracht. Sie kümmerte sich um den jungen Mann wie um ihren Sohn, und sie war darauf aus, ihm eine Kompanie bei der Kavallerie zu verschaffen; er wurde außerhalb des Klosters untergebracht, und seine Tante lud ihn wie auch einige andere junge Leute aus seinem Freundeskreis öfter zum Essen ein. Der Herr Belleval, von diesen Essen ausgeschlossen, rächte sich, indem er der Äbtissin mit verschiedenen Geldangelegenheiten zu schaffen machte.

Der junge La Barre nahm lebhaft für seine Tante Partei und sprach zu jenem Manne mit einem Stolz, der diesen vollends aufbrachte. Belleval beschloß, sich zu rächen; er hatte erfahren, daß der Chevalier de La Barre und der junge d'Etallonde, der Sohn des Steuergerichtspräsidenten, kürzlich an einer Prozession vorbeigekommen waren, ohne ihren Hut abzunehmen – das war im Juli 1765. Von Stund an suchte er diesen einmaligen Verstoß gegen den Anstand als eine vorgefaßte Beleidigung der Religion hinzustellen. Während er im stillen diesen Plan schmiedete, wurde man unglücklicherweise am 9. August des gleichen Jahres gewahr, daß das Holzkruzifix auf der Neuen Brücke von Abbeville beschädigt worden war, und es wurde vermutet, daß betrunkene Soldaten diese gottlose Respektlosigkeit begangen hätten.

Ich kann nicht umhin, sehr geehrter Herr, an dieser Stelle zu bemerken, daß es womöglich unziemlich und gefährlich ist, auf einer Brücke auszustellen, was in einem katholischen Gotteshaus verehrt werden soll; die öffentlichen Fuhrwerke können es leicht zerbrechen oder zu Boden reißen. Betrunkene können ihm Schimpf antun, wenn sie aus dem Gasthause kommen, ohne recht zu wissen, welchen Frevel sie begehen. Es ist ferner zu bemerken, daß solche plumpen Arbeiten, solche Kruzifixe an den Landstraßen, die Bilder der Jungfrau Maria, die Jesuskinder aus Gips, wie man sie in den Nischen an den Straßenecken in vielen Städten sieht, keinen Gegenstand der Anbetung darstellen, wie sie es in unseren Kirchen sind: das ist so wahr, daß es ja gestattet ist, an diesen Bildern vorüberzugehen, ohne sie zu grüßen. Es sind dies Denkmäler einer falsch geleiteten Frömmigkeit, und nach dem Urteil aller vernünftigen Leute soll, was heilig ist, sich auch nur an einem heiligen Orte befinden.

Leider verlieh der Bischof von Amiens, der zugleich Bischof von Abbeville ist, dem Vorfall in der Öffentlichkeit ein Aufsehen und eine Bedeutung, die er nicht verdiente. Er ließ Mahnbriefe herausgeben; er ließ eine feierliche Prozession zu dem Kruzifix veranstalten, und es wurde in Abbeville ein ganzes Jahr lang nur von Gotteslästerungen gesprochen. Es hieß, daß sich eine neue Sekte gebildet hätte, die alle Kruzifixe zerbräche, alle Hostien auf die Erde würfe und sie mit Messerstichen durchbohrte. Man versicherte, daß sie schon viel Blut vergossen hätte. Es fanden sich Frauen, die glaubten, Zeuge solcher Untaten gewesen zu sein. Alle verleumderischen Geschichten, wie sie in vielen Städten Europas gegen die Juden in Umlauf sind, wurden wieder hervorgeholt. Sie wissen, mein Herr, bis zu welchem Ausmaß der Pöbel die Leichtgläubigkeit und den von den Mönchen noch angeheizten Fanatismus treibt.

Der Herr Belleval, als er die erhitzten Gemüter sah, vermengte voll Arglist die Sache mit dem Kruzifix und die mit der Prozession, welche in gar keinem Zusammenhang standen. Er durchforschte das ganze Leben des Chevalier de La Barre; er ließ Diener, Dienstmädchen, Handwerker vor sich kommen; er sagte zu ihnen im Tone eines Erleuchteten, sie seien auf Grund der Mahnbriefe verpflichtet, alles zu offenbaren, was sie zur Belastung des jungen Mannes hätten in Erfahrung bringen können; sie erwiderten alle, daß sie niemals gehört hätten, daß der Chevalier de La Barre auch nur den geringsten Anteil an der Beschädigung des Kruzifixes hätte.

Man entdeckte kein Indiz, die Schändung betreffend, und es schien damals sogar höchst zweifelhaft, daß das Kruzifix absichtlich geschändet worden sei. Es kam die Meinung auf, daß irgendein mit Holz beladener Wagen den Schaden verursacht habe (was auch recht wahrscheinlich war).

„Aber", sagte Belleval zu denen, die er zum Sprechen bringen wollte, „wenn ihr nicht sicher seid, daß der Chevalier de La Barre ein Kruzifix geschändet hat, als er über die Brücke ging, so wißt ihr doch wenigstens, daß er dieses Jahr im Juli mit zweien seiner Freunde in einer Straße dreißig Schritte entfernt an einer Prozession vorüberkam, ohne seinen Hut abzunehmen. Ihr habt auch erzählen hören, daß er einmal lasterhafte Lieder gesungen hat; ihr seid verpflichtet, ihn anzuklagen, bei Strafe, eine Todsünde zu begehen."

Nachdem er sie in dieser Weise eingeschüchtert hatte, ging er selbst zu dem ersten Richter des Landgerichts von Abbeville. Er sagte dort gegen seinen Feind aus und zwang den Richter, die Denunzianten zu vernehmen.

Als die gerichtliche Untersuchung einmal in Gang gebracht war, gab es eine Unmenge von Anzeigen. Jeder sagte, was er gesehen hatte oder gesehen zu haben glaubte, was er gehört hatte oder gehört zu haben glaubte. Doch wie groß, mein Herr, wie groß war das Erstaunen von Belleval, als die Zeugen, die er selbst gegen den Chevalier de La Barre beigebracht hatte, auch seinen eigenen Sohn als einen der Hauptschuldigen bei den heimlich begangenen Freveltaten angaben, welche nun ans Licht gebracht werden sollten! Belleval war wie vom Donner gerührt; auf der Stelle ließ er seinen Sohn das Weite suchen; aber dann, Sie werden es kaum glauben, betrieb er diesen abscheulichen Prozeß mit nicht weniger Eifer weiter.

Folgendes, mein Herr, sind nun die Anschuldigungen:

Am 13. August 1765 sagen sechs Zeugen aus, daß sie drei junge Leute in einer Entfernung von dreißig Schritt an einer Prozession hätten vorbeigehen sehen, daß die Herren de La Barre und d'Etallonde ihren Hut auf dem Kopfe behalten hätten und der Herr Moinel den Hut unter dem Arm gehalten habe.

Des weiteren sagt eine Elisabeth Lacrivel zu diesem Punkte aus, sie habe von einem ihrer Cousins erfahren, daß dieser Cousin den Chevalier de La Barre habe sagen hören, daß er seinen Hut nicht abgenommen hätte.

Am 26. September macht eine Frau aus dem Volke, eine gewisse Ursule Gondalier, die Aussage, sie habe sagen hören, daß der Chevalier de La Barre, als er bei der Schwester Marie, der Pförtnerin des Klosters, eine Darstellung des heiligen Nikolaus in Gips gesehen hätte, diese Schwester Pförtnerin gefragt habe, ob sie sie gekauft habe, um das Bildnis eines Mannes bei sich zu haben.

Ein gewisser Bauvalet sagt aus, daß der Chevalier de La Barre ein sündiges Wort auf die Jungfrau Maria bezogen habe.

Claude, genannt Sélincourt, gibt als einziger Zeuge an, daß der Beschuldigte zu ihm gesagt habe, die Gebote Gottes seien von Priestern gemacht worden; bei der Gegenüberstellung beteuert der Beschuldigte aber, daß Sélincourt ein Verleumder sei und daß lediglich von den Geboten der Kirche die Rede gewesen sei.

Als einziger Zeuge bringt ein gewisser Héquet vor, der Beschuldigte habe zu ihm gesagt, er könne nicht verstehen, wie man einen Gott aus Teig anbeten könne. Der Beschuldigte behauptet bei der Gegenüberstellung, daß er von den Ägyptern gesprochen habe.

Nicolas Lavallée sagt aus, er habe den Chevalier de La Barre zwei lasterhafte Soldatenlieder singen hören. Der Beschuldigte gibt zu, daß er sie einmal, als er betrunken war, mit Herrn d'Etallonde gesungen habe, ohne zu wissen, was er da sänge; daß in dem Lied tatsächlich die heilige Maria Magdalena eine Hure genannt werde, daß sie ja aber vor ihrer Bekehrung auch ein ausschweifendes Leben geführt habe: er bekennt, die „Ode an Priap" von Piron aufgesagt zu haben.

Der besagte Héquet sagt in einer Zusatzerklärung weiter aus, daß er gesehen habe, wie der Chevalier de La Barre einen Kniefall gemacht hätte vor den Büchern mit den Titeln „Thérèse als Philosoph", „Die Pförtnerin der Karmeliterinnen" und „Der Pförtner vom Kartäuserkloster". Er nennt kein weiteres Buch, jedoch beim Verlesen der Zeugenaussage in Gegenwart der Beschuldigten sagt er, daß er nicht sicher sei, ob es der Chevalier de La Barre gewesen sei, der diese Kniebeugen gemacht habe.

Ein gewisser Lacour gibt an, daß er den Beschuldigten „im Namen des H..." statt „im Namen des Vaters" usw. habe sagen hö-

Voltaire empfängt Bauern

ren. Der Chevalier, auf der Armesünderbank daraufhin verhört, bestreitet diese Handlung.

Ein gewisser Pétignot gibt an, er habe den Beschuldigten die Litaneien des Hurenbocks, etwa wie man sie bei Rabelais findet, vortragen hören, die ich hier nicht anzuführen wage. Der Beschuldigte bestreitet im Verhör auf der Armesünderbank, dies getan zu haben; er gesteht, zwar das schlimme Wort H. ausgesprochen zu haben, leugnet aber alles übrige.

Das sind also, mein Herr, alle Anschuldigungen, die gegen den Chevalier de La Barre, Herrn Moinel, Herrn d'Etallonde, Jean-François Douville de Maillefeu und den Sohn des bewußten Belleval vorgebracht wurden, der ja der Urheber dieser ganzen Tragödie war.

Es steht fest, daß es überhaupt kein öffentliches Aufsehen gegeben hatte, denn La Barre und Moinel wurden erst auf die Mahnbriefe hin verhaftet, welche nach der Schändung des Kruzifixes ergangen waren, dieser skandalösen und offenkundigen Schändung, deretwegen sie aber von keinem Zeugen belastet worden waren. Es wurde nach allem geforscht, was sie in ihrem Leben getan hatten, auch nach ihren geheimen Gesprächen, nach Worten, die sie vor einem Jahr gesagt hatten; es wurden Dinge aufgehäuft, die überhaupt nichts miteinander zu tun hatten, und schon in diesem Punkte war das Verfahren äußerst mangelhaft.

Ohne die Mahnbriefe und ohne die wilden Anstrengungen Bellevals hätte es von seiten der unglücklichen jungen Leute weder einen Skandal noch einen Strafprozeß gegeben; das öffentliche Ärgernis kam erst durch den Prozeß selbst zustande.

Das Monitorium von Abbeville hatte genau die gleiche Wirkung wie jenes von Toulouse gegen die Calas; es verwirrte die Gehirne und die Gewissen. Die Zeugen, von Belleval aufgehetzt wie die in Toulouse von dem Ratsherrn David, riefen in ihren Aussagen unklare Vorgänge und Reden wach, so daß es kaum möglich war, sich genau ihrer begünstigenden oder erschwerenden Umstände zu erinnern.

Wenn es Fälle gibt, in denen ein Monitorium notwendig ist, so muß man doch zugeben, mein Herr, daß es viele andere gibt, wo so ein Mahnbrief sehr gefährlich wird. Er ermuntert Leute, die zur Hefe des Volkes gehören, Anklagen gegen Personen vorzubringen, die weit über ihnen stehen und denen sie immer mißgünstig gesonnen sind. Es wird also von der Kirche der Befehl erteilt, das schändliche Geschäft des Denunzianten zu betreiben.

Die Hölle droht, wenn man seinen Nächsten nicht in Gefahr bringt, sein Leben zu verlieren.

Bei den Inquisitionsgerichten gibt es vielleicht nichts Ungesetzlicheres; und ein schlagender Beweis für die Widerrechtlichkeit der Mahnbriefe ist die Tatsache, daß sie nicht unmittelbar von richterlichen Amtspersonen ausgehen, sondern daß die kirchliche Obrigkeit sie ergehen läßt. Es ist doch seltsam, daß ein Mann der Kirche, der nicht über Tod und Leben richten kann, auf diese Weise den Richtern das Schwert in die Hand gibt, welches ihm selbst zu tragen verboten ist!

Es wurden nur der Chevalier und Herr Moinel, ein Knabe von etwa fünfzehn Jahren, verhört. Moinel, der ganz eingeschüchtert war, geriet, als er den Richter von einem Vergehen gegen die Religion sprechen hörte, so außer sich, daß er sich auf die Knie fallen ließ und eine Generalbeichte ablegte, als ob er sich einem Priester gegenüber befunden hätte. Der Chevalier de La Barre, besser unterrichtet und von standhafterer Sinnesart, antwortete stets sehr klug und entlastete Moinel, mit dem er Mitleid hatte. Diese Haltung, welche er bis zum letzten Augenblick behielt, beweist, daß er eine edle Seele hatte.

Dieser Beweis hätte in den Augen verständiger Richter gar hoch angerechnet werden müssen, und er nützte ihm doch nichts.

Im Verlaufe des Prozesses, welcher so entsetzliche Folgen gehabt hat, sehen Sie, mein Herr, nur Ungebührlichkeiten und nicht eine finstere Tat; Sie finden keines jener Vergehen, die bei allen Nationen als Verbrechen gelten, keine Bluttat, keinen Raub, keine Gewaltanwendung, keine feige Handlung; nichts von alledem, was man diesen Kindern vorwirft, wäre ein Vergehen für die übrigen christlichen Glaubensgemeinschaften. Ich will annehmen, daß der Chevalier de La Barre und Herr d'Etallonde gesagt haben, man solle nicht einen Gott aus Teig anbeten – das ist ganz genau und Wort für Wort, was alle Christen der reformierten Religion sagen.

Der Lordkanzler von England könnte diese Worte mitten im Parlament aussprechen, ohne daß sie von irgendwem gerügt würden. Als Mylord Lockhart Gesandter in Paris war, trug ein Pfarrgehilfe heimlich das Abendmahl in sein Haus zu einem kranken Bediensteten, der katholisch war; Mylord Lockhart erfuhr das und jagte den Hilfspriester aus dem Hause, er sagte zu Kardinal Mazarin, daß er eine solche Beleidigung nicht dulden werde. Er bezeichnete mit eigenen Worten das Sakrament als einen aus Teig gemachten Gott und als Götzendienst. Kardinal Mazarin entschuldigte sich bei ihm.

Der große Erzbischof Tillotson, der beste Prediger Europas und so gut wie der einzige, der die Beredsamkeit nicht durch abgeschmackte Gemeinplätze oder durch leeres, blumenreiches Gewäsch, wie Cheminais, oder durch falsche Gedankenführung, wie Bourdaloue, entehrt hat, der Erzbischof Tillotson also spricht von unserem Abendmahl genauso wie der Chevalier de La Barre. Die gleichen Worte, in Paris bei Mylord Lockhart und in London aus dem Munde von Mylord Tillotson respektiert, können doch in Frankreich höchstens ein lokales, örtlich und zeitlich begrenztes Vergehen sein, eine Geringschätzung der landläufigen Auffassung, eine Rede, die ohne tiefere Absicht vor ein oder zwei Personen geführt worden ist. Ist es nicht der Gipfel der Grausamkeit, das, was da im verborgenen gesagt worden ist, mit der gleichen Todesstrafe zu ahnden, die einem droht, der Vater und Mutter vergiftet hat und der seine Stadt an allen vier Ecken angezündet hat?

Beachten Sie, sehr geehrter Herr, ich bitte Sie darum, wie man doch mit zweierlei Maß und Gewicht mißt. Sie können im vierundzwanzigsten Brief der „Persischen Briefe" des Herrn de Montesquieu, Präsident des Parlaments von Bordeaux und Mitglied der Académie française, die folgenden Worte lesen: „Dieser Zauberer nennt sich Papst; bald macht er glauben, daß drei nur eins ist, daß das Brot, das man ißt, kein Brot ist oder daß der Wein, den man trinkt, kein Wein ist und tausend andere Dinge dieser Art."

Herr de Fontenelle hatte sich in gleicher Weise ausgelassen in seinem Bericht über Rom und Genf, denen er die Namen Mero und Enegu gibt. Es lag tausendmal soviel Anlaß zu Aufregung in jenen Worten der Herren de Montesquieu und de Fontenelle, da sie ja durch die Lektüre zehntausend Personen vor Augen kamen, als in den zwei oder drei Wörtern gegeben war, die dem Chevalier de La Barre vor einem einzigen Zeugen entschlüpft waren, auf immer vergangene Worte, von denen nichts übrigblieb. Was im verborgenen gesprochen wird, muß wie etwas Gedachtes angesehen werden; das ist ein Axiom, dem die verabscheuenswerteste Barbarei zustimmen muß.

Ich kann Ihnen noch mehr anführen, mein Herr. Es gibt in Frankreich kein formelles Gesetz, das die Todesstrafe für Gotteslästerungen vorsieht. Die Verfügung von 1666 schreibt eine Geldstrafe beim erstenmal, den doppelten Betrag beim zweitenmal usw. und den Pranger bei der sechsten Wiederholung vor.

Die Richter von Abbeville jedoch verurteilten aus unbegreiflicher Unwissenheit und Grausamkeit heraus den jungen achtzehnjährigen d'Etallonde dazu, erstens die Qual der Amputation der Zunge bis zu ihrer Wurzel zu erleiden, was so vor sich geht, daß, wenn der Delinquent die Zunge nicht freiwillig herausstreckt, sie mit Eisenzangen hervorgezogen und herausgerissen wird.

Zweitens sollte ihm die rechte Hand vor der Tür der Hauptkirche abgehackt werden.

Drittens sollte er danach auf einem Karren zum Marktplatze gebracht werden, dort sollte er mit einer eisernen Kette an einen Pfahl gebunden und bei schwachem Feuer verbrannt werden. Glücklicherweise hatte Herr d'Etallonde durch die Flucht seinen Richtern die Greuel dieser Hinrichtung erspart.

Den Spruch gegen den Chevalier de La Barre, der in ihren Händen war, milderten sie, indem sie befahlen, ihn zu enthaupten, bevor er ins Feuer geworfen würde; aber während sie seine Qualen einerseits minderten, erhöhten sie sie andrerseits, indem sie ihn zur ordentlichen und außerordentlichen Folter verurteilten, damit er seine Komplizen angäbe, als ob Dummejungenstreiche, Worte, die der Wind verweht und von denen nicht die leiseste Spur bleibt, ein Staatsverbrechen, eine Verschwörung wären. Dieser erstaunliche Urteilsspruch wurde am 28. Februar des Jahres 1766 gefällt.

Die Rechtsprechung ist in Frankreich in so großer Unordnung, und infolgedessen ist die Unwissenheit der Richter entsprechend groß, daß die Verantwortlichen für diesen Richterspruch sich auf eine Erklärung Ludwigs XIV. stützten, die im Jahre 1682 anläßlich der angeblichen Behexungen und tatsächlichen Giftmorde ergangen war, die von der Voisin, der Vigoureux und den beiden Priestern Vigoureux und Le Sage begangen worden waren. Jene Verordnung von 1682 schreibt allerdings die Todesstrafe vor für *Zauberei, verbunden mit Aberglauben*; aber es ist in diesem Gesetz nur von Magie und Hexerei die Rede, das heißt, es richtet sich gegen solche Personen, die sich unter Ausnutzung der Leichtgläubigkeit des Volkes als Zauberer ausgeben und sowohl Religionsschänder wie Giftmischer sind. Das ist Buchstabe und Geist dieses Gesetzes; es geht darin um Straftaten, welche für die Gesellschaft verderblich sind, und nicht um läppische Worte, Unbedachtsamkeiten, Gedankenlosigkeiten und Torheiten, die ohne

Vorbedacht, ohne jede Verschwörung und sogar ohne irgendwelches öffentliches Aufsehen gesagt oder begangen worden sind.

Die Richter in der Stadt Abbeville verstießen also ganz eindeutig ebensosehr gegen das Gesetz wie gegen die Menschlichkeit, als sie einen Edelmann und einen Sohn aus sehr ehrbarer Familie zu derart entsetzlichen und ausgetüftelten Strafen verurteilten, noch dazu, da beide in einem Alter standen, wo man ihren Leichtsinn nicht anders als eine Verirrung hätte betrachten dürfen, die mit einem Jahr Gefängnis abgegolten gewesen wäre. Es lag noch dazu ein so geringer Tatbestand vor, daß sich die Richter in ihrem Urteilsspruch solcher unklaren und lächerlichen Wendungen bedienten, wie sie vom niederen Volke benutzt werden: „Wegen Absingens ekelhafter und abscheulicher Lieder gegen die Jungfrau Maria und die Heiligen." Beachten Sie, mein Herr, daß sie diese „ekelhaften und abscheulichen Lieder gegen die Heiligen" nur vor einem einzigen Zeugen gesungen hatten, den sie ganz legal ablehnen konnten. Sind denn solche Ausdrücke wie ekelhaft und abscheulich der Würde des Richteramtes angemessen? Ein altes Trinklied ist doch schließlich nur ein Lied. Das leichtfertig vergossene Blut eines Menschen, die Folter, die Qualen des Ausreißens der Zunge, des Abhackens einer Hand, das Verbrennen auf dem Scheiterhaufen, all das ist *ekelhaft* und *abscheulich*.

Der Landgerichtsbezirk von Abbeville unterstand dem Parlament von Paris. Der Chevalier de La Barre wurde dorthin gebracht, sein Prozeß wurde dort verhandelt. Zehn der berühmtesten Pariser Anwälte unterzeichneten ein Gutachten, in dem sie die Ungesetzlichkeit des Verfahrens nachwiesen und auf die Nachsicht hinwiesen, die Minderjährigen zugebilligt werden muß, welche weder der Verschwörung noch eines mit Vorbedacht ausgeführten Verbrechens angeklagt sind; der in der Rechtswissenschaft sehr beschlagene Generalprokurator kam zu dem Schluß, daß der Spruch von Abbeville kassiert werden müsse: es waren fünfundzwanzig Richter, zehn pflichteten dem Antrag des Generalprokurators bei; aber sonderbare Umstände, die ich nicht zu Papier bringen kann, bewogen die fünfzehn übrigen, den erstaunlichen Schuldspruch am 4. Juni 1766 zu bestätigen.

Ist es möglich, mein Herr, daß in einer Gesellschaft, die nicht im Zustand der Wildheit ist, eine Mehrheit von fünf Stimmen bei fünfundzwanzig genügt, um einem Angeklagten, und oft genug einem Unschuldigen, das Leben zu nehmen? In einem solchen Falle müßte es der Einstimmigkeit bedürfen; es müßten wenigstens drei Viertel der Stimmen für den Tod sein; ja eigentlich sollte im letztgenannten Fall der vierte Teil der Richter, die für ein milderes Urteil wären, in der Meinung aufrechter Herzen über die drei Viertel jener grausamen Bürger den Sieg davontragen, welche ungestraft mit dem Leben ihrer Mitbürger umspringen, ohne daß die Gesellschaft den geringsten Vorteil daraus zieht.

Ganz Frankreich sah mit Entsetzen auf dieses Urteil. Der Chevalier de La Barre wurde nach Abbeville zurückgeschickt, wo er hingerichtet werden sollte. Die Bewaffneten, die ihn begleiteten, hieß man abgelegene Wege benutzen: man befürchtete, der Chevalier de La Barre könnte unterwegs von seinen Freunden befreit werden; doch war das etwas, was man eher hätte hoffen als fürchten sollen.

Schließlich, am 1. Juli des gleichen Jahres, fand in Abbeville jene allzu denkwürdige Hinrichtung statt: das Kind wurde zunächst auf die Folter gespannt und der folgenden Marter unterworfen:

Die Beine des armen Sünders werden zwischen Brettern eingeklemmt; dann werden Eisen- oder Holzkeile zwischen die Bretter und die Knie getrieben, dadurch werden die Knochen gebrochen. Der Chevalier wurde ohnmächtig, kam aber bald mit Hilfe von starken Likören wieder zu sich und erklärte, ohne zu klagen, daß er keine Komplizen habe.

Man gab ihm als Beichtvater und Beistand einen Dominikaner bei, einen Freund seiner Tante, der Äbtissin, mit dem er oft zusammen im Kloster soupiert hatte. Der gute Mann weinte, und der Chevalier tröstete ihn. Man brachte ihnen zu essen. Der Dominikaner konnte nichts anrühren. „Nehmen wir etwas zu uns“, sagte der Chevalier zu ihm, „Sie brauchen ebenso wie ich Kraft, um das Schauspiel zu ertragen, welches ich geben werde.“

Das Schauspiel war in der Tat schrecklich: man hatte aus Paris fünf Henker kommen lassen für diese Hinrichtung. Ich kann nicht sagen, ob man ihm wirklich die Zunge und die Hand abgeschnitten hat. Alles, was ich aus Briefen aus Abbeville weiß, ist, daß er still und mutig auf das Schafott stieg, ohne Klage, ohne Zorn und ohne Großtuerei. Was er zu dem Mönch, der ihm beistand, sagte, beschränkte sich auf die Worte: „Ich hatte nicht geglaubt, daß man einen jungen Edelmann wegen so wenig zu Tode bringen könnte.“

Er wäre gewiß ein hervorragender Offizier geworden: er studierte die Kriegskunst nach ihren Regeln; er hatte Anmerkungen zu einigen Werken des Königs von Preußen und des Marschalls von Sachsen verfaßt, der beiden größten Feldherren Europas.

Als die Nachricht von seinem Tode nach Paris drang, erklärte der Nuntius öffentlich, daß selbst in Rom so nicht mit ihm verfahren worden wäre und daß, wenn er seine Sünden vor der Inquisition in Spanien oder Portugal gestanden hätte, er höchstens zu einer Arreststrafe von einigen Jahren verurteilt worden wäre.

Mein Herr, ich überlasse es Ihrer Menschlichkeit und Ihrer Weisheit, über ein so entsetzliches und so befremdliches Ereignis nachzudenken, das alles, was uns von den angeblichen Marterqualen der ersten Christen erzählt wird, weit in den Schatten stellt. Sagen Sie mir aber doch, wer hier mehr Schuld trägt, ein Kind, das zwei Lieder singt, welche in seiner Sekte als gottlos erachtet werden, für die ganze übrige Welt aber harmlos sind, oder ein Richter, der seine Amtsbrüder aufhetzt, diesen unbesonnenen jungen Mann eines gräßlichen Todes sterben zu lassen.

Der weise und beredte Marquis de Vauvenargues hat gesagt: „Was die Gesellschaft nicht kränkt, gehört nicht vor Gericht." Diese Wahrheit muß die Grundlage jeder Strafgesetzgebung sein. Denn der Chevalier de La Barre hatte gewiß der Gesellschaft nicht geschadet durch ein unbedachtes, zu einem Diener, einer Klosterschwester geäußertes Wort oder durch das Singen eines Liedes. Es waren das verborgen gebliebene Unbedachtsamkeiten, an die sich keiner mehr erinnerte, kindliche Leichtfertigkeiten, seit über einem Jahr längst vergessen und erst wieder aus ihrer Vergessenheit geholt durch ein Monitorium, das sie ans Licht brachte, ein Monitorium, welches den Bannstrahl gegen eine andere Sache schleuderte, ein Monitorium, welches Angeber zeugte, ein tyrannisches Monitorium, dazu angetan, den Frieden sämtlicher Familien zu stören.

Es bestätigt sich, daß ein unbedachter junger Mensch nicht wie ein tief ins Verbrechen verstrickter ausgemachter Bösewicht behandelt werden darf, wenn man sieht, daß der junge Herr d'Etallonde, von denselben Richtern zu einem noch schrecklicheren Tode verurteilt, vom König von Preußen aufgenommen und in die Zahl seiner Offiziere eingereiht wurde; er ist dort im ganzen Regiment als ein hervorragender Soldat angesehen: wer weiß, ob er nicht eines Tages zurückkommen wird, um die ihm in seinem Vaterland angetane Schmach zu rächen?

Die Hinrichtung des Chevalier de La Barre rief in ganz Abbeville eine derartige Bestürzung hervor und versetzte alle Gemüter in einen solchen Schrecken, daß man nicht wagte, den Prozeß der übrigen Angeklagten fortzusetzen.

Sie werden sicher erstaunt sein, sehr geehrter Herr, daß sich so viele tragische Szenen in einem Lande abspielen, das sich der Mildheit seiner Sitten rühmt und in das selbst Ausländer in großen Scharen strömten, weil sie die Annehmlichkeiten des gesellschaftlichen Umgangs suchten. Aber ich verhehle Ihnen nicht, daß noch immer, wenn es zwar stets auch eine gewisse Anzahl nachsichtiger und freundlich gesinnter Köpfe gibt, in zahlreichen anderen eine alte, der Barbarei verhaftete Gesinnung geblieben ist, die durch nichts beseitigt werden konnte. Sie können die gleiche Gesinnung antreffen, wo eine Belohnung auf den Kopf eines Kardinals und Ersten Ministers ausgesetzt ward und wo sie den Erzbischof von Paris, einen Dolch in der Hand, in das Heiligtum der Gerechtigkeit eindringen ließ. Gewiß war durch diese beiden Handlungen die Religion mehr besudelt als durch den Leichtsinn des Chevalier de La Barre; aber so geht es in der Welt:

> Ille crucem sceleris pretium tulit, hic diadema.[1]
> (Juvenal, Sat. XIII, 105)

Einige Richter haben gesagt, daß unter den gegenwärtigen Umständen die Religion eines derartigen abschreckenden Beispieles bedürfe. Sie haben sich gründlich getäuscht; nichts hat ihr mehr Schaden gebracht. Auf diese Weise kann man die Gemüter nicht bezwingen; man weckt ihre Entrüstung und reizt sie zur Empörung.

Leider habe ich viele Leute sagen hören, daß sie nicht umhinkönnten, eine Sekte zu verabscheuen, die sich nur durch Büttel zu behaupten vermöchte. Diese öffentlichen und wiederholten Reden haben mich mehr als einmal schaudern lassen.

Durch eine Todesart, welche Giftmischern und Vatermördern vorbehalten ist, hat man Kinder hinzurichten gedacht, die unter der Anklage standen, alte gotteslästerliche Lieder gesungen zu haben, und gerade das hat bewirkt, daß hunderttausend und mehr Gotteslästerungen ausgesprochen wurden. Sie können sich nicht vorstellen, mein Herr, wie sehr dieser Vorfall unsere römisch-katholische Religion allen Ausländern verhaßt macht. Die Richter

1 (lat.) Jenem wurde das Kreuz des Verbrechens zum Lohne, diesem die Krone des Herrschers.

sagen, die Politik habe sie gezwungen, so zu verfahren. Was für eine törichte und barbarische Politik! Ach, mein Herr, was für ein schreckliches Verbrechen gegen die Gerechtigkeit ist es doch, ein Urteil um der Politik willen zu fällen, zumal ein Todesurteil! Und dazu was für ein Todesurteil!

Die Rührung und das Grauen, die mich übermannen, erlauben mir nicht, weiterzusprechen.

Ich habe die Ehre usw.

Briefe aus dem Todesjahr

AN D'ALEMBERT

4. Januar 1778

Dieser Held[1], mein lieber Philosoph, liebt keine Metaphysik, und vielleicht hat er nicht so unrecht. Aber glauben Sie mir, ebensowenig liebt er die Geometrie. Er kommt mir mit ungefähr den gleichen Dingen wie Ihnen.

Ich denke, er täuscht sich über unseren armen Delisle[2], der ein Untergebener wäre, mit dem er sehr zufrieden sein könnte, arbeitsam und genau, wie er ist, *ad nutus, aptus, heriles*[3]. Er wäre mit ihm sicherlich zufriedener als mit einem kleinen Lakaien, den er mir einmal wegnahm, um ihn zu seinem Sekretär zu machen.

Was wollen Sie, mein lieber Freund! Man muß die Könige nehmen, wie sie sind, Gott auch. Es ist traurig, daß Delisle leer ausgehen soll, während Sabatier und Palissot[4] Fortüne gemacht haben; es kann ehrenhafte Leute anwidern. Vielleicht findet sich in Paris irgendein sogenannter Grandseigneur, der für seinen Sohn einen Hauslehrer braucht. Der Gerichtspräsident de Maisons nahm Dumarsais bei sich auf, von dem es hieß, er sei Atheist. Delisle, der nur Deist ist, könnte Interessenten finden.

Die drei Nachrufe[5], und besonders den Ihren, las ich mit Vergnügen. Mich dünkt, der große Condé und Monsieur de Turenne bekamen nur zwei Trauerreden. Wie schön, daß eine schlichte Bürgersfrau drei bekommt; aber sie hat auch sehr viel mehr Gutes getan als eine Ihrer Fürstinnen, und mehr sogar als jede Ihrer Königinnen. Ob dies einzigartige Beispiel Nachahmung finden wird? Durch ihre Tochter nicht, glaube ich.

Ich bin weder verärgert noch erfreut, daß der Redaktor der Noailles-Memoiren[6] zu uns gehört, aber ich würde gern als Kol-

1 Friedrich II.

2 Voltaire hatte den ehrgeizigen Schriftsteller Delisle de Sales auf d'Alemberts Betreiben Friedrich II. als Bibliothekar vorgeschlagen.

3 (lat.) aufmerksam, des Herren Wink gewöhnt. (Horaz, Episteln II, 2, 6)

4 Zwei Gegner der Aufklärung.

5 Nachrufe auf die durch ihren Salon berühmte Madame Geoffrin.

6 Gemeint ist der Historiker Millot, der durch d'Alemberts Protektion Mitglied der Académie française wurde.

lege von Pascal Condorcet sterben; oder wenn Sie wollen: von dem Anti-Pascal.

Ich wünsche Ihnen ein gutes neues Jahr; ich bin sehr erstaunt, das Jahr der drei Siebenen bis zum Ende erlebt zu haben.

Ich habe Villette die schönste und beste Frau der Welt gegeben;[1] ich wage zu hoffen, daß er ihrer würdig ist, denn schließlich hat er durchaus Geist und ist in Gesellschaft sehr liebenswürdig. Leben Sie glücklich, mein sehr lieber Philosoph.

V.

AN FRIEDRICH II.

Ferney, 6. Januar 1778

Sire,

großer Mann,

wie unterweisen, wie trösten, wie stärken Sie mich in all meinem Denken am Ende meines Lebens! Eure Majestät oder vielmehr Eure Humanität hat wirklich recht; der ganze metaphysische, theologische, fanatische Plunder ist zweifellos das Verächtlichste, was wir haben, und doch wird man über diese idiotischen Hirngespinste so lange schreiben, wie es Universitäten und falsche Geister gibt und Geld zu verdienen.

Unter den Geometern hat es zu echtem Ruhm kaum einer gebracht außer Archimedes und Newton, die sehr schwierige, sehr unbekannte und sehr nützliche Dinge entdeckten. Für Leute, die nur AB plus C durch X minus Z teilen können und ihr Leben damit zubringen, über das zu schreiben, was andere erdacht haben, gibt es keinen Ruhm.

Geschichtsschreibung ist letztlich wie eine Zeitung. Die wahrste steckt voller Falschheiten; Verdienst haben kann sie nur durch den Stil. Stil ist eine Frucht der Literatur. Also hat man sich an die Literatur zu halten. So dachte der große Condé in seiner Zuflucht in Chantilly; so denkt der große Friedrich in Sanssouci.

Als ich Eurer Majestät den Sieur Delisle vorschlug, um Ihre neue Bibliothek einzurichten, wußte ich nicht, daß Sie bereits mehrere Literaten mit diesem Dienst betraut hatten. Ich schlug ihn als einen arbeitsamen, pünktlichen Mann vor, der sehr gut

1 Der junge Marquis de Villette, Sohn eines reichen Financiers, hatte in Ferney die für das Kloster bestimmte Mademoiselle Varicourt kennengelernt und zur Freude Voltaires drei Monate später geheiratet.

Auszüge zu machen und alles in Ordnung zu halten versteht. Ich hatte seine Talente auf diesem Gebiet erprobt und wagte ihn als einen Subalternen vorzustellen, der für die Sache gut getaugt hätte. Zugegeben, das Metier eines Droschkenkutschers ist etwas; Automedon war einst der Kutscher des Achill, der einen Wagen mit drei Pferden hatte. Ich werde ihm nicht anraten, Kutscher des Herzogs von Württemberg zu werden, da er wohl zu fürchten hätte, für seine Dienste schlecht bezahlt zu werden.[1] Indessen, Sire, bin ich Ihnen mehr verpflichtet, als Sie denken, Ihr Mündel hat sich endlich ein wenig erweichen lassen und hat mir zwanzigtausend von den achtzigtausend Francs gezahlt, die ich ihm geliehen hatte; zahlt er mir vor meinem Tod noch den Rest, werde ich es Ihnen danken.

Graf Montmorency-Laval wird bald genug Deutsch können, um rechts und links schwenken zu lassen und das Exercice zu befehligen, aber wenn er Sie französisch sprechen hört, wird er der Sprache der Montmorencys den Vorzug geben; die Männer seines Hauses müssen die Preußen lieben. Niemand außer dem Kardinal Bernis[2] hat sich je ausgedacht, Frankreich gegen das Haus Brandenburg mit dem Haus Österreich zu verbinden; er ist dafür hinreichend bestraft worden. Seine Politik war so unglücklich, daß die theologischen Chimären von dreißig anderen Kardinälen lächerlich wurden.

Ich weiß nicht, ob die Postgefährte Eurer Majestät das Päckchen mit zwei Exemplaren des kleinen Buchs gegen die Folter und gegen die Halsgerichtsordnung Karls V. überbracht haben. Wir unter uns Schweizern werden versuchen, menschlich zu sein. Darin folgen wir dem Beispiel, das Sie der ganzen Welt in allen Bereichen geben. Ich werfe mich Ihnen aus meinem Winkel zu Füßen mit allem Respekt, aller Dankbarkeit, aller Bewunderung, die zu empfinden Sie mich nicht hindern können, auch wenn Ihnen das höchst gleichgültig sein dürfte auf der Höhe Ihrer Größe und Ihres Ruhms.

1 Voltaire hatte beträchtliche Summen bei französischen und deutschen Aristokraten angelegt; der verschwenderische Herzog Karl II. Eugen war sein größter Schuldner, der die fälligen Beträge nur widerwillig zahlte.

2 Ein Günstling der Madame de Pompadour; war 1757/58 französischer Außenminister.

AN D'HORNOY[1]

9. Januar 1778

Mein lieber Freund, ich weiß nicht mehr, was mit meinem Leben, meiner Gesundheit, meiner Existenz und der von „Irène“ ist. Ich verbringe den Winter im Bett und liebe Sie. Das ist alles, was ich ganz bestimmt weiß. Ich nehme mir die Freiheit, Madame d'Hornoy zu diesem Jahresbeginn zu umarmen. Man kann nicht höchlicher verwundert sein, als ich es bin, daß ich 1778 habe anfangen sehen. Ihre Freundschaft tröstet mich darüber, noch auf dieser Welt zu sein.

V.

AN DELISLE DE SALES

Ferney, 10. Januar 1778

Mehr noch als Sie, Monsieur, bin ich über die Abfuhr erbost, die uns erteilt wurde. Sie haben nur verloren, was ich aufgab. Ich schmeichele mir, daß Sie in Ihrem Vaterland finden werden, was wir anderswo für Sie suchten. Unglücklicherweise werde ich mit jedem Tag unnützer. Der Tod hat mir fast all meine Freunde genommen und wird mich bald mit ihnen vereinigen. Aber Ihnen muß Ihr Verdienst bald eine Stellung verschaffen. Stets werden Sie selbst Ihre beste Empfehlung sein; zeigen Sie sich, und es wird Ihnen glücken. Im übrigen dünkt mich, Brot im Vaterland ist besser als Biskuits in fremden Ländern.

Die Art, in der man Ihnen die Biskuits verweigerte, ist ein wenig hart. Ich hoffe, Sie finden bei den Franzosen mehr Freundlichkeit; denn nicht alle sind Welsche[2], und ich glaube, viele sind würdig, Sie kennenzulernen und zu empfangen. Ich umarme Sie mit Schmerz, aber voller Hoffnung.

AN CONDORCET

12. Januar 1778

Mein universeller Philosoph, dessen klarer Blick mich erstaunt, dessen Freundschaft mir mit jedem Tag teurer wird, ich bin betrübt und beschämt, daß ich über den wunderbaren Fénelon ande-

1 Sohn der Madame Dompierre de Fontaine, einer Nichte Voltaires.
2 Im Sinne von: unwissend, abergläubisch und fanatisch.

rer Meinung war als Sie, ebenso über den letzten Versuch[1] eines vierundachtzigjährigen Greises. Da ich einige Leute, die zu lesen verstehen und die sich leidenschaftslos begeistern können, Tränen vergießen sah, hatte ich geglaubt, daß diese Skizze, wenn sie mit der Zeit gut ausgeführt und gut koloriert wäre, in Paris glückliche Wirkung tun könnte. Ich hatte mir eingebildet, es wäre nicht ganz unmöglich, die Wut gewisser Leute zu besänftigen, und ich könnte endlich kommen, Sie zu umarmen, und den Trost haben, in Ihren Armen zu sterben. Leider habe ich mich getäuscht.

Ich stimme großenteils den Wahrheiten zu, die Sie die Güte haben mir zu sagen, und viele andere sage ich mir selbst. Ich war dabei, die Skizze zu einem Gemälde auszuarbeiten, als ich Ihre von Freundschaft und Vernunft diktierten kritischen Einwände erhielt, die mich in meinen eigenen Zweifeln bestärkten. In den Künsten der Imagination und des Geschmacks bringt man ohne die Beihilfe eines aufgeklärten Freundes nichts Gutes zustande.

Ich gehe hier in kein Detail, sondern werde das Ergebnis Ihrer Überlegungen und meiner Bemühungen an Monsieur d'Argental[2] schicken. Wenn ich darauf verwiesen bin, mir zu sagen *solve senescentem*[3], will ich in meiner Nutzlosigkeit in meinen Bergen sterben: das Herz ebenso voll von Ihrer Güte und Ihrem Verdienst wie von dem Unvermögen meines Geistes, aus Ihren Einsichten Gewinn zu ziehen.

Wenn Sie Monsieur d'Argental sehen, sagen Sie ihm bitte, er möge das Bild niemand zeigen, sondern die letzten Pinselstriche des viel zu alten Schmierfinken abwarten, der Ihnen und Ihren Freunden zärtlich verbunden ist.

AN CHARLES JOSEPH PANCKOUCKE[4]

12. Januar 1778

Ihr Paket halb bedruckter, halb leerer Seiten, Monsieur, erhielt ich drei Monate nachdem Sie es mir angekündigt hatten. Ich war von Ihrer Absicht und Ihrer Ehrenhaftigkeit so gerührt, daß ich bereits zwölf Bände einer Ausgabe korrigiert hatte, die ich in Händen habe. Man braucht die Änderungen nur auf Ihre Exemplare

1 Die Tragödie „Irène", die am 14. März in Paris Premiere hatte.
2 Der Comte d'Argental, ein einflußreicher Freund Voltaires in Paris und Jahrzehnte hindurch sein „Manager" am Pariser Theater.
3 (lat.) spann aus das alte Rennpferd. (Horaz, Episteln I,1,8)
4 Bedeutender Pariser Verleger.

zu übertragen. Diese für einen Mann meines Alters, den dauernde Krankheiten plagen, sehr mühselige Arbeit hat mich gleichwohl nur abgeschreckt durch die Riesenmenge idiotischer Fehler des vorigen Verlegers und seine große Unverschämtheit, diesem unerträglichen Mischmasch eine Masse Dummheiten hinzuzufügen, die durchaus nicht vom Autor stammen. Aber wo es darum geht, daß ich zu Ihrer Freude arbeite, soll mich nichts schrecken als der Tod.

Sie haben ein ziemlich schlechtes Geschäft gemacht; Sie sind der Gier, der Dummheit und dem schlechten Geschmack der Schundhändler, die Ihnen diese abscheuliche Sammlung verkauft haben, zum Opfer gefallen. Um des nichtigen Vergnügens willen, eine einheitliche Ausgabe zu machen, haben die Galgenvögel alle Jahreszahlen weggelassen und alle in dem historischen Teil unbedingt notwendigen Zwischenüberschriften,[1] so daß ein junger Mensch, der aus diesem Werk etwas lernen möchte, nicht erfährt, ob Turenne und der große Condé unter Ludwig XIV. oder Hugo Capet lebten.

Wirklich, die Ausgabe taugt nur, das Sankt-Johannis-Feuer damit anzuzünden. Ich beklage Sie sehr, daß Sie sich mit einer so jämmerlichen Ware belastet haben. Versuchen Sie, sie loszuschlagen, zu welchem Preis immer; denn mittlerweile ist sie schwer verschrien.

Wenn ich in einem Jahr noch am Leben bin, helfe ich Ihnen, so gut ich kann, eine Ihrer würdige Edition zu machen. Ich glaube, Kupferstiche wären höchst überflüssig. Solcher Firlefanz war in den Ausgaben von Cicero, Vergil und Horaz nie zugelassen. Man muß die Großen in der Schlichtheit nachahmen, wenn man es in der Vollkommenheit schon nicht kann.

Ich habe den zweiten Band Ihres politischen ABC gelesen. Ich sehe, daß Monsieur de Condorcet und Monsieur d'Alembert nicht für Sie gearbeitet haben. Ich wüßte gern, wer der Deutsche ist, der aus dem Artikel Deutschland ein dickes Buch gemacht hat. Ist es zufällig Herr Grimm?

Nach wie vor bin ich sehr zufrieden mit dem Journal von Monsieur de La Harpe[2], aber sehr unzufrieden mit dem verrückten Publikum.

1 In der sogenannten „gerahmten Werkausgabe" waren die Datenangaben am Seitenrand und die Überschriften dem optischen Eindruck geopfert worden.

2 Jean François de La Harpe, als Dramatiker ganz Voltaires Schüler, arbeitete als Literaturkritiker am „Journal de la politique et de la littérature".

Ich habe sofort an Monsieur de Neufchateau geschickt, was Sie für ihn erbeten haben. Ich anerkenne stets die Noblesse Ihres Geschäftsgebarens und wünsche, Sie mögen es nie zu bereuen haben.

Sollten Sie wissen, wer die Autoren des Pariser Journals sind, das man die Abendpost nennt, machen Sie mir die Freude, mir die Namen zu nennen.

Tausend Grüße an Ihre Frau Schwester. Ich umarme Sie von ganzem Herzen mit aufrichtiger Freundschaft, ganz ohne Umstände.

V.

AN CHARLES FRÉDÉRIC GABRIEL CHRISTIN[1]

13. Januar 1778

Sie zerreißen mir das Herz, mein lieber Freund, mit allem, was Sie mir vermelden. Ich kann unmöglich an Ihren Genfer[2] schreiben. Urteilen Sie selbst.

Seine Frau ist in demselben Dorf geboren und erzogen worden wie die Mutter von Mademoiselle de Varicourt, die ihr lange Zeit Strümpfe und Schuhe gab, obwohl sie kaum selbst genug hatte.

Ich habe der Genferin die Heirat von Mademoiselle de Varicourt angezeigt, und mein Brief war sicherlich sehr schmeichelhaft. Sie hat mir nicht zu antworten geruht, sondern hat einen Bruder von Mademoiselle de Varicourt wissen lassen, sie sei eine zu ernsthafte Frau, was heißt: zu gute Gesellschaft, um meine Jungvermählte in ihrem Haus zu empfangen. Ist ein solches Ausmaß an Unverschämtheit zu ertragen?

Ich zittere an allen Gliedern um unsere lieben Leute von Saint-Claude. Ich fürchte, sie werden von den Pharisäern und Zöllnern gefressen. Aber wohin sollen sie sich flüchten? Sie haben keine Protektion, kein Obdach. Alles, was ich sehe, schreckt und entmutigt mich. Ich werde bald sterben, in Abscheu der Verfolger, in Liebe für Sie.

Wenn Sie Ihren Brief unbedingt absenden wollen, geben Sie ihn bei der Post von Saint-Claude auf.

1 Bürgermeister von Saint-Claude und durch viele Jahre Voltaires juristischer Berater, der sich für die Abschaffung der Leibeigenschaft im Gebiet von Gex einsetzte.

2 Der aus Genf stammende französische Finanzminister, Jacques Necker; seine Frau, Suzanne Curchod-Necker, war die Tochter eines Landgeistlichen.

AN JEAN FRANÇOIS DE LA HARPE

14. Januar [1778]

Mein sehr lieber Kollege, ich bin böse und beschämt, daß man im Salon der Comédie-Française die Skizze gezeigt hat, aus der ich ein Gemälde hätte machen können, wenn ich in der Lage gewesen wäre, Sie zu konsultieren. Meine Absicht war keineswegs, daß das arme Kind meines Greisentums in Paris diese Berühmtheit erlange. Theophrast sagte mit hundert Jahren, er lerne alle Tage dazu; ich sage mit vierundachtzig Jahren, man kann sich noch verbessern.

Das Stück war nur zur Hochzeit Ihres Freundes gemacht worden; aber da nunmehr von Öffentlichkeit die Rede ist, wird es zu einer ernsthaften Angelegenheit: Ich will nicht mit der Hydra des Parterre kämpfen, ohne von Kopf bis Fuß gewappnet zu sein.

Überdies wäre es höchst unfreundlich von mir, vor Ihnen herauskommen zu wollen. Nichts wäre ungerechter und ungehöriger. An Ihnen ist es, bitte sehr, sich als erster den Tieren auszusetzen,[1] weil Sie ein ausgezeichneter Gladiator sind; aber ich fürchte, Sie werden auch angewidert sein von dieser unverschämten Arena, wo man von der zügellosesten Canaille beurteilt wird, die nur noch Stücke will, die ihr gleichen.

Mir scheint, unsere liebe Nation wandelt sich seit einigen Jahren in mehr als einem Bereich wütend zum Schändlichen und Lächerlichen. Ich habe das Ende des Augusteischen Zeitalters gesehen und bin bereits im späten Kaiserreich. Lassen Sie, der Sie die *spes altera Romae*[2] sind, den guten Geschmack wieder aufleben; kämpfen Sie kühn in Vers und in Prosa. Führen Sie die Franzosen bald nach Sibirien, bald nach Babylon; sie werden Blumen finden, wohin Sie sie auch führen.

Ich rede ganz ernsthaft; ich will keinesfalls vor Ihnen herauskommen, auch wenn ich der Ältere bin.

Monsieur de Villette ist sehr empfindlich für alles, was Sie ihm in Ihrem Brief Schmeichelhaftes sagen. Ich hoffe sehr, daß er der Liebe zu seiner Frau und der Freundschaft zu Ihnen immer treu bleibt. Sie verdienen beide sehr, daß man Sie liebt, und ich versichere Sie, ich tue meine Schuldigkeit.

1 La Harpes Tragödie „Les Barmecides" sollte vor „Irène" in der Comédie-Française gegeben werden.

2 (lat.) Roms zweite Hoffnung. (Vergil, Aeneis XII, 168)

Ungeduldig warte ich auf die Fortsetzung Ihrer Antwort an diese Shakespearianerin Montagu[1]. Ich gestehe, daß die Barbarei von Belloy[2] und Consorten mir fast ebenso unerträglich ist wie die Barbarei Shakespeares. Nur ist Belloy hundertmal weniger entschuldbar, da er, im Gegensatz zu dem englischen William, Vorbilder hatte.

Ich würde anderen gegenüber nicht so frei sprechen, aber wir beide sind der gleichen Religion und müssen voreinander nichts verheimlichen.

Adieu, mein lieber Kollege; ich umarme Sie von ganzem Herzen.

V.

AN DEN MARQUIS DE THIBOUVILLE

15. Januar 1778

Während ich Tag und Nacht für Monsieur Baron[3] arbeitete, während ich strich, korrigierte, ausführte, kürzte, erfuhr ich, daß Monvel[4] die Sache den versammelten Schauspielern vorgelesen hat; aber ob die Schauspieler gelacht oder geweint haben, weiß ich nicht. Ich glaube nicht, daß meine beiden Engel Monvel das Manuskript ausgehändigt haben; ich glaube auch nicht, daß die Schauspieler es sich beschafft haben. Dann nämlich würde ich weinen und mich umbringen wie Irène; warten Sie ab, meine Herrschaften, warten Sie ab, Sie sind sehr ungeduldige junge Leute, in zwei, drei Wochen erhalten Sie mit der Post eine ihrer Toilette ganz gereinigt entsteigende Irène. Sie haben Skizzen für das Gemälde genommen. Warten Sie, um Gottes willen, bis der Maler fertig ist!

Inständig beschwöre ich den anderen Engel, Monsieur d'Argental, diese Skizzen keinem Menschen zu zeigen. Ich mißtraue allen vorgeblichen Kennern, die schreien, da ist ein Arm zu lang, obschon er zu kurz ist; die in ganz Paris eine Adlernase verunglimpfen, die sie Stupsnase nennen. Ein armer Maler wird zum

1 Elizabeth Montagu, deren „Essay on the Writings and Genius of Shakespeare" 1777 in französischer Übersetzung erschienen war; Voltaires Antwort erfolgte in der Widmung der „Irène".

2 Autor der „Belagerung von Calais" (1765) und anderer Tragödien, die Voltaire alle als „barbarisch" ablehnte.

3 Spitzname des Marquis, eines alten Freundes, der die Geschicke der Comédie-Française lenkte.

4 Schauspieler an der Comédie-Française.

Schmierfinken erklärt, bevor sein Werk am Tage ist. Melden Sie mir, ich flehe Sie an, woran ich bin, nur fürchte ich, daß Ihre Gesundheit es nicht erlaubt.

Monsieur d'Argental meldete mir vor fast einem Monat, Sie wären nicht allzu froh mit Ihrer Kuh und wären sehr erkältet. Ihre Gesundheit ist mir teurer als die von Alexis. Ich liebe Sie leidenschaftlich, seit ich Sie als einen maßgeblichen Mann kennenlernte; vorher hielt ich Sie nur für einen liebenswürdigen Menschen. Versuchen Sie also, daß ich Sie diesen Sommer besuchen kann in dem Haus, das ich früher bewohnte, denn im Winter kann ich nicht aus meinem Bett. Ich bin für Sie voller Liebe und Dankbarkeit.

V.

AN FRANÇOIS LOUIS CLAUDE MARIN[1]

16. Januar 1778

Seit drei Monaten, mein alter Freund, bleibt mir kein Augenblick für mich. Hochzeiten, Kolonien, Geschäfte, Krankheiten, Sträflingsarbeiten haben einen Greis von vierundachtzig Jahren erdrückt. Ich konnte Ihnen noch nicht sagen, wie verpflichtet ich Ihnen dafür bin, daß Sie an mich gedacht haben. Hätte ich meinem Körper und meiner Seele befehlen können, ich wäre nach Paris gekommen, um mit Ihnen zu plaudern, ich hätte mich sogar bis nach der Normandie verfügt, um bei einem Mann zu sein, der nicht in die Normandie gehörte und von dem ich für alle Provinzen des Königreichs große Dinge erwartet hatte.[2]

Ich wußte nicht, daß der Mann, den ich verheiratet habe, Ihr Freund ist. Dazu gratuliere ich Ihnen beiden. Wir hatten einen Provençalen[3] bei uns, den ich auch für Ihren Freund hielt, weil er Ihr Landsmann ist. Er gehört der Akademie von Marseille an, weshalb ich mir einbilde, er ist unser Kollege. Er ist liebenswürdig und gefällig wie Sie. Er läßt mir alles zukommen, was es in Ihrer-

1 Der Anwalt (1764 Generalsekretär des Verlagswesens, danach Zensor und seit 1771 Redakteur der „Gazette de France"), den Beaumarchais durch seine „Denkschriften" verewigt hat.

2 Gemeint ist Turgot, dessen Verwaltung des Limousin seit 1761 aus dem Armenhaus Frankreichs ein Vorbild gemacht hatte und dessen Politik als Finanzminister (1774–1776), durch bürgerliche Reformen das Land umzugestalten, Voltaire begeistert zugestimmt hatte.

3 Den Kaufmann Audibert aus Marseille, von dem Voltaire 1762 die entscheidenden Informationen über den Calas-Prozeß in Toulouse erhalten hatte.

schönen Provinz, die man das parfümierte Bettelweib nennt, Kostbares gibt, während man mir aus Paris nichts als fade Bücher und unverschämte Broschüren schickt. Die Canaille maßt sich Geist an und verurteilt ehrenwerte Männer und Leute von Geschmack zum Schweigen. Sie trinken den Bodensatz des abscheulichen Weins, den man in dem Jahrhundert kelterte, das dem Zeitalter Ludwigs XIV. folgte. Hätte ich einige Flaschen aus der alten Zeit, ich würde sie gern mit Ihnen trinken.

Bewahren Sie mir wenigstens Ihre tröstliche Freundschaft, sei es, daß ich bald allen Zeitaltern entsagen muß und mein langes Leben beende, sei es, daß ich noch eine Weile atme, indem ich einige Flüche gegen das Jahrhundert ausstoße, in dem ich geboren bin.

V.

AN KATHARINA II.

Ferney, 16. Januar 1778

Madame,
ich kann Eurer Kaiserlichen Majestät gar nicht genug für den Brief danken, den Sie mir am 4. Dezember 1777 zu schreiben geruhten.

Da die Exemplare, die ich Ihnen schickte, mit dem Postwagen abgingen, werden sie kaum vor drei oder vier Monaten eintreffen. Ihr Ruhm ist ein bißchen schneller als unsere Post.

Ich lasse mit Nachdruck an der Übersetzung des Teils Ihrer Gesetze arbeiten, mit dem Sie mich zu begünstigen geruhten, und bitte um die Erlaubnis, sie Ihnen zu Füßen zu legen, sobald sie fertig ist. Zu Beginn nächsten Jahres wollen wir demjenigen den Preis geben, der es am besten verstanden hat, Sie aus der Ferne nachzuahmen und sich in den Spuren Ihres Genies zu bewegen.

Während wir uns bemühen, die Menschen in dem Erdenwinkel, den wir bewohnen, weniger boshaft zu machen, sagen uns alle Nachrichten, daß die Türken Sie zu einem zweiten Schlag gegen sie zwingen und daß Sie endlich nicht umhinkönnen werden, Ihren Einzug in Konstantinopel zu halten, wohin ich vor einigen Jahren eine kleine Reise zu machen beschloß, um Eurer Doppelten Kaiserlichen Majestät meine Aufwartung zu machen.

Ich werde Eure Majestät bitten, mich unterrichten zu wollen, auf welchem Weg ich dann reisen soll, denn ich bin gewiß, Sie werden alle geebnet haben. Ich bitte Sie auch untertänigst, Ihre Eroberung des Bosporus noch vor drei Jahren zu beendigen, denn da ich deren vierundachtzig zähle, werden Sie nicht verantworten wollen, mich zu lange warten zu lassen.

Diese niederträchtigen Türken, die Ihren Schiffen im Schwarzen Meer so viele Chicanen zufügen und moldawische Hospodars ermorden, bedürfen es sehr, unter Ihr Gesetz zu kommen und Ihren Codex zu studieren.

Wenn Eure Majestät inmitten der schrecklichen Menge von großen Unternehmungen, die Ihnen obliegen, und von Völkern, die Sie regieren, und von Wohltaten, die Sie verbreiten, noch an mich zu denken geruht, werde ich getröstet sterben, auch ohne Sie auf dem Thron Konstantins gesehen zu haben.

Geruhen Sie, Madame, den tiefen und unnützen Respekt eines Ihrer wahren Untertanen zu empfangen, genannt der alte Kranke von Ferney.

AN COSIMO ALESSANDRO COLLINI[1]

Ferney, 26. Januar 1778

Der alte Kranke, mein lieber Freund, war nicht imstande, Ihnen Anfang dieses Winters zu antworten. Die Natur hat meiner Seele ein sehr schwaches, sehr schlechtes Etui gegeben, in einem Alter von vierundachtzig Jahren hält es die Nachbarschaft der Alpen und die Schneeverschüttungen nur schwer aus. Meine Gebrechlichkeit ist in mehrerer Hinsicht belastet. Deshalb bin ich nicht unempfindlicher für Ihr Gedenken und Ihre Freundschaft.

Ich beglückwünsche Sie, daß Sie einem Fürsten dienen können, den gegenwärtig zwei schöne Kurkronen zieren.[2]

Die Neuigkeit, daß dreißigtausend Österreicher in Straubing kampieren,[3] alarmiert unsere friedlichen Schweizer, aber ich kann

1 Sekretär Voltaires zwischen 1752 und 1757, seit 1759 Sekretär des pfälzischen Kurfürsten.

2 Nach dem Tode des Kurfürsten von Bayern Maximilian Joseph (1777) fiel die Nachfolge und damit der zweite Kurhut an den pfälzischen Kurfürsten Karl Theodor.

3 Der Versuch Kaiser Josephs II., im Tausch gegen die österreichischen Niederlande von Karl Theodor Bayern für das Haus Habsburg zu erwerben, führte zur Krise des Bayerischen Erbfolgekrieges. Der den Widerstand gegen Josephs Politik organisierende Friedrich II. erhielt den Nimbus einer „Stütze der germanischen Freiheit".

mir nicht vorstellen, daß der Kaiser Ihnen deswegen den Krieg erklären will. Man sagt, es handele sich nur um eine Durchreise, aber kann man nicht durchreisen, ohne dreißigtausend Leute im Gefolge zu haben? Ich bin kein Politiker, ich beschränke mich darauf, Ihnen, mein lieber Freund, Frieden und ... zu wünschen.

Ich umarme Sie von ganzem Herzen.

Der alte Kranke V.

AN DEN COMTE D'ARGENTAL

30. Januar [1778]

Mein lieber Engel, Sie werden mich in meinem jämmerlichen Zustand doch nicht im Stich lassen. Sie müssen das Paket erhalten haben, das ich an Monsieur de Montsauge, den Postadministrator, geschickt habe, damit es Ihnen von Monsieur de Vaines ausgehändigt wird. Es enthält den Brief Lekains[1] samt meiner Antwort, dazu andere Briefe, die ich Sie anflehte an ihre Adressen weiterzusenden, falls Sie sie billigten.

Seit fast einem Monat arbeite ich Tag und Nacht, um all Ihre klugen Einwände zu nützen, soweit meine Schwäche es erlaubt. Noch einmal bitte ich Ihren liebenswürdigen Sekretär um Vergebung für alle überflüssigen Mühen, die meine Übereilung ihm bereitete. Sie wissen, daß es in meinem Alter der Muße bedarf, um ein solches Werk Ihnen und dem Publikum etwas weniger unwürdig zu machen. Augenblicklich habe ich dazu weder die Zeit noch die Kraft. Ich dachte dieser Tage, ich würde sterben, nicht an meinem Alter allein, sondern an den Anstrengungen, die ich mir abverlangte, und dem Kummer, den das alles mir verursacht. Die Kritiken gehen schon öffentlich herum; dreißig Personen haben das Werk gelesen, und alle haben widersprüchliche Urteile. Die einen sagen, die ersten Akte gingen gar nicht, die anderen, der letzte Akt sei von unerträglicher Kälte. Lekain hat behauptet, man werde seine Rolle nicht gutheißen, deshalb hat er sie abgelehnt.

Es hieße schlichtweg, mich umbringen, wollte man mich zwingen, „Irène" unter so demütigenden Bedingungen zu geben. Es wäre ehrenhafter, mich meinen schönen Tod sterben zu lassen. Alles, worum ich Sie, mein lieber Engel, und Monsieur de Thi-

1 Berühmter Schauspieler der Comédie-Française, der die für ihn geschriebene Rolle in der „Irène" ausschlug.

bouville jetzt bitte, ist, daß von der unseligen „Irène" keine Rede mehr sei, bis ich sie beendigt habe und Sie damit zufrieden sind. Unbedingt gehören das Exemplar und sämtliche Rollen ins Feuer, weil alles anders wird. Ich bitte Sie um Aufschub bis Ostern. Vielleicht finde ich bis dahin, trotz meinem derzeit scheußlichen Zustand, das Mittel, mich weniger lächerlich zu machen und Ihnen weniger Schande zu bereiten. Crébillon gab seinen „Catilina" mit achtzig Jahren, aber er hatte ihn mit vierzig angefangen; ich habe „Irène" mit über zweiundachtzig angefangen und beende sie in meinem vierundachtzigsten Jahr. Wenn ich sechs Wochen fordere, um meine Arbeit zu vollenden und mich den Pfeifern im Parterre zu stellen, ist das wohl kaum zuviel verlangt.

Monsieur de Thibouville ist von unbegreiflicher Ungeduld; er redet mir dauernd von Madame La Duchesse de Bourbon und von der Königin; um sie zu amüsieren, will er, daß man mich in dieser Fastenzeit schlachtet. Ich muß den Eiligen antworten wie Molière; als sie ihm zuschrien: *Der König wartet; Er ist der Herr,* sagte er: *Soll er warten.*

Ich weiß sehr wohl, daß dieses ganze Abenteuer Aufsehen macht in Ihrem Paris, wo die Gesellschaft Neuheiten verlangt und die Riesenmeute der subalternen Schreiber auf ebendiese Neuheiten wartet, um sie zu verschreien, zu bewitzeln, verlachen zu lassen und sich einen Taler zu verdienen. Ich sehe das ganze Ausmaß der Lächerlichkeit, der ich mich in meinem Alter aussetze, den Krampf im Herzen, den Tod zwischen den Zähnen oder zumindest den Kiefern, denn Zähne habe ich nicht mehr; aber nun wird gestorben, wie ich gelebt habe: indem ich Dummheiten mache.

Breiten Sie schön Ihre Flügel, damit ich mich drunter verstekken kann. Niemand starb je verrückter als ich. Ich verlange einzig, daß man mich nicht diese Fastenzeit sterben läßt, sondern bis Quasimodo wartet. Ich habe derzeit Prozesse am Hals; ich verliere meinen Besitz, Gesundheit und Leben. Ehrlich, reicht das nicht? hat mein Engel nicht ein ulkiges Geschöpf in seinen Schutz genommen?

Miserere mei.[1]

1 (lat.) Erbarme dich meiner.

AN D'HORNOY

30. Januar 1778

Mein lieber Freund, die Generalsteuerpächter sind also genauso gefährlich wie die Fürsten. Ich sehe mich gleichzeitig im Stich gelassen von Marchant de Varennes[1], vom Herzog von Württemberg, vom Kurfürsten der Pfalz und vom Duc de Bouillon. Man sagt, es gibt Leute, die zwischen zwei Stühlen mit dem Hintern auf der Erde sitzen, ich sitze zwischen vier Souveränen am Boden; denn ich zähle einen Generalsteuerpächter wie einen König von Frankreich, sehe aber, daß Marchant ein entthronter König ist. Nun sterbe ich mitten in diesen Stürmen und inmitten der vierundneunzig Häuser, die ich in Ferney gebaut habe, und werde darin kein Grab finden. Dieser Tage glaubte ich den Augenblick gekommen, meine lange und lächerliche Lebensbahn abzubrechen. Damit ich sterbe, wie ich gelebt habe, mußte ich mir die Verrücktheit mit der „Irène" aufbürden. Sie waren unstreitig sehr viel verständiger als ich, da Sie zu bedenken gaben, daß dieser Narr Alexis[2] zu schuldig ist; Sie hatten sehr recht, und Sie haben es weiterhin mit Ihrer Meinung über das heutige Publikum. Man darf sich nicht selbst dazu verurteilen, den Tieren vorgeworfen zu werden; man muß verstehen, in seinem Bett zu sterben; und glücklich jene, die unbekannt gelebt haben und sterben.

Zu all meinen Prozessen, Widrigkeiten, Dummheiten und Agonien kommt noch obendrein die Affäre dieses Noyelle aus Abbeville, angeblicher Edelmann, Kohlenhändler in Mons und in Lille, angeblicher Hauptmann der Grenadiere in Abbeville, der in Flandern alle betrog, mit denen er zu tun hatte; der nach Genf und Ferney entflohen ist; sich in Ferney aufführte wie in Lille und von Madame Denis und mir durch eine Art Kriminalprozeß zwanzigtausend Francs Wiedergutmachung dafür forderte, daß wir versucht hatten, uns von solch einem Ehrenmann zu befreien. Wenn Sie über diesen Herrn etwas Neues hören, erweisen Sie, mein lieber Freund, Ihrer Tante und Ihrem armen alten Onkel einen sehr großen Dienst. Diesen neuen Prozeß hatte ich nicht

1 Der Generalsteuerpächter, bei dem Voltaire wie bei den anschließend aufgezählten Personen Geld angelegt hatte.

2 Alexis, der siegreiche Feldherr des byzantinischen Kaisers, wird durch eine Palastrevolution zum neuen Herrscher; Irène, die ihn vorher liebte, kann sich nicht entschließen, den Mörder ihres Mannes zu heiraten, und wählt den Freitod.

nötig. Wir haben Monsieur de Villette, den Neuvermählten, seine Frau und einige Fremde zu Besuch. Ich kann ihnen nichts zu speisen bieten dank den Generalsteuerpächtern und Fürsten, vor allem dank Fortuna, die mich nach Ferney führte, mich achtzig Jahre in Wohlstand und Ruhe leben ließ und mir jetzt den Hals umdreht. Fortuna sei gesegnet. Man sagt, Bouret[1] habe sich umgebracht, als er sich an demselben Punkt fand; ich schwöre Ihnen, ich tue so etwas nicht, sei es Standhaftigkeit, Feigheit oder Philosophie. Ich umarme Ihre ganze Familie mit meinen schwachen Händen. Mein schwacher Geist kann nicht mehr; aber mein Herz gehört mehr als je Ihnen.

Hämorrhoiden tun weh; aber sie zeugen nur von zu viel Blut und Leibesfülle. Adieu, leben Sie vergnügt und glücklicher als ich.

V.

AN JEAN DE VAINES[2]

2. Februar [1778]

Ich wünschte, Monsieur, Sie hätten die Kontrasignatur fürs ganze Leben, vorausgesetzt, es wäre die Kontrasignatur eines Generaldirektors der Finanzen und nicht eines Postadministrators. Sie sprechen von Reisen: Sie rühren mich und machen mein Herz zittern. Aber ich habe ein bißchen Angst, daß ich gleich die kleine Reise in die Ewigkeit mache; denn ich bin gerädert, mein Körper ist zerfleddert von den Tagen in Syrakus und Konstantinopel: ich bin so fürchterlich durchgeschüttelt worden, daß ich mich nicht mehr rühren kann.[3]

Ich habe früher einmal eine Reise nach Paris gemacht. Ich glaube, ich war nie länger als drei Jahre in der Stadt; ich kenne sie nur wie ein Deutscher, der seine Europafahrt absolviert hat. Ich erinnere mich, daß der König von Frankreich, dem man gesagt hatte, ich spräche gutes Französisch, mir ein Amt als sein gewöhnlicher Kammer-Stallknecht gab, mir dann erlaubte, es zu verkaufen, mir aber alle Funktionen und Vorrechte beließ. Ich bekam

1 Ein Generalsteuerpächter, der sich nach seinem Bankrott das Leben genommen hatte.

2 Enger Vertrauter Turgots während dessen Ministerium, der Voltaire wichtige Dienste geleistet hatte, die Feudallasten des Gebiets Gex zu erleichtern.

3 Natürlich hatte sich Voltaire nur im Geiste nach Syrakus und Konstantinopel versetzen müssen: die Handlung der „Irène“ spielt in Konstantinopel um 1100.

auch eine Stelle als Zeitungskopist an den Beinhäusern.[1] All diese hohen Würden genieße ich noch.

Vielleicht gibt es ein paar Sakristane, die denken, so ein seltsamer Fremdling wie ich werde es nicht wagen, im Alter von vierundachtzig Jahren Seine-Wasser trinken zu kommen, weil sie argwöhnen, daß ich bei meinen Reisen nach Konstantinopel und Petersburg der griechischen Kirche den Vorzug vor der römischen gab. Einige Sprengel-Stammkunden haben sogar herumgeschwatzt, es läge gegen mich, in wer weiß welchem Büro, ein Stapel Papiere vor, *littera sigilli*[2] genannt; ich kann Sie versichern, die gibt es nicht, und es ist kein wahres Wort an dem, was diese Sakristane sagen; aber daß die Herren sehr gerne *litteras proscriptionis* gegen mich losließen, weiß ich.

Wirklich, ich bin voller Dankbarkeit für alles, was Sie mir mitteilen und was Sie mir vorschlagen. Ich sage Ihnen sogar, ich würde es um Sankt Johannis oder auch um *Quasimodo geniti infantes* in Anspruch nehmen, sollte ich dann noch am Leben sein.

Der alte Einsiedler dankt Ihnen sehr herzlich und grüßt Madame de Vaines.

V.

AN MONSIEUR DE VARICOURT[3]

[4. Februar 1778]

Der alte Kranke dankt Monsieur de Varicourt mit allem möglichen Schmerz, seine Nachbarschaft für einige Zeit zu verlassen. Er wagt nicht, nach Ihren Befehlen zu fragen, da er fürchten müßte, sie in seinem traurigen Zustand nicht ausführen zu können. Er grüßt Madame und Mademoiselle de Varicourt.

1 Im November 1745 war Voltaire zum königlichen Kammerherrn ernannt worden; den Posten eines Historiographen des Königs von Frankreich mußte er, als er 1750 nach Preußen ging, aufgeben.

2 (lat.) Briefe mit königlichem Siegel, die – ohne Gerichtsurteil – den Befehl zur Verhaftung oder Ausweisung enthielten; gültige „lettres de cachet" lagen gegen Voltaire nicht mehr vor.

3 Direktor der Salzverwaltung im Gebiet Gex, Vater der jungen Marquise de Villette. Noch am gleichen Tag bestieg Voltaire die Kutsche nach Paris, wo er am Abend des 10. Februar eintraf.

AN DIE MARQUISE DU DEFFAND[1]

Paris, 11. Februar [1778]

Tot komme ich an und will nur auferstehen, um mich der Frau Marquise Du Deffand zu Füßen zu werfen.

AN MADAME D'ÉPINAY[2]

[11. Februar 1778]

Der alte Kranke, sterbend angelangt, fühlt die Schmerzen von Madame d'Epinay mehr als die eigenen und empfindet noch mehr die Ehre ihres Gedenkens.

Wenn er Lekain nicht begleitet, kommt er bestimmt, ihr seine einstige Ehrerbietung mit der achtungsvollsten Liebe zu erneuern.

AN THÉODORE TRONCHIN[3]

[12. Februar 1778]

Erstaunt, noch zu leben, entbietet der alte Kranke, früher ein sehr schlechter Spaßmacher, aber stets ein Bewunderer wahren Verdienstes, seinem Herrn Kollegen, dem wenige Männer seiner Kunst vergleichbar sind, seinen Respekt.

Er ist mit vierundachtzig Jahren und vierundachtzig Krankheiten beladen. Ihn tröstet, daß es auf der Welt einen Tronchin gibt.

V.

AN MONSIEUR BLIN DE SAINMORE[4]

15. Februar 1778

Ach, Monsieur, der echte Kauz ist der mit Jahren und Krankheiten beladene Greis, der in seinem traurigen Zustand sich vor der Welt verbergen muß, nichtsdestoweniger aber empfindlich ist

1 Die geistreiche Marquise kannte Voltaire seit 1720, ihr Salon war einer der brillantesten des 18. Jahrhunderts.

2 Ebenfalls eine durch ihren Salon berühmte Frau; die Gattin des Generalsteuerpächters d'Epinay war 1757 Voltaires Gast in „Les Délices" gewesen und lebte seitdem zusammen mit dem Diderot-Freund Melchior Grimm.

3 Voltaires Arzt seit seiner Genfer Zeit.

4 Französischer Dramatiker.

für die Gefühle, die Sie ihm bezeugen, wie für die Ehre, die Sie ihm erweisen. Empfangen Sie seine Dankesbekundungen und alle Gefühle, mit denen er die Ehre hat, Ihnen verbunden zu sein.

V.

AN DEN MARQUIS DE FLORIAN[1]

Paris, 16. Februar 1778

Ich erhalte Ihren Brief, mein lieber Freund, nur wird mir die Freude, ihn zu lesen, ein wenig verdorben durch die abscheulichen Leiden, die mich quälen. Ein wenig rühren sie von der Erschöpfung und dem lauten Wirbel her, in dem ich mich befinde. Doch leider habe ich auch mein hohes Alter und meine Schwäche dafür zu verklagen. Ich lebe wie in Ferney. Madame Denis, die sich besser denn je befindet, macht die Honneurs; ich gehe fast mit der Sonne zu Bett. Ich werde dies glänzende Chaos, so schnell ich kann, verlassen, um Monsieur und Madame de Florian am Ort des Friedens[2] zu besuchen.

V.

AN THÉODORE TRONCHIN

17. Februar 1778

Der alte Schweizer, den Monsieur Tronchin die Güte hatte bei Monsieur de Villette zu besuchen, stellt ihm vor, daß der dauernde Wechsel von Strangurie und Diabetes, begleitet von dem gänzlichen Aussetzen der Peristaltik der Eingeweide, eine reichlich unangenehme und ein wenig gefährliche Sache ist.

Daß eine so kaputte Maschine nur noch einige Tage überdauern kann durch ebendie Fürsorge, die Monsieur Tronchin ihm erwies.

Die Pillen von Madame Denis haben ihm seit kurzem sehr wohlgetan, ohne aber seine Schmerzen zu vermindern. Eine leichte Schwellung der Beine, die an einem so dürren Körper schwer zu ergründen ist, scheint die baldige Zerstörung der heiklen Maschine anzukündigen.

1 Offizier und enger Freund, der Voltaire nach dem Intermezzo in Preußen seine Besitzung in Sauve angeboten und 1756 die verwitwete Nichte Voltaires geheiratet hatte.

2 Anspielung auf den Namen der Florianschen Besitzung Sauve: sauver = (franz.) in Sicherheit bringen.

Der alte Kranke wäre sehr froh, Monsieur Tronchin einen Moment zu sprechen, bevor er sich aus der Compagnie beurlauben wird.

Er hat Monsieur Franklin[1] gesehen, der ihm seinen Kleinen brachte, damit er den Greis um seinen Segen bitte. Der Greis hat ihm diesen im Beisein von zwanzig Personen gegeben und dazu die Worte gesprochen: *Gott und die Freiheit.*

AN THÉODORE TRONCHIN

18. Februar [1778], morgens

Man schämt sich, Monsieur Tronchin mit seinen kleinen Leiden zu belästigen, aber es gibt keinen Kläger, der nicht seinen Richter anruft. Der alte Reisende aus Ferney könnte leicht abgeurteilt sein.

Die Strangurie hat wieder angefangen und hat sich des Ganzen bemächtigt; Füße und Beine sind geschwollen; sonst würde der Greis sich seiner Beine bedienen, um Monsieur Tronchin im Palais Royal zu umarmen.

AN TURGOT

Paris, 20. Februar 1778

Ganz sicher wird der alte Kranke, wenn Monsieur Turgot ihn mit seiner Gegenwart beehren wird, Befehl geben, daß niemand störe. Bei all seinen Leiden vergießt der alte Kranke, der die großen Männer bis zur Narrheit liebt, Freudentränen, da er die Zeichen der Güte empfängt, die ein Mann wie Monsieur Turgot ihm bewahrt.

AN LOUIS LAURENT GAULTIER[2]

20. Februar 1778

Ihr Brief, Monsieur, dünkt mich der eines Ehrenmannes, und das genügt, mich zu bestimmen, die Ehre Ihres Besuchs zu emp-

1 Benjamin Franklin hielt sich als Vertreter der um ihre Unabhängigkeit kämpfenden nordamerikanischen Kolonien Englands in Paris auf.

2 Abbé Gaultier, ein ehemaliger Jesuit, hatte Voltaire am gleichen Tag beschworen, an sein Seelenheil zu denken.

fangen, an welchem Tag und zu welcher Zeit es Ihnen gefällt. Ich werde zu Ihnen dasselbe sagen wie zu dem Enkel des berühmten und weisen Monsieur Franklin, des hochachtungswertesten Mannes Amerikas und vielleicht Europas, der mich inständig um meinen Segen für seinen Enkel bat. Ich sprach nur die Worte: *Gott und die Freiheit.* Alle Anwesenden vergossen Tränen der Rührung. Ich schmeichele mir, daß Sie zu den gleichen Grundsätzen stehen. Ich bin vierundachtzig Jahre alt und werde bald vor diesem Gott, dem Schöpfer aller Welten, erscheinen. Wenn Sie mir etwas Besonderes mitzuteilen haben, das der Mühe lohnt, werde ich es mir trotz meinen erdrückenden Leiden zur Pflicht und zur Ehre machen, Ihren Besuch zu empfangen.

Ich habe die Ehre, Monsieur, Ihr sehr ergebener und sehr gehorsamer Diener zu sein.

Voltaire
Kammerherr des Königs

AN MADAME D'ÉPINAY

[20. Februar 1778]

Der alte Kranke wird all seine Leiden vergessen und kommen, um alle Tröstungen zu genießen, die man in der Gesellschaft seiner verehrten Philosophin zu finden vermag. Er ist sehr betrübt, daß sie ebenso wie er sich von Elend geplagt fühlt, wie es nun einmal ans menschliche Dasein gebunden ist.

AN MADEMOISELLE CLAIRON[1]

Paris, 21. Februar 1778

Der alte Kranke aus Ferney hörte, Mademoiselle Clairon sei dieser Tage sehr unpäßlich gewesen: er würde ihr gern sagen, wie sehr er an ihr Anteil nimmt und wie sehr er ihr ergeben ist, wäre er nicht selber in dem traurigsten Zustand.

V.

1 Berühmte Schauspielerin, die 1765, nach ihrem frühen Abschied von der Comédie-Française, in Ferney Triumphe gefeiert hatte.

AN LOUIS LAURENT GAULTIER

Paris, 26. Februar 1778

Sie haben mir versprochen, Monsieur, zu kommen und mich zu unterhalten, ich bitte Sie, machen Sie sich die Mühe, mich so bald wie möglich zu besuchen.

V.

AN THÉODORE TRONCHIN

3. März 1778

Der arme Kranke dankt Monsieur Tronchin von Herzen. Er ist für ihn voll der empfindlichsten Dankbarkeit wie der tiefsten Wertschätzung. Trotz seinem Alter von vierundachtzig Jahren wagt er zu hoffen, daß er ihm noch einige Lebenstage verdanken darf.

AN CHARLES JOSEPH PANCKOUCKE

7. März 1778

Ich bitte Sie, Monsieur, schicken Sie mir den gleichen broschierten Band, den Sie mir senden ließen; ich werde auf den leeren Seiten selbst die Korrekturen eintragen, die ich dort gemacht habe. Ebenso werde ich es in den anderen Bänden tun, sobald ich wieder zu Hause bin; so denke ich den Rest meines Lebens zuzubringen, wenn Gott es mir verlängert. Und dieser Rest wird glücklich sein durch den Trost, den ich empfinde, an einen Mann wie Sie geraten zu sein.

V.

AN FRANÇOIS RENÉ MOLÉ

11. März 1778

Ein Sterbender, der sein Vaterland leidenschaftlich liebt, fragt Monsieur Molé, ob es nicht angebracht wäre, auf die Anschläge zu setzen:

Das Théâtre Français zeigt an dem und dem Tag … usw.[1]

1 Die Comédie-Française spielte seit 1770 in den Tuilerien; Voltaires Wunsch ging erst in der Revolution in Erfüllung, als die revolutionär gesinnten Schauspieler ins Palais-Royal zogen und dort das „Théâtre Français" gründeten.

Ist es nicht beschämend, daß das erste Theater Europas und das einzige, das Frankreich Ehre macht, unter dem bizarren und seltsamen Schauspiel der Oper bleiben soll?

Für „Irène" erwartet man eine Dekoration, die einen Salon mit großen Arkaden bietet, durch die man das Meer und Türme sieht.

AN MONSIEUR UND MADAME DE FLORIAN

Paris, 15. März [1778]

Der alte Kranke konnte noch nicht an Monsieur und Madame de Florian schreiben. Seit seinem Unfall war er länger als vierzehn Tage nah am Tod. Er mußte alle Greuel durchstehen, die solchen Zustand begleiten. Er nutzt einen Augenblick, da er etwas weniger leidet, um Monsieur und Madame de Florian zu sagen, daß er noch als Sterbender sie von ganzem Herzen lieben und auf ihr Gedenken hoffen wird.

Wie Sie wissen, spricht in Paris alles von Krieg; der König soll durch seinen Botschafter in London erklärt haben, er wolle Frieden, werde aber für Respekt vor seiner Flagge und für den Handel seiner Untertanen einstehen. Der Vertrag mit den Amerikanern ist öffentlich.[1] Ich hatte Monsieur Franklin bei mir, als ich sehr krank war: er wollte, daß ich seinem Enkel meinen Segen erteile. Ich gab ihm diesen, indem ich im Beisein von zwanzig Personen, die in meinem Zimmer waren, sagte: *Gott und die Freiheit.*

Eine Stunde später traf der englische Gesandte ein. Alle Freundlichkeiten, die mir von Hof und Stadt erwiesen wurden, gingen weit über meine Hoffnungen und sogar meine Wünsche hinaus; indes glaube ich nicht, daß dies eine geeignete Zeit ist, für meine Kolonie um pekuniäre Unterstützung zu ersuchen. Der König ist zu hoch verschuldet. Die Flotte hat immenses Geld gekostet. Monsieur Neckers Lotteriebilletts sinken jedes um achtzig von tausend. Fünftausend sind zu haben, und kein Mensch will sie. Es ist keine Rede mehr von Sparsamkeit, es geht nur noch um Rache. Monsieur d'Estaing befehligt eine gewaltige Schwadron, Monsieur de La Motte-Piquet eine zweite.

Wie Sie wissen, ist Monsieur Dupuits[2] in Paris und hofft gebraucht zu werden. Man darf annehmen, daß es ohne Kriegserklä-

1 Der Vertrag war am 6. Februar unterzeichnet worden.

2 Dupuits de La Chaux, ein Gutsnachbar, hatte 1763 die „Enkelin" Corneilles geheiratet, die Voltaire adoptiert und mit einer großzügigen Aussteuer versehen hatte.

rung Schläge hin und her geben wird. Was mich anlangt, der ich ganz friedlich bin, so hoffe ich nur, von all den Lumpen erlöst zu werden, die mir von Shakespeare, Faxhall, Roastbeef, englischen Springern und englischen Mylords reden.

Ich bitte Monsieur de Florian sehr um Vergebung, daß ich in diese Details gehe. Viel lieber würde ich vor seinem Haus pflastern lassen; aber wie ich sehe, ist es leichter, von einem Blutsturz zu genesen, als Geld von einer hochverschuldeten Regierung zu erhalten, die nicht einmal Mittel hat, den armen Racle[1] zu bezahlen. Es gibt hier einen empörenden Luxus und eine erschreckkende Armut. In Paris treffen alle Tollheiten, alle Dummheiten und alle möglichen Greuel zusammen.

Wann werde ich Ferney wiedersehen und das Herrchen und Frauchen von Bijou zärtlich umarmen können!

AN LOUIS LAURENT GAULTIER

Paris, 15. März 1778

Der Hausherr hat seinem Schweizer befohlen, keinen Geistlichen außer dem Herrn Pfarrer von Saint-Sulpice vorzulassen; sobald der Kranke wieder zu ein wenig Gesundheit gekommen ist, wird er sich ein Vergnügen daraus machen, Herrn Abbé Gaultier zu empfangen.

Voltaire

AN D'ALEMBERT

19. März 1778

Sehr liebenswürdiges Haupt unserer Akademie, ich bitte Sie, mich zu unterrichten, ob meine Widmungsepistel[2] der Akademie und Ihrer nicht unwürdig ist und ob ich hoffen kann, daß sie von einiger Nützlichkeit wäre.

1 Léonard Racle, der Architekt der von Voltaire in Ferney gebauten Häuser, war Ingenieur der königlichen Wegeadministration.

2 Die Widmung der „Irène".

AN DEN COMTE D'ARGENTAL

[25. März 1778]

Um Vergebung, mein Engel, mein Kopf, wiewohl vierundachtzig Jahre alt, mag nur fünfzehn sein, aber Sie müssen Erbarmen haben mit einem verletzten Mann, der schreit, weil er nicht sprechen kann. Bedenken Sie, ich sterbe; bedenken Sie, daß ich als Sterbender „Irène", „Agathokles", „Das Recht des Herrn" vollendet und vier Akte von „Atreus" gemacht habe. Bedenken Sie, daß Molé mich unwürdig, dumm und unverschämt verstümmelt hat; daß er seine Rolle im „Recht des Herrn" nicht spielen will usw. Ich bin tot, muß aber zu den ersten Kammerherren laufen. Sehen Sie selbst, ob mir nicht erlaubt ist zu schreien. Indessen räume ich ein, daß ich nicht so laut schreien sollte.

Ich bin der Ihrige, mein Engel, jederzeit.

AN D'ALEMBERT

[30. März 1778]

Wie gerne sehe ich durch Ihre Scheiben, mein lieber Meister, und besonders mit Ihren Augen. Sie sind mein Seher; so tot ich bin, hoffe ich heute in die Akademie zu kommen. Ich will versuchen, gut zu sehen, gut sehen zu lassen und ab morgen mit der Arbeit[1] anzufangen, ohne mehr auszusetzen. Ich will sterben, indem ich mich aufkläre durch Sie und in Ihrem Dienst.

V.

AN FRIEDRICH II.

Paris, 1. April [1778]

Sire,

der französische Edelmann, der Eurer Majestät diesen Brief überbringt und der würdig gilt, vor Sie zu treten, kann Ihnen sagen: wenn ich seit langem nicht die Ehre hatte, Ihnen zu schreiben, so deshalb, weil ich beschäftigt war, zwei Dinge zu vermeiden, die mich in Paris verfolgten, die Pfeifer und der Tod.

Es ist spaßig, daß ich mit vierundachtzig Jahren zwei tödli-

1 Mit der Arbeit am Akademiewörterbuch.

chen Krankheiten entronnen bin. Das bringt es, sich Ihnen geweiht zu haben: ich habe mich Ihrer gerühmt, und ich wurde gerettet.

Mit Überraschung, mit einer sehr süßen Genugtuung sah ich bei der Aufführung einer neuen Tragödie, daß das Publikum, das vor dreißig Jahren Konstantin und Theodosius als beispielhafte Fürsten, sogar als Heilige ansah, nun mit unerhörter Begeisterung Versen applaudierte, die sagen, daß Konstantin und Theodosius nur abergläubische Tyrannen waren. Ich sah zwanzig ähnliche Beispiele des Fortschritts, den die Philosophie endlich in allen Ständen bewirkt hat. Ich hätte keine Furcht, in einem Monat eine feierliche Lobrede auf Kaiser Julian[1] publizieren zu lassen: und wahrhaftig, wenn die Pariser sich erinnern, daß er ihnen ein Recht geschaffen hat wie Cato und daß er für sie gekämpft hat wie Caesar, schulden sie ihm ewige Dankbarkeit.

Es ist also wahr, Sire, daß die Menschen sich schließlich aufklären lassen und daß jene, die sich dafür bezahlt wähnen, sie blind zu machen, nicht immer die Macht haben, ihre Augen zu blenden! Dafür sei Eurer Majestät Dank gesagt! Sie haben die Vorurteile wie Ihre übrigen Feinde besiegt: Sie ernten die Früchte Ihrer Einrichtungen jeglicher Art. Sie sind der Sieger über den Aberglauben wie die Stütze der germanischen Freiheit.

Leben Sie länger als ich, um alle Reiche zu befestigen, die Sie gegründet haben. Möge *Friedrich der Große* der *unsterbliche Friedrich* sein!

Empfangen Sie gütigst den tiefen Respekt und die unverletzliche Anhänglichkeit von

Voltaire

AN CLAIRE CRAMER[2]

Paris, 18. April 1778

Der alte Kranke, Madame, ist sehr getröstet durch Ihre unaufhörliche Güte. Er kam nach Paris mit denselben Leiden wie in Ferney. Er hat dort sehr brillante Genfer kennengelernt, aber keine liebenswürdigeren als Sie und Ihren Gemahl. Von den Pari-

1 Julian „der Abtrünnige", in seiner Jugend streng christlich erzogen, beförderte als Kaiser 361–363 eine Form des Neuplatonismus; er war am Krieg der Römer gegen die Alemannen und Franken in Gallien beteiligt und wurde 361 in Paris von den Legionen als Augustus ausgerufen.

2 Die Frau von Voltaires Genfer Verleger Gabriel Cramer.

sern erfuhr er eine Freundlichkeit und Güte, die, wenn ich das sagen darf, an jene Begeisterung grenzt, die der weise Jean-Jacques einflößte, als er aus einem französischen Marquis einen guten Tischler machte; und als er dem Dauphin vorschlug, die Tochter des Henkers zu heiraten. Aber zählen Sie darauf, Madame, daß diese Momente der Gunst, die so schnell vorbeigehen, nicht blenden. Man fliegt zurück in die Stille und Freundschaft, und wenn seine widerwärtige Gesundheit es erlaubt, reist er nach unseren letzten katholischen Osterfesttagen ab; dann hofft er Sie umgehend zu besuchen in Ihrem Palais Secheron.

V.

AN THÉODORE TRONCHIN

22. [April 1778], 10 Uhr

Um Vergebung, Vergebung, mein lieber Meister. Sie hatten Schleim von mir gewollt, ich kann die ganze Fakultät bedienen. Ich konnte nur einen sehr kleinen Teil davon aufheben, durch Operationen, die für die menschliche Natur sehr demütigend sind. Aber man muß wegen der Natur nicht erröten. Sie wissen zur Genüge, wie widerwärtig das Innere ist, auch wenn das Äußere sich bisweilen angenehm darbietet.

Wie kann ich ständig von soviel Schleim in den Eingeweiden vergiftet werden, wenn ich weder Fleisch noch Fisch esse? besteht bei mir nicht ein offensichtliches Bedürfnis nach austrocknenden Mitteln? können Sie mir ein wenig Chinarinde verweigern? Ich kämpfe nun achtzig Jahre gegen die Natur, voller Bewunderung für sie. Ich benötige Kräfte in diesem andauernden Kampf, und ich bewundere, daß Gott, als er uns so vielen Übeln aussetzte, uns so viele Hilfsmittel dagegen gab.

Kurz, ich bitte Sie, mir ein wenig Chinarinde und ein wenig Wein an den Ufern der Seine wie an den Ufern des Genfer Sees zuzugestehen. Ich glaube kein anderes Leiden zu haben als diesen Schleim, von dem ich sprach. Er macht mir das Leben zur Last. Ihre Güte wird es erträglich machen.

V.

AN JEAN LOUIS WAGNIÈRE[1]

7. Mai 1778. Paris, Quai des Théatins
Er reise, so bald er kann.

Ich umarme Sie, mein lieber Wagnière, Sie, Ihre Frau, und Mimi, und Hénoc. Ich bin sehr ärgerlich, daß ich Sie alleine reisen ließ. Ich bitte Sie, der Bücherkiste, die Sie mir schicken, alles hinzuzufügen, was französische Sprache betrifft, also die Grammatik von Port Royal, die von Restaut, die Synonyme von Girard, die Tropen von Dumarsais, die Bemerkungen von Vaugelas, das kleine Sprichwörterbuch, die Briefe von Pelisson. Sie finden all diese Bücher links vom Ofen, hinten in der Bibliothek, wie Sie wissen, dazu das Buch der Chirurgie von Thévenin, ein Quartband. Außerdem möchte ich die zwei Bände französische Orthographie, die auf dem Schreibtisch in der Bibliothek sein müssen.

Kommen Sie so schnell wie möglich zurück, mein lieber Freund. Ich kann weder ohne Sie noch ohne meine Bücher sein. Wenn Sie nicht bald wiederkommen, fahre ich, tot oder lebendig, und hole Sie.

V.

AN JEAN LOUIS WAGNIÈRE

Paris, 10. Mai 1778

Mein lieber Wagnière, ich habe Ihnen schon gesagt, wie sehr es mich verlangt, Sie zu sehen, und wie sehr ich mich in diesem glitzernden Pariser Wirrwarr nach Ferney sehne. Alle Welt vergißt, daß ich vierundachtzig bin und krank; man tötet mich,[2] und Sie sind nicht da.

Ich habe Sie auch schon gebeten, in der Kutsche von Madame Denis wiederzukommen und meine Papiere mitzubringen, die Sie in den Schreibtischfächern in meinem Schlafzimmer finden. Diese Papiere sind die Empfangsbestätigungen für Schuldscheine und Wechsel in den Fächern neben dem Bett, ausgenommen die, die

1 Seit 1756 Sekretär Voltaires.

2 Der Arzt Tronchin ließ im „Journal de Paris" die Mitteilung veröffentlichen: „Ich hätte dem Marquis de Villette gern persönlich gesagt, daß Monsieur de Voltaire, seit er in Paris ist, von dem Kapital seiner Kräfte lebt, während doch alle seine wirklichen Freunde wünschen sollten, daß er nur von seiner Rente lebe. So wie die Dinge gehen, wird er seine Kräfte bald verbraucht haben, und wenn wir nicht gar Komplizen sind, so werden wir Zeugen des Todes von Monsieur de Voltaire sein."

Sie besser in den Händen von Monsieur Martin, meinem Verwalter, lassen wollen. In dem Mittelfach sind noch einige andere Papiere, Württemberg und die Pfalz betreffend, und ein paar andere lose Blätter. Dann liegen noch Blätter mit schlichter Literatur verstreut auf demselben Schreibtisch; die bitte ich Sie mir alle mitzubringen. Lassen Sie die anderen da, die in der Bibliothek sind. Nur den Brief von Monsieur Pasquier[1] möchte ich gern wiederhaben, aber machen Sie sich nicht zu viel Mühe, den zu suchen, Ihre Gegenwart ist mir viel wichtiger als der Brief, Sie brauche ich vor allem, mein lieber Freund, besonders in dem unseligen Zustand, in den mich meine schlechte Gesundheit gebracht hat.

Was die kleinen Geschäfte angeht, die es jetzt mit den Herren Souchay und Sherer[2] abzuschließen gilt, dabei scheint mir keine Schwierigkeit zu sein.

Meine Bücher betreffend, bat ich Sie, hinzuzulegen, was Sie zur französischen Sprache finden, und zu den italienischen Büchern in Maroquin ein kleines Buch selben Formats mit dem Titel „Il vocabulario".

Ich bat auch um die Anatomie von Thévenin, die ein sehr nützliches Lexikon der Krankheiten und Heilmittel enthält; das ist ein Quartband, zu finden neben dem ersten Fenster an der Tür. Bitte legen Sie das keltische Wörterbuch bei, das in zwei oder drei Foliobänden gedruckt ist und im ersten Fach der italienischen Bücher steht. Dazu legen Sie die italienische Grammatik von Buommattei, ein kleiner Quartband, der zwischen den italienischen Büchern steht, ein ausgezeichnetes Werk, das ich brauche.

Bei den englischen Büchern oder in einer Ecke der neuen Abteilung meiner Bibliothek finden Sie auch ein englisches Werk in zwei guten Bänden mit dem Titel „The Origine of the language". Ich glaube, das ist alles, was ich brauche. Schicken Sie mir meine Bücher per Frachtkutsche. Dann kommen sie an, wie es geht. Ich werde Ihnen schreiben, an wen Sie adressieren müssen; aber noch einmal, mein lieber Freund, Sie selber brauche ich am meisten. Ich umarme Ihre Frau und Ihre Tochter, meine Grüße an Hénoc. Kommen Sie, so bald Sie können.

V.

1 Parlamentsrat in Abbeville, verantwortlich für den Mord an General Lally-Tolendal und die Hinrichtung des Chevalier de La Barre; in einem Brief hatte er sich beschwert, daß Voltaire ihn in den „Fragmenten über Indien" erwähnt hatte.

2 Der erstere ein Leinenhändler in Genf, der zweite ein Bankier in Lyon.

AN KATHARINA II.

Paris, 13. Mai 1778

Madame,
die französische Übersetzung der deutschen Übersetzung Ihrer Gesetze, die in aller Welt Geltung haben sollten, ist seit langem fertig. Sie muß derzeit in Genf im Druck sein, ich habe aber noch keine Nachricht darüber. Meine Verpflanzung in die gute Stadt Paris und eine grausame Krankheit, die den Rest meiner Tage im Alter von vierundachtzig Jahren bedroht, setzen mich außerstande, Eure Kaiserliche Majestät darüber zu unterrichten. Sollte ich davonkommen, werde ich die Ehre haben, Ihnen besseren Bescheid zu erstatten.

Ich prüfe mein Gewissen vor Eurer Majestät, bevor ich mich aufmache, vor Gott zu erscheinen. Ich entsinne mich des Unglücks, Ihnen drei Personen geschickt zu haben, an denen Eure Majestät keinen erheblichen Grund zur Zufriedenheit fand.

Der erste war ein Riese, der, wie es heißt, Ihre Zölle unterschlagen hat. Der zweite war ein Offizier, der sehr gut die Kriegsbaukunst verstand, aber ein Türke wurde. Der dritte, Sohn eines deutschen Barons, ist, wie man hört, ein Trinker.

Um für diese drei Sünden Buße zu leisten, erlauben Sie mir, einen guten und tapferen Schweizer namens Ribaupierre zu erwähnen, Major im Regiment Neprowski, derzeit in Ihrem Dienst auf der Krim. Man sagt, dieser mache die Dummheiten der drei anderen wett. Er soll ein ausgezeichneter Offizier sein, sehr fleißig und sehr vernünftig. Es ist mir ein Trost, daß wenigstens einer von jenen, für die ich mich einsetzte, sich würdig erweist, in Ihrem Dienst zu sein.

Ich wünsche, daß Eure Majestät bald in den vollen Besitz des Königreichs von Thoas und Iphigenie gelange,[1] das in Griechenland einst so berühmt war und unter der türkischen Regierung so verroht ist. Sie werden es entbarbarisieren.

Ich sah das Schreibzeug, das man in Paris für Eure Kaiserliche Majestät angefertigt hat. Es ist zweifellos das schönste Schreibzeug, das es auf der Welt gibt; es ist viertausend russische Rubel oder viertausend römische Taler oder viertausend chinesische Taels wert; aber es kommt nicht dem Wert des Schreibzeugs gleich, mit dem Sie im Frieden Ihre Gesetze und im Krieg Ihre Befehle an Ihre Generäle verfaßten.

1 Die Krim wurde 1783 russisch.

Voltaires Triumphzug am 11. Juli 1791

Ich weiß nicht, mit welchem Schreibzeug Ihr Nachbar, der Kaiser von China Kienlong, sein schönes Poem von Mukden schrieb, in welchem er seinen Völkern versichert, er stamme von einer Jungfrau ab. Derlei ist nichts Seltenes; sehr selten ist indes, daß es an den Ufern der Newa eine Heldin gibt, die die Helden Griechenlands und Roms in den Schatten stellt.

Eure Kaiserliche Majestät vergebe Ihrem alten Diener von Ferney sein Geschwätz, indes schwafelt er nicht, wenn er von Seiner Heldin spricht.

V.

AN D'ALEMBERT

[18. Mai 1778]

Mein sehr lieber Sekretär und lebenslänglicher Meister, ich wollte zur Akademie eilen. Zwei grausame Krankheiten halten mich fest. Ich empfehle Ihnen und meinen hochgeschätzten Kollegen die vierundzwanzig Buchstaben des Alphabets.

V.

AN THÉODORE TRONCHIN

[20. Mai 1778]

Der Patient der Rue de Beaune hatte die ganze Nacht und hat immer noch Krämpfe eines heftigen Hustens, er hat dreimal Blut gespien. Er bittet um Vergebung, soviel Mühe um einen Kadaver zu bereiten.

AN THÉODORE TRONCHIN

[25. Mai 1778]

Ihr alter Kranker hat Fieber. Sein verklärter Leib hat stark geschwollene Beine, mit roten Flecken besät. Er wollte sich heute morgen zum Tempel des Äskulap verfügen. Er kann es nicht.

AN MONSIEUR DE LALLY-TOLENDAL

26. Mai [1778]

Der Sterbende ersteht auf, da er die große Neuigkeit vernimmt; er umarmt Monsieur de Lally mit aller Liebe; er sieht, daß der König der Verteidiger der Gerechtigkeit ist; er kann zufrieden sterben.

Verzeichnis der Abbildungen

Voltaire in Ferney (Titelbild) – Zeichnung von Jean Huber
Der junge Voltaire – Gemälde von Nicolas de Largillière
Die Bastille
Schloß Cirey
Voltaire liest Friedrich II. vor – Nach einem Gemälde von Wilhelm Camphausen
„Das Zeitalter Ludwigs XIV." – Titelblatt der Neuausgabe Dresden 1753
François Marie Arouet de Voltaire – Stich von Augustin de Saint-Aubin nach der Marmorbüste von Jean-Baptiste Lemoyne
Schloß Ferney
Voltaire empfängt Bauern – Terrakotta von Joseph Rosset
Voltaires Triumphzug am 11. Juli 1791 – Nach einer Zeichnung von Jean Louis Prieur

Literaturhinweise

Französische Werk- und Sammelausgaben

Œuvres complètes. Hrsg. von Louis Moland, 52 Bände. Paris 1877–1885

The complete works of Voltaire. Les Œuvres complètes de Voltaire. Hrsg. von Theodore Besterman. Genève und Oxford 1968ff.

Mélanges. Hrsg. von Jacques van den Heuvel. Gallimard, Paris 1961

Œuvres historiques. Hrsg. von René Pomeau. Gallimard, Paris 1957

Deutsche Sammelausgaben

Kritische und satirische Schriften. 2 Bände. Winkler, München 1970

Erzählungen, Dialoge, Streitschriften. Hrsg. von Martin Fontius, 3 Bände. Rütten und Loening, Berlin 1981

Einzelwerke

Dictionnaire philosophique portatif. Hrsg. von Raymond Naves und Julien Benda. Garnier, Paris 1967

Abbé, Beichtkind, Cartesianer. Philosophisches Wörterbuch. Hrsg. von Rudolf Noack, 4. Auflage. Philipp Reclam jun., Leipzig 1984

Essai sur les mœurs et l'esprit des nations. Hrsg. von René Pomeau, 2 Bände. Garnier, Paris 1963

Über den Geist und die Sitten der Nationen. 6 Bände. Leipzig 1867

Lettres philosophiques. Hrsg. von Gustave Lanson, 2 Bände. Paris 1964

Mémoires pour servir à la vie de M. de Voltaire. Hrsg. von J. Brenner. Paris 1965

Denkwürdigkeiten aus dem Leben des Herrn von Voltaire. Das Neue Berlin, Berlin 1958

Romans et contes. Hrsg. von Henri Bénac. Garnier, Paris 1962

Sämtliche Romane und Erzählungen. Eingeleitet von Victor Klemperer, 2 Bände. Sammlung Dieterich, Leipzig 1948

Kleine Romane und Erzählungen. Bibliothek der Weltliteratur. Rütten und Loening, Berlin 1984

Le Siècle de Louis XIV. In: Œuvres historiques. Gallimard, Paris 1957

Das Zeitalter Ludwigs XIV. Übersetzt von Rudolf Habs. Leipzig 1885

Briefausgaben

Voltaire's Correspondence. Hrsg. von Theodore Besterman, 107 Bände. Genève 1953–1965

Lettres choisies. Hrsg. von Raymond Naves. Garnier, Paris 1961

Voltaire in seinen schönsten Briefen. Stuttgart 1953

Korrespondenz aus den Jahren 1749 bis 1760. Hrsg. von Rudolf Noack. Philipp Reclam jun., Leipzig 1978

Biographien

Gustave Desnoiresterres: Voltaire et la société française au XVIIIe siècle. 8 Bände. Paris 1868

René Pomeau: Voltaire en son temps. Band 1ff. Oxford 1985ff.

David Friedrich Strauß: Voltaire. Leipzig 1870

Gustave Lanson: Voltaire. Paris 1906

Georg Brandes: Voltaire und sein Jahrhundert. 2 Bände. Berlin 1923

René Pomeau: Voltaire par lui-même. Paris 1955

Jean Orieux: Das Leben des Voltaire. 2 Bände. Frankfurt a. M. 1968

Tilly Bergner: Voltaire. Leben und Werk eines streitbaren Denkers. Verlag Neues Leben, Berlin 1976

Hans Peter Jaeck: Kammerherr und König. Voltaire in Preußen. Buchverlag Der Morgen, Berlin 1987

Einzelprobleme

August Hermann Korff: Voltaire im literarischen Deutschland des 18. Jahrhunderts. 2 Bände. Heidelberg 1917

René Pomeau: La religion de Voltaire. Paris 1956

Peter Gay: Voltaire's Politics. The Poet as Realist. Princeton 1959

André Billaz: Les écrivains romantiques et Voltaire. Essai sur Voltaire et le romantisme en France 1795–1830. 2 Bände. Paris 1974

Roland Mortier: Voltaire. Les ruses et les rages du pamphlétaire. London 1978

Voltaire und Deutschland. Quellen und Untersuchungen zur Rezeption der französischen Aufklärung. Hrsg. von Peter Brockmeier, Roland Desné, Jürgen Voss. Stuttgart 1979

Voltaire. Hrsg. von Horst Baader. Darmstadt 1980

Horst-Heino von Borzeszkowski und Renate Wahsner: Newton und Voltaire. Zur Begründung und Interpretation der klassischen Mechanik. Akademie-Verlag, Berlin 1980

Christiane Mervaud: Voltaire et Frédéric II. Une dramaturgie des Lumières. Oxford 1985

Le Siècle de Voltaire. Hommage à René Pomeau. Hrsg. von Christiane Mervaud und Sylvain Menant. 2 Bände. Oxford 1987